# Finanzierung und Organisation des Sozialstaates

Ralf Möller

# Finanzierung und Organisation des Sozialstaates

2., aktualisierte und erweiterte Auflage

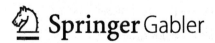

Ralf Möller
DGUV Hochschule
Bad Hersfeld, Deutschland

ISBN 978-3-658-37189-0          ISBN 978-3-658-37190-6 (eBook)
https://doi.org/10.1007/978-3-658-37190-6

Die Deutsche Nationalbibliothek verzeichnet diese Publikation in der Deutschen Nationalbibliografie; detaillierte bibliografische Daten sind im Internet über http://dnb.d-nb.de abrufbar.

Springer Gabler

Planung/Lektorat: Margit Schlomski
Springer Gabler ist ein Imprint der eingetragenen Gesellschaft Springer Fachmedien Wiesbaden GmbH und ist ein Teil von Springer Nature.
Die Anschrift der Gesellschaft ist: Abraham-Lincoln-Str. 46, 65189 Wiesbaden, Germany

# Vorwort zur 2. Auflage

Das Sozialrecht ist laufend in Bewegung, neue Regelungen und Gesetzesvorhaben sind an der Tagesordnung. Gerade in der abgelaufenen Legislaturperiode haben sich der Bundesminister für Gesundheit sowie der Bundesminister für Arbeit und Soziales als sehr umtriebig und fleißig erwiesen und zahlreiche neue Vorhaben und Inhalte des Koalitionsvertrages in die Tat umgesetzt. Wie häufig standen dabei leistungsrechtliche Aspekte im Vordergrund. Wesentliche Änderungen brachten beispielsweise im SGB V das Patientendatenschutzgesetz (vom 14.10.2020, BGBl. I 2020, S. 2115), im SGB VI das Grundrentengesetz (vom 12.08.2020, BGBl. I 2020, S. 1879) oder über das gesamte Sozialversicherungsrecht hinweg das 7. SGB-IV-Änderungsgesetz (vom 12.06.2020, BGBl. I 2020, S. 1248). Noch etwas weiter entfernt ist die völlige Neuregelung des Sozialen Entschädigungsrechts (vom 12.12.2019, BGBl. I 2019, S. 2652), da das neue SGB XIV in wesentlichen Teilen erst zum 01.01.2024 in Kraft treten wird. Weiterhin hat die Rechtsprechung des Bundessozialgerichts zahlreiche, teils grundlegende Entscheidungen hervorgebracht. Aus den zahlreichen Entscheidungen stechen diejenigen des 12. Senats zu Fragen des Bestehens eines Beschäftigungsverhältnisses von Gesellschafter-Geschäftsführern oder von Honorarkräften im Gesundheitswesen hervor.

Der Verfasser hat es unternommen, die wesentlichen Änderungen, Weiterentwicklungen sowie die Rechtsprechung in den Themenfeldern Organisation und Finanzierung zusammenzufassen und in dieses Lehrbuch zu integrieren. Da er nicht auf ein Team von Mitarbeitenden zurückgreifen kann, sind Anregungen und Hinweise zu Ergänzungen oder Übersehenem willkommen. Gleichfalls freuen sich Verfasser und Verlag über Lob, Anregungen und Kritik, um die Qualität des Werks zu sichern und zu verbessern.

Alzenau in Unterfranken

Bad Hersfeld, Deutschland                                                                                    Ralf Möller
Oktober 2021

# Vorwort zur 1. Auflage

Die soziale Sicherung der Menschen in unserem Land ist von herausragender Bedeutung für den Zusammenhalt unserer Gesellschaft. Sich sicher und sozial abgesichert zu fühlen und auch zu sein, sind Errungenschaften der vergangenen zwei Jahrhunderte, ohne die unser modernes gesellschaftliches Zusammenleben für viele kaum denkbar ist. Der Sozialstaat ist dabei kein abstraktes Gedankenkonstrukt, sondern vermittelt im jeweiligen Schutzsystem dem Einzelnen konkrete Ansprüche.

Wie die jeweiligen Schutzsysteme organisiert sind, welches Risiko durch welche sozialstaatliche Leistung abgesichert wird und wie diese Leistungen fnanziert werden, versucht das vorliegende Werk neben anderen Themenkomplexen aufzuzeigen. Dabei wird neben dem fnanziell und betrachtet auf den versicherten Personenkreis bedeutendsten Schutzsystem der Sozialversicherung der Blick auch auf die weiteren Schutzsysteme der sozialen Hilfen und Fürsorge sowie des sozialen Versorgungs- und Entschädigungsrechts sowie weiterhin auf die soziale Förderung gelenkt.

Als eigenständiges Kapitel ist die soziale Sicherung der Menschen mit Behinderung konzipiert. Hier sind in jüngerer Vergangenheit mit dem Übereinkommen der Vereinten Nationen über die Rechte der Menschen mit Behinderung, kurz UN-Behindertenrechtskonvention, sowie der nationalen Gesetzesänderung durch das Bundesteilhabegesetz bedeutende rechtliche Änderungen auf den Weg gebracht worden. Es bleibt zu hoffen, dass diese geänderten Rahmenbedingen ihr gewünschtes Ziel erreichen und die Inklusion von Menschen mit Behinderung voranschreitet.

Das Werk richtet sich vorrangig an Studierende, Praktiker und interessierte Laien, die in die vielfältige und verzweigte Welt der sozialen Sicherung eintauchen wollen.

Der Verfasser und der Verlag freuen sich über Lob, Anregungen und Kritik, um die Qualität des Werks zu sichern und zu verbessern.

Alzenau in Unterfranken

Bad Hersfeld, Deutschland                                                                 Ralf Möller
Juni 2018

# Inhaltsverzeichnis

# Bedeutung und Stellung des Sozialrechts

1

**Lernziele**

Im ersten Kapitel stehen die Bedeutung und Stellung der sozialen Sicherungssysteme im Mittelpunkt. Die rechtlichen, soziologischen und ökonomischen Aspekte der sozialen Sicherungssysteme werden vorgestellt. Sie können nach der Bearbeitung dieses Kapitels die wirtschaftliche Bedeutung sozialer Sicherungssysteme
darstellen und die wichtigsten statistischen Kennzahlen nennen. Weiterhin sind Sie
in der Lage, wichtige verfassungsrechtliche sozialstaatliche Regelungen darzustellen und zu beschreiben. Ebenso können Sie internationale Bezüge insbesondere
zum Europarecht skizzieren.

Das Sozialrecht hat in unserer modernen Gesellschaft eine herausragende Funktion erlangt. Soziale Sicherungssysteme bieten den Menschen Sicherheit, der Staat bzw. die zuständigen Organisationen werden grundsätzlich als verlässlich angesehen. Die soziale Absicherung in vielfältigen Lebenssituationen ist ein Garant für die individuelle Lebensführung
und -gestaltung jedes einzelnen Menschen. Individuelle Freiheit und Gestaltungsmöglichkeiten sowie Chancengleichheit und chancengleiche Teilhabe am Leben in unserer Gesellschaft sind herausragende Errungenschaften der vergangenen Jahrzehnte, deren Erhaltung
staatliches Ziel sein muss.

Das vor diesem Hintergrund entwickelte, gegliederte, sehr weitreichende Schutzsystem
muss zugleich finanziert werden. Hierzu haben sich unterschiedliche, teilweise voneinander getrennte, teilweise miteinander verzahnte, teilweise verzahnte Finanzierungssysteme etabliert. Diese systematisch zu ordnen und deren grundlegende Funktionsweise
zu erläutern, ist ein Ziel dieses Buchs. Da nicht nur die Finanzierungssysteme, sondern
auch die Organisation der sozialen Sicherungssysteme äußerst komplex gestaltet ist, ist
zweites Ziel dieses Werks, die organisatorische Gliederung und Verzahnung der Schutzsysteme darzustellen.

© Springer Fachmedien Wiesbaden GmbH, ein Teil von Springer Nature 2022
R. Möller, *Finanzierung und Organisation des Sozialstaates*,
https://doi.org/10.1007/978-3-658-37190-6_1

## 1.1    Wirtschaftliche Bedeutung

Sozial abgesicherte freiheitliche Lebensgestaltung hat ihren Preis. Die wirtschaftliche Bedeutung der sozialen Sicherungssysteme ausgestaltet in den sozialrechtlichen Regelungen
ist in der Bundesrepublik Deutschland immens. Diese wird über mehrere Kennzahlen bzw.
Faktoren abgebildet, welche periodisch vom Statistischen Bundesamt ausgewertet und
veröffentlich werden (Statistisches Bundesamt 2019).

> ▶    **TIPP**   Das statistische Jahrbuch wurde vom Statistischen Bundesamt letztmalig
> im Jahr 2019 aufgelegt. Nunmehr lassen sich statistische Daten in dem
> statistischen Informationssystem GENESIS-Online recherchieren (https://www-
> genesis.destatis.de/genesis/online/data?operation=previous&levelindex=0&st
> ep=0&titel=&levelid=1579689138462&acceptscookies=false).   Eine   weitere
> Quelle bietet das Statistische Bundesamt durch den **Datenreport** an. Der
> Datenreport ist ein Sozialbericht, den die Bundeszentrale für politische Bildung
> zusammen mit dem Statistischen Bundesamt, dem Wissenschaftszentrum
> Berlin für Sozialforschung, dem Soziooekonomischen Panel des Deutschen
> Instituts für Wirtschaftsforschung sowie 2021 erstmals mit dem Bundesinstitut
> für Bevölkerungsforschung herausgibt.
>
>    Neben dem Statistischen Bundesamt veröffentlich das Bundesministerium
> für Arbeit und Soziales (BMAS) alle vier Jahre einen Sozialbericht. Dabei handelt
> es sich im eine erweiterte Fassung der jährlichen Aufstellung Sozialbudget. Die
> darin enthaltenen Daten sind nicht vollständig deckungsgleich mit den Daten
> des Statistischen Bundesamtes, bewegen sich jedoch in der identischen
> Größenordnung. Auch Aufbau und Darstellung der Daten sind im Wesentlich
> vergleichbar. Der jüngste Sozialbericht des Jahres 2017 kann auf der Home-
> page des BMAS eingesehen werden (Bundesministerium für Arbeit und Sozia-
> les 2017).

Der Umfang sozialstaatlicher Leistungen wird mit der **Sozialleistungsquote** beschrieben. Die Sozialleistungsquote beschreibt das Verhältnis staatlicher Sozialleistungen
im Verhältnis zum Bruttoinlandsprodukt. Diese lag vor Beginn der Corona-Pandemie im
Jahr 2020 einige Jahren stabil bei ca. 30 v. H. Inkludiert in diese Quote sind bereits die
Verwaltungsausgaben der Sozialleistungsträger sowie – falls aufzubringen – die Mittel zur
Sicherstellung der Betriebsmittel und Rücklagen. In Zahlen beträgt beispielsweise im Jahr
2020 das Bruttoinlandsprodukt 3473,35 Mrd. Euro. Das **Sozialbudget** (Waltermann 2020,
Rz. 73; vertiefend Tautz 2019, S. 1300 ff.), das als Anteil am Bruttoinlandsprodukt als
Sozialleistungsquote beschrieben ist, hat daran einen nominellen Anteil vom 1040,3 Mrd.
Euro (2019, Leistungsseite).

Die mit der Sozialleistungsquote zum Ausdruck kommende **staatlich organisierte
Umverteilung** von wirtschaftlicher Leistungsfähigkeit widerspricht im Grunde dem aktuell in Deutschland praktizierten Wirtschaftssystem der Marktwirtschaft. Einem auf

Wettbewerb und Produktivität ausgerichteten Wirtschaftssystem sind Umverteilungsmechanismen fremd, da diese einen Markteingriff darstellen und den Wettbewerb verzerren. Sozialpolitisch intendierte und sozialrechtlich gestaltete Umverteilung sind daher ökonomisch betrachtet Markteingriffe. Diese sind gleichwohl gesamtgesellschaftlich anerkannt und erwünscht. Die im Wesentlichen belasteten Gruppen stellen Unternehmer und Arbeitnehmer wegen der Belastung der Lohnkosten mit Sozialversicherungsbeiträgen dar. Bei Unternehmern steigen die Produktionskosten, bei Arbeitnehmern sinkt der Lohnertrag.

Im Vergleich zu anderen weltweit führenden Volkswirtschaften ist die Sozialleistungsquote in Deutschland hoch. Eine ähnliche Quote wird nur in europäischen Nachbarstaaten erreicht. Die Sozialleistungsquote wird daher zu einem wichtigen Standortfaktor, der in mehrere Richtungen wirkt. Einerseits belastet der Sozialaufwand eine Volkswirtschaft, da dieser Aufwand aus dem wirtschaftlichen Ertrag eines vorangegangen Zeitabschnitts getragen werden muss. Daraus folgt, dass nur der Umfang an Sozialleistungen verteilt werden kann, der zuvor erwirtschaftet worden ist (Eichenhofer 2019, Rz. 56). Andererseits schaffen die Umsätze der Sozialleistungserbringung Impulse für die Binnenstruktur einer Volkswirtschaft, sodass damit Wirtschaftswachstum geschaffen wird. Beispielsweise werden die Konsummöglichkeiten von Leistungsberechtigten erweitert oder Umsätze von Sozialleistungserbringern generiert. Dieses Wirtschaftswachstum wirkt nahezu ausschließlich nach innen. Umverteilung und eine hohe Sozialleistungsquote regen daher auch wirtschaftliche Aktivitäten an (vgl. Salzwedel 2006).

> **Zusammenfassung, Merksatz**
> Die hohe Sozialleistungsquote in Deutschland ist Spiegelbild einer umfangreichen staatlich organisierten Umverteilung von wirtschaftlicher Leistungsfähigkeit. Umverteilungsmechanismen sind der Marktwirtschaft fremd. Zugleich wird durch die Umverteilung Wirtschaftswachstum durch Binnennachfrage generiert.

Betrachtet man den Anteil der einzelnen Sicherungssysteme an der Sozialleistungsquote, ist das Sozialversicherungssystem (siehe Kap. 3 und 4) mit seinen verschiedenen Zweigen mit 60,5 v. H. der Ausgaben das umsatzstärkste System. Förder- und Fürsorgesysteme (vgl. Kap. 5, 6, 7) sind mit 18,6 v. H. beteiligt, Arbeitgebersysteme (z. B. Abschn. 4.3.3.3) und Systeme des öffentlichen Dienstes (siehe Abschn. 4.3.3.1) haben einen Anteil von 9,7 bzw. 8,1 v. H.

Eine weitere Messgröße sozialstaatlicher Leistungen ist die sog. **Mindestsicherungsquote**. Diese stellt den Anteil von Personen, welche Grundsicherungsleistungen (siehe Kap. 5.1) beziehen, an der Gesamtbevölkerung dar. Nach den Auswertungen des Statistischen Bundesamtes ist diese Quote insbesondere in den Stadtstaaten überdurchschnittlich hoch.

Inhalt der Sozialleistungsquote ist ein sozialpolitisch gewollter und gesetzlich – sozial-rechtlich oder abgabenrechtlich – umgesetzter **Transfer von Leistungsfähigkeit**. Sozial-leistungsempfängern werden Gelder, Dienstleistungen oder Sachleistungen zur Be-friedigung von Bedarfen zur Verfügung gestellt. Gesetzlich geregelt ist somit das Geben und Nehmen. Die Finanzierung erfolgt entweder durch die Allgemeinheit über **Steuern** oder in **besonderen Finanzierungssystemen**. Die bekanntesten Sondersysteme stellen die Zweige der Sozialversicherung dar. Hier müssen sowohl die systemisch Berechtigten als auch Verpflichteten gesetzlich bestimmt werden.

Die **Umverteilung von Leistungsfähigkeit** kann der einzelne Bürger innerhalb der Finanzierungssysteme unmittelbar oder mittelbar erkennen:

### Steuerfinanzierung

Der Zugriff auf die **steuerliche Leistungsfähigkeit** erfolgt durch eine Auferlegung von direkten oder indirekten Steuerbelastungen. Die **direkte Besteuerung** erfolgt z. B. über die Einkommensteuer. Der jeweiligen wirtschaftlichen Leistungsfähigkeit des Bürgers entsprechend wird ein progressiv steigender Steuertarif der Besteuerung zugrunde gelegt. Mit steigendem Einkommen steigen der Steuersatz und damit auch – progressiv – der An-teil der Steuern am Einkommen(Abb. 1.1). Die steigende Steuerbelastung ist Ausdruck einerseits der wirtschaftlichen Leistungsfähigkeit und andererseits der sozialen Ver-antwortung des Einzelnen am gesellschaftlichen Leben. Die **indirekte Besteuerung** er-folgt z. B. über die Umsatzsteuer. Jeder Bürger entrichtet bei steuerlich relevanten Um-sätzen einen identischen Steuersatz, sodass die steuerliche Belastung vom Wert des Umsatzes abhängt. Der indirekten Besteuerung ist der „Makel der Ungerechtigkeit" im-manent, da bei identischen Verkehrsvorgängen wirtschaftlich schwächere Bürger einen höheren Anteil ihrer wirtschaftlichen Leistungsfähigkeit einsetzen müssen.

### Beitragsfinanzierung

Die **Umverteilung in Solidarverbünden**, insbesondere innerhalb der in der **Sozialver-sicherung** zusammengefassten Solidargemeinschaften, wirkt mit Blick auf den Beitrags-satz linear. Die Beitragsbelastung wirkt für Versicherte direkt (**direkte Beitragslast**). Bis zu einer festgelegten **Beitragsbemessungsgrenze** steigt je Euro Entgelt der Bemessungs-grundlage die Beitragslast linear an. Oberhalb der Beitragsbemessungsgrenze ist jedoch die wirtschaftliche Leistungsfähigkeit nicht mehr durch Solidarabgaben belastet. Hohe

| | A | B | C |
|---|---|---|---|
| Einkommen | 25,000.00 € | 50,000.00 € | 1,00,000.00 € |
| Steuersatz (Durchschnitt) | 15 % | 24 % | 33 % |
| Steuer | 3,626.00 € | 11,994.00 € | 32,863.00 € |
| Solidaritätszuschlag | 0.00 € | 0.00 € | 1,807.47 € |
| Kirchensteuer | 326.34 € | 1,079.46 € | 2,957.67 € |
| Gesamtsteuerlast | 3,952.34 € | 13,073.46 € | 37,628.14 € |
| Belastung | 15.81% | 26.15% | 37.63% |

**Abb. 1.1** Progressive Steuerbelastung (2021 Grundtabelle)

| | Beitragssatz | BBG 2021 (West) | Versicherter A | Versicherter B | Versicherter C |
|---|---|---|---|---|---|
| Einkommen (brutto) | | | 50,000.00 € | 1,00,000.00 € | 2,00,000.00 € |
| RV (Allgemein) | 18.6 | 85,200.00 € | 9,300.00 € | 15,847.20 € | 15,847.20 € |
| Arbeitslosigkeit | 2.4 | 85,200.00 € | 1,200.00 € | 2,044.80 € | 2,044.80 € |
| KV | 14.6 | 58,050.00 € | 7,300.00 € | 8,475.30 € | 8,475.30 € |
| PV | 3.05 | 58,050.00 € | 1,525.00 € | 1,770.53 € | 1,770.53 € |
| Summe | | | 19,325.00 € | 28,137.83 € | 28,137.83 € |
| Beitragsquote je Euro Einkommen | | | 38.65% | 28.14% | 14.07% |

BBG = Beitragebemessungsgrenze

**Abb. 1.2** Beitragsbelastung in der Sozialversicherung

wirtschaftliche Leistungsfähigkeit durch Erzielung hoher Arbeitseinkommen wirkt in der Sozialversicherung im Vergleich zum Steuerrecht daher umgekehrt: je höher Einkommen über der Beitragsbemessungsgrenze liegen, desto geringer wird der Anteil der Beitragsbelastung je Euro (Abb. 1.2).

Begründet wird dieses auf den ersten Blick etwas sonderbar erscheinende Ergebnis (siehe Abb. 1.2) mit dem Zweck der in der Sozialversicherung zusammengefassten Solidargemeinschaften. Mit steigender wirtschaftlicher Leistungsfähigkeit steigt auch die Möglichkeit, eigenständig Vorsorge zu betreiben, eine soziale Schutzbedürftigkeit entfällt somit. Deshalb soll oberhalb der Beitragsbemessungsgrenze jeder verdiente Euro vollständig von solidarischen Beitragsbelastungen frei bleiben, da dieses Einkommen anteilig mit der privaten eigenständigen Vorsorge belastet ist. Weiterhin wird die Belastung der Unternehmer als Argument für die Begrenzung der Beitragsbemessungsgrundlagen ins Feld geführt, da diese paritätisch mit dem Arbeitnehmer an der Beitragsfinanzierung beteiligt sind. Eine Beitragsbelastung mit höheren bzw. völlig ohne Beitragsbemessungsgrenzen würde daher die sog. Lohnnebenkosten und somit die Arbeitskosten in Deutschland erheblich erhöhen.

Auch innerhalb der Sozialverbünde erfolgt eine mittelbar wirkende Umverteilung (**indirekte Beitragslast**). Diese belastet allerdings nicht nochmals die wirtschaftliche Leistungsfähigkeit des Einzelnen. Mit der Beitragsbelastung der Entgelte sind indirekte Umverteilungslasten bereits über systemimmanente sog. Risikoausgleichsmechanismen (durch Gemeinlasten, Haftungsverbünde oder Finanzausgleiche, vgl. Kirchhof 2007, Rz. 43 ff.) finanziert. Die Ausgleichmechanismen erfolgen über Zuweisungen an die Sozialleistungsträger (also: z. B. die gesetzlichen Krankenkassen aus dem Gesundheitsfonds, § 271 SGB V). Diese erhalten entweder für „schlechte Risiken" Ausgleichszahlungen bzw. für „gute Risiken" geringere Zuweisungen auf einem gemeinsamen Finanzierungstopf. Sinn und Zweck der Ausgleichsmechanismen ist, **Risikoselektion** zu vermeiden. Dies ist insbesondere aufgrund der gegebenen Wahlfreiheit der Versicherten in der gesetzlichen Krankenversicherung relevant.

Die **Aufrechterhaltung des Sozialstaates** und die **Sicherung des sozialen Schutzniveaus,** wie wir es heute kennen, ist eine der wesentlichen gesamtgesellschaftlichen Zukunftsaufgaben. Dabei sind mehrere Herausforderungen zu meistern (vgl. Eichenhofer 2019, Rz. 69 ff.; Hauser 2018):

1. Die **ökonomischen Herausforderungen** stellen eine zunehmende Globalisierung und damit einhergehend die Gestaltung internationaler Wirtschaftsbeziehungen und Bündnisse dar. Hier ist insbesondere die künftige Gestaltung und Entwicklung der Europäischen Union zu nennen. Das wirtschaftliche Wachstum der deutschen Volkswirtschaft stößt an Grenzen, da andere Volkswirtschaften aufgeholt haben. Insoweit müssen daher Marktpositionen gefestigt und zielgerichtet gestärkt werden.

2. Die **demografische Herausforderung** stellt sich mit Blick auf die sinkende und zugleich alternde Bevölkerung. Der Anteil der Menschen, die ihre Erwerbsphase aufgrund Alters oder Invalidität beendet haben, wird steigen. Zugleich werden Lebensqualität und Lebenserwartung aufgrund des medizinischen Fortschritts steigen. Absehbar werden deshalb Kosten der Altersversorgung sowie die Gesundheits- bzw. Pflegesicherung zunehmen. Die Anzahl der zur Verfügung stehenden Menschen im Erwerbsalter wird hingegen sinken.

3. Weiterhin stellen sich **technologische Herausforderungen**. Unter den Stichworten „Arbeiten 4." (siehe hierzu z. B. BMAS, Grünbuch Arbeiten 4.0 sowie Weissbuch Arbeiten 4.0) (Bundesministerium für Arbeit und Soziales 2017, 2015) oder „Industrie 4.0" werden eine Digitalisierung der Arbeitswelt und damit einhergehende Herausforderungen diskutiert. Es stellen sich in diesem Zusammenhang eine Reihe wichtiger Fragen, welche das Arbeitsleben der Zukunft betreffen. Betrachtet werden z. B. eine Entkoppelung der Arbeitsprozesse von festen Standorten oder auch eine zunehmende Vermischung von Arbeits- und Privatleben. Zusätzlich stellt die wissensbasierte Dienstleistungsgesellschaft hohe Anforderungen an die Leistungsfähigkeit sowie Bereitschaft einer lebenslangen Qualifizierung jedes einzelnen.

4. Schließlich stellen sich **lebensumweltbezogene Herausforderungen**. In Art. 20 a GG ist insoweit ein Schutzauftrag des Staates zum Schutz der natürlichen Lebensgrundlagen enthalten. Sozialstaatliche Möglichkeiten können nur vor dem Hintergrund eines nachhaltigen und umweltschonenden Wirtschaftswachstums gedeihen. Zerstört der Mensch seine Lebensgrundlagen, werden Standorte und Regionen unattraktiv, eine Entvölkerung findet statt, die Mindestsicherungsquote steigt an. In diesem Zusammenhang ist zugleich das Problem der sog. Landflucht und das zu beobachtende Anwachsen der Ballungszentren zu nennen. Sozialstaatliche Gestaltungsspielräume hängen deshalb auch davon ab, inwieweit der Mensch das Leben „genießen" kann. In einer intakten möglichst gut erhaltenen Umwelt steigen Lebensqualität und die Möglichkeiten einer Teilhabe am Leben in der Gesellschaft.

5. Als weitere Herausforderung oder enthalten in den bereits genannten kann man **infrastrukturelle Herausforderungen** ansehen. Hierzu zählen sowohl klassische infrastrukturelle Wege (insbesondere Straßen, Schienen, Wasserstraßen) als auch moderne Wege der Infrastruktur (z. B. Datenautobahnen, Netzausbau der Strom- und Telekommunikationsnetze) sowie die Verteilung Vorsorgeeinrichtungen der Daseinsvorsorge (z. B. Aufrechterhaltung der Infrastruktur des öffentlichen Nahverkehrs, der ärztlichen Versorgung oder kultureller Angebote im ländlichen Raum).

## 1.2 Nationales Verfassungsrecht

Die Verfassung der Bundesrepublik Deutschland enthält an einigen – wenigen – Stellen Aussagen zur Sozialstaatlichkeit und sozialen Sicherungssystemen. Die prominentesten Verfassungsnormen sind die **Grundrechte**. Diese enthalten allerdings kein wörtlich formuliertes „soziales Grundrecht" auf sozialstaatliche (Mindest-)Absicherung (z. B. ein Recht auf Arbeit, auf angemessenen Wohnraum oder auf soziale Sicherung, etc.). Deshalb kann der einzelne Bürger nicht eine „soziale Grundrechtsverletzung" einer entsprechend formulierten Norm geltend machen, sondern muss einen Umweg über die positivrechtlich formulierten Grundrechtsnormen gehen. Es wird immer wieder diskutiert, ein solches Grundrecht zu formulieren. Dies ist bisher jedoch nicht geschehen. Kritiker führen zumeist als Argument ins Feld, dass der Schutz des Einzelnen auch mit einer ausdrücklichen Normierung nicht weiter wäre als bisher, da der Grundrechtsschutz insoweit nicht ausgeweitet werden würde. Dieser Argumentation kann man mit guten Gründen folgen, da soziale Schutzniveaus auch aus den vorhandenen Verfassungsnormen hergeleitet werden können. Ob eine ausdrückliche Normierung, die darüber hinaus sehr komplex und kompliziert werden dürfte, mehr Klarheit bringt, darf deshalb bezweifelt werden (vgl. auch Eichenhofer 2019, Rz. 109 ff.).

**Hintergrundinformation: Länderverfassungen**
In einigen Länderverfassungen sind soziale Grundrechte bzw. soziale Staatsziele ausdrücklich geregelt:

- Bayern: Art. 166 Recht auf Arbeit; Art. 171 Recht auf Sozialversicherung
- Berlin: Art. 18 Recht auf Arbeit; Art. 22 Soziale Sicherung, Art. 28 Wohnraum
- Brandenburg: Art. 45 Recht auf soziale Sicherung; Art. 47 Wohnraum; Art. 48 Recht auf Arbeit
- Hessen: Art. 28 Recht auf Arbeit
- Mecklenburg-Vorpommern: Art. 17 Pflicht zur Erhaltung und Schaffung von Arbeitsplätzen
- Rheinland-Pfalz: Art. 53 Recht auf Arbeit
- Saarland: Art. 45 Recht auf Arbeit
- Sachsen: Art. 7 Menschenwürdiges Dasein (einschließlich Arbeit, Wohnung, soziale Sicherheit)
- Thüringen: Art. 15 Wohnraum; Art. 36 Arbeit

### Staatszielbestimmung Sozialstaatsprinzip

**Legal Text**
**Art. 20 Abs. 1 GG**

Die Bundesrepublik Deutschland ist ein demokratischer und **sozialer** Bundesstaat.

### Art. 28 Abs. 1 S. 1 GG

Die verfassungsmäßige Ordnung in den Ländern muss den Grundsätzen des republikanischen, demokratischen und **sozialen** Rechtsstaates im Sinne dieses Grundgesetzes entsprechen.

Das Grundgesetz normiert in Art. 20 Abs. 1 GG, dass die Bundesrepublik Deutschland ein sozialer Bundesstaat ist. In Art. 28 Abs. 1 S. 1 GG ist u. a. geregelt, dass die verfassungsmäßige Ordnung in den Ländern den Grundsätzen des sozialen Rechtsstaates im Sinne des Grundgesetzes entsprechen muss. Aus beiden Normen gemeinsam folgt das **Sozialstaatsprinzip** im Sine einer **Staatszielbestimmung** als unmittelbar geltendes Recht. Das Sozialstaatsprinzip legitimiert und verpflichtet den Gesetzgeber zur sozialen Gestaltung der gesellschaftlichen Ordnung. Wegen der **inhaltlichen Unbestimmtheit** des Sozialstaatsprinzips ergeben sich für den Einzelnen allerdings keine unmittelbar ableitbaren sozialen Rechte. Ihm kommt praktische Bedeutung bei der Auslegung sozialer Normen und der Prüfung einer möglichen (Grund-)Rechtsverletzung zu (z. B. Sicherung des Existenzminimums). Zugleich kann das Sozialstaatsprinzip bei der Prüfung der Rechtfertigung staatlichen Handelns (insbesondere der Legislative) herangezogen werden (z. B. Rechtsfertigung der Pflichtmitgliedschaft in der Sozialversicherung).

Der verfassungsrechtliche Gestaltungsauftrag an den Gesetzgeber verfolgt mehrere Ziele („Ob" des staatlichen Handelns), über die Konsens besteht:

- Abbau sozialer Ungleichheit,
- Schutz sozial und wirtschaftlicher Schwächerer,
- Schaffung existenzieller Voraussetzungen für die Entfaltung von Freiheit.

In mehreren Entscheidungen hat daher das Bundesverfassungsgericht aus dem Sozialstaatsprinzip das **Gebot der sozialen Sicherheit** und das **Gebot der sozialen Gerechtigkeit** abgeleitet (BVerfGE 5, 85, 198; 8, 274, 329; 27, 253, 283; 36, 237, 250; 39, 316, 327; 45, 376, 387).

Bei der Frage, „Wie" die vorgenannten Ziele erreicht und ausgestaltet werden soll(t)en, herrscht hingegen Uneinigkeit. Die Antwort auf die Frage hängt von politischen, weltanschaulichen und sonstigen soziokulturellen Überzeugungen ab. Im politischen und dem folgend gesetzgeberischen Alltag werden zumeist Kompromisse erzielt und realisiert, die sich an einer Mehrheitsfähigkeit orientieren.

Wie **soziale Gerechtigkeit** und **soziale Sicherheit** geschaffen bzw. gestaltet werden sollen, ist deshalb dem **Gestaltungsspielraum** und zugleich Gestaltungsauftrag des Staates auferlegt. Beide Begriffe sind allerdings kaum definierbar und sehr unscharf. Aus zumeist ökonomischer Sicht wird gar kritisiert, dass soziale Gerechtigkeit zur Korrektur der Verteilungsergebnisse des Marktes missbraucht werde. Richtig ist insoweit der Ansatz der Betrachtung: unsere auf freiheitlicher Lebensgestaltung und Pluralismus basierende Gesellschaft wird um die Aspekte der sozialen Sicherheit und sozialen Gerechtigkeit ergänzt und erweitert. Verfassungsrechtlich wird der Gesetzgeber verpflichtet, sich um einen „erträglichen Ausgleich der widerstreitenden Interessen und um die Herstellung erträglicher Lebensbedingungen für alle zu bemühen" (BVerfGE 1, 97, 105). Während einerseits staatliche Gestaltung Leistung fordert und belohnt, werden aktuell nicht Leistungsfähige nicht schutzlos gestellt und Hilfebedarfe gedeckt. Die soziale Gerechtigkeitsfrage ist daher die

Frage, wie **solidarisch** die Gesellschaft miteinander umgeht. Einfachrechtlich wird dieser Gedanke in z. B. § 1 Abs. 1 S. 1 SGB I aufgegriffen:

**§ 1 Abs. 1 S. 1 SGB I**
Das Recht des Sozialgesetzbuchs soll zur Verwirklichung **sozialer Gerechtigkeit** und **sozialer Sicherheit** Sozialleistungen einschließlich sozialer und erzieherischer Hilfen gestalten.

**Soziale Sicherheit** sowie **soziale Gerechtigkeit**, deren Anerkennung und Ausgestaltung, sind das unsichtbare Band, das unsere Gesellschaft zusammenhält. Das Gefühl der Verbundenheit der Menschen, das Füreinander-Einstehen-Müssen (und: -Wollen!) ist Spiegelbild des gesellschaftlichen Zusammenhalts, bei dem die Leistungsfähigen die Bedürftigen unterstützen. Das Sozialstaatsprinzip ermöglicht dem Einzelnen daher eine freiheitlich-individuelle Lebensgestaltung, weil mit ihm **soziale Sicherheit** und **soziale Gerechtigkeit** verwirklicht werden. Bezogen auf die unterschiedlichen Lebensumstände im Lebenszyklus wird zudem versucht, soziale Gerechtigkeit zwischen den Generationen im Sinne einer **Generationengerechtigkeit** herzustellen. Keine "ältere" Generation soll die vorhandenen Ressourcen zum Nachteil nachfolgender Generationen verbrauchen, soziale Pflichten und Bedarfe sollen generationenübergreifend zu einem gerechten Ausgleich gebracht werden.

**Beispiel sozialstaatlicher Zusammenhalt**

Ein Beispiel für dieses Verbundenheitsgefühl und dessen Wandel ist die sog. Flüchtlingskrise ab dem Jahr 2015 in Europa. Die Ein- bzw. Durchreise hunderttausender Flüchtlinge bzw. Migranten in bzw. durch viele Staaten Europas wurde zu Beginn in der Bundesrepublik Deutschland mit einem positiven Gefühl begleitet, die sog. Willkommenskultur wurde propagiert. Viele Bundesbürger halfen den bedürftigen Menschen. Je größer die Anzahl der Einreisenden wurde und je stärker administrative Fehlorganisation sichtbar wurde, desto kritischer wurde die Ein- bzw. Durchreise betrachtet und das Gefühl des Einstehen-Könnens bzw. -Wollens für die Flüchtlinge nahm ab. Dies hatte eine politische Kurskorrektur der Bundesregierung im Umgang mit den Flüchtlingen und Migranten ab Herbst des Jahres 2016 zur Folge. Diese Diskussion wiederholt sich aktuell im Jahr 2021 vor dem Hintergrund der Afghanistankrise und den damit verbundenen bzw. befürchteten erneuten Migrationsherausforderungen. ◄

**Zusammenfassung, Merksatz**
Das Sozialstaatsprinzip berechtigt und verpflichtet den Gesetzgeber zur sozialen Gestaltung der gesellschaftlichen Ordnung. Aus dem Sozialstaatsprinzip folgen das Gebot der sozialen Sicherheit und das Gebot der sozialen Gerechtigkeit.

**Staatszielbestimmung Europäische Integration**

**Art. 23 Abs. 1 S. 1 GG**

Zur Verwirklichung eines vereinten Europas wirkt die Bundesrepublik Deutschland bei der Entwicklung der Europäischen Union mit, die demokratischen, rechtsstaatlichen, **sozialen** und föderativen Grundsätzen und dem Grundsatz der Subsidiarität verpflichtet ist und einen diesem Grundgesetz im Wesentlichen vergleichbaren Grundrechtsschutz gewährleistet.

Art. 23 GG wurde infolge der Vertragsverhandlungen zum Vertrag von Maastricht zur Gründung der **Europäischen Union** ins Grundgesetz eingefügt. Auf nationalstaatlicher Ebene ist die Grundrechtsnorm verfassungsrechtliche Voraussetzung für das deutsche Zustimmungsgesetz zum Vertrag von Maastricht. Für die europäische Integration ist die Norm vorrangige Sondervorschrift zu anderen staatsorganisationsrechtlichen Verfassungsnormen, welche die deutschen auswärtigen Beziehungen regeln.

Inhaltlich greift Art. 23 Abs. 1 S. 1 GG Gedanken der Präambel des Grundgesetzes auf, *„als gleichberechtigtes Glied in einem vereinten Europa dem Frieden der Welt zu dienen"*. Der **europäische Integrationsauftrag** kann somit als ein verfassungsrechtliches Staatziel angesehen werden. Materiell dürfen Hoheitsrechte auf die Europäische Union übertragen werden. Allerdings bleibt das Bestehen der deutschen Staatlichkeit davon unberührt, da einerseits eine gleichberechtigte Teilnahme an der europäischen Integration zwingend eine eigenständige Staatlichkeit voraussetzt (von Münch und Kunig 2021, Art. 23 GG Rz. 40) und andererseits mit dem Bezug auf Art. 79 Abs. 2 und 3 GG (sog. Ewigkeitsgarantie) unveränderliche Verfassungselemente bestätigt werden. Allerdings ist das Zusammenspiel von Art. 23 Abs. 1 GG und Art. 79 Abs. 3 GG sehr umstritten (vgl. von Münch und Kunig 2021, Art. 23 GG, Rz. 91 ff.). Die Verfassungsnorm zur europäischen Integration regelt in den Absätzen 2 bis 7 im Wesentlichen Verfahrens- und Beteiligungsfragen auf nationaler Ebene.

Was Gegenstand des europäischen Integrationsauftrags sein soll, beantwortet die Verfassungsnorm allerdings nicht. Es werden lediglich in der sog. **Struktursicherungsklausel** des Absatzes 1 Satz 1 bestimmte Rahmenbedingungen genannt. So soll die Verwirklichung eines vereinten Europas u. a. den **sozialen Grundsätzen verpflichtet** sein. Damit anerkennt auch der europäische Integrationsauftrag, dass soziale Mindeststandards vorhanden sein müssen. Welche Ausprägung diese haben bzw. haben müssen, ist damit allerdings auch noch nicht gesagt.

Vor dem Hintergrund der Menschenwürdegarantie, der Schutzpflichtendimension der Grundrechte und des Sozialstaatsprinzips als unveränderliche Bestandteile der nationalen Verfassungsordnung dürfte eine plausible Auslegung der Norm sein, dass die verfassungsrechtlich garantierten nationalen Mindeststandards bei der nationalen Umsetzung der europäischen Integration nicht unterschritten werden dürfen. Insoweit werden allerdings auch andere Ansichten vertreten. So sollen keine Bestandsgarantien für soziale Standards der nationalen Sozialsysteme bestehen und lediglich eine einseitige Ausrichtung eines vereinten Europas an wirtschaftlichen Interessen verhindert werden (von Münch und Kunig 2021, Art. 23 GG, Rz. 39). Eine solche Auslegung des Art. 23 Abs. 1 S. 1 GG greift allerdings zu kurz und übersieht, dass der Verfassungsauftrag einer europäischen Integration national geschützte (unveränderliche) Verfassungsprinzipien und deren Ausprägungen nicht verändert. Europäische Integration ist gerade nicht gleichzusetzen mit einer europäischen Bundesstaatlichkeit und einer damit zwingend einhergehenden europäischen Staatenbildung. Folge der hier vertretenen Auffassung ist daher, dass soziale Grundsätze auf europäischer Ebene bei der nationalen Umsetzung zu unterschiedlichen sozialen Schutzniveaus führen kann. Das Verhältnis zwischen deutschen Verfassungsnormen und der europäischen Integration ist in grundsätzlichen Fragen sehr umstritten.

**Hintergrundinformation: Ultra-vires-Kontrolle des EuGH durch das Bundesverfassungsgericht**
Das BVerfG hat zum Verhältnis der Europäischen Integration und verfassungsrechtlichen Rahmenbedingungen eine vielbeachtete und zugleich vielfach kritisierte Entscheidung getroffen (BVerfG vom 05.05.2020, 2 BvR 859/15, 2 BvR 1651/15, 2 BvR 2006/15, 2 BvR 980/16, BVerfGE 154, 17-152). Im dem Rechtsstreit ging es im Kern darum, ob das BVerfG eine (zustimmende) Entscheidung des EuGH zu Fragen der Verhältnismäßigkeit eines Programms zum Ankauf von Staatsanleihen (Problematik einer sog. „Schuldenunion") überprüfen und v. a. für teilweise mit dem Grundgesetz für unvereinbar erklären kann und darf. Das BVerfG hat dies – nach der hier vertretenen Auffassung zu Recht – bejaht (BVerfG vom 05.05.2020, 2 BvR 859, 1651 und 2006/15, 980/16, BVerfGE 154, 17-152). Die Randnummern 113-115, BVerfGE 154, 17, 92 ff., der Entscheidung enthalten die entscheidenden Ausführungen:

„Die Annahme einer offensichtlichen Kompetenzüberschreitung setzt allerdings nicht voraus, dass keine unterschiedlichen Rechtsauffassungen zu der in Rede stehenden Frage vertreten werden. Dass Stimmen im Schrifttum, in der Politik oder den Medien einer Maßnahme Unbedenklichkeit attestieren, hindert die Feststellung einer offensichtlichen Kompetenzüberschreitung grundsätzlich nicht. „Offensichtlich" kann die Kompetenzüberschreitung auch dann sein, wenn ihre Annahme das Ergebnis einer sorgfältigen und detailliert begründeten Auslegung ist (vgl. BVerfGE 82, 316, 319 f.; 89, 243, 250; 89, 291, 300; 95, 1, 14 f.; 103, 332, 358 ff.; 142, 123, 201 Rn. 150). Insoweit gelten im Rahmen der Ultra-vires-Kontrolle die allgemeinen Grundsätze (vgl. BVerfG, Urteil des Zweiten Senats vom 30. Juli 2019 – 2 BvR 1685/14, 2 BvR 2631/14 –, Rn. 152). Überschreitet der Gerichtshof diese Grenze, ist sein Handeln vom Mandat des Art. 19 Abs. 1 Satz 2 EUV in Verbindung mit dem Zustimmungsgesetz nicht mehr gedeckt, sodass seiner Entscheidung jedenfalls für Deutschland das gemäß Art. 23 Abs. 1 Satz 2 in Verbindung mit Art. 20 Abs. 1 und Abs. 2 und Art. 79 Abs. 3 GG erforderliche Mindestmaß an demokratischer Legitimation fehlt (vgl. BVerfGE 142, 123, 201 Rn. 149; BVerfG, Urteil des Zweiten Senats vom 30. Juli 2019 – 2 BvR 1685/14, 2 BvR 2631/14 –, Rn. 151).

Art. 38 Abs. 1 Satz 1 GG in Verbindung mit der Integrationsverantwortung der Verfassungsorgane schützt die Wahlberechtigten nicht nur davor, dass der Europäischen Union Hoheitsrechte entgegen Art. 23 Abs. 1 Satz 3 in Verbindung mit Art. 79 Abs. 3 GG jenseits des für eine Übertragung offenstehenden Bereichs eingeräumt werden, sondern auch davor, dass Maßnahmen von Organen, Einrichtungen und sonstigen Stellen der Europäischen Union umgesetzt werden, die eine entsprechende Wirkung entfalten und jedenfalls faktisch einer mit dem Grundgesetz unvereinbaren Kompetenzübertragung gleichkämen (vgl. BVerfGE 142, 123, 195 f. Rn. 139; BVerfG, Urteil des Zweiten Senats vom 30. Juli 2019 – 2 BvR 1685/14, 2 BvR 2631/14 –, Rn. 154). Die Integrationsverantwortung verpflichtet die Verfassungsorgane auch insoweit, sich schützend und fördernd vor die durch Art. 38 Abs. 1 Satz 1 in Verbindung mit Art. 20 Abs. 2 Satz 1 GG geschützten Rechtspositionen des Einzelnen zu stellen (BVerfG, Urteil des Zweiten Senats vom 30. Juli 2019 – 2 BvR 1685/14, 2 BvR 2631/14 –, Rn. 154).

Soweit Maßnahmen von Organen, Einrichtungen oder sonstigen Stellen der Europäischen Union Auswirkungen zeitigen, die mit den Grundsätzen der Art. 1 und Art. 20 GG die Verfassungsidentität des Grundgesetzes berühren, gehen sie über die durch die Verfassung gezogenen Grenzen offener Staatlichkeit hinaus (vgl. BVerfGE 113, 273, 296; 123, 267, 348; 134, 366, 384 Rn. 27; 142, 123, 195 Rn. 137). Das betrifft die Wahrung des Menschenwürdekerns der Grundrechte gemäß Art. 1 GG (vgl. BVerfGE 140, 317, 341 Rn. 48) ebenso wie die Grundsätze, die das Demokratie-, Rechts-, Sozial- und Bundesstaatsprinzip im Sinne des Art. 20 GG prägen. Mit Blick auf das Demokratie-prinzip gemäß Art. 20 Abs. 1 und Abs. 2 GG ist unter anderem sicherzustellen, dass dem Deutschen Bundestag eigene Aufgaben und Befugnisse von substanziellem politischem Gewicht verbleiben (vgl. BVerfGE 89, 155, 182; 123, 267, 330, 356; 142, 123, 195 Rn. 138) und dass er in der Lage bleibt, seine haushaltspolitische Gesamtverantwortung wahrzunehmen (vgl. BVerfGE 123, 267, 359; 129, 124, 177; 131, 152, 205 f.; 132, 195, 239 Rn. 106; 135, 317, 399 f. Rn. 161; 142, 123, 195 Rn. 138; vgl. auch BVerfGE 146, 216, 261 Rn. 68; BVerfG, Urteil des Zweiten Senats vom 30. Juli 2019 – 2 BvR 1685/14, 2 BvR 2631/14 –, Rn. 123)."

**Menschenwürde, Art. 1 Abs. 1 GG**

### Art. 1 Abs. 1 GG

Die Würde des Menschen ist unantastbar. Sie zu achten und zu schützen ist Verpflichtung aller staatlichen Gewalt.

Der Schutz der **Menschenwürde** nach Art. 1 Abs. 1 GG in Verbindung mit dem Sozial-staatsprinzip gewährt **soziale Mindeststandards**. Aus Satz 2 der Norm folgen Abwehr- und Schutzfunktion des Grundrechts. Die Unantastbarkeit der Menschenwürde gebietet dem Staat, niemanden schutzlos zu stellen. Da die Norm den Menschen in den Mittelpunkt stellt, kommt es z. B. auf Herkunft, Alter, Geschlecht oder auch Staatsangehörigkeit nicht an. Auch kann niemand auf die Menschenwürde verzichten. Andererseits ist damit nicht gesagt, inwieweit der Staat den Einzelnen von der sozialen Preisgabe seiner Würde abzu-halten hat. Nach der sog. Objektformel des Bundesverfassungsgerichts widerspricht es der menschlichen Würde, den Menschen zum bloßen Objekt des Staates zu machen.

Der Staat hat nach dem Programmsatz des Art. 1 Abs. 1 GG jedenfalls die Mindest-voraussetzungen für ein menschenwürdiges Dasein zu sichern. Daraus folgt, dass der Staat jedem Menschen das **Existenzminimum** zu gewährleisten hat (BVerfGE 40, 121, 133; 45, 187, 228; 82, 60, 85; 113, 88, 108 f.; 123, 267, 362 f.; 125, 175, 222). Dieses kann allerdings kaum in Euro oder Leistungen beziffert werden, sodass dieser Begriff eine ge-wisse Unschärfe in sich trägt. Je nach Kontext (z. B. Fürsorgerecht, Steuerrecht) wird das Existenzminimum daher anders verstanden. Ebenso ist der Gestaltungsspielraum des Gesetzgebers (vgl. hierzu BVerfGE 35, 202, 236; 45, 376, 387; 100, 271, 284) zeit- und situationsabhängig (Waltermann 2020, Rz. 15). Da in unserer heutigen Gesellschaft ein hohes Wohlstandsniveau erreicht ist, schlägt dies auch auf das Verständnis des Existenz-minimums durch. Der **soziale Mindeststandard** geht deshalb über das hinaus, was zur notdürftigen Fristung des Lebens, d. h. zur Verhütung des Verhungerns und der Obdach-losigkeit unbedingt erforderlich ist. Heute allgemein anerkannt ist, dass das Existenz-minimum neben materiellen Ansprüchen (z. B. Essen, Kleidung, Obdach) ein **Mindest-maß an Teilhabe** am gesellschaftlichen, kulturellen und politischen Leben umfasst

(BVerfGE 80, 367, 374; 109, 279, 319; 125, 175, 223). Der gesetzgeberische Gestaltungsspielraum ist hierbei weit gefasst, das Existenzminimum kann als eine untere Schranke der verfassungsrechtlich gebotenen Ausgestaltung verstanden werden.

Das **gesamte Recht der sozialen Fürsorgen und Hilfen** (siehe Kap. 0) baut auf dem Schutz der Menschenwürde auf. Unser gegenwärtiges System der sozialen Sicherung ist – global betrachtet – deutlich oberhalb des verfassungsrechtlich gebotenen sozialen Mindeststandards angesiedelt. Gleichwohl kann man bei isolierter Betrachtung einzelner Hilfeleistungen zu einem anderen Ergebnis gelangen. Zudem kann festgestellt werden, dass auch im Bereich der sozialen Fürsorgen und Hilfen eine Abstufung des Leistungsstandards erkennbar ist. Beispielsweise ist das soziale Schutzniveau von Asylbewerbern deutlich unterhalb der Grundsicherungsleistungen angesiedelt.

Mit Blick auf die **Finanzierung sozialer Mindeststandards** gilt die einfache Formel, dass der Staat Geld zu haben hat. Allgemein anerkannt ist, dass die (ggf. niedrige) Leistungsfähigkeit des Staatshaushalts einem individuellen Anspruch auf Sicherung eines menschenwürdigen Existenzminimums nicht entgegengehalten werden kann. Der Gesetzgeber kann allerdings aufgrund angespannter Haushaltslagen Ansprüche auf das verfassungsrechtlich gebotene Maß zurücknehmen.

> **Zusammenfassung, Merksatz**
> Der Staat hat die Mindestvoraussetzungen für ein menschenwürdiges Dasein zu sichern. Das Existenzminimum umfasst neben materiellen Ansprüchen ein Mindestmaß an Teilhabe am gesellschaftlichen, kulturellen und politischen Leben.

### Grundrechtsschutz: Freiheitsgrundrechte

Obwohl es „das" soziale Grundrecht im Grundgesetz formuliert nicht gibt, besteht ein „sozialer" Grundrechtsschutz. Dieser ist auf den ersten Blick nicht leicht zu erkennen. Die Freiheitsgrundrechte sind entsprechend der Intention des historischen Verfassungsgebers als **Abwehrrechte** des Bürgers gegen staatliche Eingriffe formuliert. Sie sichern daher in dieser Funktion (vgl. Isensee 2011) **Freiheiten gegen staatliche Eingriffe**. Da somit verfassungsrechtlich die freiheitliche Lebensgestaltung des Einzelnen geschützt wird, steht jedes Freiheitsgrundrecht in einem Spannungsverhältnis mit Allgemeinwohlinteressen und anderen verfassungsrechtlich geschützten Grundrechten (sog. Grundrechtskollision). Insoweit müssen die kollidierenden Belange zu einem Ausgleich gebracht werden.

**Anwendungsbeispiele**

### Art. 2 Abs. 1 GG allgemeine Handlungsfreiheit

Abwehrrecht gegen die Pflichtmitgliedschaft in der Sozialversicherung (vom Bundesverfassungsgericht abgelehnt, BVerfGE 29, 221, 235 ff.; 29, 245, 253 ff.)

**Art. 12 Abs. 1 GG Berufsfreiheit**

einerseits: Zulassung eines Leistungserbringers (z. B. Arzt oder Pflegedienst)
anderseits: Beitragspflicht der Künstler

**Art. 14 Abs. 1 GG Eigentumsfreiheit**

Schutz von Rentenanwartschaften der gesetzlichen Rentenversicherung ◄

Zugleich können den Freiheitsgrundrechten in ihrer objektiv-rechtlichen Funktion
**Schutzpflichten** entnommen werden. Diese bestehen dann, wenn das jeweilige Grundrecht Teil der objektiven Wertordnung des Grundgesetzes ist, welche als verfassungsrechtliche Grundentscheidung für alle Bereiche des Rechts gilt (**objektive Wertentscheidung;**
vgl. grundlegend hierzu BVerfGE 7, 198, 204 ff.). Zu fragen ist dann danach, ob eine
staatliche Nachbesserungspflicht als Ausfluss der Schutzpflichtendimension des Grundrechts besteht. Im Sozialrecht wäre insbesondere danach zu fragen, ob menschliches
Leben oder menschliche Gesundheit bedroht ist und der bestehende hohe Grundrechtsschutz den Staat zu schützendem Einschreiten veranlasst. Praktische Relevanz erfahren
die Freiheitsgrundrechte in dieser Funktion bei der Auslegung und Anwendung des ein-
fachen Rechts durch Verwaltungen und Rechtsprechung. Daneben kann der Gesetzgeber
aufgerufen sein, mehr für den Grundrechtsschutz zu tun und insoweit die Freiheitsgrundrechte bei der Gesetzesgestaltung zu berücksichtigen.

---

**Beispiele für objektive Wertentscheidungen und Schutzpflichten**

Als Schutzpflicht anerkannt ist gemäß Art. 1 Abs. 1 GG i. V. m. Art. 2 Abs. 2 GG der
Schutz des ungeborenen Lebens.

Art. 6 Abs. 4 GG ist eine wertentscheidende Grundsatznorm und enthält einen bin-
denden Auftrag an den Gesetzgeber auf Schutz und Fürsorge jeder Mutter (siehe hierzu
Abschn. 7.2).

Art. 6 Abs. 5 GG enthält eine objektive Wertentscheidung für die Gleichstellung von
ehelichen und unehelichen Kindern. ◄

Allerdings können Grundrechte in ihrer Schutzpflichtendimension **praktisch nahezu
niemals konkrete einklagbare Ansprüche** rechtfertigen (BVerfGE 27, 253, 283; 41,
126, 153 f.; 52, 283, 298; 82, 60, 80). Dazu wäre nämlich erforderlich, dass der Staat
seine Aufgaben in eklatant hohem Maße offensichtlich nicht erfüllt hat. Insbesondere mit
Blick auf soziale Teilhabe sind **Teilhaberechte** (siehe hierzu Murswiek 2011) mit Blick
auf konkurrierende Leistungsansprüche und die Haushaltshoheit des Parlaments (Schutz
des Haushaltsrechts des Parlaments) nur in sehr engen Grenzen denkbar. Dementsprechend stehen – gesetzlich nicht formulierte und insoweit vom Gesetzgeber nicht be-
schlossene – Teilhaberechte unter dem Vorbehalt des Möglichen im Sinne dessen, was
der Einzelne vernünftigerweise von der Gesellschaft beanspruchen kann (vgl. grundlegend Isensee 2011). Zudem muss auch betrachtet werden, ob bereits staatliche Regelungen zur Erfüllung der Schutzpflicht vorhanden sind und ob diese Regelungen der

Schutzpflicht (also: der objektiven Wertentscheidung der Verfassung) genügen. Die zu beantwortende Frage ist dabei, ob der Staat genug getan hat zur Beachtung des Schutzbereichs des Grundrechts.

Schließlich entfalten Grundrechte eine **Drittwirkung**. Insoweit geht es um die Frage, welche Wirkung Grundrechte über die Bindung der öffentlichen Gewalt in privatrechtlichen Rechtsbeziehungen der Bürger untereinander entfalten. Gemäß Art. 1 Abs. 3 GG sind Gesetzgebung, Verwaltung und Rechtsprechung an die Grundrechte als unmittelbar geltendes Recht gebunden. Bei einer Verletzung der ihn schützenden Grundrechte durch die öffentliche Gewalt kann ein Bürger Verfassungsbeschwerde erheben. Diese Möglichkeit scheidet bei Rechtsbeziehungen der Bürger untereinander von vornherein aus. Grundrechte werden daher z. B. in Prozessen vor den Zivilgerichten relevant. Dabei wird zwischen unmittelbarer und mittelbarer Drittwirkung unterschieden. Bei der **unmittelbaren Drittwirkung** wirken die Grundrechte ohne die Beteiligung staatlicher Stellen unmittelbar zwischen den Bürgern. Bei der **mittelbaren Drittwirkung** wirken die Grundrechte nicht unmittelbar zwischen den Bürgern, jedoch ist ihr Inhalt bei der Anwendung des Privatrechts zu beachten. Insbesondere werden Grundrechte bei der Auslegung unbestimmter Rechtsbegriffe – und hier insbesondere bei Generalklauseln – relevant. Beispiele hierfür sind die Sittenwidrigkeit (vgl. § 138 Abs. 1 BGB) oder Treu und Glauben (vgl. § 242 BGB). Von der Rechtsprechung anerkannt ist lediglich die **mittelbare Drittwirkung der Grundrechte**. Mittelbare Drittwirkung entfalten sowohl Freiheitsgrundrechte als auch Gleichheitsgrundrechte.

> **Zusammenfassung, Merksatz**
> Freiheitsgrundrechte gewähren dem Bürger Abwehrrechte gegen staatliche Eingriffe. Sie können in ihrer objektiv-rechtlichen Funktion objektive Wertentscheidungen enthalten, die dem Staat Schutzpflichten zugunsten der Bürger aufgeben.

**Grundrechtsschutz: Gleichheitsgrundrechte**

Das im Sozialstaatsprinzip verankerte Gebot der sozialen Gerechtigkeit wird ergänzt und zugleich gestärkt durch den aus Art. 3 Abs. 1 GG folgenden **allgemeinen Gleichheitssatz**. Diesem kommt in der sozialrechtlichen Leistungsverwaltung erhebliche Bedeutung zu. Jeder kann verlangen, gleichheitsgerecht Sozialleistungen zu erhalten. Daraus kann ein Leitungsrecht folgen, wenn vergleichbare Leistungsberechtigte in vergleichbaren Lebenssituationen Sozialleistungen erhalten. Dies ist Ausfluss der sog. **Selbstbindung der Verwaltung**. Insbesondere die gleichheitskonforme Anwendung von verwaltungsinternen Vorschriften (Verwaltungsvorschriften, Dienstanweisungen) ist hierbei relevant. Hat sich allerdings eine rechtswidrige Verwaltungspraxis etabliert, kann die Verwaltung daran nicht gebunden sein. Insoweit gilt der Grundsatz, dass es eine „**Gleichbehandlung im Unrecht**" nicht gibt. Ebenso kann ein Leistungserbringer verlangen, hinsichtlich der Zulassung zur

Leistungserbringung gleich behandelt zu werden wie andere Leistungserbringer. Art. 3 Abs. 1 GG schütz die Gleichheit vor dem Gesetz (= Rechtsanwendungsgleichheit), darüber hinaus aber aus dem Kontext mit Art. 1 Abs. 3 GG auch die Gleichheit des Gesetzes (= Rechtssetzungsgleichheit). Verstößt ein Gesetz gegen Art. 3 Abs. 1 GG wird dieses regelhaft für unanwendbar erklärt. Es ist allein Aufgabe des Gesetzgebers ein verfassungskonformes Gesetz zu erlassen.

Diese auf den ersten Blick leicht zu verstehenden Ausflüsse des allgemeinen Gleichheitssatzes können in der praktischen Anwendung allerdings schwierig sein (Beispiele bei Eichenhofer 2019, Rz. 129). Das hat seine Ursache darin, dass verfassungsrechtlich lediglich eine **grundlose Ungleichbehandlung** vom Schutzbereich der Norm erfasst ist. Deshalb lauten die zu beantwortenden Kernfragen stets, ob die zu beurteilenden Sachverhalte vergleichbar sind und ob es eine Rechtfertigung für eine vorhandene Ungleichbehandlung gibt. Zudem sind Ungleichbehandlungen von lediglich geringer Intensität bereits dann zulässig, wenn ein sachlicher Grund für die Ungleichbehandlung besteht. Allenfalls wenn das staatliche Handeln willkürlich erscheint, wäre die Ungleichbehandlung in diesen Fällen unzulässig.

### Beispiele für ungerechtfertigte Ungleichbehandlungen

Der generelle Ausschluss von Studierenden vom Bezug des Arbeitslosengeldes wurde als verfassungswidrig beurteilt (BVerfGE 74, 9, 24 ff.).
      Ein Gleichheitsverstoß liegt vor, wenn Pflegeversicherte mit Kindern gleich hohe Beiträge zahlen wie kinderlose Versicherte (Grund: Eltern leisten durch die Kindererziehung einen Beitrag zur Funktionsfähigkeit der umlagefinanzierten Sozialversicherung; BVerfGE 103, 242, 263 ff.). ◄

Neben dem allgemeinen Gleichheitssatz beinhaltet Art § 3 GG in den Absätzen 2 und 3 besondere Gleichheitssätze. Sozialstaatlich relevant sind hierbei insbesondere die in Art. 3 Abs. 3 S. 1 GG enthaltenen Benachteiligungsverbote sowie das besondere Benachteiligungsverbot des Art. 3 Abs. 3 S. 2 GG wegen einer Behinderung, welches das Bundesverfassungsgericht nunmehr auch als objektive Wertentscheidung der Verfassung ansieht (siehe hierzu Abschn. 8.1).

**Gesetzgebungs- und Verwaltungskompetenz**

**Legal Text**
**Art. 73 GG**

Der Bund hat die ausschließliche Gesetzgebung über …

Nr. 13: die **Versorgung** der Kriegsbeschädigten und Kriegshinterbliebenen und die **Fürsorge** für die ehemaligen Kriegsgefangenen;

**Art. 74 Abs. 1**

Die konkurrierende Gesetzgebung erstreckt sich auf folgende Gebiete: …

Nr. 7: die öffentliche **Fürsorge** (ohne das Heimrecht): …

Nr. 12: das Arbeitsrecht einschließlich der Betriebsverfassung, des Arbeitsschutzes und der Arbeitsvermittlung sowie die **Sozialversicherung** einschließlich der Arbeitslosenversicherung;

Nr. 19 a: die **wirtschaftliche Sicherung** der **Krankenhäuser** und die Regelung der **Krankenhauspflegesätze**;

**Art. 87 Abs. 2 GG**

Als bundesunmittelbare Körperschaften des öffentlichen Rechtes werden diejenigen **sozialen Versicherungsträger** geführt, deren Zuständigkeitsbereich sich über das Gebiet eines Landes hinaus erstreckt. **Soziale Versicherungsträger**, deren Zuständigkeitsbereich sich über das Gebiet eines Landes, aber nicht über mehr als drei Länder hinaus erstreckt, werden abweichend von Satz 1 als landesunmittelbare Körperschaften des öffentlichen Rechtes geführt, wenn das aufsichtsführende Land durch die beteiligten Länder bestimmt ist.

**Art. 95 Abs. 1 GG**

Für die Gebiete der ordentlichen, der Verwaltungs-, der Finanz-, der Arbeits- und der **Sozialgerichtsbarkeit** errichtet der Bund als oberste Gerichtshöfe den Bundesgerichtshof, das Bundesverwaltungsgericht, den Bundesfinanzhof, das Bundesarbeitsgericht und das **Bundessozialgericht**.

Das Grundgesetz trifft verfassungsrechtliche Grundentscheidungen zur Gesetzgebungskompetenz, zum Verwaltungsaufbau sowie zur Rechtsprechung in der Bundesrepublik Deutschland. Dies ist Folge des im Grundgesetz verankerten Prinzips der **Gewaltenteilung**, also der prinzipiellen Trennung von Legislative, Exekutive und Judikative. In den Verfassungsnormen zu den drei Gewalten sind jeweils ausdrücklich Bezüge zu einer – wie auch immer ausgestalteten – Sozialordnung enthalten.

Im Rahmen der **Gesetzgebungskompetenz** werden das Recht der öffentlichen Fürsorge sowie der Sozialversicherung einschließlich der Arbeitslosenversicherung als Gegenstände der **konkurrierenden Gesetzgebung** benannt. Damit haben die Länder in diesen Bereichen die Befugnis zur Gesetzgebung, solange und soweit der Bund von seiner Gesetzgebungszuständigkeit nicht durch Gesetz Gebrauch gemacht hat. Da der Bund allerdings weitreichend hiervon Gebrauch gemacht hat, ist das **Sozialrecht** in der Bundesrepublik Deutschland überwiegend **Bundesrecht** (vgl. zur föderalen Ordnung Becker 2018, Rz. 60 f.). Zusätzlich hat der Bund nach Art. 73 Abs. 1 Nr. 13 GG die **ausschließliche Gesetzgebungskompetenz** auf dem Gebiet der Versorgung der Kriegsbeschädigten und Kriegshinterbliebenen.

Das Grundgesetz verwendet in Art. 74 Abs. 1 Nr. 12 GG den Begriff der „Sozialversicherung", ohne diesen allerdings zu definieren. Was unter Sozialversicherung zu verstehen ist, bedarf daher der Auslegung. Dies hat das Bundesverfassungsgericht getan (BVerfGE 11, 105, 111 ff.; 14, 312, 317; 62, 354, 366; 63, 1, 34 f.; 75, 108, 146 f.; 81, 156,

185; 88, 203, 313) und folgende vier Mindestvoraussetzungen für den **Gattungsbegriff Sozialversicherung** herausgearbeitet:

1. Einrichtung, die die gemeinsame Deckung eines möglichen, in seiner Gesamtheit schätzbaren Bedarf durch Verteilung auf eine organisierte Vielheit bezweckt;
2. es erfolgte ein Ausgleich besonderer Lasten durch Umverteilung;
3. es gibt eine bestimmte Art und Weise, wie Aufgaben organisatorisch bewältigt werden;
4. Finanzierung erfolgt durch Sozialversicherungsbeiträge der Beteiligten.

Diese sehr offene Definition ermöglicht dem Gesetzgeber, neue Lebenssachverhalte in das Gesamtsystem der Sozialversicherung mit einzubeziehen, wenn die neuen Leistungssysteme in ihren wesentlichen Strukturmerkmalen, insbesondere in der Bewältigung ihrer Durchführung dem Bild entspricht, welches durch die klassische Sozialversicherung betreffend Krankheit, Alter, Invalidität, Unfall geprägt ist (BVerfGE 11, 105, 112; 103, 197, 215 ff.). Der Gesetzgeber kann somit das überkommene Sozialversicherungssystem fortentwickelnden, ist kompetenzrechtlich allerdings gehindert, den Typus Sozialversicherung anzutasten (von Münch und Kunig 2012, Art. 74 GG, Rz. 55). Dies wäre nur mit bzw. in Folge einer Änderung des Art. 74 Abs. 1 Nr. 12 GG möglich.

> **Zusammenfassung, Merksatz**
> Die Sozialversicherung ist Gegenstand der konkurrierenden Gesetzgebung und praktisch umfassend Bundesrecht. Der Typus Sozialversicherung ist inhaltlich geprägt von den überkommenen Sozialversicherungssystemen.

Die Ausführung der bundesstaatlichen Sozialgesetze durch die **Exekutive** ist nach der Ordnungssystematik des Grundgesetzes gemäß Art. 30, 83 GG grundsätzlich Länderangelegenheit. Diese sind prinzipiell für die Erfüllung staatlicher Aufgaben zuständig, sie führen die Bundesgesetze als eigene Angelegenheiten aus. Dies wird als **Landeseigenverwaltung** bezeichnet. Daneben sieht Art. 85 GG die Möglichkeit vor, dass Länder Bundesgesetze im Auftrag des Bundes ausführen (**Auftragsverwaltung**). Über Art. 83 Hs. 2 GG i. V. m. Art. 86 GG besteht für den Bund ausnahmsweise die Möglichkeit, durch **Bundeseigenverwaltung** Bundesgesetze auszuführen. Schließlich wurde Sachgebiete identifiziert, in denen als Ausnahme der o. g. klassischen Organisationsformen der Exekutive **Mischverwaltungen** zulässig sind. Hier ist v. a. Art. 91 e GG relevant, der eine Mischverwaltung im Bereich der Grundsicherung für Arbeitsuchende für zulässig erachtet (näher hierzu unter Abschn. 4.5.1).

Im Bereich der Sozialversicherung regelt Art. 87 Abs. 2 GG eine Abgrenzung zwischen bundesunmittelbaren bzw. landesunmittelbaren Körperschaften des öffentlichen Rechts. Die entsprechenden sozialen Versicherungsträger – spricht **Sozialversicherungsträger** – können als **Körperschaften des öffentlichen Rechts** entweder bundes- oder landesunmittelbar organisiert sein. Handelt es sich um bundesunmittelbare Sozialversicherungsträger, sind diese als Unterfall der Bundeseigenverwaltung zuzuordnen. Die Verfassungsnorm regelt nur den Zuständigkeitsbereich bestehender Sozialversicherungsträger, sie gewährt weder eine verfassungsrechtliche Garantie der Sozialversicherung (BVerfGE 21, 362, 371; 39, 302, 314 f.) noch einen verfassungsrechtlichen Bestandsschutz für Sozialversicherungsträger selbst (von Münch und Kunig 2021, Art. 87 GG, Rz. 8). Da die Träger der Sozialversicherung körperschaftlich organisiert sein sollen, ist eine unmittelbare Verwaltung durch Bundesbehörden ausgeschlossen. Ob Art. 87 Abs. 2 GG die soziale Selbstverwaltung garantiert, ist umstritten; überwiegend wird dies abgelehnt (von Münch und Kunig 2021, Art. 87 GG, Rz. 24). Da der verfassungsrechtlich vorgesehene Verwaltungsaufbau körperschaftlich organisiert sein muss, wird man ein Mindestmaß an eigener Entscheidungskompetenz und Haushaltskompetenz zugestehen müssen. Dies kann sachlich begründet in sozialer Selbstverwaltung geschehen, muss dies allerdings nicht zwingend.

**Hintergrundinformation: Leistungsfähigkeit des gegliederten Sozialstaates**
Aus der Gesetzgebungskompetenz sowie der Vielfalt der im Rahmen der Exekutive beteiligten Verwaltungen folgt, dass die Erhebung, Verarbeitung und Nutzung von Sozialdaten sowie deren Austausch vor dem Hintergrund der Digitalisierung hohe Anforderungen an den Sozialstaat und den Sozialdatenschutz stellt (vgl. zum Sozialdatenschutz Binne und Kremer 2018). Ebenso stellt die Übertragung zahlreicher Aufgaben auf kommunale Gebietskörperschaften diese vor große Herausforderungen und führt zu einer tendenziellen Überspannung deren finanzieller Leistungsfähigkeit. Politische Lösungen werden zumeist durch Kostenbeteiligungen des Bundes oder der Länder sowie über Regelungen des Finanzausgleichs oder einer Kostenerstattung gefunden. Insgesamt ist die kommunal organisierte soziale Sicherung jedoch nahe an der Grenze der organisatorischen und finanziellen Leistungsfähigkeit angelangt (vgl. zum Ganzen Schön 2018).

Für den Bereich der **Judikative** erwähnt Art. 95 Abs. 1 GG die Sozialgerichtsbarkeit sowie als obersten Gerichtshof das Bundessozialgericht. Für den Bereich des Sozialrechts ist daher das Bundessozialgericht das oberste Fachgericht. Das Bundesverfassungsgericht ist indes kein Oberster Gerichtshof des Bundes, sondern als Hüterin der Verfassung zuständig für Verfassungsstreitigkeiten und eines der Verfassungsorgane der Bundesrepublik Deutschland. Das Grundgesetz gliedert die fachgerichtliche Zuständigkeit in fünf Fachgebiete. Zugleich erkennt die Verfassung damit einen Verfahrenszugang zu den obersten Gerichtshöfen an. Diese werden hauptsächlich als Revisionsgerichte tätig. Was inhaltlich die Gebiete der Gerichtsbarkeiten sind, regelt das Grundgesetz nicht ausdrücklich. Typisierend dürfte das Bundessozialgericht als alles Sozialrecht zuständig sein. Insoweit hat der Zuständigkeitswechsel des Fürsorgerechts weg vom Bundesverwaltungsgericht hin zum Bundessozialgericht diesem Typengedanken Rechnung getragen.

**Hintergrundinformation: Zuständigkeit Sozialgerichtsbarkeit**
Das Bundesverwaltungsgericht war für letztinstanzliche Entscheidungen zum Bundessozialhilfegesetz zuständig. Das Fürsorgerecht wurde durch das SGB II, Grundsicherung für Arbeitsuchende, das SGB XII mit der Regelung des übrigen Sozialhilferechts sowie dem Asylbewerberleistungsgesetz neu geregelt. In diesem Zuge wurde die Rechtswegzuständigkeit hin zur Sozialgerichtsbarkeit und letztinstanzlich zum Bundessozialgericht ebenfalls kodifiziert. Dies ist eine richtige Umsetzung der Typisierung, dass alles Sozialrecht der Sozialgerichtsbarkeit zugeordnet werden soll.

Die **Organisation der Judikative** steht nach Art. 30, 92 GG grundsätzlich den Ländern zu, sodass diese verfassungsrechtlich nicht zwingend der fachlichen Gerichtsgebiete
des Art. 95 Abs. 1 GG entsprechende Fachgerichtsbarkeiten vorsehen müssen. Gleichwohl
haben die Bundesländer der verfassungsrechtlichen Gliederung entsprechende fachgerichtliche Instanzenzüge geschaffen.

**Finanzverfassung**

### Art. 120 Abs. 1 S. 4 GG
Der Bund trägt die Zuschüsse zu den Lasten der **Sozialversicherung** mit Einschluss
der Arbeitslosenversicherung und der Arbeitslosenhilfe.

Art. 120 GG steht zwar nicht im X. Abschnitt des Grundgesetzes, gehört materiell allerdings gleichwohl zur Finanzverfassung der Bundesrepublik Deutschland. Die Verfassungsnorm regelt in Absatz 1 Satz 4 die **Lastenverteilung** bestimmter Soziallasten.
Systematisch stellt Art. 120 GG eine Sondervorschrift dar, die für besondere Sachverhalte
bzw. Sachgebiete Abweichungen von der allgemeinen Lastenverteilung nach Art. 104 a
GG trifft (finanzverfassungsrechtlicher Konnexitätsgrundsatz = Ausgabentragung folgt
der Kompetenzverteilung; vgl. von Münch und Kunig 2021, Art. 120 GG, Rz. 13). Dementsprechend können aus der Norm keine (individuellen) Ansprüche hergeleitet werden
(von Münch und Kunig 2021, Art. 120 GG, Rz. 15). Der Bund trägt dauerhaft die Zuschüsse zu den Lasten der Sozialversicherung und somit der Sozialversicherungsträger.
Daraus lässt sich der Gedanke ableiten, dass der Bund für die **Funktionsfähigkeit der
Sozialversicherung** Sorge zu tragen hat. Da der Bund „nur" Zuschüsse zu tragen hat, lässt
sich ein Anspruch auf Deckung aller Unterdeckungen nicht ableiten. Dem Bund kommt
keine Garantieverpflichtung für Sozialversicherungsträger wohl aber für das Sozialversicherungssystem zu. Reichen eigene Mittel der Sozialversicherungsträger nicht aus, entscheidet der Bund deshalb, ob und in welcher Höhe Zuschüsse geleistet werden. Im Jahr
2019 betrugen die Zuschüsse zur Sozialversicherung (Leistungsausgaben) insgesamt
116,620 Mrd. Euro. Dies entspricht bezogen auf das gesamte Finanzierungsvolumen der
Sozialversicherung von 629,80 Mrd. Euro einem Anteil von 18,52 v. H. Dieser Anteil ist
in der gesetzlichen Rentenversicherung am höchsten. Das gesamte Finanzierungsvolumen
betrug im Jahr 2019 dort 330,2 Mrd. Euro, der Zuschuss lag bei 99,745 Mrd. Euro, was
einem Anteil von 30,21 v. H. entspricht.

Eine weitere Verfassungsnorm mit Bezug auf Sozialrecht ist Art. 143c Abs. 1 S. 1
GG. Den Ländern stehen in den Jahren 2007 bis 2019 Beträge zur sozialen Wohnraumförderung aus dem Bundeshaushalt zu. Die Norm ist Umsetzung der Kompromiss-
regelungen der Föderalismusreform 2006.

**Sachverhalt (nach BVerfGE 103, 197 – 225; E 225 – 241; E 242 – 271)**

Die Vorsorge gegen finanzielle Belastungen der Pflegebedürftigkeit war früher ausschließlich dem privaten Bereich der Bürger zugewiesen. Privatrechtliche Versicherungen wurden allerdings kaum abgeschlossen. Praktische Folge war häufig, dass

nach Verbrauch privaten Vermögens die Sozialhilfeträger Kosten der Pflege, die insbesondere bei stationärer Pflege in Heimen sehr kostspielig ist, tragen mussten. Städte und Gemeinden als Sozialhilfeträger belasteten diese Ausgaben sehr. Es wurde daher der politische Kompromiss geschlossen, dass auf Bundesebene ein Sozialversicherungszweig „soziale Pflegeversicherung" entstehen soll, der in seinen Strukturprinzipien (Versicherungspflicht, paritätische Finanzierung mittels Beiträgen durch Versicherte und Arbeitgeber, Verwaltung durch Versicherungsträger mit Selbstverwaltung, Ausgleich besonderer Lasten und Umverteilung) den bisher bestehenden Sozialversicherungszweigen entspricht.

Arbeitgeber A und Beschäftigter B fühlen sich in ihren Grundrechten verletzt. A meint, er müsse nun noch mehr „Lohnnebenkosten" zahlen, was ihn in der Ausübung seines Unternehmens einschränke. B findet es falsch, in noch einem Bereich Zwangsmitglied zu werden, was ihn in seiner Freiheit einschränke, selbst über seinen Lebensentwurf zu bestimmen. Jedenfalls sei dieser Zwang unverhältnismäßig, da er bereits jetzt schon über Steuern mittelbar die Kosten der Pflege durch die Sozialhilfeträger bezahle. Schließlich habe B mit seinen drei Kindern doch bereits genügend für die Erhaltung sozialer Sicherungssysteme getan. Jetzt müsse er nicht nur aktuell deren Erziehung bezahlen, sondern sei auch noch mit Beiträgen zur Pflege belastet, die er ggf. überhaupt nicht in Anspruch nehme. A und B erheben Verfassungsbeschwerde.

Wie wird das Bundesverfassungsgericht entscheiden?

**Lösung des Bundesverfassungsgerichts (Zusammenfassung)**

Das Bundesverfassungsgericht hat entschieden, dass die Regelung in der Gestaltungsform der sozialen Pflegeversicherung verfassungskonform ist. Dem Gesetzgeber komme bei der Gestaltung der Systeme der sozialen Sicherung ein weiter Gestaltungsspielraum zu. Entscheide sich der Gesetzgeber dafür, eine Sachmaterie in der Gestaltungsform einer Sozialversicherung zu regeln, stehe ihm dieser Weg grundsätzlich offen. Die Gesetzgebungskompetenz folge insoweit aus Art. 74 Abs. 1 Nr. 12 GG. Für die Einbeziehung privatrechtlicher Sachverhalte in die soziale Pflegeversicherung (vgl. §§ 23, 25, 26, 26 a SGB XI) sei Art. 74 Abs. 1 Nr. 11 GG Kompetenznorm. Das gewählte System müsse dabei einerseits sachgerecht und andererseits konsistent sein. Den Strukturprinzipien folgend, welche der Typus einer Sozialversicherung vorgebe, seien Arbeitgeber und Versicherte paritätisch über Beitragspflichten zur Finanzierung verpflichtet. Ebenfalls folge aus der Gestaltung der Pflegeversicherung als Sozialversicherung die Zwangsmitgliedschaft in der Solidargemeinschaft.

Fraglich ist hier allerdings, ob der typischerweise erfolgende Ausgleich besonderer Lasten durch Umverteilung den B unverhältnismäßig belastet:

- Eine *Beitragsbefreiung* für Mitglieder der sozialen Pflegeversicherung, die Kinder erziehen und betreuen, komme nicht in Betracht. Familien werden durch finanzielle Belastungen, die der Gesetzgeber Bürgern allgemein auferlege, regelmäßig stärker finanziell betroffen als Kinderlose. Der besondere Schutz der Familie, zu dem Art. 6 Abs. 1 GG den Staat verpflichte, halte den Gesetzgeber aber nicht verfassungsrechtlich an, jede zusätzliche finanzielle Belastung der Familie zu vermeiden. Der Staat bewege sich innerhalb dieses Spielraums, wenn er dem Grunde nach auch die Familien mit Beiträgen zur sozialen Pflegeversicherung belaste.

- Es liege kein Verstoß gegen Art. 3 Abs. 1 GG i. V. m. Art. 6 Abs. 1 GG vor, wenn der besondere Beitrag, den Versicherte mit unterhaltsberechtigten Kindern für das System der sozialen Pflegeversicherung erbringen, in dieser Versicherung *nicht leistungserhöhend* berücksichtigt werde. Die bei kinderlosen Pflegebedürftigen entstehenden Mehrausgaben der sozialen Pflegeversicherung hätten nicht nur einen maßvollen Umfang. Sie rechtfertigen sich auch als Folge des mit der Pflegeversicherung verfolgten gesetzgeberischen Ziels, in solidarischem Ausgleich auch denen Pflege zukommen zu lassen, die ansonsten niemanden hätten, der sie ihnen geben könne. Außerdem könne aus dem Umstand, dass Eltern Erziehungsleistungen erbringen, nicht typisierend geschlossen werden, dass sie später als Pflegebedürftige von ihren Kindern unter Inanspruchnahme des günstigeren Pflegegeldes gepflegt würden.

- Die Erziehungsleistung versicherter Eltern begünstige innerhalb eines umlagefinanzierten Sozialversicherungssystems, das der Deckung eines maßgeblich vom Älterwerden der Versicherten bestimmten Risikos diene, in spezifischer Weise Versicherte ohne Kinder. Der aus der Konzeption der sozialen Pflegeversicherung den kinderlosen Versicherten erwachsende „systemspezifische" Vorteil unterscheide sich von dem Nutzen, der einer Gesellschaft durch Kinder und ihre Betreuung und Erziehung im Allgemeinen erwachse. Der Gesetzgeber konnte zu dem Zeitpunkt der Gesetzgebung (1994) nicht mehr davon ausgehen, dass die beitragspflichtig Versicherten in ihrer ganz überwiegenden Mehrheit neben den Beitragsleistungen durch das Aufziehen von Kindern zur nachhaltigen Stabilisierung und Finanzierung der Leistungen der sozialen Pflegeversicherung beitragen werden.

    Es sei daher mit Art. 3 Abs. 1 i. V. m. Art. 6 Abs. 1 GG nicht zu vereinbaren, dass Mitglieder der sozialen Pflegeversicherung, die Kinder betreuen und erziehen und damit neben dem Geldbeitrag einen generativen Beitrag zur Funktionsfähigkeit eines umlagefinanzierten Sozialversicherungssystems leisten, mit einem *gleich hohen Pflegeversicherungsbeitrag* wie Mitglieder ohne Kinder belastet werden. ◄

**Hintergrundinformation: Familienlastenausgleich in der Rentenversicherung**
Für den Bereich der gesetzlichen Rentenversicherung (siehe hierzu auch Ruland 2012, Rz. 241 ff.) hat das Bundessozialgericht wiederholt eine Beitragsentlastung von Beitragspflichtigen mit Kindern mehrfach abgelehnt (z. B. durch Entscheidungen vom 30.09.2015, BSGE 120, 23 – 51 sowie 21.03.2018, NJW 2980 – 2984). Der Leitsatz der jüngsten Entscheidung lautet:

„Eltern können von Verfassungs wegen nicht verlangen, wegen ihres Aufwands für die Betreuung und Erziehung von Kindern weniger Beiträge als einfachrechtlich geregelt zur gesetzlichen Kranken- und Rentenversicherung sowie zur sozialen Pflegeversicherung zahlen zu müssen."

Diese Entscheidung wird sowohl inhaltlich diskutiert als auch insoweit für falsch angesehen, da das Bundessozialgericht diese entscheidungserhebliche Frage nach Art. 100 Abs. 1 GG dem Bundesverfassungsgericht hätte vorlegen müssen (so zu recht Lenze 2017; a. A. Ruland 2018, Rz. 237). Dem kann nur beigepflichtet werden. Da das Bundesverfassungsgericht für den Bereich der sozialen Pflegeversicherung für Eltern einen anderen Pflegeversicherungsbeitrag als für kinderlose Mitglieder von Verfassungs wegen für geboten hält, hätte das Bundessozialgericht dies Frage für die soziale Rentenversicherung nicht einfach gegenteilig beantworten dürfen. In der Sache kann argumentiert werden, dass Renten von Müttern verhältnismäßig niedriger werden, je mehr Kinder sie erzogen haben, da die Kindererziehungszeiten die Entgeltverluste regelmäßig nicht ausgleichen. Ebenso erfolgt wegen des Umlageverfahrens kein Ausgleich innerhalb einer Generation (Eltern [i. d. R. Mütter, rechtlich die Person, welcher die Zeiten der Kindererziehung rentenrechtlich zugeordnet wird] mit Kindererziehung versus kinderlose Versicherte), sondern die Kinder benachteiligter Mütter müssen den Ausgleich finanziell tragen. Werden nämlich Kindererziehungszeiten in der Rente ausgezahlt, so werden diese Leistungen von der Kindergeneration bei Beiträge oder Steuern getragen.

## 1.3   Internationale Einflüsse

Heutzutage wird vielfach von einer „globalisierten Welt" gesprochen. Weltumspannende Sachverhalte sind an der Tagesordnung, Auslandsberührungen im Sozialrecht haben daher eine praktisch große Relevanz. Die Grundlagen internationaler Bezüge und Einflüsse müssen dementsprechend bekannt sein und beachtet werden.

**Hintergrundinformation: Systematisierung internationaler Bezüge**
Internationale Bezüge werden in unterschiedliche Kategorien klassifiziert. Es gibt das Internationale Sozialrecht, Zwischenstaatliches Sozialrecht sowie Europäisches Sozialrecht. Teilweise wird auch vom international standardisierten Sozialrecht gesprochen. Auf diese Kategorisierung wird bewusst verzichtet.

Im nationalen Recht gibt es mehrere Anknüpfungspunkte für die Regelung internationaler Sachverhalte. Ausgangspunkt ist zunächst das in § 30 Abs. 1 SGB I geregelte **Wohnortprinzip oder Territorialprinzip** .

**§ 30 Abs. 1 SGB I**
Die Vorschriften dieses Gesetzbuchs gelten für alle Personen, die ihren Wohnsitz oder gewöhnlichen Aufenthalt in seinem Geltungsbereich haben.

Allerdings sind nach § 30 Abs. 2 und § 37 SGB I Ausnahmen von diesem Grundsatz möglich. Hierzu gibt es einige Ausnahmen in den Sozialgesetzbüchern. Insbesondere für den Bereich der Sozialversicherung regelt § 3 Nr. 1 SGB IV das sog. **Beschäftigungsortprinzip**, welches das Wohnortprinzip verdrängt.

**§ 3 SGB IV**
Die Vorschriften über die Versicherungspflicht und die Versicherungsberechtigung gelten,

1. soweit sie eine Beschäftigung oder eine selbstständige Tätigkeit voraussetzen, für alle Personen, die im Geltungsbereich dieses Gesetzbuchs beschäftigt oder selbstständig tätig sind,
2. soweit sie eine Beschäftigung oder eine selbstständige Tätigkeit nicht voraussetzen, für alle Personen, die ihren Wohnsitz oder gewöhnlichen Aufenthalt im Geltungsbereich dieses Gesetzbuchs haben.

Wiederum Ausnahmen vom Beschäftigungsortprinzip sehen die Ausstrahlung (§ 4 SGB IV) sowie die Einstrahlung (§ 5 SGB IV) vor. **Ausstrahlung** betrifft Sachverhalte, bei denen ein Versicherungspflichtverhältnis in Deutschland begründet ist und für einen **begrenzten Zeitraum** einer Beschäftigung außerhalb der Bundesrepublik Deutschland nachgegangen wird, sodass die Versicherungspflicht und -berechtigung weitergilt. **Einstrahlung** betrifft den entgegengesetzten Fall, dass eine **vorübergehend** nach Deutschland entsandte Person keine Versicherungspflicht oder -berechtigung nach deutschem Sozialversicherungsrecht auslöst, sofern ein Beschäftigungsverhältnis außerhalb Deutschlands besteht. Weitere spezielle Vorschriften sind in den einzelnen Sozialgesetzen enthalten. Ergänzend normiert § 6 SGB IV einen Vorbehalt zugunsten über- und zwischenstaatlichen Rechts. Die Norm spiegelt den allgemeinen Rechtsgrundsatz wider, dass zwischenstaatliches Recht (insbesondere Sozialversicherungsabkommen) als Teil des Völkerrechts Vorrang hat vor nationalen Regelungen, die zwischenstaatliche Sachverhalte regeln (deutsches internationales Sozialrecht, z. B. §§ 3 bis 5 SGB IV).

Neben nationalen Normen spielen **bilaterale Abkommen** eine wichtige Rolle. Solche Abkommen werden nach dem **Gegenseitigkeitsprinzip** zwischen zwei souveränen Nationalstaaten geschlossen. Geregelt werden hier insbesondere Leistungen, die im jeweiligen Ausland erbracht werden sollen. Die Abkommensstaaten garantieren gegenseitig, dass die Angehörigen des Vertragspartners im Vertragsstaat versorgt werden (z. B. hinsichtlich Krankenbehandlung). Zwischen den **Mitgliedsstaaten der Europäischen Union** sind die bilateralen Abkommen durch die **Verordnung EG Nr. 883/2004** vom 29.04.2004 abgelöst worden, sodass im Raum der EU eine gemeinsame einheitliche europäische Regelung existiert. Die Verordnung gilt über Art. 288 AEUV unmittelbar in den Mitgliedsstaaten. Die bilateralen Abkommen entfalten nur dann noch Wirkung, wenn diese für die Arbeitnehmer günstigere Regelungen enthalten als das europäische Recht (EUGH, Slg. 1991, I-323 bis 345).

Ergänzt werden nationale Regelungen und bilaterale Abkommen durch Regelungen überstaatlicher Organisationen. **Multinationale Regelungen und Absichts- bzw. Prinzipienerklärungen** (siehe Eichenhofer 2019, Rz. 75) auf dem Gebiet des Sozialrechts haben insoweit bereits eine lange Tradition. Die dahinterstehende Idee ist, internationale **soziale bzw. sozialpolitische Standards** mit Blick auf das gesellschaftliche und soziale Zusammenleben zu setzen. Proklamiert werden soziale Menschenrechte und deren Grundsätze. Die Staaten werden durch die Anerkennung dieser Grundsätze zur Schaffung und Aufrechterhaltung einzelner sozialrechtlicher Institutionen verpflichtet. Mit Blick auf die Globalisierung stellen solche Regelungen und Erklärungen keine Folge der Globalisierung, sondern vielmehr eine ihrer Voraussetzungen dar. Bereits zu Beginn des 20. Jahrhundert erkannte man, dass der Erfolg nationaler sozialpolitischer Neuerungen auch davon abhängig ist, ob diese auch in anderen Staaten anerkannt bzw. eingeführt werden. Sozialpolitisch aktive Staaten könnten anderenfalls wirtschaftlich ins Hintertreffen geraten.

Auf **supranationaler Ebene** ist zunächst die Menschenrechtserklärung der vereinten Nationen (sog. **UN Menschenrechtskonvention**) zu nennen. Diese ist kein völkerrechtlicher Vertrag, sondern eine rechtlich unverbindliche Resolution. Dies hat zur Folge, dass die Konvention zwischenstaatlich sowie auf nationaler Ebene keine rechtliche Verbindlichkeit entfaltet. Sie ist gerade im historischen Kontext ihrer Entstehung kurz nach dem 2. Weltkrieg als Absichtserklärung der Weltgemeinschaft zur Verhinderung der vorvergangenen Kriegstaten zu verstehen. Die Konvention enthält insbesondere in Art. 22 das Recht jedes Menschen auf soziale und materielle Sicherheit. Weiterhin enthalten die Art. 23 und 24 das Recht auf Arbeit und damit zusammenhängende Rechte in der Arbeitswelt.

Im Jahr 1966 wurde anknüpfend an die Menschenrechtserklärung der internationale Pakt über wirtschaftliche, soziale und kulturelle Rechts, kurz **UN-Sozialpakt**, als multinationaler völkerrechtlicher Vertrag geschlossen und von der Generalversammlung der Vereinten Nationen verabschiedet. Der UN-Sozialpakt wurde 1973 von der Bundesrepublik Deutschland ratifiziert. Das bedeutet nach den Vorgaben des Art. 59 Abs. 2 S. 1 GG, dass die Ratifizierung durch den Bundespräsidenten nach Art. 59 Abs. 1 GG erst auf Grundlage eines zuvor erlassenen Bundesgesetzes erfolgen darf. In der nationalen Rechtsordnung kommt dem UN-Sozialpakt der **Status eines nationalen Bundesgesetzes** zu. Es handelt sich somit um ein formelles Parlamentsgesetz eine Hierarchiestufe unterhalb der Verfassung. Mit Blick auf soziale Grundrechte enthält der UN-Sozialpkat z. B. in Art. 6 das Recht auf Arbeit oder in Art. 9 das Recht auf soziale Sicherheit sowie das Recht auf Sozialversicherung.

In jüngerer Vergangenheit wird zunehmend die Inklusion von Menschen mit Behinderung in den Fokus gerückt und als gesamtgesellschaftliche Aufgabe begriffen. Auch insoweit geht ein maßgeblicher Impuls von den Vereinten Nationen aus. Das Übereinkommen über die Rechte von Menschen mit Behinderung, kurz **UN Behindertenrechtskonvention** oder **UN-BRK**, wurde im Jahr 2006 von der Generalversammlung der UN angenommen und gilt seit ihrer Ratifizierung im Jahr 2009 mit dem Status eines nationalen formellen Bundesgesetzes in der Bundesrepublik Deutschland. Fundamente der UN-BRK sind die Achtung der Menschenwürde und das Recht auf individuelle Selbstbestimmung. Sie ist auf **gleiche gesellschaftliche Teilhabe** aller Menschen unabhängig von einer Behinderung ausgerichtet. Art. 3 UN-BRK formuliert u. a. die Schlagworte „Nichtdiskriminierung", „Inklusion", „Chancengleichheit" oder „Barrierefreiheit".

**Zusammenfassung, Merksatz**
Völkerrechtliche Verträge gelten nicht unmittelbar im Inland. Sie bedürfen über Art. 59 Abs. 2 GG einer Umsetzung auf nationaler Ebene und haben den Status eines Bundesgesetzes.

Neben den vorgenannten **Prinzipienerklärungen** gibt es **Gesetzgebungsaufträge** aufgrund internationaler Vereinbarungen (siehe Eichenhofer 2019, Rz. 75). Diese regeln die Ausgestaltung der sozialen Menschenrechte. Die Gesetzgebungsaufträge erteilt die **Internationale Arbeitsorganisation** (IAO), die bereits 1919 mit dem Völkerbund gegründet wurde. Gesetzgebungsaufträge können **Übereinkommen** oder **Empfehlungen** sein. Ein Übereinkommen bedarf der Ratifizierung durch den Mitgliedsstaat, eine Empfehlung hingegen nicht.

**Sozialrecht der Europäischen Union und der Europäischen Gemeinschaft**
Die Entwicklung des **Sozialrechts der Europäischen Union** vollzog sich über mehrere Stufen (vgl. hierzu insbesondere (Fuchs 2018, Einführung, Rz. 7 ff.)). Auf der Ebene des **primären Unionsrechts** (vgl. Waltermann 2020, Rz. 89 ff.) bot der Vertrag von Maastricht die Grundlage, dass die Mitgliedsstaaten ihr Sozialrecht auf Vorschlag der Kommission durch Beschluss des Rates harmonisieren. Der Vertrag von Amsterdam übertrug der EU eine eigene umfassende Zuständigkeit zur Harmonisierung der Sozialpolitik der Mitgliedsstaaten für die Bereiche soziale Sicherheit, Schutz der Arbeitnehmer sowie Modernisierung der Systeme sozialen Schutzes. Am 01.12.2009 trat der Vertrag von Lissabon in Kraft. Durch den Vertrag von Lissabon ist die Charta der Grundrechte der Europäischen Union (**Europäische Grundrechtscharta**) über den Verweis in Art. 6 Abs. 1 EUV Bestandteil des Europäischen Unionsrechts geworden. Die Europäische Grundrechtscharta enthält Grund- und Menschenrechte. Vorlagen bei der Erstellung der Charta waren die europäische Menschenrechtskonvention, die europäische Sozialcharta, Verfassungen der Mitgliedsstaaten der Europäischen Union sowie Rechtsprechung der europäischen und nationalen Gerichtshöfe. Die in der Charta enthaltenen sozialen Grundrechte binden im Anwendungsbereich des Gemeinschaftsrechts auch die nationalen Gewalten.

**Hintergrundinformation: Normtextvergleich europäische Grundrechtscharta – Grundgesetz**
Die europäische Grundrechtscharta enthält – teilweise wortgleich – Grundrechte, die auch im Grundgesetz ausdrücklich kodifiziert zu finden sind. Darüber hinaus werden insbesondere in Art. 34 „Soziale Sicherheit und soziale Unterstützung" sowie in Art. 35 „Gesundheitsschutz" soziale Grundrechte ausdrücklich geregelt. Hier geht der Normtext über denjenigen des Grundgesetzes hinaus.

Mit dem Vertrag von Lissabon wurde das „Drei-Säulen-Modell" der Europäischen Union aufgegeben. Nunmehr ist zwischen der Europäischen Union und der Europäischen

Gemeinschaft zu unterscheiden. Grundlegend dafür ist die Umwandlung des EG-Vertrags in den Vertrag über die Arbeitsweise der Europäischen Union (AEUV). Das Sozialrecht der Europäischen Union ist inhaltlich im Wesentlichen auf **Koordination** (siehe hierzu grundlegen Otting 2018) ausgelegt und weniger auf materielle Harmonisierung (Fuchs 2018, Einführung Rz. 31 ff.; tendenziell a. A. Schreiber 2018, Rz. 3 ff.). Anknüpfungspunkt ist dafür Art. 48 AEUV, der die Herstellung der Freizügigkeit der Arbeitnehmer auch auf dem Gebiet der sozialen Sicherheit fordert. Die in Art. 45 AEUV geregelte Arbeitnehmerfreizügigkeit enthält mittelbar zugleich ein Diskriminierungsverbot auf dem Gebiet des Sozialrechts. Konkretisiert wird die Vertragsnorm durch die Freizügigkeitsverordnung EWG Nr. 492/2011. Aus dem Koordinierungszweck des Sozialrechts folgt zugleich, dass das europäische Sozialrecht grundsätzlich nationale Reglungen des Sozialrechts unberührt lässt. Ein Überführen der nationalstaatlichen Gesetzgebungskompetenz auf Organe der Europäischen Union zur Kodifizierung eines einheitlichen europäischen Sozialrechts ist daher nicht vorgesehen. Wenn allerdings nationalstaatliche Regelungen der Mitgliedsstaaten zusammenwirken sollen, d. h. wenn es um den internationalen Geltungsbereich bzw. internationale Wirkungen nationalen Sozialrechts eines Mitgliedsstaats geht, geht die Rechtssetzungsmacht auf Gemeinschaftsorgane über. Eine teilweise **Harmonisierung** sozialer Sicherungssysteme wird über Art. 157 AEUV erzielt. Die Norm fordert in dessen Absatz 1 gleiches Entgelt für Männer und Frauen bei gleicher oder gleichwertiger Arbeit. Daraus ergibt sich die Notwendigkeit von Anpassungen nationaler Sozialrechtsregelungen.

---

**Zusammenfassung, Merksatz**

Das Sozialrecht der Europäischen Union ist inhaltlich im Wesentlichen auf Koordination ausgelegt und weniger auf materielle Harmonisierung.

---

**Sachverhalt (BSG vom 03.12.2015, B 4 AS 44/15 R, BSGE 120, 149 bis 170)**

M und F sind rumänische Staatsangehörige. Sie zogen 2008 mit ihren beiden gemeinsamen Kindern – geboren 1992 und 1995 – von Rumänien bzw. über Belgien nach Deutschland. Sie verfügen seit November 2008 über eine Freizügigkeitsbescheinigung/EU und M und F seit Ende 2011 (nach dreijährigem Aufenthalt) über eine unbefristete Arbeitsberechtigung. M hatte in Rumänien eine Schlosserlehre absolviert, war dann zur Armee eingezogen worden und arbeitete 1993 bis 1995 als Taxifahrer sowie anschließend als Tagelöhner in der Landwirtschaft. Ein von ihm 1992/1993 in Deutschland gestellter Asylantrag wurde abschlägig beschieden. F ging in Rumänien keiner Erwerbstätigkeit nach. Sie übt seit dem 08.11.2012 eine mit 200 Euro netto monatlich geringfügig entlohnte Beschäftigung aus. Bis Ende 2010 verkauften M und F die Obdachlosenzeitung „Fifty-Fifty" zu einem Abgabepreis von 1,80 Euro und einem „Einkaufspreis" von 0,90 Euro. Der Differenzbetrag von rund je 120 Euro im Monat verblieb bei ihnen. M hatte vom 13.10.2008 bis 29.10.2009 ein Gewerbe angemeldet („Abbruch- und Entkernungsarbeiten, Hilfsarbeiten auf Baustellen"), das er jedoch nicht betrieb und mit dem er auch keine Einkünfte erzielte. Für die beiden Söhne erhielten die Eheleute Kindergeld in Höhe von je 184 Euro. Die Söhne besuchten in Deutschland die Schule.

M und F beantragen bei den zuständigen Behörden Arbeitslosengeld I, wenigstens jedoch Sozialhilfe. Die Anträge werden sämtlich abgelehnt. M und F klagen dagegen. Wie wird das Bundessozialgericht entscheiden?

**Lösung des Bundessozialgerichts**

„1. Ein materiell nicht freizügigkeitsberechtigter Unionsbürger ist in entsprechender Anwendung des Leistungsausschlusses für Arbeitsuchende von Leistungen des SGB II ausgeschlossen.
2. Materiell nicht freizügigkeitsberechtigte Unionsbürger können im Einzelfall Hilfe zum Lebensunterhalt nach dem Recht der Sozialhilfe als Ermessensleistung beanspruchen; das Ermessen des Sozialhilfeträgers ist im Regelfall bei einem verfestigten Aufenthalt nach mindestens sechs Monaten auf Null reduziert."

1. M und F hätten keinen Anspruch auf Leistungen zur Sicherung des Lebensunterhalts nach dem SGB II. Sie seien unabhängig von der bestehenden Hilfebedürftigkeit i. S. d. § 7 Abs. 1 S. 1 Nr. 3 i. V. m § 9 SGB II, ihres gewöhnlichen Aufenthalts in Deutschland und der Erfüllung der Altersgrenzen des § 7 Abs. 1 S. 1 Nr. 1 SGB II im streitigen Zeitraum sowie deren Erwerbsfähigkeit von Leistungen zur Sicherung des Lebensunterhalts aufgrund von § 7 Abs. 1 S. 2 Nr. 1 und 2 SGB II ausgeschlossen. Danach seien von den benannten Leistungen ausgenommen

   a. Ausländerinnen und Ausländer, die weder in der Bundesrepublik Deutschland Arbeitnehmerinnen, Arbeitnehmer oder Selbstständige noch aufgrund des § 2 Abs. 3 FreizügG/EU freizügigkeitsberechtigt sind, und ihre Familienangehörigen für die ersten drei Monate ihres Aufenthalts und

   b. Ausländerinnen und Ausländer, deren Aufenthaltsrecht sich allein aus dem Zweck der Arbeitsuche ergibt und ihre Familienangehörigen.

M und F seien, auch wenn sie nicht den ausdrücklich normierten Ausnahmen des § 7 Abs. 1 S. 2 Nr. 1 und 2 SGB II unterfallen, von Leistungen zur Sicherung des Lebensunterhalts nach dem SGB II ausgeschlossen gewesen. Denn sie verfügten über keine materielle Freizügigkeitsberechtigung im Sinne des FreizügG/EU oder ein anderes materielles Aufenthaltsrecht. Damit unterfielen sie „erst-recht" dem Leistungsausschluss des § 7 Abs. 1 S. 2 SGB II. Die Vorschrift sei insoweit planwidrig lückenhaft, als sie nicht ausdrücklich den Ausschluss auch derjenigen normiere, die über keine materielle Freizügigkeitsberechtigung oder ein anderes materielles Aufenthaltsrecht verfügen, weil sie einen Leistungsausschluss schon für solche Ausländer anordne, die sich auf eine solche materielle Freizügigkeitsberechtigung im Sinne des FreizügG/EU berufen könnten. M und F könnten sich nicht auf eine materielle Freizügigkeitsberechtigung berufen.

2.   M und F stehe jedoch ein Recht auf Existenzsicherung durch Hilfe zum Lebensunterhalt nach dem SGB XII gemäß § 23 Abs. 1 S. 3 SGB XII in gesetzlicher Höhe zu. M und F seien leistungsberechtigt im Sinne des Sozialhilferechts, weil sie im streitigen Zeitraum ihren Lebensunterhalt nicht i. S. d. § 19 Abs. 1 SGB XII i. V. m. § 27 Abs. 1 SGB XII aus eigenen Kräften und Mitteln decken konnten. M und F seien nicht nach § 21 S. 1 SGB XII von der Hilfe zum Lebensunterhalt ausgeschlossen. § 21 S. 1 SGB XII bestimme, dass Personen, die nach dem SGB II als Erwerbsfähige oder als Angehörige dem Grunde nach leistungsberechtigt seien, keine Leistungen für den Lebensunterhalt erhalten. M und F seien im streitigen Zeitraum nicht dem Grunde nach leistungsberechtigt nach dem SGB II, weil sie dem Leistungsausschluss nach § 7 Abs. 1 S. 2 SGB II unterfielen. Dies führe dazu, sie dem System des SGB XII zuzuweisen. Deren Erwerbsfähigkeit stehe dem nicht entgegen. Zwar stehe dem Rechtsanspruch der Kläger auf Hilfe zum Lebensunterhalt nach dem SGB XII ein Ausschluss aufgrund der Regelung des § 23 Abs. 3 S. 1 SGB XII entgegen. Das Ermessen des Sozialhilfeträgers sei jedoch in einem Fall wie dem vorliegenden, dem Grunde und der Höhe nach hinsichtlich der Hilfe zum Lebensunterhalt auf Null reduziert. Dies sei immer dann der Fall, wenn sich das Aufenthaltsrecht des ausgeschlossenen Ausländers verfestigt habe – regelmäßig ab einem sechsmonatigen Aufenthalt in Deutschland. Dies folge aus der Systematik des § 23 Abs. 3 S. 1 Alt. 2 SGB XII im Verhältnis zu § 23 Abs. 1 S. 1 und 3 SGB XII sowie verfassungsrechtlichen Erwägungen. ◀

**Hintergrundinformation: fortlaufende Rechtsprechung Bundessozialgericht**
Das Bundessozialgericht hat nunmehr mit Entscheidung vom 14.06.2018, B 14 AS 28/17 R (siehe Kommentierung der Entscheidung in NZS 2019, 271) explizit die Europarechtskonformität des § 7 Abs. 1 S. 2 Nr. 3 SGB II bejaht.

## 1.4   Zusammenfassung

Die **wirtschaftliche Bedeutung** des Sozialrechts in der Bundesrepublik Deutschland ist immens. Etwa drei von zehn Euro bezogen auf das Bruttosozialprodukt werden für die Systeme der sozialen Sicherung aufgewendet. Über sozialrechtliche Regelungen erfolgt eine Umverteilung wirtschaftlicher Leistungsfähigkeit. Diese Umverteilung erfolgt durch Eingriffe in das Marktgeschehen (Stichwort: „freies Spiel der Kräfte") dar. Gleichwohl sind diese Eingriffe aus gesamtgesellschaftlicher Sicht beabsichtigt und erwünscht. Durch die Leistungserbringung in den Sozialleistungssystemen werden zugleich Umsätze generiert und nach innen wirkendes Wirtschaftswachstum geschaffen. Die Aufrechterhaltung des Sozialstaates sowie die Sicherung des sozialen Schutzniveaus, wie wir es heute kennen, ist eine der wesentlichen gesamtgesellschaftlichen Zukunftsaufgaben. Herausforderungen stellen sich dabei in den fünf Segmenten Ökonomie (Globalisierung), Demografie, Technologie, Ökologie und Infrastruktur.

Das **nationale Verfassungsrecht** hat einen entscheidenden Einfluss auf die Ausgestaltung des Sozialstaates. Verfassungsrechtlich Reglungen geben dabei den Rahmen für sozialpolitische Entscheidungen vor. Dabei werden mehrere Aspekte relevant. Aus dem Sozialstaatsprinzip folgt, dass der Staat für soziale Sicherung und soziale Gerechtigkeit sorgen muss. Die Grundrechtsnormen der Verfassung geben dem Staat auf, für eine soziale Mindestsicherung (Existenzminimum) seiner Bürger zu sorgen. Dabei wird dieses Schutzgebot nicht nur im Rahmen sozialer Leistungsgesetze relevant, sondern auch in anderen rechtlichen Regelungsgebieten (z. B. durch die Berücksichtigung von Grundfreibeträgen im Steuerrecht, sodass auf diese Weise zum Zwecke der Existenzsicherung ein bestimmter Einkommensanteil von der Belastung mit Steuern ausgenommen ist). Ein konkreter Betrag in Euro lässt sich dabei aus den Verfassungsvorgaben allerdings nicht herleiten. Weiterhin gewähren Grundrechte einen Schutz vor Eingriffen in geschützte freiheitliche Lebensgestaltung der Bürger. Zusätzlich können Grundrechte objektive Wertentscheidungen des Verfassungsgebers enthalten. Diese Wertentscheidungen berechtigen und verpflichten den Gesetzgeber über das Existenzminimum hinaus, soziale Sicherung und Teilhabe am Leben in der Gesellschaft sicherzustellen. Bei der konkreten Ausgestaltung der sozialstaatlichen Regelungen ist dem Gesetzgeber ein großer Gestaltungsspielraum eröffnet. Praktisch wichtige Rahmenleitlinien geben die gleichheitsrechtlichen Verfassungsregelungen vor. Insbesondere über die Anwendung von Verwaltungsvorschriften bindet sich die Verwaltung selbst, sodass dem Bürger bei gleichheitswidriger Gesetzesanwendung Rechtsschutzmöglichkeiten eröffnet sind. Allerdings gibt es keine Selbstbindung im Unrecht, sodass sich der Einzelne auf eine fehlerhafte Rechtsanwendung nicht berufen kann.

Auf Staatsorganisationseben gibt die Verfassung Regelung zur Gesetzgebungs- und Verwaltungskompetenz vor. Faktisch sind die gemessen an der Anzahl der Mitglieder bzw. Versicherten sowie dem Finanzvolumen größten sozialen Sicherungssysteme über Bundesgesetze geregelt. Hier sind v. a. die Regelungen der Sozialversicherungssysteme zu nennen.

Soziale Sicherungssysteme unterliegen **internationalen Einflüssen**. Diese beziehen sich auf zwei unterschiedliche Anknüpfungspunkte. Einerseits beruhen internationale Einflüsse auf zwischenstaatlichen Vereinbarungen (bi- oder multinational). Diese dienen einer Standardisierung sozialer Sicherungssysteme. Durch Vereinbarung sozialer (Mindest-) Schutzniveaus versuchen Staaten im internationalen Wettbewerb sowohl die Voraussetzungen der wirtschaftlichen Betätigung von Unternehmen und Bürgern als auch die soziale Absicherung vergleichbar zu machen und eine Positionierung im Wettbewerb zu erzielen. Andererseits beruhen internationale Einflüsse und Regelungen auf der Notwendigkeit, grenzüberschreitende Sachverhalte zu regeln. Es geht dabei um eine Regelung der sozialen Sicherung des Einzelnen. Praktisch bedeutsam sind in der Rechtsanwendung die Regelungen des primären und sekundären Gemeinschaftsrechts. Dieses dient vorrangig der Koordinierung der nationalen Sozialrechtsordnungen und weniger der materiellen Harmonisierung nationalen Sozialrechts.

## Literatur

Becker, Das Sozialrecht: Systematisierung, Verortung und Institutionalisierung, in Ruland/Becker/Axer (Hrsg.), Sozialrechtshandbuch, 6. Auflage, Baden-Baden 2018, § 1

Binne/Kremer, Sozialdatenschutz, in: Ruland/Becker/Axer (Hrsg.), Sozialrechtshandbuch, 6. Auflage, Baden-Baden 2018, § 10

Bundesministerium für Arbeit und Soziales, Sozialbericht 2017, https://www.bmas.de/SharedDocs/Downloads/DE/Publikationen/a-101-17-sozialbericht-2017.pdf;jsessionid=0AD1ADBB-A1E268648F90DF89F93767B8.delivery1-replication?__blob=publicationFile&v=1,     Stand 02.08.2021

Bundesministerium für Arbeit und Soziales, Grünbuch Arbeiten 4.0, Berlin 2015, https://www.bmas.de/DE/Service/Publikationen/A872-gruenbuch-arbeiten-vier-null.html, Stand 07.09.2021

Bundesministerium für Arbeit und Soziales, Weissbuch Arbeiten 4.0, Berlin 2017, https://www.bmas.de/DE/Service/Publikationen/a883-weissbuch.html, Stand 07.09.2021

Eichenhofer, Sozialrecht, 11. Auflage Tübingen 2019, § 3 bis 6

Fuchs, Europäisches Sozialrecht, 7. Auflage, Baden-Baden 2018

Hauser, Zukunft des Sozialstaats, in: Ruland/Becker/Axer (Hrsg.), Sozialrechtshandbuch, 6. Auflage, Baden-Baden 2018, § 5

Isensee, die Grundrechte als Abwehrrechte und als staatliche Schutzpflicht, in: Isensee/Kirchhof (Hrsg.), Handbuch des Staatsrechts, Band IX, § 191, 3. Auflage, Heidelberg 2011

Kirchhof, Finanzierung der Sozialversicherung, in: Isensee/Kirchhof (Hrsg.), Handbuch des Staatsrechts, Band V, § 125, 3. Auflage, Heidelberg 2007

Lenze, Auf ein Neues: Beitragsgerechtigkeit in der Sozialversicherung, SGb 2017, 130 bis 135

Murswiek, Grundrechte als Teilhaberechte, soziale Grundrechte, in: Isensee/Kirchhof (Hrsg.), Handbuch des Staatsrechts, Band IX, § 192, 3. Auflage, Heidelberg 2011

Otting, EU-Koordinierungsrecht, in: Ruland/Becker/Axer (Hrsg.), Sozialrechtshandbuch, 6. Auflage, Baden-Baden 2018, § 36

Ruland, Rentenversicherung, in: von Maydell/Ruland/Becker (Hrsg.), Sozialrechtshandbuch, 5. Auflage, Baden-Baden 2012, § 17

Ruland, Rentenversicherung, in Ruland/Becker/Axer (Hrsg.), Sozialrechtshandbuch, 6. Auflage, Baden-Baden 2018, § 17

Salzwedel, Schutz natürlicher Lebensgrundlagen, in: Isensee/Kirchhof (Hrsg.), Handbuch des Staatsrechts, Band IV, § 97, 3. Auflage, Heidelberg 2006

Schön, Kommunale Sozialpolitik, Ruland/Becker/Axer (Hrsg.), Sozialrechtshandbuch, 6. Auflage, Baden-Baden 2018, § 32

Schreiber, Soziales EU-Verfassungsrecht, in: Ruland/Becker/Axer (Hrsg.), Sozialrechtshandbuch, 6. Auflage, Baden-Baden 2018, § 35

Statistisches Bundesamt, Statistisches Jahrbuch 2019, Kapitel 8, Soziales, https://www.destatis.de/DE/Themen/Querschnitt/Jahrbuch/statistisches-jahrbuch-2019-dl.pdf;jsessionid=8F62DEEF-B7506919FAEEB95EDB104BDC.live731?__blob=publicationFile, Stand: 02.08.2021

Tautz, Kapitel 26 Sozialbudget, BMAS, Übersicht über das Sozialrecht, 16. Auflage, Ausgabe 2019/2020, Nürnberg 2019

von Münch/Kunig (Hrsg.), Grundgesetzkommentar, Band 2, 6. Auflage, München 2012

von Münch/Kunig (Hrsg.), Grundgesetzkommentar, Band 1 und 2, 7. Auflage, München 2021
Waltermann, Sozialrecht, 14. Auflage, Heidelberg 2020, § 1, 4, 6

## Weiterführende Links

Anderheiden, Mitwirkung der Länder bei der Gesetzgebung, in: Isensee/Kirchhof (Hrsg.), Hand-
    buch des Staatsrechts, Band VI, § 140, 3. Auflage, Heidelberg 2008
Axer, Soziale Gleichheit – Voraussetzung oder Aufgabe der Verfassung?, Veröffentlichungen der
    Vereinigung der Deutschen Sozialrechtslehrer (VVDStRL), Band 68 (2009), Seiten 177 bis 215
Axer, Europäisierung des Sozialversicherungsrechts, Die Verwaltung, Beiheft 10 (2010), Berlin
    2010, Seiten 123 ff.
Axer, Strukturprobleme der Finanzierung sozialer Sicherheit aus rechtswissenschaftlicher Sicht:
    Gestaltungsvorschläge und ihre rechtlichen Grenzen, Denkschrift 60 Jahres Bundessozialgericht,
    Band 2, Berlin 2015, Seiten 713 bis 733
Bauer/Kretschmer, Sozialrechtliche Vereinbarungen: Elemente moderner Sozialrechtsgestaltung,
    Denkschrift 60 Jahres Bundessozialgericht, Band 1, Berlin 2014, Seiten 369 bis 403
Becker, Der europäische soziale Rechtsstaat, Entstehung, Entwicklung, Perspektiven, in: Iliopou-
    los-Strangas (Hrsg.), Die Zukunft des Sozialen Rechtsstaates in Europa, Baden-Baden 2015,
    101 – 120
Benda, Der soziale Rechtsstaat, in: Benda/Maierhofer/Vogel (Hrsg.), Handbuch des Verfassungs-
    rechts, 2. Auflage, Berlin 1994, § 17
Bieback, Gleichbehandlungsgrundsatz und Sozialrecht, SGb 1989, 46 bis 53
Bieber/Epiney/Haag, Die Europäische Union, 14. Auflage, Baden-Baden 2020
Blankart, Öffentliche Finanzen in der Demokratie, 9. Auflage, München 2017
Breyer/Buchholz, Ökonomie des Sozialstaats, 2. Auflage, Berlin/Heidelberg 2009
Denninger, Staatliche Hilfe zur Grundrechtsausübung durch Verfahren, Organisation und Finanzie-
    rung, in: Isensee/Kirchhof (Hrsg.), Handbuch des Staatsrechts, Band IX, § 193, 3. Auflage,
    Heidelberg 2011
Eichenhofer, Sozialrecht der Europäischen Union, 7. Auflage, Berlin 2018
Eichenhofer, Soziale Menschenrechte im Völker-, Europa- und deutschen Recht, Tübingen 2012
Erlenkämper/Fichte, Sozialrecht, 6. Auflage, Köln 2008, Kapitel 27
Estelmann, Das „Beitragskinderurteil" des Bundesverfassungsgerichts vom 3.4.2001 – 1 BvR
    1629/94-, SGb 2002, 245 bis 255
Fuchs/Preis/Brose, Sozialversicherungsrecht und SGB II, 3. Auflage, Köln 2021
Hase, Sozialrecht und die Integration gesellschaftlichen Wissens, Denkschrift 60 Jahres Bundes-
    sozialgericht, Band 1, Berlin 2014, Seiten 423 bis 436
Heinig, Grundgesetzliche Vorgaben für das Sozialrecht und ihre verfassungstheoretische Reflexion,
    Denkschrift 60 Jahres Bundessozialgericht, Band 1, Berlin 2014, Seiten 333 bis 350
Herdegen, Grundrechte der Europäischen Union, in: Isensee/Kirchhof (Hrsg.), Handbuch des Staats-
    rechts, Band X, § 211, 3. Auflage, Heidelberg 2012
Huster, Gesundheit aus rechtswissenschaftlicher Sicht: Mittelknappheit als Herausforderung von
    Gesundheitspolitik und Rechtswissenschaft, Denkschrift 60 Jahres Bundessozialgericht, Band 2,
    Berlin 2015, Seiten 223 bis 245
Iliopoulos-Strangas, Soziale Grundrechte, in Merten/Papier (Hrsg.), Handbuch der Grundrechte in
    Deutschland und Europa, Band VI/1, § 145, Heidelberg 2010
Isensee, Die bundesstaatliche Kompetenz, in: Isensee/Kirchhof (Hrsg.), Handbuch des Staatsrechts,
    Band VI, § 133, 3. Auflage, Heidelberg 2008
Kaltenborn, Globales Sozialrecht – Soziale Sicherung als Aufgabe Internationaler Organisationen,
    in: Ruland/Becker/Axer (Hrsg.), Sozialrechtshandbuch, 6. Auflage, Baden-Baden 2018, § 37

Kaufmann, Sozialpolitisches Denken im Horizont der Differenz von Staat und Gesellschaft – Die deutsche Tradition, Denkschrift 60 Jahres Bundessozialgericht, Band 1 Berlin 2014, Seiten 21 bis 45

Kaufmann, Sozialwissenschaften, Sozialpolitik und Sozialrecht, Denkschrift 60 Jahres Bundessozialgericht, Band 1, Berlin 2014, Seiten 777 bis 811

Kingreen, Epochen der Europäisierung des Sozialrechts, Denkschrift 60 Jahres Bundessozialgericht, Band, 1, Berlin 2014, Seiten 313 bis 331

Kingreen/Poscher, Grundrechte, Staatsrecht II, 36 Auflage, Heidelberg 2020

Kirchhof, Der deutsche Staat im Prozess der europäischen Integration, in: Isensee/Kirchhof (Hrsg.), Handbuch des Staatsrechts, Band X, § 214, 3. Auflage, Heidelberg 2012

Knospe, Kapitel 24 Internationales und transnationales Sozialrecht, BMAS, Übersicht über das Sozialrecht, 16. Auflage, Ausgabe 2019/2020, Nürnberg 2019

Lenze, Armut und Unterversorgung aus rechtswissenschaftlicher Sicht: Das menschenwürdige Existenzminimum als wichtigste Konstruktionslinie des Sozial-, Steuer- und Unterhaltsrechts, Denkschrift 60 Jahres Bundessozialgericht, Band 2, Berlin 2015, Seiten 409 bis 439

Muckel/Ogorek/Rixen, Sozialrecht, 5. Auflage, München 2019, §§ 2, 6, 19 bis 21

Nullmeier, Die Sozialstaatsentwicklung im vereinten Deutschland, Denkschrift 60 Jahres Bundessozialgericht, Band 1, Berlin 2014, Seiten 181 bis 199

Nußberger, Europäische Menschenrechtskonvention, in: Isensee/Kirchhof (Hrsg.), Handbuch des Staatsrechts, Band X, § 209, 3. Auflage, Heidelberg 2012

Obinger, Deutschland im Vergleich zentraler Sozialstaatsindikatoren, Denkschrift 60 Jahres Bundessozialgericht, Band 1, Berlin 2014, Seiten 47 bis 70

Oebbecke, Verwaltungszuständigkeit, in: Isensee/Kirchhof (Hrsg.), Handbuch des Staatsrechts, Band VI, § 136, 3. Auflage, Heidelberg 2008

Opielka, Strukturprobleme der Finanzierung der sozialen Sicherheit aus sozialwissenschaftlicher Sicht: Das Grundeinkommen als zentrale sozialpolitische Innovation, Denkschrift 60 Jahres Bundessozialgericht, Band 2, Berlin 2015, Seiten 735 bis 754

Papier/Shirvani, Der Einfluss des Verfassungsrechts auf das Sozialrecht, in: Ruland/Becker/Axer (Hrsg.), Sozialrechtshandbuch, 6. Auflage, Baden-Baden 2018, § 3

Papier, Staatsrechtliche Vorgaben für das Sozialrecht, in: Festschrift 50 Jahre Bundessozialgericht, Köln 2004, Seiten 23 bis 42

Petersen, Sozialversicherungsabkommen, in: Ruland/Becker/Axer (Hrsg.), Sozialrechtshandbuch, 6. Auflage, Baden-Baden 2018, § 34

Pietzcker, Zuständigkeitsordnung und Kollisionsrecht im Bundesstaat, in: Isensee/Kirchhof (Hrsg.), Handbuch des Staatsrechts, Band VI, § 134, 3. Auflage, Heidelberg 2008

Pitschas, Die Zukunft der sozialen Sicherungssysteme, Veröffentlichungen der Vereinigung der Deutschen Sozialrechtslehrer (VVDStRL), Band 64 (2005), Seiten 109 bis 138

Pitschas, Europäisches Sozial- und Gesundheitsrecht „nach Lissabon", NZS 2010, 177 bis 183

Rengeling, Gesetzgebungszuständigkeit, in: Isensee/Kirchhof (Hrsg.), Handbuch des Staatsrechts, Band VI, § 135, 3. Auflage, Heidelberg 2008

Sachs, Die Auswirkungen des allgemeinen Gleichheitssatzes auf das Sozialrecht in der Rechtsprechung des Bundesverfassungsgerichts, VSSR 1994, 33 bis 44

Schmähl, Ökonomische Grundlagen sozialer Sicherung, in: Ruland/Becker/Axer (Hrsg.), Sozialrechtshandbuch, 6. Auflage, Baden-Baden 2018, § 4

Schmahl, Die völkerrechtsdogmatische Einordnung internationaler Menschenrechtsverträge, JuS 2018, 737–743

Söllner, Die Wahrung der Grundrechte als gemeinsame Aufgabe von Bundessozialgericht und Bundesverfassungsgericht, in: Festschrift 50 Jahre Bundessozialgericht, Köln 2004, Seiten 43 bis 60

Spieker, Der Sozialstaat, Baden-Baden 2012

Statistisches Bundesamt, Datenreport 2021, Kapitel 10, Soziale Sicherung und Übergänge in den Ruhestand, https://www.destatis.de/DE/Service/Statistik-Campus/Datenreport/_inhalt.html, Stand 01.09.2021

Steinmeyer, Das nationale Recht grenzüberschreitender Sachverhalte, in: Ruland/Becker/Axer (Hrsg.), Sozialrechtshandbuch, 6. Auflage, Baden-Baden 2018, § 33

von Arnauld/Musil, Strukturfragen des Sozialverfassungsrechts, Tübingen 2009

von Arnim, Finanzzuständigkeit, in: Isensee/Kirchhof (Hrsg.), Handbuch des Staatsrechts, Band VI, § 138, 3. Auflage, Heidelberg 2008

von Maydell, Zur Einführung: Das Sozialrecht und seine Stellung im Gesamtsystem unserer Wirtschafts- und Rechtsordnung, in: von Maydell/Ruland/Becker (Hrsg.), Sozialrechtshandbuch, 5. Auflage, Baden-Baden 2012, § 1

von Maydell, Steuerfreies Existenzminimum und Sozialhilfe – Zum Verhältnis von Steuerrecht und Sozialrecht, Festschrift für Gitter, Wiesbaden 1995, Seiten 567 bis 576

Vöneky, Verfassungsrecht und völkerrechtliche Verträge, in: Isensee/Kirchhof (Hrsg.), Handbuch des Staatsrechts, Band XI, § 236, 3. Auflage, Heidelberg 2013

Wagner, Strukturprobleme bei der Finanzierung der sozialen Sicherheit aus polit-ökonomischer Sicht: Zur stabilisierenden Funktion der Lohn„neben"kosten in deutscher und europäischer (Mindestsicherungs-)Perspektive, Denkschrift 60 Jahres Bundessozialgericht, Band 2, Berlin 2015, Seiten 755 bis 761

Wasem/Staudt, Gesundheit und Gesundheitswesen aus wirtschaftswissenschaftlicher Sicht: Wie kommt das Gut „Gesundheit" zu den Menschen?, Denkschrift 60 Jahres Bundessozialgericht, Band 2, Berlin 2015, Seiten 247 bis 269

Wolfrum, Deutschland in den Vereinten Nationen, in: Isensee/Kirchhof (Hrsg.), Handbuch des Staatsrechts, Band X, § 219, 3. Auflage, Heidelberg 2012

Zacher, Das soziale Staatsziel, in: Isensee/Kirchhof (Hrsg.), Handbuch des Staatsrechts, Band II, § 28, 3. Auflage, Heidelberg 2004

Zacher, in: von Maydell/Eichenhofer (Hrsg.), Abhandlungen zum Sozialrecht, Was ist Sozialrecht?, Heidelberg 1993, Seiten 249 ff.

# System des Sozialrechts

**2**

**Lernziele**

Im zweiten Kapitel lernen Sie die Systematik der Systeme sozialer Sicherung in der Bundesrepublik Deutschland kennen. Sie können nach der Bearbeitung sozialrechtliche Sicherungssysteme darstellen und beschreiben sowie deren Einteilung und Systematisierung ableiten. Der Begriff des Sozialrechts in formeller und materieller Bedeutung wird von Ihnen unterschieden. Sie können die Umsetzung des Sozialstaates im Sozialrecht herausstellen.

## 2.1 Begriff des Sozialrechts

Was Sozialrecht ist, welche Themengebiete damit gemeint und geregelt werden, ist nicht allgemeingültig geregelt. Es gibt keine gesetzliche Definition „Sozialrecht ist …". Legt man eine **formelle Betrachtungsweise** an, kann man an § 68 SGB I anknüpfen (Waltermann 2020, Rz. 43). Gegenstand des Sozialrechts sind demnach die Bücher des Sozialgesetzbuches (z. B. das SGB VI Gesetzliche Rentenversicherung) sowie weitere nicht als „Buch des Sozialgesetzbuchs" kodifizierte Gesetze, die allerdings über § 68 SGB I als besondere Teile des SGB gelten (z. B. das Bundesausbildungsförderungsgesetz, das Bundeskindergeldgesetz oder das Wohngeldgesetz). Bei einer solchen Betrachtungsweise wird man sicherlich den weit überwiegenden Teil sozialrechtlicher Normen in den Begriff des Sozialrechts mit einbeziehen können. Nachteile sind, dass einige bereits existierende Regelungen unberücksichtigt bleiben (z. B. die Regelungen des Einkommensteuergesetzes zum Kinderfreibetrag oder zur steuerlichen Berücksichtigung von Betreuungskosten) und

© Springer Fachmedien Wiesbaden GmbH, ein Teil von Springer Nature 2022
R. Möller, *Finanzierung und Organisation des Sozialstaates*,
https://doi.org/10.1007/978-3-658-37190-6_2

Neuregelungen zunächst nicht einbezogen sind, wenn Sie nicht innerhalb des Sozialgesetzbuchs oder der in § 68 SGB I genannten Gesetze enthalten sind.

> **Zusammenfassung, Merksatz**
> Der formelle Begriff des Sozialgesetzbuchs umfasst die normierten Sozialgesetz-
> bücher sowie die in § 68 SGB I genannten Gesetze.

Ein **materieller Begriff** (Waltermann 2020, Rz. 44) des Sozialrechts ist demzufolge
noch schwerer zu fassen. Es gibt keine Definition, was Sozialrecht inhaltlich bedeutet.
Zudem dürfte eine solche begriffliche Beschreibung aus der Blickrichtung unterschiedlicher wissenschaftlicher Disziplinen zu unterschiedlichen Ergebnissen führen. Während
man aus ökonomischer Sicht sozialrechtliche Regelungen der Umverteilung als markt-
widrige Eingriffe betrachten kann (siehe Abschn. 1.1), gibt das Verfassungsrecht (siehe
Abschn. 1.2) auf, soziale Mindeststandards und Teilhabechancen zu gewähren. Zudem
können internationale Kodifikationen weitergehende Rechte beinhalten als nationale Reglungen (z. B. ein Recht auf Arbeit, siehe Abschn. 1.3).

Einen gesetzlichen Anknüpfungspunkt zur Beantwortung der Frage, was mit Sozialrecht inhaltlich umfasst sei könnte, stellt § 1 SGB I dar. Insbesondere die in Absatz 1 der
Norm enthaltenen Aufgaben des Sozialgesetzbuchs stellen sich als Aufgaben dar, die sich
unmittelbar aus der Verfassung ergeben. **Sozialrecht** kann daher inhaltlich als **Umsetzung
des Sozialstaates** beschrieben werden.

### § 1 Abs. 1 SGB I
Das Recht des Sozialgesetzbuchs soll zur Verwirklichung sozialer Gerechtigkeit und
sozialer Sicherheit Sozialleistungen einschließlich sozialer und erzieherischer Hilfen
gestalten. Es soll dazu beitragen,

ein menschenwürdiges Dasein zu sichern,

gleiche Voraussetzungen für die freie Entfaltung der Persönlichkeit, insbesondere auch
für junge Menschen, zu schaffen,

die Familie zu schützen und zu fördern,

den Erwerb des Lebensunterhalts durch eine frei gewählte Tätigkeit zu ermöglichen und

besondere Belastungen des Lebens, auch durch Hilfe zur Selbsthilfe, abzuwenden oder
auszugleichen.

Was **Gegenstand des Sozialstaates** sein könnte, kann eher eng oder auch eher weit
verstanden werden. Ein enges materielles Verständnis würde den Sozialstaat auf in der
Regel hoheitlich organisierte sozialrechtliche Regelungen beziehen. Damit ginge eine sehr
große Schnittmenge mit der formellen Betrachtungsweise des Sozialrechts einher. Ein
weites materielles Verständnis würde über die gesamte Rechtsordnung hinweg danach

fragen, welche Regelungen einen (sozialen) Ausgleich bezwecken und unterschiedliche Interessen zu einem Ausgleich bringen wollen sowie soziale (Mindest-)Standards festlegen. Weiterhin wäre danach zu fragen, was der Staat mit einer sozialrechtlichen Regelung bezwecken will, ob also auch **Lenkungsfunktionen** mit der gesetzlichen Reglung verknüpft sind. Davon unabhängig wären sowohl das Rechtsgebiet, dem solche Regelungen zuzuordnen sind, als auch die Form der Organisation oder Finanzierung. Beispiele für solch ein weites Verständnis sind steuerliche Regelungen der Familienleistungen, Verbraucherschutzvorschriften im Zivilrecht, im Arbeitsrecht geregelte Arbeitnehmerrechte oder Maßnahmen der Aus- und Weiterbildung im Arbeitsförderungsrecht. Insoweit ist das Sozialrecht mit anderen Rechtsgebieten verknüpft und es gibt zahlreiche Wechselbeziehungen zwischen Regungen auf allen Ebenen (vgl. hierzu Eichenhofer 2019, Rz. 135 ff.).

Ausgehend von dem heute erreichten verfassungsrechtlich basierten Rechtsschutzniveau sowie der Rechtsordnung insgesamt wird wohl eher ein weites Verständnis bei der Beantwortung der Frage anzulegen sein, was inhaltlich Gegenstand des Sozialstaates ist. Daraus würde ein sehr weiter materieller Begriff des Sozialrechts folgen. Nachteil eines solchen Verständnisses wäre die Unschärfe dieses Begriffs. Gerade auch die Fragen einer Organisation und Finanzierung des Sozialstaats würden zu ausufernden Ausführungen führen. Daher wird im Folgenden das enge Begriffsverständnis von Sozialstaat und damit ein enger materieller Begriff des Sozialrechts zugrunde gelegt, der sich im Wesentlichen mit dem formellen Begriff des Sozialrechts deckt. Als Sozialrecht werden begrifflich im Folgenden die Bücher des Sozialgesetzbuchs sowie die in § 68 SGB I genannten Gesetze und die mit diesen Gesetzen geregelte Rechtsmaterie zugrunde gelegt. Daran orientieren sich die Inhalte dieses Lehrbuchs.

> **Zusammenfassung, Merksatz**
> Die Gestaltung des Sozialstaats ist Anknüpfungspunkt des materiellen Begriffs des Sozialrechts. In einem weiten Verständnis umfasst dies alle Regelungen, die einen (sozialen) Ausgleich bezwecken und unterschiedliche Interessen zu einem Ausgleich bringen wollen sowie soziale (Mindest-)Standards festlegen. Ein enges Verständnis bezieht sämtliche hoheitlich organisierten sozialrechtlichen Regelungen ein.

---

**Sachverhalt (nach BVerfG vom 10.11.1998, 2 BvL 42/93, BVerfGE 99, 246 bis 268)**

§ 32 Abs. 6 Satz 1 EStG i. d. F. des Steuersenkungsgesetzes 1986/1988 vom 26. Juni 1985 (BGBl I S. 1153) sah für jedes zu berücksichtigende Kind eines Steuerpflichtigen einen Kinderfreibetrag in Höhe von 1242 DM vor. Bei Ehegatten, die nach §§ 26, 26b EStG zusammen zur Einkommensteuer veranlagt wurden, verdoppelte sich der gemeinsame Kinderfreibetrag nach § 32 Abs. 6 Satz 2 EStG auf 2484 DM. Der Kinderfreibetrag wurde in dieser Höhe auch gewährt, wenn bei einem unbeschränkt einkommensteuerpflichtigen Elternpaar die Voraussetzungen des § 26 Abs. 1 Satz 1

EStG – Zusammenveranlagung – nicht vorlagen, ein Elternteil aber die Übertragung des Kinderfreibetrages des anderen Elternteils auf sich beantragte und der andere Elternteil diesem Antrag zustimmte (§ 32 Abs. 6 Satz 4 EStG).

Der Kläger des Ausgangsverfahrens wurde im Streitjahr 1987 einzeln zur Einkommensteuer veranlagt. Das Finanzamt berücksichtigte für den Sohn des Klägers einen Kinderfreibetrag in Höhe von 2484 DM, den der Kläger mit Zustimmung des anderen Elternteils beantragt hatte. Der Kläger begehrt die Berücksichtigung eines höheren Kinderfreibetrages. Begründet wird dies v. a. damit, dass weder Grundfreibetrag noch Kinderfreibetrag ausreichten, um sein Existenzminimum und das seines Sohnes steuerfrei zu belassen. Die Unzulänglichkeit des Kinderfreibetrages ergebe sich aus den Beschlüssen des Bundesverfassungsgerichts vom 29. Mai 1990 und 12. Juni 1990 (BVerfGE 82, 60, 85 ff.; 82, 198, 205 ff.). Die in diesen Entscheidungen für die Jahre 1983 bis 1985 aufgestellten Grundsätze seien auch für die Folgejahre anzuwenden.

Der III. Senat des Bundesfinanzhofs hat das Verfahren ausgesetzt, um eine Entscheidung des Bundesverfassungsgerichts zur Rechtsgültigkeit des § 32 Abs. 6 EStG einzuholen. § 32 Abs. 6 EStG sei insoweit mit Art. 3 Abs. 1 i. V. m. Art. 6 Abs. 1 GG unvereinbar, als danach Eltern mit einem Kind nur einen Kinderfreibetrag in Höhe von insgesamt 2484 DM beanspruchen könnten.

Wie wird das Bundesverfassungsgericht entscheiden?

**Lösung des Bundesverfassungsgerichts**

Verfassungsrechtlicher Prüfungsmaßstab sei der aus Art. 1 i. V. m. Art. 20 Abs. 1 GG sich ergebende Grundsatz, dass der Staat dem Steuerpflichtigen sein Einkommen insoweit steuerfrei belassen müsse, als es zur Schaffung der Mindestvoraussetzungen für ein menschenwürdiges Dasein benötigt werde (vgl. BVerfGE 82, 60, 85). Der existenznotwendige Bedarf bilde von Verfassungs wegen die Untergrenze für den Zugriff durch die Einkommensteuer (vgl. BVerfGE 87, 153, 169). Art. 6 Abs. 1 GG gebiete darüber hinaus, dass bei der Besteuerung einer Familie das Existenzminimum sämtlicher Familienmitglieder steuerfrei bleiben müsse (vgl. BVerfGE 82, 198, 207).

Die von Verfassung wegen zu berücksichtigenden existenzsichernden Aufwendungen müssten nach dem tatsächlichen Bedarf – realitätsgerecht – bemessen werden (vgl. BVerfGE 66, 214, 223; 68, 143, 153; 82, 60, 88). Dessen Untergrenze sei durch die Sozialhilfeleistungen konkretisiert, die das im Sozialstaat anerkannte Existenzminimum gewährleisten solle, verbrauchsbezogen ermittelt und auch regelmäßig den veränderten Lebensverhältnissen angepasst werde. Mindestens das, was der Gesetzgeber dem Bedürftigen zur Befriedigung seines existenznotwendigen Bedarfs aus öffentlichen Mitteln zur Verfügung stelle, müsse er auch dem Einkommensbezieher von dessen Erwerbsbezügen belassen (vgl. BVerfGE 87, 153, 171; 91, 93, 111).

Werde die Höhe des existenznotwendigen Mindestbedarfs nach den von der Bundesregierung mitgeteilten Daten und der zugrunde gelegten Ermittlungsmethode – Wohnkosten nach der Mehrbedarfsmethode auf der Grundlage einer Sondererhebung des Statistischen Bundesamtes (vgl. Stellungnahme im Verfahren 2 BvR 1852/97 mit Bezugnahme auf BT-Drucks. 13/9561 S. 4) – berechnet, dabei jedoch von Verfassungs

wegen der Mindestbedarf für alle Steuerpflichtigen – ungeachtet ihres Grenzsteuer-
satzes – voll berücksichtigt und auch keine Toleranzgrenze eingeräumt, so betrage der
existenznotwendige Mindestbedarf eines Kindes im Veranlagungszeitraum (1987)
4416 DM pro Kind und Jahr. Dieser Mindestbedarf errechne sich aus dem Sozialhilfe-
regelsatz für Kinder in Höhe von 253 DM, einmaligen Leistungen in Höhe von 40 DM,
einem Mietmehrbedarf in Höhe von 62 DM und Heizkosten in Höhe von 13 DM für
jedes Kind pro Monat. Daraus ergebe sich ein Monatsbedarf von 368 DM, ein Jahres-
bedarf von 4416 DM.

Diesem von Verfassungs wegen zu berücksichtigenden Existenzminimum in Höhe
von 4416 DM stehe nach der zur verfassungsrechtlichen Prüfung gestellten Gesetzeslage ein durch § 32 Abs. 6 EStG 1986/1988 und das Sozialrecht anerkannter
Mindestbedarf zwischen 3555 DM und 4484 DM gegenüber. Beim Kläger des Ausgangsverfahrens betrage der Grenzsteuersatz 44 %; daraus ergebe sich für ihn eine
gesetzliche Berücksichtigung des Kinderexistenzminimums in Höhe von 3847 DM; sie
bleibe damit um 569 DM hinter dem von Verfassungs wegen zu berücksichtigenden
Existenzminimum in Höhe von 4416 DM zurück. ◄

## 2.2   Einteilung und Systematisierung

Die Systeme der sozialen Sicherheit werden vielfach v. a. von der Leistungsseite aus betrachtet. Was **sozial gerecht** ist und Bürgern **soziale Sicherheit** gewährt, erschließt sich
mit Blick auf definierte **Sozialleistungen**. Eine Systematisierung erfolgt daher zumeist auf
Grundlage der geregelten Leistungssysteme. Das stellt das Sozialsystem insoweit von den
Füßen auf den Kopf, da als Anknüpfungspunkt vorrangig die Ausgabenseite betrachtet
wird, während die Einnahmenseite der sozialrechtlichen Sicherungssysteme, welche die
Leistungsausgaben ermöglichen, eher in den Hintergrund rückt. Eine solche Sichtweise
verkürzt zudem die Komplexität sozialrechtlicher Regelungssysteme. Gerade die Finanzierung der Sozialleistungen und deren Organisation sind sehr komplex und vielschichtig
geregelt (siehe auch Becker 2018, Rz. 15). Bereits der Blick auf Beteiligte des Leistungs-
geschehens sowie der bekannten Finanzierungselemente lässt dies erahnen. Im Sozialleistungssystem sind die Träger der Sozialleistungsansprüche, Arbeitgeber, Bürger und
zumeist der Staat – also mittelbar die Steuerzahler – sowie die Leistungserbringer
(z. B. Krankenhäuser, Ärzte, Pflegedienste, Träger der Wohlfahrtpflege, etc.) beteiligt.

Der klassische Systematisierungsversuch (vgl. Becker 2018, Rz. 14 ff.) knüpft an ein
Verständnis für **Leistungsvoraussetzungen** an. Sozialleistungen können

- einseitig (z. B. Hilfe zum Lebensunterhalt),
- gegenleistungsabhängig (z. B. Renten im Sozialversicherungssystem),
- konkret-individuell (z. B. Entgeltersatzleistungen wie Krankengeld),
- typisierend-abstrakt (z. B. Kindergeld)

sein. Daraus folgend wird das Sozialleistungssystem nach den Bereichen Fürsorge, Versorgung und Sozialversicherung (Waltermann 2020, Rz. 78 ff.) systematisiert (sog. **Trias der Sozialleistungszweige** [Tab. 2.1]) (vgl. auch Gitter und Schmitt 2001, § 1 Rz. 14).

**Zusammenfassung, Merksatz**
Sozialrecht wird klassisch in die Bereiche Sozialversicherung, soziale Versorgung und soziale Fürsorge ausgeteilt.

Diese Systematisierung wird überwiegend als nicht mehr zeitgemäß betrachtet. Sie werde der Ausgestaltung des heutigen Sozialrechts nicht mehr gerecht und könne moderne Sozialrechtsgesetze nicht mehr abbilden (vgl. Waltermann 2020, Rz. 79 f.). Deshalb wird eine Systematisierung in den Kategorien Vorsorgesysteme, Entschädigungssysteme, Hilfe und Förderung vorgenommen (Zacher 1985, S. 20 ff.), welche die **Funktion der jeweiligen Sozialleistung** in den Vordergrund stellt. Die Zuordnung der sozialrechtlichen Regelungen zu einer der vier Kategorien erfolgt nach Leistungsgrund, Institutionen, Leistungsinhalt und Träger (Eichenhofer 2019, Rz. 13) (Abb. 2.1):

- Leistungsgrund: bezeichnet den Leistungszweck;
- Institution: kennzeichnet den Leistungszweig;
- Leistungsinhalt: typisierend-abstrakte Leistung oder individuell-konkrete Leistung;
- Träger: Sondervermögen mit eigener Abgabenhoheit oder Finanzierung durch Steueraufkommen und Staat oder Gemeinde.

**Tab. 2.1** Trias der Sozialleistungszweige

|                          | konkret              | abstrakt            |
| ------------------------ | -------------------- | ------------------- |
| **einseitig**            | soziale Fürsorge     | soziale Versorgung  |
| **gegenleistungsabhängig** | Sozialversicherung |                     |

| | Leistungsgrund | Institution | Leistungsinhalt | Träger |
| --- | --- | --- | --- | --- |
| Vorsorge | Eintritt sozialen Risikos | Renten-, Kranken-, Pflege-, Unfall und Arbeitslosenversicherung | abstrakt* | Sondervermögen |
| Entschädigung | Ausgleich von Sonderopfer für Allgemeinheit | Versorgungsverwaltung, unechte Unfallversicherung | abstrakt* | Staat |
| Förderung | Chancengleichheit | Familienleistungsausgleich, Ausbildungs- und Arbeitsförderung | abstrakt* | Staat |
| Hilfe | Sicherung des Existenzminimums | Sozialhilfe, Grundsicherung, Jugendhilfe, Unterhaltsvorschuss | konkret | Staat und Gemeinde |

* Dienst- und Sachleistung: konkret

**Abb. 2.1**  System des Sozialrechts

Vorteil dieses Ansatzes ist, dass mit dieser Kategorisierung moderne Sozialleitungssysteme erfasst werden könne. Nachteil dieses Ansatzes ist, dass auch hier vorrangig von der Leistungsseite aus gedacht wird (vgl. zum Sozialleistungsanspruch z. B. Eichenhofer 2019, Rz. 171 ff.).

> **Zusammenfassung, Merksatz**
> Nach dem aktuellen Stand von Wissenschaft und Forschung erfolgt die Systematisierung des Sozialrechts in den Kategorien Vorsorgesysteme, Entschädigungssysteme, Hilfe und Förderung.

Eine Systembetrachtung muss von der Metaebene aus erfolgen. Anknüpfungspunkt ist hier das **Sozialstaatsprinzip** und die daraus abgeleiteten Gebote der sozialen Gerechtigkeit und sozialen Sicherheit. **Soziale Gerechtigkeit** knüpft dabei an die Möglichkeit des Einzelnen an, sein Leben in der Gesellschaft zu gestalten und an der gesellschaftlichen Entwicklung teilzuhaben. Es geht somit um **Chancengleichheit** und **Teilhabemöglichkeiten**. Das „Soziale" Element ist dabei als die Chance des Einzelnen zu verstehen, eine von seinen individuellen Kräften und Fähigkeiten ausgehende soziale Stellung in der Gesellschaft zu erlangen (Igl und Welti 2007, § 1 Rz. 9). Dabei kann man sich die Kräfte und Fähigkeiten des Einzelnen und die sozialstaatlichen Reglungen andererseits als kommunizierende Röhren vorstellen. Auch mit geringen individuellen Voraussetzungen kann eine hohe gesellschaftliche Stellung erlangt werden, mit hohen individuellen Möglichkeiten ausgestattete Menschen können auf einer niedrigen sozialen Stellung verbleiben. Dabei wird gesamtgesellschaftlich eine Mindestsicherung insbesondere über staatliche Fürsorge gewährt. Diese auf der Mindestsicherung basierende **soziale Sicherheit** ist Ausgangspunkt und zugleich Sicherungsanker jedes freiheitlichen Handelns. Der Einzelne wird damit in die Lage versetzt, auf verlässlicher (wirtschaftlicher) Grundlage sein Leben zu gestalten (Igl und Welti 2007, § 1 Rz. 9). Wichtig ist hier daher die materielle **Existenzsicherung** des Einzelnen (Waltermann 2020, Rz. 15). Diese wird sozialstaatlich auf unterschiedlichen Niveaustufen verwirklicht, je nachdem, welche „Systemvoraussetzungen" gegeben sind. Das Sicherungsniveau im Alter kann entsprechend der rentenrechtlichen Voraussetzungen zu einer hohen oder niedrigen Versicherungsleistung – der Rente – führen. Eine sehr niedrige Rente wird jedenfalls über die Grundsicherung im Alter (§§ 41 ff. SGB XII) auf einem Mindestniveau gesichert. Hierbei kommt es dann zu systemüberschneidenden bzw. systemergänzenden Leistungen an den einzelnen.

Die **Verwirklichung des Sozialstaates** erfolgt auf Grundlage der **verfassungsrechtlichen Kompetenzverteilung**. Die verfassungsmäßige Ordnung regelt, welche Rechtsmaterie auf welcher staatsorganisatorischen Ebene verortet ist und welchem Gesetzgebungsorgan die Regelungskompetenz zusteht. Aus den verfassungsrechtlichen Vorgaben ergibt sich ein Rahmen für die inhaltliche Systemgestaltung sozialer Sicherungssysteme. Diese Vorgaben spielen insbesondere mit Blick auf Finanzierungsmöglichkeiten und die

Gestaltungsmöglichkeiten der Verwaltungsorganisation der sozialen Sicherungssysteme eine wichtige Rolle. Für die Betrachtung von Organisation und Finanzierung des Sozialstaates ist daher das verfassungsrechtliche Regelungsregime der wichtigste Anknüpfungspunkt. Die verfassungsrechtlichen Normen geben insoweit Anknüpfungspunkte im Bereich der Sozialversicherung, der Fürsorge und der Versorgung vor (vgl. Art. 73 Abs. 1 Nr. 13, Art. 74 Abs. 1 Nr. 12, Art. 87 Abs. 2 GG). Daraus folgt, dass sich die Systematisierung an der oben dargestellten Trias der Sozialleistungszweige orientieren müsste, auch wenn sich dies mit Blick auf die Leistungsseite sozialer Sicherungssysteme modern anders darstellt. Insoweit wird man sagen können, dass der Verfassungswortlaut den aktuellen Stand der Systematisierung des Sozialrechts in Wissenschaft und Forschung nicht abbildet.

> **Zusammenfassung, Merksatz**
> Die Verfassung gibt als Anknüpfungspunkte die Bereiche Sozialversicherung, Fürsorge und Versorgung vor. Insoweit spiegelt der Wortlaut des Grundgesetzes den aktuellen Stand der Systematisierung des Sozialrechts in Wissenschaft und Forschung nicht wider.

## 2.3    Sozialleistungen und Leistungsträger

Die Grundsatznormen der Sozialleistungen sind ebenfalls im SGB I geregelt. §§ 11 bis 17 SGB I treffen allgemeine „vor die Klammer" gezogene Aussagen über Sozialleistungen und Leistungsträger. Diese Regelungen werden ergänzt durch die Beschreibungen der einzelnen Sozialleistungen und der zuständigen Leistungsträger in den §§ 18 bis 29 SGB I. Alle Normen zu den Sozialleistungen und Leistungsträgern in den §§ 11 bis 29 SGB I sind „vor die Klammer" gezogenen allgemeine Programmsätze des Gesetzgebers, die dem Einzelnen grundsätzlich keine individuellen Ansprüche vermitteln. Diese ergeben sich erst aus den Regelungen der besonderen Teile des Sozialgesetzbuchs.

Als gesetzlicher Anknüpfungspunkt für **Sozialleistungen** ist § 11 SGB I zu betrachten.

**§ 11 SGB I**
Gegenstand der sozialen Rechte sind die in diesem Gesetzbuch vorgesehenen Dienst-, Sach- und Geldleistungen (**Sozialleistungen**). Die persönliche und erzieherische Hilfe gehört zu den Dienstleistungen.

Die Norm definiert als Sozialleistungen **Dienst-, Sach- und Geldleistungen**. Nach der weit überwiegenden Meinung soll dies allerdings keine abschließende Begriffsdefinition sein. Auch wird der Zusammenhang zwischen „sozialen Rechten" einerseits und „Sozialleistungen" andererseits damit nicht klarer. Das Bundessozialgericht hat insoweit entscheiden, dass Sozialleistungen zwar typischerweise aber nicht zwangsläufig der Verwirklichung der sozialen Rechte dienen (BSGE 58, 291, 295; 64, 225, 227).

Damit stellt sich zugleich die Frage, was **soziale Rechte** sind. Vor dem Hintergrund der verfassungsrechtlichen Rahmenvorgaben (siehe Abschn. 1.2) sind es zunächst einmal die in §§ 2 bis 10 SGB I genannten Rechte. Bei diesen Normen handelt es sich jedoch um keine gesetzlichen Anspruchsgrundlagen für eine konkrete Erbringung von Sozialleistungen im Einzelfall, sondern vielmehr um **Rahmenvorgaben** (auch als Programmsätze oder Orientierungshilfen bezeichnet), die in den einzelnen Sozialgesetzen konkretisiert und ausgestaltet werden. Der Umfang sozialer Rechte ergibt sich deshalb aus der konkreten Ausgestaltung durch den Gesetzgeber. Das

- Was?
- Wer?
- Wie?
- Warum?
- Welche Höhe?

von Sozialleistungen als Verwirklichung sozialer Rechte unterliegt deshalb einem stetigen Wandel. Dieser wird durch gesellschaftliche und politische Anschauungen geprägt sowie durch eine mögliche Mittelaufbringung begrenzt.

**Zusammenfassung, Merksatz**

§ 1 Abs. 1 SGB I umschreibt die Aufgaben des Sozialrechts (Abschn. 2.1). Um diese Aufgaben zu erfüllen, werden zugunsten des Bürgers entsprechende soziale Rechte definiert. Dies erfolgt auf übergeordneter Ebene mit § 2 SGB I. § 2 Abs. 1 S. 1 SGB I stellt insoweit eine Verbindung zwischen den in § 1 SGB I genannten Aufgaben des Sozialrechts und den in den §§ 3 bis 10 SGB I genannten Rechten dar. Dabei ist jedoch zu beachten, dass sich unmittelbare Ansprüche des Einzelnen aus diesen Normen des SGB I nicht ergeben. Ansprüche können nach § 2 Abs. 1 S. 2 SGB I nämlich nur insoweit geltend gemacht oder hergeleitet werden, als deren Voraussetzungen und Inhalt durch die Vorschriften der besonderen Teile des Sozialgesetzbuchs (siehe hierzu auch § 68 SGB I) im Einzelnen bestimmt sind. Das heißt, in den besonderen Sozialgesetzbüchern müssen die sozialen Rechte mit konkreten Anspruchsnormen unterlegt sein. Insoweit werden die sozialen Rechte der §§ 3 bis 10 SGB I durch konkrete Sozialleistungen in den besonderen Teilen des SGB umgesetzt.

Mit Blick auf die **Organisation** der Systeme der sozialen Sicherung ist § 12 SGB I eine wichtige Grundsatznorm:

**§ 12 SGB I**
Zuständig für die Sozialleistungen sind die in den §§ 18 bis 29 genannten Körperschaften, Anstalten und Behörden (Leistungsträger). Die Abgrenzung ihrer Zuständigkeit ergibt sich aus den besonderen Teilen dieses Gesetzbuchs.

Die Norm stellt einen Zusammenhang zwischen den **Sozialleistungen** und den **Leistungsträgern** her. Die Definition der Leistungsträger wird daher als weiteres Kriterium für die Definition, was unter Sozialleistungen verstanden werden kann, herangezogen. Zu berücksichtigen ist dabei jedoch, dass Leistungsträger nicht (nur) auf die Erbringung von Sozialleistungen beschränkt sind. Das Gesetz enthält in den §§ 18 ff. SGB I einen Katalog der wichtigsten Sozialleistungen sowie der zuständigen Leistungsträger.

§ 12 SGB I regelt vom Wortlaut her keine Zuständigkeit. Vielmehr enthält Satz 1 der Norm eine Definition, in welcher **Organisationsform** Sozialleistungsträger auftreten können. Der Gesetzgeber sieht insoweit vor, dass Sozialleistungsträger als **Körperschaft, Anstalt** oder **Behörde** organisiert sein können. Diese Auswahlmöglichkeit spiegelt das gegliederte Sozialleistungssystem auch auf organisatorischer Ebene wider. Allerdings bleibt dem Gesetzgeber unbenommen, Sozialleistungssysteme zusammen zu führen und auch die bestehende Trägerpluralität einzuschränken. § 12 S. 1 SGB I sieht somit nur organisatorische Möglichkeiten vor, keine Verpflichtung an den Gesetzgeber, alle Organisationsformen auch tatsächlich abzubilden. Die Sozialleistungsträger sind immer **öffentlichrechtlich** organisiert. § 12 S. 2 SGB I stellt klar, dass sich die sachliche, funktionale und örtliche Zuständigkeit aus den einzelnen Sozialgesetzen ergibt. Ebenso wird dort die **Zuständigkeitsabgrenzung der Sozialleistungsträger** geregelt.

---

**Zusammenfassung, Merksatz**
Sozialleistungsträger können als Körperschaften, Anstalten oder Behörden organisiert sein. Es handelt sich stets um Organisationen, die öffentlich-rechtlich organisiert sind.

---

Die Frage der **Zuständigkeit** ist die Frage, „**Wer**" als Rechtsträger Rechte und Pflichten zu erfüllen hat. Die Zuständigkeitszuordnung von Rechten und Pflichten erfolgt an eine konkrete Körperschaft, Anstalt oder Behörde. Die **sachliche** Zuständigkeit legt den Inhalt der zu erledigenden Verwaltungsaufgaben eines Sozialleistungsträgers fest (z. B. nimmt ein Rentenversicherungsträger Aufgaben der gesetzlichen Rentenversicherung wahr, wohingegen ein Träger der gesetzlichen Krankenversicherung Aufgaben der gesetzlichen Krankenversicherung wahrnimmt). Die **funktionale** Zuständigkeit kann als Sonderfall der sachlichen Zuständigkeit verstanden werden. Sie regelt die Zuständigkeit innerhalb der Verwaltungshierarchie, also auf welcher Verwaltungsebenen eine Aufgabe wahrgenommen wird (z. B. betrifft dies die Frage, wer innerhalb des Verwaltungsträgers für die Entscheidung über Widersprüche zuständig ist). Die **örtliche** Zuständigkeit legt den räumlichen Zuständigkeitsbereich eines Sozialleistungsträgers fest (z. B. betrifft dies die Frage der örtlichen Zuständigkeiten von Geschäftsstellen oder Bezirksgeschäftsstellen bzw. Bezirksdirektionen). **Wie** die Zuständigkeit ermittelt wird, folgt aus personenbezogenen oder örtlichen Kriterien oder aus einer Kombination aus beidem.

Die Beantwortung der Frage nach der Zuständigkeit eines Sozialleistungsträgers hat nicht nur theoretische Bedeutung. Gesetzlicher Anknüpfungspunkt ist § 16 Abs. 1 S. 1 SGB I. Nach dieser Norm hat ein Bürger Anträge auf Sozialleistungen beim **zuständigen Leistungsträger** zu stellen. Hiervon gibt es allerdings für das Sozialrecht eine bedeutsame Ausnahme. Ihre rechtliche Bedeutung erlangt die Norm bei **antragsabhängigen Sozialleistungen**. Dies liegt an sozialrechtlichen Sondervorschriften (§ 16 Abs. 2 S. 1 SGB I, § 20 Abs. 3 SGB X). Stellt ein Bürger bei einem **unzuständigen Leistungsträger** einen Leistungsantrag, muss dieser den Antrag trotz Unzuständigkeit annehmen und **unverzüglich** (vgl. § 121 Abs. 1 S. 1 BGB, also: ohne schuldhaftes Zögern) an den zuständigen Leistungsträger weiterleiten. Sachlich oder örtlich unzuständige Leistungsträger dürfen daher die Entgegennahme von Anträgen nicht unter Hinweis auf ihre Unzuständigkeit ablehnen. Insoweit wirken § 16 Abs. 2 SGB I und § 20 Abs. 3 SGB X zusammen. Ergänzt werden diese beiden Normen im Anwendungsbereich des § 93 Abs. 2 S. 1 SGB IV für den Bereich der Sozialversicherung („Die Versicherungsämter haben Anträge auf Leistungen aus der Sozialversicherung entgegenzunehmen."). Aus Sicht des Antragstellers ist eine Unzuständigkeit für die Einhaltung von Fristen unerheblich (§ 16 Abs. 2 S. 2 SGB I). Auch die Einreichung von Anträgen beim unzuständigen Leistungsträger wirkt im Sozialrecht grundsätzlich fristwahrend, sodass ein Bürger gestellte Anträge wegen dieser Regelungswirkung nicht zurücknehmen sollte, um diese anschließend beim richtigen Träger zu stellen. Sinn und Zweck dieser gesetzlichen Konstruktion ist, die sog. „Schwäche des gegliederten Sozialleistungssystems" nicht dem Bürger aufzubürden. Dem Bürger soll daher nicht die Pflicht übertragen werden, zunächst zu prüfen, wer für seine soziale Sicherung zuständig sein könnte. Diese Pflicht ist auf den angegangenen Sozialleistungsträger abgewälzt, der prüfen muss, auf an welchen Leistungsträger der Antrag – formell und materiell richtig – **weiterzuleiten** ist. Wenn sich der zuerst angegangene Leistungsträger allerdings über die Zuständigkeit geirrt haben sollte, muss der Leistungsträger, an den der Antrag weitergeleitet wurde, seinerseits an den zuständigen Leistungsträger weiterleiten. Es kann daher in der Praxis zu „Kettenweiterleitungen" kommen. Wichtigster Anwendungsbereich der Norm und ergänzender Normen des § 18 Abs. 2 SGB XII ist das Sozialhilferecht (vgl. hierzu Mrozynski 2019, § 1 Rz. 29 ff.).

In den §§ 18 bis 29 SGB I sind die Zuständigkeiten dem Grunde nach gesetzlich geregelt. In den einzelnen Sozialgesetzen wird die Zuständigkeit weiter konkretisiert. Die Zuständigkeitsregelungen nach dem SGB I ergeben folgendes Bild:

**Sozialversicherung**

- Leistungen der gesetzlichen Krankenversicherung, § 21 Abs. 2 SGB I:
  *„Zuständig sind die Orts-, Betriebs- und Innungskrankenkassen, die Sozialversicherung für Landwirtschaft, Forsten und Gartenbau als landwirtschaftliche Krankenkasse, die Deutsche Rentenversicherung Knappschaft-Bahn-See und die Ersatzkassen."*

- Leistungen bei Schwangerschaftsabbrüchen, § 21 b Abs. 2 SGB I:
  *„Zuständig sind die Orts-, Betriebs- und Innungskrankenkassen, die Sozialversicherung für Landwirtschaft, Forsten und Gartenbau als landwirtschaftliche Krankenkasse, die Deutsche Rentenversicherung Knappschaft-Bahn-See und die Ersatzkassen."*
- Leistungen der sozialen Pflegekassen, § 21 a Abs. 2 SGB I:
  *„Zuständig sind die bei den Krankenkassen errichteten Pflegekassen."*
- Leistungen der gesetzlichen Unfallversicherung, § 22 Abs. 2 SGB I:
  *„Zuständig sind die gewerblichen Berufsgenossenschaften, die Sozialversicherung für Landwirtschaft, Forsten und Gartenbau als landwirtschaftliche Berufsgenossenschaft, die Gemeindeunfallversicherungsverbände, die Feuerwehr-Unfallkassen, die Unfallkassen der Länder und Gemeinden, die gemeinsamen Unfallkassen für den Landes- und kommunalen Bereich und die Unfallversicherung Bund und Bahn."*
- Leistungen der gesetzlichen Rentenversicherung einschließlich der Alterssicherung der Landwirte, § 23 Abs. 2 SGB I:
  *„Zuständig sind*
  *1. in der allgemeinen Rentenversicherung die Regionalträger, die Deutsche Rentenversicherung Bund und die Deutsche Rentenversicherung Knappschaft-Bahn-See,*
  *2. in der knappschaftlichen Rentenversicherung die Deutsche Rentenversicherung Knappschaft-Bahn-See,*
  *3. in der Alterssicherung der Landwirte die Sozialversicherung für Landwirtschaft, Forsten und Gartenbau als landwirtschaftliche Alterskasse."*
- Leistungen der Arbeitsförderung, § 19 Abs. 2 SGB I:
  *„Zuständig sind die Agenturen für Arbeit und die sonstigen Dienststellen der Bundesagentur für Arbeit."*
- Leistungen bei gleitendem Übergang älterer Arbeitnehmer in den Ruhestand, § 19 b Abs. 2 SGB I:
  *„Zuständig sind die Agenturen für Arbeit und die sonstigen Dienststellen der Bundesagentur für Arbeit."*

**Soziale Fürsorge und Hilfen:**
- Leistungen der Grundsicherung für Arbeitsuchende, § 19 a Abs. 2 SGB I:
  *„Zuständig sind die Agenturen für Arbeit und die sonstigen Dienststellen der Bundesagentur für Arbeit, sowie die kreisfreien Städte und Kreise, soweit durch Landesrecht nicht andere Träger bestimmt sind. In den Fällen des § 6a des Zweiten Buches ist abweichend von Satz 1 der zugelassene kommunale Träger zuständig."*
- Leistungen der Sozialhilfe, § 28 Abs. 2 SGB I:
  *„Zuständig sind die Kreise und kreisfreien Städte, die überörtlichen Träger der Sozialhilfe und für besondere Aufgaben die Gesundheitsämter; sie arbeiten mit den Trägern der freien Wohlfahrtspflege zusammen."*
- Leistungen der Kinder- und Jugendhilfe, § 27 Abs. 2 SGB I:
  *„Zuständig sind die Kreise und die kreisfreien Städte, nach Maßgabe des Landesrechts auch kreisangehörige Gemeinden; sie arbeiten mit der freien Jugendhilfe zusammen."*

- Wohngeld, § 26 Abs. 2 SGB I:
  *„Zuständig sind die durch Landesrecht bestimmten Behörden."*

**Soziale Versorgung und Entschädigung:**
- Versorgungsleistungen bei Gesundheitsschäden, § 24 Abs. 2 SGB I:
  *„Zuständig sind die Versorgungsämter, die Landesversorgungsämter und die ortho-
  pädischen Versorgungsstellen. Für die besonderen Hilfen im Einzelfall sind die Kreise
  und kreisfreien Städte sowie die Hauptfürsorgestellen zuständig. Bei der Durchführung
  der Heil- und Krankenbehandlung wirken die Träger der gesetzlichen Krankenversicherung mit. Für die Leistungen nach den §§ 80, 81a bis 83a des Soldatenver-
  sorgungsgesetzes ist die Bundeswehrverwaltung zuständig."*

**Soziale Förderung**
- Leistungen der Ausbildungsförderung, § 18 Abs. 2 SGB I:
  *„Zuständig sind die Ämter und die Landesämter für Ausbildungsförderung nach Maß-
  gabe der §§ 39, 40, 40a und 45 des Bundesausbildungsförderungsgesetzes."*
- Kindergeld, Kinderzuschlag, Leistungen für Bildung und Teilhabe, Elterngeld und Betreuungsgeld, § 25 Abs. 3 SGB I:
  *„Für die Ausführung des Absatzes 1 sind die nach § 7 des Bundeskindergeldgesetzes
  bestimmten Stellen und für die Ausführung des Absatzes 2 die nach § 12 des Bundes-
  elterngeld- und Elternzeitgesetzes bestimmten Stellen zuständig."*

**Menschen mit Behinderung**
- Leistungen zur Rehabilitation und Teilhabe behinderter Menschen, § 29 Abs. 2 SGB I:
  *„Zuständig sind die in den §§ 19 bis 24, 27 und 28 genannten Leistungsträger und die
  Integrationsämter."*
- Leistungen der Eingliederungshilfe, § 28 a Abs. 2 SGB I:
  *„Zuständig sind die nach Landesrecht bestimmten Behörden."*

Von den Sozialleistungsträgern zu unterscheiden sind die **Leistungserbringer**. Diese erbringen für die Versicherten Leistungen anstelle bzw. im Auftrag der Sozialleistungsträger.
Insoweit wird auch von dem sozialrechtlichen Dreiecksverhältnis gesprochen (Abb. 2.2).
Diese Leistungserbringer können unterschiedlich organisiert sein (z. B. privater Pflegedienst als GmbH, Krankenhaus in kommunaler Trägerschaft oder als Aktiengesellschaft,
Sanitätshaus als Handelsgewerbe, niedergelassener Arzt als freiberuflich Tätiger, Träger
der freien Wohlfahrtspflege, etc.). Hintergrund hierfür ist, dass Neben Dienst-, Sach- und
Geldleistungen immer stärker personale Leistungen der Beteiligten in den Vordergrund
treten. Sozialrecht ist deshalb ordnungspolitisch nicht streng behördlich organisiert. Vielmehr ist im modernen Sozialstaat ein **pluralistischer Ansatz** zielführend. Bei der Erbringung der Sozialleistungen wirken daher staatliche Stellen (z. B. Gemeinden, Sozialversicherungsträger), Träger der Freien Wohlfahrtspflege (z. B. das evangelische
Diakonische Werk, die katholische Caritas, das Deutsche Rote Kreuz, der Paritätische),

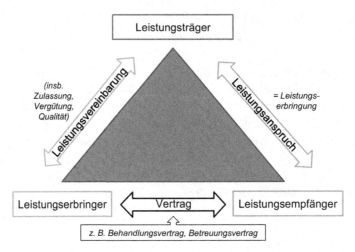

**Abb. 2.2**  Sozialrechtliches Dreiecksverhältnis

private Anbieter (z. B. als Betreiber von Pflegeheimen oder Krankenhäusern) sowie einzelne Personen (z. B. in der Pflege Angehöriger) zusammen. Hierin liegt die Stärke des Sozialstaates, die sich in einem Verbundenheitsgefühl des Füreinander-Einstehen-Wollens manifestiert.

---

**Sachverhalt: Antrag beim unzuständigen Träger (nach BSG vom 08.10.1998, Az.: B 8 KN 1/97 U R, BSGE 83, 30 – 40)**

Vom 16. April bis 08. Mai 1991 unterzog sich der Versicherte einer stationären Behandlung in der Reha-Klinik der Landesversicherungsanstalt (LVA) Rheinprovinz (heute: Deutsche Rentenversicherung Rheinland – also eine Klinik eines Trägers der gesetzlichen Rentenversicherung). In einem dort am 02. Mai 1991 angefertigten Computer-Tomogramm zeigte sich eine ausgedehnte Pleuraverdickung. Der Versicherte wurde am 08. Mai 1991 in schlechtem, tumorkachektischem Allgemeinzustand entlassen; der Entlassungsbericht vom 08. Juli 1991 spricht von einem „dringenden Verdacht auf das Vorliegen eines asbestinduzierten Pleuramesothelioms". Der Versicherte verstarb am 20. Mai 1991.

Die von der Beklagten (Anmerkung: die zuständige Berufsgenossenschaft als Trägerin der gesetzlichen Unfallversicherung) veranlasste Obduktion ergab als alleinige Todesursache ein morphologisch eindeutig identifiziertes Pleuramesotheliom; es habe eine BK-Nr. 4105 der Anlage 1 zur Berufskrankheiten-Verordnung (BKVO) vorgelegen. Die beklagte Berufsgenossenschaft gewährte der Klägerin (Anmerkung: der Witwe des Versicherten) mit Bescheid vom 08. März 1994 Witwenrente. Die Zahlung von Verletztenrente und Pflegegeld für die Zeit vor dem Tod des Versicherten lehnte sie ab, da die BK-Anzeige erst nach dem Tode des Versicherten erstattet worden und der Anspruch auf diese Leistungen in Ermangelung eines anhängigen Verwaltungsverfahrens erloschen sei.

Im Klageverfahren hat die Stationsärztin der Reha-Klinik bekundet, sie habe in einem Angehörigen-Arzt-Gespräch die Klägerin über das Grundleiden des Versicherten und „die Notwendigkeit einer BK-Meldung durch uns" informiert, die wohl wegen eines Engpasses im Schreibbüro erst deutlich nach dem Tod des Versicherten der Beklagten übersandt worden sei.

Die Klägerin beruft sich u. a. darauf, dass zunächst der unzuständige Träger (Reha-Klinik eines Rentenversicherungsträgers) angegangen wurde bzw. dieser zu Unrecht nicht richtig gehandelt habe. Zu Recht?

**Entscheidung des Bundessozialgerichts**

Das Bundessozialgericht prüft den Sachverhalt dreistufig:

1. Zwar wurde nicht bereits zu Lebzeiten ein Antrag auf Leistungen der Beklagten für den Versicherten gestellt.
2. Jedoch kann die Verzögerung einer BK-Anzeige durch die Ärzte der Ruhrlandklinik einen Herstellungsanspruch begründen, kraft dessen die Klägerin so zu stellen wäre, als sei bereits zu Lebzeiten des Versicherten ein Verwaltungsverfahren über die begehrten Leistungen anhängig geworden.
3. Besteht ein derartiger Herstellungsanspruch, wird zu prüfen sein, ob die Leistungsvoraussetzungen erfüllt sind.

**Zu 1.:**

Der Klägerin stünden als Sonderrechtsnachfolgerin (§ 56 Abs. 1 S. 1 Nr. 1 SGB I) des Versicherten diejenigen Leistungen zu, die ihm noch zu Lebzeiten zustanden, wenn im Zeitpunkt von dessen Tode diese Leistungen entweder festgestellt waren oder ein Verwaltungsverfahren über sie anhängig war (§ 59 S. 2 SGB I). Beides sei jedoch nicht der Fall. Auch habe die Klägerin nicht durch ihr gegenüber den Ärzten der Reha-Klinik geäußertes Anliegen, Leistungen der gesetzlichen Unfallversicherung für den Versicherten anzustreben, ein Verwaltungsverfahren anhängig gemacht. Insoweit werde festgestellt, dass die Reha-Klinik Teil eines unzuständigen Leistungsträgers i. S. des § 16 Abs. 2 S. 1 SGB I sei, da deren Träger die LVA Rheinprovinz ist. Hieran ändere nicht, dass das Krankenhaus eines Sozialleistungsträgers nicht die Aufgabe habe, Verwaltungsverfahren i. S. des § 8 SGB X zu bearbeiten und damit – möglicherweise – keine Behörde i. S. des § 1 Abs. 2 SGB X sei. Jedoch könne ein mündlicher Antrag nicht wirksam gegenüber den mit der Krankenbehandlung betrauten Ärzten eines Krankenhauses gestellt werden.

Im Grunde scheint an dieser Stelle der Leistungsanspruch der Witwe zu scheitern.

**zu 2.:**

Die Witwe als Sonderrechtsnachfolgerin könne jedoch so gestellt werden, als ob zum Zeitpunkt des Todes ein Verwaltungsverfahren über Leistungen des Versicherten bei der zuständigen Berufsgenossenschaft anhängig gewesen wäre. Ein solcher Anspruch könne sich aus dem Gesichtspunkt des sogenannten sozialrechtlichen Herstellungsanspruchs ergeben. Dieser setze voraus, dass der Sozialleistungsträger (also: die Berufsgenossenschaft) eine gesetzliche oder aus einem bestehenden Sozialrechtsverhältnis resultierende Verpflichtung objektiv rechtswidrig verletzt habe, die ihm gerade gegenüber dem Betroffenen – hier gegenüber der Klägerin – oblag. Eine Pflichtverletzung der beklagten Berufsgenossenschaft sei zwar nicht ersichtlich. Ggf. müsse sich diese aber Fehlverhalten Dritter zurechnen lassen. „Dritte" in diesem Sinne seien die Ärzte der Reha-Klinik. Als Fehlverhalten werde hier bejaht, dass deren BK-Anzeige erst am 06. Juni 1991, also nicht mehr zu Lebzeiten des Versicherten, bei der Beklagten eingegangen ist.

**zu 3.:**
Sollte sich nach alledem ergeben, dass die fehlende Anhängigkeit eines Verwaltungsverfahrens bereits im Zeitpunkt des Todes des Versicherten durch einen der Klägerin (Witwe) zustehenden Herstellungsanspruch ersetzt werden könne, bleibe zu prüfen, ob die materiell-rechtlichen Voraussetzungen für einen Anspruch des Versicherten auf Leistungen noch zu seinen Lebzeiten bestanden. Dann führen diese zu Leistungsansprüchen der Witwe. ◄

## 2.4    Sondersituation SARS-CoV-2-Virus

Als im Frühjahr 2020 in Deutschland der Erreger SARS-CoV-2 auftrat und in dessen Folge ein Gesundheitsnotstand festgestellt wurde, sind aus sozialstaatlicher Sicht Themenfelder in den Vordergrund gerückt, die über Jahrzehnte kaum Bedeutung hatten. Zudem hat diese Sondersituation wie ein Brenngas kritische Themenfelder des Sozialstaates offengelegt bzw. fokussiert und Schwächen des Sozialstaates offengelegt (lesenswert Schlegel 2021).

**Hintergrundinformation: Virus und Erkrankung**
SARS-CoV-2 (severe acute respiratory syndrome coronavirus type 2) ist ein neues Beta-Coronavirus, das Anfang 2020 als Auslöser von der Erkrankung COVID-19 identifiziert wurde. Zu den Beta-Coronaviren gehören u. a. auch SARS-CoV und MERS-CoV. Zum „Epidemiologischen Steckbrief" siehe hierzu das Robert Koch Institut (2021).

Das **Infektionsschutzgesetz** als maßgebliches Bundesgesetz für solche Gesundheitslagen war nicht darauf ausgelegt, G esundheitsnotlagen von internationaler und nationaler Reichweite zu steuern. Gleiches galt – und gilt – für die zuständigen, unteren Gesundheitsbehörden (Gesundheitsämter). Hinzukommt, dass die Infektionsschutzbekämpfung nicht bundesweit, sondern nach der föderalen Ordnung der Bundesrepublik Deutschland Angelegenheit der Länder sowie der nachgeordneten Landes- und Kommunalbehörden ist (siehe auch §§ 54 bis 54b IfSG; hierzu vertiefend Abschn. 6.4.1). Daraus ist wegen der landesrechtlichen Umsetzung des Infektionsschutzgesetzes in allen Bundesländern über Landesregelungen ein Bild eines ordnungspolitischen Flickenteppichs entstanden, der sich vielfacher, zum Teil auch unberechtigter, Kritik ausgesetzt sieht. Schließlich hat es zu Beginn der Pandemielage an einem breiten Verständnis von der ordnungspolitischen Verortung des Infektionsschutzes gemangelt. Infektionsschutz ist überwiegend nicht Teil sozialer Vorsorgesysteme, sondern in wesentlichen Zügen Teilgebiet des öffentlichen **Polizeirechts** mit der Zielrichtung der **Gefahrenabwehr** und definiert in diesen Zusammenhang zum Teil weitrechende **hoheitliche Eingriffsrechte in Grundrechtspositionen der Bürger** (z. B. die Anordnung einer Quarantäne, § 28 a Abs. 1 Nr. 3 IfSG). Zusätzlich beinhaltet das Infektionsschutzgesetz auch Aspekte der Risikovorsorge z. B. über Regelungen zu Schutzimpfungen (siehe Abschn. 6.4). Verfassungsrechtlicher Anknüpfungspunkt ist insbesondere Art. 74 Abs. 1 Nr. 19 GG.

Mit Auftreten des SARS-CoV-2-Virus sind die Begriffe der Pandemie sowie Epidemie in den Vordergrund gerückt:

- **Epidemie**: Eine Epidemie, im Volksmund auch Seuche genannt, ist ein zeitlich und örtlich begrenztes vermehrtes Auftreten von Krankheitsfällen einheitlicher Ursache innerhalb einer menschlichen Population und entspricht damit einem großen Ausbruch einer Krankheit. Der Begriff ist nicht auf Infektionskrankheiten beschränkt (siehe hierzu RKI 2015, S. 34).
- **Pandemie**: Eine Pandemie bezeichnet eine neu, aber zeitlich begrenzt in Erscheinung tretende, weltweite starke Ausbreitung einer Infektionskrankheit mit hohen Erkrankungszahlen und i. d. R. auch mit schweren Krankheitsverläufen. Im Unterschied zur Epidemie ist eine Pandemie örtlich nicht beschränkt (RKI 2015, S. 99).

▶ **TIPP** Begriffsdefinitionen können auf der Internetpräsentation des RKI recherchiert und nachgelesen werden, z. B. zur Pandemie: https://www.rki.de/SharedDocs/FAQ/Pandemie/FAQ18.html, Stand 08.09.2021.

Um weitreichende Maßnahmen des Gesundheitsschutzes gegen das SARS-CoV-2-Virus ergreifen zu können, ist erforderlich, dass der deutsche Bundestag eine **epidemische Lage von nationaler Tragweite** feststellt (§ 5 Abs. 1 S. 1 IfSG). Dies ist allerdings nur unter den Voraussetzungen des § 5 Abs. 1 S. 6 IfSG möglich.

**§ 5 Abs. 1 S. 6 IfSG – epidemische Lage von nationaler Tragweite**
Eine epidemische Lage von nationaler Tragweite liegt vor, wenn eine ernsthafte Gefahr für die öffentliche Gesundheit in der gesamten Bundesrepublik Deutschland besteht, weil

1. die Weltgesundheitsorganisation eine gesundheitliche Notlage von internationaler Tragweite ausgerufen hat und die Einschleppung einer bedrohlichen übertragbaren Krankheit in die Bundesrepublik Deutschland droht oder

2. eine dynamische Ausbreitung einer bedrohlichen übertragbaren Krankheit über mehrere Länder in der Bundesrepublik Deutschland droht oder stattfindet.

Erstmals hat der Bundestag am 25.03.2020 die epidemische Lage von nationaler Tragweite festgestellt, diese wurde mehrfach, zuletzt am 25.08.2021 verlängert. Mit einer
Gesetzesänderung im März 2021 regelt § 5 Abs. 1 S. 3 IfSG, dass der Bundestag spätestens drei Monate nach Feststellung der epidemischen Lage deren Fortbestehen feststellen
muss, ansonsten gilt die Lage als aufgehoben. Diese Feststellung durch den Bundestag hat
weitreichende Konsequenzen und ist deshalb Anlass heftiger politischer Auseinandersetzungen. Dem Bund in Gestalt des Bundesministeriums für Gesundheit werden besondere Befugnisse nach dem Infektionsschutzgesetz (IfSG) eingeräumt, so z. B. zum Erlass von Rechtsverordnungen und Anordnungen (§ 5 Abs. 2 IfSG). Die Regelungen sind
auf Kritik gestoßen unter dem Gesichtspunkt einer Aushebelung parlamentarischer
Rechte. Diese Kritik ist zirkulär, da das Parlament auf Basis der Feststellung der epidemischen Lage von nationaler Tragweite diese Befugnisse überhaupt erst eröffnet. Ebenfalls ins Gesetz mit Blick auf das SARS-CoV-2-Virus sind die Regelungen der §§ 28 a-c
IfSG aufgenommen worden.

Die **Zuständigkeit** für die Durchführung von Maßnahmen des Infektionsschutzes
gegen das SARS-CoV-2-Virus orientiert sich an der auch sonst relevanten Organisation
des öffentlichen Gesundheitsschutzes. Für das im Wesentlichen wahrgenommene opera-
tive Geschehen sind die Gesundheitsämter, also Verwaltungsträger auf kommunaler
Ebene, zuständig (vgl. z. B. § 28 a Abs. 3 S. 2 IfSG, dort wird von „regional bezogen auf
die Ebene der Landkreise, Bezirke oder kreisfreien Städte" gesprochen). Die über Jahrzehnte andauernde geringe Bedeutung des **Öffentlichen Gesundheitsdienstes** hat nunmehr allerdings zu inhaltlichen Regelungen der nationalen Epidemiebekämpfung geführt.
Die in § 28 a Abs. 3 S. 4 bis 12 enthaltenen Inzidenzwerte, insbesondere die „Anzahl der
Neuinfektionen mit dem Coronavirus SARS-CoV-2 je 100.000 Einwohnern innerhalb von
sieben Tagen" schuldet ihre Begründung darin, dass die Gesundheitsämter nicht in der
Lage waren (und leider vielfach noch immer sind), Nachverfolgungen über einem In-
zidenzwert von 50 je 100.000 Einwohner sicherzustellen. Die Regelungen in § 28 b IfSG
spiegeln die Zuständigkeit der Gesundheitsämter für die Bekämpfung der epidemischen
Lage von nationaler Tragweite wider, da Maßnahmen an Landkreisen oder kreisfreien
Städten ansetzen.

### Hintergrundinformation: Öffentlicher Gesundheitsdienst (ÖGD)

Der Öffentliche Gesundheitsdienst ist ein Bereich des Gesundheitswesens mit dem Ziel des Schutzes der Gesundheit der Bevölkerung. Verwaltungsträger sind:
  Bundesebene

- Bundesministerium für Gesundheit (BMG), oberste Bundesbehörde
- Bundesinstitut für Arzneimittel und Medizinprodukte (BfArM)
- Bundesinstitut für Risikobewertung (BfR)
- Bundeszentrale für gesundheitliche Aufklärung (BZgA)
- Deutsches Institut für Medizinische Dokumentation und Information (DIMDI)
- Paul-Ehrlich-Institut (PEI)

- Robert Koch-Institut (RKI)
- Bundesamt für Verbraucherschutz und Lebensmittelsicherheit (BVL)

Landesbehörden

- Obere und Oberste Landesbehörden
- Beispiel Bayern: Bayerisches Landesamt für Gesundheit und Lebensmittelsicherheit. Das Bayerische Landesamt für Gesundheit und Lebensmittelsicherheit ist die zentrale Fachbehörde des Freistaats Bayern für Lebensmittelsicherheit, Gesundheit, Veterinärwesen und Arbeitsschutz/ Produktsicherheit. Sie steht unter Aufsicht des Bayerischen Staatsministeriums für Umwelt und Verbraucherschutz sowie des Bayerischen Staatsministeriums für Gesundheit und Pflege.

Untere Gesundheitsbehörden auf kommunaler Ebene

- Gesundheitsämter

Die **Finanzierung** der durch SARS-CoV-2 verursachten Kosten erfolgt wie die übliche Finanzierung des ÖGD über Steuermittel. Zusätzlich wurden erhebliche (Steuer-)Mittel aufgewendet, um eine nicht auskömmliche Finanzierung in der Sozialversicherung durch Beiträge während der Pandemie abzufedern. Weiterhin wurden zahlreiche sozialstaatliche Rettungsschirme aufgespannt, um die wirtschaftlichen Folgen der Pandemie sozialstaatlich abzufedern. Für die Pandemiebewältigung wurden bisher mehrere hundert Milliarden Euro aufgewendet, welche nachfolgende Generationen zu tragen und auszugleichen haben; hier stellen sich Fragen der **Generationengerechtigkeit**. Der ohnehin bestehende Reformdruck auf sozialstaatliche Sicherungssysteme ist daher durch die Sondersituation Covid-19 erheblich erhöht worden.

Die gesetzgeberischen Regelungen im Sozialrecht, die wegen der epidemischen Lage von nationaler Reichweite getroffen wurden, sind vielfältig und haben Einfluss auf eine Vielzahl an Gesetzen. Hierzu sind eigenständige Veröffentlichungen erschienen, welche diese Komplexität widergeben (Schlegel et al. 2020; lesenswert ebenso Schlegel 2021). In der Tendenz weit überwiegend ist **Zielrichtung** der sozialstaatlichen Regelungen die **Leistungsebene** (z. B. das Kurzarbeitergeld und die temporären Änderungen zur Abfederung der Pandemiefolgen). Organisatorische Strukturen oder Finanzierungswege wurden aufgrund der Gesundheitslage grundsätzlich nicht verändert. In gewisser Weise eine Ausnahme hierzu stellt das Gesetz über den Einsatz der Einrichtungen und sozialen Dienste zur Bekämpfung der Coronavirus SARS-CoV-2 Krise in Verbindung mit einem Sicherstellungsauftrag (SodEG) dar. Dieses Gesetz hat den Zweck, Leistungserbringer sozialstaatlicher Leistungen (§ 11 SGB I) abzusichern und weist hierfür den Leistungsträgern nach § 12 SGB I in § 2 SodEG eine besondere Rolle zu. Ausgenommen davon sind gemäß § 2 S. 1 SodEG Leistungsträger nach dem Fünften und Elften Buch Sozialgesetzbuch, da Leistungserbringer in diesem Bereich bereits gesonderte Vergütungen erhalten

und für die Bewältigung der Gesundheitskrise zwingend benötigt werden. Eine Unteraus-
nahme stellen hierzu nach § 2 S. 4 SodEG Zuschüsse zu Maßnahmen der Früherkennung
und Frühförderung nach § 42 Abs. 2 Nr. 2 und § 46 SGB IX dar (mit Sonderregelung nach
§ 9 SodEG). Zur finanziellen Unterstützung der Leistungserbringer, welche im SodEG als
„soziale Dienstleister" bezeichnet werden ist (Definition § 2 S. 2 SodEG), werden **Zuschüsse** gewährt (siehe § 3 SodEG). Die Gewährung von Zuschüssen ist davon abhängig,
dass der soziale Dienstleister mit der Antragstellung erklärt, alle ihm nach den Umständen
zumutbaren und rechtlich zulässigen Möglichkeiten auszuschöpfen, um Arbeitskräfte,
Räumlichkeiten und Sachmittel in Bereichen zur Verfügung zu stellen, die für die Bewältigung von Auswirkungen der Coronavirus SARS-CoV-2 Krise geeignet sind (§ 1 S. 1
SodEG). § 4 SodEG definiert Erstattungsansprüche gegen soziale Dienstleister. Die Norm
stellt den Nachrang der Zuschüsse nach dem SodEG gegenüber anderen mit der epidemischen Lage zusammenhängenden Zuschuss- bzw. Finanzierungsmitteln sicher. Der
besondere Sicherstellungsauftrag endet spätestens zum 31.12.2021 (§ 5 S. 5 SodEG).

Auf eine weitergehende Darstellung der umfangreichen sozialen Regelungen wegen
SARS-CoV-2 wird an dieser Stelle verzichtet; sofern erforderlich wird in den nach-
folgenden Kapiteln im Einzelfall auf Regelungen hingewiesen.

## 2.5   Zusammenfassung

Der **Begriff des Sozialrechts**, mit dem das Verständnis von dessen Bedeutungsinhalt korrespondiert, ist nicht abschließend definiert. Weiterhin wird man sozialrechtliche Zusammenhänge in den Kontext zu unterschiedlichen wissenschaftlichen Disziplinen gestellt sehr unterschiedlich bewerten können. Für eine begriffliche Schärfung wird einerseits
auf einen formellen Begriff des Sozialrechts abgehoben. In diesem Sinne werden als
Sozialrecht diejenigen Gesetze gesehen, welche im Sozialgesetzbuch sowie in den in § 68
SGB I genannten Gesetzbüchern kodifiziert sind. Andererseits gibt es einen materiellen
Begriff des Sozialrechts. Dessen Anknüpfungspunkt ist die Überlegung, welche Regelungen als Umsetzung sowie Gestaltung des Sozialstaates verstanden werden können. In
einem weiten Verständnis umfasst dies alle Regelungen, die einen (sozialen) Ausgleich
bezwecken und unterschiedliche Interessen zu einem Ausgleich bringen wollen sowie soziale (Mindest-)Standards festlegen. Dabei kommt es nicht darauf an, in welchem rechtlichen Kontext eine entsprechende Regelung erfolgt, sodass z. B. steuerliche Regelungen
oder Verbraucherschutznormen von diesem weitern Begriff des materiellen Sozialrechts
umfasst werden. Ein enges Verständnis bezieht sämtliche hoheitlich organisierten sozialrechtlichen Regelungen ein, sodass dieser enge materielle Begriff des Sozialrechts im
Wesentlichen mit dem formellen Begriff korrespondiert.

Die **Systeme der sozialen Sicherheit** werden regelmäßig von der Leistungsseite aus
betrachtet. Was sozial gerecht ist und Bürgern soziale Sicherheit gewährt, wird insoweit
durch Sozialleistungen definiert. Dabei rückt die Einnahmenseite der sozialrechtlichen
Sicherungssysteme, welche die Leistungsausgaben erst ermöglichen, eher in den Hinter-

grund. Auch die komplexen Beziehungsgeflechte der Systembeteiligten werden bei Systematisierungsversuchen zumeist ausgeblendet. Die klassische Einteilung des Sozialrechts erfolgt in die Bereiche Sozialversicherung, soziale Versorgung und soziale Fürsorge. Eine moderne Systematisierung versucht Sozialrecht in den Kategorien Vorsorgesysteme, Entschädigungssysteme, Hilfe und Förderung zu beschreiben, da moderne Sozialleistungsgesetze mit dem klassischen Systematisierungsversuch nicht umfassend korrespondieren. Geht man von dem verfassungsrechtlich fundierten Sozialstaatsprinzip und den kompetenzrechtlichen Verfassungsnormen aus ergibt sich ebenfalls keine zwingende Systematisierung. Aus der Gesetzgebungskompetenz hat sich die klassische Systematisierung herausgebildet. Die Verfassung gibt als Anknüpfungspunkte die Bereiche Sozialversicherung, Fürsorge und Versorgung vor. Insoweit spiegelt der Wortlaut des Grundgesetzes den aktuellen Stand der Systematisierung des Sozialrechts in Wissenschaft und Forschung nicht wider.

Nach gesetzlicher Normierung sind **Sozialleistungen** Dienst-, Sach- und Geldleistungen. Sie dienen typischerweise der Verwirklichung sozialer Rechte. Sozialleistungen werden durch **Sozialleistungsträger** erbracht. Diese können als Körperschaften, Anstalten oder Behörden organisiert sein. Es handelt sich stets um Organisationen, die öffentlich-rechtlich organisiert sind. Regelungen zur sachlichen, funktionalen und örtlichen Zuständigkeit geben vor, welcher Sozialleistungsträger zur Leistungserbringung im konkreten Einzelfall berufen ist. Bei antragsabhängigen Sozialleistungen wird der Bürger gesetzlich geschützt, auch wenn er einen Antrag bei dem unzuständigen Leistungsträger stellt. Der erstangegangene Leistungsträger muss den Antrag an den zuständigen Leistungsträger unverzüglich weiterleiten. Diese Regelungsanordnung soll zugunsten des Bürgers die sog. „Schwäche des gegliederten Sozialsystems" ausgleichen.

## Literatur

Becker, Das Sozialrecht: Systematisierung, Verortung und Institutionalisierung, in Ruland/Becker/Axer (Hrsg.), Sozialrechtshandbuch, 6. Auflage, Baden-Baden 2018, § 1

Eichenhofer, Sozialrecht, 11. Auflage Tübingen 2019, § 1, 6, 7, 8

Erlenkämper/Fichte, Sozialrecht, 6. Auflage, Köln 2008, Kapitel 8

Fuchs/Preis/Brose, Sozialversicherungsrecht und SGB II, 3. Auflage, Köln 2021

Gitter/Schmitt, Sozialrecht, 5. Auflage, München 2001

Kreikebohm/von Koch, Das Sozialleistungsverhältnis – generelle Rechte und Pflichten zwischen Sozialleistungsempfängern und -trägern, in: Ruland/Becker/Axer (Hrsg.), Sozialrechtshandbuch, 6. Auflage, Baden-Baden 2018, § 6

Igl/Welti, Sozialrecht, 8. Auflage, Neuwied 2007

Mrozynski, Kommentar zum SGB I, 6. Auflage, München 2019

Muckel/Ogorek/Rixen, Sozialrecht, 5. Auflage, München 2019, § 3, 4

Robert Koch Institut, Epidemiologischer Steckbrief zu SARS-CoV-2 und COVID-19, https://www.rki.de/DE/Content/InfAZ/N/Neuartiges_Coronavirus/Steckbrief.html, Stand 08.09.2021

Robert Koch Institut, Infektionsschutz und Infektionsepidemiologie, Berlin 2015, https://www.rki. de/DE/Content/Service/Publikationen/Fachwoerterbuch_Infektionsschutz.pdf?__blob=publicationFile, Stand 08.09.2021

Rüfner, Daseinsvorsorge und soziale Sicherheit, in: Isensee/Kirchhof (Hrsg.), Handbuch des Staatsrechts, Band IV, § 96, 3. Auflage, Heidelberg 2006

Schlegel/Meßling/Bockholdt, Covid-19, Corona-Gesetzgebung – Gesundheit und Soziales, München 2020

Schlegel, Der Sozialstaat in und nach der Covid-19-Pandemie, NJW 2021, 2782 bis 2788

von Maydell, Zur Einführung: Das Sozialrecht und seine Stellung im Gesamtsystem unserer Wirtschafts- und Rechtsordnung, in: von Maydell/Ruland/Becker (Hrsg.), Sozialrechtshandbuch, 5. Auflage, Baden-Baden 2012, § 1

von Maydell, Steuerfreies Existenzminimum und Sozialhilfe – Zum Verhältnis von Steuerrecht und Sozialrecht, Festschrift für Gitter, Wiesbaden 1995, Seiten 567 bis 576

Waltermann, Sozialrecht, 14. Auflage Heidelberg 2020, § 1, 2, 5

Waltermann, Sozialleistungen, in: Ruland/Becker/Axer (Hrsg.), Sozialrechtshandbuch, 6. Auflage, Baden-Baden 2018, § 7

Wannagat, Lehrbuch des Sozialversicherungsrechts, Band 1, Tübingen 1965

Zacher, Einführung in das Sozialrecht der Bundesrepublik Deutschland, Heidelberg 1985

Zacher, in: von Maydell/Eichenhofer (Hrsg.), Abhandlungen zum Sozialrecht, Was ist Sozialrecht?, Heidelberg 1993, Seiten 249 ff.

# Übergreifende Grundlagen der Sozialversicherung

**3**

**Lernziele**

Inhalt des dritten Kapitels sind übergreifende Grundlagen der Sozialversicherung, welche für alle Versicherungszweige relevant sind. Nach der Bearbeitung des Kapitels sind Sie mit den systemrelevanten Grundlagen und Herausforderungen der Zukunft vertraut. Sie können das Sozialversicherungssystem in die staatlichen Systeme der sozialen Sicherung einordnen. Ebenso können Sie übergreifende Organisationsstrukturen und Finanzierungsmittel der Sozialversicherungszweige darstellen und präsentieren. Schließlich können Sie die Beziehungen der Leistungsträger über Versicherungszweige hinweg skizzieren.

Das soziale Sicherungssystem **Sozialversicherung** ist sowohl mit Blick auf die geschützte Bevölkerungszahl als auch mit Blick auf die wirtschaftliche Bedeutung das größte Schutzsystem in der Bundesrepublik Deutschland. Der Begriff der Sozialversicherung ist gebräuchlicher als derjenige der Vorsorge und wird daher hier verwendet.

## 3.1 Grundlagen und Herausforderungen des Sozialversicherungssystems

Die einzelnen Zweige der Sozialversicherung sind auch Versicherung. Das heißt, es gilt das Prinzip, dass gegen Prämienzahlung jedes Einzelnen sowie der Gesamtheit der Versicherten ein bestimmter Risikobereich wirtschaftlich abgesichert wird (**Versicherungsprinzip**). In diesem Sinne gelten die von privaten Versicherten (z. B. Haftpflichtversicherung, Lebensversicherung, Hausratversicherung, etc.) bekannten Grundsätze entsprechend. Neben der Betrachtung des Individuums ist bei jeder Art von Versicherung die in dieser zusammengefasste Gesamtheit der Versicherten wichtig; diese bilden eine

© Springer Fachmedien Wiesbaden GmbH, ein Teil von Springer Nature 2022
R. Möller, *Finanzierung und Organisation des Sozialstaates*,
https://doi.org/10.1007/978-3-658-37190-6_3

sog. **Gefahrgemeinschaft**. Die Bildung der Gefahrgemeinschaften erfolgt durch Zusammenschluss von Personen, die von gleichartigen Gefahren bedroht sind. Innerhalb der Gefahrgemeinschaft erfolgt ein **Risikoausgleich**. Das heißt, durch laufende Prämienzahlung soll gewährleistet werden, dass bei Eintritt eines Schadens der für den Schadensausgleich notwendige Betrag bereitgestellt ist. Die Prämienzahlung kann entweder durch den Begünstigten oder einen Dritten erfolgen. Grundidee in der Sozialversicherung ist, dass Arbeitgeber und Beschäftigte zu gleichen Teilen die Beiträge tragen (hälftige Beitragslast; sog. Grundsatz der **paritätischen Finanzierung**). Als Ausnahme hierzu ist in der gesetzlichen Unfallversicherung allein der Unternehmer beitragspflichtig. In der privaten Versicherung hängt dabei die Höhe der von Einzelnen zu leistenden Prämienzahlung grundsätzlich von der Höhe des **individuellen Risikos** ab. Dies wird als **Äquivalenzprinzip** bezeichnet. In der gesetzlichen Sozialversicherung wird das Äquivalenzprinzip weitgehend durch das **Solidarprinzip** verdrängt. Die Versicherungsprämien (in der gesetzlichen Sozialversicherung Beiträge genannt) werden grundsätzlich nach der **finanziellen Leistungsfähigkeit** bemessen (siehe auch Abschn. 1.1). Der Zugriff hierauf wird allerdings in doppelter Hinsicht begrenzt. Erstens wird der Beitragsberechnung nur ein gewisser Höchstbetrag zugrunde gelegt – sog. Beitragsbemessungsgrenze – und zweitens erfolgt der Zugriff nur zu einem festgelegten Prozentsatz – sog. Beitragssatz. Tritt der Leistungsfall (Versicherungsfall) ein, werden in den einzelnen Sozialversicherungszweigen bereichsspezifische Leistungen erbracht. Es werden dann die gesetzlich vorgeschriebenen sowie in geringerem Maße auch vereinbarten (Zusatz-)Leistungen gewährt.

> **Zusammenfassung, Merksatz**
> Die Sozialversicherung folgt ebenso wie private Versicherungen dem Versicherungsprinzip. In der privaten Versicherung folgt die Prämienzahlung dem Äquivalenzprinzip, wohingegen in der Sozialversicherung die Mittel nach dem Solidarprinzip aufgebracht werden. Der Leistungsumfang ist in der Sozialversicherung weitgehend durch Rechtsvorschriften vorgegeben und nur in geringem Maße wählbar.

In der politischen Diskussion wird seit einigen Jahren die **Zukunftsfestigkeit der Sozialversicherungssysteme** thematisiert. Stichworte sind das **Umlageverfahren**, das **Kapitaldeckungsverfahren** oder beispielhaft auch der Wechsel zu einem **Bürgergeld** versus einer **Bürgerversicherung**. Allen diesen Diskussionsansätzen ist immanent, dass die Fragen beantwortet werden müssen, welcher Grad der sozialen Sicherung sowie welcher Grad der Umverteilung gerecht erscheinen. Da die Antwort auf diese Fragen nach einem **sozialen Schutzniveau** sowie einer **Verteilungsgerechtigkeit** von einer persönlichen bzw. gesellschaftspolitischen Sichtweise abhängt, wird es realistisch allenfalls zu politischen Konsenslösungen kommen können. Diese stellen im Zweifel Minimallösungen dar, da die unterschiedlichen Systemansätze höchst unterschiedlich sind.

Weiterhin stehen alle möglichen Lösungsansätze der Finanzierung des Sozialstaates, hier mit Blick auf das Sozialversicherungssystem, vor der gleichen Herausforderung: Wie kann der **demografische Wandel** finanziell abgefangen werden. Die Herausforderungen sind, eine größere Anzahl an Leistungsberechtigten mittels einer sinkenden Anzahl an Finanzierungspflichtigen abzusichern und dabei zugleich Aspekte der Verteilungsgerechtigkeit und individuellen wirtschaftlichen Leistungsfähigkeit zu berücksichtigen. Zudem müssen Lösungsansätze dieser Herausforderungen auf breite gesellschaftliche Basis gestellt werden und eine möglichst große Akzeptanz erfahren. Die seit langem bekannte Wahrheit ist systemisch betrachtet recht einfach darzustellen. Entweder das Leistungsspektrum der Systeme verbleibt auf dem aktuellen Niveau (was künftig eine höhere Belastung der nominell weniger zur Verfügung stehenden Finanzierungspflichtigen zur Folge hat) oder das Leistungsspektrum wird abgesenkt (um die Finanzierungslast der Pflichtigen auf einem dem heutigen Niveau entsprechenden Grad zu belassen).

Die scheinbar tiefgreifenden systemischen Unterschiede der Finanzierungsvarianten der sozialen Schutzsysteme (in der politischen Diskussion lauten die Schlagworte zumeist Beitragsfinanzierung versus Kapitaldeckungsfinanzierung versus Steuerfinanzierung) werden vor diesem Hintergrund klein: stets muss die nachfolgende Generation den (sozialen) Aufwand der aktuell leistungsberechtigten Generation (jedenfalls anteilig) finanzieren und zugleich eigene Vorsorge betreiben. Eine eigene Vorsorge wird dabei durch sozialen Transfer von Leistungsfähigkeit erschwert, da die Möglichkeiten der Kapitalbildung geschwächt werden. Die „technische" Umsetzung einer Lösung der grundsätzlichen generationenübergreifenden Finanzierungsproblematik ist zugegebenermaßen in den Systemen recht unterschiedlich, gleichwohl erscheint die Lösung an sich jeweils noch nicht gefunden zu sein. Dies ist die eigentliche Herausforderung, die in der politischen Diskussion etwas in den Hintergrund geraten zu sein scheint.

Durch die Corona-Krise sind weitere Themenfelder in den Vordergrund gerückt, die Anlass zur Überprüfung der sozialstaatlichen Ordnung geben. Vielfach wird die Kompetenzverteilung während der Pandemiebekämpfung zum Anlass genommen, die Trennung der **Zuständigkeiten zwischen Bund und Ländern** zu hinterfragen. Zur Pandemiebekämpfung hat der Bund vielfältige Aufgaben und deren Finanzierung übernommen, die an sich in den Verantwortungsbereich der Länder fallen und daher auch von diesen zu finanzieren sind (z. B. Sicherstellung von Intensivbetten in der stationären Versorgung). Eine ähnliche Problemlage ergab sich durch die Erhöhung des jährlichen Steuerzuschusses zum Gesundheitsfonds zur Finanzierung versicherungsfremder Leistungen in der gesetzlichen Krankenversicherung. Insoweit werden Grundfragen der Trennung steuer- und beitragsfinanzierter Systeme aufgeworfen.

**Selbstverwaltung**

Ein wesentliches Strukturmerkmal der Sozialversicherung ist das Prinzip der **Selbstverwaltung**. In § 29 Abs. 1 SGB IV ist der Grundsatz definiert, dass Träger der Sozialversicherung (Versicherungsträger) rechtsfähige Körperschaften des öffentlichen Rechts mit Selbstverwaltung sind. Die Norm knüpft an Art. 87 Abs. 2 GG an (Abschn. 1.2) und kon-

kretisiert diesen auf einfachrechtlicher Ebene. Ergänzend zu der Verfassungsnorm sieht
§ 29 Abs. 1 SGB IV die „**Rechtsfähigkeit**" sowie die „**Selbstverwaltung**" der Versicherungsträger vor.

Was unter einer **Körperschaft des öffentlichen Rechts** zu verstehen ist, wird weder in
der Verfassung noch im SGB IV gesetzlich umschrieben, sondern vielmehr vorausgesetzt.
Angelehnt an gängige Definitionen sind Körperschaften des öffentlichen Rechts „durch
staatlichen Hoheitsakt geschaffen, mitgliedschaftlich verfasst, vom Wechsel der Mitglieder unabhängig und zu dem Zweck eingerichtet, zur Erfüllung bestimmter öffentlicher
Aufgaben in der Regel mit hoheitlichen Verwaltungsmitteln unter staatlicher Rechtsaufsicht
zu dienen" (Ehlers und Pünder 2015, § 8 Rz. 12). Aufgrund ihres Status der **Rechtsfähigkeit** besitzen die Sozialversicherungsträger im Außenverhältnis eigene Rechtspersönlich-
keit mit der Fähigkeit, selbst Träger von Rechten und Pflichten zu sein (vgl. Kreikebohm
2018, § 29 SGB IV, Rz. 7 m. w. N.). Die Versicherungsträger besitzen indes keine Grund-
rechtsfähigkeit im Sinne des Art. 19 Abs. 3 GG (BVerfGE 15, 256, 261 f.; 21, 362, 377;
39, 302, 312 ff.; 68, 193, 206; 77, 340, 344).

Aus dem Zusammenspiel von § 29 Abs. 1 und § 1 Abs. 1 SGB IV folgt, dass die **Versicherungsträger** in den Zweigen der Sozialversicherung folgende **Zuständigkeit** haben:

- in der gesetzlichen Krankenversicherung die Krankenkassen (§ 21 Abs. 2 SGB I i. V. m.
  § 4 Abs. 2 SGB V),
- in der sozialen Pflegeversicherung die Pflegekassen (die bei den Krankenkassen errichtet werden, § 21a Abs. 2 SGB I i. V. m. § 1 Abs. 3, § 46 Abs. 1 SGB XI)
- in der gesetzlichen Unfallversicherung die Berufsgenossenschaften und Unfallkassen
  (§ 22 Abs. 2 SGB I i. V. m. § 114 Abs. 1 SGB VII),
- in der gesetzlichen Rentenversicherung die Rentenversicherungsträger (unterteilt nach
  allgemeine Rentenversicherung und knappschaftliche Rentenversicherung) und die
  Sozialversicherung für Landwirtschaft, Forsten und Gartenbau als landwirtschaftliche
  Alterskasse (§ 23 Abs. 2 SGB I i. V. m. § 125 SGB VI, § 49 ALG).

Nach § 1 Abs. 1 S. 2 SGB IV findet § 29 SGB IV für die **Arbeitsförderung** keine An-
wendung. Allerdings gilt die Bundesagentur für Arbeit nach § 1 Abs. 1 S. 3 SGB IV im
Sinne des Gesetzbuches als Versicherungsträger. Insoweit sind in den §§ 367 ff. SGB III
Sondervorschriften vorhanden, welche die grundsätzlichen Zuständigkeitsregelungen im
Rahmen der Arbeitsförderung enthalten. Für die Leistungen der Arbeitsförderung sind die
Agenturen für Arbeit und die sonstigen Dienststellen der Bundesagentur für Arbeit zu-
ständig (§ 19 Abs. 2 SGB I i. V. m. 367 SGB III).

Das Bestehen des Sozialversicherungssystems sowie dessen wesentliche Ordnungs-
kriterien sind **verfassungsrechtlich nicht geschützt** (BVerfGE 21, 362, 371; 39, 302,
314 f.). Deshalb ist auch die Selbstverwaltungskompetenz der Versicherungsträger nicht
verfassungsrechtlich garantiert. Aus dem Grundgesetz ergibt sich weder ein Schutz für
den Bestand der Versicherungsträger noch eine Garantie für die Wahrnehmung ihrer über-
kommenen Aufgaben. Der Gesetzgeber ist nicht gehindert, die soziale Sicherung der

Bürger auf andere Weise, z. B. durch privatrechtliche Versicherungssysteme, zu gewährleisten. Ebenfalls steht es dem Gesetzgeber frei, bestehende Sozialversicherungsträger aufzulösen, neue Träger zu gründen oder Zuständigkeitsbereiche neu zu bestimmen. Die Garantie der Selbstverwaltung teilt insoweit zwangsläufig das Schicksal des Trägers. Aus Sicht des Bundessozialgerichts kommt dem Prinzip der Selbstverwaltung als tragendem Organisationsprinzip der Sozialversicherung besondere Bedeutung zu (BSGE 58, 247, 251; 67, 160, 162; 89, 235, 241).

Wie die Selbstverwaltung zu verstehen und ausgestaltet ist, versucht der Gesetzgeber in § 29 Abs. 2 und 3 SGB IV zu umschreiben. Aus § 29 Abs. 2 SGB IV folgt der Grundsatz der **politischen Selbstverwaltung** (Bt-Drucks. 7/4122, 35). Danach wirken die Versicherten und die Arbeitgeber in der Selbstverwaltung mit. Die Mitwirkung erfolgt als **Ehrenamt**. Da die Selbstverwaltungsgarantie einem Ausgleich unterschiedlicher Interessen diesen soll, erfolgt die Mitwirkung grundsätzlich **paritätisch**. § 29 Abs. 3 SGB IV formuliert den Grundsatz der **rechtlichen Selbstverwaltung** (Bt-Drucks. 7/4122, 35). Die Versicherungsträger treffen danach ihre eigenen Entscheidungen selbstständig und sind für diese selbst verantwortlich. Insoweit sind die Versicherungsträger aus der unmittelbaren Staatsverwaltung ausgegliedert und verselbstständigt. Dies entspricht der verfassungsrechtlichen Werteordnung in Art. 87 GG. Zugleich beschränkt § 29 Abs. 3 SGB IV die rechtliche Selbstverwaltung auf die Aufgabenerfüllung „im Rahmen des Gesetzes und des sonstigen für sie maßgebenden Rechts". Diese Beschränkung korrespondiert mit der staatlichen Aufsicht. Diese erstreckt sich nach § 87 Abs. 1 S. 2 SGB IV „auf die Beachtung von Gesetz und sonstigem Recht, das für die Versicherungsträger maßgebend ist". Die Aufsicht ist auf eine Kontrolle der **Rechtmäßigkeit des Handels** des Versicherungsträgers beschränkt (**Rechtsaufsicht**). Spiegelbildlich ist die rechtliche Selbstverwaltung auf die gesetzlich oder aufgrund gesetzlicher Regelungen zugelassener Aufgaben beschränkt. Handelt der Versicherungsträger im Rahmen dieser Kompetenzen, ist die Aufsicht nicht zu einem Einschreiten befugt (siehe zu den Einzelheiten, Abschn. 3.2.2.3). Zweckmäßigkeitserwägungen im Rahmen von Entscheidungen der Versicherungsträger spielen insoweit grundsätzlich keine Rolle und können von der Aufsicht nicht gerügt werden. Nur nach § 87 Abs. 2 SGB IV auf dem Gebiet der Prävention in der gesetzlichen Unfallversicherung erstreckt sich die Aufsicht auch auf den Umfang und die Zweckmäßigkeit der Maßnahmen, sodass dort auch eine Fachaufsicht wirkt. Zum Kernbereich der Selbstverwaltung in der Sozialversicherung gehört nach allgemeiner Auffassung im Wesentlichen die interne Organisation und Durchführung der Verwaltung sowie das Finanzwesen (BSGE 58, 247, 253).

**Zusammenfassung, Merksatz**
Ein wesentliches Strukturmerkmal der Sozialversicherung ist das Prinzip der Selbstverwaltung. Diese ist als Ehrenamt ausgestaltet. Die Mitwirkung in der Selbstverwaltung erfolgt grundsätzlich paritätisch durch Arbeitgeber und Versicherte.

## 3.2    Gemeinsame Vorschriften – SGB IV

### 3.2.1    Bedeutung des SGB IV

Das SGB IV enthält gemeinsame Vorschriften für die Sozialversicherung. Gesetzestechnisch handelt es sich um vor die Klammer gezogenen allgemeine Vorschriften, die – soweit nicht in den einzelnen Sozialgesetzbüchern eingeschränkt bzw. bereichsspezifisch abweichend normiert – für alle Sozialversicherungszweige gelten. Das SGB IV regelt somit für alle Versicherungszweige allgemeinverbindliche Vorgaben, die in allen Zweigen der Sozialversicherung gelten. Idee dieses Gesetzes ist somit eine Vereinfachung sowie die Schaffung von Transparenz für Regelungen, die in allen oder zumindest mehreren Zweigen der Sozialversicherung gelten. Insoweit kommt dem Gesetz eine große Bedeutung für das Verständnis organisatorischer Abläufe und finanzieller Regelungen zu. Der allgemeinen Gesetzessystematik folgend können in den einzelnen Sozialgesetzbüchern als den spezielleren Gesetzen Abweichungen von den allgemeinen Regelungen des SGB IV normiert sein.

Das Gesetz ist in elf Abschnitte unterteilt, diese sind nach Titeln gegliedert:

Abschnitt Grundsätze und Begriffsbestimmung
Abschnitt Leistungen und Beiträge
Abschnitt Meldepflichten des Arbeitgebers, Gesamtsozialversicherungsbeitrag
Abschnitt Träger der Sozialversicherung
Abschnitt Versicherungsbehörden
Abschnitt Übermittlung und Verarbeitung von elektronischen Daten in der Sozialversicherung
Abschnitt Informationsangebote in den Meldeverfahren der sozialen Sicherung
Abschnitt Elektronisches Antrags- und Bescheinigungsverfahren
Abschnitt Aufbewahrung von Unterlagen
Abschnitt Bußgeldvorschriften
Abschnitt Übergangsvorschriften

### 3.2.2    Organisation

#### 3.2.2.1 Bedeutung der Versicherungszweige

Die **Bedeutung der Sozialversicherungszweige** ergibt sich mit Blick auf die sachlichen und personalen Anwendungsbereiche. Die in den jeweiligen Büchern des Sozialgesetzbuchs enthalten Vorschriften dienen insoweit einer **Zuständigkeitsangrenzung**. Damit gemeint ist nicht nur eine Zuständigkeitsabgrenzung zwischen den Sozialversicherungszweigen, sondern auch eine jeweils systeminterne Abgrenzung. Die Sozialversicherungszweige ordnen im jeweiligen Binnensystem Aufgaben unterschiedlichen

Versicherungsträgern zu. Ebenso wird die Mitgliedschaft im jeweiligen Sozialversicherungszweig entweder gesetzlich (so in der gesetzlichen Rentenversicherung und der gesetzlichen Unfallversicherung sowie bei der Arbeitsförderung) oder aber durch Wahl des Versicherten (so in der gesetzlichen Krankenversicherung und dieser folgend in der sozialen Pflegeversicherung) bestimmt. Aus der Zuständigkeitsabgrenzung ergeben sich materielle Folgen für den **Eintritt eines Versicherungsfalls**, den daran anknüpfenden **Leistungsumfang** und die **Finanzierung der Aufgaben** des jeweiligen Sozialversicherungszweiges. Das staatliche Sicherungssystem „Sozialversicherung" könnte auch anders als durch voneinander abgegrenzte Sozialversicherungszweige geregelt werden. Die Legislative hat sich allerdings für das aktuell geregelte Ordnungsregime entschieden und den sozialen Schutz weiter Teile der Bevölkerung in einzelnen Sozialversicherungszweigen unterteilt. Anknüpfungspunkt der Systemabgrenzung ist regelhaft das **versicherte Risiko**.

> **Zusammenfassung, Merksatz**
> Die Gliederung der Sozialversicherung in unterschiedliche Zweige dient einer Zuständigkeitsabgrenzung. Anknüpfungspunkt hierfür ist das jeweils versicherte Risiko. Aus der Zuständigkeitsabgrenzung ergeben sich Folgen für den Eintritt eines Versicherungsfalls, den daran anknüpfenden Leistungsumfang und die Finanzierung der Aufgaben des jeweiligen Sozialversicherungszweiges.

Richtigerweise schützen die gesetzlichen Sozialversicherungen nicht gegen das versicherte Risiko an sich, sondern gegen **finanzielle Auswirkungen** eintretender, gesetzlich definierter Versicherungsfälle. Beispielsweise schützt die gesetzliche Krankenversicherung niemanden davor, krank zu werden. Die mit einer Krankheit verbundenen wirtschaftlichen Risiken (z. B. Kosten einer ärztlichen Behandlung, für Medikamente, Verdienstausfall bei Arbeitsunfähigkeit, etc.) werden allerdings über die Versicherungsleistungen abgedeckt. Diese Absicherung erkaufen sich Versicherte (i. d. R: gemeinsam mit Arbeitgebern) über die jeweils zu entrichtenden Beiträge in den einzelnen Versicherungszweigen. Gleichwohl wird häufig verkürzt allein auf das versicherte Risiko abgestellt.

Die **gesetzliche Rentenversicherung** schütz gegen die Risiken der Invalidität und einer sich daraus ggf. ergebenden Erwerbsminderung. Zusätzlich erfolgen Versicherungsleistungen bei Überschreiten von gesetzlich definierten Altersgrenzen. Insoweit kann man nicht von einem Risiko „Alter" sprechen, da dies einerseits (hoffentlich) natürlich eintritt und andererseits ein langes Leben per Se nicht als Risiko bezeichnet werden kann. Die gesetzliche Rentenversicherung ist der einzige Zweig der Sozialversicherung, der eine Leistung im Namen enthält (die „Rente").

Die **gesetzliche Krankenversicherung** schützt gegen das Risiko der Krankheit, die **soziale Pflegeversicherung** gegen das Risiko der Pflegebedürftigkeit. Letztere ist als sog. „Teilkaskoversicherung" ausgestaltet, hat also als einziger Zweig der Sozialversicherung das Ziel, (nur) Teilleistungen zu gewähren. In der **gesetzlichen Unfallver-sicherung** ist das Risiko arbeitsbedingter Unfälle und Berufskrankheiten versichert. Die **Arbeitsförderung** sieht u. a. Versicherungsleistungen gegen das Risiko der Arbeitslosigkeit vor.

Das gegliederte Sozialversicherungssystem hat seinen Ursprung in der Bismarck'schen Sozialgesetzgebung. Diese basierte seinerzeit auf einer Risikoabsicherung gegen Krankheit (Krankenversicherung), gegen Unfälle (Unfallversicherung) und gegen Invalidität (Invaliditätsabsicherung). Letztgenannte wurde später um Leistungen bei Überschreiben einer gesetzlich definierten Altersgrenze ergänzt und ist Nukleus der Rentenversicherung. 1927 wurde die Arbeitslosenversicherung eingeführt, die heute Teil der Arbeitsförderung ist. Zuletzt wurde in den 1990-er Jahren die Pflegeversicherung eingeführt. Der heutige Gesetzgeber hat sich daher dafür entschiedene, die der Bismarck'schen Gesetzgebung innewohnende Idee der risikobasierten und angegrenzten Absicherung gegliedert in unterschiedlichen Sozialversicherungszweigen zu folgen und das System bis heute beizubehalten bzw. fortzuentwickeln.

Die historisch begründete Bedeutung der Versicherungzweige bleibt allerdings nicht unveränderlich. Insbesondere der **gesetzgeberische Wille** eine gewisse **Zentralisation** herbeizuführen, greift in historisch gewachsene Strukturen ein. In der gesetzlichen Rentenversicherung hat beispielsweise das Gesetz zur Organisationsreform in der gesetzlichen Rentenversicherung dazu geführt, dass die historisch gewachsene Zuständigkeitsabgrenzung zwischen Rentenversicherungträgern, die einerseits für „Angestellte" und andererseits für „Arbeiter" zuständig waren, aufgegeben worden ist. Gleichwohl wird die Gliederung des Trägersystems auf andere Art und Weise fortgeschrieben, da es heute zwei Bundesträger und weitere Landesträger unter dem Dach der Deutschen Rentenversicherung mit abgegrenzten Zuständigkeiten gibt. Die Beibehaltung einer gewissen Trägeranzahl mit angegrenzten Zuständigkeiten ist nicht zwingend sachlich begründet, sondern vielmehr den politischen Rahmenbedingungen und dem praktisch Umsetzbaren geschuldet. Auch die Zusammenführung aller Aufgaben wäre unter dem Dach eines einzigen Rentenversicherungträgers möglich gewesen, war politisch allerdings weder gewünscht noch durchsetzbar. Ein ähnliches Bild ergibt sich mit Blick auf die Trägerfusionen im Bereich der gewerblichen Berufsgenossenschaften in der gesetzlichen Unfallversicherung. Den weitaus größten Aderlass haben die Träger der gesetzlichen Krankenversicherung zu verzeichnen. Von den 1996 noch vorhandenen 642 Versicherungträgern sind im Jahr 2020 noch 105 vorhanden (siehe Abschn. 4.1.1.1, Abb. 4.1).

Die heute anzutreffende **Kritik an der Sozialversicherung** (siehe bei Becker 2012, Rz. 57 ff.) basiert vorrangig nicht auf der risikobasierten Abgrenzung der Sozialversicherungszweige an sich, sondern greift vielmehr die Binnenstruktur und Trägervielzahl innerhalb eines Sozialversicherungszweiges auf. Ziel der Verwaltungsgliederung ist spiegelbildlich zum in § 69 Abs. 2 SGB IV niedergelegten Grundsatz der Wirtschaftlichkeit und Sparsamkeit, dass die Aufgaben der Versicherungträger effektiv und effizient erfüllt werden. Von selbst versteht sich zudem eine rechtsstaatlichen Grundsätzen entsprechende Aufgabenerfüllung. Das sich aus § 12 SGB I ergebende Bild einer möglichen Trägerpluralität und einer umgesetzten Trägervielzahl innerhalb eines Zweiges der Sozialversicherung stellt insoweit keinen Mehrwert an sich dar. Gleichwohl ist die Größe einer Organisation nicht Garant für ein Mehr an Effektivität und Effizienz, sondern kann in Aufbau- und Ablauforganisation zu Verwerfungen führen. Es liegt somit ein gewisses Spannungsverhältnis vor zwischen einerseits dem vermeintlich offensichtlichen Vorteil einer Einheitsverwaltung durch einen Einheitssozialversicherungsträger, der die Aufgaben eines gesamten Sozialversicherungszweiges (oder der gesamten Aufgaben aller Sozialversicherungszweige) wahrnimmt, und andererseits einer Trägerpluralität, deren Abgrenzung und sachliche Begründung problematisch sein kann. Wenn sich der Gesetzgeber für eine Trägervielzahl entscheidet, muss deren Organisation gegenwärtig relevanten, sachlichen Kriterien entsprechen. Diese können an historische Sachverhalte anknüpfen (wie z. B. im System der branchenspezifisch gegliederten gesetzlichen Unfallversicherung) oder aber neuen Strukturmerkmalen folgen (wie z. B. zur Förderung des Wettbewerbs in der gesetzlichen Krankenversicherung). Wichtig ist dabei, dass der Gesetzgeber das von ihm gesetzte Ziel systemisch umsetzt.

Weiterer Anknüpfungspunkt einer Systemkritik ist mit Blick auf den versicherten Personenkreis das vorrangige Anknüpfen an ein **Beschäftigungsverhältnis** (vgl. § 7 Abs. 1 SGB IV). Dieser Anknüpfungspunkt schlägt auf alle Bereiche des Sozialversicherungsverhältnisses durch. Er definiert in jedem Zweig der Sozialversicherung einerseits den Kreis der versicherten Personen und somit andererseits die Möglichkeit, Leistungen zu erhalten. Weiterhin basieren auch die Regelungen der Finanzierung auf dem Beschäftigungsverhältnis und dem daraus gezahlten Arbeitsentgelt. Vorgebracht wird, dass ein Festhalten an der Beschäftigtenzentrierung nicht mehr zeitgemäß sei und andere Finanzierungswege damit der Sozialversicherung versperrt seien. Außer Acht lässt diese Kritik einen wesentlichen Sinn und Zweck der Sozialversicherung, nämlich das **soziale Schutzprinzip** als Rechtfertigung einer Zwangsmitgliedschaft in der Sozialversicherung. Nur wer sozial schutzbedürftig ist, kann zwangsweise mit den Segnungen einer sozialen Absicherung gegliedert nach Risiken um den Preis eines Finanzierungsbeitrags bedacht werden. Eine Eröffnung neuer Finanzierungswege als einziger Anknüpfungspunkt löst sich indes von diesem Gedanken. Richtigerweise wird man allerdings heutzutage fragen müssen, ob wirklich nur die Gruppe der Beschäftigten schutzbedürftig ist oder ob aufgrund wirtschaftlicher Entwicklungen auch andere Arbeitsformen (z. B. neue Formen von [Solo-] Selbstständigkeit und Abhängigkeitsverhältnisse aufgrund sich wandelnder Umweltbedingungen, Stichpunkt „Arbeiten 4.0") sozialen Schutzes bedürfen. Hier stellen sich für den Gesetzgeber immer neue Herausforderungen, die weit komplizierter sind als Fundamentaldebatten zu „Bürgergeld" versus „Bürgerversicherung". Wenn sich der Gesetzgeber von dem Bild einer tradierten Sozialversicherung basierend auf dem Beschäftigungsverhältnis lösen würde, hätte dies zugleich Auswirkungen auf alle Bereiche der Trägerorganisation. Bereits die Selbstverwaltung wäre dann nicht mehr nur auf die

Gruppen der Versicherten und Arbeitgeber (vgl. § 29 SGB IV) begrenzt, sondern müsste entsprechend erweitert werden. Es wird spannend zu beobachten sein, wie der Gesetzgeber die Herausforderungen meistert.

> **Zusammenfassung, Merksatz**
> Kritik am Sozialversicherungssystem knüpft einerseits an der Binnenstruktur und Trägervielzahl innerhalb eines Sozialversicherungszweiges sowie andererseits an der strengen bzw. starren Kopplung der Sozialversicherung an das Beschäftigungsverhältnis an.

### 3.2.2.2 Organe der Versicherungsträger (§§ 29 ff. SGB IV)

Der vierte Abschnitt des SGB IV trägt die Überschrift „Träger der Sozialversicherung". Der Abschnitt umfasst dabei sowohl organisatorische als auch finanzielle Vorgaben für die Sozialversicherungsträger. Insbesondere der erste Titel „Verfassung" (§§ 29 bis 42 SGB IV) enthält wichtige Regelungen zur Organisation. Weil Versicherungsträger als juristische Personen in Gestaltung von Körperschaften des öffentlichen Rechts (§ 29 Abs. 1 SGB IV) nicht selbst handlungsfähig sind, benötigen Sie **vertretungsberechtigte Organe**, deren Handeln ihnen als eigenes zugerechnet wird.

In § 31 SGB IV werden die **Organe** der Versicherungsträger beschrieben. Es gibt insgesamt drei Organe:

1. Vertreterversammlung,
2. Vorstand,
3. Geschäftsführer.

**Hintergrundinformation: Geschlechterneutrale Sprache**
Das Gesetz verwendet ausschließlich die maskuline Form „Geschäftsführer", sodass auch im Folgenden davon Gebrauch gemacht wird.

**Vertreterversammlung** und **Vorstand** sind **Selbstverwaltungsorgane**. Das Prinzip der Selbstverwaltung ist bereits in § 29 Abs. 1 SGB IV enthalten (siehe zum Selbstverwaltungsprinzip auch Dünn 2018, Rz. 59 ff.). Die Selbstverwaltung wird grundsätzlich durch die Versicherten und die Arbeitgeber ausgeübt (§ 29 Abs. 2 unter Hinweis auf abweichende Regelungen nach § 44 SGB IV; siehe zum Prinzip der paritätischen Besetzung § 44 Abs. 1 Nr. 1 SGB IV). Besondere Selbstverwaltungsorgane gibt es gemäß § 31 Abs. 3 a, 3 b und 4 SGB IV im Bereich der Ort-, Betriebs- und Innungskrankenkassen sowie der Ersatzkassen, bei der Deutschen Rentenversicherung Bund sowie bei Untergliederungen der Versicherungsträger (z. B. bei Bildung von Landesgeschäftsstellen). Die Mitglieder der Selbstverwaltungsorgane üben ihre Tätigkeit gemäß § 40 Abs. 1 S. 1 SGB IV **ehrenamtlich** aus. Der **Geschäftsführer** ist Organ des Versicherungsträgers (aber nicht Selbstverwaltungsorgan) und zugleich hauptamtlich bei diesem beschäftigt; der Geschäfts-

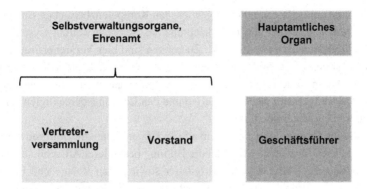

**Abb. 3.1** Organe eines Sozialversicherungsträgers

führung hat daher eine Doppelfunktion inne. Die vertretungsberechtigten Organe haben die Eigenschaft einer Behörde (vgl. § 1 Abs. 2 SGB X, „… jede Stelle, die Aufgaben der öffentlichen Verwaltung wahrnimmt"). Eine Übersicht der Organe stellt Grafik Abb. 3.1 dar.

▶ **TIPP** Informationen zur Selbstverwaltung stellen die Träger oder Verbände in den einzelnen Sozialversicherungssystemen zur Verfügung. Diese sind im Internet abrufbar, z. B (jeweils Stand 09.09.2021):

- Deutsche Rentenversicherung: https://www.deutsche-rentenversicherung.de/ DRV/DE/Ueber-uns-und-Presse/Struktur-und-Organisation/Selbstverwaltung/ selbstverwaltung_node.html
- AOK Bundesverband: https://www.aok-bv.de/aok/selbstverwaltung/index_ 14840.html
- Verband der Ersatzkassen, vdek: https://www.vdek.com/ueber_uns/ Selbstverwaltung.html

Alle drei Organe nehmen im Rahmen ihrer Zuständigkeit die **Aufgaben des Versicherungsträgers** wahr. Das heißt, jedes Organ hat einen für sich abgegrenzten Pflichtenkreis, der im Kern im Gesetz geregelt ist. Jede Aufgabe des Trägers kann den einzelnen Pflichtenkreisen zugeordnet werden, sodass eine jeweilige Organzuständigkeit festgelegt ist. Für die im jeweiligen Zuständigkeitsbereich gefassten Beschlüsse tragen allein das zuständige Organ sowie die jeweiligen Mitglieder des Organs die Verantwortung.

**Beispiele für Pflichten der Organe eines Versicherungsträgers**

- **Vertreterversammlung:** beschließt die Satzung § 33 Abs. 1 S. 1 SGB IV
- **Vorstand:** vertritt den Versicherungsträger gerichtlich und außergerichtlich § 35 Abs. 1 S. 1 SGB IV, z. B. Entscheidungen von Widerspruchsausschüssen
- **Geschäftsführer:** führt die laufenden Verwaltungsgeschäfte § 36 Abs. 1 SGB IV, z. B. Leistungsgewährung in einem Versicherungsfall ◀

**Keine Organe** mangels gesetzlich zugewiesenen Kompetenzbereichen sind in der Praxis wichtige Personen, welche für die Akzeptanz des Selbstverwaltungssystems und den Kontakt zu den Versicherten wichtig sind. Zu nennen sind hier **Versicherungsälteste** und **Vertrauenspersonen** (§ 39 SGB IV). Dementsprechend sieht § 39 Abs. 3 S. 1 SGB IV vor, dass Versicherungsälteste insbesondere die Aufgabe haben, eine ortsnahe Verbindung des Versicherungsträgers mit den Versicherten und den Leistungsberechtigten herzustellen und diese zu beraten und zu betreuen.

Ebenfalls **keine Organe** sind die in § 36 a SGB IV genannten **besonderen Ausschüsse**. Die Norm stellt klar, für welche Materien die Bildung besonderer Ausschüsse zulässig ist. Weiterhin werden die Bestellung der Mitglieder sowie deren Rechte und Pflichten geregelt. Zwingend ist stets, dass diese Ausschüsse in der jeweiligen Satzung des Versicherungsträgers vorgesehen sind. Dies ist Ausfluss der Selbstverwaltungskompetenz des Sozialversicherungsträgers. § 36 a Abs. 1 S. 2 SGB IV regelt, dass § 35 Abs. 2 SGB IV entsprechend gilt; das bedeutet, dass die besonderen Ausschüsse an Richtlinie des Vorstands gebunden sind. Besondere Ausschüsse sind daher auch nur im Rahmen der **laufenden Verwaltungsgeschäfte** zulässig und dienen somit einer Unterstützung der dem Geschäftsführer zugewiesenen Aufgaben. Inhaltlich erfahren die den besonderen Ausschüssen übertragenen Aufgaben eine stärkere Legitimation aufgrund der stärkeren Bindung in die Selbstverwaltung hinein.

Wer **Mitglied** eines der beiden **Selbstverwaltungsorgane** ist, wird über eine Wahlhandlung der Wahlberechtigten bestimmt – die **Sozialversicherungswahlen** (häufig verkürzt als **Sozialwahlen** bezeichnet). Die Amtsdauer ist gesetzlich auf sechs Jahre festgelegt (§ 58 Abs. 2 S. 1 SGB IV). Dem Grundsatz der Parität folgend werden Wahlgruppen (insbesondere Versicherte und Arbeitgeber) gebildet (vgl. § 47 SGB IV). Jeweils bestehen innerhalb einer dieser Gruppen ein aktives (vgl. § 50 SGB IV) sowie ein passives (vgl. § 51 SGB IV) Wahlrecht. Ebenso wie bei sonstigen politischen Wahlen erfolgen die Sozialversicherungswahlen auf Grundlage von Wahllisten (sog. Vorschlagslisten, vgl. §§ 48 bis 48 c SGB IV). Vorschlagsberechtigt sind allerdings keine politischen Parteien, sondern Interessenvertreter der in der Sozialversicherung zusammengefassten Beteiligtengruppen (z. B. Gewerkschaften [§ 48 Abs. 1 S. 1 Nr. 1 SGB IV] oder Vereinigungen von Arbeitgebern sowie deren Verbände [§ 48 Abs. 1 S. 1 Nr. 2 SGB IV]). Für den wahlberechtigten Bürger stellt sich daher die Frage, wer für welche Inhalte steht und welches Programm gewählt werden soll. Zudem waren Sozialversicherungswahlen in der Vergangenheit häufig sog. **Friedenswahlen**. Dabei handelt es sich um Wahlen ohne Wahlhandlung, was nach § 46 Abs. 2 SGB IV zulässig ist. Werden z. B. von zwei Gewerkschaften in der Gruppe der Versicherten zwei Vorschlagslisten zur Wahl zugelassen und stehen – zwischen den Gewerkschaften abgesprochen – nicht mehr Bewerber auf den Listen als Mitglieder zu wählen sind, gelten die Vorgeschlagenen – dann ohne Wahlhandlung – als gewählt. Diese auf den ersten Blick einer „Wahl" widersprechenden Möglichkeit wird nahezu ausnahmslos für zulässig angesehen, da einerseits Wahlberechtigte die Möglichkeit hätten, selbst Vorschläge einzureichen und in der Sozialversicherung möglichst einvernehmlich Aufgaben durch die Selbstverwaltungsorgane erledigt werden sollen

(BSGE 36, 242, 246; Kreikebohm 2018, § 46 SGB IV Rz. 7 m. w. N.). Kehrseite dieser in der Vergangenheit weit ausgeschöpften Möglichkeit sind eine geringe Wahlbeteiligung und eine geringe Akzeptanz der Selbstverwaltungsorgane bei der Mehrzahl der Versicherten.

▶   **TIPP**  Die jüngste Sozialversicherungswahl fand im Jahr 2017 statt, alle wichtigen Informationen sind im Internet unter https://www.sozialwahl.de/ abrufbar.

**Hintergrundinformation: Modernisierung der Sozialversicherungswahlen**
Durch das Gesetz zur Verbesserung der Transparenz in der Alterssicherung und der Rehabilitation sowie zur Modernisierung der Sozialversicherungswahlen (Bt-Drucks. 19/23550 ergänzt um die vom Ausschuss für Arbeit und Soziales empfohlenen Änderungen, Bt-Drucks. 19/24487) ist eine moderate Modernisierung der Sozialversicherungswahlen erfolgt. Ziele der Initiative sind, die Rahmenbedingungen für die Wahl und Arbeit der ehrenamtlichen Mitglieder der Selbstverwaltungsorgane zu verbessern sowie die Selbstverwaltung zu stärken und bekannter zu machen. Dafür werden unterschiedliche Instrumente als zielführend angesehen. Zum Beispiel, enthält § 40 Abs. 2 SGB IV n. F. einen ausdrücklichen Anspruch auf Freistellung für die Teilnahme an den Sitzungen sowie § 40 Abs. 3 SGB IV n. F. einen neuen Anspruch auf Fortbildung. Zudem soll über unterschiedliche neue Regelungen die Transparenz des Wahlverfahrens verbessert sowie der Frauenanteil in der Selbstverwaltung erhöht werden. Schließlich ist auch eine bessere Information der Öffentlichkeit vorgesehen, um die Wahlbeteiligung zu steigern und über die Arbeit der Selbstverwaltungsorgane zu unterrichten (z. B. § 88 Abs. 3 n. F. Wahlordnung für die Sozialversicherung).

**Zusammenfassung, Merksatz**
Organe eines Sozialversicherungsträgers sind Vertreterversammlung, Vorstand und Geschäftsführung. Selbstverwaltungsorgane sind Vertreterversammlung und Vorstand. Die Aufgaben werden im Ehrenamt ausgeübt. Die Mitgliedschaft in einem Selbstverwaltungsorgan erfolgt durch Wahl (Sozialversicherungswahlen). Der Geschäftsführer ist hauptamtliches Organ.

**Vertreterversammlung**
Die **Vertreterversammlung** ist das „Parlament" des Versicherungsträgers. Ihr kommt dementsprechend die „Gesetzgebungskompetenz" zu. § 33 Abs. 1 S. 1 SGB IV formuliert deshalb, dass die Vertreterversammlung die **Satzung** und **sonstiges autonomes Recht** beschließt. Dabei handelt es sich um materielle Rechtsnormen, die ebenfalls wie formelle Parlamentsgesetzte abstrakt-generell sind. Sie stellen Rechtsgrundlagen für das Verwaltungshandeln des Versicherungsträgers dar. Diese Aufgabe darf nach § 66 Abs. 1 S. 1 SGB IV nicht auf Ausschüsse delegiert werden. Neben dieser zentralen Normsetzungsaufgabe beschließt die Vertreterversammlung dann, wenn dies durch Gesetz oder sonstige für den Versicherungsträger maßgebliche Rechtsnormen vorgesehen ist. Insgesamt ist der Pflichtenkreis der Vertreterversammlung deshalb auf eigene Normsetzung und sonstige durch Rechtsnorm zugelassenen Aufgaben beschränkt. Mitglieder der Vertreterver-

sammlung sind gewählte Vertreter der Versicherten und Arbeitgeber. Insoweit kommt der **Sozialwahl** besondere Bedeutung zu, da in diesem Wahlvorgang die Vertreterversammlung bestimmt wird.

Für die besonderen Selbstverwaltungsorgane im Bereich der gesetzlichen Krankenversicherung sowie bei der Deutschen Rentenversicherung Bund gelten die Regelungen zur Vertreterversammlung entsprechend (§ 33 Abs. 1 S. 2, 3, Abs. 3, 4 SGB IV).

§ 33 Abs. 2 SGB IV regelt das Verhältnis zwischen Vertreterversammlung und Vorstand des Versicherungsträgers und ist Spiegelbild der Zusammenhänge zwischen den **Organen** des Versicherungsträgers. Nach der Norm besteht ein Vertretungsrecht des Versicherungsträgers durch die Vertreterversammlung gegenüber dem Vorstand. Nach Satz 2 kann dieses Recht auf die Vorsitzenden der Vertreterversammlung gemeinsam übertragen werden. Da die Vertretung des Versicherungsträgers grundsätzlich Vorstand und Geschäftsführer vorbehalten ist, stellt die Norm einen Ausnahmetatbestand dar und ist nur für die gesetzlich definierten Zwecke zulässig. Nach Außen kann die Vertreterversammlung den Versicherungsträger daher nie vertreten. Es geht also bei diesem besonderen Vertretungsrecht um die Vermeidung von trägerinternen Interessenkollisionen und deren Lösung. Beispiele hierfür sind mögliche Auseinandersetzungen bei der Bestimmung von Entschädigungsregelungen (§ 41 SGB IV) oder der Geltendmachung von Schadensersatzansprüchen (Haftung im Innenverhältnis, § 42 Abs. 2 SGB IV).

Die wichtigste Aufgabe der Vertreterversammlung ist der Beschluss einer **Satzung**. Insoweit muss jeder Versicherungsträger eine Satzung beschließen, die der **Genehmigung** durch die jeweils zuständige Behörde (dabei handelt es sich regelmäßig zugleich um die Aufsichtsbehörde) bedarf (§ 34 Abs. 1 SGB IV). Ebenso wie formelle Gesetze muss die Satzung öffentlich bekannt gemacht werden; erst mit der **Bekanntmachung** tritt sie in Kraft. Wie die Satzung bekanntgemacht wird, regelt die Satzung selbst. § 34 SGB IV beinhaltet somit die formellen Wirksamkeitsvoraussetzungen des autonomen Satzungsrechts der Versicherungsträger (anders als Absatz 1 der Norm ist in Absatz 2 neben der „Satzung" zusätzlich „sonstiges autonomes Recht" des Versicherungsträgers genannt). Der Normenhierarchie folgend steht Satzungsrecht auf der untersten Hierarchiestufe und ist an höherrangigem Recht zu messen (siehe Abb. 3.2). Eine Satzung bzw. einzelne Bestimmungen sind deshalb z. B. dann rechtswidrig, wenn sie Vorgaben formeller Parlamentsgesetze oder

**Abb. 3.2** Normenhierarchie (national)

der Verfassung widersprechen. Deshalb orientieren sich die Satzungen an den Vorgaben der jeweiligen Sozialgesetzbücher und setzen bereichsspezifische Gesetzesvorgaben um. Einige Satzungsinhalte sind dabei zwingend vorgeschrieben, andere gesetzliche Vorgaben können über Satzungsregelungen gestaltet werden.

**Beispiele**

**Beispiele für gesetzliche vorgeschriebene Satzungsinhalte**
Für Krankenkassen: § 194 Abs. 1 SGB V.
Für Berufsgenossenschaften: § 83 S. 1 SGB VII zwingende Vorgabe des Jahresarbeitsverdienstes und dessen Höhe; die konkrete Höhe in € liegt im weiten Gestaltungsspielraum des Satzungsgebers.

**Beispiele für Satzungsbestimmungen, die der Dispositionsbefugnis des Satzungsgebers unterfallen**
Die Satzung einer Krankenkasse kann nach § 37 Abs. 2 S. 4 SGB V vorsehen, dass zusätzlich zur Behandlungspflege als häusliche Krankenpflege auch Grundpflege und hauswirtschaftliche Versorgung erbracht wird.
Die Satzung einer Berufsgenossenschaft kann nach § 153 Abs. 2 SGB VII i. V. m. § 85 Abs. 2 S. 2 SGB VII zum Zwecke der Beitragsberechnung als Höchstjahresarbeitsverdienstes eine höhere Obergrenze vorsehen als die gesetzlich definierte Höhe des Höchstjahresarbeitsverdienstes nach § 85 Abs. 2 S. 1 SGB VII. ◄

Genehmigung durch die zuständige Behörde und das Erfordernis der Bekanntmachung stellen Ausnahmen von der autonomen Selbstverwaltungskompetenz der Versicherungsträger dar. Der Staat wird über diese beiden Instrumente an der „Gesetzgebung" des Versicherungsträgers beteiligt, er wirkt bei der autonomen Rechtsetzung des Versicherungsträgers mit. Diese Ausnahmeregelungen hält der Gesetzgeber für gerechtfertigt, da die Satzung erhebliche Bedeutung für Dritte entfaltet (Bt-Drucks. 7/4122, 35). Bedeutsam ist insoweit weiterhin, dass mit Blick auf die **Gewaltenteilung** mit der Satzung **Rechtsetzungskompetenz** auf die **Exekutive** (= den Versicherungsträger) übertragen ist. Diese ist allerdings beschränkt auf **eigene Angelegenheiten** des Versicherungsträgers. Rechte und Pflichten werden für diejenigen Personen erzeugt, die dem Versicherungsträger angehören (BVerfGE 10, 20, 35 ff.; 28, 119, 139 ff.). Nicht zum autonomen Satzungsrecht gehören **Verwaltungsvorschriften**. Diese entfalten über ihre Anwendung und die sog. **Selbstbindung der Verwaltung** mittelbar Wirkung für und gegen Betroffene (Abschn. 1.2).

**Zusammenfassung, Merksatz**
Die Vertreterversammlung beschließt die Satzung und sonstiges autonomes Recht des Versicherungsträgers. Für diese eigenen Angelegenheiten ist dem Versicherungsträger als Teil der Exekutive Rechtsetzungskompetenz übertragen. Die Vertreterversammlung vertritt den Versicherungsträger nicht nach außen.

### Hintergrundinformation: Satzungsrecht

Die Genehmigungsbehörde wird nicht als Aufsichtsbehörde tätig, sondern nimmt eine Rechtsprüfung vor. Inhalte der Prüfung sind ein verfahrensmäßig ordnungsgemäßes Zustandekommen der Satzung sowie die Vereinbarkeit der Regelungen der Satzung mit höherrangigem Recht. Es handelt sich um eine Rechts- und somit um keine Zweckmäßigkeitsprüfung (BSG vom 07.11.2000, SozR 3-3300 § 47 Nr. 1; BSG SGb 2012, 295, 299 f.).

Das Erfordernis der öffentlichen Bekanntmachung folgt aus dem Rechtstaatsprinzip (vgl. Art. 20 Abs. 3 GG), da Rechtsnormen in einer Weise der Öffentlichkeit bekanntzumachen sind, die es dem einzelnen Bürger ermöglichen, sich von dem Inhalt des Rechts Kenntnis zu verschaffen (BVerfGE 65, 283, 291). Diesem Zweck folgend muss der Versicherungträger die Art und Weise der Bekanntmachung wählen. Hierfür kommen z. B. Amtsblätter oder Mitteilungsblätter der Sozialversicherungsträger in Betracht.

### Beispiele

### Rechtsprechung zur Aufgabenabgrenzung von Organen

Die Aufgabenabgrenzung zwischen Vertreterversammlung und Vorstand kann in der Praxis Fragen aufwerfen und war z. B. Gegenstand des folgenden durch das Bundessozialgericht (BSGE 118, 9 bis 18) entschiedenen Falls:

#### Sachverhalt

Ein Unternehmer betreibt seit dem Jahr 2006 ein Unternehmen für Hausreinigung und Hauswartung. Durch im Jahr 2006 erlassenen Aufnahmebescheid stellt die Berufsgenossenschaft der Bauwirtschaft (BG Bau) ihre Zuständigkeit für das Unternehmen fest. Mit Bescheid vom 24.04.2009 setzt die BG Bau für das Jahr 2008 Beiträge auf der Grundlage der vom Unternehmer gemeldeten Arbeitsentgelte einen Umlagebeitrag in Höhe von 8,94 Euro fest, den sie um einen Zuschlag von 91,06 Euro auf den Mindestbetrag von 100,00 Euro erhöht.

Hiergegen erhebt der Unternehmer Widerspruch, den die BG als unbegründet zurückweist: der Vorstand habe den Mindestbeitrag rechtmäßig beschlossen, dieser sei weder überhöht noch unverhältnismäßig oder gar sittenwidrig. Hiergegen erhebt der Unternehmer Klage.

Die Bescheide der BG beruhen auf folgender rechtlicher Grundlage:

Nach § 161 SGB VII kann die Satzung bestimmen, dass ein einheitlicher Mindestbeitrag erhoben wird. § 26 Abs. 6 i.V.m § 19 S. 2 Nr. 12 der Satzung der BG Bau in der für die Bescheide maßgebenden Fassung ordnet insoweit an, dass ein einheitlicher Mindestbeitrag erhoben wird, „dessen Höhe der Vorstand festsetzt".

Wie wird das Bundessozialgericht entscheiden?

#### Problemaufriss und Hintergrund

Kern der hier zu beantwortenden Rechtsfrage, ob die Bescheide auf einer korrekten Rechtsgrundlage basieren, ist die Kompetenzverteilung zwischen den Organen Vertreterversammlung und Vorstand. Die von der BG Bau gewählte Konstruktion versucht diese abzubilden: entsprechend § 33 Abs. 1 S. 1 SGB IV hat die Vertreterversammlung in der Satzung festgelegt, dass dem Grunde nach ein einheitlicher Mindestbeitrag erhoben wird. Die Festlegung der konkreten Höhe wird als Verwaltungsgeschäft des Versicherungsträgers i.S.d. § 35 Abs. 1 S. 1 SGB IV gesehen und ist daher aus Sicht des Versicherungsträgers Vorstandsaufgabe. Praktischer Hintergrund dieser Gesetzesauslegung ist die Verwaltungspraxis, da Vorstandbeschlüsse wesentlich einfacher als Beschlüsse der Vertreterversammlung herbeizuführen sind. Zudem tagt der Vorstand praktisch häufiger als die Vertreterversammlung.

**Lösung des Bundessozialgerichts**

Das BSG ist zu Recht der Auffassung, dass die Vertreterversammlung selbst auch die konkrete Beitragsfestsetzung vornehmen muss. Die Übertragung auf den Vorstand ist daher rechtswidrig, die Satzungsnorm nichtig und unanwendbar.

**Begründung (Zusammenfassung)**

Das Gesetz verleihe der Vertreterversammlung unmittelbar die Rechtsetzungsmacht für den Versicherungsträger, die Ausfluss des durch Gesetz eingeräumten Rechts auf Selbstverwaltung sei. Hieraus folge, dass die mit der Normsetzung zusammenhängende Willensbildung ebenfalls durch die Vertreterversammlung zu vollziehen sei und nicht an ein anderes Organ delegiert werden könne (vgl. auch § 66 Abs. 1 S. 1 SGB IV). Aufgabe des Vorstandes sei gemäß § 35 Abs. 1 S. 1 SGB IV, den Versicherungsträger zu verwalten und ihn gerichtlich sowie außergerichtlich zu vertreten. Insoweit könne der Vorstand zwar an der Rechtsetzung des Versicherungsträgers z. B. im Rahmen von Vorschlägen mitwirken. Das für die Rechtsetzung verantwortliche Organ sei aber allein die Vertreterversammlung.

Über den allgemeinen Vorbehalt des Gesetzes hinaus sei in § 31 SGB I bestimmt, dass in den Sozialleistungsbereichen des SGB I einschließlich der gesetzlichen Unfallversicherung (vgl. § 22 SGB I) Rechte und Pflichten nur begründet, festgestellt, geändert oder aufgehoben werden dürfen, soweit es ein Gesetz vorschreibe oder zulasse. Ohne Ermächtigung durch Parlamentsgesetz sei dem Sozialversicherungsträger die Regelung von Rechten oder Pflichten des Bürgers verwehrt. Insoweit bedürften untergesetzliche Normen wie Satzungen einer Inhalt und Umfang bestimmenden Ermächtigungsgrundlage in einem formellen Gesetz.

Nach § 161 SGB VII könne die Satzung „bestimmen", dass ein einheitlicher Mindestbeitrag „erhoben" wird. Die Formulierung dieser Vorschrift bedeute nach allgemeinem Sprachverständnis, dass die Höhe des Mindestbeitrags durch die Satzung selbst zu regeln sei, weil es an jeglichem Bezug zu einem ansonsten zur Beitragsbestimmung berufenen Organ fehle. Diese Wortlautinterpretation werde durch eine systematische Auslegung der Regelungen des SGB VII über das Beitragsrecht gestützt (wird ausgeführt). ◄

**Vorstand**

Der **Vorstand** ist neben Vertreterversammlung das zweite **ehrenamtliche Organ** des Versicherungsträgers. Er hat nach § 35 Abs. 1 S. 1 SGB IV die Aufgabe, den Versicherungsträger zu **verwalten** und ich gerichtlich und außergerichtlich zu **vertreten**. Von dieser Aufgabenzuordnung können Ausnahmen gemäß § 35 Abs. 1 S. 1 Hs. 2 SGB IV bestehen, soweit Gesetz oder sonstiges für den Versicherungsträger maßgebendes Recht Abweichendes bestimmen. Verwaltung und Vertretung des Versicherungsträgers sind Aufgaben der vollziehenden Gewalt (**Exekutive**; zur Aufgabenabgrenzung mit der Vertreterversammlung als rechtsetzende Gewalt des Versicherungsträgers siehe dort). Der Vorstand nimmt diese Aufgaben als **exekutives Kollegialorgan** wahr. Insoweit kann allerdings durch Satzung oder eigenen Beschluss bestimmt werden, dass einzelne Mitglieder des Vorstands den Versicherungsträger vertreten können (§ 35 Abs. 1 S. 2 SGB IV). Für die Deutsche Rentenversicherung Bund nimmt die Aufgaben des Vorstandes der Bundesvorstand (§ 31 Abs. 3 b SGB IV) wahr, soweit nichts Abweichendes bestimmt ist (vgl. § 35 Abs. 3 SGB IV). § 35 a SGB IV enthält eine Sonderregelung für entsprechende Organe der Träger der gesetzlichen Krankenversicherung.

Neben Vorstand ist als **hauptamtliches Organ** der **Geschäftsführer** dazu berufen, die laufenden Verwaltungsgeschäfte zu führen (vgl. § 36 Abs. 1 S. 1 SGB IV). Verwaltung und Vertretung einerseits sowie Führen des laufenden Verwaltungsgeschäfts andererseits sind eng miteinander verwobene Aufgabenfelder, die grundsätzlich voneinander abzugrenzen sind, sich teilweise allerdings überschneiden. Damit sind Fragen einer Konkurrenz aufgeworfen. Da Aufgabe des hauptamtlichen Geschäftsführers das laufende Verwaltungsgeschäft ist, muss man die Aufgabe des Vorstandes dahingehend verstehen, dass zur Durchführung der laufenden Geschäfte Rahmenvorgaben und Richtlinien des Ehrenamtes als Teil der Selbstverwaltung des Sozialversicherungsträgers erlassen werden. Der **Vorstand** hat insoweit die **grundlegenden Entscheidungen** zu fällen und damit die wesentlichen Grundsätze für das Verwaltungshandeln vorzugeben (Kreikebohm 2018, § 35 SGB IV, Rz. 3).

Mittel der Umsetzung dieser Rahmenvorgaben sind **Richtlinien für die Führung der Verwaltungsgeschäfte**, die der Vorstand gemäß § 35 Abs. 2 SGB IV erlässt. Diese Richtlinien stellen verwaltungsinternes Recht dar. Sie dienen der Konkretisierung der Aufgaben des hauptamtlichen Geschäftsführers („Wie" der Aufgabenerfüllung) und können folglich bestimmen, in welcher Art und Weise der Geschäftsführer die laufenden Verwaltungsgeschäfte erledigt. Eine Verschiebung von Kompetenzen („Was" der Aufgabenerfüllung) können diese Richtlinien nicht bewirken. Sie füllen daher lediglich den vom Gesetz gesetzten Rahmen der Aufgabenkompetenzen und -verteilung aus. Die Richtlinienkompetenz soll dabei zwar die Überprüfung von Einzelfällen einschließen, nicht jedoch die Entscheidung des Einzelfalls anstelle des dafür zuständigen Geschäftsführers (Bt-Drucks. 7/4122, 35.). Die fachbezogene rechtliche Entscheidung von Einzelfällen ist daher Aufgabe des Geschäftsführers. Dem Vorstand obliegt insoweit die Entscheidungskompetenz, wann und welchem Umfang von der Richtlinienkompetenz Gebrauch gemacht wird („Ob" der Richtlinienkompetenz). Dies ist Spiegelbild seiner Verantwortung für die Verwaltung des Versicherungsträgers sowie das Funktionieren der Aufgabenverteilung zwischen ihm selbst sowie dem Geschäftsführer.

**Zusammenfassung, Merksatz**

Der Vorstand als exekutives Kollegialorgan verwaltet und vertritt den Versicherungsträger. Er erlässt Rahmenvorgaben in Form von Richtlinien für die Führung der Verwaltungsgeschäfte. Der Vorstand trifft die grundlegenden Entscheidungen und gibt die wesentlichen Grundsätze für das Verwaltungshandeln vor. Die Führung des laufenden Verwaltungsgeschäfts ist demgegenüber Angelegenheit des Geschäftsführers.

## Geschäftsführer

Gemäß § 36 Abs. 1 SGB IV führt der Geschäftsführer **hauptamtlich** die **laufenden Verwaltungsgeschäfte**, soweit Gesetz oder sonstiges für den Versicherungsträger maßgebendes Recht nichts Abweichendes bestimmen, und vertritt den Versicherungsträger gerichtlich und außergerichtlich. Der hauptamtliche Geschäftsführer ist aufgrund der gesetzlich zugewiesenen Aufgaben das **zentrale Exekutivorgan** (Kreikebohm 2018, § 36 SGB IV, Rz. 2) des Versicherungsträgers. In diesem Sinne beschränken dessen Aufgaben der Wahrnehmung der laufenden Verwaltungsgeschäfte die Aufgaben des Vorstands. Der Begriff der **laufenden Verwaltungsaufgaben** ist gesetzlich nicht konkretisiert. Nach Ansicht des Gesetzgebers gehören dazu in der Regel die Aufgaben Beaufsichtigung des inneren Dienstes, Feststellung und Einzug von Beiträgen sowie Entscheidungen über Leistungen (Bt.-Drucks. 7/4122, 35).

### Hintergrundinformation: Aufgabenabgrenzung Vorstand versus Geschäftsführung

In einer Entscheidung vom 28.02.1967, 3 RK 15/67, BSGE 26, 129, 130 hatte sich das Bundessozialgericht entscheidungserheblich mit der Frage zu befassen, was unter dem Begriff des laufenden Verwaltungsgeschäfts zu verstehen ist:

Zu den laufenden Verwaltungsgeschäften eines Rentenversicherungsträgers gehöre auch die Erhebung einer Schadensersatzklage wegen schuldhafter Verletzung von Pflichten, die der Krankenkasse hinsichtlich des Einzugs von Rentenversicherungsbeiträgen oblägen.

Im eigenen, weitgehend „rechtsfreien" und von Gesichtspunkten der Zweckmäßigkeit bestimmten Selbstverwaltungsbereich sei der Kreis der laufenden Verwaltungsgeschäfte im Wesentlichen auf Geschäfte beschränkt, die mehr oder weniger regelmäßig wiederkehren und sachlich, insbesondere wirtschaftlich, keine erhebliche Bedeutung haben.

Soweit es sich dagegen um gesetzlich übertragene Pflichtaufgaben handele, die sich in der Auslegung und Anwendung von Rechtsnormen erschöpften, seien auch seltenere oder wirtschaftlich bedeutsame Geschäfte, etwa erhebliche Leistungsnachzahlungen an einzelne Versicherte oder Gruppen von ihnen in der Regel zur laufenden Verwaltung zu rechnen, es sei denn, dass die Entscheidung außerdem wesentlich von Erwägungen abhängt, die die gesamte „Verwaltungspolitik" des Versicherten berühren und aus diesem Grunde in die Zuständigkeit des Vorstandes fallen.

Für die Frage nach der Natur eines „laufenden Verwaltungsgeschäfts" komme es nicht entscheidend darauf an, ob und wie häufig sich dieser Vorgang in der Verwaltungspraxis wiederhole und welche (wirtschaftliche) Bedeutung ihm im Einzelfall für den Geschäftsbetrieb zukomme; entscheidend sei vielmehr, ob das Verwaltungsgeschäft wesentlich von Erwägungen abhänge, die die gesamte „Verwaltungspolitik" des Versicherungsträgers berühren und aus diesem Grunde in die Zuständigkeit des Vorstands fallen.

Soweit die Mitglieder der Geschäftsführung selbstständig handeln dürften, sei auch die gerichtliche Vertretung des Versicherungsträgers ihnen und nicht dem Vorstande übertragen.

Im Verhältnis zum Vorstand dient die Führung der laufenden Verwaltungsgeschäfte der Aufgabenentlastung des Vorstands. Dieser soll als ehrenamtliches Organ mit Fragen der Einzelfallregelung nicht befasst werden. Insbesondere obliegt dem hauptamtlichen Geschäftsführer die Verantwortung für die **Rechtsmäßigkeit des Verwaltungshandelns** (vgl. Kreikebohm 2018, § 36 SGB IV, Rz. 3 ff.).

Neben der Verwaltung sieht das Gesetz die gerichtliche und außergerichtliche **Vertretung** als Aufgabe des Geschäftsführers vor. Vertretung bedeutet, dass die Erklärungen und Handlungen des Geschäftsführers dem Versicherungsträger unmittelbar zugerechnet werden (vgl. § 164 Abs. 1 BGB). Insoweit trägt der Geschäftsführer die Verantwortung für das Wohl und Wehe des Versicherungsträgers. Dies hat zur Folge, dass den Geschäftsführer eine **Haftung** nach § 839 BGB i. V. m. Art. 34 GG treffen kann. Ist der Geschäftsführer verhindert, tritt dessen Stellvertreter an seine Stelle. Dieser ist wegen § 36 Abs. 2 SGB IV identisch legitimiert. Dies gilt allerdings nur im Verhinderungsfalle des Geschäftsführers. Ansonsten ist der Stellvertreter an die Weisungen des Geschäftsführers wie jeder andere Mitarbeiter des Versicherungsträgers gebunden.

**Aufgabe** des Geschäftsführers ist weiterhin, die beiden **ehrenamtlichen Organe** der Selbstverwaltung zu **beraten**. Die Beratung ist insbesondere für den Vorstand wichtig, da dieser nach § 35 Abs. 2 SGB IV Richtlinien für die Führung der Verwaltungsgeschäfte, soweit diese dem Geschäftsführer obliegen, erlässt. Die Beratung setzt ein Anwesenheitsrecht bei Sitzungen voraus. Das Anwesenheitsrecht ist nur ausnahmsweise ausgeschlossen, nämlich wenn entsprechend des Rechtsgedankens des § 63 Abs. 4 SGB IV ein Beschluss dem Geschäftsführer oder nahestehenden Personen oder vertretenen Personen einen unmittelbaren Vorteil oder Nachteil bringen kann. Sinn und Zweck des Anwesenheitsrechts sowie der Beratungspflicht sind, sich für sachgerecht erscheinende Lösungen einzusetzen oder auf mögliche Rechtsverstöße hinzuweisen (Kreikebohm 2018, § 31 SGB IV, Rz. 3).

> **Zusammenfassung, Merksatz**
> Der Geschäftsführer führt hauptamtlich die laufenden Verwaltungsgeschäfte und vertritt den Versicherungsträger gerichtlich und außergerichtlich. Er trägt die Verantwortung für die Rechtsmäßigkeit des Verwaltungshandelns. Zusätzlich ist Aufgabe die Beratung der ehrenamtlichen Selbstverwaltungsorgane des Versicherungsträgers.

Die **Berufung** zum Geschäftsführer eines Versicherungsträgers erfolgt gemäß § 36 Abs. 2 SGB IV auf Vorschlag des Vorstands durch **Wahl** der Vertreterversammlung. Ebenso wird nach der Norm ein Stellvertreter gewählt. Das Vorschlagsrecht hat nur der Vorstand, die Vertreterversammlung kann diesem Vorschlag zustimmen oder ihn ablehnen; ein eigenes Vorschlagsrecht hat die Vertreterversammlung nicht. Daraus folgt, dass ein Vorschlag mehrerer Kandidaten (sog. Liste) zwar grundsätzlich zulässig, dann jedoch eine Reihenfolge der Berufungsvorschläge erforderlich ist. Ggf. greift § 37 SGB IV bei Verhindern von

Organen, wenn z. B. der Vorstand von seinem Vorschlagsrecht nicht Gebrauch macht. Die Norm ist Ausdruck der demokratischen Legitimation des Geschäftsführers sowie des Stellvertreters im Rahmen der Selbstverwaltungskompetenz des Versicherungsträgers.

Gesetzlich ist die **Amtszeit** des Geschäftsführers nicht begrenzt. Soweit für die Wahrnehmung des Amts als Geschäftsführer dienstrechtliche Qualifikationen erforderlich sind, regelt § 36 Abs. 6 SGB IV die sich daraus ergebenden Verfahrensfragen. Nach der Wahl zum Geschäftsführer können die Personen **arbeits- bzw. dienstrechtlich** als Tarifangestellt, als außertarifliche Angestellte oder als Beamte sowie Dienstordnungsangestellte beschäftigt sein (vgl. § 36 Abs. 5 SGB IV). Die entsprechende gesetzliche Regelung ist Spiegelbild der Doppelstellung des Geschäftsführers, der sowohl Organ als auch hauptamtlich Beschäftigter des Versicherungsträgers ist. Arbeits- bzw. dienstrechtlich wird er daher ebenso wie alle anderen hauptamtlich Beschäftigten behandelt. Grundlage der Arbeitsverhältnisse bei Tarifangestellten bildet das Arbeits- und Tarifrecht. Bei außertariflich Beschäftigten gelten einzelvertragliche Vereinbarungen. Beamtenverhältnisse richten sich nach dem jeweils einschlägigen Beamtengesetz des Bundes und der Länder. Das Dienstordnungsverhältnis ist ein privatrechtliches Arbeitsverhältnis, dessen Inhalt durch die Dienstordnung (sonstiges autonomes Recht des Versicherungsträgers) bestimmt wird. In der Regel verweisen die Bestimmungen der Dienstordnungen auf beamtenrechtliche Regelungen, sodass praktisch eine beamtengleiche Stellung begründet wird.

Für **große Sozialversicherungsträger** (mehr als 1,5 Millionen Versicherte) oder wenn der Versicherungsträger für mehrere Versicherungszweige zuständig ist, kann gemäß § 36 Abs. 4 SGB IV durch Satzungsregelung bestimmt werden, dass eine aus drei Personen bestehende **Geschäftsführung** gewählt wird. In diesen Fällen ist die Führung der laufenden Verwaltungsgeschäfte dann nicht mehr einer Person, sondern einem **Kollegialorgan** übertragen. In der Praxis haben die Geschäftsführungen der Versicherungsträger einen „Vorsitzenden" oder einen „Sprecher", welcher praktisch die Führung innerhalb der Geschäftsführung innehat.

Für die **Deutsche Rentenversicherung Bund** legt § 36 Abs. 3 a und b SGB IV verbindlich fest, dass die Aufgaben des Geschäftsführers vom **Direktorium** wahrgenommen werden.

### 3.2.2.3 Aufsicht

Die Regelungen der **Aufsicht** enthalten die §§ 87 bis 90 a SGB IV. Die Sozialversicherungsträger unterliegen der **staatlichen Aufsicht**. Sinn und Zweck der Aufsicht ist die Wahrung der Gleichgewichtslage zwischen Staat und Selbstverwaltungskörperschaft (vgl. BSGE 98, 129, 130), sodass das Aufsichtsrecht nicht dazu bestimmt ist, dem Individualinteresse (z. B. einzelner Versicherter) zu dienen (BSGE 26, 237, 240). Eine drittschützende Wirkung kann entsprechenden Aufsichts- und Genehmigungsrechten nicht entnommen werden (BSGE 111, 280, 283 ff.). Zwar kommt den Versicherungsträgern im Rahmen ihrer gesetzlichen Aufgaben ein hohes Maß an Selbstständigkeit zu, gleichwohl sind der Selbstverwaltungsautonomie Grenzen gesetzt. Diese ergeben sich aus höherrangigen gesetzlichen Vorgaben, auf nationaler Ebene aus der Verfassung und insbesondere den gesetzlichen Vorgaben in den einschlägigen Büchern des Sozialgesetzbuchs (z. B. SGB I, SGB IV). Die staatliche Aufsicht prüft, ob sich die Entscheidungen der Sozialversicherungsträger im Rahmen der gesetzlichen Vorgaben bewegen; sie ist deshalb in erster Linie eine **Rechtsaufsicht**. In der gesetzlichen Krankenversicherung erstreckt sich die Aufsicht auch auf weitere systemrelevante Beteiligte:

- § 78 SGB V kassenärztliche und kassenzahnärztliche Vereinigungen,
- § 281 Abs. 3 SGB V Medizinischer Dienst,
- § 208 SGB V Landesverbände der Krankenkassen,
- § 217 d SGB V Spitzenverband Bund der Krankenkassen,
- § 322 SGB V Schlichtungsstelle der Gesellschaft für Telematik.

**Hintergrundinformation: Selbstverwaltung und Verwaltungsvorschriften**
Zu dem vom Versicherungsträger zu beachtenden sonstigem Recht gehören grundsätzlich auch allgemeine Verwaltungsvorschriften, die die Bundesregierung nach Art. 86 S 1 GG erlassen hat (BSGE 89, 235, 238). Allerdings enthält die Verfassungsnorm eine Vorbehaltsklausel. Rechtsträgern mit Selbstverwaltung kann durch das die Selbstverwaltung statuierende Gesetz der Erlass allgemeiner Verwaltungsvorschriften durch deren Selbstverwaltungsorgane übertragen werden. Dies ist für die Sozialversicherungsträger in § 35 Abs. 2 SGB IV erfolgt. Im Bereich der eigenen Regelungsbefugnis (hier: das Führen der Verwaltungsgeschäfte) sind die Versicherungsträger daher zum Erlass eigener Verwaltungsvorschriften ermächtigt und daher an die allgemeinen Verwaltungsvorschriften der Bundesregierung nicht gebunden. (BSGE 89, 235, 240). Zum Beispiel, gehört die Regelung der Nutzung von Dienstkraftfahrzeugen im Bereich der Sozialversicherungsträger zu deren interner Verwaltung, in welche die Bundesregierung nicht auf der Grundlage des Art. 86 Satz 1 GG durch allgemeine Verwaltungsvorschriften eingreifen darf (BSGE 89, 235, 241 ff.).

Im modernen Sozialstaat werden Aufgaben nicht nur unmittelbar von Versicherungsträgern wahrgenommen. Diese können auch anderen Rechtspersonen (z. B. einer GmbH) übertragen werden. In Fällen des **Outsourcing** ist mit Blick auf die Wahrnehmung staatlicher Aufsichtsfunktionen sicherzustellen, dass (vgl. Kreikebohm 2018, § 88 SGB IV, Rz. 8 ff.)

- die Rechte der Selbstverwaltung und der Aufsicht gewahrt bleiben,
- die Grundsätze der Wirtschaftlich und Sparsamkeit (§ 69 SGB IV) gewahrt bleiben,
- ein Weisungsrecht des Versicherungsträgers gegenüber der dritten Rechtsperson besteht und
- dem Rechtsgedanken des § 88 Abs. 2 S. 2 SGB X entsprechend der wesentliche Teil des gesamten Aufgabenbereichs beim Versicherungsträger verbleibt.

In der **gesetzlichen Unfallversicherung** erstreckt sich gemäß § 87 Abs. 2 SGB VII auf dem Gebiet der **Prävention** die Aufsicht auch auf den Umfang und die Zweckmäßigkeit der Maßnahme. Es gibt hier also eine erweiterte Aufsicht, die danach fragt, ob die Maßnahme nach Art, Inhalt und Umfang angemessen und sachdienlich ist. Hier erfolgt daher zusätzlich eine **Fachaufsicht**.

Die Rechtsaufsicht über die der Deutschen Gesetzlichen Unfallversicherung e. V. übertragenen Koordinierungs- und Serviceaufgaben führt gemäß § 87 Abs. 3 S. 1 SGB IV das Bundesministerium für Arbeit und Soziales, welches von der Möglichkeit der Aufgabenübertragung an das Bundesamt für Soziale Sicherung nach Satz zwei der Norm Gebrauch gemacht hat.

Die Aufsicht des Staates über die Selbstverwaltungskörperschaften der Sozialversicherung erfolgt sowohl vorgelagert als auch nachschauend. Eine vorgelagerte Aufsicht vollzieht sich in den gesetzlich normierten Fällen einer **Genehmigung** oder Zustimmung zu Handlungen der Versicherungsträger. Hier kann der **Staat gestaltend** in der Sozialversicherung **mitwirken**. Beispiele hierfür sind das Genehmigungserfordernis einer Satzung (§ 34 Abs. 1 S. 2 SGB IV), genehmigungsbedürftige Vermögensanlagen (§ 85 SGB IV) oder die Genehmigung der Haushaltspläne (§§ 70 bis 71 a, 71 d SGB IV). Die nachschauende Aufsicht bezieht sich auf die **Rechtsanwendung** der Gesetze durch den Versicherungsträger. Anknüpfungspunkt ist dafür nach § 88 Abs. 1 SGB IV die **inhaltlich unbeschränkte Prüfung** der Geschäfts- und Rechnungsführung des Versicherungsträgers. Dabei hat der Versicherungsträger gemäß § 88 Abs. 2 SGB IV umfassend mitzuwirken. Beispiele hierfür sind eine Umsetzung der Satzungsvorgaben hinsichtlich der Aufbau- und Ablauforganisation des Versicherungsträgers oder die leistungsrechtliche Abwicklung der Versicherungsfälle.

Inhalt der Rechtsaufsicht kann z. B. die Aufgabenabgrenzung bzw. -wahrnehmung zwischen Vorstand und Geschäftsführer sein. Dies betrifft einerseits die Überprüfung, ob sich die Richtlinie nach § 35 Abs. 2 SGB IV für die Führung der Verwaltungsgeschäfte, soweit dies dem Geschäftsführer obliegen, im Rahmen der gesetzlichen Vorgaben befindet. Andererseits kann Gegenstand der Aufsicht die Frage sein, ob der Vorstand eines Versicherungsträgers Entscheidungen im Einzelfall (ggf. mittels der Richtlinie nach § 35 Abs. 2 SGB IV) getroffen hat. Insoweit hat die Aufsichtsbehörde über die **Kompetenzabgrenzung** der Organe des Versicherungsträgers zu wachen. Der Umfang der **Rechtsaufsicht** ist **inhaltlich nicht beschränkt**. Diese kann daher Sachverhalte vollumfänglich prüfen, bei denen den Versicherungsträgern auf der Tatbestandsseite ein Beurteilungsspielraum (sog. Einschätzungsprärogative) eingeräumt ist. Gleiches gilt auf der Rechtsfolgenseite für die Prüfung von Ermessensentscheidungen. Gleichwohl kommt bei der Ausübung der Aufsichtsfunktion dem Grundsatz der Verhältnismäßigkeit große Bedeutung zu. Wenn dem Versicherungsträger ein Gestaltungsspielraum eröffnet ist und er sich an die Regeln zur Ausfüllung dieses Gestaltungsspielraums hält, ist dessen Handeln rechtsstaatlich vertretbar und bleibt unbeanstandet. Führt die Prüfung zu Beanstandungen (= Feststellen einer Rechtsverletzung), stehen der Aufsichtsbehörde die in § 89 SGB IV beschriebenen Aufsichtsmittel zur Verfügung.

Belange des **Sozialdatenschutzes** (vgl. § 35 SGB I) schränken das Prüfungsrecht der Aufsichtsbehörden nicht ein. Die Übermittlung der Sozialdaten ist insoweit gesetzlich ausdrücklich zugelassen (§ 69 Abs. 5 i. V. m. § 67 c Abs. 3 SGB X).

§ 90 SGB IV bestimmt, welche Behörde als **Aufsichtsbehörde zuständig** ist. Die Zuständigkeit bestimmt sich nach dem Territorialprinzip. Für **bundesunmittelbare Ver-**

**sicherungsträger** ist das Bundesamt für Soziale Sicherung (BAS) zuständig (§ 90 Abs. 1 S. 1 SGB IV). Auf dem Gebiet der Prävention in der gesetzlichen Unfallversicherung (siehe hierzu § 87 Abs. 2 SGB IV) ist das Bundesministerium für Arbeit und Soziales zuständige Aufsichtsbehörde (§ 90 Abs. 1 S. 1 SGB IV; vgl. für die Unfallversicherung Bund und Bahn die abweichende Bestimmung des Bundesinnenministeriums nach § 90 Abs. 1 S. 2 SGB IV). Für **landesunmittelbare Versicherungsträger** führen nach § 90 Abs. 2 SGB IV die für die Sozialversicherung zuständigen obersten Verwaltungsbehörden der Länder oder die von den Landesregierungen durch Rechtsverordnung bestimmten Behörden die Aufsicht. Das Gesetz eröffnet den Ländern insoweit einen großen Gestaltungsspielraum, was sich in den zentralen oder dezentralen Organisationsformen in den Ländern widerspiegelt. Die Landesregierungen können diese Ermächtigung auf die obersten Landesbehörden weiter übertragen. Diese Regelung wird der Bestimmung in Art. 87 Abs. 2 GG folgend durch § 90 Abs. 3 SGB IV ergänzt. Demnach stehen Versicherungsträger unter Landesaufsicht, wenn sich deren Zuständigkeit über nicht mehr als drei Länder hinaus erstreckt und für sie das aufsichtführende Land durch die beteiligten Länder bestimmt ist (z. B. AOK PLUS, zuständig für die Bundesländer Sachsen und Thüringen, Aufsichtsbehörde ist die zuständige Behörde des Landes Sachsen [Sächsisches Staatsministerium für Soziales und Verbraucherschutz]). Eine Liste der zuständigen Aufsichtsbehörden führt das Bundesgesundheitsministerium (Bundesministerium für Gesundheit 2021). Die Aufsichtsbehörden führen regelmäßig Erfahrungsaustausche durch (§ 90 Abs. 4 SGB IV).

**Hintergrundinformation: Zuständigkeit der Aufsicht**
Die Bundesländer haben einen Staatsvertrag über die Bestimmung aufsichtsführender Länder nach Artikel 87 Abs. 2 Satz 2 des Grundgesetzes für die Bundesrepublik Deutschland geschlossen. Dieser ist zum 01.06.1997 in Kraft getreten. Die Länder haben sich darauf verständigt, dass für Versicherungsträger, deren Zuständigkeit nicht über drei Länder hinausgeht, grundsätzlich die Aufsicht des Landes zuständig ist, in dem der Sozialversicherungsträger seinen Sitz hat.

Zusätzlich und parallel neben den Aufsichtsbehörden i. S. d. § 90 SGB IV erstreckt sich gemäß §§ 111, 112 BHO das Prüfungsrecht des **Bundesrechnungshofes** auf die Haushalts- und Wirtschaftsführung der bundesunmittelbaren Sozialversicherungsträger. Dieses Prüfungsrecht besteht allerdings nur dann, wenn ein Versicherungsträger auf Grund eines Bundesgesetzes vom Bund Zuschüsse erhält oder eine Garantieverpflichtung des Bundes gesetzlich begründet ist. Auch die Verbände und Arbeitsgemeinschaften der bundesunmittelbaren Sozialversicherungsträger unterliegen dem Prüfungsrecht des Bundesrechnungshofes, wenn Mitglieder dieser Verbände und Arbeitsgemeinschaften der Prüfung durch den Bundesrechnungshof unterliegen. Erhält ein Sozialversicherungsträger vom Bund oder einem Land Zuschüsse, die dem Grund oder der Höhe nach gesetzlich begründet sind, oder ist eine Garantieverpflichtung des Bundes oder eines Landes gesetzlich begründet, ergibt sich daraus gemäß § 55 Abs. 1 S. 1 HGrG ein Prüfungsrecht des Bundesrechnungshofs oder des zuständigen Rechnungshofes des Landes. Der Bundesrechnungshof prüft somit dann landesunmittelbare Versicherungsträger, wenn diese vom

Bund Zuschüsse erhalten. Die umfassende Prüfungskompetenz des Bundesrechnungshofes im System der gesetzlichen Krankenversicherung stellt § 274 Abs. 4 SGB V klar.

> **Zusammenfassung, Merksatz**
> Die Sozialversicherungsträger unterfallen der staatlichen Aufsicht. Die Aufsicht ist
> grundsätzlich als Rechtsaufsicht ausgestaltet und inhaltlich nicht beschränkt. Staat-
> liche Aufsicht erfolgt vorgelagert (z. B. durch gesetzliche Genehmigungsvorbehalte)
> oder nachgelagert (v. a. durch Kontrolle der Rechtsanwendung). Die Zuständigkeit
> der Aufsichtsbehörden (Bund oder Länder) folgt dem Territorialprinzip (bundesun-
> mittelbare bzw. landesunmittelbare Versicherungträger). Neben den Aufsichts-
> behörden kommt insbesondere dem Bundesrechnungshof und auch den Rechnungs-
> höfen der Länder ein Prüfungsrecht zu.

### 3.2.2.4 Versicherungsbehörden

Im fünften Abschnitt des SGB IV sind in den §§ 91 bis 94 die **Versicherungsbehörden**
enthalten. Versicherungsbehörden sind gemäß § 91 Abs. 1 S. 1 SGB IV die Versicherungsämter und das Bundesamt für Soziale Sicherung.

**Versicherungsämter** sind nach § 92 S. 1 SGB IV die unteren Verwaltungsbehörden
auf **Länderebene**. Es sind dies also i. d. R. Landkreise und Kreisfreie Städte. Aufgrund
der Ermächtigungen in § 91 Abs. 1 S. 2, Abs. 2 und § 92 S. 2 bis 5 SGB IV können länder-
spezifisch die Zuständigkeiten abweichend und individuell geregelt sein (die örtliche Zuständigkeit folgt gemäß § 93 Abs. 3 SGB IV grundsätzlich dem Wohnsitzprinzip). Die
Aufgaben der Versicherungsämter sind in § 93 SGB IV geregelt. Sie haben in allen Angelegenheiten der Sozialversicherung Auskunft zu erteilen (siehe § 15 SGB I) und die
sonstigen ihnen übertragenen Aufgaben wahrzunehmen. Hierzu gehört regelmäßig die
Aufsicht über die landesunmittelbaren Versicherungträger. Wegen der Fusionen der
Krankenkassen hat diese Aufgabe in den vergangenen Jahrzehnten kontinuierlich abgenommen. Ebenso haben die Versicherungsämter Anträge auf Leistungen (siehe § 16
SGB I) aus der Sozialversicherung entgegenzunehmen (§ 93 Abs. 2 S. 1 SGB I). Diese
Norm ergänzt § 16 Abs. 2 SGB I hinsichtlich der Antragstellung beim unzuständigen
Leistungsträger. Das angegangene Versicherungsamt wandelt sich in einem solchen Fall
nicht zum Sozialleistungsträger und wird auch nicht materiell für die beantragte Sozial-
versicherungsleistung zuständig. Mit der Antragstellung wahrt der Versicherte jedoch ggf.
bestehende Fristen. Ergänzend muss das angegangene Versicherungsamt ggf. den Sachverhalt aufklären (siehe hierzu § 93 Abs. 2 S. 2 SGB IV) und die Unterlagen an den zuständigen Versicherungsträger – für dessen Entscheidung – weiterleiten.

Das **Bundesamt für Soziale Sicherung (BAS)** (bis zum 31.12.2019: **Bundesver-
sicherungsamt**) ist gemäß § 94 Abs. 1 S. 1 SGB IV eine selbstständige Bundesoberbehörde. Traditionell wichtigste Aufgabe ist die Aufsicht über die bundesunmittelbaren
Versicherungträger (vgl. Art. 87 Abs. 2 GG). Diese Aufgabe hat aufgrund der Fusionen

von Krankenkassen im Bereich der gesetzlichen Krankenversicherung oder über die Zuweisung der Aufsicht über die Sozialversicherung für Landwirtschaft, Forsten und Gartenbau in den vergangenen Jahren kontinuierlich zugenommen. Dabei ist das Amt nur an allgemeine Weisungen des zuständigen Bundesministeriums gebunden (§ 94 Abs. 2 S. 3 SGB IV). In den vergangenen Jahren sind weitere wichtige sehr finanzwirksame Aufgaben hinzugetreten. Beispielsweise verwaltet das BAS den Gesundheitsfonds als Sondervermögen (§ 271 SGB V) und ermittelt nach § 266 Abs. 6 SGB V daraus die Höhe der Zuweisungen, welche von ihm den Krankenkassen zugewiesen werden. Auch in der sozialen Pflegeversicherung führt das BAS den Finanzausgleich zwischen den Pflegekassen durch (§ 66 Abs. 1 S. 3 SGB XI). In der gesetzlichen Unfallversicherung führt das BAS die Lastenverteilung nach § 178 SGB VII durch (§ 181 Abs. 1 S. 1 SGB VII). Die Abrechnung der Bundeszuschüsse zur gesetzlichen Rentenversicherung (§ 213 SGB VI) gehört gemäß § 227 Abs. 1 a SGB VI ebenfalls zu den Aufgaben des BAS. Zusätzlich ist das BAS als Zuständige Stelle nach § 73 i. V. m. § 81 BBiG für die Ausbildung der Sozialversicherungsfachangestellten der bundesunmittelbaren Sozialversicherungsträger zuständig.

### 3.2.2.5 Versicherter Personenkreis und Mitgliedschaft

Wer in der Sozialversicherung **versichert** ist – und damit spiegelbildlich grundsätzlich zur Beitragsfinanzierung heranzuziehen ist – richtet sich nach dem Versicherten Personenkreis. Das SGB IV trifft insoweit übergreifende grundlegen Regelungen. Zum Teil voneinander abweichende Regelungen hierzu finden sich in den einzelnen Sozialversicherungszweigen. Systematisch betrachtet folgen alle Regelungen der Unterscheidung zwischen Versicherungspflicht und Versicherungsberechtigung (Abb. 3.3).

> **§ 2 Abs. 1 SGB IV**
> Die Sozialversicherung umfasst Personen, die kraft Gesetzes oder Satzung (Versicherungspflicht) oder aufgrund freiwilligen Beitritts oder freiwilliger Fortsetzung der Versicherung (Versicherungsberechtigung) versichert sind.

Traditionelle beruht die gesetzliche Sozialversicherung auf dem Prinzip der **Zwangsversicherung**. Diese knüpft – wiederum traditionell – an das **Beschäftigungsverhältnis** i. S. d. § 7 SGB IV an (vgl. hierzu Axer 2018, Rz. 15 ff.). Das Beschäftigungsverhältnis ist legal in § 7 Abs. 1 SGB IV definiert.

> **§ 7 Abs. 1 SGB IV**
> Beschäftigung ist die nichtselbstständige Arbeit, insbesondere in einem Arbeitsverhältnis. Anhaltspunkte für eine Beschäftigung sind eine Tätigkeit nach Weisungen und eine Eingliederung in die Arbeitsorganisation des Weisungsgebers.

Nach der Rechtsprechung des BSG ist Oberbegriff der **abhängigen Beschäftigung** die **persönliche Abhängigkeit**. Diese spiegelt sich in der Weisungsgebundenheit und Eingliederung nach Satz 2 wider. Allerdings handelt es sich dabei nicht um gesetzlich definierte, abschließende Bewertungskriterien. Auch besteht zwischen beiden Kriterien kein

## Versicherter Personenkreis

| Versicherungspflicht | Versicherungs-<br>berechtigung |
|---|---|
| • Versicherung Kraft<br>  Gesetzes<br>• Versicherung Kraft<br>  Satzung | • freiwillige Versicherung<br>  ➢ freiwilliger Beitritt<br>  oder<br>  ➢ freiwillige<br>  Fortsetzung eines<br>  zuvor bestehenden<br>  Versicherungspflicht<br>  -verhältnisses |

**Abb. 3.3**  Versicherter Personenkreis in der Sozialversicherung

Rangverhältnis und sie müssen nicht kumulativ vorliegen (vgl. jüngst BSG vom 04.06.2019, B 12 R 11/18 R, Rz. 19 und 29 ff. [juris] sowie Parallelentscheidungen vom gleichen Tage, z. B. NZS 2019, S. 785–789 und die Besprechung von Greiner, NZS 2019, 761 bis 769). Im Verhältnis zum arbeitsrechtlichen Arbeitnehmerbegriff besteht kein vollständiger Gleichklang mit dem Beschäftigtenbegriff des § 7 Abs. 1 SGB IV (auch hierzu BSG vom 04.06.2019, B 12 R 11/18 R, Rz. 19, 30 [juris]; Seewald 2020, S. 77 f.). Welche Einflüsse die Entwicklungen der Transformationsgesellschaft auf den sozialversicherungsrechtlichen Beschäftigungsbegriff haben werden, bleibt abzuwarten (zurückhaltend hierzu Ruland, NZS 2019, 681 bis 693).

Die zuständige **Einzugsstelle** (§ 28h Abs. 1 S. 1 SGB IV) entscheidet gemäß § 28h Abs. 2 S. 1 SGB IV über die **Versicherungspflicht** und **Beitragshöhe** in der Kranken-, Pflege- und Rentenversicherung sowie nach dem Recht der Arbeitsförderung (siehe hierzu auch Abschn. 3.2.3.3) und damit über das Vorliegen eines Beschäftigungsverhältnisses; sie erlässt auch den Widerspruchsbescheid. Einzugsstelle ist die zuständige Krankenkasse (§ 28i SGB IV). Daneben kann die **Statusfeststellung** im Rahmen zweier weiterer Verfahren erfolgen. Im Rahmen einer Betriebsprüfung bei Arbeitgebern erlassen nach § 28p Abs. 1 S. 5 SGB IV die Träger der Rentenversicherung Verwaltungsakte zur Versicherungspflicht und Beitragshöhe in der Kranken-, Pflege- und Rentenversicherung sowie nach dem Recht der Arbeitsförderung einschließlich der Widerspruchsbescheide gegenüber den Arbeitgebern. Schließlich ist das Anfrageverfahren nach § 7a SGB IV von praktischer Bedeutung. Bis zur Einleitung eines Verfahrens nach § 28h Abs. 2 SGB IV kann durch die Beteiligten eine Statusfeststellung beantragt werden. Ausschließlich zuständig für die Entscheidung im Anfrageverfahren ist die Clearingstelle der Deutschen Rentenversicherung Bund (§ 7a Abs. 1 S. 3 SGB IV). Die Abgrenzung der Verfahren ist von praktischer Bedeutung, da die Statusfeststellung der Einzugsstelle nach § 28h Abs. 2 SGB IV bzw. im Rahmen einer Betriebsprüfung nach § 28p Abs. 1 SGB IV Versicherungs- und Beitragspflichten bereits mit Beginn des Beschäftigungsverhältnisses feststellen, wohingegen im Antragsverfahren die Feststellung gemäß § 7a Abs. 6 SGB IV abweichende – spätere – Zeitpunkte für den Eintritt der Versicherungspflicht sowie die Fälligkeit des Gesamtversicherungsbeitrags geregelt werden. Im Rahmen des Antragsverfahrens treten somit die Rechtsfolgen eines festgestellten Beschäftigungsverhältnisses abweichend von der allgemeinen Systematik später ein.

**Hintergrundinformation: Versicherungspflicht bzw. Versicherungsfreiheit von Honorarkräften im Gesundheitssektor nach der Rechtsprechung des Bundessozialgerichts**

Im Jahr 2019 hat sich das Bundessozialgericht in mehreren Parallelverfahren (insbesondere Entscheidungen vom 04.06.2019, B 12 R 11/18 R u. a.) mit der Versicherungspflicht bzw. Versicherungsfreiheit von Honorarkräften im Gesundheitssektor beschäftigt. Im Kern ging es um die Frage, ob Honorarärzte im Krankenhaus der Sozialversicherungspflicht unterfallen. Die Brisanz dieser Verfahren ist insbesondere vor dem Hintergrund des Fachkräftemangels im Gesundheitswesen sowie dem tradierten Verständnis der ärztlichen Tätigkeiten im und für ein Krankenhaus als Honorararzt zu verstehen. Versicherungs- und beitragsrechtlich waren die Entscheidungen weniger praxisrelevant, da Ärzte regelhaft über berufsständische Versorgungswerke in der Rentenversicherung abgesichert sind und wegen Überschreitens der JAV-Grenze regelhaft keine Versicherungs- und Beitragspflicht in der gesetzlichen Kranken- und Pflegeversicherung besteht. Gestritten wurde vordergründig also lediglich um die Versicherungspflicht und Beitragsfolge zur Arbeitsförderung.

Nach **Auffassung des Bundessozialgerichts** sind **Honorarärzte im Krankenhaus regelhaft sozialversicherungspflichtig**. Die ins Feld geführte Tätigkeit „höherer Art" ist sozialversicherungsrechtlich irrelevant. Insoweit kann es zu Abweichungen zu einer arbeitsrechtlichen Bewertung kommen, da die arbeitsgerichtliche Rechtsprechung Honorararztverträge überwiegend als freie Dienstverhältnisse bewertet hat. Grund dafür ist, dass kein vollständiger Gleichklang des arbeitsrechtlichen Arbeitnehmerbegriffs mit dem Beschäftigtenbegriff nach § 7 SGB IV besteht (BSG a.a.O., Rz. 19). Anschließend prüft das BSG, ob ein Honorararzt weisungsgebunden bzw. in die Arbeitsorganisation der Klinik eingebunden sei. Ausgangspunkt der sozialversicherungsrechtlichen Beurteilung ist der im Vertrag zum Ausdruck kommende Wille der Parteien. Wenn Divergenzen zwischen der Vertragsdurchführung und der Vereinbarung bestehen, geht die gelebte Praxis der formellen Vereinbarung allerdings grundsätzlich vor (BSG, a.a.O., Rz. 24). Ausgehend vom Versorgungsauftrag eines Krankenhauses und den gesetzlich vorgegebenen Anforderungen an die sächliche und personale Ausstattung eines Krankenhauses sei in der Regel von einer Eingliederung auszugehen, da vielfältige regulatorische Vorgaben und ein hoher Organisationsgrad zur Erbringung der Krankenhausleistungen bestünde (im Ergebnis identisch für eine gewerberechtliche Konzession einer Privatklinik: BSG vom 04.06.2019, B 12 R 10/18 R, Rz. 31, juris). Für eine nur ausnahmsweise in Betracht kommende selbstständige Tätigkeit im sozialversicherungsrechtlichen Sinne müssten daher gewichtige Indizien bestehen (z. B. das Unternehmerrisiko eines Honorararztes). Auch sei nicht entscheidungserheblich, ob die Tätigkeit als Honorararzt die Haupterwerbsquelle oder ein Nebenerwerb sei (BSG, a.a.O, Rz. 34 ff.; zur sozialversicherungsrechtlichen Beschäftigung eines ärztlichen Bereitschaftsdienstes: BSG vom 04.06.2019, B 12 R 2/18 R, Rz. 26, juris).

Zu identischen Ergebnissen gelangt das Bundessozialgericht bei der sozialversicherungsrechtlichen Prüfung von Beschäftigungsverhältnissen von **Honorarpflegekräften in stationären Pflegeeinrichtungen** (siehe hier insbesondere BSG vom 07.06.2019, B 12 R 6/18 R, SozR 4-2400 § 7 Nr. 44).

Insgesamt kann man die jüngere Rechtsprechung des BSG als gewichtiges Statement des Gerichts gegen eine **Flucht aus dem Sozialversicherungsrecht** verstehen.

**Versicherungspflicht** als regelhafte Folge des Bestehens eines Beschäftigungsverhältnisses bedeutet, dass bei Vorliegen der gesetzlichen Tatbestandsvoraussetzungen ein Versicherungsverhältnis zwischen Versicherungträger und versicherter Person besteht, ohne dass eine der beiden Parteien hierzu abweichende Bestimmungen treffen kann. Das heißt, das Versicherungsverhältnis kann weder durch abweichende Vereinbarung abbedungen oder in Inhalt und Umfang modifiziert werden (Axer 2018, Rz. 4). In Ausnahmefällen hat der Gesetzgeber eine Versicherungspflicht auf Antrag geregelt (vgl. z. B. § 4 SGB VII).

Im SGB IV ist die zentrale Regelung für die Definition des **Kreises der versicherten Personen** in § 2 Abs. 2 SGB IV enthalten. In allen Zweigen der Sozialversicherung sich „nach Maßgabe der besonderen Vorschriften für die einzelnen Versicherungszweige versichert"

- Nr. 1 Personen die gegen Arbeitsentgelt oder zu einer Berufsausbildung beschäftigt sind,
- Nr. 2 behinderte Menschen, die in geschützten Einrichtungen beschäftigt werden,
- Nr. 3 Landwirte.

Neben der Anknüpfung an eine Beschäftigung fordert das Gesetz, dass diese gegen **Arbeitsentgelt** erfolgt (in der gesetzlichen Unfallversicherung wird diese Anforderung sogar erweitert, sodass dort auch Beschäftigungen versichert sind, die ohne Arbeitsentgeltbezug erfolgen). Der Begriff des Arbeitsentgelts ist in § 14 SGB IV geregelt (siehe hierzu Abschn. 3.2.3.3). Das heißt, ohne Zahlung von Arbeitsentgelt besteht auch kein Versicherungsverhältnis (Ausnahme: gesetzliche Unfallversicherung).

---

**Beispiele der Versicherungspflicht von Beschäftigten**

- Krankenversicherung: § 5 Abs. 1 Nr. 1 SGB V.
- Pflegeversicherung: § 20 Abs. 1 Nr. 1 SGB XI.
- Rentenversicherung: § 1 S. 1 Nr. 1 SGB VI.
- Arbeitsförderung: § 25 Abs. 1 SGB III.
- Unfallversicherung: § 2 Abs. 1 Nr. 1 SGB VII. ◄

Die Anknüpfung der Versicherungspflicht an die Zahlung von **Arbeitsentgelt** erfolgt nicht nur unter dem Aspekt, **ob** dem Beschäftigten grundsätzlich Arbeitsentgelt zufließt, sondern auch in **welcher Höhe** der Zufluss erfolgt. Übersteigt das Arbeitsentgelt eine bestimmte Jahresarbeitsentgeltgrenze, entfällt nämlich (nur) in der gesetzlichen Krankenversicherung die Versicherungspflicht (§ 6 Abs. 1 Nr. 1 SGB V). In den anderen Versicherungszweigen hat das Überschreiten der entsprechenden **Beitragsbemessungsgrenze** jedoch v. a. Auswirkungen auf die Höhe der Beitragspflicht. Der Themenkomplex geringfügige Beschäftigung i. S. d. §§ 8, 8a SGB IV wird unter dem Gliederungspunkt Minijobzentrale (Abschn. 3.2.4) erörtert.

**Hintergrundinformation: Folgen des Überschreitens der Jahresarbeitsentgeltgrenze in der sozialen Pflegeversicherung**

In der sozialen Pflegeversicherung treten bei Überschreiten der Jahresarbeitsentgeltgrenze andere Folgen als in der gesetzlichen Krankenversicherung ein. Dies ist Ausfluss der Konzeption der Pflegeversicherung als „Volksversicherung". Dabei sind zwei Fallgestaltungen zu unterscheiden:

Wird ein Versicherter wegen Überschreitens der Jahresarbeitsentgeltgrenze nach § 6 Abs. 1 Nr. 1 SGB V in der Krankenversicherung versicherungsfrei, kann die Person nach § 9 Abs. 1 S. 1 Nr. 1 SGB V freiwilliges Mitglied der Krankenversicherung werden. In diesem Fall besteht nach § 20 Abs. 3 SGB XI Versicherungspflicht in der Pflegeversicherung. Von dieser Versicherungspflicht können sich betroffenen Personen unter den Voraussetzungen des § 22 SGB XI befreien lassen. Das heißt, es muss eine Versicherung bei einem privaten Krankenversicherungsunternehmen abgeschlossen werden, sodass dann Versicherungspflicht gegen das Risiko der Pflegebedürftigkeit nach § 23 SGB XI besteht.

Wird ein Versicherter wegen Überschreitens der Jahresarbeitsentgeltgrenze nach § 6 Abs. 1 Nr. 1 SGB V in der Krankenversicherung versicherungsfrei, kann sich diese Personen bei einem privaten Versicherungsunternehmen krankenversichern. In diesem Fall besteht Versicherungspflicht bei einem privaten Krankenversicherungsunternehmen gegen das Risiko der Pflegebedürftigkeit nach § 23 SGB XI.

Das Bundesverfassungsgericht hat die **Zwangsmitgliedschaft in der Sozialversicherung** unbeanstandet gelassen und sieht den darin liegen Eingriff in die allgemeine Handlungsfreiheit (Art. 2 Abs. 1 GG) aufgrund einer Reihe von Gemeinwohlgründen (insbesondere soziale Schutzbedürftigkeit, finanzielle Stabilität und Erhalt der Leistungsfähigkeit bzw. Funktionsfähigkeit der Sozialversicherung) als gerechtfertigt an (BVerfGE 113, 167, 215 und 220 ff.). Weiterhin können Zwangsversicherungen am allgemeinen Gleichheitssatz gemessen werden, wenn eine Personengruppe ungerechtfertigt von der Sozialversicherung ausgeschlossen bzw. in diese einbezogen wird (vgl. BSG, SGb 2010, 489, 491 f.). Schließlich ist insbesondere der verfassungsrechtliche Schutz von Ehe und Familie zu berücksichtigen (zur Familienversicherung vgl. BVerfG, SozR 4-2500, § 10 SGB V, Nr. 1 Rz27 ff.).

Das Prinzip der Zwangsversicherung gilt allerdings nicht ausnahmslos. Der Gesetzgeber hat bestimmte Gruppen regelmäßig von der **Versicherungspflicht ausgenommen**. Die typische Form der Ausnahme von der Versicherungspflicht ist die **Versicherungsfreiheit**. Insoweit bekannte Gruppen sind z. B. Beamte (z. B. § 5 Abs. 1 S. 1 Nr. 1 SGB VI, Versicherungsfreiheit in der Rentenversicherung) und selbstständig Tätige freier Berufe (z. B. § 6 Abs. 1 S. 1 Nr. 1 SGB VI, Versicherungsfreiheit in der Rentenversicherung). Daneben gibt es für gesetzlich definierte Fälle die Möglichkeit einer **Versicherungsbefreiung** einer einzelnen Person, die einen Antrag voraussetzt (vgl. z. B. die in § 6 SGB VI genannten Gruppen). Rechtfertigung dieser Ausnahmefälle der Versicherungspflicht in der Sozialversicherung ist, das ein **anderes soziales Schutzsystem** besteht, sodass über diese Parallelsysteme den Anforderungen einer sozialstaatlichen sozialen Sicherung Genüge getan ist. Wesentlich für alle Freiheits- und Befreiungtatbestände von der Versicherungspflicht ist, dass diese **unmittelbar im Gesetz geregelt** sind.

Für bestimmte Gruppen sieht der Gesetzgeber die Möglichkeit einer **Versicherungsberechtigung** vor. Hiervon sind Tatbestände umfasst, für die einerseits keine Versicherungs-

pflicht besteht und für die andererseits der Gesetzgeber unmittelbar in den Sozialgesetzbüchern geregelt Wege eröffnet, in der Sozialversicherung versichert zu sein. Den Weg zur
Versicherungsberechtigung eröffnet entweder ein erstmaliger **Beitritt** zur Sozialversicherung oder aber ein Anknüpfen an vorherige Versicherungstatbestände über die
Möglichkeit einer **Weiterversicherung**. Die Versicherungsberechtigung muss angezeigt
werden. Das heißt, die berechtigte Person muss dem Sozialversicherungsträger die Willens-
erklärung übermitteln, in der Sozialversicherung versichert sein zu wollen. Mit der Anzeige
entsteht das Versicherungsverhältnis, der Sozialversicherungsträger kann diesen gesetzlich
normierten Fällen weder widersprechen noch kann er sich aus der Pflicht befreien.

---

**Beispiel Beitritt**

Freiwillige Versicherung zur gesetzlichen Krankenversicherung nach § 9 Abs. 1 S. 1
Nr. 3 SGB V für Personen, die erstmals eine Beschäftigung im Inland aufnehmen und
wegen Überschreitens der Jahresarbeitsentgeltgrenze versicherungsfrei sind. ◄

---

**Beispiel Weiterversicherung**

Freiwillige Versicherung zur gesetzlichen Krankenversicherung nach § 9 Abs. 1 S. 1
Nr. 2 SGB V für Personen, deren Familienversicherung erlischt. ◄

---

Die **Mitgliedschaft** bei einem Sozialversicherungsträger knüpft an die Organisationsform einer Körperschaft des öffentlichen Rechts mit Selbstverwaltung an. Diese ist mitgliedschaftlich organisiert, d. h. in der Körperschaft ist eine Personenmehrheit organisiert,
die unabhängig vom Wechsel einzelner Mitglieder eine rechtliche Einheit bildet und den
Zweck verfolgt, bestimmte öffentliche Aufgaben wahrzunehmen (vgl. hierzu Ehlers und
Pünder 2015, § 8 Rz. 12 m. w. N.). Mitgliedschaft und Versicherung sind voneinander zu
trennen. Gesetzlich normiert ist diese Unterscheidung in der gesetzlichen Krankenversicherung sowie dieser folgend in der sozialen Pflegeversicherung und dort von praktischer Bedeutung. Mit der Mitgliedschaft beginnen Leistungsansprüche auch schon für
bestehende Krankheiten nahezu ausnahmslos ohne Leistungsausschlüsse oder Warte-
zeiten. Andererseits führt die Mitgliedschaft spiegelbildlich zur Beitragspflicht. Die praktisch wichtigste Auswirkung hat die Unterscheidung zwischen Versicherung und Mitgliedschaft bei familienversicherten Angehörigen (§ 10 SGB V), die nicht Mitglieder einer
Krankenkasse sind und deren Versicherungsschutz von der Mitgliedschaft des sog.
Stammversicherten abhängt. Ebenfalls wichtig ist diese Unterscheidung bei der Gruppenzugehörigkeit im Rahmen der **Sozialversicherungswahlen**. Nach § 47 Abs. 1 Nr. 2 und 3
SGB IV knüpft diese in der gesetzlichen Unfall- sowie gesetzlichen Rentenversicherung
an den Kreis der versicherten Personen an, wohingegen für die gesetzlichen Kranken- und
sozialen Pflegeversicherung gemäß § 47 Abs. 1 Nr. 1 SGB IV die Mitgliedschaft bei der
Kranken- oder Pflegekasse die Grundlage der Gruppenzugehörigkeit darstellen.

Der jeweils gesetzlich definierte Kreis der versicherten Personen ist zugleich Spiegelbild einer wesentlichen **Systemkritik der Sozialversicherung**. Durch eine Ausweitung

des versicherten Personenkreises werden Personen und deren soziale Absicherung in das Leistungsspektrum der Sozialversicherung mit hineingezogen, deren Versicherungsschutz nicht dem Kernbereich des jeweils betroffenen Versicherungszweigs entspricht. Beispiele hierfür sind die Familienversicherung nach § 10 SGB V oder die Unfallversicherung der Schüler sowie Studierenden nach § 2 Abs. 1 Nr. 8 b) sowie c). Für den jeweiligen Einzelfall kann man – auf politischer Ebene – gute (sozialstaatliche) Gründe anführen, warum gerade dieser Personenkreis auch zum versicherten Personenkreis eines Sozialversicherungszweiges gehören sollte. Beispielsweise dient die beitragsfreie Familienversicherung nach § 10 SGB V als Element des sog. Familienlastenausgleichs dem sozialen Ausgleich und der finanziellen Entlastung des Stammversicherten, der – jedenfalls hinsichtlich der Kinder – einer sozialstaatlichen Förderung bedarf. Allerdings verwässern solche Erweiterungen auf der Ebene der versicherten Personen die systemische Rechtfertigung der Sozialversicherung. Je weiter der Kreis der Versicherungsberechtigten gezogen wird, umso mehr verschwimmen Grenzen zu einer Volksversicherung, deren Rechtsfertigung gerade nicht aus dem Gedanken der Bildung von (besonderen) Gefahrgemeinschaft und damit zusammenhängenden (besonderen) Finanzierungslasten erklärt werden kann. Das heißt, mit einem ausufernden Kreis der Versicherungsberechtigten schwächt der Gesetzgeber das Sozialversicherungssystem, da dessen verfassungsrechtliche Rechtfertigung an die Grenze der Zulässigkeit stößt. Insoweit ist daher sozialpolitisches Fingerspitzengefühl gefragt, wenn die grundsätzliche Frage einer Systemabschaffung nicht diskutiert werden soll.

Von der grundsätzlich zulässigen Ausweitung des versicherten Personenkreises (und dem daraus folgenden versicherungsrechtlichen Leistungsanspruch finanziert über Beiträge) sind systemfremde sog. **versicherungsfremde Leistungen** zu unterscheiden. Damit werden in der Regel solche Leistungen bezeichnet, die mit dem Zweck des jeweiligen Sozialversicherungszweigs nicht vereinbar sind. Daher müssten diese Leistungen im Grunde staatlich anders organisiert sein. Die Finanzierung dieser Leistungen erfolgt daher auch nicht über das Sonderfinanzierungssystem Sozialversicherungsbeiträge, sondern aus den allgemeinen Haushaltsmitteln des Staates z. B. durch entsprechende Bundeszuweisungen an die Sozialversicherungen. Daher sollten Bundeszuweisungen an die Sozialversicherungen grundsätzlich nach den Ausgaben für die versicherungsfremden Leistungen bemessen werden.

**Zusammenfassung, Merksatz**
Die gesetzliche Sozialversicherung beruht auf dem Prinzip der Zwangsversicherung. Diese knüpft an das Beschäftigungsverhältnis an. Versicherungspflicht bedeutet, dass bei Vorliegen der gesetzlichen Tatbestandsvoraussetzungen ein Versicherungsverhältnis zwischen Versicherungsträger und versicherter Person besteht, ohne dass eine der beiden Parteien hierzu abweichende Bestimmungen treffen kann. Von der

Versicherungspflicht sind bestimmte Gruppen ausgenommen. Rechtfertigung dieser Ausnahmefälle der Versicherungspflicht in der Sozialversicherung ist, das ein anderes soziales Schutzsystem besteht. Für gesetzlich geregelte Sachverhalte besteht die Möglichkeit der Versicherungsberechtigung. Die Versicherungsberechtigung erfolgt entweder durch erstmaligen Beitritt zur Sozialversicherung oder über eine Weiterversicherung anknüpfend an ein vorheriges Versicherungsverhältnis.

### 3.2.3 Finanzierung

#### 3.2.3.1 Finanzierungsverfahren

Die Finanzierung sozialstaatlicher Vorsorgesysteme in Ausgestaltung als Versicherungssysteme kann entweder im **Umlageverfahren** oder in **kapitalbasierten Verfahren** erfolgen. Eine Finanzierung über Steuern ist indes nicht möglich, da es sich um Systeme handelt, die nicht zu den allgemein finanzierten Staatsaufgaben zählen. Mit der Schaffung von abgegrenzten und abgrenzbaren Risikogemeinschaften geht die Finanzierung über gesonderte Abgabenlasten einher. Zulässig ist jedoch eine ergänzende Finanzierung durch steuerfinanzierte Zuschüsse, Ausgleichsregelungen, etc. Umlageverfahren bzw. Kapitaldeckungsverfahren unterscheiden sich danach, ob und inwieweit zur Abdeckung von Ansprüchen oder laufenden Zahlungen eine (offene) Vermögensansammlung (über Rücklagen aus vorherigen Einnahmeüberschüssen) erfolgt oder nicht (Schmähl 2018, Rz. 49). Eine Steuerfinanzierung der Alterssicherung wäre dann möglich, wenn sich der Staat gegen eine Organisation in Form eines Versicherungssystems entscheiden würde.

Im **Umlageverfahren** dienen – betrachtet auf einen definierten Zeitraum (zumeist: ein Jahr) – aktuell erzielte Einnahmen zur Deckung aktuell bestehender Bedarfe. Die aktuell entstehenden Ausgaben werden durch die Einnahmen gedeckt. Es findet daher ein **Transfer wirtschaftlicher Leistungsfähigkeit** von der Gruppe der Beitragszahler zur Gruppe der Leistungsberechtigten statt. Dabei kann gedanklich eine Person sowohl Beitragszahler als auch leistungsberechtigte Person sein. Idealtypisch halten sich Ausgaben und Einnahmen die Waage, sodass Reserven nicht angespart werden müssen. In der Realität werden gleichwohl Reserven angespart. Sie dienen der kurz- bzw. mittelfristigen Liquiditätssicherung des finanzierten Sicherungssystems (sog. Schwankungsreserve). Der Gesetzgeber hat diese Reserven als **Betriebsmittel** und **Rücklagen** definiert. Wichtig für die Leistungsfähigkeit eines Umlageverfahrens sind eine **stabile Bevölkerungsstruktur** (stetiges Nachwachsen neuer Beitragszahler) sowie eine auf **Wirtschaftswachstum** ausgerichtete Volkswirtschaft mit stabiler Arbeitsmarktentwicklung.

Das **Umlageverfahren** ist heute das **Finanzierungssystem der Sozialversicherung**. Ein je Versicherungszweig definierter Personenkreis muss der Versichertengemeinschaft beitreten (Beitrittszwang) und Zwangsabgaben leisten. Ausgangspunkt der Bildung von

Versichertengemeinschaft ist der gegen Arbeitsentgelt Beschäftigte (Beschäftigtenbegriff § 7 SGB IV). Versicherungsberechtigte Personen können der Versichertengemeinschaft beitreten; tun sie dies, müssen sie auch die zwangsweise erhobenen Beiträge zahlen. Dieses System ermöglicht sehr einfach die Finanzierung der Sozialversicherungssysteme. Im Extremfall wäre sogar die Einbeziehung aller Staatsbürger in das jeweilige Vorsorgesystem möglich (z. B. als Volksversicherung). Nachteile entstehen, wenn die wirtschaftliche Entwicklung stagniert. Es entstehen dann Finanzierungsbedarfe für Sozialleistungen, während zugleich die Einnahmen geringer werden.

Das Umlageverfahren ist wegen der demografischen Entwicklung insbesondere in der gesetzlichen Rentenversicherung sowie der sozialen Pflegeversicherung in die Diskussion geraten. In der gesetzlichen Krankenversicherung führen Kostensteigerungen zu Grundsatzdiskussionen. Am Beispiel der gesetzlichen Rentenversicherung lässt sich die Problemlage gut nachvollziehen. In diesem Zweig der Sozialversicherung finanzieren typischerweise die aktuell Erwerbstätigen die Renten der älteren Versicherten. Die aktuellen Beitragszahler tun dies im Vertrauen darauf, später selbst Versorgung aus dem System zu erhalten. Dieser generationenübergreifende Transfer wirtschaftlicher Leistungsfähigkeit basiert auf dem Prinzip des sog. **Generationenvertrags**. Dies wird dann problematisch, wenn die Anzahl der Beitragszahler sinkt und zugleich die Anzahl der Leistungsberechtigten steigt. Zudem beziehen die Leistungsberechtigten zeitlich betrachtet immer länger Rentenleistungen. Dies kann zu einer wirtschaftlichen Schieflage des Systems führen, sodass einerseits kapitalbasierte Verfahren als Alternativen bzw. Ergänzungen diskutiert werden oder andererseits Überlegungen bestehen, die Finanzierungsseite zu stärken, indem die Versicherungspflicht und damit die Beitragsverpflichtung ausgeweitet wird.

**Kapitalbasierte Verfahren** bestehen aus einer Kombination aus individuellem Ansparen und Entsparen zuzüglich eines versicherungsmäßigen Risikoausgleichs (Schmähl 2018, Rz. 50). Es gibt zwei unterschiedliche Ausgestaltungen kapitalbasierter Verfahren:

- Im **Anwartschaftsdeckungsverfahren** wird in einer Ansparphase durch den Einzelnen Vermögen angespart, das im Leistungsfall zur Finanzierung individueller Ansprüche herangezogen wird.
- Im **Kapitaldeckungsverfahren** werden die angesammelten Vermögensbestände der Ansparphase nur zur Deckung aktuell entstehender Bedarfe der Versichertengemeinschaft herangezogen.

Bei kapitalbasierten Verfahren wird ein Kapitalstock gebildet, der sich durch Erträge auf diesen erhöht. Wichtig für die Leistungsfähigkeit dieser Systeme ist daher die Rendite der Erträge bezogen auf den Kapitalstock. Kapitalbasierte Verfahren dienen in der privaten Versicherungswirtschaft der Finanzierung der laufenden Ausgaben. Da es dort allerdings keinen Beitrittszwang gibt, der Zugang neuer Versicherter unsicher ist und versicherte Personen frei eine Versichertengemeinschaft verlassen können, werden diese Verfahren häufig als ungeeignet für die Finanzierung der Sozialversicherung angesehen, da sie finanzierungstechnische Unsicherheiten mit sich bringen. Dies ist allerdings zu kurz gedacht. Wird ein kapitalbasiertes Finanzierungsverfahren mit Beitrittszwang und Zwangsabgaben gestaltet, bietet es grundsätzlich eine gleichwertige Finanzierungsalternative zum Umlageverfahren. Der zunächst anzusparende Kapitalstock ist dabei einerseits Vorteil, da liquide Mittel vorhanden sind. Andererseits wird dies als wesentlicher Nachteil kapitalbasierter Verfahren angesehen, da der Volkswirtschaft erhebliche Kapitalmengen zur Absicherung sozialer Risiken entzogen werden und zugleich diese Mittel vor dem Zugriff Dritter – insbesondere des Staates – geschützt werden müssen. Gerade das zuletzt genannte Argument scheint in der Diskussion das durchgreifende zu sein.

### 3.2.3.2 Mittel der Sozialversicherung (§ 20 SGB IV)

**§ 20 Abs. 1 GB IV**
Die **Mittel der Sozialversicherung** einschließlich der Arbeitsförderung werden nach Maßgabe der besonderen Vorschriften für die einzelnen Versicherungszweige durch **Beiträge** der Versicherten, der Arbeitgeber und Dritter, durch **staatliche Zuschüsse** und durch **sonstige Einnahmen** aufgebracht.

Mittel der Sozialversicherung sind nach § 20 Abs. 1 SGB IV **Beiträge, staatliche Zuschüsse** und **sonstige Einnahmen**. Im Zusammenhang mit diesen drei Möglichkeiten der Mittelaufbringung in der Sozialversicherung muss das **Vermögen** (§§ 80 bis 86 SGB IV) betrachtet werden, da in diesen Normen nicht nur die Mittelverwendung durch Vermögensanlage geregelt wird, sondern auch, unter welchen Voraussetzungen Vermögen zur Finanzierung der Aufgaben der Sozialversicherung verwendet werden darf.

Das SGB IV normiert einen Zusammenhang zwischen einerseits der **Mittelaufbringung**, also der Finanzierungsseite, und andererseits der **Mittelverwendung**, also der Ausgabenseite. Die Verknüpfung stellen § 20 SGB IV und § 30 SGB IV her. In § 30 SGB IV ist Schlüsselwort der Begriff **Aufgaben**.

**§ 30 Abs. 1 SGB IV**
Die Versicherungsträger dürfen nur Geschäfte zur Erfüllung ihrer gesetzlich vorgeschriebenen oder zugelassenen **Aufgaben** führen und ihre **Mittel nur** für diese **Aufgaben** sowie die **Verwaltungskosten** verwenden.

Die Versicherungsträger sind somit gesetzlich in ihren Ausgabenmöglichkeiten beschränkt. Inhaltlich können die Finanzierungsmittel für die gesetzlichen Aufgaben, diese ggf. konkretisiert über die Satzungen, eingesetzt werden. Zu den Aufgaben gehören einerseits originär **vorgeschriebenen Aufgaben** aus dem Kern des jeweiligen Versicherungszweigs (vgl. auch §§ 21 bis 23 SGB I). Es handelt sich hierbei um die Pflichtaufgaben des jeweiligen Sozialversicherungsträgers. Beispiele hierfür sind die in den jeweiligen Versicherungszweigen normierten Regelleistungen, also solche, auf die Versicherte einen unmittelbar aus dem Gesetzfolgenden Anspruch herleiten können. Daneben gehören zu den vorgeschriebenen Aufgaben Pflichten zur Aufklärung, Beratung oder Auskunft (vgl. 13 bis 15 SGB I).

**Beispiele für vorgeschriebene Aufgaben**

- Krankenversicherung: häusliche Krankenpflege § 37 Abs. 1 SGB V
- Pflegeversicherung: Versorgung mit Pflegehilfsmitteln § 40 Abs. 1 SGB XI
- Rentenversicherung: Rente wegen Erwerbsminderung §§ 43 SGB VI
- Unfallversicherung: Leistungen zur Teilhabe am Arbeitsleben § 35 SGB VII
- Arbeitsförderung: Anspruch auf Arbeitslosengeld § 136 Abs. 1 SGB III ◀

Andererseits können Mittel für **zugelassene Aufgaben** verwendet werden. Gesetzlich zugelassen sind Aufgaben, die sich aus den Normen des jeweiligen Sozialgesetzbuchs oder der Satzung ergeben und deren Erbringung im **Ermessen** des Versicherungsträgers liegen. Es geht hierbei also um Aufgaben, zu denen der Versicherungsträger dem Grunde nach berechtigt bzw. verpflichtet ist („ob" der Leistungserbringung), deren konkrete Ausgestaltung allerdings im Einzelfall geprüft werden muss („wie" der Leistungserbringung). Weiterhin gehören hierzu z. B. durch Satzung bestimmte Mehrleistungen.

**Beispiele für zugelassene Aufgaben**

- Krankenversicherung: Grundpflege und hauswirtschaftliche Pflege zusätzlich zur Behandlungspflege § 37 Abs. 2 S. 4 SGB V
- Pflegeversicherung: Zuschüsse zu wohnumfeldverbessernden Maßnahmen § 40 Abs. 4 SGB XI
- Rentenversicherung: sonstige Leistungen zur Teilhabe § 31 SGB VI
- Unfallversicherung: Leistungen zur Teilhabe in der Gemeinschaft, ergänzende Leistungen § 39 Abs. 2 SGB VII
- Arbeitsförderung: Förderung aus dem Vermittlungsbudget § 44 SGB III ◀

Neben diesen Aufgaben ist die Mittelverwendung für die **Verwaltungskosten** zugelassen. Es geht also um die Sicherstellung des Geschäftsbetriebs durch insbesondere **Sachkosten** und **Personalkosten**. Die Versicherungsträger sind insoweit an den in § 69 Abs. 2 SGB IV normierten Grundsatz der **Wirtschaftlichkeit und Sparsamkeit** gebunden. Ein Verstoß gegen diesen Grundsatz und damit einer nicht mehr von § 30 SGB IV gedeckten Mittelverwendung liegt erst dann vor, wenn die Ausgaben nicht mehr im Rahmen eines vernünftigen Verwaltungshandelns liegen (BSGE 31, 247, 257).

**Zusammenfassung, Merksatz**
Die Mittel der Sozialversicherung einschließlich der Arbeitsförderung werden durch Beiträge, durch staatliche Zuschüsse und durch sonstige Einnahmen aufgebracht. Die Mittel dürfen nur für gesetzlich vorgeschriebene oder zugelassene Aufgaben sowie die Verwaltungskosten verwendet werden.

### 3.2.3.3 Beiträge

**Allgemeines**

**Beiträge** sind das **primäre Finanzierungselement** der Sozialversicherung. Sie beruhen auf einer engen Verknüpfung von Versicherungspflicht bzw. Versicherungsberechtigung des Kreises der Versicherten und den daraus resultierenden Rechten bzw. Pflichten des Sozialversicherungs(rechts)verhältnisses (z. B Mitgliedschaftsrechte). Das **Prinzip der Beitragsfinanzierung** in der Sozialversicherung entspricht der Finanzierungsform einer privaten Versicherung; auch diese wird primär aus Beiträgen der Mitglieder bzw. Versicherungsberechtigten finanziert. Anders als in der privaten Versicherung kann sich der Versicherungspflichtige in der Sozialversicherung typischerweise (Ausnahme: Tatbestände der Versicherungsberechtigung) nicht aussuchen, ob er versichert sein möchte. Es herrscht **Versicherungspflicht** und somit die auf Zwang beruhende Schaffung einer Gefahrgemeinschaft. Hintergrund hierfür ist der Gedanke einer unfreiwilligen und gesetzlich verordneten **Solidarität** der „Starken mit den Schwachen". Insoweit wird über die Beitragspflicht eine Umverteilung finanzieller Leistungsfähigkeit bewirkt. Dies ist Spiegelbild der verfassungsrechtlichen Kompetenzverteilung und daraus folgend einer strengen **Zweckbindung von Sozialversicherungsbeiträgen**. Diese dürfen nur für Aufgaben der Sozialversicherung (vgl. Art. 74 Abs. 1 Nr. 12 GG, § 20 SGB IV) verwendet werden und nicht der Befriedigung allgemeiner Finanzbedarfe des Staates dienen (BVerfGE 75, 108, 148; 113, 167, 203). Was Beiträge sind, wird gesetzlich jedoch nicht definiert. Das Bundessozialgericht hat hierzu ausgeführt, dass als Beitrag jede Zahlung anzusehen ist, die im Sinne von §§ 20 ff. SGB IV der Finanzierung der Aufgaben der Sozialversicherungsträger dient und im Rahmen einer Versicherungspflicht oder freiwilligen Versicherung nach Maßgabe gesetzlicher Vorschriften für die einzelnen Versicherungszweige von Versicherten, Arbeitgebern oder Dritten erhoben wird (BSG SozR 4-5425 § 24 Nr. 14).

---

**Beispiele: versicherter Personenkreis als Anknüpfungspunkt einer Beitragspflicht**

- Für die Krankenversicherung: §§ 5 ff. SGB V.
- Für die Pflegeversicherung: §§ 20 ff. SGB XI.
- Für die Rentenversicherung: §§ 1 ff. SGB VI.
- Für die Unfallversicherung: §§ 2 ff. SGB VII.
- Für die Arbeitsförderung: §§ 24 ff. SGB III. ◀

Da Anknüpfungspunkt des Versicherungsverhältnisses regelhaft ein **Beschäftigungsverhältnis** ist, werden Arbeitgeber ebenso zur Beitragsfinanzierung der Sozialversicherung herangezogen. Bis heute wird als gerecht angesehen, beide Beteiligtengruppen hälftig zur Beitragsfinanzierung der Sozialversicherung heranzuziehen, sodass der in der deutschen Sozialversicherung Grundsatz der **paritätischen Beitragsfinanzierung** herrscht (Verteilung der **Beitragslast** zu gleichen Teilen). Dieser Grundsatz ist nicht starr, sondern vielmehr ein Spiegelbild der herrschenden als gerecht angesehen Mehrheitsmeinung. An das sozialversicherungsrechtliche Beschäftigungsverhältnis (oder andere Versicherungstatbestände) knüpft daher die Beitragspflicht an. Aus dieser rechtlichen Konstruktion folgert das Bundesverfassungsgericht, dass hinsichtlich sozialversicherungsrechtlicher Regelungen nicht nur Arbeitnehmer-, sondern auch Arbeitgeberanteilen Eigentumsqualität zukommt (BVerfGE 100, 1, 35). Von diesem Prinzip gibt es allerdings einige Ausnahmen (z. B. bei Versicherungsberechtigung insbesondere im Rahmen einer freiwilligen Versicherung; siehe hierzu Kap. 4). § 20 Abs. 3 SGB IV formuliert als allgemeine Ausnahme eine alleinige Beitragspflicht der Arbeitgeber für Auszubildende mit sehr geringem Einkommen (325 Euro und weniger) bzw. für Personen die Freiwilligendienste leisten.

Im Rahmen der aus den Versicherungsverhältnissen (ausgehend vom Standardfall des Beschäftigungsverhältnisses) folgenden Beitragspflicht gibt es Sondertatbestände einer **beitragsfreien Mitversicherung**. Wichtig wird dies insbesondere für den Tatbestand der beitragsfreien Familienversicherung in der gesetzlichen Kranken- und sozialen Pflegeversicherung. Insoweit unterscheidet das Gesetz, wer Mitglied des Versicherungsträgers ist und wer – anknüpfend an eine Mitgliedschaft – Versicherter ist. Die **Beitragspflicht** des Stammversicherten knüpft dabei an die **Mitgliedschaft** in einem Sozialversicherungsträger (Krankenkasse) und nicht an eine (Mit-)Versicherung an.

Weiterhin gibt es in der gesetzlichen **Unfallversicherung** den Sondertatbestand der **alleinigen Beitragspflicht der Unternehmer** (vgl. § 150 Abs. 1 S. 1 Alt. 1 SGB VII für den Fall das Versicherte für ein Unternehmen des Unternehmers tätig sind). Diese bereichsspezifische Sonderregelung basiert auf der in §§ 104 ff. SGB VII geregelten **Ablösung der Unternehmerhaftpflicht**.

Von der Frage der Beitragspflicht zu unterscheiden sind allerdings zwei weitere Frage, nämlich einerseits, wer die **Beiträge zu tragen** hat und andererseits, wer die **Beiträge zu zahlen** hat (vgl. hierzu im Einzelnen Kap. 4).

---

**Beispiel**

Folgen aus dem Beschäftigungsverhältnis in der gesetzlichen Krankenversicherung

- die Versicherungspflicht nach § 5 Abs. 1 Nr. 1 SGB V,
- die Mitgliedschaft des Beschäftigten bei der gewählten Krankenkasse nach § 186 Abs. 1 SGB V,
- die Pflicht zur Tragung der Beiträge jeweils hälftig durch Arbeitgeber und Mitglied nach § 249 Abs. 1 S. 1 SGB V (erfasst sind seit 01.01.2019 davon auch die Zusatzbeiträge nach §§ 242, 242a SGB V),
- die Pflicht zur Zahlung der Beiträge allein durch den Arbeitgeber nach § 252 Abs. 1 S. 1 SGB V i. V. m. § 253 SGB V i. V. m. §§ 28 d bis n, r SGB IV. ◄

---

**Beispiel**

Grundsatzregelungen der einzelnen Versicherungszweige sind

- Krankenversicherung: §§ 249 ff. SGB V
- Pflegeversicherung: §§ 55, 57 ff. SGB XI

- Rentenversicherung: §§ 157 ff. SGB VI
- Unfallversicherung: §§ 150 ff. SGB VII
- Arbeitsförderung: §§ 341 ff. SGB III ◄

Grundsätzlich können – ebenso wie in der privaten Versicherungswirtschaft – auch Dritte Beiträge tragen (z. B. Tragung der Beiträge allein durch den Rehabilitationsträger nach § 251 Abs. 1, 2 SGB V).

---

**Zusammenfassung, Merksatz**
Beiträge sind das primäre Finanzierungsinstrument der Sozialversicherung. Sie knüpfen für den Regelfall der Versicherungspflicht an ein Beschäftigungsverhältnis an und werden grundsätzlich zu gleichen Teilen von Arbeitgebern und Beschäftigten getragen. In der gesetzlichen Unfallversicherung tragen die Unternehmer allein die Beiträge.

---

**Arbeitsentgelt und sonstige Einnahmen**
Die §§ 14 bis 18 SGB IV enthalten Regelungen zum **Arbeitsentgelt** und **sonstigem Einkommen**. Die Vorschriften gelten sowohl für das Leistungsrecht als auch auf Finanzierungsebene, was die Verortung im ersten Abschnitt (dritter Titel) des Gesetzes erklärt. In allen Zweigen der Sozialversicherung ist das auf Grundlage eines Beschäftigungsverhältnisses geschuldete Entgelt maßgebend für die Beitragspflicht und Beitragshöhe.

**§ 14 Abs. 1 S. 1 SGB IV**
Arbeitsentgelt sind alle laufenden und einmaligen Einnahmen aus seiner Beschäftigung, gleichgültig, ob ein Rechtsanspruch auf die Einnahmen besteht, unter welcher Bezeichnung oder in welcher Form sie geleistet werden oder ob sie unmittelbar aus der Beschäftigung oder im Zusammenhang mit ihr erzielt werden.

Der Begriff des Arbeitsentgelts ist sehr weit gefasst (vgl. BSG, SozR 4-2400, § 14 SGB IV, Nr. 2, Rz. 10; a.a.O., Nr. 8, Rz. 15 f.). Arbeitsentgelt sind alle Einnahmen, die in einem **ursächlichen Zusammenhang mit der Beschäftigung** stehen. Nur ausnahmsweise liegt sozialversicherungsrechtlich kein Beschäftigungsverhältnis und damit keine Einnahme aus der Beschäftigung vor (z. B. bei „Ein-Euro-Jobs", vgl. § 16 d Abs. 7 SGB II). Für **Abfindungen** hat das Bundessozialgericht entschieden, dass diese kein Arbeitsentgelt darstellen, da eine Abfindung, die wegen der Beendigung der versicherungspflichtigen Beschäftigung gezahlt wird, nicht zeitlich dem beendeten Arbeitsverhältnis zugeordnet werden kann (BSGE 66, 219, 220). Gleiches gilt für Zahlungen mit ähnlicher Zielrichtung (z. B. Schadensersatzzahlungen nach § 113 S. 3 InsO). Sozialversicherungsrechtliches Arbeitsentgelt meint das **Bruttoarbeitsentgelt**. Dies folgt aus einem Umkehrschluss aus § 14 Abs. 2 SGB IV. Unerheblich ist, ob ein Rechtsanspruch auf das Entgelt besteht, sodass auch freiwillige Leistungen des Arbeitgebers zum Arbeitsentgelt zählen. Sondertatbestände enthält § 14 Abs. 1 S. 2, 3, Abs. 2 und 3 SGB IV.

**Zeitlich** betrachtet zählen sowohl laufende als auch einmalige Einnahmen zum Arbeitsentgelt. In den §§ 23 a bis c SGB IV hat der Gesetzgeber Sonderregelungen geschaffen und den zeitlichen Aspekt von Entgeltbestandteilen näher erläutert. Insbesondere die in § 23 c SGB IV genannten Ausnahmen vom Begriff des Arbeitsentgelts sind praktisch zu beachten (z. B. Zuschüsse des Arbeitgebers zum Krankengeld). Die **Form**, in der Arbeitsentgelt geleistet wird, ist unbeachtlich, sodass auch Sachleistungen wie z. B. Unterkunft und Verpflegung Arbeitsentgelt im sozialversicherungsrechtlichen Sinne darstellen. Die Frage ist dann, in welcher Höhe Arbeitsentgelt vorliegt. Diese Frage nach dem Wert beantwortet die auf Grundlage von § 17 Abs. 1 SGB IV erlassene Sozialversicherungsentgeltverordnung (SVEV). Diese basiert auf dem **Entstehungsprinzip** und nicht auf dem im Steuerrecht herrschenden Zuflussprinzip. Das heißt, Arbeitsentgelt liegt bereits dann vor, wenn der Entgeltanspruch entsteht und nicht (erst) dann, wenn dieses dem Beschäftigten (tatsächlich) gezahlt wird (also: zufließt), (vgl. BSG, SozR 4-2400, § 14 SGB IV, Nr. 7, Rz. 16 f.; aktuell BSG vom 04.09.2018, B 12 R 4/17 R, NZS 2019, 159). Eine andere Frage ist dann, wann die Beitragsschuld entsteht und wann die entstandene Beitragsschuld fällig wird. Zum Arbeitsentgelt zählen auch variable Arbeitsentgeltbestandteile und Einmalzahlungen.

**Hintergrundinformation: Verhältnis sozialversicherungsrechtliches Arbeitsentgelt zu steuerrechtlichem Arbeitseinkommen**
Sozialversicherungsrechtliches Arbeitsentgelt und steuerrechtliches Arbeitseinkommen sind formell voneinander abgekoppelt, sollen inhaltlich gleichwohl möglichst identisch sein (vgl. § 17 Abs. 1 S. 2 SGB IV, Bt.-Drucks. 7/4122, 32). Zum Beispiel, haben steuerrechtliche Befreiungstatbestände grundsätzlich keine Auswirkung auf die sozialversicherungsrechtliche Bewertung des Arbeitsentgelts. Den inhaltlichen Gleichlaut soll die SVEV herstellen.

Für selbstständig Tätige definiert § 15 den sozialversicherungsrechtlichen Begriff des **Arbeitseinkommens**. Die Unterscheidung zwischen Arbeitsentgelt und Arbeitseinkommen ist zwingend erforderlich, da selbstständig Tätige keine Beschäftigten i. S. d. § 7 SGB IV sind und folglich kein Arbeitsentgelt beziehen können. Selbstständige Tätigkeit ist daher das Gegenstück zur abhängigen Beschäftigung. Eine **selbstständige Tätigkeit** ist durch die beiden Aspekte persönliche Unabhängigkeit (insbesondere Gestaltung der Tätigkeit und der Arbeitszeit) und Tragung des Unternehmerrisikos gekennzeichnet (BSG SozR 2200 § 1227 Nr. 19). Arbeitseinkommen ist gemäß § 15 Abs. 1 S. 1 SGB IV der nach den allgemeinen Gewinnermittlungsvorschriften des Einkommensteuerrechts (siehe § 4 EStG) ermittelte Gewinn aus einer selbstständigen Tätigkeit. Es handelt sich dabei um das steuerrechtlich für diese Einkommensart zu versteuernde Einkommen. Da in § 15 SGB IV nur auf Arbeitseinkommen aus selbstständiger Tätigkeit Bezug genommen wird, bleiben steuerrechtliche Einkünfte aus Kapitalvermögen (§ 20 EStG), aus Vermietung- und Verpachtung (§ 21 EStG) sowie sonstige Einkünfte nach §§ 22 ff. EStG außer Betracht. § 15 Abs. 1 S. 2 SGB IV stellt eine weitere Verknüpfung zwischen Steuerrecht und Sozialversicherungsrecht her, da sozialversicherungsrechtliches Einkommen dann als Arbeitseinkommen zu werten ist, wenn es als solches nach dem Einkommensteuerrecht zu bewerten ist. Absatz 2 der Norm enthält eine Sonderregelung für Landwirte.

**Gesamteinkommen** ist gemäß § 16 Hs. 1 SGB IV die Summe der Einkünfte im Sinne des Einkommensteuerrechts (vgl. § 2 EStG). Es wird insoweit eine vollständige Harmonisierung zwischen sozialversicherungsrechtlichem Gesamteinkommen und den Einkünften im steuerrechtlichen Sinne hergestellt.

---

**Zusammenfassung, Merksatz**

Bemessungsgrundlage der Beiträge ist das Arbeitsentgelt (Arbeitnehmer) bzw. Arbeitseinkommen (bei selbstständiger Tätigkeit). Zugrunde zu legen ist grundsätzlich das Entgelt, auf welches ein Anspruch besteht (Entstehungsprinzip). Der Zeitpunkt des tatsächlichen Zuflusses ist irrelevant. Es gilt das Bruttoprinzip, d. h. sozialversicherungsrechtliche Beitragsberechnungsgrundlage ist das Bruttoarbeitsentgelt. In welcher Form Anspruch auf Entgelt besteht, ist unerheblich.

---

**Grundlagen der Beitragsfinanzierung**

Der zweite Abschnitt, zweiter Titel befasst sich in den §§ 20 bis 28 SGB IV mit den Beiträgen als Hauptfinanzierungsinstrument der Sozialversicherungszweige. Hierin sind grundsätzliche Regelungen enthalten, die für alle Sozialversicherungszweige gelten. Abweichungen können die einzelnen Sozialgesetzbücher enthalten.

Das **Entstehen der Beitragsansprüche** folgt den Voraussetzungen der grundsätzlichen Regelung des § 22 SGB IV. Nach § 22 Abs. 1 S. 1 SGB IV entstehen die Beitragsansprüche der Versicherungsträger, sobald ihre im Gesetz oder auf Grund eines Gesetzes bestimmten Voraussetzungen vorliegen. Sobald ein sozialversicherungsrechtliches Beschäftigungsverhältnis vorliegt, entstehen somit Beitragsansprüche. Ein Beitragsbescheid stellt deshalb grundsätzlich lediglich den bereits entstandenen Anspruch (deklaratorisch) fest.

Die **Höhe der Beiträge** kann entweder gesetzlich festgeschrieben sein oder (teilweise) in den Händen der der Versicherungsträger liegen. § 21 SGB IV gibt den gesetzlichen Rahmen vor, wie die Beiträge zu bemessen sind. Dieser orientiert sich einerseits an den gesetzlich vorgeschriebenen oder zugelassenen Aufgaben des Versicherungsträgers sowie der Bereitstellung der gesetzlich vorgeschriebenen oder zugelassenen Betriebsmittel und Rücklagen. Praktische Bedeutung kommt der Norm insbesondere in der gesetzlichen Unfallversicherung zu.

---

**Beispiele: Beitragsfestsetzung**

a) **Beitragsfestsetzung gesetzlich geregelt**
   - gesetzliche Rentenversicherung: §§ 153 ff. SGB VI, insbesondere § 158 Abs. 1, § 159 SGB VI

- soziale Pflegeversicherung: §§ 54 ff. SGB XI, insbesondere § 55 Abs. 1 bis 3 SGB XI
- Arbeitsförderung: §§ 340 ff SGB III, insbesondere § 341 Abs. 2, 4 SGB III

b) **Beitragsfestsetzung mit Gestaltungsspielraum des Versicherungsträgers**
   - gesetzliche Krankenversicherung: §§ 241 ff. SGB VI
   - gesetzliche Unfallversicherung: §§ 152, 153, 167 SGB VII ◄

Der konkrete Euro-Betrag der Beiträge wird im Wesentlichen durch zwei Komponenten bestimmt. Dies sind einerseits die **Beitragsbemessungsgrundlage** und andererseits der **Beitragssatz**.

Für die Beitragsberechnung wird nicht das gesamte Arbeitsentgelt herangezogen. Es gibt sowohl eine Unter- als auch eine Obergrenze. Hinsichtlich der Untergrenze der Beitragsbemessungsgrundlage ergibt sich ein Zusammenspiel zwischen Versicherungspflicht und Beitragshöhe. Dieses Zusammenspiel wird im Kapitel Minijobzentrale dargestellt Abschn. 3.2.4. Die Obergrenze für die Beitragsberechnung, die sog. **Beitragsbemessungsgrenze**, ist in den jeweiligen Sozialversicherungszweigen festgesetzt. Diese Grenze hat den Zweck, dass bis zu einem gesetzlich oder durch Satzung definierten Betrag das Arbeitsentgelt der Beitragsberechnung zugrunde gelegt wird. Oberhalb dieses Betrags ist das Arbeitsentgelt beitragsfrei. Das heißt, das Bruttoarbeitsentgelt wird oberhalb der Beitragsbemessungsgrenze **nicht mit sozialversicherungsrechtlichen Beitragsabgaben belastet**. Diese Begrenzung der Bemessungsgrundlage erklärt sich aus dem Gedanken, dass ab einer gewissen Höhe der Lebensstandardsicherung des Einzelnen durch Erzielung von Arbeitsentgelt ein sozialer Schutz nicht mehr durch den Staat erforderlich erscheint. Der Einzelnen kann (und soll) seine Existenzsicherung vor dem Hintergrund der Freiheitsordnung der Verfassung selbst gestalten können. Insoweit ist die Definition einer Beitragsbemessungsgrenze das beitragsrechtliche Spiegelbild des sozialen Schutzauftrags des Staates im Spannungsverhältnis zum beitragsrechtlichen Eingriff in die freiheitsrechtliche garantierte Selbstbestimmung des Einzelnen. Dieses Zusammenspiel geht im Bereich der gesetzlichen Krankenversicherung sogar so weit, dass mit dem Überschreiten einer definierten Obergrenze das Versicherungspflichtverhältnis von Gesetzes wegen erlischt (vgl. § 6 Abs. 1 Nr. 1 SGB V) und eine Versicherungsberechtigung entsteht (vgl. § 9 Abs. 1 S. 1 Nr. 3 SGB V). Allerdings wäre der Gesetzgeber verfassungsrechtlich nicht gehindert, das gesamte Arbeitsentgelt zur Grundlage der Beitragsberechnung zu erklären. Bedingung dafür wäre dann allerdings, dass dieser Versicherungsprämie auch entsprechend höhere Versicherungsleistungen gegenüberstehen.

**Hintergrundinformation: Beitragsbemessungsgrundlagen**
Krankenversicherung

- Beitragsbemessungsgrenze § 223 Abs. 3 S. 1 SGB V = für jeden Kalendertag 1/360 der Jahresarbeitsentgeltgrenze nach § 6 Abs. 7 SGB V zu berücksichtigen; abgestellt wird hier auf den Tagesverdienst
- Jahresarbeitsentgeltgrenze der Versicherungsfreiheit nach § 6 Abs. 1 Nr. 1 i. V. m. Abs. 6 SGB V = regelmäßiges Jahresarbeitsentgelt i. S. d. § 14 SGB IV, welches 75 % der Beitragsbemessungsgrenze nach § 159 SGB VI übersteigt; abgestellt wird auf den Jahresverdienst

Bsp.: 2021 nach § 4 Abs. 1 SVRechGrV 2021 = 63.350 € (= 75 % BBG nach SGB VI)
Beachte: damit ist in diesen Fällen die Grenze der Versicherungsfreiheit höher als die Beitrags-
bemessungsgrenze, d. h. es gibt einen beitragsfreien Entgeltanteil!
- Jahresarbeitsentgeltgrenze der Versicherungsfreiheit nach § 6 Abs. 1 Nr. 1 i. V. m. Abs. 7 SGB V
Bsp.: 2021 nach § 4 Abs. 2 SVRechGrV 2021 = 58.050 €

Pflegeversicherung

- Beitragsbemessungsgrenze § 55 Abs. 2 SGB XI beträgt 75 % der BBG nach § 159 SGB VI (Verknüpfung über § 6 Abs. 7 SGB V)

Rentenversicherung

- Beitragsbemessungsgrenze § 159 SGB VI, die jährlich festgesetzt wird mit Verordnungs-
ermächtigung nach § 160 SGB VI
Bsp.: 2021 nach § 3 Abs. 1 Nr. 1 SVRechGrV 2021 jährlich 85.200 Euro und monatlich 7100 Euro
- Knappschaftliche Rentenversicherung
Bsp.: 2021 nach § 3 Abs. 1 Nr. 2 SVRechGrV 2021 jährlich 104.400 Euro und monatlich
8250 Euro

Arbeitsförderung

- Beitragsbemessungsgrenze entspricht nach § 341 Abs. 4 SGB III derjenigen der allgemeinen
Rentenversicherung

Unfallversicherung

- Jahresverdienst (§ 82 Abs. 1 S. 1 SGB VII) ist der Gesamtbetrag aller Arbeitsentgelte § 14 SGB
IV und Arbeitseinkommen § 15 SGB IV in den 12 Kalendermonaten vor dem Monat des Ver-
sicherungsfalls
- Arbeitsentgelt ist das Entgelt nach der Verordnung gemäß § 17 Abs. 1 SGB IV = SVEV
- Mindestjahresarbeitsverdienst und Höchstjahresarbeitsverdienst (§ 85 SGB VII) sind prozentuale
Anteile der Bezugsgröße (§ 18 SGB IV)

Da Beiträge auf einen definierten Prozentsatz vom Arbeitsentgelt erhoben werden, spielt
das **individuelle Risiko** bei der Beitragsberechnung **keine Rolle**. Im Bereich der gesetzlichen Unfallversicherung beeinflusst das tatsächliche Unfallgeschehen des Unternehmens
allerdings den Beitragsanteil, der auf das Beitragsausgleichsverfahren nach § 162 Abs. 1
SGB VII entfällt. Ebenso kennt das Gesetz aktuell keine fest definierte gleiche Prämie je
Versicherten (Kopfpauschale). Der jeweilige **Beitragssatz** ergibt sich aus einschlägigen
gesetzlichen Regelungen oder Satzungsbestimmungen:

- Krankenversicherung:
§ 241 SGB V: 14,6 % (je Arbeitgeber und Arbeitnehmer je 7,3 %)
§ 242 Abs. 1 SGB V: kassenindividueller Zusatzbeitrag
§ 242 a SGB V: durchschnittlicher Zusatzbeitrag
§§ 243 ff. SGB V gesonderte Beitragssätze für besondere Personengruppen

- Pflegeversicherung:

  § 55 Abs. 1 S. 1 SGB XI: 3,05 % (je Arbeitgeber und Arbeitnehmer je 1,525 %; Sachsen: Arbeitgeber 1,025 %, Arbeitnehmer 2,025 %)

  § 55 Abs. 1 S. 2 i. V. m. § 28 Abs. 2 SGB XI (Beihilfeberechtigte): 1,525 %

  § 55 Abs. 3 S. 1 SGB XI (Beitragszuschlag für Kinderlose): 0,25 %

- Rentenversicherung:

  § 158 Abs. 1 SGB VI: 18,6 % (Arbeitgeber und Arbeitnehmer je 9,3 %)

  Knappschaftliche RV: 24,7 % (9,3 % Arbeitnehmeranteil, 15,4 % Arbeitgeberanteil)

- Arbeitsförderung:

  § 341 Abs. 2 SGB III: 2,6 % (je Arbeitgeber und Arbeitnehmer je 1,3 %)

- Unfallversicherung:

  Im Bereich der gewerblichen Berufsgenossenschaften gibt es keine allgemeinen Beitragssätze. Die Beitragshöhe ergibt sich aus einer Berechnung auf Grundlage der zu berücksichtigenden Arbeitsentgelte, der Veranlagung zum Gefahrtarif (vergleichbar einem Versicherungstarif) und der sich daraus ergebenden Gefahrklasse sowie dem Beitragsfuß. Der Beitragsfuß ist je Berufsgenossenschaft unterschiedlich, die Gefahrklasse spiegelt die unternehmensindividuelle Gefahrträchtigkeit wider.

  Im Bereich der Unfallversicherungsträger der öffentlichen Hand gibt es weitere Besonderheiten der Beitragsberechnung.

> **Zusammenfassung, Merksatz**
>
> Sozialversicherungsrechtliche Beiträge entstehen unmittelbar aus gesetzlichen oder untergesetzlichen Rechtsnormen unabhängig vom Erlass eines Beitragsbescheides. Diesem kommt v. a. Bedeutung bei Durchsetzung von Beitragsrückständen zu. Die Beitragshöhe wird durch die Beitragsbemessungsgrundlage und den Beitragssatz bestimmt (Ausnahme: gesetzliche Unfallversicherung).

Die **Fälligkeit von Beitragsansprüchen** richtet sich grundsätzlich nach § 23 SGB IV (ergänzt um den aus § 41 SGB I folgenden Rechtsgedanken). Demnach hängt die Fälligkeit vom Entstehen des Anspruchs ab. Durch § 23 SGB IV wird die Fälligkeit der Beiträge in der Krankenversicherung, Pflegeversicherung, Rentenversicherung sowie Arbeitsförderung – also die Fälligkeit des Gesamtsozialversicherungsbeitrags nach §§ 28 a ff. SGB IV – aufgrund des Abstellens auf die (voraussichtliche) Beitragsschuld vereinheitlicht. Da sozialversicherungsrechtlich allein der **Entstehungstatbestand** der Beitragsforderung wegen des Beschäftigungsverhältnisses und des darauf basierenden Anspruchs auf Entlohnung durch Arbeitsentgelt entscheidend ist, ist für das Entstehen und die Fälligkeit der Beitragsforderung unerheblich, ob Entgelt tatsächlich gezahlt wird. Es genügt somit, dass seitens des Arbeitgebers Arbeitsentgelt geschuldet wird. Sonderregelungen gelten für die Fälligkeit bei Sozialleistungen (Absatz 2), beim Haushaltsscheckverfahren (Absatz 2 a) sowie in der gesetzlichen Unfallversicherung (Absatz 3). Gemäß § 23 Abs. 4

SGB IV können besondere Vorschriften abweichende Regelungen in den einzelnen Versicherungszweigen vorsehen. Für den Gesamtsozialversicherungsbeitrag ist insoweit § 7 a Abs. 6 S. 2 SGB IV von praktischer Relevanz. Dies betrifft Fälle im Prüfverfahren, ob ein Beschäftigungsverhältnis vorliegt.

**Fälligkeit** einer Beitragsforderung **bedeutet,** dass der Sozialversicherungsträger die per Beitragsbescheid festgesetzten Beitragsforderungen – ggf. im Wege der Zwangsvollstreckung – einziehen darf. Die Fälligkeit gibt dem Versicherungsträger somit die Befugnis zum Beitragseinzug. Vor Eintritt der Fälligkeit ist die entstandene (§ 22 SGB IV) Beitragsforderung nicht durchsetzbar. Der Schuldner – also der Beitragspflichtige – darf vor Fälligkeit zahlen, auch wenn dazu noch keine Verpflichtung besteht. Mit Eintritt der Fälligkeit muss der Beitragsschuldner sofort zahlen. Forderungen, die am Fälligkeitstag noch nicht beglichen sind, werden zu (nach § 66 SGB X vollstreckbaren) Beitragsrückständen. Der Eintritt der Fälligkeit ist zudem bedeutsam für das Entstehen von Säumniszuschlägen (§ 24 SGB IV) sowie den Lauf der Verjährungsfrist (§ 25 SGB IV).

Das Gesetz unterscheidet zwischen der Fälligkeit **laufender bzw. einmaliger Beiträge.** Laufende Beiträge (Gesamtsozialversicherungsbeitrag) sind spätestens zu dem in § 23 Abs. 1 S. 2 SGB IV genannten spätesten Termin fällig. Krankenkassen können nach § 23 Abs. 1 S. 1 SGB IV in der Satzung unter Berücksichtigung der insoweit einschlägigen gesetzlichen Regelungen des § 23 SGB IV die Fälligkeit regeln. Laufende Beiträge sind solche, die periodisch wiederkehrend entstehen; dies betrifft insbesondere den Regelfall eines sozialversicherungsrechtlichen Beschäftigungsverhältnisses. Einmalig sind die Beiträge, wenn diese zeitraumbezogen die Finanzierung eines auf gesetzlichen Tatbeständen beruhenden Versicherungsverhältnisses sicherstellen (z. B. im Nachversicherungsrecht oder im Rahmen eines Versorgungsausgleichs).

Die **Säumnis von Beitragsansprüchen** sowie die sich daraus ergebenden Folgen können unmittelbar dem Gesetz entnommen werden.

### § 24 Abs. 1 S. 1 SGB IV
Für Beiträge und Beitragsvorschüsse, die der Zahlungspflichtige nicht bis zum Ablauf des Fälligkeitstages gezahlt hat, ist für jeden angefangenen Monat der Säumnis ein Säumniszuschlag von eins vom Hundert des rückständigen, auf 50 € nach unten abgerundeten Betrages zu zahlen.

---

**Beispiel Säumniszuschlag**

Eine am 15.05. fällige Beitragsforderung in Höhe von 236,00 € wird erst am 18.06. gezahlt.

Säumnisbeginn ist am 16.05. Der erste Monat der Säumnis dauert bis zum 15.06. an. Da erst am 18.06. gezahlt wird, beginnt am 16.06. der zweite Monat der Säumnis.

Die Beitragsforderung von 236,00 € wird für die Säumnisberechnung auf 200,00 € gerundet. 1 v. H. von 200,00 € = 2,00 € x 2 Säumnismonate = 4,00 € Säumniszuschlag ◄

Die **Erhebung** von **Säumniszuschlägen** muss von Gesetzes wegen erfolgen, sie steht nicht im Ermessen des Versicherungsträgers. Säumniszuschläge entstehenden von Gesetzes wegen und sind zu erheben. Dabei ist zu beachten, dass Säumniszuschläge nur für Beitragsrückstände und nicht auch auf Zinsen oder Säumniszuschläge entstehen. Sinn und Zweck des Säumniszuschlags ist, dass verhindert werden soll, dass verspätet zahlende Beitragspflichtige gegenüber pünktlichen Beitragszahlern bessergestellt werden. Dies gebietet der Grundsatz der Beitragsgerechtigkeit. Gemäß § 24 Abs. 1 S. 2 SGB IV ist bei einem rückständigen Betrag unter 100 € der Säumniszuschlag nicht zu erheben, wenn dieser gesondert schriftlich anzufordern wäre (also: nicht bereits Bestandteil des Beitragsbescheides ist). Auch bei dieser Norm kommt den Versicherungsträgern kein Ermessen zu, sondern die Norm muss von Amts wegen berücksichtigt werden.

Nur ausnahmsweise werden gemäß § 24 Abs. 2 SGB IV Säumniszuschläge auf Beitragsforderungen, die durch Bescheid mit Wirkung für die Vergangenheit festgestellt werden, nicht erhoben, soweit der Beitragsschuldner glaubhaft macht, dass er **unverschuldet keine Kenntnis** von der Zahlungspflicht hatte. „Keine Kenntnis" im Sinne der Norm hat der fahrlässig handelnde Beitragsschuldner. Das BSG hat insoweit entschieden, dass sich derjenige exkulpieren kann, der infolge Fahrlässigkeit keine Kenntnis von der Zahlungspflicht hatte, da der im Gesetz verwendete Verschuldensbegriff mindestens bedingten Vorsatz voraussetzt (BSG vom 12.12.2018, B 12 R 15/18, NZS 2019, 465 bis 470 mit Anmerkungen Pionteck). Die objektive Beweislast für die unverschuldete Unkenntnis trägt der Beitragspflichtige, da er sich auf eine ihn begünstigende Ausnahmeregelung von dem Grundsatz beruft, dass Säumniszuschläge zu erheben sind.

§ 25 SGB IV regelt die **Verjährung** von Sozialversicherungsbeiträgen. Sie verjähren in vier Jahren nach Ablauf des Kalenderjahres, in dem sie fällig geworden sind. Bei vorsätzlich vorenthaltenen Beiträgen beträgt die Verjährung dreißig Jahre. Vorsätzlich vorenthalten sind Beiträge, wenn dem Beitragspflichtigen bewusst ist, dass er Beiträge zu zahlen hätte und gewollt so handelt, dass die Beitragsforderung unterbleibt. Verjährung bedeutet, dass nach Ablauf eines gewissen Zeitraums eine entstandene und fällig gewordene Forderung **nicht mehr durchgesetzt** werden darf. Die Verjährung soll der Rechtssicherheit und dem Rechtsfrieden dienen. Die dahinterstehende Idee ist, dass ein Schuldner darauf vertrauen darf, dass ein Gläubiger eine Forderung nicht mehr geltend macht, wenn ein gewisser Zeitraum vergangen ist. Die Verjährung ist ein sog. **Leistungsverweigerungsrecht**. Das bedeutet grundsätzlich, dass dieses Recht geltend gemacht werden muss. Für Sozialversicherungsträger gilt allerdings § 14 SGB I. Aus der Beratungspflicht gegenüber den Beitragspflichtigen wird gefolgert, dass auch ein Hinweis auf die Verjährung von Beitragsforderungen erfolgen muss. Die Verjährung ist daher richtigerweise **von Amts wegen** zu beachten (streitig, vgl. zum Streitstand Zieglmeier in KassKom § 25 SGB IV, Rz. 16). Das BSG hat allerdings jüngst entschieden, dass die Verjährung von Ansprüchen lediglich (ebenso wie im Zivilrecht) **auf Einrede** zu berücksichtigen ist (BSG vom 19.09.2019, B 12 KR 21/19 R, SozR 4-2400 § 7 Nr. 45). Entscheidungserheblich ist für das BSG, dass sozialversicherungsrechtlichen Besonderheiten, die der Ausgestaltung der Verjährung als Einrede entgegenstünden, nicht ersichtlich sind. Deshalb sei die Verjährung ebenso wie im

Zivilrecht als Einrede zu erheben. Diese Rechtsprechung steht nach der hier vertretenen Auffassung im Widerspruch zu dem aus § 2 Abs. 2 Hs. 2 SGB I entwickelten Meistbegünstigungsgrundsatz. Jedenfalls ist erforderlich, dass die jeweilige Sozialverwaltung den Bürger darauf aufmerksam macht, dass eine Verjährungseinrede erhoben werden kann, da mögliche soziale Recht anderenfalls ggf. nicht berücksichtigt werden könnten.

Beitragsforderungen, die per **Beitragsbescheid** festgestellt worden sind, verjähren gemäß m§ 52 Abs. 2 SGB X i. V. m. § 218 BGB 30 Jahre nach Unanfechtbarkeit des Bescheides. Praktisch relevant ist die Norm insbesondere im Bereich der **gesetzlichen Unfallversicherung**, da dort für den Eintritt der Fälligkeit der Beitragsforderung ein Beitragsbescheid erforderlich ist. Die Beiträge werden nach § 23 Abs. 3 S. 1 SGB IV nämlich (erst) am 15. des Monats fällig, der dem Monat folgt, in dem der Beitragsbescheid dem Zahlungspflichtigen bekannt gegeben worden ist. Da die gewerblichen Berufsgenossenschaften die Beitragsbescheide regelhaft bis zum 30.04. eines Jahres bekannt geben, ist Fälligkeitstermin regelmäßig der 15.05. Schwierigkeiten bereitet die rechtliche Bewertung von Beitragsforderungen der gesetzlichen Unfallversicherung, die nicht per Beitragsbescheid geltend gemacht worden sind. Diese können nach § 23 Abs. 3 S. 1 SGB IV nicht fällig werden. Der Einstieg in die Lösung des Problems erfolgt über § 25 Abs. 1 S. 1 SGB IV. Nach dieser Norm verjähren Beiträge in vier Jahren nach Ablauf des Kalenderjahres, in dem sie fällig geworden sind. Diese Norm wird in diesem Fall analog angewendet, d. h. man muss die Formulierung „fällig geworden sind" gedanklich durch die Formulierung „gefordert werden durften" ersetzen. Demensprechend lautet der Rechtsgedanke des § 25 Abs. 1 S. 1 SGB IV für diese Fälle „Beiträge verjähren in vier Jahren nach Ablauf des Kalenderjahres, in dem sie gefordert werden durften". Es kommt also hinsichtlich der Fälligkeit auf den Zeitpunkt an, zu dem die Zahlung hätte verlangt werden können. Im Umlageverfahren der nachträglichen Bedarfsdeckung darf für den Regelfall einer Beitragsforderung nach § 150 Abs. 1 S. 1 Alt. 1 SGB VII zum 01.01. des auf das Beitragsjahr folgenden Kalenderjahres (Fälligkeitsjahr) die Beitragsforderung verlangt werden. Die Verjährung tritt dann vier Jahre nach Ablauf dieses Fälligkeitsjahres ein.

**Beispiel für die Berechnung der Verjährung**

Das Unternehmen U des Unternehmers X ist seit dem Jahr 2013 am Markt aktiv. Die zuständige Berufsgenossenschaft erfährt im Laufe des Jahres 2021 von der Existenz des Unternehmens.

Für das Umlagejahr 2013 dürfen zum 01.01.2014 bis zum 31.12.2014 (Fälligkeitsjahr) wegen § 152 Abs. 1 S. 1 SGB VII Beiträge gefordert werden. Ab dem 01.01.2015 beginnt somit die Verjährungsfrist von vier Jahren und endet deshalb am 31.12.2018. Die Beitragsforderung des Jahres 2013 ist damit zum 01.01.2019 verjährt. Somit sind im Jahr 2021 die Beiträge der Jahre 2013 bis 2015 verjährt. ◄

Das Gesetz sieht in § 26 Abs. 2 SGB IV einen von Amts wegen zu beachtenden **Erstattungsanspruch** vor. Dieser kann insbesondere dadurch entstehen, dass

- geleistete Vorschüsse höher sind als die tatsächliche Beitragsforderung,
- Beiträge zugunsten des Pflichtigen berichtigt werden,
- Beiträge irrtümlich doppelt entrichtet wurden.

Nach § 27 Abs. 2 S. 1 SGB IV verjährt der Erstattungsanspruch in vier Jahren nach Ablauf des Kalenderjahres, in dem die Beiträge entrichtet worden sind. Mit Ablauf der Verjährungsfrist kann der Versicherungsträger nach Ausübung pflichtgemäßen Ermessens mit der Einrede der Verjährung die Erstattung verweigern.

**Gesamtsozialversicherungsbeitrag**

**§ 28 d SGB IV**
Die Beiträge in der *Kranken- oder Rentenversicherung* für einen kraft Gesetzes versicherten Beschäftigten oder Hausgewerbetreibenden sowie der *Beitrag aus Arbeitsentgelt* aus einer versicherungspflichtigen Beschäftigung nach dem *Recht der Arbeitsförderung* werden als Gesamtsozialversicherungsbeitrag gezahlt. Satz 1 gilt auch für den Beitrag zur *Pflegeversicherung* für einen in der Krankenversicherung kraft Gesetzes versicherten Beschäftigten. Die nicht nach dem Arbeitsentgelt zu bemessenden Beiträge in der *landwirtschaftlichen Krankenversicherung* für einen kraft Gesetzes versicherten Beschäftigten gelten zusammen mit den Beiträgen zur Rentenversicherung und Arbeitsförderung im Sinne des Satzes 1 ebenfalls als Gesamtsozialversicherungsbeitrag.

Im dritten Abschnitt des SGB IV wird der **Gesamtsozialversicherungsbeitrag** definiert und geregelt. Der Gesamtsozialversicherungsbeitrag bezieht sich vereinfacht gesagt auf den Beitrag zur

- gesetzlichen Rentenversicherung (SGB VI)
- gesetzlichen Krankenversicherung (SGB V)
- sozialen Pflegeversicherung (SGB XI)
- gesetzlichen Arbeitsförderung (SGB III, „Arbeitslosenversicherung")

Nicht mit dem Gesamtsozialversicherungsbeitrag erhoben wird der Beitrag zur **gesetzlichen Unfallversicherung** (SGB VII). Dies erklärt sich aus dem Umstand, dass dieser Sozialversicherungsbeitrag **durch die Unternehmer allein getragen** wird und keinen Arbeitnehmer- und Arbeitgeberanteil enthält. Rechtsgrund für diese Besonderheit im Recht der gesetzlichen Unfallversicherung ist die in den §§ 104 ff. SGB VII geregelte Beschränkung der Haftung der Unternehmer.

**Zuständige Einzugsstelle** für den Gesamtsozialversicherungsbeitrag ist die **Krankenkasse**, von der die Krankenversicherung durchgeführt wird (§ 28 i S. 1 SGB IV). Sonderfälle der Einzugsstelle regeln die Sätze 2 bis 4 der Norm. Bei geringfügiger Beschäftigung ist Einzugsstelle die Minijobzentrale Abschn. 3.2.4, deren Träger die Deutsche Rentenversicherung Knappschaft-Bahn-See ist (§ 28 i S. 5 SGB IV). Ergänzend ist nach § 28 f. Abs. 4 SGB IV möglich, dass Arbeitgeber eine beauftragte Stelle beantragen. An die Einzugsstelle ist der **Gesamtsozialversicherungsbeitrag zu zahlen** (§ 28 h Abs. 1 S. 1 SGB IV). Von der zuständigen Krankenkasse als Einzugsstelle werden die Beitragsanteile der einzelnen Versicherungszeige an diese arbeitstäglich weitergeleitet (vgl. § 28 k Abs. 1 S. 1 SGB IV). Diese zentrale Durchführung des Melde- und Beitragseinzugsverfahrens ist auch deshalb bemerkenswert, da Beitragspflicht und Beitragshöhe durch die in den jeweiligen Sozialversicherungszweigen gelten Rechtsvorschriften bestimmt werden. Zur Durchführung des einheitlichen Melde und- Abrechnungsverfahrens bedarf es eines einheitlichen, standardisierten Verfahrens. Dessen Gemeinsame Grundsätze regelt § 28 b SGB IV. Hier ist als Sozialversicherungszweig auch die gesetzliche Unfallversicherung beteiligt, obwohl deren Finanzierung nicht über den Gesamtsozialversicherungsbeitrag erfolgt. Wohl aber sind die Träger der gesetzlichen Unfallversicherung in das Meldeverfahren zur Sozialversicherung eingebunden. Die Durchführung der den Einzugsstellen übertragenen Aufgaben wird vergütet (§ 28 l SGB IV) und durch die Träger der Rentenversicherung sowie die Bundesagentur für Arbeit geprüft (§ 28 q SGB IV). Eine Haftung auf Schadensersatz der anderen Sozialversicherungsträger gegenüber der Einzugsstelle bei schuldhafter Pflichtverletzung ist in § 28 r SGB IV normiert. Im **Innenverhältnis** der Sozialversicherungsträger wird auch von einem Treuhandverhältnis gesprochen.

Im **Außenverhältnis** treten die Einzugsstellen als zentrale Ansprechpartner gegenüber den Arbeitgebern auf. Zur Abwicklung des Einzugsverfahrens hat der Gesetzgeber den **Einzugsstellen** für die betroffenen Sozialversicherungszweige weitreichende **Rechte und Pflichten** auferlegt. Insbesondere entscheidet gemäß § 28 h Abs. 2 S. 1 Hs. 1 SGB IV die Einzugsstelle über die Versicherungspflicht und Beitragshöhe in der Kranken-, Pflege- und Rentenversicherung sowie nach dem Recht der Arbeitsförderung (hinsichtlich des Verhältnisses zum Clearingverfahren nach § 7a SGB IV siehe Kapitel Abschn. 3.2.2.5). Das heißt, die Krankenkassen wenden als Einzugsstellen das in den anderen Sozialversicherungszweigen (mit Ausnahme der gesetzlichen Unfallversicherung) geltende Recht an. Um die Versicherungspflicht prüfen sowie die Beitragshöhe festsetzen zu können, bedarf es einer **Mitwirkung** der **Meldepflichtigen**. Insoweit regelt § 28 a SGB IV **wer** meldepflichtig ist; es sind dies Arbeitgeber und sonstige Meldepflichtige. Die Norm regelt zudem **wann** zu melden ist (§ 28 a Abs. 2 SGB IV: Jahresmeldung) sowie **was** zu melden ist (insbesondere § 28 a Abs. 1, 3 SGB IV). Neu in das Gesetz mit Wirkung ab 01.07.2020 ist § 28 a Abs. 1 a SGB IV eingefügt. Die Norm bestimmt, **wie** zu melden ist. Die Meldungen erfolgen durch elektronische Datenübermittlung (Datenübertragung) unter Sicherstellung von Datenschutz und Datensicherheit nach dem jeweiligen Stand der Technik.

▶  **TIPP** Für Meldepflichten der Arbeitgeber zur Sozialversicherung ist ein gesondertes Informationsportal im Internet eingerichtet: https://www. informationsportal.de/ (Stand 27.09.2021).

Soweit Meldepflichtige ihrer Verpflichtung nicht nachkommen, räumt das Gesetz der Einzugsstelle besondere Rechte ein. Beispielsweise darf diese zur Entscheidung über die Beitragshöhe das Arbeitsentgelt gemäß § 28 h Abs. 2 S. 2 SGB IV schätzen. Zu den Mitwirkungspflichten der Meldepflichtigen gehören auch die in § 28 f. SGB IV normierten Aufzeichnungspflichten. Insbesondere haben Arbeitgeber für jeden Beschäftigten Lohnunterlagen in deutscher Sprache geführt und getrennt nach Kalenderjahren für sechs Jahre aufzubewahren. Die Prüfung der Lohnunterlagen bei den Arbeitgebern erfolgt durch die Träger der Rentenversicherung (vgl. zur Prüfung § 28 p SGB IV). Streiten Arbeitnehmer und Arbeitgeber über den Inhalt der gegenüber der einzugsstelle abzugebenden Meldung, ist der Sozialrechtsweg eröffnet (LSG Rheinland-Pfalz vom 13.08.2018, L 5 KR 81/18 B, NZS 2020, 945 bis 947 mit Anmerkungen Schmidt).

---

**Beispiel: Aufbewahrungsfrist von Lohnunterlagen**

- „bis zum Ablauf des auf die letzte Prüfung (§ 28 p) folgenden Kalenderjahres" (§ 28 f. Abs. 1 S. 1 SGB IV)
- „Die Träger der Rentenversicherung…prüfen insbesondere die Richtigkeit der Beitragszahlungen und der Meldungen (§ 28 a) mindestens alle vier Jahre" (§ 28 p Abs.1 S. 1 SGB IV)
- „Der Arbeitgeber hat jeden am 31. Dezember des Vorjahres Beschäftigten nach Absatz 1 zu melden (Jahresmeldung)." (§ 28 a Abs. 2 SGB IV)

Daraus folgt:

Meldung des Jahres 2016 erfolgt im Jahr 2017. Die im Jahr 2017 erfolgt Meldung des Jahres 2016 kann daher in den Jahren 2017 bis 2020 geprüft werden. Das auf das letzte Prüfungsjahr folgende Kalenderjahr ist das Jahr 2021. Somit müssen die sozialversicherungsrechtlich relevanten Lohnunterlagen des Jahres 2016 für sechs Jahre (hier: 2016 bis 2021) aufbewahrt werden.

Beachte: Im Steuerrecht gelten längere Aufbewahrungsfristen (10 bzw. 6 Jahre, § 147 AO).

Beachte auch handelsrechtliche Aufbewahrungsfristen nach § 257 HGB (10 bzw. 6 Jahre). ◄

---

Den Gesamtsozialversicherungsbeitrag **zu zahlen** hat grundsätzlich der **Arbeitgeber** (§ 28 e Abs. 1 S. 1 SGB IV), dieser alleinige Beitragsschuldner. Deshalb kann nur der Arbeitgeber Täter des Sonderdelikts nach § 266 a Abs. 1 StGB sein. Der dabei vom Beschäftigten zu tragende (nicht: zu zahlende) Anteil am Gesamtsozialversicherungsbeitrag gilt dabei aus dem Vermögen des Beschäftigten erbracht (§ 28 e Abs. 1 S. 2 SGB IV). Dabei handelt es sich somit um eine geschützte Rechtsposition des Beschäftigten, die Teil des Anspruchs auf Zahlung eines Bruttoarbeitsentgelts ist. § 28 e Abs. 2 bis 3 f SGB IV enthalten **Haftungstatbestände**, die den Kreis der Zahlungspflichtigen erweitern. Dabei umfasst die Haftung gemäß § 28 e Abs. 4 SGB IV die **Beitragsansprüche**, also die Beiträge und Säumniszuschläge, die infolge der Pflichtverletzung zu zahlen sind, sowie die Zinsen für gestundete Beiträge.

▶ **TIPP** Die Sozialversicherungsträger haben über deren Spitzenverbände ein gemeinsames Rundschreiben „Meldeverfahren zur Sozialversicherung" veröffentlich, welches das Meldeverfahren näher erläutert und im Internet verfügbar ist: https://www.gkv-datenaustausch.de/arbeitgeber/deuev/gemeinsame_rundschreiben/gemeinsame_rundschreiben.jsp (Stand 25.09.2021).

Das Bundesministerium für Arbeit und Soziales hat zusätzlich folgende Rechtsverordnung für die Abwicklung des Meldeverfahrens sowie der Zahlung des Gesamtsozialversicherungsbeitrags erlassen: Verordnung über die Berechnung, Zahlung, Weiterleitung, Abrechnung und Prüfung des Gesamtsozialversicherungsbeitrages (Beitragsverfahrensverordnung – BVV).

---

**Zusammenfassung, Merksatz**
Der Gesamtsozialversicherungsbeitrag umfasst die Beträge gesetzlichen Rentenversicherung, Krankenversicherung, sozialen Pflegeversicherung sowie Arbeitsförderung. Er wird gemeinsam von Arbeitgebern und Beschäftigten getragen. Zu zahlen ist der Beitrag allein von Arbeitgebern. In der gesetzlichen Unfallversicherung tragen und zahlen allein die Unternehmer den Beitrag. Einzugsstellen des Gesamtsozialversicherungsbeitrags sind die Krankenkassen. Den Arbeitgebern obliegen weitere Melde- und Mitwirkungspflichten (insbesondere: Aufzeichnung und Aufbewahrung der Lohnunterlagen).

---

### 3.2.3.4 Staatliche Zuschüsse

Staatliche Zuschüsse zur Sozialversicherung sind aus **Steuermitteln** finanzierte **Bundeszuschüsse**. Zuschüsse können dem Sozialversicherungsträger als unmittelbarer Vermögenszufluss oder in anderer Form, z. B. als zinsloses Darlehen, zufließen. In den vergangenen Jahrzehnten haben die Bundeszuschüsse an Bedeutung gewonnen, was sich durch die Kostensteigerung in der Sozialversicherung erklärt.

---

**Beispiel: Staatliche Zuschüsse zur Sozialversicherung nach Versicherungszweigen**

Krankenversicherung

- § 221 SGB V Beteiligung des Bundes für versicherungsfremde Leistungen

Pflegeversicherung

- keine Zuschüsse (vgl. 54 Abs. 1 SGB XI)

Rentenversicherung

- § 213 Abs. 1 und 2 SGB VI allgemeiner Zuschuss des Bundes zur Rentenversicherung zur Stabilisierung der Finanzierung;
- § 213 Abs. 3 SGB VI Bundeszuschuss zur Finanzierung versicherungsfremder Leistungen;

- § 214 SGB VI Liquiditätshilfe (Bundesgarantie) bei Zahlungsschwierigkeiten der Träger der allgemeinen Rentenversicherung;
- § 215 SGB VI Defizitdeckung des Bundes in der knappschaftlichen Rentenversicherung

Arbeitsförderung

- § 363 SGB III der Bund trägt die Ausgaben für Aufgaben, die der Bundesagentur nach dem SGB III oder nach anderen Gesetzen übertragen sind
- § 364 SGB III Liquiditätshilfe durch zinsloses Darlehen

Unfallversicherung

- keine Regelung

Künstlersozialversicherung

- Bundeszuschuss nach § 34 KSVG

Alterssicherung der Landwirte

- § 78 ALG Defizitdeckung des Bundes in der landwirtschaftlichen Alterssicherung ◄

Gründe für den Bundeszuschuss sind einerseits die Finanzierung **versicherungsfremder Leistungen** und andererseits die Erzielung einer politisch gewünschten **Beitragssatzstabilität**.

Für **versicherungsfremde Leistungen** (z. B. § 24 a SGB V Empfängnisverhütung. § 24 b SGB V Schwangerschaftsabbruch) erklärt sich eine Steuerfinanzierung durch den Bund leicht. Da diese Aufgaben wegen einer inhaltlichen Nähe (lediglich) organisatorisch dem Leistungsspektrum eines Sozialversicherungszweiges zugeordnet worden sind, müssen die Kosten hierfür über einen Zuschuss neutralisiert werden. Ansonsten würde die Finanzierung allgemeiner staatlicher Aufgaben der Versichertengemeinschaft aufgebürdet, was verfassungsrechtlich nicht zulässig ist. Hier setzt Art. 74 Abs. 1 Nr. 12 GG der Steuerfinanzierung der Sozialversicherung eine Grenze. Der Typus der Sozialversicherung verlangt grundsätzlich eine Beitragsfinanzierung.

Die Rechtfertigung einer durch Steuermittel gestützten **Beitragssatzstabilisierung** erklärt sich nicht so offensichtlich. Ziele sind insoweit eine Beitragssatzsteigerung und zugleich einen Anstieg der Lohnnebenkosten zu vermeiden. Verfassungsrechtlicher Anknüpfungspunkt ist hier **Art. 120 Abs. 1 S. 4 GG**. Aus der Norm folgt, dass **allein der Bund Zuschüsse zur Sozialversicherung** leistet, Zuschüsse der Länder daher von vornherein ausscheiden. Zugleich ist grundsätzlich eine (zusätzliche) Finanzierung der Sozialversicherung aus Steuermitteln möglich, wobei ein **Vorrang der Beitragsfinanzierung** zu fordern ist. Da die Verfassungsnorm keine besonderen Voraussetzungen fordert, sind steuerfinanzierte Zuschüsse voraussetzungslos möglich. Mit dem Ziel der Beitragssatzstabilisierung hat der Gesetzgeber einen politisch gewünschten Grund formuliert, der sich als Budgetentscheidung des Haushaltsgesetzgebers darstellt. Für den einzelnen Sozialversicherungsträger gibt es allerdings keinen Anspruch auf einen Zuschuss oder eine entsprechende Pflicht des Bundes (BVerfGE 113, 167, 207 ff.). **Wirkungen** von Zuschüssen aus Steuermitteln sind einerseits eine finanzielle Entlastung der Versichertengemeinschaft (versicherungsrechtliche Solidargemeinschaft) und andererseits eine Belastung der Steuerbürger. Zwar besteht zwischen beiden Gruppen eine hohe Deckungsgleichheit. Für versicherungsfreie Steuerbürger haben die Zuschüsse zum Zwecke der Beitragssatzstabilisierung allerdings keine „Gegenleistung" zur Folge. Die insoweit vom Gesetzgeber gewollte **Umverteilungswirkung** bewegt sich verfassungsrechtlich in dessen weitem Gestaltungsspielraum.

**Europarechtlich** stellen solche Zuschüsse Subventionen i. S. d. des europäischen Wettbewerbsrechts (Art. 101 bis 106 AEUV) einschließlich der Regelungen des Beihilferechts (Art. 107 bis 109 AEUV) dar. Der EuGH hat bisher solche Zuschüsse zur Stabilisierung der Systeme der sozialen Sicherheit weitgehend unter Berücksichtigung bestimmter Voraussetzungen als zulässig (= nicht wettbewerbswidrig) erachtet (z. B. EuGH vom 05.03.2009, Rs. C 350-07, Kattner, Slg. 2009, I-1513):

- Zwar sind Sozialversicherungsträger nach ständiger Rechtsprechung des EuGH grundsätzlich als Unternehmen im Rahmen des Wettbewerbsrechts zu bewerten, da dieses auf jede eine wirtschaftliche Tätigkeit ausübende Einheit, unabhängig von ihrer Rechtsform und der Art ihrer Finanzierung anzuwenden ist (vgl. u. a. Urteile vom 23.041991, Höfner und Elser, C-41/90, Slg. 1991, I-1979, Rdnr. 21; vom 11.12.2007, ETI u. a., C-280/06, Slg. 2007, I-10893, Rdnr. 38).
- Keine wirtschaftliche Tätigkeit und somit eine Verneinung der Unternehmereigenschaft (des Sozialversicherungsträgers) liegt im konkreten Einzelfall allerdings dann vor, wenn das nationale System der sozialen Sicherung als Umsetzung des Grundsatzes der Solidarität angesehen werden kann und einer staatlichen Aufsicht unterliegt (vgl. EuGH vom 16.03.2004, AOK Bundesverband u. a., C-264/01, C-306/01, C-354/01 und C-355/01, Slg. 2004, I-2493, Rdnr. 53).

Hinsichtlich dieser beiden Elemente des **Grundsatzes der Solidarität** und der **staatlichen Aufsicht** stellt der EuGH daher (bisher) fest, dass eine Einrichtung wie ein deutscher Sozialversicherungsträger durch ihre Mitwirkung an der Verwaltung eines der traditionellen Zweige der sozialen Sicherheit eine Aufgabe rein sozialer Natur wahrnimmt, sodass ihre Tätigkeit keine wirtschaftliche Tätigkeit im Sinne des Wettbewerbsrechts und diese Einrichtung somit kein Unternehmen im Sinne der Art. 101 und 102 AEUV (alt: 81 EG und 82 EG) ist.

### 3.2.3.5 Sonstige Einnahmen

Die Finanzierung der Sozialversicherung durch **sonstige Einnahmen** ist von eher **untergeordneter Bedeutung**. Sonstige Einnahmen sind Vermögenszuflüsse in den Haushalt des Sozialversicherungsträgers, die nicht Beiträge oder staatliche Zuschüsse darstellen. Beispiele für sonstige Einnahmen sind Einnahmen

- aus Vermietung und Verpachtung,
- aus Veräußerungen,
- durch Erträge aus Vermögensanlagen,
- aus Erstattungs- oder Ersatzansprüchen gegenüber anderen Sozialversicherungsträgern (§§ 102–114 SGB X),
- aus Erstattungs- oder Ersatzansprüchen gegen Private (Regresseinnahmen, §§ 115, 116 SGB X, Erstattungsanspruch nach § 50 SGB X),
- aus Säumniszuschlägen (§ 24 SGB IV),
- aus Geldbußen (z. B. § 209 SGB VII).

### 3.2.3.6 Mittelverwendung durch Vermögensanlage (§§ 80 bis 86 SGB IV)

Abschnitt Vier enthält im vierten Titel in den §§ 80 bis 86 SGB IV Vorschriften zum **Vermögen** der Sozialversicherungsträger. Die Norm knüpft an § 20 Abs. 1 SGB IV sowie § 30 Abs. 1 SGB IV an. Beiträge, staatliche Zuschüsse und sonstigen Einnahmen sollen sich idealtypisch mit den periodisch entstehenden und anfallenden Ausgaben die Waage halten. Insoweit gilt grundsätzlich, dass die Finanzierung der Sozialversicherung dem „Von-der-Hand-in-den-Mund-Prinzip" folgt. Da unvorhergesehene Ausgabenhäufungen deshalb nicht gedeckt wären, dürfen Sozialversicherungsträger in gewissem Umfang Vermögen anhäufen und anlegen. Diese Vermögensbildung und -anlage muss allerdings zugleich dem in § 30 Abs. 1 SGB IV genannten Zweck der Mittelverwendung entsprechend. Dementsprechend sind die Möglichkeiten der Sozialversicherungsträger systembedingt eher eng. Das **„Wie" der Vermögensbildung und -anlage** regeln die §§ 80 ff. SGB IV. Diese allgemeinen Normen werden durch Vorschriften in den besonderen Sozialgesetzbüchern (z. B. §§ 171 ff. SGB VII) ergänzt.

Grundsätze der **Vermögensanlage** normiert § 80 SGB IV. Nach Absatz 1 der Norm sind Mittel so anzulegen, dass

- ein Verlust ausgeschlossen erscheint,
- ein angemessener Ertrag erzielt wird und
- eine ausreichende Liquidität gewährleistet ist.

Dabei sind die Mittel der Versicherungsträger getrennt von den Mitteln Dritter zu verwalten (§ 80 Abs. 2 SGB IV).

▶ **TIPP** Das Bundesministerium der Finanzen hat eine Empfehlung für Mindestanforderungen an ein Finanzanlagemanagement von bundesnahen Einrichtungen erlassen (Bundesamt für Soziale Sicherung 2021), die auch für bundesunmittelbare Sozialversicherungsträger gilt. Auf Ebene des einzelnen Sozialversicherungsträgers kommt dem Vorstand eine Richtlinienkompetenz nach §§ 35 Abs. 2, 35 a Abs. 1 SGB IV zu. Im Bereich der allgemeinen Rentenversicherung hat die DRV Bund Anlagerichtlinie erlassen, die für alle Rentenversicherungsträger verbindlich sind (Deutsche Rentenversicherung Bund 2021).

Die Sozialversicherungsträger verwalten die Beiträge der Beitragspflichtigen treu-händerisch, bis diese zur Erfüllung der gesetzlich vorgeschriebenen oder zugelassenen Aufgaben verwendet werden (Kreikebohm 2018, § 80 SGB IV, Rz. 17). Deshalb muss die **Sicherheit der Vermögensanlage** Vorrang haben vor einer Gewinnmaximierung. Das Gesetz formuliert daher, dass – insoweit nachrangig – der Ertrag (lediglich) „angemessen" sein soll. Eine absolute Sicherheit vor Verlusten gibt es allerdings nicht. Die Einlagen der Versicherungsträger sind entsprechend der Vorschriften des Anlegerentschädigungsgesetzes nur gering geschützt. Zudem drohen den Sozialversicherungsträgern Verluste, da diese für Geldanlagen wegen der Niedrigzinspolitik der Europäischen Zentralbank erstmals im Jahr 2016 Negativzinsen zahlen mussten. Gerade in Zeiten der Finanzkrise sowie in einem Niedrigzinsumfeld sind daher kluge Anlagestrategien wichtig, die dem obersten Grundsatz der Anlagensicherheit folgen müssen. Aus dem Gesetz ergibt sich nicht, wann ein unter diesen Rahmenbedingungen erzielter Ertrag „angemessen" ist. Die **Angemessenheit** dürfte jedenfalls dann gegeben sein, wenn eine **marktübliche Rendite** erzielt wird. Da die Anlagensicherheit die oberste Leitlinie der Anlagestrategie darstellt, muss auf marktübliche Renditen „sicherer" Anlageprodukte abgestellt werden. Zudem ergibt sich aus § 80 Abs. 1 SGB IV („… eine ausreichende **Liquidität gewährleistet** ist.") sowie den gesetzlichen Vorschriften zur Rücklage und Betriebsmittel (§§ 81, 82 SGB IV), dass ein **jederzeitiger Zugriff** auf die Anlagen erfolgen kann, was Renditemöglichkeiten ebenfalls einschränkt. Die Mittel sind deshalb so anzulegen, dass diese im Bedarfsfall im erforderlichen Umfang für die Aufgabenerfüllung bereitstehen.

Die zur aktuellen Ausgabendeckung nicht benötigten Einnahmen der Versicherungsträger (Beiträge, staatliche Zuschüsse und sonstige Einnahmen) können insbesondere als **Betriebsmittel** oder **Rücklage** angelegt werden. Daneben müssen die Versicherungsträger zur laufenden Aufgabenerfüllung Mittel für das **Verwaltungsvermögen** verwenden (siehe § 30 Abs. 1 SGB IV: „**Verwaltungskosten**").

Die **Verwaltungskosten** entstehen zwangsläufig bei der Aufgabenerfüllung der Versicherungsträger. Die wichtigsten Positionen sind einerseits Personalkosten und andererseits Sachkosten. Werden zur Aufgabenerfüllung im Bereich der Sachkosten z. B. Verwaltungsgebäude nicht gemietet, sondern als Eigentum durch den Versicherungsträger erworben, handelt es sich dabei um **Verwaltungsvermögen**. An diesem Beispiel zeigt sich die Problematik des Zusammenspiels von Verwaltungskosten und Verwaltungsvermögen. Wenn der Versicherungsträger laufend Verwaltungsgebäude mietet, decken die Mietkosten den laufenden Bedarf der Zurverfügungstellung von Büroräumen. Durch die Ausgabe wird jedoch langfristig kein Vermögen gebildet, die Versichertengemeinschaft also dauerhaft belastet. Demgegenüber wird bei Erwerb eines Verwaltungsgebäudes langfristig Verwaltungsvermögen gebildet. Zugleich werden dadurch in erheblichem Maße Finanzmittel benötigt, die von den Versicherten und Arbeitgebern aufzubringen sind – die Versichertengemeinschaft wird also finanziell belastet. Welches der finanziell günstigere Weg ist, hängt von den konkreten Kosten vor Ort und davon ab, über welchen Zeitraum hinweg eine Betrachtung erfolgt. Gerade für den finanziell gewichtigen Aspekt der Verwaltungsgebäude hat der Gesetzgeber die Sondervorschrift des § 85 SGB IV über **genehmigungs-**

**bedürftige Vermögensanlagen** geschaffen (vgl. auch zur Beleihung von Grundstücken § 84 SGB IV).

▶ **TIPP** Das Bundesamt für Soziale Sicherung hat hierzu Genehmigungs- und Anzeigeverfahrensgrundsätze veröffentlicht (Bundesamt für Soziale Sicherung 2021).

Für die zuletzt genannten im Besonderen im Übrigen allerdings auch ganz allgemein haben die Organe des Versicherungsträgers einen **weiten Entscheidungsspielraum** (Einschätzungsprärogative), dessen Grenzen durch die Grundsätze der Wirtschaftlichkeit und Sparsamkeit (§ 69 Abs. 2 SGB IV, § 6 HGrG) gezogen wird (BSGE 55, 277, 279 f.). Erst wenn die Verwaltungsausgaben nicht mehr im Rahmen eines vernünftigen Verwaltungshandelns liegen, liegt ein Rechtsverstoß vor (BSGE 31, 247, 257). Liegt ein Rechtsverstoß vor, muss dieser durch den Vorsitzenden des Vorstandes beanstandet werden (§ 38 Abs. 1 SGB IV). Weitere Maßnahmen der Aufsichtsbehörden regeln §§ 87 ff. SGB IV. Eine mögliche Haftung der Mitglieder der Selbstverwaltungsorgane folgt aus § 42 Abs. 2 SGB IV. Ergänzende Regelungen zum Verwaltungsvermögen enthalten die einzelnen Versicherungszweige:

- Krankenversicherung § 263 SGB V
- Pflegeversicherung keine Regelung
- Rentenversicherung § 221 SGB VI (Anlagevermögen), § 293 SGB VI (Vermögensanlagen)
- Unfallversicherung § 172 b SGB VII
- Arbeitsförderung keine Regelung

**Betriebsmittel** sind nach der gesetzlichen Definition des § 81 SGB IV als „kurzfristige verfügbare Mittel zur Bestreitung laufender Ausgaben sowie zum Ausgleich von Einnahme- und Ausgabeschwankungen" von den Versicherungsträgern bereitzuhalten. Da Versicherungsträger Betriebsmittel bereitzuhalten „haben", müssen diese Betriebsmittel vorhalten. Das Maß der bereitzuhaltenden Betriebsmittel ist dabei je Versicherungszweig unterschiedlich:

- Krankenversicherung § 260 SGB V (Abs. 2 S. 1)
  „Die nicht für die laufenden Ausgaben benötigten Betriebsmittel zuzüglich der Rücklage nach § 261 sowie der zur Anschaffung und Erneuerung der Vermögensteile bereitgehaltenen Geldmittel nach § 263 Absatz 1 Satz 1 Nummer 2 dürfen im Durchschnitt des Haushaltsjahres das 0,8-Fache des nach dem Haushaltsplan der Krankenkasse auf einen Monat entfallenden Betrages der Ausgaben für die in Absatz 1 Nummer 1 genannten Zwecke nicht übersteigen."
- Pflegeversicherung § 63 SGB XI bis zu einer durchschnittlichen Monatsausgabe
- Rentenversicherung

(ergänzend wird eine gemeinsame Nachhaltigkeitsrücklage gebildet, §§ 216, 217 SGB VI)
- Unfallversicherung § 172 SGB VII bis zu einer Jahresausgabe
- Arbeitsförderung keine Regelung

**Rücklagen** sind nach der gesetzlichen Definition des § 82 SGB IV von den Versicherungsträgern „zur Sicherstellung ihrer Leistungsfähigkeit, insbesondere für den Fall, dass Einnahme- und Ausgabeschwankungen durch den Einsatz von Betriebsmitteln nicht mehr ausgeglichen werden können, bereitzuhalten". Da Versicherungsträger Rücklagen bereitzuhalten „haben", müssen diese eine Rücklage vorhalten. Dabei gilt nach der gesetzlichen Definition ein Vorrang-Nachrang-Verhältnis von dem **Einsatz der Betriebsmittel vor Rückgriff auf die Rücklage**. Das Maß der bereitzuhaltenden Rücklage ist dabei je Versicherungszweig unterschiedlich:

- Krankenversicherung § 261 SGB V zwischen 20 % bis 100 % einer durchschnittlichen Monatsausgabe
  (auf Landesverbandsebene gibt es zusätzlich die sog. Gesamtrücklage, § 262 SGB V)
- Pflegeversicherung § 64 SGB XI 50 % einer durchschnittlichen Monatsausgabe
- Rentenversicherung
  (ergänzend wird eine gemeinsame Nachhaltigkeitsrücklage gebildet, §§ 216, 217 SGB VI)
- Unfallversicherung § 172 a SGB VII zwischen zwei und vier durchschnittlichen Monatsausgaben
- Arbeitsförderung § 366 SGB III

Die Anlegung der Rücklage ist gesetzlich in § 83 SGB IV geregelt. Im Einzelfall die Rücklage abweichend angelegt werden, wenn eine Genehmigung der Aufsichtsbehörde vorliegt (§ 86 SGB IV).

---

**Zusammenfassung, Merksatz**
Die Versicherungsträger dürfen ihre Mittel (Beiträge, staatliche Zuschüsse und sonstigen Einnahmen) nur zu den gesetzlich vorgeschriebenen oder zugelassenen Aufgaben sowie die Verwaltungskosten verwenden. Zur laufenden Liquiditätssicherung sowie zum Ausgleich von Einnahme- und Ausgabeschwankungen müssen Betriebsmittel und Rücklagen gebildet werden.

---

### 3.2.3.7 Haushalts- und Rechnungswesen

Der vierte Abschnitt, dritter Titel enthält in den §§ 67 bis 79 SGB IV Vorschriften zum **Haushalts- und Rechnungswesen**. Der in den §§ 1, 48 HGrG enthalten Gesetzgebungsauftrag wurde somit mit den §§ 67 ff. SGB IV erfüllt. Abweichend von denen im Haushaltsgrundsätzegesetz normierten Haushaltsgrundsätzen enthält das SGB IV auf die Verhältnisse der Sozialversicherung angepasst Besonderheiten. Deshalb sind die allgemeinen Haushaltsgrundsätze des Bundes und der Länder weiterhin anwendbar, soweit keine speziellen Regelungen des SGB IV oder im Rahmen der Rechtsverordnungen nach § 78 SGB IV getroffen sind. Die Sozialversicherungsträger müssen daher diesen gesetzlichen Vorgaben folgen. Im Folgenden sollen v. a. zwei wichtige Grundsätze betrachtet werden. Das sind einerseits die in § 69 SGB IV enthalten **Grundsätze der Wirtschaftlichkeit und Sparsamkeit** und zum zweiten die Regelungen des § 76 SGB IV zur **Erhebung der Einnahmen**.

**Haushaltsplan**

Wie jede Körperschaft des öffentlichen Recht haben die Sozialversicherungsträger einen **Haushaltsplan** aufzustellen (§ 67 SGB IV). Für diesen gelten das **Jährlichkeitsprinzip** (§ 67 Abs. 1 SGB IV; vgl. auch § 4 HGrG, § 4 BHO) sowie das Vorherigkeitsprinzip (vgl. hierzu die Regelungen in §§ 70, 71 SGB IV). Gegenstand des Haushaltsplans sind eine Aufstellung aller einerseits Ausgaben und voraussichtlich benötigter Verpflichtungsermächtigungen (Ausgabenverpflichtungen für künftige Haushaltsjahre, siehe § 75 SGB IV) sowie andererseits zu erwartenden Einnahmen. Einnahmen und Ausgaben sind dabei (rechnerisch über die entsprechenden Haushaltspositionen) auszugleichen (vgl. § 69 Abs. 1 SGB IV). Dabei gelten die Grundsätze der Vollständigkeit sowie der Bruttoveranschlagung. Das heißt, das alle Positionen vollständig und getrennt voneinander in vollständiger Höhe aufzuführen sind; eine sofortige Verrechnung oder Aufrechnung ist deshalb unzulässig. Das „Wie" der Buchungen, also die Zuordnung der Buchungen zu einzelnen Haushaltspositionen, erfolgt nach den Regelungen der Verordnung über das Haushaltswesen in der Sozialversicherung (SVHV). Mit der Feststellung des Haushaltsplans durch die Vertreterversammlung (§ 70 Abs. 1 S. 2 SGB IV) wird die Verwaltung intern zur Haushalts- und Wirtschaftsführung ermächtigt. Das heißt, ohne beschlossenen Haushaltsplan dürfen grundsätzlich keine Ausgaben getätigt und keine Einnahmen verbucht werden. Ausnahmen hiervon sind nur im Rahmen der vorläufigen Haushaltsführung (§ 72 SGB IV) zulässig. Ergänzend stellt § 68 Abs. 2 SGB IV klar, dass der Haushaltsplan nur verwaltungsintern wirkt und Rechtsansprüche gegen den Sozialversicherungsträger nicht begründen kann. Die Haushaltspläne der Sozialversicherungsträger sind der zuständigen Genehmigungsbehörde entweder auf Verlangen oder von Amts wegen vorzulegen (vgl. im Einzelnen §§ 70 bis 71 f. SGB IV). Nach Ausführung des Haushaltsplans enthält § 77 SGB IV die für die Organe des Versicherungsträgers wichtigen Regelungen zum Rechnungsabschluss, der Jahresrechnung sowie der Entlastung. Für die Bundesagentur für Arbeit gilt über § 77 a SGB IV insoweit die Bundeshaushaltsordnung sinngemäß.

**Wirtschaftlichkeit und Sparsamkeit**

Die **Grundsätze der Wirtschaftlichkeit und Sparsamkeit** enthält das Gesetz in § 69 Abs. 2 SGB IV (vgl. auch § 7 Abs. 1 S. 1 BHO).

**§ 69 Abs. 2 SGB IV**

Bei der Aufstellung und Ausführung des Haushaltsplans hat der Versicherungsträger sicherzustellen, dass er die ihm obliegenden Aufgaben unter Berücksichtigung der Grundsätze der Wirtschaftlichkeit und Sparsamkeit erfüllen kann.

Methoden, wie die Grundsätze umgesetzt werden können, werden in § 69 Abs. 3 bis 6 SGB IV näher erläutert. Die Grundsätze der Wirtschaftlichkeit und Sparsamkeit sind in allen Phasen des Haushaltsplans (Planungsphase, Planaufstellung [durch den Vorstand, § 70 Abs. 1 S. 1 SGB IV], Planfeststellung, Planausführung) maßgebend. Dabei muss die Verwaltung stets fragen, ob beabsichtigte ausgabenrelevante Maßnahmen geeignet sind, der Aufgabenerfüllung zu dienen. Insoweit wirken § 30 Abs. 1 SGB IV und § 69 Abs. 2 SGB IV zusammen.

Wie die Grundsätze der Wirtschaftlichkeit und Sparsamkeit umgesetzt werden sollen, orientiert sich an den Verwaltungsvorschriften zur BHO.

**VV zu § 7 BHO, Ziffer 1**

Die Ausrichtung jeglichen Verwaltungshandelns nach dem Grundsatz der Wirtschaftlichkeit soll die bestmögliche Nutzung von Ressourcen bewirken. Damit gehört zur Beachtung des Grundsatzes der Wirtschaftlichkeit auch die Prüfung, ob eine Aufgabe durchgeführt werden muss und ob sie durch die staatliche Stelle durchgeführt werden muss.

Nach dem Grundsatz der Wirtschaftlichkeit ist die günstigste Relation zwischen dem verfolgten Zweck und den einzusetzenden Mitteln (Ressourcen) anzustreben. Der Grundsatz der Wirtschaftlichkeit umfasst das Sparsamkeits- und das Ergiebigkeitsprinzip. Das Sparsamkeitsprinzip (Minimalprinzip) verlangt, ein bestimmtes Ergebnis mit möglichst geringem Mitteleinsatz zu erzielen. Das Ergiebigkeitsprinzip (Maximalprinzip) verlangt, mit einem bestimmten Mitteleinsatz das bestmögliche Ergebnis zu erzielen. Bei der Ausführung des Haushaltsplans, der in aller Regel die Aufgaben (Ergebnis, Ziele) bereits formuliert, steht der Grundsatz der Wirtschaftlichkeit in seiner Ausprägung als Sparsamkeitsprinzip im Vordergrund.

Der Grundsatz der Wirtschaftlichkeit ist bei allen Maßnahmen des Bundes, die die Einnahmen und Ausgaben des Bundeshaushaltes unmittelbar oder mittelbar beeinflussen, zu beachten. Dies betrifft sowohl Maßnahmen, die nach einzelwirtschaftlichen Kriterien (z. B. Beschaffungen für den eigenen Verwaltungsbereich und Organisationsänderungen in der eigenen Verwaltung) als auch Maßnahmen, die nach gesamtwirtschaftlichen Kriterien (z. B. Investitionsvorhaben im Verkehrsbereich, Subventionen und Maßnahmen der Sozial- und Steuerpolitik) zu beurteilen sind. Unter die Maßnahmen fallen auch Gesetzgebungsvorhaben.

**Rechtzeitigkeit und Vollständigkeit der Einnahmenerhebung**

Da die Einnahmen die Ausgabemöglichkeiten eines Sozialversicherungsträgers maßgebend beeinflussen, hat der Gesetzgeber in § 76 SGB IV Grundsätze aufgestellt, wie Einnahmen zu erheben sind. § 76 Abs. 1 SGB IV formuliert den Grundsatz, dass **Ein-**

**nahmen rechtzeitig und vollständig** zu erheben sind. Rechtzeitigkeit der Einnahmenerhebung bedeutet, dass dies unverzüglich, nachdem diese fällig (vgl. § 23 SGB IV) geworden sind oder aus anderen Gründen verlangt werden dürfen, zu erheben sind.
Hinsichtlich des Hauptfinanzierungsinstruments Beiträge sind die Voraussetzungen der
Beitragsentstehung und -fälligkeit im Gesetz bzw. in den Satzungen der Sozialversicherungsträger geregelt. Für sonstige Ansprüche müssen die Versicherungsträger unverzüglich geeignete Maßnahmen für das Entstehen der Forderung treffen. Vollständigkeit
meint die Einnahmenerhebung ohne Abzüge einschließlich aller Nebenforderungen
(z. B. Zinsen oder Säumniszuschläge).

Ausnahmen von diesem Grundsatz und Verfahrensvorschriften regeln die Absätze zwei
bis fünf der Norm. In § 76 Abs. 2 S. 1 SGB IV sind die gesetzlich abschließend aufgezählten Abweichungsmöglichkeiten genannt – **Stundung**, **Niederschlagung** und **Erlass**. Auf allen Ebenen der Entscheidung hat die Verwaltung Ermessen auszuüben, sodass
sowohl bei der Frage des „ob" als auch bei der Frage des „wie" rechtsstaatliche Leitlinien
(insbesondere Grundsatz der Verhältnismäßigkeit, Übermaßverbot) zu beachten sind. Allerdings gibt der Gesetzgeber mit der Regelung des § 76 Abs. 1 SGB IV der Verwaltung
den ermessensleitenden Grundsatz vor, dass die Sicherstellung der Finanzierung der
Sozialversicherung als Leitprinzip zu beachten ist. Für Ansprüche auf den Gesamtsozialversicherungsbeitrag trifft die zuständige Einzugsstelle die Entscheidung (§ 76 Abs. 3
SGB IV), sodass für die Bereiche Krankenversicherung, Pflegeversicherung, Rentenversicherung und Arbeitsförderung die Krankenkassen die Entscheidung treffen.

**Stundung**
**Stundung** einer Forderung ist das **Hinausschieben der Fälligkeit**. Gemäß § 76 Abs. 2
S. 1 Nr. 1 SGB IV darf eine Stundung nur erfolgen, wenn

- die sofortige Einziehung mit erheblichen Härten für den Pflichtigen verbunden wäre und
- der Anspruch durch die Stundung nicht gefährdet wird.

Sinn und Zweck der Stundung ist die (zeitweise) Überbrückung eines Liquiditätseng-
passes des Schuldners. Eine Stundung wird nur auf Antrag gewährt, welcher der Verwaltung einen Anlass zur Prüfung im Einzelfall gibt. Eine **erhebliche Härte** für den
Anspruchsgegner ist dann anzunehmen, wenn er sich auf Grund ungünstiger wirtschaftlicher Verhältnisse vorübergehend in ernsthaften Zahlungsschwierigkeiten befindet oder
im Falle der sofortigen Einziehung in diese geraten würde. Dabei sind die Gesamtumstände
des Einzelfalls zu berücksichtigen. Da der **Anspruch nicht gefährdet** werden darf, müssen die Zahlungsschwierigkeiten des Schuldners lediglich vorübergehend bestehen. Eine
Stundung ist daher beispielsweise dann ausgeschlossen, wenn eine Insolvenz auch bei
Stundung nicht abgewendet werden kann. Wird Stundung durch Einräumung von **Teil-
zahlungen** gewährt, hat die Verwaltung in die entsprechende Vereinbarung eine Bestimmung aufzunehmen, nach der die jeweilige Restforderung sofort fällig wird, wenn die

Frist für die Leistung von zwei Raten um eine in der Vereinbarung zu bestimmende Zeit überschritten wird (VV zu § 59 BHO, Ziffer 1.3). Für die Dauer der Stundung wird die Verjährung der Forderung nach § 205 BGB gehemmt.

Gemäß § 76 Abs. 2 S. 2 SGB IV soll eine Stundung nur gegen angemessene Verzinsung und in der Regel nur gegen Sicherheitsleistung erfolgen. Die **Verzinsung** ist daher regelmäßig durchzuführen. Grund dafür ist, dass der Schuldner im Rahmen einer Stundung nicht bessergestellt werden soll als ein redlicher Beitragspflichtiger. Von der Verzinsung darf der Sozialversicherungsträger daher nur in atypischen Fällen nach Ausüben pflichtgemäßen Ermessens abweichen. Welcher Zinssatz „angemessen" ist, wird unterschiedlich beurteilt. Nach VV zu § 59 BHO, Ziffer 1.4.1 ist als angemessene Verzinsung regelmäßig eine solche in Höhe von zwei Prozentpunkten über dem jeweiligen Basiszinssatz nach § 247 BGB anzusehen. Als **Sicherheitsleistung** kommen insbesondere in Betracht Verpfändung beweglicher Sachen, Grundpfandrecht, Forderungsabtretungen, Sicherungsübereignungen, Bürgschaften oder abstrakte Schuldversprechen (siehe hierzu die Aufstellung unter VV zu § 59 BHO, Ziffer 1.5).

---

**Beispielsfall Stundung**

Durch Blitzeinschlag Anfang Dezember wird die elektronische Steuerung eines von U betriebenen „Saunagartens" beschädigt. Die Reparatur erfolgt erst nach einem Monat, sodass der Betrieb in der Hochsaison für Saunagänger während dieser Zeit geschlossen bleiben muss. U kam bisher seinen Zahlungspflichten nach, er beantragt Stundung und bietet seinen neuen PKW als Sicherheitsleistung an.

Dem Stundungsantrag kann stattgegeben werden, da die in § 76 Abs. 2 S. 1 Nr. 1, S. 2 SGB IV genannten Voraussetzungen vorliegen. ◄

**Niederschlagung**

Ein Anspruch darf als **internes Handeln** der Verwaltung dann **niedergeschlagen** werden, wenn feststeht, dass die Einziehung keinen Erfolg haben wird oder wenn die Kosten der Einziehung außer Verhältnis zur Höhe des Anspruchs stehen (§ 76 Abs. 2 S. 1 Nr. 2 SGB IV). Bei einer Niederschlagung sieht die Verwaltung für einen gewissen Zeitraum von der Einziehung der Forderung ab. Die Forderung erlischt nicht. Bei dieser Maßnahme stehen Zweckmäßigkeitserwägungen des Verwaltungshandelns im Vordergrund. Da es sich lediglich um eine verwaltungsinterne Maßnahme handelt, bedarf es für eine Niederschlagung keines Antrags. Es erfolgt regelmäßig auch keine Mitteilung an den Forderungsverpflichteten. Ob die Einziehung keinen Erfolg hat bzw. deren Kosten außer Verhältnis zur Anspruchshöhe stehen, ergibt sich in der Praxis regelmäßig aus dem Ergebnis von Zwangsvollstreckungsmaßnahmen, da hierbei die **wirtschaftlichen Verhältnisse** des Anspruchsverpflichteten ermittelt werden. Die wirtschaftlichen Verhältnisse des Anspruchsgegners sind vom Sozialversicherungsträger in angemessenen Zeitabständen zu überprüfen. Welche Zeitabstände „angemessen" sind, entscheidet der einzelne Träger. In der Verwaltungspraxis sind zwei oder drei Jahre üblich. In der Verwaltungspraxis wird weiterhin unterschieden, ob eine Niederschlagung dauerhaft (unbefristete Niederschlagung, z. B. bei

Versterben des Schuldners und Erschöpfung des Nachlasses oder bei Restschuldbefreiung nach §§ 286 ff. InsO) oder für eine gewisse Zeit (befristete Niederschlagung, z. B. bei erfolgloser Zwangsvollstreckung wegen Vermögenslosigkeit) erfolgen soll. Erfolgt die Niederschlagung zeitlich befristet, muss die Verwaltung darauf achten, Verjährung unterbrechende Maßnahmen durchzuführen.

Im Zusammenhang mit der Niederschlagung sind **Kleinbetragsregelungen** zu betrachten. Diese basieren auf der Idee, dass bei Beitragsansprüchen unter einem definierten Betrag die Kosten einer Vollstreckungsmaßnahme in der Regel in keinem wirtschaftlichen Verhältnis zur Höhe des Anspruchs stehen. Bei Kleinbeträgen erfolgt nach VV zu § 59 BHO Ziffer 7.3.1 bei Gesamtrückständen unter 36 Euro keine Zwangsvollstreckung. Das heißt, praktisch für die Zwangsvollstreckung von Beiträgen der bundesunmittelbaren Sozialversicherungsträger, dass die zuständige Bundeszollverwaltung bei Gesamtrückständen unter 36 Euro nicht tätig wird. Die Spitzenorganisationen der Sozialversicherung (mit Ausnahme der gesetzlichen Unfallversicherung) haben darüber hinaus folgende vom Bundesministerium für Arbeit und Soziales genehmigte (BMAS, Schreiben vom 01.08.2007, IV a2 – 41645 -76/12) Kleinbetragsregelung vereinbart:

- bei Beitragsansprüchen unter 4 % der monatlichen Bezugsgröße West (auf 10 Euro nach oben aufgerundet; 2021: 4 % von 3290 Euro = 131,60 Euro, gerundet 140 Euro) wird auf Vollstreckungsmaßnahmen verzichtet. Die Beiträge können ohne Weiteres niedergeschlagen werden,
- bei Beitragsansprüchen zwischen 4 % der monatlichen Bezugsgröße West und unter 12 % der monatlichen Bezugsgröße West (auf 10 Euro nach oben aufgerundet; 2021: 12 % von 3290 Euro = 394,80 Euro, gerundet 400 Euro) wird auf weitere Vollstreckungsmaßahmen verzichtet. Sie können niedergeschlagen werden.

---

**Beispielsfall Niederschlagung**

S schuldet wegen verspäteter Meldung der Aufnahme einer Beschäftigung der Bundesagentur zu viel erhaltenes Arbeitslosengeld nach § 136 Abs. 1 Nr. 1 SGB III. S wird aus der neuen Beschäftigung entlassen. Er ist 58 Jahre alt und findet seit fünf Jahren keine Beschäftigung. Zwangsvollstreckungsmaßnahmen sind bisher erfolglos geblieben.

Der Anspruch kann niedergeschlagenen werden, da die in § 76 Abs. 2 S. 1 Nr. 2 SGB IV genannten Voraussetzungen vorliegen. ◄

**Erlass**
Ansprüche werden **erlassen**, wenn deren Einziehung nach Lage des einzelnen Falls unbillig wäre (§ 76 Abs. 2 S. 1 Nr. 3 Hs. 1 SGB IV). Erlass ist somit ein teilweiser oder vollständiger **Verzicht** auf einen fälligen Anspruch. Durch den Erlass geht die Forderung unter und kann anschließend nicht mehr geltend gemacht werden. Ein Erlass ist nur dann möglich, wenn eine Stundung nach § 76 Abs. 2 S. 1 Nr. 1 SGB IV nicht in Betracht kommt.

Für den Erlass einer Forderung ist grundsätzlich ein Antrag des Verpflichteten erforderlich, um der Verwaltung einen Anlass zur Prüfung zu geben. Die **Unbilligkeit** der Einziehung muss im Einzelfall beurteilt werden, es können sachliche oder persönliche Gründe gegeben sein. Maßstab hierfür sind einerseits der gesetzlich bestimmte Grundsatz der rechtzeitigen und vollständigen Einnahmeerhebung und andererseits der Schutz des Schuldners vor (unverschuldeter) Überforderung. Letzteres kann nur in Ausnahmefällen vorrangig sein. Unbilligkeit wird dann angenommen, wenn die Einziehung für den Verpflichteten eine besondere Härte bedeuten würde. Eine besondere Härte ist insbesondere dann anzunehmen, wenn sich der Anspruchsgegner in einer unverschuldeten wirtschaftlichen Notlage (= persönliche Unbilligkeit) befindet und zu besorgen ist, dass die Weiterverfolgung des Anspruchs zu einer Existenzgefährdung (z. B. Aufgabe einer selbstständigen Tätigkeit) führen würde. Diese in der persönlichen Situation begründete Unbilligkeit stellt praktisch den Hauptanwendungsfall dar. Sachlich unbillig ist die Verfolgung des Anspruchs, wenn diese zwar dem Gesetzeswortlaut entspricht, bei wertender Betrachtung die Beitreibung des Anspruchs im Einzelfall ungerecht erscheint.

Liegen die Voraussetzungen eines Erlasses vor, können bereits entrichtete Beiträge an den Beitragsschuldner **erstattet** oder auf weitere Forderungen **angerechnet** werden (§ 76 Abs. 2 S. 1 Nr. 3 Hs. 2 SGB IV).

**Beispielsfall Erlass**

U betreibt eine Bäckerei. Aufgrund eines Brandes im Monat Dezember 2020 ist die Bäckerei komplett abgebrannt und musste neu errichtet werden. Da die Verschuldensfrage für den Brand noch nicht geklärt ist, erfolgten bisher noch keinerlei Zahlungen der Versicherung. Durch den Brand ist die Produktion ein halbes Jahr lang ausgefallen. Zum 07.07.2021 konnte die Produktion wieder beginnen. U beantragt Verzicht auf Sozialversicherungsbeiträge für den Zeitraum Januar bis Juni 2021, da anderenfalls das Unternehmen schließen und er seine 20 Mitarbeiter entlassen müsste.
Dem Erlassantrag kann stattgegeben werden, da die in § 76 Abs. 2 S. 1 Nr. 3 Hs. 1 SGB IV genannten Voraussetzungen vorliegen. ◄

**Hintergrundinformation: Vergleich**

Sonderregelungen zum **Vergleich** enthalten § 76 Abs. 4 und 5 SGB IV. Ein Vergleich ist nach der gesetzlichen Definition des § 779 Abs. 1 BGB ein Vertrag, durch den ein Streit oder eine Ungewissheit über ein Rechtsverhältnis im Wege des gegenseitigen Nachgebens beseitigt wird. Verfahrensrechtlich finden die §§ 54 ff. SGB X Anwendung. Ein Vergleich über Einnahmen des Versicherungsträgers kann dann geschlossen werden, wenn dieser wirtschaftlich oder zweckmäßig ist. Dabei sind als Kriterien Dauer, Kosten und Erfolgsaussichten einer Sachaufklärung oder eines Rechtsstreits heranzuziehen. Der wirtschaftliche Wert des Vergleichsgegenstands (der Einnahmen im Verhältnis zu den Ausfallrisiken) ist entsprechend zu bewerten. Ein Vergleich bedeutet zugleich einen Verzicht auf Forderungen durch den Sozialversicherungsträger, sodass nach der hier vertretenen Ansicht die zum Erlass gemachten Erläuterungen ergänzt um die gesetzlich benannten Kriterien der Wirtschaftlichkeit und Zweckmäßigkeit gelten.

**Zusammenfassung, Merksatz**
Die Grundsätze der Wirtschaftlichkeit und Sparsamkeit gelten in allen Phasen der Aufstellung und Ausführung des Haushaltsplans. Mittel dürfen dabei nur für eigene und übertragene Aufgaben verwendet werden. Für Einnahmen gilt, dass diese rechtzeitig und vollständig zu erheben sind. Ausnahmen sind nur im Rahmen der gesetzlich zugelassenen Ausnahmen Stundung, Niederschlagung und Erlass möglich.

### 3.2.4   Minijobzentrale und geringfügige Beschäftigung, Übergangsbereich

Die Administration der **Minijobs** bezüglich **Meldung** und **Beitragseinzug** ist in Deutschland in der **Minijobzentrale** zentral gebündelt. Die Minijob-Zentrale ist Teil des Verbundsystems der Deutschen Rentenversicherung Knappschaft-Bahn-See. Die Deutsche Rentenversicherung Knappschaft-Bahn-See ist eine rechtsfähige Körperschaft des öffentlichen Rechts mit Selbstverwaltung und besitzt Dienstherrnfähigkeit (§ 29 SGB IV in Verbindung mit § 143 Abs. 1 SGB VI). Die Minijob-Zentrale übernimmt folgende Aufgaben. Sie

- nimmt Meldungen der Minijobs zur Sozialversicherung entgegen,
- zieht die Abgaben für Minijobs ein,
- führt das Haushaltsscheck-Verfahren für Minijobs in Privathaushalten durch
- und meldet Minijobs in Privathaushalten zur gesetzlichen Unfallversicherung an.

Darüber hinaus bietet sie sowohl Arbeitgebern als auch Minijobbern mit übersichtlichen Informationen und persönlicher Beratung zum Versicherungs-, Beitrags- und Melderecht für alle Minijobs einen umfassenden Service.

Die Minijobzentrale ist zentrale **Einzugsstelle**für die Minijobs (§ 28 i S. 5 SGB IV). Das heißt, für diese Beschäftigungsverhältnisse gilt eine abweichende Zuständigkeit, da Einzugsstelle für den Gesamtsozialversicherungsbeitrag nach § 28 h Abs. 1 i. V. m. § 28 i S. 1 SGB IV die zuständige Krankenkasse ist. Gründe für diese abweichende Regelung sind Gesichtspunkte der Verwaltungsökonomie und Qualitätssicherung. Ohne die zentrale Zuständigkeit der Minijobzentrale müsste nämlich jede Krankenkasse ihre Minijobs administrieren.

Unter dem Begriff Minijob werden die gesetzlich als **geringfügige Beschäftigung** genannten Beschäftigungsverhältnisse nach §§ 8, 8 a SGB IV zusammengefasst. Geringfügige Beschäftigungsverhältnisse sind „echte" Beschäftigungsverhältnisse i. S. d. § 7 SGB IV. Mit dem Beschäftigungsverhältnis würden zugleich eine grundsätzliche **Versicherungspflicht** und daraus folgend eine volle **Beitragspflicht** in der Sozialversicherung korrespondieren. Sowohl hinsichtlich der Versicherungspflicht als auch hinsichtlich der Beitragspflicht hat der Gesetzgeber allerdings unter der Voraussetzung, dass ein Tatbestand einer geringfügigen Beschäftigung besteht, **Ausnahmen** normiert. Die wichtigste

Ausnahme ist die **Beitragsfreiheit** der geringfügig beschäftigten Person (mit Ausnahme in der gesetzlichen Rentenversicherung). **Abgaben trägt** somit allein der **Arbeitgeber**, weswegen diese auch geringer sind als in Versicherungspflichtverhältnissen. Diese Ausnahmen sind aus dem Gedanken gerechtfertigt, dass Beschäftigungsverhältnisse gegen geringes Entgelt oder von sehr kurzer Dauer von Vornherein nicht der Existenzsicherung dienen. Die Regelungen sind immer wieder in der sozialpolitischen Diskussion. Gerade gewerkschaftsseitig wird gefordert, dass auch für geringfügige Beschäftigungsverhältnisse volle Sozialversicherungspflicht mit allen Folgen bestehen müsse. Folgen wären eine volle Beitragspflicht und zugleich eine vollwertige soziale Absicherung in der Sozialversicherung. Aus Sicht von Wirtschaftsverbänden wird die Regelung befürwortet, da geringfügige Beschäftigungsverhältnisse geringere Abgabenlasten im Sinne der Lohnnebenkosten mit sich bringen und somit sowohl für Unternehmen als auch für die geringfügig Beschäftigten selbst monetäre Vorteile mit sich bringen.

**Geringfügige Beschäftigung** liegt in folgenden Varianten vor:

- geringfügig entlohnte Beschäftigung bis zu 450 Euro im Monat (§ 8 Abs. 1 Nr. 1 SGB IV),
- Beschäftigung in kurzem zeitlichen Umfang, die nicht berufsmäßig ausgeübt wird (§ 8 Abs. 1 Nr. 2 SGB IV),
- geringfüge Beschäftigung in Privathaushalten für Tätigkeiten, die sonst gewöhnlich durch Mitglieder des privaten Haushalts erledigt werden (§ 8 a SGB IV).

> **Zusammenfassung, Merksatz**
> Die Minijobzentrale organisiert und führt die Meldung und den Beitragseinzug der Minijobs zur Sozialversicherung aus. Minijobs sind geringfügige Beschäftigungsverhältnisse gemäß §§ 8, 8 a SGB IV.

### 3.2.4.1 Geringfügig entlohnte Beschäftigung

Die **geringfügig entlohnte Beschäftigung** ist bis zur Entgeltgrenze von 450 Euro im Monat möglich. Anschließend besteht volle Sozialversicherungspflicht (vgl. zum Übergangsbereich unten). Auf die wöchentliche Arbeitszeit kommt es dabei grundsätzlich nicht an. Da im Jahr 2021 ein gesetzlicher Mindestlohn von 9,60 € (ab 01.07.; zwischen 01.01.-30.06. von 9,50 €) festgesetzt ist, folgt daraus allerdings eine faktische Stundenbegrenzung (46,875 Stunden im Monat). Treffen mehrere geringfügige Beschäftigungen zusammen, sind die Entgelte nach § 8 Abs. 2 S. 1 SGB IV zusammen zu rechnen. Wird dann die 450-Euro-Grenze überschritten, besteht für alle Beschäftigungsverhältnisse volle Versicherungs- und Beitragspflicht in der Sozialversicherung. Diese Zusammenrechnung wird allerdings nicht vorgenommen, wenn eine geringfügig entlohnte Beschäftigung neben einer sozialversicherungspflichtigen (Haupt-)Beschäftigung ausgeübt wird. Jede weitere dann hinzutretende geringfügige Beschäftigung führt jedoch zur Versicherungspflicht.

▶ **TIPP**  Nähere Reglungen enthalten die Geringfügigkeitsrichtinien (Spitzenverbände 2021). Hierbei handelt es sich um eine Vereinbarung zwischen Sozialversicherungsträgern bzw. deren Spitzenorganisation, die **keine unmittelbare
Rechtsverbindlichkeit** besitzt und insbesondere Gerichte nicht bindet. Für die
Verwaltungsanwendung ist die Richtlinie demgegenüber äußerst relevant.

**Versicherungsrechtliche Folgen** einer geringfügig entlohnten Beschäftigung:

- Krankenversicherung: Versicherungsfreiheit (§ 7 Abs. 1 S. 1 Hs. 1 SGB V)
- Pflegeversicherung: Versicherungsfreiheit (§ 20 Abs. 1 S. 1 SGB XI i. V. m. § 7 Abs. 1 S. 1 Hs. 1 SGB V)
- Rentenversicherung: Versicherungspflicht (§ 1 S. 1 Nr. 1 SGB VI) mit Befreiungsmöglichkeit (§ 6 Abs. 1 b SGB VI)
- Arbeitsförderung: Versicherungsfreiheit (§ 27 Abs. 2 SGB III)
- Unfallversicherung: Versicherung kraft Gesetzes (§ 2 Abs. 1 Nr. 1 SGB VII)

**Abgabenrechtliche Folgen** einer geringfügig entlohnten Beschäftigung:

- Krankenversicherung:
  13 v. H (§ 249 b S. 1 SGB V)
  aber nur, wenn nur wenn Versicherungspflicht in der GKV besteht
  (z. B.: für einen privat versicherten Beamten, der zusätzlich einer gering entlohnten Beschäftigung nachgeht, ist dieser Anteil durch den Arbeitgeber nicht zu zahlen)
- Pflegeversicherung:
  kein Beitrag
- Rentenversicherung:
  15 v. H. durch den Arbeitgeber (§ 168 Abs. 1 Nr. 1 b SGB VI bei versicherungspflichtigen Beschäftigten, § 172 Abs. 3 S. 1 SGB VI bei versicherungsfreien Beschäftigten);
  3,7 v. H. durch den Versicherten (§ 168 Abs. 1 Nr. 1 b SGB VI nur bei versicherungspflichtigen Beschäftigten)
- Arbeitsförderung:
  kein Beitrag
- Unfallversicherung:
  Beitrag an den zuständigen Unfallversicherungsträger entsprechend des gezahlten Entgelts (§ 150 Abs. 1 S. 1 Alt 1 i. V. m. § 153 Abs. 1 i. V. m. § 167 Abs. 1 und 2 SGB VII); ggf. ist ein Mindestbeitrag unabhängig von der Beitragshöhe nach Entgelt festgesetzt (§ 161 SGB VII)
- Umlage U 1:
  1,0 v. H. (§ 2 Abs. 1 S. 2 Aufwendungsausgleichsgesetz – AAG i. V. m. § 7 AAG)
  Umlage zum Ausgleich der Aufwendungen des Arbeitgebers bei Krankheit des Mini-jobbers. Diese ist nur zu zahlen, wenn die Beschäftigung länger als vier Wochen dauert.

- Umlage U 2:
  0,39 v. H. (§ 2 Abs. 1 S. 2 AAG i. V. m. § 7 AAG)
  Umlage zum Ausgleich der Aufwendungen des Arbeitgebers bei Schwangerschaft bzw. Mutterschaft. Diese ist für alle Minijobber geschlechterneutral zu zahlen.
- Insolvenzgeldumlage:
  0,12 v. H. (2021, § 361 Nr. 1 SGB III)
  nicht zu zahlen insbesondere von Arbeitgebern der öffentlichen Hand und Privathaushalten (§ 358 Abs. 1 SGB III)
- Pauschalsteuer:
  2 v. H. (§ 40 a Abs. 2 EStG)

### 3.2.4.2 Kurzfristige Beschäftigung

Eine **kurzfristige Beschäftigung** nach § 8 Abs. 1 Nr. 2 SGB IV liegt vor, wenn die Beschäftigung aufgrund ihrer Eigenart (z. B. bei saisonaler Arbeit) oder vertraglich innerhalb eines Kalenderjahres auf längstens drei Monate oder 70 Arbeitstage begrenzt ist (vgl. zur Auslegung der Norm und Abgrenzung zu § 8 Abs. 1 Nr. 1 SGB IV: BSG vom 24.11.2020, B 12 KR 34/19 R, NZS 2021, 976 bis 980). Die Monatsgrenze ist maßgeblich, wenn die Beschäftigung an mindestens fünf Tagen in der Woche ausgeübt wird. Die kurzfristige Beschäftigung darf zudem nicht berufsmäßig ausgeübt werden. Das ist dann der Fall, wenn die Beschäftigung für den Betroffenen lediglich von untergeordneter wirtschaftlicher Bedeutung ist. Keine Berufsmäßigkeit liegt vor, wenn die Beschäftigung nur gelegentlich ausgeübt wird. In der Praxis kommt bei der Beurteilung der Beschäftigungsverhältnisse den Geringfügigkeitsrichtlinien (Spitzenverbände 2021) erhebliche Bedeutung zu.

**Versicherungsrechtliche Folgen** einer kurzfristigen Beschäftigung:

- Krankenversicherung: Versicherungsfreiheit (§ 7 Abs. 1 S. 1 Hs. 1 SGB V)
- Pflegeversicherung: Versicherungsfreiheit (§ 20 Abs. 1 S. 1 SGB XI i. V. m. § 7 Abs. 1 S. 1 Hs. 1 SGB V)
- Rentenversicherung: Versicherungsfreiheit (§ 5 Abs. 2 S. 1 Nr. 1 SGB VI)
- Arbeitsförderung: Versicherungsfreiheit (§ 27 Abs. 2 SGB III)
- Unfallversicherung: Versicherung kraft Gesetzes (§ 2 Abs. 1 Nr. 1 SGB VII)

**Abgabenrechtliche Folgen** einer kurzfristigen Beschäftigung:

- Krankenversicherung: kein Beitrag
- Pflegeversicherung: kein Beitrag
- Rentenversicherung: kein Beitrag
- Arbeitsförderung: kein Beitrag
- Unfallversicherung: Versicherung kraft Gesetzes (§ 2 Abs. 1 Nr. 1 SGB VII)
  Beitrag an den zuständigen Unfallversicherungsträger entsprechend des gezahlten Entgelts (§ 150 Abs. 1 S. 1 Alt 1 i. V. m. § 153 Abs. 1 i. V. m. § 167 Abs. 1 und 2 SGB VII);

ggf. ist ein Mindestbeitrag unabhängig von der Beitragshöhe nach Entgelt festgesetzt (§ 161 SGB VII)

- Umlage U 1:
  1,0 v. H. (§ 2 Abs. 1 S. 2 Aufwendungsausgleichsgesetz – AAG i. V. m. § 7 AAG)
- Umlage U 2:
  0,39 v. H. (§ 2 Abs. 1 S. 2 AAG i. V. m. § 7 AAG)
- Insolvenzgeldumlage:
  0,12 v. H. (2021, § 361 Nr. 1 SGB III)
  nicht zu zahlen insbesondere von Arbeitgebern der öffentlichen Hand und Privathaushalten (§ 358 Abs. 1 SGB III)
- Steuern individuell vom Beschäftigten zu zahlen oder pauschal 25 v. H. des Arbeitslohns (§ 40 a Abs. 1 EStG)

### 3.2.4.3 Geringfügige Beschäftigung im Privathaushalt

Eine **geringfügige Beschäftigung im Privathaushalt** liegt nach § 8 a SGB IV vor, wenn diese durch einen privaten Haushalt begründet ist und die Tätigkeit sonst gewöhnlich durch Mitglieder des privaten Haushalts erledigt wird. Der Verweis in § 8 a S. 1 SGB IV zu § 8 SGB IV bewirkt, dass zudem die Voraussetzungen des § 8 Abs. 1 SGB IV beachtet werden müssen. Das heißt, neben der Tätigkeit im Privathaushalt muss einerseits die Geringfügigkeitsgrenze eingehalten werden und andererseits darf die zeitliche Grenze der kurzfristigen Beschäftigung nicht überschritten werden. Sinn und Zweck dieser mit Wirkung zum 01.04.2003 eingeführten Norm ist die Bekämpfung von illegaler Beschäftigung im häuslichen Umfeld. Arbeitgeber kann nur eine natürliche Person sein, da diese den privaten Haushalt führt. Beschäftigter kann demgegenüber nicht sein, wer aufgrund zivilrechtlicher Verpflichtungen zur Mithilfe verpflichtet ist (vgl. § 1356 BGB). Wichtige Regelungen enthalten die Geringfügigkeitsrichtlinien (Spitzenverbände 2021).

Für eine geringfügige Beschäftigung im Privathaushalt gibt es ein vereinfachtes Meldeverfahren, den sog. **Haushaltsscheck** (vgl. § 28 a Abs. 7, 8 SGB IV). Die Einzugsstelle für das Haushaltsscheckverfahren hat dabei besondere Pflichten in der Verfahrensabwicklung zu beachten (vgl. z. B. § 28 h Abs. 3 und 4 SGB IV).

**Versicherungsrechtliche Folgen** einer geringfügigen Beschäftigung im Privathaushalt:

- Krankenversicherung: Versicherungsfreiheit (§ 7 Abs. 1 S. 1 Hs. 1 SGB V)
- Pflegeversicherung: Versicherungsfreiheit (§ 20 Abs. 1 S. 1 SGB XI i. V. m. § 7 Abs. 1 S. 1 Hs. 1 SGB V)
- Rentenversicherung: Versicherungspflicht (§ 1 S. 1 Nr. 1 SGB VI) mit Befreiungsmöglichkeit (§ 6 Abs. 1 b SGB VI)
- Arbeitsförderung: Versicherungsfreiheit (§ 27 Abs. 2 SGB III)
- Unfallversicherung: Versicherung kraft Gesetzes (§ 2 Abs. 1 Nr. 1 SGB VII)

**Abgabenrechtliche Folgen** einer geringfügigen Beschäftigung im Privathaushalt:

- Krankenversicherung:
  5 v. H (§ 249 b S. 2 SGB V)
- Pflegeversicherung:
  kein Beitrag
- Rentenversicherung:
  5 v. H. durch den Arbeitgeber (§ 168 Abs. 1 Nr. 1 c SGB VI bei versicherungspflichtigen Beschäftigten § 172 Abs. 3 a SGB VI bei versicherungsfreien Beschäftigten);
  13,7 v. H. durch den Versicherten (§ 168 Abs. 1 Nr. 1 c SGB VI nur bei versicherungspflichtigen Beschäftigten)
- Arbeitsförderung:
  kein Beitrag
- Unfallversicherung:
  1,6 v. H. (§ 185 Abs. 4 S. 3 SGV VII);
  Zuständigkeit des Unfallversicherungsträgers im kommunalen Bereich (§ 129 Abs. 1 Nr. 2 SGB VII);
  bei ausnahmsweiser Zuständigkeit einer Berufsgenossenschaft ist der Beitrag entsprechend des gezahlten Entgelts (§ 150 Abs. 1 S. 1 Alt 1 i. V. m. § 153 Abs. 1 i. V. m. § 167 Abs. 1 und 2 SGB VII); ggf. ist ein Mindestbeitrag unabhängig von der Beitragshöhe nach Entgelt festgesetzt (§ 161 SGB VII)
- Umlage U 1:
  1,0 v. H. (§ 2 Abs. 1 S. 2 Aufwendungsausgleichsgesetz – AAG i. V. m. § 7 AAG)
- Umlage U 2:
  0,39 v. H. (§ 2 Abs. 1 S. 2 AAG i. V. m. § 7 AAG)
- Insolvenzgeldumlage:
  keine Umlage in Privathaushalten (§ 358 Abs. 1 SGB III)
- Pauschalsteuer:
  2 v. H. (§ 40 a Abs. 2 EStG)

▶   **TIPP** Zahlreiche Berechnungsbeispiele zur geringfügigen Beschäftigung enthält eine Informationsbroschüre „Geringfügige Beschäftigung und Beschäftigung im Übergangsbereich" des BMAS (Bundesministerium für Arbeit und Soziales 2021).

### 3.2.4.4 Übergangsbereich § 20 Abs. 2 SGB IV, „Midijobs"

**§ 20 Abs. 2 SGB IV**
Der Übergangsbereich im Sinne dieses Gesetzbuches umfasst Arbeitsentgelte aus mehr als geringfügigen Beschäftigungen nach § 8 Absatz 1 Nummer 1, die regelmäßig 1300 Euro im Monat nicht übersteigen; bei mehreren Beschäftigungsverhältnissen ist das insgesamt erzielte Arbeitsentgelt maßgebend.

Eine geringfügige Beschäftigung entfällt, sofern diese regelmäßig mit 450,01 € bzw. mehr Arbeitsentgelt entlohnt wird. Folge ist dann, dass ein sozialversicherungspflichtiges Beschäftigungsverhältnis entsteht, was zur Versicherungspflicht und voller Beitragspflicht führt („Alles-oder-Nichts-Prinzip"). Da gerade im Niedriglohnsektor Arbeitnehmer überproportional mit Abgabenlasten belastet werden, würde dies zu Einkommensverlusten („Netto") und einer befürchteten Flucht in illegale Beschäftigung führen. Zudem soll für Arbeitnehmer der Wechsel von einem versicherungsfreien Minijob hin zu einem versicherungspflichtigen Beschäftigungsverhältnis (in Teilzeit) gefördert werden. Der Gesetzgeber hat daher einen „Puffer" zwischen geringfügiger Beschäftigung und „regelhaften" sozialversicherungspflichtigen Beschäftigungsverhältnissen geschaffen – den **Übergangsbereich** (früher Gleitzone, zum Teil auch „Midijob" genannt).

Bestimmte Fälle sind **vom Übergangsbereich ausgenommen**, obwohl deren Arbeitsentgelt monatlich bis zu 1300 Euro betragen kann. Dies gilt z. B.

- für Personen, die zu ihrer Berufsausbildung (zum Beispiel Auszubildende, Praktikanten) beschäftigt sind,
- bei Beschäftigungen, für deren Beitragsberechnung fiktive Arbeitsentgelte zu Grunde gelegt werden (zum Beispiel bei der Beschäftigung behinderter Menschen in anerkannten Werkstätten für behinderte Menschen, Personen, die ein freiwilliges soziales Jahr oder ein freiwilliges ökologisches Jahr ableisten, Teilnehmer am Bundesfreiwilligendienst),
- in den Fällen der Altersteilzeit oder bei sonstigen Vereinbarungen über flexible Arbeitszeiten, in denen lediglich das reduzierte Arbeitsentgelt in den Übergangsbereich fällt,
- für Arbeitsentgelte aus Wiedereingliederungsmaßnahmen nach einer Arbeitsunfähigkeit,
- für versicherungspflichtige Arbeitnehmer, deren monatliches Arbeitsentgelt regelmäßig mehr als 1300,00 Euro beträgt und nur wegen Kurzarbeit oder im Baugewerbe wegen schlechten Wetters so weit gemindert ist, dass das tatsächlich erzielte Arbeitsentgelt die obere Grenze von 1300,00 Euro unterschreitet.

**Versicherungsrechtlich** wird im Übergangsbereich ein sozialversicherungspflichtiges Beschäftigungsverhältnis begründet. Versicherungsrechtlich gibt es daher einen „harten Schnitt" zwischen Minijob und Sozialversicherungspflicht. **Beitragsrechtlich** wird die Abgabenlast im Übergangsbereich im Verhältnis zum steigenden Arbeitsentgelt gesteigert. Ab einem monatlichen Entgelt von 1300,01 Euro ist ein Beschäftigungsverhältnis mit voller Abgabenlast belegt. Die finanzielle Entlastung erhält entsprechend des Zwecks des Übergangsbereichs nur der **Arbeitnehmer**; Arbeitgeber haben demgegenüber ihren vollen Anteil am Sozialversicherungsbeitrag zu leisten. Startpunkt der Beitragsbelastung des Arbeitnehmers ist ein Beitragssatz von zusammen 11 v. H., der sich bis zum vollen Arbeitnehmeranteil am Sozialversicherungsbeitrag steigert.

Die Idee und grundsätzliche Regelung des Übergangsbereichs ist nicht kompliziert. Schwierig ist jedoch das rechnerische Verfahren des Beitragsanteils des Arbeitnehmers, da dessen Arbeitsentgelt rechnerisch modifiziert werden muss. Die Regelungen hierzu befinden sich verteilt in den jeweiligen Sozialversicherungszweigen (§§ 226 Abs. 4, 249 Abs. 3 SGB V; § 58 Abs. 3 SGB XI; §§ 163 Abs. 10, 168 Abs. 1 Nr. 1 d SGB VI; §§ 344 Abs. 4, 346 Abs. 1 a SGB III). Das beitragspflichtige Entgelt (Bemessungsentgelt) im Übergangsbereich errechnet sich nach § 163 Abs. 10 SGB VI. Die gesetzliche Unfallversicherung ist von der Regelung nicht betroffen, da deren Beiträge nach anderen Parametern als für den Gesamtsozialversicherungsbeitrag geltend errechnet werden.

### 3.2.5  Maßgebliche Rechengrößen in der Sozialversicherung

Die **Rechengrößen in der Sozialversicherung** werden jährlich festgelegt. Für das Jahr 2021 (BGBl. I 2020, 2612) erfolgte die Festlegung in der „Verordnung über maßgebende Rechengrößen der Sozialversicherung für 2021 (Sozialversicherungs-Rechengrößenverordnung 2021 – SVRechGrV 2021)". Bei den Rechengrößen handelt es sich um mehrere im Bereich des Sozialversicherungsrechts jährlich neu festgesetzte Werte, die **Beiträge und Leistungen in der Sozialversicherung steuern**. Gesetzliche Anknüpfungsnormen für die Verordnungsermächtigung enthalten

- für die Bundesregierung im Bereich der gesetzlichen Rentenversicherung § 68 Abs. 2 S. 1, § 69 Abs. 2, § 159, § 160 Nr. 2, § 228 b, § 255 b Abs. 2, § 275 a, § 275 b SGB VI,
- für die Bundesregierung im Bereich der gesetzlichen Krankenversicherung § 6 Abs. 6 und 7 SGB V
- für das BMAS § 17 Abs. 2 S. 1, § 18 SGB IV.

**Rechengrößen** sind

- das Durchschnittsentgelt in der Rentenversicherung (endgültig und vorläufig),
- die Bezugsgrößen in der Sozialversicherung,
- die Beitragsbemessungsgrenzen in der Rentenversicherung,
- die Jahresarbeitsentgeltgrenzen (auch Versicherungspflichtgrenzen) in der Krankenversicherung sowie
- die Werte zur Umrechnung der Beitragsbemessungsgrundlagen des Beitrittsgebiets.

Den Werten kommt eine praktisch wichtige Bedeutung zu.

- **Bezugsgröße in der Sozialversicherung § 18 SGB IV**
  Die Bezugsgröße wird in der Bundesrepublik der nach unterschiedlich festgelegt (siehe Absatz 2 für das Beitrittsgebiet nach Absatz 3, Bezugsgröße Ost). Dabei handelt es sich um „das Durchschnittsentgelt der gesetzlichen Rentenversicherung (Anlage 1 zum SGB VI) im vorvergangenen Kalenderjahr, aufgerundet auf den nächsthöheren, durch 420 teilbaren Betrag."

*Beispiel*: Die Bezugsgröße beträgt für das Jahr 2021 = 39.480 € nach § 2 Abs. 1 SVRechGrV 2021

- **Gesetzliche Krankenversicherung SGB V**
  - **Beitragsbemessungsgrenze** § 223 Abs. 3 S. 1 SGB V (also das Arbeitsentgelt, das der Beitragsberechnung zugrunde gelegt wird)

    „Beitragspflichtige Einnahmen sind bis zu einem Betrag von einem Dreihundertsechzigstel der Jahresarbeitsentgeltgrenze nach § 6 Abs. 7 für den Kalendertag zu berücksichtigen (Beitragsbemessungsgrenze)."

    = 1/360 der JAE-Grenze sind für jeden Kalendertag zu berücksichtigen

    = abstellen ist auf den Tagesverdienst

  - **Jahresarbeitsentgeltgrenze** § 6 Abs. 1 Nr. 1 SGB V

    „(1) Versicherungsfrei sind

    1. Arbeiter und Angestellte, deren regelmäßiges Jahresarbeitsentgelt die Jahresarbeitsentgeltgrenze nach den Absätzen 6 oder 7 übersteigt;…"

    „(6) Die Jahresarbeitsentgeltgrenze nach Absatz 1 Nr. 1 beträgt im Jahr 2003 45.900 Euro. Sie ändert sich zum 1. Januar eines jeden Jahres in dem Verhältnis, in dem die Bruttolöhne und -gehälter je Arbeitnehmer (§ 68 Abs. 2 Satz 1 des Sechsten Buches) im vergangenen Kalenderjahr zu den entsprechenden Bruttolöhnen und -gehältern im vorvergangenen Kalenderjahr stehen. Die veränderten Beträge werden nur für das Kalenderjahr, für das die Jahresarbeitsentgeltgrenze bestimmt wird, auf das nächsthöhere Vielfache von 450 aufgerundet. Die Bundesregierung setzt die Jahresarbeitsentgeltgrenze in der Rechtsverordnung nach § 160 des Sechsten Buches Sozialgesetzbuch fest."

    = regelmäßiges Jahresarbeitsentgelt i. S. d. § 14 SGB IV, welches 75 % der Beitragsbemessungsgrenze nach § 159 SGB VI übersteigt

    = abzustellen ist auf den Jahresverdienst

    Beispiel.: 2021 nach § 4 Abs. 1 SVRechGrV 2021 = 64.350 € (= 75 % BBG nach SGB VI)

    Abweichende Jahresarbeitsentgeltgrenze nach § 6 Abs. 7 SGB V:

    2021 nach § 4 Abs. 2 SVRechGrV 2021 = 58.050 €

- **Soziale Pflegeversicherung SGB XI'**

  **Beitragsbemessungsgrenze** § 55 Abs. 2 SGB XI beträgt 75 % der BBG nach § 159 SGB VI

  „(2) Beitragspflichtige Einnahmen sind bis zu einem Betrag von 1/360 der in § 6 Abs. 7 des Fünften Buches festgelegten Jahresarbeitsentgeltgrenze für den Kalendertag zu berücksichtigen (Beitragsbemessungsgrenze)." = 58.050 €

- **Gesetzliche Rentenversicherung SGB VI**

  **Beitragsbemessungsgrenze** § 159 SGB VI, die jährlich festgesetzt wird mit Verordnungsermächtigung nach § 160 SGB VI

  Beispiel: 2021 nach § 3 Abs. 1 Nr. 1 SVRechGrV 2021 jährlich 85.200 Euro und monatlich 7100 Euro für die allgemeine Rentenversicherung

  (knappschaftliche RV nach Nr. 2: 104.400 Euro jährlich, 8700 Euro monatlich)

- **Arbeitsförderung SGB III**
  **Beitragsbemessungsgrenze** entspricht nach § 341 Abs. 4 SGB III derjenigen der allgemeinen Rentenversicherung
- **Gesetzliche Unfallversicherung SGB VII**
  **Jahresverdienst** nach § 82 Abs. 1 S. 1 SGB VII ist der Gesamtbetrag aller Arbeitsentgelte (§ 14 SGB IV) und Arbeitseinkommen (§ 15 SGB IV) in den 12 Kalendermonaten vor dem Monat des Versicherungsfalls.

  **Arbeitsentgelt** ist das Entgelt nach der Verordnung gemäß § 17 Abs. 1 SGB IV = Sozialversicherungsentgeltverordnung (SVEV).

  **Mindestjahresarbeitsverdienst** und **Höchstjahresarbeitsverdienst** (§ 85 SGB VII) sind prozentuale Anteile der Bezugsgröße § 18 SGB IV.

## 3.3 Beziehungen der Leistungsträger untereinander und zu Dritten

Im **gegliederten Sozialversicherungssystem** gibt es systemübergreifend zwischen den einzelnen Sozialleistungsträgern viele Berührungspunkte. Dies liegt daran, dass viele Regelungen über Sozialversicherungszweige hinweg geregelt sind. Zum Beispiel, folgt aus dem Begriff des Beschäftigten in § 7 Abs. 1 SGB IV als Anknüpfungspunkt die Begründung einer Versicherungspflicht, welche in allen Zweigen der Sozialversicherung den Regelfall bildet. Ebenso knüpft das Vorliegen eines Versicherungsfalls in den einzelnen Zweigen der Sozialversicherung an gleiche bzw. ähnliche Tatbestandsmerkmale an, sodass aufgrund eines Ereignisses in mehreren Sozialversicherungszweigen parallel ein Versicherungsfall zu bejahen ist. Schließlich sind in den Sozialversicherungszweigen gleichartige Leistungen geregelt. Damit sind Fragen der Konkurrenz der Systeme aufgeworfen, welche beantwortet werden müssen.

**Beispiele**

- Einheit der Versicherten: Versicherungspflicht des Beschäftigten (§ 5 Abs. 1 Nr. 1 SGB V, § 20 Abs. 1 Nr. 1 SGB XI, § 1 S. 1 Nr. 1 SGB VI, § 2 Abs. 1 Nr. 1 SGB VII)
- Einheit des Leistungsgrundes: ein Arbeitsunfall i. S. d. § 8 Abs. 1 SGB VII stellt zugleich eine Krankheit i. S. d. gesetzlichen Krankenversicherung dar
- Gleichartigkeit der Leistungen: Krankenbehandlung nach § 27 SGB V vergleichbar mit Heilbehandlung nach § 27 SGB VII ◀

Systematisch sind drei Bereiche zu unterscheiden (Abb. 3.4), die in sich wiederum unterteilt sind:

1. Zusammenarbeit der Leistungsträger untereinander und mit Dritten daran anschließend
2. Erstattungsansprüche der Leistungsträger untereinander sowie
3. Erstattungs- und Ersatzansprüche der Leistungsträger gegenüber Dritten

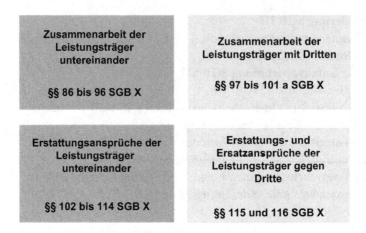

**Abb. 3.4** Beziehungen der Leistungsträger untereinander und zu Dritten

### 3.3.1  Zusammenarbeit und Ausgleich zwischen den Leistungsträgern

**Allgemeines**

Im gegliederten Sozialleistungssystem wird der Bürger davor geschützt, auf Leistungen verzichten zu müssen bzw. solche verspätete zu erhalten. Solche Leistungsverzögerungen bzw. Leistungsausschlüsse wegen Fristversäumnis könnten entstehen, wenn mangels Systemkenntnis Leistungen beim fachlich oder örtlich unzuständigen Sozialleistungsträger gestellt werden. Der Gesetzgeber möchte daher über **verfahrensrechtliche Schutznormen** sicherstellen, dass Berechtigte die ihnen zustehenden Sozialleistungen – insbesondere zur Sicherung des Lebensunterhalts – erhalten. Schutznorm bei Leistungsanträgen ist hier grundsätzlich § 16 Abs. 2 SGB I. Die Pflicht, an den zuständigen Leistungsträger heranzutreten, wird dem Bürger abgenommen und obliegt dem erstangegangenen Leistungsträger. Dies ist von praktischer Relevanz, da nach § 19 S. 1 SGB IV in der Krankenversicherung, Pflegeversicherung, Rentenversicherung sowie Arbeitsförderung Leistungen grundsätzlich antragsabhängig sind. In der Unfallversicherung werden gemäß § 19 S. 2 SGB IV Leistungen hingegen von Amts wegen erbracht, es sei denn, im SGB VII ist ein Antragserfordernis formuliert (z. B. bei einer Witwen- bzw. Witwerrente nach § 66 Abs. 1 SGB VII). Eine Sondervorschrift im Rahmen der Teilhabe und Rehabilitation von Menschen mit Behinderung enthält § 14 Abs. 1 SGB IX, wenn Leistungen zur Teilhabe beantragt werden. Hiermit korrespondiert eine in § 17 Abs. 1 Nr. 1 SGB I formulierte Leitidee des Gesetzgebers, dass Sozialleistungsträger verpflichtet sind, darauf hinzuwirken, dass jeder Berechtigte die ihm zustehenden Leistungen in zeitgemäßer Weise, umfassend und zügig erhält.

Gleichwohl kann es dazu kommen, dass die Zuständigkeit zwischen den Sozialleistungsträgern nicht sofort geklärt werden kann. Bei **ungeklärter Zuständigkeit** sollen die Regelungen des § 43 SGB I verhindern, dass es zu Leistungsverzögerungen kommt. Voraussetzung der für den Bürger günstigen Regelung ist, dass grundsätzlich ein Leistungsanspruch besteht und „nur" zwischen Leistungsträgern darüber gestritten wird, welcher zuständig ist. Der zuerst angegangene Leistungsträger **kann** nach § 43 Abs. 1 S. 1 SGB I Leistungen erbringen. Beantragt der Berechtigte Leistungen, **müssen** diese gemäß § 43 Abs. 1 S. 2 SGB I erbracht werden. Der **Umfang** der Leistungen wird **nach pflichtgemäßem Ermessen** bestimmt, diese werden unter dem Vorbehalt der endgültigen Entscheidung über die Zuständigkeit gewährt.

**Beispiele für abweichende Regelungen**

Von der Möglichkeit, in den Sozialgesetzen abweichende (vorrangige) Regelungen zu treffen (vgl. § 37 SGB I) hat der Gesetzgeber Gebrauch gemacht, z. B.:

- Grundsicherung für Arbeitsuchende: § 44 a Abs. 1 S. 7 SGB II (Feststellung der Erwerbsfähigkeit)
- Arbeitsförderung: § 23 SGB III (Vorleistungspflicht der Arbeitsförderung)
- Unfallversicherung: § 139 SGB VII (vorläufige Zuständigkeit)
- Kinder- und Jugendhilfe: § 86 d SGB VIII (vorläufige Leistungserbringung)
- Teilhabe behinderter Menschen: §§ 14, 185 Abs. 6 SGB IX (Leistungen zur Teilhabe, Zuständigkeit des Integrationsamtes)
- Pflegeversicherung: § 32 SGB XI (Leistungen zur medizinischen Rehabilitation)
- Sozialhilfe: § 98 Abs. 2 S. 3 SGB XII (örtliche Zuständigkeit bei stationären Leistungen) ◀

Erhält der Berechtigte aus seiner Sicht beantragte Leistung nicht rechtzeitig, können diese grundsätzlich auch **selbst beschafft** werden. Voraussetzungen dafür sind allerdings, dass

- ein Antrag bereits gestellt ist,
- die Leistungen rechtswidrig versagt wurden oder
- dem Bürger aus anderen Gründen nicht zugemutet werden kann, auf die Entscheidung des Sozialleistungsträgers zu warten.

Anknüpfungspunkt für die Selbstbeschaffung ist ein **Systemversagen** (Vgl. BSGE 79, 125, 126 f.; 79, 190, 195; 79, 257, 259 f.; 89, 50, 53 f.; 98, 257, 263 f.). Dem Versicherten steht dann ein **Kostenerstattungsanspruch** gegen den zuständigen Sozialleistungsträger zu. Im Bereich der gesetzlichen Krankenversicherung hat der Gesetzgeber diesen Grundsatz ausdrücklich in § 13 Abs. 3 SGB V normiert. Problematisch ist, dass der Bürger nur dann Kostenerstattung verlangen kann, wenn auch tatsächlich eine primäre Leistungsverpflichtung des Sozialleistungsträgers besteht. Der Bürger trägt daher bei Selbstbeschaffung ein erhebliches Risiko.

---

**Beispiele für Regelungen zu Kostenerstattung**

- Grundsicherung für Arbeitsuchende: § 30 SGB II (Leistungen für Bildung und Teilhabe)
- Kinder- und Jugendhilfe: § 36 a Abs. 3 SGB VIII (Hilfe zur Erziehung und Eingliederungshilfe)
- Teilhabe behinderter Menschen: § 18 SGB IX (Leistungen zur Teilhabe)
- Sozialhilfe: § 34 a SGB XII (Leistungen für Bildung und Teilhabe) ◄

**Zusammenarbeit**
**Wie Leistungsträger zusammenarbeiten** (sollen), ist im Gesetz in unterschiedlichen Zusammenhängen geregelt. Da Zusammenarbeit v. a. im Verwaltungsverfahren relevant wird, enthält das SGB X im Dritten Kapitel (§§ 86 ff. SGB X) die relevanten Vorschriften. Ausgangspunkt ist dabei § 86 SGB X, der die Verpflichtung festlegt, dass Leistungsträger, ihre Verbände und öffentlich-rechtliche Verbände bei der Aufgabenerfüllung eng zusammenarbeiten. Folgende Grundsätze der Zusammenarbeit gibt es

- gegenseitige Amtshilfepflicht, §§ 3 ff. SGB X,
- Beschleunigung der Zusammenarbeit, § 87 SGB X,
- Auftragsverhältnisse, § 88 SGB X,
- Arbeitsgemeinschaften, § 94 SGB X,
- Zusammenarbeit bei Planung und Forschung, § 95 SGB X,
- (gemeinsame Servicestellen, § 23 SGB IX a. F. – siehe Abschn. 8.2,
  Die Rehabilitationsträger sind nach Maßgabe der §§ 14, 15 SGB I zur Beratung und Auskunft verpflichtet. Um die Beratung der Bürger in einem gegliederten Sozialleistungssystem trägerübergreifend „aus einer Hand" zu gewährleisten, sind zentrale Stellen notwendig, um Zuständigkeitsfragen in den Hintergrund zu drängen. Nach diesem Gesichtspunkt verpflichtet § 23 SGB IX alle Reha-Träger, örtliche gemeinsame Servicestellen in allen Landkreisen und kreisfreien Städten einzurichten, die insbesondere die in § 22 SGB IX aufgezählten Beratungs- und Unterstützungsfunktionen wahrnehmen.)
- wechselseitige Informationsverpflichtungen (unter Beachtung der Regelungen des Sozialgeheimnisses, § 35 SGB I i. V. m. §§ 67 ff. SGB X).

Zusätzlich gibt es bereichsspezifische Sonderregelungen der Zusammenarbeit. In der politischen Diskussion waren in den vergangenen Jahren die **Pflegestützpunkte** (§ 7 c SGB XI) präsent. Nach § 7 c Abs. 1 S. 1 SGB XI richten die Pflegekassen und Krankenkassen zur wohnortnahen Beratung, Versorgung und Betreuung der Versicherten Pflegestützpunkte ein, sofern die zuständige oberste Landesbehörde dies bestimmt. Insoweit hat der

Gesetzgeber im Bereich der sozialen Pflegeversicherung die Möglichkeit der Einrichtung einer zentralen Anlaufstelle für Bürger eingerichtet.

**Ausgleichsregelungen**

Die für den Bürger günstigen Regelungen des Vorrangs der sozialrechtlichen Leistungserbringung unabhängig von zuständigkeitsrechtlichen Fragestellungen (§ 43 SGB I, § 14 SGB IX, §§ 88 ff. SGB X) regeln nur das Verhältnis zwischen Leistungsberechtigtem und Sozialleistungsträger. Davon abzugrenzen ist die Frage welcher (materiell zuständige) Sozialleistungsträger die Leistungen endgültig zu tragen hat. Insoweit bedarf es besonderer gesetzlicher Regelungen über die **Verteilung von Lasten und Erstattungsansprüchen unter den Leistungsträgern**. Diese finden sich in den §§ 102 bis 114 SGB X.

Erstattungsansprüchen liegt der allgemeine Rechtsgedanke zugrunde, dass der nach materiellem Recht zur Leistung verpflichtet Träger, der diese aber tatsächlich nicht erbracht hat, durch **nachträglichen Ausgleich** belastet wird. Es soll damit der Zustand hergestellt werden, wie er bei zutreffender Fallbeurteilung und Zuständigkeitsklärung von Anfang an bestanden hätte. Also findet einerseits die Rückgewähr der Aufwendungen statt (z. B. über §§ 102, 105 SGB X) und andererseits wird durch § 107 SGB X gewährleistet, dass Doppelleistungen nicht entstehen und erbracht werden (sog. **Verbot zweckidentischer Doppelleistung**). Der Anspruch des Berechtigten gegen den endgültig zur Leistung verpflichteten Träger gilt insoweit als erfüllt, als ein Erstattungsanspruch zwischen den Sozialleistungsträgern besteht (**Erfüllungsfiktion**). Der zuständige Träger braucht „insoweit" – also in Umfang und Höhe der tatsächlich erbrachten Leistung – nicht mehr an den Berechtigten zu leisten. Deshalb muss der zuständige Leistungsträger zusätzlich zum Erstattungsanspruch stets prüfen, in welchem Umfang durch die Vorleistung die materiell zu erbringende Leistung schon erbracht ist. Ist die materiell zu erbringende Leistung höher als die im Erstattungswege erhobene Vorleistung, ist der zuständige Träger dem Berechtigten insoweit noch zur Leistungserbringung verpflichtet.

**Erstattungsansprüche** setzen grundsätzlich voraus (vgl. auch BSGE 57, 15, 19; 57, 218, 219; 70, 186, 196):

- **Personenidentität**
  der erstattungsberechtigte Leistungsträger hat gegenüber einer (bestimmten) Person Leistungen erbracht, die Person hat gegenüber dem (zuständigen) Leistungsträger einen Leistungsanspruch
- **zeitliche Kongruenz**
  die Vorausleistung des erstattungsberechtigten Leistungsträgers und die endgültige Leistung beziehen sich auf den selben Zeitraum
- **Identität des Leistungsgrundes**
  die Vorleistung des erstattungsberechtigten Leistungsträgers wurde aus demselben Anlass gewährt, aus dem der zuständige Leistungsträger leistungspflichtig ist
- **Vergleichbarkeit der Leistungsart**
  die Zweckbestimmung der Vorausleitung entspricht der Zweckbestimmung der vom zuständigen Träger zu erbringenden endgültigen Leistung

Die beiden Tatbestandmerkmale zeitliche Kongruenz und Vergleichbarkeit der Leistungs-art werden häufig zusammengefasst und als Tatbestandmerkmal „**Gleichartigkeit**" der Leistungen beschrieben. Die Voraussetzungen gelten nicht ausnahmslos. Beispielsweise sieht § 104 Abs. 2 SGB X eine Ausnahme von der Voraussetzung der Personenidentität vor.

Im Rahmen der **Geltendmachung des Erstattungsanspruchs** durch den erstattungs-berechtigten Leistungsträger müssen die Umstände, die für die Entstehung des Erstattungs-anspruchs maßgebend sind, und der Zeitraum, für den die Sozialleistungen erbracht wur-den, hinreichend konkret bezeichnet werden.

Die gesetzlichen Vorschriften haben folgende Struktur:

- **§ 102 SGB X**: Erstattung bei **vorläufiger Leistungspflicht**
  *Beispiel*: Eine Berufsgenossenschaft erbringt für einen Arbeitsunfall vorläufige Leis-tungen, weil die letztlich zuständige Berufsgenossenschaft anfangs ihre Zuständigkeit bestreitet (§ 139 SGB VII). Der Umfang des Erstattungsanspruchs richtet sich nach den für die vorleistende Berufsgenossenschaft geltenden Rechtsvorschriften (§ 102 Abs. 2 SGB X)
- **§ 103 SGB X**: Erstattung bei **nachträglich rückwirkend entfallender Leistungspflicht**
  Wesentlich für die Anwendung dieser Erstattungsnorm ist, dass der vorleistende Sozial-leistungsträger die Leistung zunächst rechtmäßig (und tatsächlich) erbracht hat. § 103 erfasst somit Fälle, in denen nachträglich eine rechtlich andere Beurteilung der Rechts-lage erfolgt (BSGE 57, 146, 147 f.). In diese Zielrichtung regelt die **Sondervorschrift** des § 14 Abs. 4 S. 1 SGB IX **Erstattungsansprüche zwischen Rehabilitationsträgern** (Leistungen zur Teilhabe).
  *Beispiel*: Eine Krankenkasse zahlt Krankengeld. Der RV-Träger stellt rückwirkend Rente wegen voller Erwerbsminderung fest (§ 43 Abs. 2 SGB VI). Der KV-Träger hat gegen den RV-Träger einen Erstattungsanspruch gemäß § 103 Abs. 1 SGB X, soweit das Krankengeld über den Beginn der RV-Rente hinaus gezahlt wurde. Der Umfang des Erstattungsanspruchs richtet sich nach den Rechtsvorschriften des erstattungs-pflichtigen Trägers (hier der RV; § 103 Abs. 2 SGB X).
- **§ 104 SGB X**: Erstattungsanspruch des **nachrangig verpflichteten Leistungsträgers**
  Die Norm erfasst Fälle, in denen für einen identischen Zeitraum Anspruch auf mehrere Leistungen besteht, für die allerdings das Gesetz eine Rangfolge festschreibt.
  *Beispiel*: Das zunächst von der Pflegekasse gezahlte Pflegegeld ist nach An-erkennung eines Versicherungsfalls in der gesetzlichen Unfallversicherung im Verhält-nis zum Pflegegeld der gesetzlichen Unfallversicherung nachrangig (§ 13 Abs. 1 Nr. 2, § 34 Abs. 1 Nr. 2 SGB XI). Die Pflegekasse gegen den UV-Träger einen Erstattungsan-spruch nach § 104 SGB X. Der Umfang des Erstattungsanspruchs der Pflegekasse rich-tet sich nach den Rechtsvorschriften des erstattungspflichtigen UV-Trägers (§ 104 Abs. 3 SGB X).
- **§ 105 SGB X**: Erstattungsanspruch des **unzuständigen Leistungsträgers** ohne vor-läufige Leistungsverpflichtung nach § 102 SGB X

Im Gegensatz zu den Fällen der §§ 102 bis 104 SGB X ist der vorleistende Träger im Anwendungsbereich des § 105 SGB X von Anfang an (sachlich oder örtlich) unzuständig. Es wurde daher eine Leistung erbracht, zu welcher der Sozialleistungsträger weder berechtigt noch verpflichtet war. Der zuständige Träger ist daher wegen der Erfüllungsfiktion des § 107 SGB X ungerechtfertigt bereichert. Diese Bereicherung soll im Verhältnis zu dem tatsächlich leistenden Träger ausgeglichen werden. Deshalb ist der Anspruch des § 105 SGB X nach allgemeinen zivilrechtlichen Regelungen auch dann nach Treu und Glauben ausgeschlossen, wenn der unzuständige Träger in Kenntnis der Unzuständigkeit leistet (vgl. auch § 814 BGB).

*Beispiel*: Eine Krankenkasse erbringt Leistungen (z. B. Krankenhausbehandlung), nachdem der Versicherte seine Krankenkasse gewechselt hat. Die leistende Krankenkasse leistet in Unkenntnis des Kassenwechsels und somit der Unzuständigkeit. Es entsteht ein Erstattungsanspruch der leistenden Krankenkasse gegenüber derjenigen Krankenkasse, bei welcher der Versichert zum Zeitpunkt der Leistungserbringung tatsächlich versichert ist.

**Hintergrundinformation: Abgrenzung zum öffentlich-rechtlichen Erstattungsanspruch**
Von denen zuvor dargestellten gesetzlichen Fallgestaltungen ist streng der **öffentlich-rechtliche Erstattungsanspruch nach § 50 SGB X** zu unterscheiden. Der Anwendungsbereich dieser Norm ist eröffnet, wenn ein Bürger von der Sozialbehörde zu Unrecht zu viele Leistungen erhalten hat. Es handelt sich daher um eine Norm, die Fehler im materiellen Recht auszugleichen versucht. Die Norm wirkt im Verhältnis Staat zu Bürger.
Die Erstattungsansprüche der §§ 102 ff. SGB X dienen demgegenüber dazu, Fehler v. a. im Bereich der Zuständigkeitsangrenzung im gegliederten Sozialleistungssystem auszugleichen. Sie wirken im Verhältnis zwischen den Leistungsträgern und daher im Verhältnis zwischen Staat und Bürger grundsätzlich nicht (siehe § 107 SGB X).

Die Erstattungsansprüche der Sozialleistungsträger untereinander sollen möglichst einfach, kostensparend und zügig abgewickelt werden. Diesen Zwecken dient die in § 111 SGB X geregelte **Ausschlussfrist** der Erstattungsansprüche. Es handelt sich dabei um eine materiell-rechtliche Ausschlussfrist, sodass der Erstattungsanspruch nach deren Ablauf von Gesetzes wegen untergeht (vgl. BSGE 86, 78, 82). Die Ausschlussfrist beträgt 12 Monate. Der Beginn der Frist kann alternativ beginnen:

- § 111 S. 1 SGB X nach Ablauf des letzten Tages, für den die Leistung erbracht wurde,
- § 111 S. 2 SGB X frühestens mit dem Zeitpunkt, zu dem der erstattungsberechtigte Leistungsträger von der Entscheidung des erstattungspflichtigen Leistungsträgers über seine Leistungspflicht Kenntnis erlangt hat.

Sind trotz Ablauf der Ausschlussfrist Erstattungen erfolgt, muss der empfangende Träger die gezahlten Beträge gemäß § 112 SGB X zurückerstatten.

### 3.3.2   Erstattungs- und Ersatzansprüche gegen Dritte

Die Leistungsträger kommen bei ihrer Aufgabenerfüllung auch mit Dritten in Berührung. Dabei kann sich der Leistungsträger einerseits zur **Aufgabenwahrnehmung eines Dritten** bedienen (§ 97 SGB X). Aus der Aufgabenübertragung folgen daraus insbesondere Aufsichtspflichten (gegenüber dem Dritten) sowie Informationspflichten (gegenüber dem Betroffenen). Andererseits sind **Dritte** dem Leistungsträger gegenüber zum Zwecke der Aufgabenwahrnehmung **zu Auskünften verpflichtet** (Arbeitgeber § 98 SGB X; Angehörige, Unterhaltspflichtige und sonstige Personen, § 99 SGB X; Ärzte oder Angehörige eines anderen Heilberufs, § 100 SGB X; Mitteilungen der Meldebehörden, § 101 a SGB X). Schließlich kann der Leistungsträger dem **behandelnden Arzt** gegenüber selbst zu Auskünften verpflichtet sein, wenn dies für die Behandlung von Bedeutung sein kann und der Betroffenen zugestimmt hat (§ 101 SGB X).

Von diesen Regelungen der Zusammenarbeit mit Dritten sind die Regelungen der Erstattungs- und Ersatzansprüche gegen Dritte zu unterscheiden. Letztere werden zumeist unter dem Stichwort „**Regress**" abgehandelt. Einschlägige Norm ist hier. § 116 SGB X (siehe z. B. Schlaeger und Bruno, SGB 2020, 155 ff.). Sinn und Zweck dieses gesetzlich geregelten Falls des **Forderungsübergangs** auf den Sozialleistungsträger ist, Doppelleistungen an den Geschädigten oder Hinterbliebene zu verhindern. Solche Doppelleistungen können entstehen, wenn einerseits eine sozialrechtliche Leistungspflicht besteht und andererseits aufgrund zivilrechtlicher Normen ebenfalls Leistungspflichten bestehen. Auch soll eine Entlastung des Schädigers wegen der Sozialleistungen verhindert werden. Schließlich soll der Sozialleistungsträger möglichst frühzeitig und umfassend seinen Schadensersatzanspruch gegen den Schädiger geltend machen können. Wichtiger Anwendungsfall ist z. B. ein Forderungsübergang wegen Unfällen im Straßenverkehr und der Leistungsverpflichtung des jeweils zuständigen Sozialleistungsträgers.

Im Bereich der sozialen Versorgung und Entschädigung regeln mit der identischen Zielrichtung § 81 a BVG (Bund) und § 5 OEG (Land) den Forderungsübergang auf die zuständige Behörde.

§ 115 SGB X beinhaltet eine Sondervorschrift für den Übergang des Anspruchs auf Arbeitsentgelt des Arbeitnehmers gegen den Arbeitgeber auf den Sozialleistungsträger. Im Sozialhilferecht regelt § 94 SGB XII den Übergang von Unterhaltsansprüchen auf den Sozialhilfeträger. Im Recht der Grundsicherung für Arbeitsuchende beinhaltet § 33 SGB II eine zielidentische Regelung. Hinsichtlich der Unterhaltsvorschüsse enthält § 7 UhVorschG einen Forderungsübergang auf das Land. In die gleiche Richtung zielt der Forderungsübergang nach § 37 BAföG.

## 3.4    Zusammenfassung

In der Sozialversicherung gilt das Versicherungsprinzip. Das in der privaten Versicherungs-wirtschaft herrschende Äquivalenzprinzip wird in der Sozialversicherung durch das **Solidarprinzip** nahezu vollständig überlagert. Der Leistungsumfang ist in der Sozialver-sicherung weitgehend durch Rechtsvorschriften vorgegeben und nur in geringem Maße wählbar. Die Finanzierung erfolgt durch das **Umlageverfahren**. Dementsprechend dienen aktuell erzielte Einnahmen zur Deckung aktuell bestehender Bedarfe. Die aktuell ent-stehenden Ausgaben werden durch die Einnahmen gedeckt. Es findet daher ein Transfer wirtschaftlicher Leistungsfähigkeit von der Gruppe der Beitragszahler zur Gruppe der Leistungsberechtigten statt. Die Leistungsfähigkeit dieses Finanzierungssystems wird künftig durch den demografischen Wandel verändert. Werden die Parameter der Ein-nahmeseite nicht geändert, müssen auf der Leistungsseite Einschnitte vorgenommen wer-den; sollen die Leistungen in ähnlichem Umfang auch künftig zur Verfügung stehen, kann dies nur durch eine Ausweitung der Finanzierungsebene sichergestellt werden. Auch kapitalbasierte Verfahren stehen vor den identischen Herausforderungen der Demografie. Allein beim Anwartschaftsdeckungsverfahren kann die individualisierte Vorsorge auf den ersten Blick losgelöst von demografischen Einflüssen betrachtet werden. Ob dann aller-dings systemimmanent erforderliche Renditen erzielt werden können, darf be-zweifelt werden.

Das SGB IV normiert gemeinsame Vorschriften für die Sozialversicherung. Die Rege-lungen sind in den Sozialversicherungszweigen einschließlich der Arbeitsförderung anzu-wenden, soweit in den einzelnen Gesetzbüchern nicht speziellere Regelungen getroffen worden sind.

Die **organisatorische Einteilung** der Sozialversicherung in unterschiedliche Zweige dient v. a. einer **Zuständigkeitsabgrenzung**. Anknüpfungspunkt der Systemabgrenzung ist regelhaft das versicherte Risiko. Aus der Zuständigkeitsabgrenzung ergeben sich Fol-gen für den Eintritt eines Versicherungsfalls, den daran anknüpfenden Leistungsumfang und die Finanzierung der Aufgaben des jeweiligen Sozialversicherungszweiges. Ver-sicherungsträger sind als Körperschaften des öffentlichen Rechts nicht selbst handlungs-fähig und benötigen vertretungsberechtigte Organe, deren Handeln ihnen als eigenes zu-gerechnet wird. Organe der Selbstverwaltung sind die Vertreterversammlung und der Vorstand, hauptamtliches Organ ist der Geschäftsführer. Die Sozialversicherungsträger unterliegen der staatlichen Aufsicht. Sinn und Zweck der Aufsicht ist die Wahrung der Gleichgewichtslage zwischen Staat und Selbstverwaltungskörperschaft. Das Recht zur staatlichen Aufsicht dient deshalb keinen Individualinteressen, sodass Aufsichtsrechten kein drittschützender Charakter zukommt. Wer zum Kreis der versicherten Personen ge-hört, richtet sich nach den Bestimmungen der einzelnen Sozialversicherungszweige, die ergänzt werden (können) durch Satzungsregelungen der Sozialversicherungsträger. Unter-schieden wird zwischen Versicherungspflicht und Versicherungsberechtigung. Regelfall ist die Versicherungspflicht, die auf dem Prinzip der Zwangsversicherung beruht. Diese knüpft für den Regelfall an das Beschäftigungsverhältnis an. Von der Versicherungspflicht sind durch den Gesetzgeber bestimmte Gruppen ausgenommen. Rechtfertigung dieser Ausnahmefälle ist, dass ein anderes soziales Schutzsystem besteht. Für gesetzlich geregelte Sachverhalte besteht die Möglichkeit der Versicherungsberechtigung.

Die **Finanzierung der Sozialversicherung** folgt durch Beiträge, staatliche Zuschüsse und sonstige Einnahmen. Die Versicherungsträger dürfen diese Mittel nur zu den gesetzlich vorgeschriebenen oder zugelassenen Aufgaben sowie die Verwaltungskosten verwenden. Zur laufenden Liquiditätssicherung sowie zum Ausgleich von Einnahme- und Ausgabeschwankungen müssen Betriebsmittel und Rücklagen gebildet werden. Das Zusammenspiel von Einnahmen und Ausgaben ist im Rahmen der Haushaltsführung und Rechnungslegung niederzulegen. Dabei sind insbesondere die Grundsätze der Wirtschaftlichkeit und Sparsamkeit sowie die Regelungen zur Erhebung der Einnahmen zu beachten. **Beiträge** das primäre Finanzierungselement der Sozialversicherung dar. Sie knüpfen für den Regelfall der Versicherungspflicht an ein Beschäftigungsverhältnis an und werden grundsätzlich zu gleichen Teilen von Arbeitgebern und Beschäftigten getragen. In der gesetzlichen Unfallversicherung tragen die Unternehmer allein die Beiträge. Dementsprechend sind Grundlagen der Beiträge das erzielte Arbeitsentgelt (Beschäftigter) oder das Arbeitseinkommen (selbstständige Tätigkeit). Als Bemessungsgrundlage der Beiträge ist grundsätzlich das Entgelt zugrunde zu legen, auf welches ein Anspruch besteht (Entstehungsprinzip). Der Zeitpunkt des tatsächlichen Zuflusses ist irrelevant. Es gilt das Bruttoprinzip, d. h. sozialversicherungsrechtliche Beitragsberechnungsgrundlage ist das Bruttoarbeitsentgelt. In welcher Form Anspruch auf Entgelt besteht, ist unerheblich. Neben dem Entgelt beeinflusst der Beitragssatz die Höhe der Beiträge. **Staatliche Zuschüsse** zur Sozialversicherung sind aus Steuermitteln finanzierte Bundeszuschüsse. Gründe für den Bundeszuschuss sind einerseits die Finanzierung versicherungsfremder Leistungen und andererseits die Erzielung einer politisch gewünschten Beitragssatzstabilität.

Für den Sonderfall der **Minijobs** werden die Regelungen zur Organisation und Finanzierung der Sozialversicherungen durch Sondervorschriften ergänzt. Die Minijobzentrale organisiert und führt die Meldung und den Beitragseinzug der Minijobs zur Sozialversicherung zentral aus. Minijobs sind geringfügige Beschäftigungsverhältnisse gemäß §§ 8, 8 a SGB IV.

Schließlich sind im **gegliederten Sozialleistungssystem** Fragen der Systemabgrenzung und Konkurrenz zu beantworten. Dabei sind drei Bereiche zu unterscheiden. Es geht erstens um die Zusammenarbeit der Leistungsträger untereinander und mit Dritten daran anschließend zweitens um Erstattungsansprüche der Leistungsträger untereinander sowie drittens um Erstattungs- und Ersatzansprüche der Leistungsträger gegenüber Dritten.

# Literatur

Becker, Organisation und Selbstverwaltung der Sozialversicherung, in von Maydell / Ruland / Becker (Hrsg.), Sozialrechtshandbuch, 5. Auflage, Baden-Baden 2012, § 13

Bundesministerium für Arbeit und Soziales, Geringfügige Beschäftigung und Beschäftigung im Übergangsbereich, https://www.bmas.de/DE/Service/Publikationen/a630-geringfuegige-beschaeftigung-und-beschaeftigung-im-uebergangsbereich.html;jsessionid=DB9AAA8ADC988FDC523B37A3C F9F5D6B.delivery1-replication, Stand 27.09.2021

Bundesministerium für Gesundheit, Aufsichtsbehörden der Krankenkassen, https://www.bundesgesundheitsministerium.de/themen/krankenversicherung/online-ratgeber-krankenversicherung/krankenversicherung/wahl-und-wechsel-der-krankenkasse/aufsichtsbehoerden-der-krankenkassen.html, Stand 27.09.2021

Bundesamt für Soziale Sicherung, Finanzanlagenmanagement, https://www.bundesamtsozialesicherung.de/de/themen/alle-sozialversicherungszweige-finanzen/finanzanlagemanagement/, Stand 22.09.2021

Deutsche Rentenversicherung Bund, Anlagerichtlinie und Grundsätze für Arbeitsanweisungen der Träger der allgemeinen Rentenversicherung, https://www.deutsche-rentenversicherung.de/DRV/DE/Ueber-uns-und-Presse/Struktur-und-Organisation/Selbstverwaltung/verbindliche-entscheidungen/2012/20121031_grundsaetze_anlagerichtlinie.html, Stand 27.09.2021

Dünn, Organisation und Selbstverwaltung der Sozialversicherung, in: Ruland / Becker / Axer (Hrsg.), Sozialrechtshandbuch, 6. Auflage, Baden-Baden 2018, § 13

Ehlers / Pünder, Allgemeines Verwaltungsrecht, 15. Auflage, Berlin 2015

Greiner, Grenzen des Fremdpersonaleinsatzes im Krankenhaus: Die „Honorararzt"-Entscheidungen des BSG, NZS 2019, 761 bis 769

Ruland, Beschäftigungsverhältnis oder „Neue Selbständigkeit"?, NZS 2019, 681 bis 693 https://www.sozialwahl.de/ (Stand 27.09.2021)

Schlaeger / Bruno, Zur Grundstruktur des § 116 SGB X und zu seinem Trägerbegriff, SGb 2020, 155 bis 160

Schmähl, Ökonomische Grundlagen sozialer Sicherung, in: von Ruland / Becker / Axer (Hrsg.), Sozialrechtshandbuch, 6. Auflage, Baden-Baden 2018, § 4

Seewald, Beschäftigung nach dem Zufallsprinzip? (Teil I), SGb 2020, 73 bis 81

Sozialversicherungsrechengrößenverordnung 2021, BGBl. I 2020, S. 2612, https://www.bgbl.de/xaver/bgbl/start.xav?startbk=Bundesanzeiger_BGBl&start=//*[@attr_id=%27bgbl120s2612.pdf%27]#__bgbl__%2F%2F*%5B%40attr_id%3D%27bgbl120s2612.pdf%27%5D__1632746607927, Stand 27.09.2021

Spitzenverbände (GKV-Spitzenverband, DRV Bund, DRV KBS, Bundesagentur für Arbeit), Richtlinien für die versicherungsrechtliche Beurteilung von geringfügigen Beschäftigungen (Geringfügigkeits-Richtlinien), https://www.minijob-zentrale.de/SharedDocs/Downloads/DE/Rundschreiben/01_ag_rundschreiben_versicherung/Geringfuegigkeitsrichtlinien_26072021.html?nn=702944, Stand 27.09.2021

## Weiterführende Literatur

Axer, Strukturprobleme der Finanzierung sozialer Sicherheit aus rechtswissenschaftlicher Sicht: Gestaltungsvorschläge und ihre rechtlichen Grenzen, Denkschrift 60 Jahres Bundessozialgericht, Band 2, Berlin 2015, Seiten 713 bis 733

Axer, Etatisierung der sozialen und gemeinsamen Selbstverwaltung?, NZS 2017, 601–608

Axer, Grundfragen des Versicherungs- und Beitragsrechts, in: von Ruland / Becker / Axer (Hrsg.), Sozialrechtshandbuch, 6. Auflage, Baden-Baden 2018, § 14

Becker, Die Verteilung der Kompetenzen zwischen Vorstand und Geschäftsführer bei Sozialversicherungsträgern, SGb 2005, 673–678

Bernsdorff, Von stürmischen Seen, Treibankern und Korallenriffen – Zum „Mitgliedschafts- und Beitragsrecht in der Sozialversicherung, SGb 2018, 675–681

Bieback, Rechtliche Probleme der Organisationsstruktur und Selbstverwaltung der Unfallversicherung, in Festschrift für Gitter, Wiesbaden 1995, Seiten 83 bis 103

Bieback, Sozial- und verfassungsrechtliche Aspekte der Bürgerversicherung, 2. Auflage, Baden-Baden 2014

Buchholz / Wiegard, Wer finanziert den deutschen Sozialstaat in Zukunft? Denkschrift 60 Jahres Bundessozialgericht, Band 1, Berlin 2014, Seiten 751 bis 774

Butzer, Fremdlasten in der Sozialversicherung, Tübingen 2001

Depenheuer, „Bürgerversicherung" und Grundgesetz, NZS 2014, 201 bis 206

Eichenhofer, Sozialrecht, 11. Auflage Tübingen 2019, § 10, 13, 14, 16 bis 18, 20, 21

Erlenkämper / Fichte, Sozialrecht, 6. Auflage, Köln 2008, Kapitel 10 bis 17, 25

Felix (Hrsg.), Die Finanzierung der Sozialversicherung, Hamburg 2007

Flüthmann, Kapitel 13 Organisation und Selbstverwaltung, BMAS, Übersicht über das Sozialrecht, 16. Auflage, Ausgabe 2019/2020, Nürnberg 2019

Geiken, Schnellübersicht Sozialversicherung 2021 Beitragsrecht, 10. Auflage, Bonn 2021

Hase, Versicherungsprinzip und sozialer Ausgleich, Tübingen 2000

Hase, Soziale Selbstverwaltung, in: Isensee/Kirchhof (Hrsg.), Handbuch des Staatsrechts, Band VI, § 145, 3. Auflage, Heidelberg 2008

Hendler, Das Prinzip Selbstverwaltung, in: Isensee/Kirchhof (Hrsg.), Handbuch des Staatsrechts, Band VI, § 143, 3. Auflage, Heidelberg 2008

Kingreen, Subjektiv-öffentliche Rechte auf Wahrung der Zuständigkeitsordnung: Die Entscheidungen des Bundessozialgerichts zur Statusfeststellung nach § 7a Abs. 1 S. 2 SGB IV, NZS 2020, 613 bis 619

Kirchhof, Sozialversicherungsbeitrag und Finanzverfassung, NZS 1999, 161 bis 167

Kirchhof, Finanzierung der Sozialversicherung, in: Isensee/Kirchhof (Hrsg.), Handbuch des Staatsrechts, Band V, §125, 3. Auflage, Heidelberg 2007

Kreikebohm, Kommentar zum SGB IV, 3. Auflage, München 2018

Kretschmer, Zusammenarbeit der Leistungsträger in: Ruland / Becker / Axer (Hrsg.), Sozialrechtshandbuch, 6. Auflage, Baden-Baden 2018, § 8

Knospe, Kapitel 4 Sozialgesetzbuch 4. Buch Gemeinsame Vorschriften, BMAS, Übersicht über das Sozialrecht, 16. Auflage, Ausgabe 2019/2020, Nürnberg 2019

Marburger, Gleitzone 2018 und ihre Bedeutung für die gesetzliche Rentenversicherung, Die Rentenversicherung (rv) 2018, S. 9–13

Mecke, Strukturprobleme der Finanzierung sozialer Sicherheit aus richterlicher Sicht: „Atypische Erwerbstätigkeit" – Strukturprobleme in der Rechtsprechung, Denkschrift 60 Jahres Bundessozialgericht, Band 2, Berlin 2015, Seiten 763 bis 796

Muckel / Ogorek / Rixen, Sozialrecht, 5. Auflage, München 2019, § 7 bis 12

Plagemann, Ersatzpflichten Dritter, in: Ruland / Becker / Axer (Hrsg.), Sozialrechtshandbuch, 6. Auflage, Baden-Baden 2018, § 9

Rolfs, Das Versicherungsprinzip im Sozialversicherungsrecht, 2000

Schneider, Aufsicht in der Sozialversicherung, 34. Ergänzungslieferung, Berlin 2020

Vogel, Der Finanz- und Steuerstaat, in: Isensee/Kirchhof (Hrsg.), Handbuch des Staatsrechts, Band II, § 30, 3. Auflage, Heidelberg 2004

Waltermann, Sozialrecht, 14. Auflage Heidelberg 2020, § 7 bis 12

Waltermann, Weiterbeschäftigung nach der Altersgrenze, NJW 2018, 193–199

# Zweige der Sozialversicherung

4

**Lernziele**

Das vierte Kapitel greift die Inhalte des dritten Kapitels auf und verknüpft diese mit den Einzelheiten der verschiedenen Versicherungszweige. Sie lernen die einzelnen Zweige der Sozialversicherung kennen. Nach der Bearbeitung des Kapitels können Sie die Organisationsstrukturen und Finanzierungsmittel der einzelnen Sozialversicherungszweige analysieren und bewerten. Insbesondere die Beziehungen zwischen Trägern, Mitgliedern und Versicherten können von Ihnen dargestellt werden. Im Bereich der Finanzierung steht die Beitragsfinanzierung im Vordergrund.

## 4.1 Gesetzliche Krankenversicherung

Die **gesetzliche Krankenversicherung** ist der Versicherungszweig, der politisch am stärksten umkämpft wird. Die Diskussionen um eine **Bürgerversicherung**, ein **Bürgergeld**, oder andere Alternativen setzen zumeist hier oder an der gesetzlichen Rentenversicherung an. Hintergrund sind unterschiedliche politische und gesellschaftliche Vorstellungen, auf welche Weise die Bevölkerung gegen Lebensrisiken, im Bereich der gesetzlichen Krankenversicherung gegen Krankheit, abgesichert werden soll. Traditionell herrscht in Deutschland ein zweigleisiges System einer gesetzlich und einer privatwirtschaftlich organisierten Krankenversicherung vor.

**Hintergrundinformation: Finanzierbarkeit der Krankenversicherung**
Neben der Frage nach einer gerechten Krankenversorgung der Bevölkerung geht es auch um die **Finanzierbarkeit des Krankenversicherungssystems**. In einer älter werdenden Bevölkerung, bei einer statistisch belegbaren Zunahme von „Volkskrankheiten" und vor dem Hintergrund des Fortschritts in der medizinischen Versorgung führen diese Faktoren zusammen zu einer stetigen Kosten-

© Springer Fachmedien Wiesbaden GmbH, ein Teil von Springer Nature 2022      141
R. Möller, *Finanzierung und Organisation des Sozialstaates*,
https://doi.org/10.1007/978-3-658-37190-6_4

steigerung. Da der Anteil der beschäftigten Personen demgegenüber sinkt, stehen verhältnismäßig weniger Beitragszahler zur Finanzierung dieser Kostensteigerung zur Verfügung. Es müsste daher entweder über Einschnitte auf der Leistungsseite oder eine Vergrößerung der Finanzierungsmöglichkeiten nachgedacht werden. Auf den zuletzt genannten Aspekt zielen Ideen der Umgestaltung der gesetzlichen Krankenversicherung zu einer Bürgerversicherung ab.

Außer Betracht bleiben in der politischen Diskussion zumeist Überlegungen, systemimmanente Effizienzgewinne zu heben. Insbesondere werden wesentliche Veränderungen am überkommenden System der Krankenkassenarten nicht diskutiert. Da die Krankenkassenarten insbesondere auf Verbandsebene bei zahlreichen ausgaberelevanten Aufgaben eine wichtige Rolle spielen, wären hier Veränderungen bis hin zu einer vollständigen Auflösung des Krankenkassenartensystems zu prüfen. Vermutlich wird hierzu der erforderliche politische Wille kaum vorhanden sein, da viele Positionen in der Selbstverwaltung durch politische Parteien, Gewerkschaften und ähnliche Interessenvertretungen besetzt werden und neben der Einflussnahmemöglichkeiten dieser Organisationen auch die finanziellen Vorteile der Mandatsträger nicht unbeachtlich sind.

Die **Aufgaben** der Krankenversicherung beschreibt programmatisch § 1 SGB V.

**§ 1 SGB V**
Die Krankenversicherung als Solidargemeinschaft hat die Aufgabe, die Gesundheit der Versicherten zu erhalten, wiederherzustellen oder ihren Gesundheitszustand zu bessern. Das umfasst auch die Förderung der gesundheitlichen Eigenkompetenz und Eigenverantwortung der Versicherten. Die Versicherten sind für ihre Gesundheit mitverantwortlich; sie sollen durch eine gesundheitsbewusste Lebensführung, durch frühzeitige Beteiligung an gesundheitlichen Vorsorgemaßnahmen sowie durch aktive Mitwirkung an Krankenbehandlung und Rehabilitation dazu beitragen, den Eintritt von Krankheit und Behinderung zu vermeiden oder ihre Folgen zu überwinden. Die Krankenkassen haben den Versicherten dabei durch Aufklärung, Beratung und Leistungen zu helfen und unter Berücksichtigung von geschlechts-, alters- und behinderungsspezifischen Besonderheiten auf gesunde Lebensverhältnisse hinzuwirken.

## 4.1.1  Organisation

### 4.1.1.1 Träger
**Träger** der gesetzlichen Krankenversicherung sind die im SGB V definierten **Krankenkassen**. § 4 Abs. 1 SGB V legt im Anschluss an Art 87 Abs. 2 GG fest, dass sie **rechtsfähige Körperschaften des öffentlichen Rechts mit Selbstverwaltung** sind. Insoweit wiederholt die Norm die Reglungen des § 29 Abs. 1 SGB IV zur Rechtsstellung der Versicherungsträger. In § 4 Abs. 2 SGB V sind die verschiedenen **Kassenarten** genannt:

- Allgemeine Ortskrankenkassen,
- Betriebskrankenkassen,
- Innungskrankenkassen,
- Sozialversicherung für Landwirtschaft, Forsten und Gartenbau als Träger der Krankenversicherung der Landwirte,

- die Deutsche Rentenversicherung Knappschaft-Bahn-See als Träger der Krankenversicherung (Deutsche Rentenversicherung Knappschaft-Bahn-See),
- Ersatzkassen.

Bis heute sieht das Gesetz verschiedene **Kassenarten** vor. Deren historisch bedingte Entstehung und Zuständigkeitsregelungen für Mitglieder sind heutzutage nahezu ausnahmslos überholt. Gleichwohl hat der Gesetzgeber die tradierte Einteilung der Kassenarten noch nicht aufgegeben. Die Gründe hierfür dürften in der **Selbstverwaltungsautonomie** liegen.

#### Hintergrundinformation: Kassenarten
**Ortskrankenkassen**
Ortskrankenkassen bestehen für bestimmte Regionen, die sich auch über mehrere Länder erstrecken können (§ 143 SGB V). Auch durch Vereinigung kann eine Ortskrankenkasse entstehen, deren Bezirk sich über mehrere Länder erstreckt (§ 155 Abs. 1 i. V. m. § 143 Abs. 3 SGB V; Bsp.: AOK Plus für Sachsen und Thüringen). Unter Beteiligung des Landes kann für ein Land eine einheitliche Ortskrankenkasse durch Vereinigung gebildet werden (Bsp.: AOK Bayern). Bisher haben Ortskrankenkassen keine Vereinigung mit einer Zuständigkeit für mehr als drei Länder vollzogen, u. a. um nicht als bundesunmittelbare Körperschaft des öffentlichen Rechts der Aufsicht des Bundesamtes für Soziale Sicherung zu unterfallen.
**Betriebskrankenkassen**
Betriebskrankenkasse (§ 144 SGB V) hängen noch heute eng mit der betrieblich organisierten Krankenversorgung zusammen. Nach § 149 Abs. 1 SGB V kann ein **Arbeitgeber** für einen oder mehrere Betriebe (Ausschluss für Leistungserbringer nach § 147 Abs. 4 SGB V) eine Betriebskrankenkasse errichten, wenn
    in diesen Betrieben regelmäßig mindestens 5000 Versicherungspflichtige beschäftigt werden und ihre Leistungsfähigkeit auf Dauer gesichert ist.
    Die Errichtung steht unter Genehmigungsvorbehalt der Aufsichtsbehörde (§ 150 SGB V). Über die Auflösung (§ 153 SGB V) oder Schließung (§ 159 Abs. 1, 2 SGB V) entscheidet ebenfalls die Aufsichtsbehörde. Die Zuständigkeit einer Betriebskrankenkasse kann auf weitere Betriebe ausgedehnt werden (§ 151 SGB V). Spiegelbildlich können Betriebe aus einer Betriebskrankenkasse ausscheiden (§ 152 SGB V). Eine Betriebskrankenkasse kann sich durch Satzung öffnen und allgemein gewählt werden (§ 173 Abs. 2 Nr. 4 SGB V, Bsp.: § 5 Satzung Audi BKK).
**Innungskrankenkassen**
Auch Innungskrankenkassen folgen der Idee einer berufsständischen Krankenversicherung. § 145 Abs. 1 SGB V bestimmt insoweit, dass eine oder mehrere Handwerksinnungen für die Handwerksbetriebe ihrer Mitglieder, die in die Handwerksrolle eingetragen sind, eine Innungskrankenkasse errichten konnten. Die Möglichkeit, eine IKK zu errichten, wurde mit Wirkung ab 01.04.2020 aufgehoben. Die Errichtung weiterer Innungskrankenkassen entspricht nicht mehr dem Ziel des Gesetzgebers, einen Wettbewerb der Krankenkassen mit leistungsfähigen Wettbewerbern zu ermöglichen, da dies eine gewisse Größe voraussetzt. Früher war die Errichtung einer Innungskrankenkasse unter ähnlichen Voraussetzungen wie die Errichtung einer Betriebskrankenkasse möglich. Die Vereinigung von Innungskrankenkassen oder Kassenartenübergreifend richtet sich nach den allgemeinen Regelungen der §§ 155 ff. SGB V. Eine Innungskrankenkasse kann sich durch Satzung öffnen und allgemein gewählt werden (§ 173 Abs. 2 Nr. 4 SGB V, Bsp.: § 11 Satzung IKK classic).
**Landwirtschaftliche Krankenversicherung**
Die Sozialversicherung für Landwirtschaft, Forsten und Gartenbau (SVLfG) als Träger der Kranken-

versicherung der Landwirte führt die Krankenversicherung nach dem Zweiten Gesetz über die Krankenversicherung der Landwirte durch; sie führt in Angelegenheiten der Krankenversicherung die Bezeichnung landwirtschaftliche Krankenkasse (§ 146 SGB V).

**Deutsche Rentenversicherung Knappschaft-Bahn-See**
Die DRV KBS (§ 147 SGB V) ist aus der früheren Bundesknappschaft, Bahnversicherungsanstalt und Seekasse hervorgegangen. Sie ist heute frei wählbare Krankenkasse (§ 173 Abs. 2 Nr. 4 a) SGB V).

**Ersatzkassen**
Ersatzkassen (§ 148 SGB V) sind heute die Techniker Krankenkasse (TK), die BARMER, DAK-Gesundheit, die KKH Kaufmännische Krankenkasse, die hkk – Handelskrankenkasse und die HEK – Hanseatische Krankenkasse. Die sechs Ersatzkassen haben knapp 22 Mio. Mitglieder und versichern ungefähr 28 Mio. Menschen und bilden nach den Ortskrankenkassen das zweitgrößte Kassenartensystem.

**Kassenarten** und deren Unterscheidung waren früher für die Mitglieder wichtig. Bevor es eine **Wahlfreiheit** der Mitglieder zur Wahl einer Krankenkasse gab (siehe §§ 173 bis 175 SGB V), erfolgte eine **pflichtweise Zuweisung** zu einer Krankenkasse. Die Zuweisung basierte auf dem ausgeübten Beruf. Das Gesetz sieht noch heute eine Unterscheidung zwischen **Primärkassen** und **Ersatzkassen** vor. Diese Unterscheidung ist allerdings praktisch bedeutungslos. **Primärkassen** sind Versicherungsträger der früher durch die RVO festgelegten **berufsständischen Pflichtversicherung**. Es sind dies die

- Ortskrankenkassen (§ 143 SGB V),
- Betriebskrankenkassen (§ 144 SGB V),
- Innungskrankenkassen (§ 145 SGB V),
- Landwirtschaftliche Krankenkasse (§ 146 SGB V),
- Deutsche Rentenversicherung Knappschaft-Bahn-See (§ 147 SGB V).

**Hintergrundinformation: kassenartenübergreifende Fusionen**
Die Trennung nach Kassenarten hat der Gesetzgeber in der Zwischenzeit aufgeweicht. Nach § 155 Abs. 1 SGB V können Ortskrankenkassen, Betriebskrankenkasse, Innungskrankenkassen sowie Ersatzkassen kassenartenübergreifend fusionieren (siehe auch ergänzend § 156 SGB V). Bekanntestes Beispiel hierfür ist die DAK-Gesundheit, die aus der ehemaligen DAK, BKK Gesundheit und BKK AXEL SPRINGER hervorgegangen ist.

Praktische Bedeutung kommt den Kassenarten auf der Ebene der **Verbandsaufgaben** zu. Sowohl auf Ebene der Landesverbände als auch auf Bundesverbandsebene sind den Kassenarten Rechte eingeräumt. Zusätzlich gibt es den **Spitzenverband Bund der Krankenkassen (GKV Spitzenverband)**, dem durch den Gesetzgeber übergeordnete Verbandsaufgaben zugewiesen sind. Der Gesetzgeber widmet den Verbänden der Krankenkassen ein eigenes Kapitel (Siebtes Kapitel, §§ 207 bis 219 d SGB V). Dort werden v. a. aufbauorganisatorische Fragen zu den Verbandsstrukturen auf Landes oder Bundesebene geklärt. Sowohl auf Landes- als auch auf Bundesebene wird die Kassenartenaufteilung in der Verbandsstruktur widergespiegelt. Gerade im Leistungserbringungsrecht kommt den Landesverbänden in vielen Bereichen eine wichtige Funktion zu.

▶ **TIPP** Der GKV Spitzenverband stellt zahlreiche Informationen, Daten und Statistiken rund um die gesetzliche Krankenversicherung auf seiner Internetpräsentation dar: https://www.gkv-spitzenverband.de/. Vgl. grundsätzlich zu Verbänden und Kooperationen der Sozialversicherungsträger Dünn 2018, Rz. 31.

---

**Zusammenfassung, Merksatz**
Träger der gesetzlichen Krankenversicherung sind Krankenkassen. Diese sind traditionell in unterschiedliche Krankenkassenarten gegliedert. Die historisch bedingte Unterteilung nach Kassenarten spielt heute eine wichtige Rolle bei der Aufgabenwahrnehmung auf Verbandsebene.

---

Die **Anzahl** der Krankenkassen ist in den vergangenen Jahrzehnten drastisch gesunken (siehe Abb. 4.1). Dies ist Folge entsprechender gesetzgeberischer Gestaltungen und erklärter politischer Wille. Konsequent wäre in Folge der Entwicklung auch über die Reduktion bzw. Abschaffung der Krankenkassenarten und eine Neugestaltung der Verbandsaufgaben nachzudenken und diese zu gestalten. Hierzu scheint bis heute allerdings noch kein politischer Wille zu bestehen.

Die Krankenkassen und ihre Verbände haben gemäß § 4 Abs. 3 SGB V die Verpflichtung, im Interesse der Leistungsfähigkeit und Wirtschaftlichkeit der gesetzlichen Krankenversicherung innerhalb einer Kassenart als auch kassenartenübergreifend miteinander und mit allen anderen

**Zahl der Krankenkassen in Deutschland**

| Jahr | Kassen gesamt | AOK | BKK | IKK | Landwirtschaftliche KK | DRV KBS | Ersatzkassen |
|------|---------------|-----|-----|-----|------------------------|---------|--------------|
| 1996 | 642 | 20 | 532 | 53 | 20 | 2 | 15 |
| 1997 | 554 | 18 | 457 | 43 | 20 | 2 | 14 |
| 1998 | 482 | 18 | 386 | 43 | 20 | 2 | 13 |
| 1999 | 455 | 17 | 361 | 42 | 20 | 2 | 13 |
| 2000 | 420 | 17 | 337 | 32 | 20 | 2 | 12 |
| 2001 | 396 | 17 | 318 | 28 | 19 | 2 | 12 |
| 2002 | 355 | 17 | 287 | 24 | 13 | 2 | 12 |
| 2003 | 324 | 17 | 260 | 23 | 10 | 2 | 12 |
| 2004 | 279 | 17 | 222 | 19 | 9 | 2 | 10 |
| 2005 | 267 | 17 | 210 | 19 | 9 | 2 | 10 |
| 2006 | 257 | 17 | 200 | 19 | 9 | 2 | 10 |
| 2007 | 242 | 16 | 189 | 16 | 9 | 2 | 10 |
| 2008 | 220 | 15 | 170 | 17 | 9 | 1 | 8 |
| 2009 | 202 | 15 | 155 | 14 | 9 | 1 | 8 |
| 2010 | 169 | 14 | 130 | 9 | 9 | 1 | 6 |
| 2011 | 156 | 12 | 121 | 7 | 9 | 1 | 6 |
| 2012 | 146 | 12 | 112 | 6 | 9 | 1 | 6 |
| 2013 | 134 | 11 | 109 | 6 | 1 | 1 | 6 |
| 2014 | 132 | 11 | 107 | 6 | 1 | 1 | 6 |
| 2015 | 124 | 11 | 99 | 6 | 1 | 1 | 6 |
| 2016 | 118 | 11 | 93 | 6 | 1 | 1 | 6 |
| 2017 | 113 | 11 | 88 | 6 | 1 | 1 | 6 |
| 2018 | 110 | 11 | 85 | 6 | 1 | 1 | 6 |
| 2019 | 109 | 11 | 84 | 6 | 1 | 1 | 6 |
| 2020 | 105 | 11 | 80 | 6 | 1 | 1 | 6 |

**Abb. 4.1** Quelle BMG, Daten des Gesundheitswesens 2020, S. 111, 8.4 Zahl der gesetzlichen Krankenkassen

Einrichtungen des Gesundheitswesens **eng zusammenzuarbeiten** (§ 4 Abs. 3 SGB V). Zugleich stehen die Krankenkassen dabei in einem Wettbewerb um die Mitglieder (Wahlfreiheit der Krankenkasse, siehe §§ 173 bis 175 SGB V). Jede Krankenkasse hat bei ihrer Aufgabenerfüllung sparsam und wirtschaftlich zu verfahren (§ 4 Abs. 4 SGB V). Die **Aufsichtsbehörde** kann eine Krankenkasse zwangsweise schließen, wenn deren Leistungsfähigkeit auf Dauer nicht mehr gesichert ist (§ 159 Abs. 1 SGB V). Bei der Vereinigung von Krankenkassen ist Wettbewerbsrecht (teilweise) zu beachten (§ 158 SGB V).

## Medizinischer Dienst

Bei bestimmten Fragestellungen in der medizinischen Versorgung bedienen sich die Krankenkassen der Unterstützung des **Medizinischen Dienstes** . Dabei sind die **Ärzte** des Medizinischen Dienstes bei der Wahrnehmung ihrer medizinischen Aufgaben nur ihrem ärztlichen Gewissen unterworfen (§ 275 Abs. 5 S. 1 SGB V). Sie sind nicht berechtigt, in die ärztliche Behandlung und pflegerische Versorgung einzugreifen (§ 275 Abs. 5 S. 2 SGB V). Krankenkassen haben gemäß § 275 Abs. 1 SGB V die Pflicht den Medizinischen Dienst in den gesetzlich bestimmten Fällen oder wenn es nach Art, Schwere, Dauer oder Häufigkeit der Erkrankung oder nach dem Krankheitsverlauf erforderlich ist, einzuschalten. Der Medizinische Dienst gibt eine gutachterliche Stellungnahme (**Begutachtung**) ab

- bei Erbringung von Leistungen, insbesondere zur Prüfung von Voraussetzungen, Art und Umfang der Leistung, sowie bei Auffälligkeiten zur Prüfung der ordnungsgemäßen Abrechnung,
- zur Einleitung von Leistungen zur Teilhabe im Benehmen mit dem behandelnden Arzt,
- bei Arbeitsunfähigkeit zur Sicherung des Behandlungserfolgs oder zur Beseitigung von Zweifeln an der Arbeitsunfähigkeit.

Daneben ist der Medizinische Dienst beratend (**Beratung**) und prüfend (**Prüfung**) für die Krankenkassen tätig. § 275 SGB V zählt die zahlreichen Prüfungszusammenhänge auf. Im den Bereichen Erforderlichkeit der Hilfsmittelversorgung, Dialysebehandlung, Evaluation durchgeführter Hilfsmittversorgung sowie Versichertenschädigung wegen Behandlungsfehlern steht den **Krankenkassen** ein **Ermessen** zu („… in geeigneten Fällen …"), eine Prüfung durch den Medizinischen Dienst durchführen zu lassen (§ 275 Abs. 3 SGB V).

Eine Öffnungsklausel für die (umfassende) **Beratung** durch den Medizinischen Dienst enthält das Gesetz in § 275 Abs. 4 S. 1 SGB V.

### § 275 Abs. 4 S. 1 SGB V

Die Krankenkassen und ihre Verbände sollen bei der Erfüllung anderer als der in Absatz 1 bis 3 genannten Aufgaben im notwendigen Umfang den Medizinischen Dienst oder andere Gutachterdienste zu Rate ziehen, insbesondere für allgemeine medizinische Fragen der gesundheitlichen Versorgung und Beratung der Versicherten, für Fragen der Qualitätssicherung, für Vertragsverhandlungen mit den Leistungserbringern und für Beratungen der gemeinsamen Ausschüsse von Ärzten und Krankenkassen, insbesondere der Prüfungsausschüsse.

Der Medizinische Dienst ist auf Basis des MDK-Reformgesetzes (vom 14.12.2019, BGBl. I 2019, S. 2789) organisatorisch von den Krankenkassen gelöst worden, um diesem mehr Eigenständigkeit zu geben. Organisatorisch wird **in jedem Land** ein Medizinischer Dienst als Körperschaft des öffentlichen Rechts errichtet (§ 278 Abs. 1 SGB V). Territoriale Abweichungen ermöglicht das Gesetz in § 278 Abs. 1 S. 2 SGB V. Organe des Medizinischen Dienstes sind der Verwaltungsrat und der Vorstand (§ 279 SGB V). Der Medizinische Dienst auf Landesebene ist **umlagefinanziert** durch die Krankenkassen nach § 279 Absatz 4 S. 1 SGB V (Landesverbände der Orts-, Betriebs- und Innungskrankenkassen, der landwirtschaftlichen Krankenkasse, der Ersatzkassen und der BAHN-BKK). Die Mittel sind im Verhältnis der Zahl der Mitglieder der einzelnen Krankenkassen mit Wohnort im Einzugsbereich des Medizinischen Dienstes aufzuteilen (§ 280 Abs. 1 S. 2 SGB V). Die Aufsicht führt die für die Sozialversicherung zuständige oberste Verwaltungsbehörde des Landes, in dem der Medizinische Dienst seinen Sitz hat (§ 280 Abs. 4 S. 1 SGB V). Auf **Bundesebene** wird ein Medizinischer Dienst Bund gegründet (§ 281 SGB V, zu den Aufgaben siehe § 283 SGB V). Der Medizinische Dienst Bund ist eine Körperschaft des öffentlichen Rechts, Organe sind der Verwaltungsrat und der Vorstand (§ 282 SGB V). Mitglieder des Medizinischen Dienstes Bund sind die Medizinischen Dienste. Der Medizinische Dienst Bund untersteht der Aufsicht des Bundesministeriums für Gesundheit (§ 281 Abs. 3 S. 1 SGB V). Der Medizinischen Dienstes Bund ist ebenfalls **umlagefinanziert**, die Mittel werden durch die Medizinischen Dienste (der Länder) sowie der Deutschen Rentenversicherung Knappschaft-Bahn-See durch eine Umlage aufgebracht. Der jeweilige Finanzierungsanteil basiert auf der Zahl der Mitglieder der Krankenkassen nach § 279 Abs. 4 S. 1 SGB V mit Wohnort im Einzugsbereich des Medizinischen Dienstes einerseits und der Mitglieder der Deutschen Rentenversicherung Knappschaft-Bahn-See andererseits aufzubringen.

Die Deutsche Rentenversicherung Knappschaft-Bahn-See unterhält einen eigenen **Sozialmedizinischen Dienst** (SMD); dieser führt für die DRV KBS die Aufgaben des Medizinischen Dienstes durch (§ 283 a SGB V). Die DRV KBS beteiligt sich ebenfalls beim Medizinischen Dienstes Bund.

▶ **TIPP** Wichtige Informationen wie z. B. Richtlinien zur Begutachtung von Pflegebedürftigkeit stehen über die Internetpräsentation des Medizinischen Dienstes des Spitzenverbandes Bund der Krankenkassen (MDS) den Bürgern zur Verfügung: https://www.mds-ev.de/.

**Zusammenfassung, Merksatz**
Der Medizinische Dienst berät die Krankenkassen bei der Aufgabenerfüllung. Er nimmt gesetzlich vorgesehene Prüfungsaufgaben wahr, die teilweise unmittelbar bestehen und teilweise einer Ermessensentscheidung einer Krankenkasse bedürfen.

#### 4.1.1.2 Leistungserbringungsrecht, allgemeine Grundsätze

Das **Leistungserbringungsrecht** der gesetzlichen Krankenversicherung ist das Steuerungsinstrument, welches praktisch den größten Einfluss auf die Rechtsbeziehungen und Leistungsbeziehungen aller im System Beteiligten hat. Dort „spielt die Musik". Bezogen auf die Ausgabenvolumina sind die Bereiche **ärztliche Behandlung**, **Arzneimittelversorgung** und **Krankenhausbehandlung** am bedeutendsten (siehe Abb. 4.2). Deshalb wird im Folgenden auf die vertragsärztliche und stationäre Leistungserbringung näher eingegangen.

Bis auf die Leistungsempfänger (Versicherten; diese werden nur am Rande z. B. durch Patientenvertreter beteiligt) sind alle anderen Player im System Beteiligte des Leistungserbringungsrechts und wirken zur **Sicherstellung der Versorgung** der Versicherten zusammen.

§ 69 Abs. 1 SGB V benennt als **Beteiligte**

- Krankenkassen sowie deren Verbände,
- Ärzte sowie deren Verbände,
- Zahnärzte sowie deren Verbände,
- Psychotherapeuten sowie deren Verbände,
- Apotheken sowie deren Verbände,

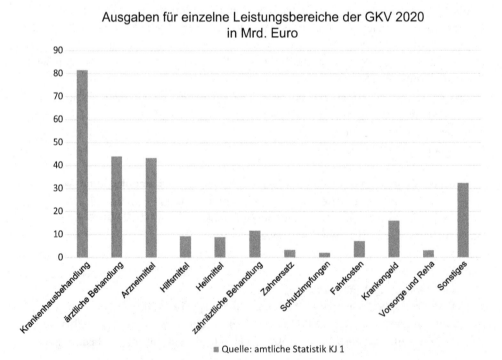

**Abb. 4.2**  Leistungsbereiche in Euro (2020)

- sonstige Leistungserbringer sowie deren Verbände,
- den Gemeinsamen Bundesausschuss
- Landesausschüsse nach den §§ 90 bis 94 SGB V
- Krankenhäuser sowie deren Verbänden,
- dritte Betroffene durch Rechtsbeziehungen zwischen den Vorgenannten.

Da Leistungserbringungsrecht durch Vertragsbeziehungen zwischen Kostenträger und Leistungserbringern gestaltet wird, findet auf diese Verträge **Wettbewerbs- und Vergaberecht** Anwendung (§ 69 Abs. 2 bis 4 SGB V). Weitere Programmsätze formulieren die §§ 70 und 71 SGB V. Leistungserbringungsrecht soll eine **bedarfsgerechte** und gleichmäßige, dem allgemein anerkannten Stand der medizinischen Erkenntnisse entsprechende Versorgung der Versicherten gewährleisten (§ 70 Abs. 1 SGB V). Zugleich sind die Grundsätze der Wirtschaftlichkeit und Sparsamkeit (§ 69 SGB IV) zu beachten, sodass die Versorgung (lediglich) **ausreichend und zweckmäßig** sein muss und das **Maß des Notwendigen** nicht überschreiten darf (§ 70 Abs. 1 S. 2 SGB V). Weiterhin ist auf eine **humane Krankenbehandlung** ihrer Versicherten hinzuwirken (§ 70 Abs. 2 SGB V). Spiegelbildlich gilt als weitere Rahmenbedingung der **Grundsatz der Beitragssatzstabilität** (§ 71 Abs. 1 S. 1 SGB V).

**§ 71 Abs. 1 S. 1 SGB V**
Die Vertragspartner auf Seiten der Krankenkassen und der Leistungserbringer haben die Vereinbarungen über die Vergütungen nach diesem Buch so zu gestalten, dass Beitragserhöhungen ausgeschlossen werden, es sei denn, die notwendige medizinische Versorgung ist auch nach Ausschöpfung von Wirtschaftlichkeitsreserven nicht zu gewährleisten (Grundsatz der Beitragssatzstabilität).

Vergütungsvereinbarungen sind dabei der zuständigen **Aufsichtsbehörde** vorzulegen bzw. der für die Sozialversicherung zuständigen obersten Verwaltungsbehörden der **Länder** zu übermitteln (§ 71 Abs. Abs. 4, 5 SGB V).

**Hintergrundinformation: Besondere Beziehungen im Leistungserbringungsrecht**
Besonderheiten regeln die §§ 115 bis 122 SGB V. Dabei geht es um die sektorenübergreifende Leistungserbringung (z. B. § 115 c SGB V Fortsetzung der Arzneimitteltherapie) oder Leistungserbringung im jeweils anderen Bereich (z. B. ambulante Behandlung durch Krankenhäuser nach §§ 116 a, b SGB V).

### 4.1.1.3 Leistungserbringungsrecht, ambulante ärztliche Versorgung
**Sicherstellungsauftrag der Kassenärztlichen Vereinigungen**
Der **Sicherstellungsauftrag** in der ambulanten ärztlichen Versorgung (Umfang: § 73 Abs. 2 SGB V, Inhalt § 75 SGB V) ist den Kassenärztlichen bzw. Kassenzahnärztlichen Vereinigungen – also den **Leistungserbringern** – übertragen (§ 75 Abs. 1 S. 1 SGB V).

▶ **Definition Vertragsärztliche Versorgung**  Die ambulant ärztliche und kassenzahnärztliche Versorgung basiert auf identischen Strukturen, sodass verkürzend von der vertragsärztlichen Versorgung gesprochen wird, womit auch die Zahnärzte erfasst sein sollen.

Gleiches gilt für Psychotherapeuten (§ 72 Abs. 1 S. 1 SGB V). Die Kassenärztlichen Vereinigungen nehmen die Rechte ihrer Mitglieder (der Ärzte) gegenüber den Krankenkassen wahr (§ 75 Abs. 2 SGB V). Nur wenn der Versorgungsgrad in einem Zulassungsbezirk oder regionalen Planungsbereich unter 50 v. H. fällt, erfüllen Krankenkassen und ihre Verbände nach Anhörung der Aufsichtsbehörde den Sicherstellungsauftrag (§ 72 a Abs. 1 SGB V). Verträge werden dann unmittelbar zwischen Krankenkassen und deren Verbände mit Ärzten geschlossen (als Einzel- oder Gruppenverträge). Weitere Aufgabe der Kassenärztlichen Vereinigungen neben der Sicherstellung ist die **Bekämpfung von Fehlverhalten im Gesundheitswesen** (§ 81 a SGB V).

**Hintergrundinformation: Reichweite des Sicherstellungsauftrags**
Der Sicherstellungsauftrag durch die Kassenärztliche Vereinigung bezieht sich auch auf brancheneinheitliche Standardtarife und brancheneinheitliche Basistarife sowie dem Notlagentarif der privaten Krankenversicherungsunternehmen. Der Sicherstellungauftrag bezieht sich daher insoweit auch auf privat versicherte Personen. Entsprechend kann auch die Vergütung zwischen Kassenärztlicher Vereinigung und der privaten Krankenversicherung vereinbart werden (siehe zum Ganzen § 75 Abs. 3 a bis c SGB V).

**Kassenärztliche Vereinigungen** einschließlich der Kassenärztlichen Bundesvereinigung sind Körperschaften des öffentlichen Rechts (§ 77 Abs. 5 SGB V). Ärzte bzw. Zahnärzte sind **Zwangsmitglieder** der Kassenärztlichen Vereinigungen. Für **jedes Bundesland** wird eine Kassenärztliche bzw. Kassenzahnärztliche Vereinigung gebildet (§ 77 Abs. 1 SGB V). Über mehrere Länder hinweg können sich Kassenärztliche Vereinigungen mit Zustimmung der für die Sozialversicherung zuständigen obersten Verwaltungsbehörden der Länder vereinigen (§ 77 Abs. 2 SGB V). Die Kassenärztlichen Vereinigungen bilden die Kassenärztliche Bundesvereinigung und die Kassenzahnärztliche Bundesvereinigung (Kassenärztliche Bundesvereinigungen, § 77 Abs. 4 S. 1 SGB V). Bei den Kassenärztlichen Vereinigungen werden unterschiedliche **beratende Fachausschüsse** gebildet (§ 79 b S. 1 SGB V: Psychotherapie, § 79 c S. 1 SGB V: hausärztliche Versorgung, fachärztliche Versorgung, angestellte Ärzte). Für bestimmte Dienstleistungen können Dienstleistungsgesellschaften gebildet werden (§ 77 a SGB V), die Kassenärztlichen Bundesvereinigungen können Einrichtungen und Arbeitsgemeinschaften bilden (§ 77 b SGB V). **Organe** der Kassenärztlichen Vereinigungen sind die von den Mitgliedern gewählte (§ 80 Abs. 1 SGB V) Vertreterversammlung (Selbstverwaltungsorgan) sowie einen Vorstand (Hauptamt), § 79 Abs. 1 SGB V. Die **Aufsicht** über die Kassenärztlichen Bundesvereinigungen führt das Bundesministerium für Gesundheit, die Aufsicht über die Kassenärztlichen Vereinigungen führen die für die Sozialversicherung zuständigen obersten Verwaltungsbehörden der Länder (§ 78 Abs. 1 SGB V).

> **Zusammenfassung, Merksatz**
> In der ambulanten Versorgung ist der Sicherstellungsauftrag den Kassenärztlichen Vereinigungen übertragen. Dabei handelt es sich um autonome Selbstverwaltungsorganisationen der Ärzte.

**Bedarfsplanung**

Die ambulante Versorgung ebenso wie die stationäre Versorgung der Versicherten basiert auf einer entsprechenden Planung. Im **ambulanten Bereich** erfolgt diese durch die **Bedarfsplanung** nach §§ 99 ff. SGB V, im **stationären Bereich** nimmt das Land die **Krankenhausplanung** (§§ 107 ff. SGB V, § 6 KHG) vor. Die Versorgungsplanung für die gesamte Versorgung der Bevölkerung mit ärztlichen Leistungen erfolgt deshalb nicht aus einer Hand.

Die **Bedarfsplanung** im ambulant ärztlichen Bereich erfolgt (§ 99 SGB V)

- durch die Kassenärztlichen Vereinigungen gemeinsam mit
- den Landesverbänden der Krankenkassen und den Ersatzkassen
- auf Landesebene
- im Einvernehmen
- nach Maßgabe der vom Gemeinsamen Bundesausschuss erlassenen Richtlinien
  - von denen wegen regionaler Besonderheiten, insbesondere der regionalen Demografie und Morbidität, abgewichen werden kann, wenn dies für eine bedarfsgerechte Versorgung erforderlich ist
- zur Sicherstellung der vertragsärztlichen Versorgung
- die der jeweiligen Entwicklung anzupassen ist.

Die Beteiligten haben dabei die Ziele und Erfordernisse der **Raumordnung und Landesplanung** sowie der **Krankenhausplanung** zu beachten. Patientenvertreter und Selbsthilfeorganisationen ist Gelegenheit zur Stellungnahme zu geben. Der aufgestellte oder angepasste Bedarfsplan ist der für die Sozialversicherung zuständigen obersten Landesbehörde vorzulegen. Wird der Plan binnen einer Frist von zwei Monaten nicht beanstandet, entfaltet er wie vorgelegt Geltung.

Wichtiges Planungsorgan in der Praxis ist der **Landesausschuss der Ärzte und Krankenkassen** (§ 90 SGB V). Dieser wird tätig, wenn das erforderliche Einvernehmen nicht zustande kommt oder der noch nicht abgestimmte Bedarfsplan (im Entwurf) beraten wird (§ 99 Abs. 2 und 3 SGB V). Dies ist praktisch der Regelfall, da die Landesausschüsse über eine **Unterversorgung** bzw. **Überversorgung** zu beraten und entscheiden haben. Eine Unterversorgung (§ 100 SGB V) liegt vor, wenn die in einem Zulassungsbezirk vorhandenen Kassenarztsitze nicht besetzt sind oder alsbald nicht mehr besetzt sind (Bsp.: fehlende Hausärzte „auf dem Land"). Eine Überversorgung (§ 101 SGB V) liegt, wenn zu vielen zugelassene Ärzte oder Bewerber auf freiwerdende Kassenarztsitze in einem Zulassungsbezirk vorhanden sind (Bsp.: Fachätzte in Ballungsräumen). Dabei ist für die Unter- bzw. Überversorgung jeweils nach Allgemeinärzten (Hausärzten) und Fachärzten (nach Fachdisziplinen) sowie nach Zulassungsbezirk zu unterscheiden.

Die **Bedarfsplanung** soll eine am Bedarf ausgerichtete flächendeckende Verteilung ärztlicher Dienstleistungen (im System der gesetzlichen Krankenversicherung) sicherstellen. Dazu dienen örtliche Planungsparameter (Zulassungsbezirke) und fachliche Planungsparameter (Hausärzte versus Fachärzte). Die Bedarfsplanung dient daher v. a. einer **Verteilungssteuerung**, damit sich Kassenärzte nicht in bestimmten Gebieten „ballen" und andere Gebiete unterversorgt sind. Dieses System funktioniert in der Praxis jedoch dann nicht (mehr), wenn Gebiete als derart wenig lukrativ abgesehen werden, dass Ärzte sich dort nicht (mehr) für die vertragsärztliche Versorgung niederlassen wollen. Um insoweit gegenzusteuern, sieht der Gesetzgeber bestimmte Fördermaßnahmen vor (§ 105 SGB V, z. B. Sicherstellungszuschläge). Da insbesondere bei Überversorgung ein Eingriff in das Grundrecht auf Berufsfreiheit (Art. 12 GG) rechtfertigungsbedürftig ist, da Zulassungsbeschränkungen angeordnet werden (§§ 103, 104 SGB V) und eine Niederlassung als Kassenarzt nicht mehr bzw. nur eingeschränkt möglich ist, werden entsprechende Richtlinien durch den **Gemeinsamen Bundesausschuss** beschlossen (§ 101 SGB V).

### Hintergrundinformation: Gemeinsamer Bundesausschuss

Wichtiges Gremium für die Steuerung der ärztlichen Versorgung ist der **Gemeinsame Bundesausschuss** (GBA, § 91 SGB V), dem der Gesetzgeber zahlreiche Aufgaben zugedacht hat. Im Leistungserbringungsrecht ist der GBA oberstes Entscheidungsorgan, das bindende Beschlüsse und Richtlinien fasst (siehe insbesondere die Richtlinienkompetenz für die in § 92 SGB V genannten Bereiche; vgl. zu deren Wirksamwerden und den Aufgaben des Bundesministeriums für Gesundheit § 94 SGB V). Die Richtlinien werden durch das Bundessozialgericht als verbindliche materielle Rechtsnormen angesehen (BSGE 76, 194, 187 f.; 81, 73, 80 ff.; offen gelassen in BVerfGE 115, 25, 47). Die Richtlinien sind Bestandteil der Bundesmantelverträge (§ 92 Abs. 8 SGB V). Der GBA ist paritätisch mit allen an der Versorgung Beteiligten besetzt und spiegelt somit das Selbstverwaltungsprinzip (hierzu BVerfGE 107, 59, 86 ff.) wider. Die Funktionen des GBA sind durch das Bundesverfassungsgericht unbeanstandet geblieben (BVerfGE 106, 275, 297 ff.).

Auf die (freien) **Kassenarztsitze** in den Zulassungsbezirken können sich Ärzte zur Leistungserbringung bewerben. Die Zulassung erfolgt durch die **Zulassungs- und Berufungsausschüsse** bei den Kassenärztlichen Vereinigungen, die paritätisch aus Ärzten und Krankenkassen gebildet werden (§ 34 Ärzte-ZV). Die Voraussetzungen für die Zulassung an der vertragsärztlichen Versorgung regeln einerseits das SGB V (dort §§ 95 ff.) sowie andererseits die entsprechenden Zulassungsverordnungen für Vertragsärzte bzw. Vertragszahnärzte. Mit der Zulassung zur vertragsärztlichen Versorgung besteht auch ein Vergütungsanspruch.

**Zusammenfassung, Merksatz**
Die Bedarfsplanung im ambulanten Bereich dient der Verteilungssteuerung ärztlicher Leistungen. Wichtiges Planungsorgan in der Praxis ist der Landesausschuss der Ärzte und Krankenkassen. Dieser berät und entscheidet in Fällen der Überversorgung bzw. Unterversorgung. Die Bedarfsplanung unterscheidet zwischen allgemeinärztlicher Versorgung (Hausarzt) und fachärztlicher Versorgung (Fachärzte nach Disziplinen). Grundlage der Bedarfsplanung auf Landesebene sind die Richtlinien des Gemeinsamen Bundesausschusses, die zugleich Gegenstand der Bundesmantelverträge sind, welche wiederum Gegenstand der Gesamtverträge sind. Ärzte werden durch die Zulassungs- und Berufungsausschüsse bei den Kassenärztlichen Vereinigungen zur vertragsärztlichen Versorgung zugelassen.

## Gesamtverträge

Umgesetzt wird die an die Bedarfsplanung anknüpfende vertragsärztliche Versorgung durch **schriftliche Verträge**, die Vereinbarungen treffen, damit „eine **ausreichende, zweckmäßige und wirtschaftliche Versorgung** der Versicherten unter Berücksichtigung des **allgemein anerkannten Standes der medizinischen Erkenntnisse** gewährleistet ist und die ärztlichen Leistungen **angemessen vergütet** werden" (§ 72 Abs. 2 SGB V). Hierzu treffen Kassenärztliche Vereinigungen für ihren Zuständigkeitsbereich (i. d. R. ein Land) gemeinsam mit den Landesverbänden der Krankenkassen und den Ersatzkassen **Gesamtverträge** nach § 83 SGB V (ggf. ergänzt um Besondere Versorgungen nach § 140 a SGB V). Dabei ist dem Gesetzgeber die Förderung der Weiterbildung in der hausärztlichen Versorgung wichtig (§ 75 a SGB V). Rahmenvorgabe sind die auf Bundesebene geschlossenen **Bundesmantelverträge**, deren Inhalt Bestandteil der Gesamtverträge ist (§ 82 Abs. 1 SGB V). Die Rechtsbeziehungen stellt folgende Abbildung (Abb. 4.3) dar.

### Hintergrundinformation: Gegenstand der Bundesmantelverträge

In den **Bundesmantelverträgen** sind mehrere Regelungskomplexe enthalten. Wichtig sind v. a. Regelungen zu Inhalt und Umfang sowie zur Organisation der vertragsärztlichen Versorgung sowie Bestimmungen zur Abrechnung der ärztlichen Leistungen. Entscheidende Rechengröße ist der **einheitliche Bewertungsmaßstab** (EBM). Jede ärztliche Leistung ist mit einem Punktwert (nach Schwere und Zeitwert) bewertet, der mit einem Eurobetrag (Orientierungswert nach § 87 Abs. 2 e SGB V) multipliziert den (Euro-)Betrag ergibt, der vertragsärztlich vergütet wird (vgl. § 87 Abs. 2 S. 1 SGB V). Die Bewertung von Sachkosten kann in festen Eurobeträgen bestimmt werden (§ 87 Abs. 2 S. 8 SGB V). Der **Orientierungswert** wird auf Bundesebene jährlich festgelegt (§ 87 Abs. 2 e, 2 g SGB V). Die Vertragsparteien auf Landesebene können hiervon Abweichungen vereinbaren (§ 87 a SGB V). Der Orientierungswert ist daher der mathematische Hebel, der über den gesamten EBM betrachtet die Vergütung der vertragsärztlichen Leistungen verteuert oder günstiger gestaltet. Für das Jahr 2021 beträgt der Orientierungswert 11,1244 Cent (https://www.kbv.de/html/1150_48045.php). Für das Jahr 2022 ist eine Steigerung auf 11,2662 Cent vereinbart, was einer Kostensteigerung von geschätzt 540 Mio. Euro entspricht (https://www.kbv.de/html/1150_54381.php).
**Beispiel:**
EBM Ziffer 03220 (Zuschlag zu der Versichertenpauschale nach der Gebührenordnungsposition 03000 für die Behandlung und Betreuung eines Patienten mit mindestens einer lebensverändernden

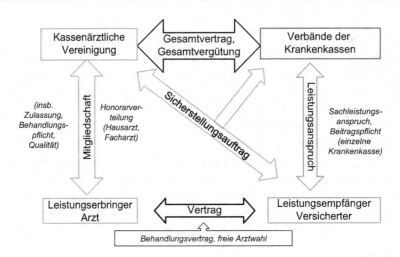

**Abb. 4.3** Vierecksbeziehungen im Leistungserbringungsrecht (vertragsärztliche Versorgung)

chronischen Erkrankung):

$$130\,\text{Punkte} \times 11{,}1244\,\text{Cent} = 14{,}46172, \text{gerundet}\ 14{,}46\,\text{Euro}\,(2021)$$

Die Kassenärztliche Bundesvereinigung hat den EBM online gestellt, sodass jeder Bürger nachvollziehen kann, welche Kosten für eine vertragsärztliche Leistung abgerechnet werden: http://www.kbv.de/html/online-ebm.php.

Der **Versicherte** ist nicht an einen bestimmten Arzt gebunden, es besteht **freie Arztwahl** (§ 76 SGB V). Diese ist allerdings insoweit eingeschränkt, dass nur unter denen an der vertragsärztlichen Versorgung zugelassenen Ärzte und an sonstigen zugelassenen Personen oder Einrichtungen (Aufzählung in § 76 Abs. 1 S. 1 SGB V) gewählt werden darf. Nur die dort erbrachten Leistungen sind versichert. Andere Ärzte dürfen nur in Notfällen in Anspruch genommen werden (§ 76 Abs. 1 S. 2 SGB V). Werden Ärzte außerhalb einer Zulassung gewählt, muss der Versicherte die ärztliche Dienstleistung privat bezahlen (ggf. abgesichert durch eine private Krankenzusatzversicherung).

Gegenstände der **Gesamtverträge** sind

- die vertragsärztliche Versorgung (§ 83 S. 1 SGB V),
- die Vergütung (§ 82 Abs. 2 SGB V),
- eine Arzneimittelvereinbarung (§ 84 Abs. 1 bis 6 SGB V),
- Heilmittelvereinbarungen (§ 84 Abs. 7 SGB V).

Die **vertragsärztliche Versorgung** unterscheidet zwischen der **hausärztlichen und der fachärztlichen Versorgung** (§ 73 Abs. 1 S. 1 SGB V). Das heißt, getrennt voneinander wird einerseits für Hausärzte (§ 73 Abs. 1 a S. 1 SGB V) und andererseits für Fachärzte (§ 73 Abs. 1 a S. 2 SGB V; diese getrennt nach Facharztdisziplinen) der Versorgungsbedarf in einem Versorgungsgebiet ermittelt und entsprechende Kassenarztsitze gebildet und vergeben. Ein **zugelassener Vertragsarzt** darf Versorgungsleistungen nur im Rahmen seiner Zulassung mit entsprechendem Vergütungsanspruch erbringen. Weitere Leistungen dürfen nur nach privatvertraglicher Vereinbarung erbracht und durch den Versicherten vergütet werden. Das BSG hat hierzu entschieden, dass ein Arzt im Rahmen ein und desselben Anstellungsverhältnisses oder ein und derselben Zulassung nicht gleichzeitig an der hausärztlichen und an der fachärztlichen Versorgung teilnehmen darf (BSG vom 13.02.2019, B 6 KA 62/17 R, BSGE 127, 223–233).

### Hintergrundinformation: hausarztzentrierte Versorgung

**Zusätzlich** zu den Versorgungsstrukturen im Rahmen der Gesamtverträge haben (einzelne) **Krankenkassen** für ihre Versicherten eine besondere hausärztliche Versorgung anzubieten (**hausarztzentrierte Versorgung**, § 73 b SGB V). Ziel ist, den Hausarzt als „Lotsen" durch die Versorgungsstrukturen zu etablieren und zugleich besondere Qualitätsstandards zu etablieren (vgl. § 73 b Abs. 2 SGB V, Bt.-Drucks. 15/1525, S. 97). Verträge werden von den Krankenkassen mit Hausärzten und Gemeinschaften von Hausärzten (Hausarztverbänden) geschlossen. Kassenärztliche Vereinigungen schließen nur dann Verträge, wenn sie hierzu von den Hausärzten ermächtigt worden sind (§ 73 b Abs. 4 S. 3 Nr. 4 SGB V). Da die hausarztzentrierte Versorgung im Rahmen der hausärztlichen Versorgung erbracht wird, muss insoweit der Behandlungsbedarf im Gesamtvertrag bereinigt werden (§ 73 b Abs. 7 SGB V).

Kommen Verträge ganz oder teilweise nicht zustande, setzt das zuständige **Schiedsamt** (§ 89 SGB V) bzw. bei dessen Untätigkeit die unparteiischen Mitglieder des Schiedsamtes (§ 89 Abs. 9 SGB V) den Vertragsinhalt fest. Entscheidungen des Schiedsamtes, die nach § 19 S. 2 Schiedsamts-VO mit einer Rechtsbehelfsbelehrung zu versehen sind, können unmittelbar mit Anfechtungsklage angegriffen werden. Schiedsämter gibt es auf Landesebene (Landesschiedsämter, § 89 Abs. 1 SGB V) und auf Bundesebene (§ 89 Abs. 2 SGB V). Die Landesschiedsämter und die Bundesschiedsämter bestehen aus je vier Vertretern der Ärzte oder Zahnärzte und vier Vertretern der Krankenkassen sowie einem unparteiischen Vorsitzenden und zwei weiteren unparteiischen Mitgliedern (§ 89 Abs. 5 S. 1 SGB V). Die **Rechtsaufsicht** über die Landesschiedsämter führen die für die Sozialversicherung zuständigen obersten Verwaltungsbehörden der Länder oder die von den Landesregierungen durch Rechtsverordnung bestimmten Behörden, die Aufsicht über die Schiedsämter auf Bundesebene führt das Bundesministerium für Gesundheit (§ 89 Abs. 10 SGB V).

### Zusammenfassung, Merksatz

Kassenärztliche Vereinigungen schließen für ihren Zuständigkeitsbereich (i. d. R. ein Land) gemeinsam mit den Landesverbänden der Krankenkassen und den Ersatzkassen Gesamtverträge. Die auf Bundesebene geschlossenen Bundesmantelverträge sind Inhalt und Bestandteil der Gesamtverträge. Weiterhin sind Inhalt der Gesamtverträge die Gesamtvergütung, eine Arzneimittelvereinbarung sowie Heilmittelvereinbarungen. Kommen Verträge ganz oder teilweise nicht zustande, werden deren Inhalte in einem Schiedsverfahren festgesetzt.

**Gesamtvergütung**

Die **Gesamtvergütung** der Vertragsärzte ist in §§ 85 bis 87 e SGB V geregelt. Bereits ein Blick auf den Normtext lässt erahnen, dass es sich um eine komplizierte Materie handelt, da es nicht nur sprichwörtlich „um's Geld geht". Da die Gesamtvergütung Teil der Gesamtverträge (einschließlich der Beachtung der Bundesmantelverträge einschließlich des EBM, Orientierungswertes, etc.) ist, richtet sich das **Schiedswesen** hierzu ebenfalls nach § 89 SGB V. Hinsichtlich der Gesamtvergütung müssen die unterschiedlichen Rechtsbeziehungen zwischen einerseits Krankenassen und Kassenärztlicher Vereinigung (Außenverhältnis, **Entrichtung** der Gesamtvergütung) und andererseits Kassenärztlicher Vereinigung und Mitgliedsärzten (Innenverhältnis, **Verteilung** der Gesamtvergütung) auseinandergehalten werden. Die **Entrichtung** und **Verteilung** der Gesamtvergütung erfolgt nach folgenden Strukturen.

Auf der Ebene der Krankenkassen bzw. deren Landesverbände (mit Wirkung – nur – für die Krankenkassen der jeweiligen **Kassenart**) als Vertragspartner der Kassenärztlichen Vereinigung entrichten diese nach Maßgabe (also: den Vereinbarungen) der Gesamtverträge an die jeweilige Kassenärztliche Vereinigung mit **befreiender Wirkung** eine Gesamtvergütung für die **gesamte vertragsärztliche Versorgung** der Mitglieder mit Wohnort im Bezirk der Kassenärztlichen Vereinigung einschließlich der mitversicherten Familienangehörigen (§ 85 Abs. 1 SGB V). Die **Höhe** der Gesamtvergütung wird im Gesamtvertrag vereinbart. **Wie** die Höhe vereinbart wird, ist Sache der Vertragsparteien. Diese können einen Festbetrag oder eine Berechnungsmethode (auf der Grundlage des Bewertungsmaßstabes nach Einzelleistungen, nach einer Kopfpauschale, nach einer Fallpauschale oder nach mehreren dieser Methoden) vereinbaren (§ 85 Abs. 2 S. 2 SGB V). Das Gesetz sieht insoweit als Rahmenmaßgabe vor, dass die Vereinbarung **unterschiedlicher Vergütungen** für die Versorgung verschiedener Gruppen von Versicherten ist **nicht zulässig** ist (§ 85 Abs. 2 S. 3 SGB V). Ebenfalls werden für **Haus- und Fachärzte getrennte Vergütungsanteile** zugrunde gelegt (§ 85 Abs. 2 c, § 87 Abs. 2 a, § 87 b Abs. 4 SGB V).

---

**Zusammenfassung, Merksatz**
Die Gesamtvergütung für die gesamte vertragsärztliche Versorgung wird mit befreiender Wirkung für die Krankenkassen je Kassenart an die Kassenärztlichen Vereinigungen geleistet. Bei der Berechnung der Gesamtvergütung wird zwischen allgemeinärztlicher und fachärztlicher Versorgung unterschieden.

---

Nachdem die jeweilige **Kassenärztliche Vereinigung** die Gesamtvergütung erhalten hat, **verteilt** sie diese an die an der Versorgung Teilnehmenden (Ärzte, Psychotherapeuten, medizinischen Versorgungszentren sowie ermächtigten Einrichtungen) getrennt nach haus- bzw. fachärztlicher Versorgung (§ 87 b SGB V, **Honorarverteilung**; für Zahnärzte § 85 Abs. 4 SGB V). Die Kassenärztliche Vereinigung wendet bei der Verteilung den **Ver-**

**teilungsmaßstab** an, der im Benehmen mit den Landesverbänden der Krankenkassen und den Ersatzkassen festgesetzt worden ist (§ 87 b Abs. 1 S. 2 SGB V; weitere Regelungen siehe Abs. 2). Die Vergütung für **Notfallversorgung** und **Notdienst** erfolgt aus einem eigenen Honorarvolumen, das aus der Gesamtvergütung herausgelöst ist (§ 87 b Abs. 1 S. 3 SGB V). Ist für einen Zulassungsbezirk **Unterversorgung** festgestellt worden, gelten besondere Regelungen zur Unanwendbarkeit einer Fallzahlbegrenzung oder -minderung (§ 87 b Abs. 3 SGB V, Ausnahmen von der Honorarbegrenzung). Die Kassenärztliche Bundesvereinigung erlässt **bundeseinheitliche Vorgaben** nach § 87 b Abs. 4 SGB V zur Festlegung und Anpassung des Vergütungsvolumens für die hausärztliche und fachärztliche Versorgung als Rahmenvorgabe für Richtlinien der Kassenärztlichen Vereinigungen, insbesondere zu Versorgungszielen, im Einvernehmen mit dem Spitzenverband Bund der Krankenkassen.

---

**Zusammenfassung, Merksatz**

Die Honorarverteilung der Gesamtvergütung erfolgt durch die Kassenärztlichen Vereinigungen an deren Mitglieder getrennt nach allgemeinärztlicher und fachärztlicher Versorgung.

---

### 4.1.1.4 Leistungserbringungsrecht, stationäre Versorgung (Krankenhausplanung und Krankenhausfinanzierung)

Die Vergütung der Krankenhausleistungen machen rund 1/3 der gesamten Leistungsausgaben der gesetzlichen Krankenversicherung aus. Diesem Bereich kommt daher bereits aus **ökonomischer Sicht** eine hohe Bedeutung zu. Daneben spielen Krankenhäuser für die **Sicherstellung** einer flächendeckenden **Versorgung** der Menschen eine wichtige Rolle, da z. B. Notfälle aus zeitlich-räumlicher Betrachtung schnell und intensivmedizinisch leistungsgerecht behandelt werden müssen. Weiterhin sind aus **medizinischen Gesichtspunkten und Qualitätsgesichtspunkten** eine Reihe von Behandlungen ausschließlich in Krankenhäusern möglich, sodass diese in ausreichender Zahl und für die Menschen erreichbar zur Verfügung stehen müssen. Schließlich ist die **gesellschaftliche und politische Bedeutung** von Krankenhäusern immens. Gerade im ländlichen Raum kämpfen Städte und Gemeinden darum, Krankenhausstandort zu sein bzw. heutzutage zu bleiben. Neben Versorgungsgesichtspunkten geht es dabei um Arbeitsplätze, Attraktivität einer Region und Prestige sowie nicht zuletzt ggf. auch um (ehrenamtliche) Positionen.

**Krankenhausplanung**

Die Grundsätze der **Krankenhausplanung** sind im SGB V (v. a. §§ 107 bis 114) und im Krankenhausfinanzierungsgesetz (KHG) geregelt. Die Krankenhausplanung und -finanzierung ist nach der Kompetenzordnung des Grundgesetzes Ländersache. Gleichwohl hat der Bund nach Art. 74 Abs. 1 Nr. 19 a GG die konkurrierende Gesetzgebungskompetenz zur Regelung der **wirtschaftlichen Sicherung der Krankenhäuser**und der Krankenhauspflegesätze. Neben dem KHG spielt das Krankenhausentgeltgesetz (KHEntgG) eine wichtige Rolle. Krankenhausplanung und die wirtschaftliche Sicherung der Krankenhäuser sind daher eng miteinander verzahnt.

Gemäß § 108 SGB V dürfen nur **zugelassene Krankenhäuser** (siehe zum Begriff des Krankenhauses § 107 Abs. 1 SGB V) Krankenhausbehandlungen (zu Lasten der Krankenkassen) erbringen:

- Krankenhäuser, die nach den landesrechtlichen Vorschriften als **Hochschulklinik** anerkannt sind,
- Krankenhäuser, die in den Krankenhausplan eines Landes aufgenommen sind (**Plankrankenhäuser**), oder
- Krankenhäuser, die einen **Versorgungsvertrag** mit den Landesverbänden der Krankenkassen und den Verbänden der Ersatzkassen abgeschlossen haben (siehe §§ 109, 110 SGB V).

Das heißt die **Länder** bestimmen über die Widmung als Hochschulklinik oder Aufnahme in den Krankenhausplan darüber, welche Leistungserbringer zu Lasten der Kostenträger an der Versorgung mit stationären Leistungen teilhaben. Dabei handelt es sich um eine öffentlich-rechtliche Aufgabenübertragung „zu Lasten Dritter", da mit der Zulassung zur Leistungserbringung grundsätzlich ein Vergütungsanspruch einhergeht. Die Krankenhausplanung ist daher – anders als die ambulante ärztliche Versorgungsplanung – aus der Selbstverwaltungskompetenz der Systembeteiligten herausgelöst, was aus übergeordneten Allgemeinwohlinteressen gerechtfertigt erscheint.

**Hintergrundinformation: stationäre Vorsorge- und Rehabilitationseinrichtungen**
Neben (Akut-)Krankenhäuser gibt es stationäre **Vorsorge- und Rehabilitationseinrichtungen** i. S. d. § 107 Abs. 2 SGB V. Diese werden nicht in den Krankenhausplan aufgenommen. Die Leistungserbringung für medizinische Leistungen zur Vorsorge (§ 23 Abs. 4 SGB V) oder Leistungen zur medizinischen Rehabilitation einschließlich der Anschlussheilbehandlung (§ 40 SGB V) setzt Verträge zwischen Vorsorge- oder Rehabilitationseinrichtungen und den Landesverbänden der Krankenkassen und der Ersatzkassen voraus (siehe § 111 SGB V, Schiedsstelle § 111 b SGB V). Zu Vorsorge und Rehabilitation von Müttern und Vätern gilt das gleiche (§ 111 a i. V. m. §§ 24, 41 SGB V).

Nach § 1 Abs. 1 KHG ist dem Gesetzgeber die **wirtschaftliche Sicherung der Krankenhäuser** wichtig, um eine qualitativ hochwertige, patienten- und bedarfsgerechte Versorgung der Bevölkerung mit leistungsfähigen, qualitativ hochwertig und eigenverantwortlich wirtschaftenden Krankenhäusern zu gewährleisten und zu sozial tragbaren Pflegesätzen beizutragen. Dabei ist nach § 1 Abs. 2 KHG die **Vielfalt der Krankenhausträger** zu beachten.

§ 6 KHG regelt, wie die **patienten- und bedarfsgerechte Planung** des Bundeslandes erfolgen muss. Die Länder haben **Krankenhauspläne und Investitionsprogramme** aufzustellen (§ 6 Abs. 1 KHG). Das Verfahren zur Aufstellung von Krankenhausplänen bestimmt sich nach landesrechtlichen Regelungen (§ 6 Abs. 4 KHG). Haben Krankenhäuser wesentliche Bedeutung für die Versorgung über ein Bundesland hinaus, haben sich die betroffenen Länder abzustimmen (§ 6 Abs. 2 KHG).

Nachdem das Land den Krankenhausplan aufgestellt hat, muss das einzelne Krankenhaus als Plankrankenhaus zugelassen werden. Dies geschieht durch Verwaltungsakt (§ 8 Abs. 1 S. 3 KHG). Gegen den Bescheid ist gemäß § 8 Abs. 1 S. 4 KHG der Verwaltungsrechtsweg gegeben. Rechtsgestaltend und im Verwaltungsrechtsweg angreifbar ist somit nicht der lediglich **verwaltungsinterne Krankenhausplan** (BVerwGE 62, 86–108), sondern der förmliche **Feststellungsbescheid** der zuständigen Landesbehörde über die Aufnahme oder Nichtaufnahme eines Krankenhauses (BVerwGE 60, 269–278). Nach § 8 Abs. 2 S. 1 KHG besteht kein Anspruch auf Feststellung der Aufnahme in den Krankenhausplan. Bei notwendiger Auswahl zwischen mehreren Krankenhäusern entscheidet gemäß § 8 Abs. 2 S. 2 KHG die zuständige Landesbehörde unter Berücksichtigung der öffentlichen Interessen und der Vielfalt der Krankenhausträger nach pflichtgemäßem Ermessen, welches Krankenhaus den Zielen der Krankenhausplanung des Landes am besten gerecht wird (zu den Anforderungen an die behördlichen Planungs- und Feststellungsentscheidungen siehe Möller 2007, S. 266 ff.). Erfolgt die Leistungserbringung in dauerhaft unzureichender Qualität, werden Krankenhäuser durch Aufhebung des Feststellungsbescheides ganz oder teilweise aus dem Krankenhausplan herausgenommen (§ 8 Abs. 1 a, b SGB V).

Die zugelassenen Krankenhäuser können je Land in einer **Krankenhausgesellschaft** zusammengeschlossenen sein, die Landeskrankenhausgesellschaften sowie beitrittsberechtigte Bundes- oder Landesverbände bilden die Deutsche Krankenhausgesellschaft (§ 108 a SGB V). Die Krankenhausgesellschaften üben verbandsähnliche Aufgaben aus.

> **Zusammenfassung, Merksatz**
> Zur Versorgung der Versicherten sind nur zugelassenen Krankenhäuser befugt. Dies sind Hochschulkliniken, Plankrankenhäuser sowie Krankenhäuser, mit denen ein gesonderter Versorgungsvertrag geschlossen wurde. Die Krankenhausplanung erfolgt zweistufig. Auf der ersten Stufe erstellt das Bundesland einen Krankenhausplan. Auf der zweiten Stufe werden Krankenhäuser auf Grundlage des Planes von der Genehmigungsbehörde per Bescheid als Plankrankenhaus festgestellt. Krankenhäuser bilden in jedem Land eine Krankenhausgesellschaft.

**Krankenhausfinanzierung**
Die **Krankenhausfinanzierung** wird als **duale Finanzierung** bezeichnet. Dabei ist zwischen der **Investitionskostenfinanzierung** und der **Betriebskostenfinanzierung** (Behandlungskosten) zu unterscheiden. § 4 KHG bestimmt insoweit, dass die wirtschaftliche Sicherung der Krankenhäuser dadurch gesichert wird, dass,

- ihre Investitionskosten im Wege öffentlicher Förderung übernommen werden und sie
- leistungsgerechte Erlöse aus den Pflegesätzen, die nach Maßgabe dieses Gesetzes auch Investitionskosten enthalten können, sowie Vergütungen für vor- und nachstationäre Behandlung und für ambulantes Operieren erhalten.

Die **Investitionskostenfinanzierung** ist Angelegenheit des jeweiligen **Bundeslandes** und damit in der Praxis höchst unterschiedlich ausgestaltet, da die Länder einerseits unterschiedliche Regelungen (vgl. § 11 KHG) und andererseits sehr unterschiedliche Ausgabenvolumina für die Krankenhausinvestitionskostenförderung vorsehen. Praktisch finanzieren viele Krankenhäuser Investitionen aus Gewinnen oder durch Kreditaufnahme auf dem Kapitalmarkt, da die Investitionskostenförderung der Länder nicht auskömmlich ausgestattet ist. Mit der Krankenhausplanung verknüpft ist die Investitionskostenplanung. Dafür haben die Bundesländer nach § 6 Abs. 1 KHG **Investitionsprogramme** aufzustellen. **Anspruch** auf Investitionskostenförderungen haben **Plankrankenhäuser** nach Aufnahme in den Krankenhausplan (§ 8 Abs. 1 S. 1 KHG). Die Aufnahme in das Investitionsprogramm sowie den Krankenhausplan vermitteln keinen Rechtsanspruch auf tatsächliche Förderung. Diese wird erst konkret mittels eines Förderbescheides umgesetzt. Die Förderung kann konkret für einen Fördertatbestand im Sinne des § 9 KHG erfolgen oder mittels leistungsorientierten Investitionspauschalen (§ 10 KHG). Wollen die Länder Maßnahmen ergreifen, um die **Versorgungsstrukturen zu verbessern**, können diese auf den **Strukturfonds** nach § 12 Abs. 1 S. 1 SGB V zugreifen, der beim Bundesamt für Soziale Sicherung aus Mitteln der Liquiditätsreserve des Gesundheitsfonds in Höhe von 500 Millionen Euro errichtet ist. Zweck des Strukturfonds ist gemäß § 12 Abs. 1 S. 3 KHG der Abbau von Überkapazitäten, die Konzentration von stationären Versorgungsangeboten und Standorten sowie die Umwandlung von Krankenhäusern in nicht akutstationäre örtliche Versorgungseinrichtungen; weiterhin sollen palliative Versorgungsstrukturen gefördert werden.

Die **Betriebskostenfinanzierung** (Kosten für die Behandlung der Versicherten im laufenden Betrieb) wird von den **Krankenkassen** getragen und ist – historisch bedingt – mehrgliedrig gestaltet. Die Finanzierung über **tagesgleiche Pflegesätze** nach § 4, §§ 16, 17 KHG i. V. m. den Bestimmungen der Bundespflegesatzverordnung stellt heute die Ausnahme dar. Die Vergütung der allgemeinen Krankenhausleistungen (vgl. auch §§ 1, 2 KHEntgG) erfolgt heute im **Regelfall** gemäß § 17 b KHG durch ein durchgängiges, leistungsorientiertes und pauschalierendes Vergütungssystem (**Fallpauschalen**). Grundlage hierfür bildet das G-DRG-System (German-Diagnosis Related Groups-System), nach welchem grundsätzlich jeder stationäre Behandlungsfall mittels einer entsprechenden DRG-Fallpauschale (ggf. ab- bzw. zuzüglich Ab- bzw. Zuschlägen) vergütet wird. Daneben werden für Sondertatbestände **Sondervergütungen** geleistet.

**Vergütungsvereinbarungen** werden auf mehreren aufeinander aufbauenden Ebenen getroffen. Die oberste Ebene bilden die Vertragsparteien auf **Bundesebene** (GKV Spitzenverband, Verband der Privaten Krankenversicherung und Deutsche Krankenhausgesellschaft), die bindend übergeordnete Vereinbarungen treffen (§ 9 KHEntgG). Auf **Landes-**

**ebene** treffen die Landeskrankenhausgesellschaft, die Landesverbände der Krankenkassen, die Ersatzkassen und der Landesausschuss des Verbandes der privaten Krankenversicherung (§ 10 KHEntgG i. V. m. § 18 Abs. 1 S. 2 KHG) auf Landesebene verbindliche Vereinbarungen für das jeweilige Land. Das einzelne **Krankenhaus** (oder Zusammenschlüsse von Krankenhäusern) vereinbart dann mit den Sozialleistungsträgern (einzeln oder gemeinsam) die Vergütung für das einzelne Krankenhaus (§ 11 KHEntgG i. V. m. § 18 Abs. 2 KHG).

In der Praxis kommen Vergütungsvereinbarungen im Verhandlungswege in vielen Fällen leider nicht zustande. Der Gesetzgeber hat hierfür nach § 13 KHEntgG bzw. § 18 Abs. 4 KHG bzw. § 13 BPflV ein **Schiedsverfahren** vor der zuständigen **Schiedsstelle** vorgesehen. Diese entscheidet im jeweiligen Vergütungsstreitverfahren. Der Schiedsspruch wird dann der zuständigen **Genehmigungsbehörde** zur Entscheidung vorgelegt (§ 14 KHEntgG bzw. § 18 Abs. 5 KHG bzw. § 14 BPflV). Das heißt, die Genehmigungsbehörde setzt den Schiedsspruch per Verwaltungsakt um oder genehmigt den Schiedsspruch nicht. Sie übt eine Rechtskontrolle aus (BVerwGE 91, 363–375) und hat keine Befugnis zu einer von den Vereinbarungen der Parteien oder den Festsetzungen der Schiedsstelle abweichenden Gestaltung oder zur Erteilung einer Teilgenehmigung. Geht die Genehmigungsbehörde von einer rechtswidrigen Festsetzung aus, darf sie die getroffenen Regelungen nicht durch eigene und für rechtmäßig erachtete Regelungen ersetzen. Nur gegen die Entscheidung der Genehmigungsbehörde stehen den Vertragsparteien Rechtsmittel zu.

> **Zusammenfassung, Merksatz**
> Die Krankenhausfinanzierung vollzieht sich in einem dualen System. Für die Investitionskostenfinanzierung sind die Länder zuständig. Die Betriebskosten werden von den Krankenkassen getragen. Allgemeine Krankenhausleistungen werden über Fallpauschalen im G-DRG-System vergütet. Die Vergütungsvereinbarung des einzelnen Krankenhauses basiert (auch) auf vorherigen Vereinbarungen auf Bundes- und Landesebene. Wenn eine Vergütung im Vereinbarungswege nicht getroffen wird, folgt ein Schiedsverfahren. Der Schiedsspruch wird per Bescheid von der zuständigen Landesbehörde umgesetzt (Genehmigung oder Nichtgenehmigung).

### Hintergrundinformation: Sondersituation SARS-CoV-2-Virus

Den Krankenhäusern mit ihren Intensivstationen kam in der Bewältigung der Pandemiesituation eine besondere Bedeutung zu. Einerseits waren Krankenhäuser zur Sicherstellung der medizinischen Versorgung der Bevölkerung von herausragender Wichtigkeit. Andererseits sorgten Maßnahmen der infektionsschutzrechtlichen Gefahrenabwehr dafür, dass Krankenhäuser eine Vielzahl von Leistungen nicht erbringen durften. Deshalb wäre ohne weitere Maßnahmen des Gesetzgebers eine finanzielle Schieflage für viele Krankenhäuser entstanden. Daneben hat die Krisensituation sichtbar gemacht, dass ein ökonomisch ausgerichtetes Gesundheitssystem Schwächen aufweist und gesamtgesellschaftlich ein Diskurs und eine Entscheidung darüber erforderlich ist, wie viel ökonomisch sinnlose Vorhaltung an potenziellen Gesundheitsdienstleistungen wichtig ist und finanziert werden sollte.

Der Gesetzgeber hat einen bunten Strauß an finanziellen Unterstützungsmaßnahmen gebunden (siehe ausführlich hierzu Schlegel et al. 2020, § 9; siehe auch Ekardt und Rath, NZS 2021, 417, 423 ff.), Zu nennen sind hier vorrangig Ausgleichszahlungen für unbelegte Planbetten (Freihalte-pauschalen), Entgelte für Schutzausrüstungen oder Tests sowie eine abweichende Finanzierung der Intensivbetten. Da die Pflege der erkrankten Personen besonders intensiv ist, wurde der Pflegeent-geltwert erhöht. Alle ergriffenen Maßnahmen dienen der Sicherstellung der stationären Versorgung und auskömmlichen Finanzierung der Krankenhäuser, die in der Krisensituation besonders ge-fordert waren.

### 4.1.1.5 Mitglieder

Die **Mitgliedschaft** in einer Krankenkasse ist in §§ 186 bis 193 SGB V geregelt. Der Kreis der Mitglieder ist mit dem versicherten Personenkreis nicht identisch. Mitglieder sind die **pflichtversicherten** (§ 5 SGB V) sowie **versicherungsberechtigten** (§ 9 SGB V) **Perso-nen**. Die Familienversicherung (§ 10 SGB V) führt nicht zu einer Mitgliedschaft, da es sich um eine von der Stammversicherung abgeleitete Versicherung handelt. §§ 186–191 SGB V regeln **Beginn** und **Ende** der Mitgliedschaft. §§ 192 und 193 SGB V regeln Sondertatbestände zum **Fortbestehen** der Mitgliedschaft.

Hinsichtlich der Mitgliedschaft ist die **Wahlfreiheit** der versicherten Personen nach §§ 173–175 SGB V zu berücksichtigen. Versicherungspflichtige (§ 5 SGB V) und Ver-sicherungsberechtigte (§ 9 SGB V) sind Mitglied der von ihnen gewählten Krankenkasse (§ 173 Abs. 1 SGB V). Das (allgemeine) Wahlrecht besteht allerdings nicht unbeschränkt, sondern ist für bestimmte Kassenarten beschränkt (Bsp. § 173 Abs. 2 S. 1 Nr. 3 bzw. Nr. 4 SGB V für Betriebs- und Innungskrankenkassen). Das (teilweise) beschränkte Wahlrecht wird für bestimmte Fälle gesetzlich erweitert (Bsp. Studenten § 173 Abs. 3 SGB V, ver-sicherte Rentner § 173 Abs. 5 SGB V; besondere Wahlrechte formuliert § 174 SGB V). Für Familienversicherte (§ 10 SGB V) gilt die Wahlentscheidung des Mitglieds (§ 173 Abs. 6 SGB V). Das Wahlrecht wird durch Erklärung gegenüber der gewählten Krankenkasse ausgeübt, welche die (Wahl-)Mitgliedschaft nicht ablehnen darf (§ 175 Abs. 1 SGB V). Das Mitglied ist 12 Monate an die Wahl gebunden; in Sonderwahlrecht und eine kürzere Bindungsfrist ist gegeben, wenn ein Zusatzbeitrag erstmals erhoben oder der Zusatzbei-tragssatz erhöht wird (§ 175 Abs. 4 SGB V).

> **Zusammenfassung, Merksatz**
> Mitglieder einer Krankenkasse sind die pflichtversicherten und freiwillig ver-sicherten Personen. Familienversicherte sind keine Mitglieder.

### 4.1.1.6 Kreis der Versicherten

Der **Kreis der versicherten Personen** ist in der gesetzlichen Krankenversicherung weit gezogen. Er wurde im Laufe der Jahre immer weiter gezogen, sodass aktuell 73,35 Mio. Personen versichert sind (57,28 Mio. Mitglieder, 16,08 Mio. beitragsfrei Versicherte).

▶ **TIPP** Die Daten sind über die Internetpräsentation des GKV-Spitzenverbandes abrufbar: https://www.gkv-spitzenverband.de/service/zahlen_und_grafiken/ zahlen_und_grafiken.jsp, Stand 30.09.2021.

**Hintergrundinformation: unversicherte Personen**
Neben den bei privaten Versicherungsunternehmen gegen das Risiko der Krankheit abgesicherten Personen gibt es unversicherte Personen, die nicht krankenversichert sind. Praktisch relevant sind v. a. Sozialhilfeempfänger nach §§ 47 ff. SGB XII oder Asylbewerber. Diese Personen werden gleichwohl im Leistungserbringungssystem der gesetzlichen Krankenversicherung gegen Kostenerstattung (§ 264 SGB V) versorgt. Dadurch wird verhindert, dass ein zusätzliches Leistungserbringungssystem aufgebaut werden müsste.

**Versicherungspflicht kraft Gesetzes**
Die **größte Gruppe** der Versicherten stellen die pflichtversicherten Personen dar. Die Versicherungspflicht ist in den § 5 SGB V geregelt. Neben den pflichtversicherten Personen (Stammversicherter) sind davon abgeleitete Versicherungsverhältnisse wichtig (Familienversicherung nach § 10 SGB V). Die Versicherungspflicht besteht kraft Gesetzes, eines Antrags oder entsprechenden Verwaltungsaktes bedarf es nicht.
Tatbestände sind (§ 5 Abs. 1 SGB V):

- gegen Arbeitsentgelt Beschäftigte (Nr. 1, Abs. 3, 4 a),
- Bezieher von Arbeitslosengeld I nach SGB III oder Arbeitslosengeld II nach SGB II (Nr. 2, 2 a; Systemabgrenzung nach Abs. 5 a für Bezieher von ALG II bei vorheriger privater Krankenversicherung bzw. ohne vorherigen Schutz),
- Pflichtversicherte in der landwirtschaftlichen Krankenversicherung (Nr. 3),
- Künstler und Publizisten nach KSVG (Nr. 4),
- Personen, die in Einrichtungen der Jugendhilfe für eine Erwerbstätigkeit befähigt werden (Nr. 5),
- Teilnehmer an Leistungen zur Teilhabe am Arbeitsleben (Nr. 6),
- behinderte Menschen in Werkstätten (Nr. 7),
- behinderte Menschen in weiteren Einrichtungen (Nr. 8),
- Studenten (Nr. 9),
- Praktikanten und Gleichgestellte (Nr. 10),
- Rentner (Krankenversicherung der Rentner, Nrn. 11, 11 a, 11 b, 12, Abs. 2).

**Auffangtatbestand** der Versicherungspflicht ist § 5 Abs. 1 Nr. 13 SGB V (siehe hierzu für die private Krankenversicherung § 193 Abs. 3 VVG; eine Sonderregelung für Ausländer enthält § 5 Abs. 11 SGB V). Sinn und Zweck der Norm ist, jede Person im Krankheitsfall (zwangsweise) abzusichern und Schutz zu bieten. Wegen dieser Auffangtatbestände dienen die Tatbestände der Versicherungsfreiheit, Versicherungsbefreiung und freiwilligen Versicherung der Abgrenzung zwischen den Versicherungssystemen (KassKomm § 5 SGB V, Rz. 162) (Kaltenstein 2018). Mit der Norm korrespondiert die **obligatorische**

**Anschlussversicherung** nach § 188 Abs. 4 SGB V (die eine Versicherungspflicht nach § 20 Abs. 3 SGB XI in der sozialen Pflegeversicherung zur Folge hat); damit sollen Personen, deren Versicherungspflicht endet, nach dem Willen des Gesetzgebers automatisch als freiwillig Versicherte abgesichert sein. Ein Austritt aus der obligatorischen Fortsetzung der bisherigen Pflichtversicherung ist nur möglich, wenn die Person nachweist, dass Zugehörigkeit zu einem Sicherungssystem besteht, welches nach Inhalt und Umfang den Mindestanforderungen an eine Absicherung in der privaten Krankenversicherung entspricht (§ 193 Abs. 3 VVG). Dies verneint das BSG für einen hälftigen Beihilfeanspruch aufgrund Beamtenstatus, sofern keine ergänzende Krankheitskostenversicherung hinsichtlich des von der Beihilfe nicht gedeckten Kostenteils besteht (BSG vom 10.12.2019, B 12 KR 20/18 R, Rz. 15, juris). Wegen der Konkurrenzregelung des § 5 Abs. 8a SGB V geht die freiwillige Versicherung auf Basis der obligatorischen Anschlussversicherung der Auffangversicherungspflicht der Nr. 13 vor. Zu berücksichtigen sind die Ermittlungsobliegenheiten der Krankenkassen nach § 188 Abs. 4 S. 4 SGB V, die durch das GKV-Versichertenentlastungsgesetz vom 21.12.2018 (BGBl. I 2018, S. 2387) mit Wirkung ab dem 01.01.2019 neu in das Gesetz eingefügt worden sind. In diesem Zusammenhang ist auch die Übergangsregelung des § 408 SGB V zur Bestandsbereinigung zu beachten.

> **TIPP**  Der GKV-Spitzenverband hat hierzu mit Datum vom 14.12.2018 „Grundsätzliche Hinweise" erlassen (https://www.vdek.com/vertragspartner/mitgliedschaftsrecht_beitragsrecht/abschlussversicherung/_jcr_content/par/download_1924228689/file.res/GH%20zur%20oAV.pdf, Stand 29.09.2021) (Geiken 2021).

**Hauptberuflich Selbstständige** sind nach § 5 Abs. 5 S. 1 SGB V nicht pflichtversichert (nicht erfasst werden Arbeitslose, Landwirte und Künstler sowie Publizisten). § 5 Abs. 5 S. 2 SGB V formuliert eine widerlegbare gesetzliche Vermutung, dass eine selbstständige Erwerbstätigkeit vorliegt, wenn regelmäßig mindestens ein Arbeitnehmer mehr als geringfügig beschäftigt wird.

In § 5 Abs. 6 bis 8 a SGB V sind **Konkurrenzregelungen** enthalten, sofern eine Person nach mehreren Tatbeständen pflichtversichert ist. Als Grundsatz gilt, dass die Versicherungspflicht nach Abs. 1 Nr. 1 allen anderen Versicherungspflichtverhältnissen vorgeht.

Eine Besonderheit regelt § 5 Abs. 9 SGB V an der Schnittstelle zwischen gesetzlicher und privater Krankenversicherung. Scheitert das Zustandekommen einer Versicherung in der gesetzlichen Krankenversicherung (Pflichtversicherung § 5, freiwillige Versicherung § 9, Familienversicherung § 10 SGB V) oder endet vor Erfüllung der Vorversicherungszeiten muss das private Versicherungsunternehmen bei Erfüllung von Vorversicherungszeiten (fünf Jahre) den Vertrag zu gleichen Bedingen erneut abschließen. Die Norm soll v. a. dem Schutz älterer Arbeitnehmer dienen, die nach § 6 Abs. 3 a SGB V versicherungsfrei sind (siehe zum Normzweck KassKomm § 5 SGB V, Rz. 225 ff.) (Kaltenstein 2018).

**Versicherungsfreiheit**

Einige Personengruppen, die nach § 5 SGB V versichert wären, sind kraft Gesetzes gemäß §§ 6 und 7 SGB V von der Versicherungspflicht ausgenommen (**Versicherungsfreiheit**). Die Versicherungsfreiheit besteht von Gesetzes wegen und bedarf keines Antrags. Diese Personengruppen sind regelmäßig ordnungspolitisch anderen Vorsorgesystemen zugewiesen.

Der Gesetzgeber hat folgende Personengruppen versicherungsfrei gestellt (§ 6 SGB V):

- Beschäftigte über der Jahresentgeltgrenze (Abs. 1 Nr. 1, Abs. 4, Abs. 6, 7 siehe hierzu Abschn. 3.2.5),
- Nicht-deutsche Besatzungsmitglieder deutscher Seeschiffe (Abs. 1 Nr. 1 a),
- Personen, die nach beamtenrechtlichen Vorschriften Anspruch auf Fortzahlung der Bezüge und auf Beihilfe oder Heilfürsorge haben (Abs. 1 Nr. 2, 4, 5) sowie Ruhegehaltsempfänger mit Anspruch auf Beihilfe (Abs. 1 Nr. 6) einschließlich deren Hinterbliebene (Abs. 2), vgl. auch § 3 a KVLG,
- Werkstudenten (Abs. 1 Nr. 3),
- Mitglieder geistlicher Genossenschaften (Abs. 1 Nr. 7),
- Personen im Krankheitsfürsorgesystem der Europäischen Gemeinschaften (Abs. 1 Nr. 8),
- Personen nach Vollendung des 55. Lebensjahres ohne Erfüllung von Vorversicherungszeiten (Abs. 3 a),
- geringfügig Beschäftigte nach § 7 Abs. 1 SGB V (Übergangsregelungen nach Stichtagen in § 7 Abs. 2, 3 SGB V)
- selbstständige Künstler und Publizisten (§ 5 Abs. 1 KSVG).

Eine Sonderregelung enthält § 6 Abs. 3 SGB V, die eine **absolute Versicherungsfreiheit** regelt. Die Regelung dient der Fortführung der Systemabgrenzung zwischen gesetzlicher und privater Krankenversicherung. Zugleich sollen Missbräuche verhindert werden (Kass Komm § 6 SGB V, Rz. 67) (Kaltenstein 2018).

**Versicherungsbefreiung**

Die Versicherung kraft Gesetzes besteht unabhängig vom Willen des Versicherten. Eine **Befreiung** von der Versicherungspflicht betrifft nur die einzelne Person und setzt einen Antrag voraus (§ 8 SGB V). Die Person, die sich befreien lassen möchte, muss in einem anderen Vorsorgesystem abgesichert sein. Der Gesetzgeber möchte „unversicherte" Personen vermeiden. Deshalb hängt die Wirksamkeit der Befreiung vom Nachweis einer anderen Absicherung im Krankheitsfall ab (§ 8 Abs. 2 S. 4 SGB V).

§ 8 Abs. 1 SGB V setzt voraus, dass „auf Antrag … befreit (wird), wer versicherungspflichtig wird …". Das heißt, die Begründung eines Pflichtversicherungsverhältnisses darf erst unmittelbar vor dem Befreiungstatbestand erfolgt sein. Der **Antrag** ist innerhalb von drei Monaten nach Beginn der Versicherungspflicht zu stellen (§ 8 Abs. 2 S. 1 SGB V). Befreiungstatbestände sind (§ 8 Abs. 1 SGB V)

- änderungsbedingtes Unterschreiten der Jahresarbeitsentgeltgrenze (Nr. 1),
- Bezug von Arbeitslosengeld und Unterhaltsgeld (Nr. 1 a),
- Herabsetzen der Arbeitszeit wegen Erziehungsgeld oder Elterngeld und Elternzeit (Nr. 2),
- Herabsetzen der Arbeitszeit wegen Pflegezeit oder Familienpflegezeit (Nr. 2 a),
- Herabsetzen der Arbeitszeit um die Hälfte oder weniger (Nr. 3),
- Rentenantragstellung oder Rentenbezug oder Teilnahme an einer Leistung zur Teilhabe am Arbeitsleben (Nr. 4),
- Studenten und Praktikanten (Nr. 5),
- Arzt im Praktikum (Nr. 6),
- durch eine Tätigkeit in einer Einrichtung für behinderte Menschen (Nr. 7).

Die Befreiung wirkt zurück auf den Beginn des Pflichtversicherungsverhältnisses (§ 8 Abs. 2 S. 2 SGB V). Nach Leistungsbezug wirkt die Befreiung ab dem Monat nach Antragstellung. Ist die Befreiung erfolgt, kann diese **nicht widerrufen** werden (§ 8 Abs. 2 S. 3 SGB V).

**Versicherungsberechtigung**
Versicherungsberechtigte Personen können auf **Antrag** der gesetzlichen Krankenversicherung (als Mitglied) beitreten. Mit dem Beitritt ist die freiwillige Versicherung verbunden. Die Tatbestände sind in der **freiwilligen Versicherung** nach § 9 SGB V **abschließend** zusammengefasst. Mit Abschluss einer freiwilligen Versicherung und Beitritt zur Krankenkasse beginnt die Mitgliedschaft (§ 188 Abs. 1 SGB V). Berechtigungstatbestände sind (§ 9 Abs. 1 S. 1 SGB V)

- Personen, die aus der Versicherungspflicht ausgeschieden sind und Vorversicherungszeiten aufweisen (Nr. 1; praktischer Anwendungsfall: Weiterversicherung nach Überschreiten der JAV-Grenze),
- Personen, die aus der Familienversicherung ausgeschieden sind (Nr. 2),
- Personen bei erstmaliger Arbeitsaufnahme im Inland und Überscheiten der JAV-Grenze (Nr. 3),
- schwerbehinderte Menschen (mit Vorversicherungszeiten; Nr. 4),
- Auslandsrückkehrer bzw. nach Beschäftigungsbeendigung bei einer zwischen- bzw. überstaatlichen Organisation (Nr. 5),
- Spätaussiedler (Nr. 7),
- Personen, die ab dem 31.12.2018 als Soldatinnen oder Soldaten auf Zeit aus dem Dienst ausgeschieden sind.

Der **Beitritt** ist innerhalb von drei Monaten nach Eintritt des zur Versicherung berechtigenden Ereignisses **anzuzeigen** (§ 9 Abs. 2 SGB V). Liegen die Voraussetzungen vor, besteht die freiwillige Versicherung. Die Mitteilung der Krankenkasse entfaltet insoweit keine gestaltende Rechtswirkung. Die freiwillige Versicherung **endet** mit der freiwilligen Mitgliedschaft bei Tod, Beginn einer Pflichtmitgliedschaft oder mit Wirksam-werden der Kündigung und zugleich Begründung eines neuen Versicherungsschutzes (§ 191 SGB V).

**Familienversicherung**

Die **Familienversicherung** (§ 10 SGB V) hängt akzessorisch von der **Mitgliedschaft** des **Stammversicherten** ab. Deshalb sind Familienversicherte nicht nur solche, die einer Pflichtversicherung nach § 5 SGB V folgen, sondern können auch aus anderen Mitglied-schaftsverhältnissen folgen. Wesentliche Folge der Familienversicherung ist die gesetzlich festgelegte **Beitragsfreiheit** (§ 3 S. 3 SGB V). Die Familienversicherung dient daher sozialstaatlich der finanziellen Entlastung von Familien (Familienlastenausgleich). Als Familienangehörige können mitversichert sein

- Ehegatten,
- Lebenspartner,
- Kinder von Mitglieder sowie
- Kinder von familienversicherten Kindern.

Die Konkretisierungen in § 10 SGB V dienen dem Zweck, die beitragsfreie Mitver-sicherung von anderen Versicherungsverhältnissen abzugrenzen. Die Familienver-sicherung ist insoweit gegenüber zahlreichen Versicherungsverhältnissen **nachrangig** (vgl. § 10 Abs. 1 S. 1 Nr. 2 SGB V).

**Beispiele Nachrang der Familienversicherung**

**Beispiel 1**
F ist Ehefrau des Mitglieds M der K-Krankenkasse. F ist „Hausfrau".
Es besteht zugunsten der F eine beitragsfreie Familienversicherung nach § 10 SGB V.
**Beispiel 2**
F ist Ehefrau des Mitglieds M der K-Krankenkasse. F ist „Hausfrau" und daneben geringfügig für 400 Euro beschäftigte.
Es besteht zugunsten der F eine beitragsfreie Familienversicherung nach § 10 SGB V. Es besteht für die geringfügige Beschäftigung Versicherungsfreiheit nach § 7 Abs. 1 SGB V (der Arbeitgeber hat für die geringfügige Beschäftigung einen Pauschalbetrag nach § 249 b SGB V zu entrichten), welche die Familienversicherung nicht ausschließt (§ 10 Abs. 1 S. 1 Nr. 3 SGB V). Die Einkommensgrenze des § 10 Abs. 1 S. 1 Nr. 5 SGB V wird nicht überschritten.
**Beispiel 3**
F ist Ehefrau des Mitglieds M der K-Krankenkasse. Sie geht einer Beschäftigung mit einem monatlichen Arbeitsentgelt in Höhe von 3000 Euro nach.
Eine Familienversicherung ist nach § 10 Abs. 1 S. 1 Nr. 2 SGB V ausgeschlossen, da F nach § 5 Abs. 1 Nr. 1 SGB V selbst pflichtversicherte Person ist. ◄

Die Familienversicherung ist **ausgeschlossen** (§ 10 Abs. 1 S. 1)

- bei Wohnsicht oder gewöhnlichem Aufenthalt im Ausland (Nr. 1),
- einem vorrangigen eigenen Pflichtversicherungsverhältnis (Nr. 2),
- bei Versicherungsfreiheit oder Versicherungsbefreiung des Familienversicherten außer geringfügige Beschäftigungen (Nr. 3; S. Abs. 1 S. 3 als Sonderregelung für Schutzfristen nach MuSchG und während der Elternzeit),
- eigener hauptberuflicher selbstständiger Tätigkeit (Nr. 4 i. V. m. Abs. 1 S. 2),
- bei Überschreiten der Einkommensgrenze (Nr. 5).

**Kinder** sind familienversichert (§ 10 Abs. 2 SGB V)

- bis zur Vollendung des 18 Lebensjahres,
- bis zur Vollendung des 23. Lebensjahres, wenn Sie nicht erwerbstätig sind,
- bis zur Vollendung des 25. Lebensjahres bei schulischer oder berufliche Qualifizierung oder Teilnahme an Freiwilligendiensten
- ohne Altersgrenze, wenn sie als behinderte Menschen i. S. d. SGB IX außerstande sind, sich selbst zu unterhalten

> **LSG Berlin-Brandenburg vom 01.10.2020, L 28 KR 373/18 (juris): Familienversicherung eines behinderten Kindes über das 23. Lebensjahr hinaus**
>
> Nach § 10 Abs. 1, Abs. 2 Nr. 2 SGB V sind Kinder von Mitgliedern der gesetzlichen Krankenversicherung krankenversichert, wenn sie die Voraussetzungen von § 10 Abs. 1 Nr. 1 bis 5 SGB V erfüllen, bis zur Vollendung des 23. Lebensjahres, wenn sie nicht erwerbstätig sind. Sie sind nach § 10 Abs. 2 Nr. 4 SGB V ohne Altersgrenze versichert, wenn sie als behinderte Menschen außerstande sind, sich selbst zu unterhalten. Voraussetzung ist, dass die Behinderung zu einem Zeitpunkt vorlag, in dem das Kind nach Nr. 1, 2 oder 3 versichert war.
>
> Nach der für die Auslegung des § 10 Abs. 2 Nr. 4 SGB V verbindlichen Definition des § 2 Abs. 1 S. 1 SGB IX sind Menschen behindert, wenn ihre körperliche Funktion, geistige Fähigkeit oder seelische Gesundheit mit hoher Wahrscheinlichkeit länger als sechs Monate von dem für das Lebensalter typischen Zustand abweicht und deshalb ihre Teilhabe am Leben in der Gemeinschaft beeinträchtigt ist.
>
> Ein Kind i. S. des § 10 Abs. 2, Abs. 3 SGB V ist unfähig, sich selbst zu unterhalten, wenn es seinen eigenen Lebensunterhalt einschließlich notwendiger Aufwendungen infolge der Behinderung nicht selbst bestreiten kann. Der Begriff des Außerstandeseins, sich selbst zu unterhalten, ist mit dem eines aufgehobenen Leistungsvermögens i. S. der gesetzlichen Rentenversicherung vergleichbar (BSG vom 14.08.1984, 10 RKg 6/38). ◀

Die Familienversicherung von Kindern ist **ausgeschlossen**, wenn der Ehegatte oder Lebenspartner des Mitglieds nicht Mitglied einer Krankenversicherung ist oder die Jahresarbeitsentgeltgrenze überschreitet (§ 10 Abs. 3 SGB V). Wichtiger Anwendungsfall dieser Norm sind Ehen oder Lebenspartnerschaften, bei denen ein Partner Mitglied einer Krankenkasse und der andere Partner Beamter ist. Die Kinder dieser Partner sind gegen Krankheit über die Beihilfe und ergänzende private Krankenversicherung abgesichert.

### 4.1.1.7 Digitalisierung im Gesundheitswesen

Der Gesetzgeber hat mittels des **Patientendatenschutzgesetzes** (vom 14.10.2020, BGBl. I 2020, S. 2115) eine wichtige Weichenstellung hinsichtlich der **Digitalisierung des Gesundheitswesens** gestellt. Allein vom Umfang betrachtet handelt es sich um eines der größten Gesetzesvorhaben der vergangenen Jahrzehnte. Kap. 11 (Telematikinfrastruktur, §§ 306 bis 383 SGB V) und Kap. 12 (Förderung von offenen Standards und Schnittstellen; Nationales Gesundheitsportal, §§ 384 bis 395 SGB V) sind neu geschaffen und in der SGB V eingefügt worden. Die neuen Regelungen sollen einen Rahmen für die erforderliche Digitalisierung im Gesundheitswesen schaffen. Allerdings wurden und werden von Datenschützern erhebliche Bedenken insbesondere wegen der Regelungen zu Versicherten erhoben. Weiterhin wurde mit dem Digitale-Versorgung-Gesetz (vom 09.12.2019, BGBl. I 2019, S. 2562) ein neuer Leistungsanspruch der GKV-Versicherten auf digitale Gesundheitsanwendungen (§ 33 a SGB V) sowie ein damit korrespondierendes neues Verfahren, mit dem digitale Gesundheitsanwendungen dauerhaft in die Regelversorgung von GKV-Versicherten gelangen können (§§ 134, 139 e SGB V), im SGB V verankert.

▶ **TIPP** Das Bundesgesundheitsministerium stellt auf seiner Internetseite Informationen zum Digitale-Versorgung-Gesetz zur Verfügung: https://www.bundesgesundheitsministerium.de/digitale-versorgung-gesetz.html (Stand 04.10.2021).

§ 306 Abs. 1 S. 1 SGB V fasst die **Beteiligten** für die Schaffung einer **Telematikinfrastruktur** zusammen:

- das Bundesministerium für Gesundheit,
- der Spitzenverband Bund der Krankenkassen,
- die Kassenärztliche Bundesvereinigung,
- die Kassenzahnärztliche Bundesvereinigung, die Bundesärztekammer,
- die Bundeszahnärztekammer,
- die Deutsche Krankenhausgesellschaft sowie
- die für die Wahrnehmung der wirtschaftlichen Interessen gebildete maßgebliche Spitzenorganisation der Apotheker auf Bundesebene.

Die Bundesrepublik Deutschland, vertreten durch das Bundesministerium für Gesundheit, und die in § 306 Abs. 1 S. 1 SGB V genannten Spitzenorganisationen sind **Gesellschafter der Gesellschaft für Telematik** (siehe zur Gesellschaft § 310 SGB V). Dabei hat die Bundesrepublik Deutschland, vertreten durch das Bundesministerium für Gesundheit aufgrund einer Mehrheit von 51 v. H. der Gesellschaftsanteile das Sagen in der Gesellschaft (§ 310 Abs. 2 Nr. 1 SGB V). Es fällt auf, dass einige andere Beteiligte fehlen, so z. B. Heil- und Hilfsmittelversorger, Physiotherapeuten, Träger der Notfallversorgung, der Medizinische Dienst, Erbringer von Pflegedienstleistungen. Weiterhin werden systemübergreifende Aspekte ausgeblendet, da weder die Deutsche Rentenversicherung noch die Deutsche Gesetzliche Rentenversicherung sowie Träger der Rehabilitation an der Telematikinfrastruktur beteiligt sind. Ebenfalls fällt das weitgehende Ausblenden von Versichertenvertretern auf. Demgegenüber dürfen Kostenträger der privaten Krankenversicherung sowie beamtenrechtlicher Versorgungssysteme sowie Träger in Fällen der Opferentschädigung nach SGB XIV die Telematikinfrastruktur nutzen (§§ 362, 362 a SGB V). Dieses Ausblenden von Kostenträgern und Leistungserbringern überrascht bei einem Blick auf den **Sinn und Zweck der Telematikinfrastruktur** (§ 306 Abs. 1 S. 2 SGB V).

**§ 306 Abs. 1 S. 2 SGB V**
Die Telematikinfrastruktur ist die interoperable und kompatible Informations-, Kommunikations- und Sicherheitsinfrastruktur, die der Vernetzung von Leistungserbringern, Kostenträgern, Versicherten und weiteren Akteuren des Gesundheitswesens sowie der Rehabilitation und der Pflege dient und insbesondere

1.  erforderlich ist für die Nutzung der elektronischen Gesundheitskarte und der Anwendungen der Telematikinfrastruktur,
2.  geeignet ist

a)  für die Nutzung weiterer Anwendungen der Telematikinfrastruktur ohne Nutzung der elektronischen Gesundheitskarte nach § 327 und
b)  für die Verwendung für Zwecke der Gesundheits- und pflegerischen Forschung.

Ebenso überrascht die Nichtbeteiligung von einigen Leistungserbringern, da **Beschlüsse** der Gesellschaft für Telematik gemäß § 315 Abs. 1 S. 1 SGB V zu den Regelungen, dem Aufbau und dem Betrieb der Telematikinfrastruktur sind für die Leistungserbringer und die Krankenkassen sowie ihre Verbände nach SGB V **verbindlich** sind. Das heißt, für einige Leistungserbringer werden Beschlüsse zulasten Dritter gefasst. Hinsichtlich der Beschlussfassungen sowie anderer im Gesetz bestimmter Fallgestaltungen ist eine Schlichtungsstelle eingerichtet (§§ 319 bis 322 SGB V). Dabei fällt auf, dass die Rechtsaufsicht über Entscheidungen der Schlichtungsstelle das Bundesministerium für Gesundheit ausübt (§ 322 SGB V). Da die Bundesrepublik Deutschland, vertreten durch das BMG, Mehrheitsgesellschafterin der Gesellschaft für Telematik ist, liegt ein gewisser Interessenkonflikt auf der Hand. Völlig konträr zum Machtgefüge der Gesellschaft ist deren **Finanzierung** gestaltet (§ 316 SGB V). Die Finanzierung der Gesellschaft stellt alleine der Spitzenverband Bund der Krankenkassen sicher.

Wie sich der Gesetzgeber eine künftige Telematikinfrastruktur vorstellt, kann dem Gesetz an unterschiedlichen Stellen entnommen werden. Diese soll zentrale sowie dezentrale Elemente aufweisen (§ 306 Abs. 2 SGB V) und die in § 311 SGB V enthaltenen zahlreichen Aufgaben unterstützen. Um Bürgernähe sicherzustellen, hat der Gesetzgeber der Gesellschaft für Telematik über deren Internetseite und in analogem Format eine Reihe von Informationspflichten auferlegt (§ 314 SGB V).

▶ **TIPP** Die Internetseite der Gesellschaft für Telematik ist wie folgt zu erreichen: https://www.gematik.de/ (Stand 01.10.2021).

Die künftigen **Anwendungen** der Telematikinfrastruktur dienen der **Verbesserung** der **Wirtschaftlichkeit**, der **Qualität** und der **Transparenz der Versorgung** (§ 334 Abs. 1 S. 1 SGB V). Der Gesetzgeber definiert abschließend („… sind …"), welche Anwendungen Teil der Telematikinfrastruktur sind (§ 334 Abs. 1 S. 2 SGB V):

1. die elektronische Patientenakte nach § 341, geregelt in §§ 341 bis 355 SGB V,
2. Hinweise der Versicherten auf das Vorhandensein und den Aufbewahrungsort von Erklärungen zur Organ- und Gewebespende, geregelt in § 356 SGB V,
3. Hinweise der Versicherten auf das Vorhandensein und den Aufbewahrungsort von Vorsorgevollmachten oder Patientenverfügungen nach § 1901a des Bürgerlichen Gesetzbuchs, geregelt in § 357 SGB V,
4. der Medikationsplan nach § 31a einschließlich Daten zur Prüfung der Arzneimitteltherapiesicherheit (elektronischer Medikationsplan), geregelt in § 359 SGB V,
5. medizinische Daten, soweit sie für die Notfallversorgung erforderlich sind (elektronische Notfalldaten), geregelt in § 358 SGB V,
6. elektronische Verordnungen, geregelt in §§ 360, 361 SGB V, und
7. die elektronische Patientenkurzakte nach § 358.

**Versicherte** sind nicht gezwungen, diese Anwendungen zu nutzen. § 335 SGB V formuliert insoweit ein Diskriminierungsverbot, falls sich Versicherte gegen die Nutzung entscheiden. Ebenfalls darf von Versicherten der Zugriff auf Daten in einer Anwendung nach § 334 Abs. 1 S. 2 SGB V nicht verlangt werden (§ 335 Abs. 1 SGB V). Zugriffsrechte und weitere Versichertenrechte sind in §§ 336 bis 340 SGB V geregelt. Eine Kernanwendung stellt die elektronische Patientenakte (§ 341 SGB V) dar. Auch bei der stehen dem Versicherten zahlreiche Nutzungsrechte zu (§§ 346 bis 351 SGB V). Ein Versicherter muss die Anwendung nicht nutzen, dessen Krankenkasse ist gemäß § 342 Abs. 1 SGB V verpflichtet, jedem Versicherten spätestens ab dem 01.01.2021 auf Antrag und mit Einwilligung des Versicherten eine nach § 325 Abs. 1 SGB V von der Gesellschaft für Telematik zugelassene elektronische Patientenakte zur Verfügung zu stellen (zu den umfangreichen Informationsverpflichtungen der Krankenkasse siehe § 343 SGB V).

Ebenfalls in eine zukunftsweisende Richtung führen die neuen Regelungen zur **Telemedizin** (§§ 364 bis 370 a SGB V). Bei telemedizinischen Verfahren geht es im Kern darum, dass das Erfordernis einer örtlichen und zeitlichen analogen Präsenz von Arzt und Patienten aufgelöst wird. Diese müssen nicht mehr vor Ort im Behandlungszimmer des Arztes zusammenkommen. Vielmehr werden Möglichkeiten geschaffen, ärztliche Leistungen online abzurufen bzw. zu erbringen. Bisher sind diese Möglichkeiten im Wesentlichen auf die **Videosprechstunde** konzentriert.

Die **Finanzierung der Telematikinfrastruktur** wird erhebliche Finanzmittel benötigen. Alle Kostenträger und Leistungserbringer im Gesundheitswesen müssen künftig die für die Nutzung der Telematikinfrastruktur erforderliche Hard- und Software vorhalten. Zusätzlich werden Wartungskosten, Personalkosten, etc. entstehen. Es sind also einerseits Investitionskosten- und andererseits (laufende) Betriebskosten zu finanzieren. Deshalb sieht das Gesetz, ähnlich wie bei der Krankenhausfinanzierung, einerseits eine (einmalige) **Investitionskostenfinanzierung** (§ 376 S. 1 Nr. 1 SGB V) sowie eine (laufende) **Betriebskostenfinanzierung** (§ 376 S. 1 Nr. 2 SGB V) vor. Über die Finanzierung sind **Vereinbarungen** zu treffen (§§ 377 bis 382 SGB V), kommen diese nicht zustande, entscheiden die jeweils zuständigen Schiedsstellen.

Im neuen Zwölften Kapitel des SGB V (Förderung von offenen Standards und Schnittstellen; Nationales Gesundheitsportal, §§ 384 bis 395) sind insbesondere Regelungen zu Fragestellungen der Informationstechnik enthalten. Für Bürger relevant ist das in § 395 SGB V vorgesehen **Nationale Gesundheitsportal**.

**§ 395 Abs. 1 SGB V**
Das Bundesministerium für Gesundheit errichtet und betreibt ein elektronisches, über allgemein zugängliche Netze sowie über die Telematikinfrastruktur nach § 306 aufrufbares Informationsportal, das gesundheits- und pflegebezogene Informationen barrierefrei in allgemein verständlicher Sprache zur Verfügung stellt (Nationales Gesundheitsportal).

► **TIPP** Die Internetseite des Nationalen Gesundheitsportals ist wie folgt zu erreichen: https://gesund.bund.de/ (Stand 01.10.2021).

## 4.1.2 Finanzierung

Die **wirtschaftliche Bedeutung** der **gesetzlichen Krankenversicherung** ist groß. Dieser Versicherungszweig hat neben der gesetzlichen Rentenversicherung die größte Bedeutung. Das Statistische Bundesamt belegt im Datenreport 2021 (Stäbler 2018) für das Jahr 2019 Leistungen in Höhe von 250,1 Mrd. Euro, denen Finanzierungsmittel in Höhe von 219,229 Mrd. Euro gegenüberstanden. Dabei ist der **Trend** in der gesetzlichen Krankenversicherung **deutlich ansteigend** (2014: Leistungen 204,811 Mrd. Euro, Mittel 201,892 Mrd. Euro; 2010: Leistungen 174,896 Mrd. Euro, Mittel 178,515 Mrd. Euro). Es gibt statistisch betrachtet Jahre, in denen die Ausgaben die Einnahmen übersteigen, sodass die Verluste ausgeglichen werden müssen. Die **Kostensteigerung** konnte auch durch unterschiedliche Maßnahmen des Gesetzgebers nicht gedämpft werden (siehe zu Historie der Gesundheitsreformen Ebsen und Wallrabenstein 2018, Rz. 4 ff. sowie Abt et al. 2019, S. 158 ff.).

Die **private Krankenversicherung** muss bei der Betrachtung der wirtschlichen Bedeutung der Krankenversorgung der Gesamtbevölkerung noch hinzugerechnet werden. Im Jahr 2019 lagen die Leistungsausgaben bei 25,1 Mrd. Euro, denen 25,951 Mrd. Euro Einnahmen gegenüberstehen (2014: Leistungen 21,473 Mrd. Euro, Mittel 24,376 Mrd. Euro; 2010: Leistungen 17,454 Mrd. Euro, Mittel 17,230 Mrd. Euro). Im Gegensatz zur gesetzlichen Krankenversicherung werden bei der privaten Krankenversicherung statistisch belegt selten und allenfalls geringe Verluste erwirtschaftet, was sich aus der Unterschiedlichkeit der Finanzierungssysteme und der Gewinnorientierung eines privatwirtschaftlichen Versicherungssystems erklärt. Die **Steigerung** der Ausgaben- bzw. Einnahmevolumina verläuft dabei **im Vergleich** zwischen GKV und PKV **gleichförmig**.

▶ **TIPP** Neben den Informationen des Statistischen Bundesamtes veröffentlich der GKV Spitzenverband turnusmäßig selbst wichtige Statistische Werte. Die **GKV Kennzahlen** sind abrufbar unter: https://www.gkv-spitzenverband.de/service/zahlen_und_grafiken/zahlen_und_grafiken.jsp (Stand 30.09.2021).

Auch der Verband der privaten Krankenversicherung stellt entsprechendes Zahlenmaterial auf seiner Homepage zur Verfügung: https://www.pkv.de/service/zahlen-und-fakten/ (Stand 30.09.2021).

Die **Finanzierung** der gesetzlichen Krankenversicherung folgt einerseits den Regelungen des SGB IV und andererseits den spezialgesetzlichen Normen des SGB V. Dort wird in § 3 SGB V der Grundsatz der **solidarischen Finanzierung** festgeschrieben. Die Norm ist nicht als konkrete Handlungsanweisung an Krankenkassen, sondern vielmehr als ein Programmsatz zu verstehen. Es handelt sich um eine einfachgesetzliche Formulierung des bereits aus dem Sozialstaatsprinzip folgenden Gebots der sozialen Gerechtigkeit. Zusätzlich werden in § 3 SGB V Grundsätze der Finanzierung festgeschrieben, deren Konkretisierung im achten Kapitel des SGB V (§§ 220 bis 274) erfolgt:

1. Die Finanzierung der Leistungen erfolgt durch **Beiträge** (§ 3 S. 1 SGB V).
2. Die Beiträge entrichten Mitglieder und Arbeitgeber (**Beitragspflichtige**, § 3 S. 2 SGB V).
3. Die **Beitragshöhe** richtet sich in der Regel nach den Beitragspflichtigen Einnahmen der Mitglieder (§ 3 S. 2 SGB V).
4. Für mitversicherte Familienangehörige werden Beiträge nicht erhoben (**beitragsfreie Familienversicherung**, § 3 S. 3 SGB V).

Auch § 220 SGB V beschreibt zu Beginn des achten Kapitels Grundsätze. Die **Mittel** der Krankenversicherung werden durch **Beiträge** und **sonstige Einnahmen** aufgebracht (§ 220 Abs. 1 S. 1 Hs. 1 SGB V). Anders als in anderen Sozialversicherungszweigen sind Darlehensaufnahme ausdrücklich für unzulässig erklärt (§ 220 Abs. 1 S. 2 SGB V); Ausnahmen bestehen nach Genehmigung durch die Aufsichtsbehörde zur Finanzierung des Erwerbs von Grundstücken für Eigeneinrichtungen sowie der Errichtung, der Erweiterung oder des Umbaus von Gebäuden für Eigeneinrichtungen nach § 140 SGB V (§ 220 Abs. 1 S. 3 SGB V). Die Vorschriften des SGB IV über das Haushalts- und Rechnungswesen bei der Verwaltung des Gesundheitsfonds sowie das Vermögen (Betriebsmittel und Rücklagen) werden nach § 220 Abs. 3 SGB V in weiten Teilen für entsprechend anwendbar erklärt.

> **Zusammenfassung, Merksatz**
> Die gesetzliche Krankenversicherung ist neben der gesetzlichen Rentenversicherung der finanzstärkste Versicherungszweig. Die Finanzierung wird primär durch Beiträge und daneben durch sonstige Einnahmen sichergestellt.

**Beiträge**

Die **Finanzierung über Beiträge** im Umlageverfahren wird von mehreren Grundsätzen als Rahmenvorgaben geleitet (vgl. § 223, §§ 241–242 a SGB V):

- **Beitragssatz** als Vomhundertsatz der beitragspflichtigen Einnahmen,
- (ggf.) zuzüglich eines (durchschnittlichen) **Zusatzbeitrags**,
- **Beitragsbemessungsgrundlage** (§ 223 Abs. 2 SGB V) = die der Beitragspflicht dem Grunde nach unterfallenden Einnahmen,
- **Beitragsbemessungsgrenze** (§ 223 Abs. 3 S. 1 SGB X) = Obergrenze, bis zu deren Höhe die beitragspflichtigen Einnahmen (Beitragsbemessungsgrundlage) für die Beitragsberechnung zugrunde gelegt werden.

Der Beitrag ergibt sich dementsprechend aus der Formel:

**berücksichtigungsfähige Beitragsbemessungsgrundlage × Beitragssatz = Beitragshöhe**

Dabei wird die Beitragsforderung paritätisch finanziert (Beitragstragung, § 249 Abs. 1 S. 1 SGB V). Beitragssatz ist dabei der allgemeine Beitragssatz (§ 241 SGB V) zuzüglich der Zusatzbeiträge nach § 242, § 242 a SGB V. Die paritätische Tragung hat der Gesetzgeber durch das Versichertenentlastungsgesetz vom 11.12.2018, BGBl. I 2018, S. 2387 mit Wirkung vom 01.01.2019 eingeführt und damit die zuvor geltende alleinige Beitragstragung der Zusatzbeiträge durch Versicherte beendet.

Beiträge sind grundsätzlich für **jeden Kalendertag der Mitgliedschaft** zu zahlen (§ 223 Abs. 1 SGB V). Bestimmte Mitglieder werden von Gesetzes wegen gemäß § 224 SGB V für die dort genannten Leistungen **beitragsfrei** gestellt:

- während des Bezugs von Krankengeld,
- während des Bezugs von Mutterschaftsgeld,

- während des Bezugs von Elterngeld sowie zusätzlich
- nach § 225 SGB V bestimmte Rentenantragsteller.

Der **Beitragssatz** beträgt gesetzlich festgelegt bundeseinheitlich 14,6 v. H. (§ 241 SGB V). Ein **einkommensabhängiger, kassenindividueller Zusatzbeitrag** wird von den Mitgliedern gemäß § 242 Abs. 1 S. 1 SGB V erhoben, wenn der Finanzbedarf einer Krankenkasse durch die Zuweisungen aus dem Gesundheitsfonds nicht gedeckt ist. Für einige Gruppen von Mitgliedern, bei denen die Beiträge von Dritten getragen werden, ist ein **durchschnittlicher Zusatzbeitrag** zu erheben (§ 242 Abs. 3 i. V. m. § 242 a SGB V). Der durchschnittliche Zusatzbeitrag für diese Mitglieder wird auch dann erhoben, wenn die Krankenkasse keinen kassenindividuellen Zusatzbeitrag erhebt.

▶ **TIPP** Der Spitzenverband Bund der Krankenkassen führt eine Liste der Zusatzbeiträge (§ 242 Abs. 5 SGB V): https://www.gkv-spitzenverband.de/krankenkassenliste.pdf (Stand 30.09.2021).

Für Mitglieder, die keinen Anspruch auf Krankengeld haben, beträgt der **ermäßigte Beitragssatz** 14,0 v. H. (§ 243 SGB V). Dieser Beitragssatz gilt ebenfalls für Bezieher von Arbeitslosengeld II (§ 246 SGB V). Weitere besondere Beitragssätze gelten für Studenten und Praktikanten (§ 245 SGB V), für Bezieher ausländischer Renten (§ 247 SGB V) sowie für die Bemessung der Beiträge aus Versorgungsbezügen nach § 229 Abs. 1 S. 1 Nr. 4 SGB V (§ 248 SGB V; Versorgungsbezüge der Alterssicherung der Landwirte). Für Wehrdienst- und Zivildienstleistende wird nicht der Beitragssatz, sondern der Beitrag selbst ermäßigt (§ 244 SGB V).

> **Zusammenfassung, Merksatz**
> In der gesetzlichen Krankenversicherung kann es neben dem gesetzlich festgesetzten Beitragssatz Zusatzbeiträge (kassenindividuell oder durchschnittlich) geben. Daher kann das Mitglied in gewissem Umfang seine finanzielle Belastung durch Wahl der Krankenkasse steuern. Dadurch unterscheidet sich die gesetzliche Krankenversicherung von den anderen Versicherungszweigen. In gesetzlich festgelegten Fällen wird sogar nur ein ermäßigter Beitragssatz erhoben.

§ 223 Abs. 2 S. 1 SGB V knüpft an die allgemeinen Regelungen des SGB IV an und definiert, dass **Beitragsbemessungsgrundlage** grundsätzlich die beitragspflichtigen Einnahmen der Mitglieder sind. Da sehr unterschiedliche Gruppen Mitglieder der gesetzlichen Krankenversicherung sind, deren Beiträge teilweise von Dritten getragen und gezahlt werden, beinhalten die §§ 226 bis 240 SGB V Regelungen, die diese Grundregel konkretisieren bzw. von ihr abweichen. Die **Mindestbeitragsbemessungsgrundlage** ist in § 240 Abs. 4 SGB V geregelt. Eine Besonderheit gilt für **freiwillige Mitglieder** einer

Krankenkasse (§ 9 SGB V). Deren Beitragsbemessungsgrundlage wird einheitlich durch den Spitzenverband Bund der Krankenkassen geregelt (§ 240 Abs. 1 SGB V; diesen gleichgestellt werden die Versicherungspflichtigen nach dem Auffangtatbestand des § 5 Abs. 1 Nr. 13 SGB V gemäß § 227 SGB V). Rahmenvorgaben liefert hierzu § 240 Abs. 2 bis 5 SGB V. Die einheitliche Regelung ist erforderlich, um verfahrenstechnisch die Zuweisungen aus dem Gesundheitsfonds gleichheitsgerecht zu gestalten (zum Problem der Höchstbeiträge siehe Stäbler 2018, S. 84).

▶   **TIPP**  Entsprechend veröffentlich der GKV Spitzenverband hierzu Informationen: https://www.gkv-spitzenverband.de/krankenversicherung/kv_grundprinzipien/ finanzierung/beitragsbemessung/beitragsbemessung.jsp (Stand 30.09.2021).

§ 223 Abs. 3 S. 1 SGB XI legt die **Beitragsbemessungsgrenze** fest. Für das gesamte Kalenderjahr ist dies die in § 6 Abs. 7 SGB V festgelegte Jahresarbeitsentgeltgrenze (siehe hierzu Abschn. 3.2.5). Da der Beitrag kalendertäglich der Beitragsberechnung zugrunde gelegt wird, ist für jeden Kalendertag 1/360 dieser Grenze zu berücksichtigen.

Bei der **Tragung der Beiträge** unterscheidet das Gesetz mehrere Fallgestaltungen, die an die versicherungsrechtlichen Tatbestände anknüpfen.

Der Grundsatz der **paritätischen Beitragstragung** von Arbeitgeber und Mitglied in den Fällen des § 5 Abs. 1 Nr. 1 und 13 SGB V aus dem allgemeinen oder ermäßigten Beitragssatz bei Bezug von **Arbeitsentgelt** wird in § 249 Abs. 1 S. 1 SGB V normiert. Durch das GKV-Versichertenentlastungsgesetz vom 21.12.2018 (BGBl. I 2018, S. 2387) wurde die frühere Regelung hinsichtlich der **Zusatzbeiträge** als Ausnahme von diesem Prinzip (alleinige Tragung durch die Beschäftigten, § 249 Abs. 1 S. 1 Hs. 2 SGB V a. F.) mit Wirkung ab dem 01.01.2019 gestrichen. Auch Zusatzbeiträge werden daher paritätisch getragen. Innerhalb des **Übergangsbereichs** (§ 20 Abs. 2 SGB IV) trägt der Beschäftigte einen geringeren Anteil, der bis zur Grenze von 1300 Euro auf den üblichen Beitragsanteil anwächst (§ 249 Abs. 3 S. 1 SGB V; siehe hierzu Abschn. 3.2.4 am Ende). Für Minijobber (§ 249 b SGB V) siehe Abschn. 3.2.4.

Das Prinzip der **paritätischen Beitragstragung** greift auch bei **Rentenbeziehern** der allgemeinen oder knappschaftlichen Rentenversicherung, wobei der „Arbeitgeberanteil" durch den Rentenversicherungsträger getragen wird (§ 249 a S. 1 SGB V). Für beitragsfreie Waisenrenten (Tragung nur Rentenversicherungsträger) und ausländische Renten (Tragung nur Rentner) gelten abweichende Regelungen § 249 a S. 2, 3 SGB V). Ebenfalls nach diesem Prinzip ist die Beitragstragung bei **Bezug von Pflegeunterstützungsgeld** geregelt (§ 249 c SGB V, beitragspflichtige Einnahmen § 232 b SGB V), wobei das Gesetz wegen der Systemabgrenzung der sozialen zur privaten Pflegeversicherung zwischen mehreren Fallkonstellationen unterscheidet. Liegt das monatliche Arbeitsentgelt unter 450 Euro, werden die Beiträge von der Pflegekasse bzw. dem privaten Versicherungsunternehmen bzw. der Beihilfestelle allein getragen (§ 249 c S. 2 SGB V).

Der **Arbeitgeber** trägt die Beiträge **allein**, soweit Beiträge für Kurzarbeitergeld zu zahlen sind (§ 249 Abs. 2 SGB V).

Das **Mitglied trägt** die Beiträge **allein** aus bestimmten Einnahmearten, sodass diese Beitragstragungspflicht eher die Ausnahme darstellt. § 250 Abs. 1 SGB V nennt Versorgungsbezüge, Arbeitseinkommen (§ 15 SGB IV) und beitragspflichtige Einnahmen der Studenten und Praktikanten. Als Sonderregelung (§ 250 Abs. 3 SGB V) trägt ein Versicherter nach dem Auffangtatbestand des § 5 Abs. 1 Nr. 13 SGB V stets die Beiträge allein (beachte: mit der Möglichkeit einer Zahlungsermäßigung oder eines Erlasses nach § 256 a SGB V) – es sei denn, es handelt sich um Arbeitsentgelt oder Renten aus der allgemeinen oder knappschaftlichen Rentenversicherung, sodass diese Sondernorm eher selten greift. **Freiwillige Mitglieder**, Rentenantragsteller und bestimmte Schwangere tragen gemäß § 250 Abs. 2 SGB V unabhängig von der Einnahmeart stets die Beiträge allein.

**Hintergrundinformation: Beitragszuschüsse für freiwillige Mitglieder bei Überschreiten der Jahresarbeitsentgeltgrenze und nach § 6 Abs. 3 a versicherungsfreie Personen (§ 257 SGB V)**
Freiwillige Mitglieder der gesetzlichen Krankenversicherung, die wegen Überschreitens der Jahresarbeitsentgeltgrenze versicherungsfrei geworden sind, sollen dadurch keinen wirtschaftlichen Nachteil erleiden. Zugleich sollen die Arbeitgeber durch Ersparen des Arbeitgeberanteils keinen wirtschaftlichen Vorteil erlangen. Daher hat der Gesetzgeber Arbeitgeberzuschüsse vorgesehen, wenn eine hälftige Beitragstragung von Arbeitgeber und Arbeitnehmer nach § 249 Abs. 1 und 2 SGB V bestehen würde. Dementsprechend ist der Zuschuss auf den vom Arbeitgeber nach den allgemeinen Regeln zu tragenden Beitragsanteil begrenzt. Gleiches gilt bei Beschäftigten, die bei einem privaten Krankenversicherungsunternehmen versichert sind (§ 257 Abs. 2 SGB V).

In § 251 SGB V sind die Fallgestaltungen der **Beitragstragung durch Dritte** zusammengefasst. Es handelt sich um Sachverhalte, bei denen der Gesetzgeber Versicherungsschutz in der gesetzlichen Krankenversicherung gewährt. Dritte sind

- Rehabilitationsträger (Abs. 1; zum Beitragszuschuss siehe § 258 SGB V),
- Träger von Einrichtungen der Jugendhilfe sowie Werkstätten und sonstigen Einrichtungen für behinderte Menschen (Abs. 2; zum Beitragszuschuss siehe § 258 SGB V),
- die Künstlersozialkasse für Künstler und Publizisten (Abs. 3),
- der Bund für Wehr- und Zivildienstleistende und Bezieher von Arbeitslosengeld II (Abs. 4; für Bezieher von ALG II normieren die Sätze 2 bis 6 Besonderheiten),
- die Bundesagentur für Arbeit für Bezieher von Arbeitslosengeld und Unterhaltsgeld (Abs. 4 a),
- geistliche Genossenschaften oder ähnliche religiöse Gemeinschaften während der außerschulischen Ausbildung für den späteren Dienst (Abs. 4 b),
- außerbetriebliche Einrichtungen für bestimmte Auszubildende (Abs. 4 c).

Als Grundsatz der **Beitragszahlung** bestimmt § 252 Abs. 1 S. 1 SGB V, dass diese von demjenigen zu zahlen ist, der sie zu tragen hat „soweit gesetzlich nichts Abweichendes bestimmt ist". Dieser Grundsatz wird jedoch nur in Ausnahmefällen (z. B. Beitragszahlung durch Studenten, § 254 SGB V) praktisch umgesetzt. Beim praktisch wichtigsten Regelfall der **Beschäftigung gegen Arbeitsentgelt** erfolgt die Beitragszahlung über den Einzug des **Gesamtsozialversicherungsbeitrags** (§ 253 SGB V, siehe hierzu Abschn. 3.2.3.3) und damit allein durch den Arbeitgeber an die Einzugsstellen (§ 252 Abs. 2 S. 2 SGB V). Die Einzugsstellen (Krankenkassen) leiten die Zahlungen arbeitstäglich an den **Gesundheitsfonds** weiter (§ 252 Abs. 2 S. 3 SGB V; zur Datenlieferung und Prüfung siehe § 252 Abs. 5, 6 SGB V). Weitere Beitragszahlungen erfolgen an den **Gesundheitsfonds** durch die Künstlersozialkasse, den Bund sowie die Bundesagentur für Arbeit (§ 252 Abs. 2 S. 1 i. V. m. § 251 Abs. 3 bis 4 a SGB V = Fälle der **Beitragstragung durch Dritte**). Bei Beziehern von Pflegeunterstützungsgeld erfolgt die Zahlung durch die Pflegelasse, das private Versicherungsunternehmen oder die Beihilfestelle (§ 252 Abs. 2 a SGB V).

Für die **Beitragszahlung aus der Rente** der allgemeinen oder knappschaftlichen Rentenversicherung regelt § 255 SGB V ein besonderes Zahlverfahren. Die Rentenversicherungsträger behalten den auf die Rentner entfallenden Beitragsanteil bei der Auszahlung der Rente ein. Das heißt, die Rente wird grundsätzlich bereits um den Anteil des Krankenversicherungsbeitrags gemindert an Rentner ausgezahlt (bei Fehlern im Zahlverfahren siehe § 255 Abs. 2 SGB V). Dies wird häufig als **Quellenabzugsverfahren** bezeichnet (z. B. KassKomm § 255 SGB V, Rz. 2) (Kaltenstein 2018), da ein Abzug an der „Quelle" erfolgt. Die Rentenversicherungsträger leiten die (gesamten) Beiträge an die Deutsche Rentenversicherung Bund weiter, die diese in ihrer Gesamtheit an den **Gesundheitsfonds** weiterleitet. Da die Zahlung der Beiträge zeitlich verzögert erfolgt (Fälligkeit der Auszahlung der Rente nach § 118 Abs. 1 S. 1 SGB VI = letzter Bankarbeitstag des Monats; Beitragszahlung für Krankenversicherungsbeiträge nach § 255 Abs. 3 S. 1 SGB V letzter Bankarbeitstag des Folgemonats), leistet die DRV Bund monatlich eine **Abschlagzahlung** in Höhe von 300 Mio. Euro an den Gesundheitsfonds, die auf die fällige Monatszahlung angerechnet wird (§ 255 Abs. 3 S. 3 SGB V). Vorgesagtes gilt grundsätzlich entsprechend für Beitragszahlungen aus Versorgungsbezügen (für Einzelheiten siehe § 256 SGB V).

**Gesundheitsfonds, Risikostrukturausgleich, Finanzausgleiche, Mittelverwendung**
Sämtliche Beitragszahlungen erfolgen somit an den **Gesundheitsfonds**. Dieser verteilt die Einnahmen nach einem bestimmten Verfahren an die Krankenkassen (Zuweisungen im Rahmen des **Risikostrukturausgleichs**, § 266 SGB V). Der Gesundheitsfonds wird als **Sondervermögen** durch das Bundesamt für Soziale Sicherung verwaltet (§ 271 Abs. 1 SGB V). Er erhält gemäß § 271 Abs. 1 SGB V Beiträge aus

- eingezogenen Beiträgen für die gesetzliche Krankenversicherung als Anteil des Gesamtsozialversicherungsbeitrags einschließlich von Zinsen uns Säumniszuschlägen (§ 252 Abs. 2 S. 3 SGB V),
- den Beiträgen aus Rentenzahlungen nach § 255 SGB V,
- den Beiträgen für geringfügig Beschäftigte (§ 28 k Abs. 2 SGB IV),

- den Beiträgen der Künstlersozialkasse, des Bundes sowie der Bundesagentur für Arbeit (§ 252 Abs. 2 i. V. m. § § 251 Abs. 3 bis 4 a SGB V),
- den Bundesmitteln nach § 221 SGB V.

▶ **TIPP** Informationen zum Gesundheitsfonds stellen das Bundesministerium für Gesundheit (https://www.bundesgesundheitsministerium.de/themen/kranken-versicherung/finanzierung/gesundheitsfonds.html, Stand 30.09.2021) sowie das Bundesamt für Soziale Sicherung (https://www.bundesamtsozialesicherung.de/de/themen/gesundheitsfonds/ueberblick/, Stand 30.09.2021) für die Öffentlichkeit zur Verfügung.

Aus den Beitragseingängen hat der Gesundheitsfonds weiterhin liquide Mittel als **Liquiditätsreserve** in Höhe mindestens 20 v. H. bis höchstens 50 v. H. einer durchschnittlichen Monatsausgabe zum Abschluss eines Geschäftsjahres vorzuhalten (§ 271 Abs. 2 SGB V). Aus der Liquiditätsreserve sind unterjährige Schwankungen in den Einnahmen, nicht berücksichtigte Einnahmeausfälle trotz Zusatzbeiträgen und Aufwendungen für die Durchführung des Einkommensausgleichs nach § 270 a SGB V zu decken. Sollte die Liquiditätsreserve nicht genügen, leistet der **Bund** ein unverzinsliches **Liquiditätsdarlehen** in Höhe der fehlenden Mittel (§ 271 Abs. 3 SGB V).

Wichtigste Aufgabe des Gesundheitsfonds ist die Durchführung des **Risikostrukturausgleichs** (§ 266 SGB V) (zur Entwicklung des Risikostrukturausgleichs siehe Abt et al. 2019, Seite 309 ff.). Die **Zuweisungen** aus dem Gesundheitsfonds erfolgen nämlich nicht nur pauschal je Mitglied bzw. versicherter Person, sondern enthalten neben der **Grundpauschale** (§ 12 RSAV) risikoadjustierte **Zu- und Abschläge** sowie Zuweisungen für sonstige Ausgaben (§ 266 Abs. 1 S. 1 SGB V). Sinn und Zweck dieser Zu- und Abschläge ist ein Ausgleich der finanziellen Auswirkungen unterschiedlichen Risikostrukturen der versicherten Personen in den einzelnen Krankenkassen. Als relevante Faktoren nennt das Gesetz in § 266 Abs. 2 SGB V die Verteilung der Versicherten anhand der Risikomerkmale Alter, Geschlecht, Morbidität, regionalen Merkmalen und danach, ob die Mitglieder Anspruch auf Krankengeld nach § 44 haben. Das Gesetz unterscheidet zwischen Leistungsausgaben und sonstige Ausgaben. Die **standardisierten Leistungsausgaben** werden durch die Grundpauschale und die risikoadjustierten Zu- und Abschläge gedeckt (§ 266 Abs. 1 S. 1 SGB V). Standardisiert bedeutet, dass in einem jährlichen Berechnungs- und Bestimmungsverfahren die berücksichtigungsfähigen Ausgaben (vgl. § 266 Abs. 3, 4 SGB V, § 4 RSAV) aller Krankenkassen in Verhältniszahlen je Risikogruppen – also in einem Ausgabendurchschnitt – dargestellt werden (siehe auch BSGE 90, 231, 238 f.). Je höher die Risikostruktur der Versicherten einer Krankenkasse ist (mehr „alte und kranke" Versicherte), desto höher sind die Zuweisungen aus dem Gesundheitsfonds. Auch für **sonstige Ausgaben** (also: v. a. Verwaltungsausgaben) erfolgen ebenfalls Zuweisungen für **standardisierte Aufwendungen** (§ 270 SGB V). Das heißt, sind die Verwaltungskostenstrukturen einer Krankenkasse günstig, sind die Zuweisungen höher als die tatsächlichen Kosten, bei höheren tatsächlichen Kosten (als der standardisierte Durchschnitt) genügen die Zuweisungen nicht, die Kosten auszugleichen. Die Krankenkasse muss in diesem Fall sparen oder zusätzliche Finanzmittel (durch den kassenindividuellen Zusatzbeitrag) einnehmen. Der Risikoausgleich in der gesetzlichen Krankenversicherung wird vom Bundesverfassungsgericht (BVerfGE 89, 365, 381; 113, 167–273) als geeignetes Mittel angesehen, um zusammen mit den Kassenwahlrechten verfassungsrechtlich bedenklich hohe Beitragssatzunterschiede zu verringern. Alle Krankenkassen mit Ausnahme der landwirtschaftlichen Krankenkasse (§ 266 Abs. 9 SGB V) nehmen am Risikostrukturausgleich teil. Einzelheiten zum Risikostrukturausgleich sind in der Verordnung über das Verfahren zum Risikostrukturausgleich in der gesetzlichen Krankenversicherung (RSAV, Ermächtigung nach § 266 Abs. 7 SGB V) geregelt.

Ergänzend zum Risikostrukturausgleich nach § 266 SGB V wurde mit Wirkung ab dem 01.04.2020 in § 268 SGB V ein Ausgleich über einen **Risikopool** (siehe auch § 14 RSAV) eingeführt. Im Gegensatz zum RSA werden über den Risikopool nicht standardisierte Leistungsausgaben ausgeglichen, sondern (teilweise) die anlässlich einer Erkrankung entstandenen Ist-Kosten. Sinn und Zweck dieser Regelung ist die Begrenzung von Wettbewerbsverzerrungen unter den Krankenkassen wegen der ungleichen Verteilung von Hochkostenfällen. Ebenso hat aus Sicht des Gesetzgebers die Bedeutung neuer kostenintensiver Therapien zugenommen. Zur Vereidung einer doppelten Anrechnung bzw. Berücksichtigung enthält das Gesetz in § 268 Abs. 3 SGB V eine Konkurrenzregelung. Nutznießerin des Risikopools ist beispielsweise die Deutsche Rentenversicherung Knappschaft-Bahn-See.

▶ **TIPP** Das Bundesamt für Soziale Sicherung stellt eine – teilweise veraltete – Informationsbroschüre zur Verfügung, wie der Risikostrukturausgleich im Gesundheitsfonds funktioniert: https://www.bundesamtsozialesicherung.de/fileadmin/redaktion/Risikostrukturausgleich/Wie_funktioniert_Morbi_RSA.pdf (Stand 30.09.2021). Inhaltlich aktueller ist der Internetauftritt des BAS: https://www.bundesamtsozialesicherung.de/de/themen/risikostrukturausgleich/ueberblick/ (Stand 30.09.2021).

Das **Bundesamt für Soziale Sicherung** ermittelt die Höhe der Zuweisungen und weist die Mittel den Krankenkassen zu (§ 266 Abs. 6 S. 1 SGB V, § 270 Abs. 1 S. 2 SGB V). Die Zuweisungen erfolgen zunächst als Abschlagszahlungen (siehe § 16 RSAV) und sind auf Grundlage der Geschäfts- und Rechnungsergebnisse abschließend zu errechnen und auszugleichen (§ 266 Abs. 7 SGB V, § 18 RSAV).

**Zusammenfassung, Merksatz**
Die Beiträge werden an den vom Bundesamt für Soziale Sicherung verwalteten Gesundheitsfonds gezahlt. Aus dem Gesundheitsfonds erhält jede Krankenkasse für ihre Versicherten Zuweisungen. Die Zuweisungen richten sich nach den Risiko-

merkmalen Alter, Geschlecht, Morbidität, regionalen Merkmalen und danach, ob die Mitglieder Anspruch auf Krankengeld nach § 44 haben. Dadurch wird ein risiko-adjustierter Ausgleich zwischen den Versichertengemeinschaften der Kranken-kassen auf Systemebene geschaffen. Zusätzlich werden sonstige Ausgaben (ins-besondere Verwaltungskosten) nicht nach der tatsächlichen Höhe, sondern lediglich in durchschnittlicher Höhe (standardisiert) ausgeglichen, sodass Krankenkassen mit geringen Verwaltungskosten Einnahmen, Krankenkassen mit überdurchschnitt-lichen Verwaltungskosten nicht auskömmliche Zuweisungen erhalten. Ergänzend erfolgt ein Ausgleich über den Risikopool nach § 268 SGB V, der auf fallbezogenen Ist-Kosten basiert.

Zusätzlich zum Risikostrukturausgleich können je Kassenart auf Ebene der Landesver-bände und der Verbände der Ersatzkassen die Verbandsmitglieder für aufwendige Leistungsfälle und für andere aufwendige Belastungen einen umlagefinanzierten **kassen-arteninternen Finanzausgleich** vorsehen (§ 265 SGB V). Die Bedeutung der Finanzaus-gleiche hat jedoch wegen der Konzentrationsprozesse in der Kassenlandschaft sowie bundeseinheitlichen Regelung (z. B. zum Risikostrukturausgleich, zum Beitragssatz nach § 241 SGB V, zur Vereinheitlichung der Beitragsbemessungsgrundlage freiwilliger Mit-glieder nach § 240 SGB V) an Bedeutung verloren.

In Ergänzung zu den Vorschriften des SGB IV umfassen die **Mittel der Krankenkasse** Betriebsmittel, Rücklage und das Verwaltungsvermögen (§§ 259–263 SGB V). Weitere Mittel stehen Krankenkassen grundsätzlich nicht zur Verfügung, sodass sie ohne vorherige Genehmigung keine Kredite am Kapitalmarkt aufnehmen dürfen (BSGE 102, 281–290). Die Rücklage kann bis zu 1/3 des Rücklagesolls je Kassenart von dem entsprechenden Landesverband als Sondervermögen (Gesamtrücklage) verwaltet werden (§ 262 SGB V).

### Hintergrundinformation: Sicherstellung der medizinischen und pflegerischen Versorgung während der Corona-Pandemie

Während der Pandemie war es wichtig, die Gesundheitsversorgung der Bevölkerung sicherzustellen. Einsparungen und Zentralisierungen der vergangenen Jahre haben hier Schwächen der stationären Versorgung schonungslos offenbart. Krankenhäuser wurden daher u. a. durch Zuschüsse zur Be-schaffung von Intensivbetten, Ausgleichszahlungen oder Freihalteprämien finanziell unterstützt. Teilweise dienten die Zahlungen dazu, Krankenhausbehandlungen für alle Fälle zu gewährleisten. Ebenfalls wurde zur Sicherstellung der stationären Versorgung ein Rettungsschirm gespannt (siehe hierzu Schlegel, NJW 2021, 2782, 2783 ff.).

### Sonstige Einnahmen

Bei den sonstigen Einnahmen steht v. a. die **Beteiligung des Bundes** nach § 221 SGB V im Vordergrund. Der Bund zahlt als pauschale Abgeltung für die Erbringung **ver-sicherungsfremder Leistungen** jährlich 14,5 Mrd. Euro in monatlich zu überweisen Teil-beträgen. Der Gesundheitsfonds überweist der landwirtschaftlichen Krankenversicherung den auf sie entfallenden Anteil (§ 221 Abs. 2, 3 SGB V).

## 4.2    Soziale Pflegeversicherung

Die **soziale Pflegeversicherung** ist grundsätzlich organisatorisch und strukturell der Risikoabsicherung im Bereich Krankenversicherung nachgebildet. Gleichwohl gibt es systembedingte Unterschiede und Besonderheiten der sozialen Pflegeversicherung. Anders als die übrigen Sozialversicherungszweige ist die soziale Pflegeversicherung als **Volksversicherung** konzipiert. Das heißt, Ansatz dieses Versicherungszweigs ist, die **Gesamtbevölkerung** möglichst vollständig zu erfassen. Die pflegerische Versorgung der Bevölkerung ist eine gesamtgesellschaftliche Aufgabe (§ 8 Abs. 1 SGB XI), sodass die Gesamtbevölkerung in ein soziales Vorsorgesystem eingebunden ist, um das versicherte Risiko der Pflegebedürftigkeit abzusichern. § 1 Abs. 4 SGB XI formuliert insoweit, dass „die Pflegeversicherung die Aufgabe hat, Pflegebedürftigen Hilfe zu leisten, die wegen der Schwere der Pflegebedürftigkeit auf solidarische Unterstützung angewiesen sind". Daher ist der Titel des SGB XI auch soziale und nicht gesetzliche Pflegeversicherung.

Um dieses Ziel zu erreichen, werden die Versicherungsbeziehungen in der sozialen Pflegeversicherung im Wesentlichen denjenigen im Krankenkassenbereich nachgebildet („PV folgt KV"). Das heißt, gesetzlich krankenversicherte Personen werden in der Pflegeversicherung dem Sozialversicherungssystem einer gesetzlichen Pflegeversicherung zugeordnet (§ 1 Abs. 2 S. 1 SGB XI), über private Versicherungsgesellschaften abgesicherte Personen werden einer privaten Pflegeversicherung zugeordnet (§ 1 Abs. 2 S. 2 SGB XI). Insoweit besteht weitgehende **Kongruenz** zwischen der Versicherungssystemen Krankenversicherung und Pflegeversicherung. Um den Gedanken einer Volksversicherung umzusetzen, werden deshalb auch in der privatwirtschaftlich organisierten Pflegeversicherung **Zwangsversicherungsverhältnisse** gesetzlich geregelt. Der Zwang, eine private Pflegepflichtversicherung abzuschließen (**Kontrahierungszwang**, siehe insbesondere § 110 SGB XI), ist verfassungskonform (BVerfGE 103, 197, 215 ff.).

Weiteres abweichendes Strukturprinzip in der sozialen Pflegeversicherung ist, dass es sich um **keine „Vollversicherung"** handelt. Das heißt, die Leistungen sind in Art und Umfang „gedeckelt", sodass in der Praxis ein deutlicher Teil der in (schweren) Pflegefällen entstehenden Kosten **zusätzlich privat finanziert bzw. abgesichert** werden müssen. Wenn private Mittel nicht (mehr) vorhanden sind, muss der Staat durch Fürsorge- und Hilfeleistungen die Versorgung sicherstellen, sodass dann die Pflegekosten über die allgemeine Staatsfinanzierung getragen werden. Der Staat kann die entstandenen Kosten anschließend (eingeschränkt) über Rückgriffsregelungen bei Unterhaltsverpflichteten geltend machen.

Die solidarische Unterstützung im Falle des Eintritts einer Pflegebedürftigkeit soll gleichwohl im konkreten Fall Rücksicht auf das **Selbstbestimmungsrecht** des Einzelnen nehmen (§ 2 SGB XI). Der Staat soll insoweit die pflegebedürftige Person nicht bevormunden. Gesetzlich formulierte Aspekte der Selbstbestimmungen sind

- eine selbstständige und selbstbestimmte Lebensführung,
- eine Aktivierung hinsichtlich der körperlichen, geistigen und seelischen Kräfte,

- ein Wahlrecht zwischen Einrichtungen und Diensten verschiedener Träger (Grundsatz der Trägerpluralität),
- ein Wunschrecht hinsichtlich der Ausgestaltung der Hilfe,
- eine Rücksichtnahme auf religiöse Bedürfnisse.

Spiegelbildlich hat der Einzelne eine eigenverantwortliche Lebensführung zu gestalten, um Pflegebedürftigkeit zu vermeiden (§ 6 SGB XI).

Auf der **Leistungsebene** sieht der Gesetzgeber einerseits einen **Vorrang der ambulanten Leistungen** (einschließlich der teilstationären Pflege und Kurzzeitpflege, § 3 S. 2 SGB XI) vor stationären Leistungen sowie andererseits einen Vorrang der **Pflege von Angehörigen und Nachbarn** vor der Pflege durch Leistungserbringer, damit die Pflegebedürftigen möglichst lange in ihrer **häuslichen Umgebung** bleiben können (§ 3 S. 1 SGB XI). Des Weiteren sollen frühzeitig alle geeigneten Leistungen zur Prävention, zur Krankenbehandlung und zur medizinischen Rehabilitation eingeleitet werden, um den Eintritt von Pflegebedürftigkeit zu vermeiden (§ 5 Abs. 4 SGB XI). Die soziale Pflegeversicherung kennt daher ebenso wie die gesetzliche Unfallversicherung einen **Vorrang der Prävention** vor einer **medizinischen Rehabilitation** vor der Erbringung von Versicherungsleistungen. Schließlich hat der Gesetzgeber auch vor dem Hintergrund von Skandalen in den §§ 112 ff. SGB XI **Qualitätsstandards** in der Pflege festgeschrieben, die von den Pflegeeinrichtungen einzuhalten sind.

## 4.2.1 Organisation

Zur **Sicherstellung der pflegerischen Versorgung der Gesamtbevölkerung** formuliert das Gesetz in § 8 SGB XI grundlegende Rahmenbedingungen der Zusammenarbeit der in der Pflege Beteiligten. Organisatorische Ziele werden v. a. in § 8 Abs. 2 S. 1 SGB XI genannt.

> **§ 8 Abs. 2 S. 1 SGB XI**
> Die Länder, die Kommunen, die Pflegeeinrichtungen und die Pflegekassen wirken unter Beteiligung des Medizinischen Dienstes eng zusammen, um eine leistungsfähige, regional gegliederte, ortsnahe und aufeinander abgestimmte ambulante und stationäre pflegerische Versorgung der Bevölkerung zu gewährleisten.

Für die Strukturierung der pflegerischen Versorgung werden weiterhin **Verbandsstrukturen** auf Länder- und Bundesebene als zielführend angesehen (z. B. § 7 a Abs. 7 bis 9, § 8 Abs. 2 SGB XI). Da der Gesetzgeber sehr weitreichend Beteiligte zum „engen Zusammenwirken" auffordert, ist deren organisatorisches Zusammenwirken entsprechend eng miteinander verwoben.

Die Schwierigkeit der gesetzlichen Normierungen im SGB XI ist aus organisatorischer Sicht, dass dort vorrangig Regelungen zur „gesetzlichen" Pflegeversicherung enthalten und nur am Rande solche zur privaten Pflegepflichtversicherung und deren Organisation enthalten sind. Zu nennen ist hier Beispielweise § 23 Abs. 6 SGB XI. Durch diese Norm, die sich im Kapitel über den versicherten Personenkreis befindet, werden private Versicherungsunternehmen verpflichtet, für die Feststellung der Pflegebedürftigkeit sowie für die Zuordnung zu einem Pflegegrad (§ 15 SGB XI) dieselben Maßstäbe wie in der sozialen Pflegeversicherung anzulegen und Versicherungszeiten der sozialen Pflegeversicherung der versicherten Person sowie von Familienangehörigen (§ 25 SGB XI) anzurechnen.

Auch in der Pflegeversicherung wurde jüngst die Digitalisierung der Pflegedienstleistungen in Angriff genommen. Mit dem Gesetz zur digitalen Modernisierung von Versorgung und Pflege (vom 03.06.2021, BGBl. I 2021, S. 1309) wurden neue Regeln für digitale Pflegeanwendungen eingeführt, die in §§ 40 a, 40 b und 78 a SGB XI enthalten sind und sich an den schon existierenden Vorschriften für digitale Gesundheitsanwendungen orientieren. Die Vorschriften für die im Zusammenhang mit dem Einsatz von digitalen Pflegeanwendungen stehenden ergänzenden (pflegerischen) Unterstützungsleistungen sind in § 39 a SGB XI geregelt.

▶    **TIPP** Das Bundesgesundheitsministerium stellt auf seiner Internetseite Informationen zum Gesetz zur digitalen Modernisierung von Versorgung und Pflege zur Verfügung: https://www.bundesgesundheitsministerium.de/service/gesetze-und-verordnungen/guv-19-lp/dvpmg.html (Stand 04.10.2021).

### 4.2.1.1 Träger

Die Nähe zur gesetzlichen Krankenversicherung wird bei den **Trägern der Pflegeversicherung** deutlich. § 1 Abs. 3, § 46 Abs. 1 SGB XI bestimmen, dass Träger der sozialen Pflegeversicherung die **Pflegekassen** sind; ihre Aufgaben werden von den **Krankenkassen** (§ 4 SGB V) wahrgenommen. Daher wird bei jeder Krankenkasse eine Pflegekasse errichtet (§ 46 Abs. 1 S. 2 SGB XI). Dies gilt unabhängig davon, ob es sich um öffentlich-rechtliche Pflegkassen oder um privatrechtlich organisierte Pflegekrankenversicherer (vgl. § 192 Abs. 6 VVG) handelt.

Pflegekassen sind **rechtsfähige Körperschaften des öffentlichen Rechts mit Selbstverwaltung** (§ 46 Abs. 2 S. 1 SGB XI, zum Satzungsrecht siehe § 47 SGB XI), deren Organe diejenigen der Krankenkasse sind. Dementsprechend sind Pflegekassen **mitgliedschaftlich organisiert**. In der Regel spielt die Unterscheidung zwischen Mitgliedschaft und versichertem Personenkreis keine Rolle. Da die Existenz der Pflegekasse von derjenigen der Krankenkasse abhängt, bestimmt § 46 Abs. 5 SGB XI, dass bei Vereinigung, Auflösung und Schließung einer Krankenkasse die §§ 143 bis 170 SGB V für die bei ihr errichtete Pflegekasse entsprechend gelten. Weil die hinter den Pflegekassen stehenden Krankenkassen hinsichtlich der Aufbau- und Ablauforganisation Verwaltungsstrukturen zur Verfügung stellen, haben Pflegekassen den Krankenkassen **Verwaltungskosten** einschließlich der Personalkosten **zu erstatten** (§ 46 Abs. 3 SGB XI). Die Verteilung auf die einzelne Krankenkasse regelt der Spitzenverband Bund der Pflegekassen, wobei dem

Bundesministerium für Gesundheit eine Verordnungskompetenz eingeräumt ist (§ 46 Abs. 4 SGB XI), deren Reichweise auch nach der Gesetzesbegründung eher im Dunkeln bleibt. Außerdem übernehmen die Pflegekassen 50 v. H. der umlagefinanzierten Kosten des Medizinischen Dienstes.

Die **Aufsicht** über eine Pflegekasse folgt ebenso derjenigen über die Krankenkasse (§ 46 Abs. 6 SGB VI). Der Gesetzgeber schreibt vor, dass das Bundesamt für Soziale Sicherung und die für die Sozialversicherung zuständigen obersten Verwaltungsbehörden der Länder mindestens alle fünf Jahre die Geschäfts-, Rechnungs- und Betriebsführung der Pflegekassen und deren Arbeitsgemeinschaften zu prüfen haben. Die Prüfung kann auf eine öffentlich-rechtliche Prüfungseinrichtung übertragen werden.

**Aufgaben der Pflegekassen**

Den **Pflegekassen** obliegen zur **Sicherstellung eines selbstbestimmten Lebens** (§ 2 SGB XI) und einer an den weiteren Zielen des Gesetzes ausgerichteten Organisation und Durchführung der Pflege weitreichende **Aufklärungs- und Auskunftspflichten** gegenüber pflegebedürftigen Personen sowie deren Angehörigen (§ 7 SGB XI). Hierzu werden teilweise Verbände auf Landesebene und weitere Beteiligte Stellen eingebunden. Dafür ist den Pflegekassen die **Verantwortung der Sicherstellung der pflegerischen Versorgung der Versicherten** übertragen (§ 12 Abs. 1 S. 1 SGB XI, **Sicherstellungsauftrag** nach § 69 S. 1 SGB XI).

Als wichtiges Instrument der Aufklärungs- und Auskunftspflichten sieht der Gesetzgeber die **Pflegeberatung** nach § 7 a SGB XI an (§ 12 Abs. 2 S. 2 SGB XI). Diese ist bei den Pflegekassen angebunden und wird durch entsprechend qualifiziertes Personal in ausreichender Anzahl erbracht (§ 7 a Abs. 3 SGB XI). Auch hier werden auf Ebene der Landesverbände der (öffentlich-rechtlichen) Pflegekassen gemeinsam und einheitlich mit dem Verband der privaten Krankenversicherung e. V. Verträge geschlossen und Strukturen geschaffen. Für die politische Steuerung der Pflegeberatung hat der Spitzenverband Bund der Pflegekassen dem Bundesministerium für Gesundheit alle drei Jahre, erstmals zum 30. Juni 2020, einen Bericht über die Erfahrungen und Weiterentwicklung der Pflegeberatung und Pflegeberatungsstrukturen vorzulegen (§ 7 a Abs. 9 S. 1 Nr. 1 SGB XI).

▶   **TIPP**  Der Bericht zur Evaluation der Pflegeberatung und Pflegeberatungsstrukturen nach § 7a Abs. 9 SGB XI ist über die Homepage des GKV-Spitzenverbandes abrufbar: https://www.gkv-spitzenverband.de/pflegeversicherung/forschung/modell-projekte/pflege_abgeschlossene_projekte_8/pflegeberatungsstrukturen.jsp (Stand 01.10.2021).

**Hintergrundinformation: Pflegeberatung privater Versicherungsunternehmen**
Die privaten Versicherungsunternehmen haben mit der COMPASS Private Pflegeberatung GmbH ein eigenes Unternehmen gegründet, das privatversicherten Personen Auskunft und Beratung sowie weitere Hilfestellung rund um das Thema Pflege einschließlich der Pflegeberatung nach § 7a SGB XI zur Verfügung stellt. Siehe hierzu: https://www.compass-pflegeberatung.de/ (Stand 01.10.2021).

Da der Gesetzgeber neben der Pflegeberatung durch die Kostenträger der Pflegeleistungen auch eine **unabhängige Pflegeberatung** etablieren möchte, wurden sog. **Be-
ratungsgutscheine** nach § 7 b SGB XI geschaffen. Die Pflegekassen hat gemäß § 7 b
Abs. 1 S. 1 SGB XI unmittelbar nach Eingang eines erstmaligen Antrags auf Pflegeleistungen einen konkreten Beratungstermin anzubieten, der spätestens innerhalb von
zwei Wochen nach Antragseingang durchzuführen ist, oder einen Beratungsgutschein aus-
zustellen. Dieser muss Beratungsstellen benennen, bei denen der Antragsteller zu Lasten
der Pflegekasse innerhalb von zwei Wochen nach Antragseingang den Beratungsgutschein
einlösen kann. Da die unabhängige Pflegeberatung in neutralen Beratungsstellen die gleichen **Qualitätsstandards** erfüllen soll wie die Pflegeberatung durch die Pflegekassen,
haben letztere sicherzustellen, dass die Beratungsstellen die Anforderungen an die Beratung nach § 7a einhalten (§ 7 b Abs. 2 S. 1 SGB XI). Hierzu sind mit den unabhängigen
und neutralen Beratungsstellen durch die Pflegekassen individuell oder gemeinsam **Verträge** zu schließen (§ 7 b Abs. 2 S. 2 SGB XI). Beratungsstellen können auch bei kommunalen Gebietskörperschaften angesiedelt sein (§ 7 b Abs. 2 a SGB XI). Gleiches gilt für die
soziale Pflegeversicherung in privatwirtlicher Versicherungsorganisation (§ 7 b Abs. 4
SGB XI).

Neben der Auskunft und Information durch den für die versicherte Person zuständigen
Versicherungsträger sieht die soziale Pflegeversicherung zusätzlich eine **trägerüber-
greifende** Institution für die umfassende **Auskunft und Beratung** der Versicherten und
Angehörigen vor. Zuständig hierfür sind die in § 7 c SGB XI (vgl. auch § 12 Abs. 1 S. 2
SGB XI) geregelten **Pflegestützpunkte**. Pflegestützpunkte haben folgende Aufgaben
(§ 7 c Abs. 2 S. 1 SGB XI):

- umfassende sowie unabhängige **Auskunft und Beratung** zu den Rechten und Pflichten
  nach dem Sozialgesetzbuch und zur Auswahl und Inanspruchnahme der bundes- oder
  landesrechtlich vorgesehenen Sozialleistungen und sonstigen Hilfsangebote einschließlich der Pflegeberatung nach § 7 a in Verbindung mit den Richtlinien nach § 17 Abs. 1 a,
- **Koordinierung** aller für die wohnortnahe Versorgung und Betreuung in Betracht kommenden gesundheitsfördernden, präventiven, kurativen, rehabilitativen und sonstigen
  medizinischen sowie pflegerischen und sozialen Hilfs- und Unterstützungsangebote
  einschließlich der Hilfestellung bei der Inanspruchnahme der Leistungen,
- **Vernetzung** aufeinander abgestimmter pflegerischer und sozialer Versorgungs- und
  Betreuungsangebote.

**Träger** der Pflegestützpunkte sind die die beteiligten Kosten- und Leistungsträger (§ 7 c
Abs. 2 S. 4 SGB XI). Regelmäßig sind dies die alle Pflegekassen. Beteiligen sich private
Versicherungsunternehmen nicht an einem Pflegestützpunkt, haben sie die Aufwendungen
zu Beratungsfall zu tragen. Hierzu werden entsprechende Vereinbarungen geschlossen
(§ 7 c Abs. 4 SGB XI). Da die Auskunft und Beratung in Pflegefällen auch Aufgaben **Träger der Sozialhilfe** berührt bzw. beinhaltet, sind diese bei der Errichtung und Strukturierung der Pflegestützpunkte besonders einzubinden.

Nach anfänglichen Schwierigkeiten gibt es ein nunmehr dichtes Netz von deutschlandweit rund 450 Pflegestützpunkten, weil die Landesregierungen von ihrem in § 7 c SGB XI geregelten diesbezüglichen Bestimmungsrecht Gebrauch gemacht oder entsprechende Verhandlungsergebnisse erzielt haben mit den Pflegekassen bzw. deren Verbände.

▶ **TIPP**  Eine internetbasierte Recherche zu den Pflegestützpunkten (https://bdb. zqp.de/#/home) liefert das Zentrum für Qualität in der Pflege (ZQP).

**Hintergrundinformation: Verbandsaufgaben**
**Verbandsaufgaben** werden in einem eigenen Abschnitt des Gesetzes zusammengefasst (§§ 52 bis 53 b SGB XI). Auch insoweit gilt der Grundsatz der Kongruenz zwischen Kranken- und Pflegeversicherung. Gemäß § 52 Abs. 1 SGB XI nehmen die Landesverbände der Krankenkassenarten die Aufgaben der Landesverbände der Pflegekassen wahr. Dementsprechend werden einschlägige Regelungen des SGB V für entsprechend anwendbar erklärt. Auf Bundesebene kommt die Verbandsaufgabe dem Spitzenverband Bund der Krankenkassen zu, der die Aufgaben des Spitzenverbandes Bund der Pflegekassen wahrnimmt (§ 53 S. 1 SGB XI). Dessen Richtlinien bedürfen der Genehmigung durch das Bundesgesundheitsministerium (§§ 53 a–b SGB XI).

## 4.2.1.2 Länderaufgaben
Die Pflegekassen als Träger der Pflegeversicherung sind nicht frei in ihrer strukturellen Organisation. Beeinflusst werden sie auch durch die aus der Verfassung (Art. 30, Art. 70 Abs. 1 GG) abgeleitete **Verantwortung der Länder** für die Vorhaltung einer leistungsfähigen, zahlenmäßig ausreichenden und wirtschaftlichen pflegerischen **Versorgungsstruktur** (§ 9 S. 1 SGB XI). Dabei ist sowohl die **Pflegeplanung** als auch die **finanzielle Förderung** von Leistungserbringern für die Umsetzung der Pflegeplanung auf **Länderebene** angesiedelt (eine Übersicht zu den landesrechtlichen Regelungen siehe in KassKomm § 9 SGB XI Rz. 8) (Kaltenstein 2018). Das Gesetz gibt den Ländern die Möglichkeit, betriebsnotwendige Investitionsaufwendungen oder Investitionskosten der Pflegeeinrichtungen zu fördern. Damit wird das System der **dualen Finanzierung** dem Grunde nach auch in der sozialen Pflegeversicherung vorgegeben (Investitionskostenfinanzierung durch die Länder über das allgemeine Abgabenaufkommen, Betriebskostenfinanzierung durch die Kostenträger = Pflegekassen). Allerdings haben Pflegeeinrichtungen (anders als Krankenhäuser, siehe Abschn. 4.1.1.4) wegen des vom Gesetzgeber gewollten freien Wettbewerbs der Pflegeeinrichtungen (vgl. § 72 Abs. 3 SGB XI: Anspruch auf Abschluss eines Versorgungsvertrages) keinen Rechtsanspruch auf eine Investitionskostenfinanzierung durch die Länder. Deshalb **tragen** die **Pflegebedürftigen** in der Praxis entsprechende **Investitionskosten** (vgl. insbesondere § 82 Abs. 2 und 3 SGB XI) – ggf. anteilig – **selbst**.

**Hintergrundinformation: Rechtsprechung des Bundessozialgerichts**
Das Bundessozialgericht hat hierzu in seiner Entscheidung vom 28.06.2001, BSG B 3 P 9/00 R, BSGE 88, 215–226, ausgeführt:
Seite 221:
„Während es bei der Versorgung der Bevölkerung mit Krankenhäusern eine verfassungsrechtlich zulässige Beschränkung der Zulassung gibt, weil dies erforderlich ist, um eine zur Versorgung der

Versicherten nicht notwendige Leistungsausweitung und damit eine übermäßige Kostenbelastung der Krankenkassen zu vermeiden (BVerfGE 82, 209 ff.), ist dies bei der Versorgung der Bevölkerung mit pflegerischen Leistungen nicht der Fall. Der Bundesgesetzgeber hat sich vielmehr hier durch einen freien Marktzugang für Pflegeeinrichtungen einen wirksamen Leistungswettbewerb versprochen, der nach den Gesetzen der Marktwirtschaft für eine wirtschaftliche Leistungserbringung sorgt. Nach dieser Grundentscheidung bleibt es zwar weiterhin eine staatliche Aufgabe des Landes, den Bedarf an Pflegeeinrichtungen zur Versorgung der Bevölkerung festzustellen und zu kontrollieren, inwieweit dieser Bedarf durch die bereits vorhandenen Einrichtungen gedeckt wird. Zu weiteren staatlichen Maßnahmen, insbesondere durch eine finanzielle Förderung, besteht aber erst dann eine Verpflichtung, wenn sich herausstellen sollte, dass unter den Regeln des Marktwettbewerbs eine ausreichende Versorgung der Bevölkerung mit Pflegeeinrichtungen, etwa in strukturschwachen Gebieten, nicht sicherzustellen ist."

Seite 220 f.:

„Dies alles spricht eher dafür, das sich der Landesgesetzgeber den Grundsätzen des SGB XI anschließen wollte, wonach die Versorgung der Versicherten mit Pflegeleistungen dadurch sichergestellt wird, dass die Pflegekassen mit den Leistungserbringern Versorgungsverträge abschließen, wobei auch die Vielfalt, die Unabhängigkeit und Selbstständigkeit der Leistungserbringer zu beachten ist (§ 69 SGB XI) und eine Bedarfszulassung nicht stattfindet (vgl. BT-Drucks 12/5262, S 136)."

Seite 224:

„Die Förderung der Pflegeeinrichtungen muss deshalb so erfolgen, dass sie wettbewerbsneutral ist, damit der vom Bundesgesetzgeber gewünschte Leistungswettbewerb unter den Leistungserbringern nicht beeinträchtigt wird."

Die Länder nehmen über die **Landespflegeausschüsse** nach § 8 a SGB XI Einfluss auf das Pflegegeschehen. Korrespondierend mit der in § 9 SGB XI normierten Versorgungsplanung wirken die Pflegeausschüsse bei der **Sicherstellung der pflegerischen Infrastruktur** (Pflegestrukturplanungsempfehlungen nach § 8 a Abs. 4 SGB XI) mit. Die Pflegeausschüsse haben nach § 8 a Abs. 1 SGB XI die Aufgabe, zur Umsetzung der Pflegeversicherung einvernehmliche Empfehlungen abzugeben. Pflegeausschüsse können territorial oder inhaltlich unterschiedlich aufgestellt sein und entsprechend die pflegerische Infrastrukturplanung unterstützen:

- Erstreckt sich der Ausschuss über das Gebiet eines gesamten Bundeslandes, liegt ein **Landespflegeausschuss** vor (§ 8 a Abs. 1 SGB XI). Dieser wird trägerseits durch Landesverbände besetzt.
- Erstreckt sich der Ausschuss über Teile eines Bundeslandes, liegt ein **regionaler Pflegeausschuss** vor, der in der Regel in Landkreisen oder kreisfreien Städten gebildet wird (§ 8 a Abs. 3 SGB XI). Dorthin entsenden die Landesverbände der Pflegekassen Vertreter und wirken an der einvernehmlichen Abgabe gemeinsamer Empfehlungen mit.
- Wird nach landesrechtlichen Vorschriften ein Ausschuss zur Beratung über sektorenübergreifende Zusammenarbeit in der Versorgung von Pflegebedürftigen eingerichtet, handelt es sich um einen **sektorenübergreifenden Landespflegeausschuss** (§ 8 a Abs. 2 SGB XI).

Die Länder berichten dem Bundesministerium für Gesundheit jährlich über deren Investitionskostenförderung (§ 10 Abs. 2 i. V. m. § 82 Abs. 2, 3 SGB XI), die Bundesregierung hat alle vier Jahre dem Bundestag und Bundesrat über die Entwicklung der Pflegeversicherung und den Stand der pflegerischen Versorgung zu berichten (§ 10 Abs. 1 SGB XI).

> ▶ **TIPP** Der 7. Pflegebericht der Bundesregierung, Stand April 2021, ist auf der Homepage des Bundesministeriums der Gesundheit abrufbar: https://www.bundesgesundheitsministerium.de/themen/pflege/pflegeversicherung-zahlen-und-fakten/pflegeberichte.html (Stand 01.10.2021).

### 4.2.1.3 Leistungserbringungsrecht

In der sozialen Pflegeversicherung ist den Kostenträgern (**Pflegekassen**) der **Sicherstellungsauftrag** (§ 69 S. 1 SGB XI, siehe auch § 12 Abs. 1 S.1 sowie § 28 Abs. 3 SGB XI) übertragen. Es liegt daher eine systemische Abweichung vom Recht der gesetzlichen Krankenversicherung vor, da dort den Kassenärztlichen Vereinigungen der Sicherstellungsauftrag zukommt (§ 75 SGB V).

**§ 69 SGB XI**
Die Pflegekassen haben im Rahmen ihrer Leistungsverpflichtung eine bedarfsgerechte und gleichmäßige, dem allgemein anerkannten Stand medizinisch-pflegerischer Erkenntnisse entsprechende pflegerische Versorgung der Versicherten zu gewährleisten (Sicherstellungsauftrag). Sie schließen hierzu Versorgungsverträge sowie Vergütungsvereinbarungen mit den Trägern von Pflegeeinrichtungen (§ 71) und sonstigen Leistungserbringern. Dabei sind die Vielfalt, die Unabhängigkeit und Selbstständigkeit sowie das Selbstverständnis der Träger von Pflegeeinrichtungen in Zielsetzung und Durchführung ihrer Aufgaben zu achten.

Die Norm korrespondiert mit denen in § 11 SGB XI formulierten **Rechten und Pflichten der Pflegeeinrichtungen**. Diese haben „eine humane und aktivierende Pflege unter Achtung der Menschenwürde zu gewährleisten" (§ 11 Abs. 1 S. 2 SGB XI). Zugleich ist der Grundsatz der **Trägervielfalt** (Trägerpluralität) in § 11 Abs. 2 SGB XI festgelegt. Alle Verfahrensbeteiligten sollen den Grundsätzen der **Wirtschaftlichkeit und Sparsamkeit** folgen. § 4 Abs. 3 SGB XII besagt dies ausdrücklich für Pflegekassen, Pflegeeinrichtungen und Pflegebedürftige, die darauf hinzuwirken haben, dass die Leistungen weiterhin nur im **notwendigen Umfang** in Anspruch genommen werden
Die Umsetzung des Sicherstellungsauftrags erfolgt durch **Versorgungsverträge** sowie Vergütungsvereinbarungen mit Trägern von Pflegeeinrichtungen und sonstigen Leistungserbringern. Die Pflegekassen stellen die Versorgung daher nicht durch eigene Einrichtungen sicher, sondern übernehmen eine **Gewährleistung** (Garantie), dass eine pflegerische Versorgung vorhanden ist. Dies beinhaltet zugleich, dass die leistungsberechtigte Person eine gewisse Auswahl an Versorgungsangeboten vorfindet, sonst wäre das Wunsch-

und Wahlrecht unter Berücksichtigung persönlicher Belange (§ 2 Abs. 2 und 3, § 69 S. 3 SGB XI) inhaltsleer. Dabei haben die Pflegekasse zugleich den Grundsatz der **Beitragssatzstabilität** (§ 70 SGB XI) zu beachten. Der tatsächliche Versorgungsgrad ist regional sehr unterschiedlich, sodass teilweise (insbesondere stationäre) Pflegeangebote fehlen.

Dementsprechend besteht zugunsten der Leistungserbringer (Pflegeeinrichtungen i. S. d. § 71 SGB XI) grundsätzlich ein **Anspruch auf Abschluss eines Versorgungsvertrages**, wenn die gesetzlichen Voraussetzungen erfüllt sind (§ 69 S. 2 i. V. m. § 72 Abs. 3 S. 1 SGB XI). Wichtige Aspekte sind dabei **Wirtschaftlichkeit** und **Qualität** (siehe hierzu §§ 112 ff. SGB XI) der pflegerischen Leistungen. Konkurrenzregelungen enthalten § 72 Abs. 3 S. 2 und 3 SGB XI. Bei notwendiger Auswahl zwischen mehreren geeigneten Pflegeeinrichtungen sollen die Versorgungsverträge vorrangig mit freigemeinnützigen und privaten Trägern abgeschlossen werden. Bei ambulanten Pflegediensten ist in den Versorgungsverträgen der Einzugsbereich festzulegen, in dem die Leistungen ressourcenschonend und effizient zu erbringen sind. Ab 01.09.2022 hat der Gesetzgeber in § 72 Abs. 3 a SGB XI die Zulassung mit einer Bindung an **tarifvertragliche Entgeltregelungen** geknüpft. Es dürfen Verträge nur mit Pflegeeinrichtungen vereinbart werden, die eine Entlohnung zahlen, die in Tarifverträgen oder kirchlichen Arbeitsrechtsregelungen vereinbart ist, an die die jeweiligen Pflegeeinrichtungen gebunden sind. Nicht tarifgebundene Pflegeeinrichtungen werden im Ergebnis gleichbehandelt (§ 72 Abs. 3 b SGB XI). Mit Vertragsabschluss erfolgt zugleich die **Zulassung** zur Erbringung pflegeischer Leistungen und damit einhergehend ein **Vergütungsanspruch** gegenüber den Pflegekassen (§ 72 Abs. 4 SGB XI). Gleichwohl ist deshalb kein überbordendes Angebot an Pflegeeinrichtungen vorhanden, weil die soziale Pflegeversicherung lediglich einen „gedeckelten" Anteil der Kosten übernimmt und die Pflegebedürftigen bzw. deren unterhaltsverpflichteten Angehörigen selbst einen Kostenanteil tragen müssen. Der Versorgungsvertrag beinhaltet zugleich einen **Versorgungsauftrag** (§ 72 Abs. 1 SGB XI) hinsichtlich Art, Inhalt und Umfang der zu erbringenden allgemeinen Pflegeleistungen (§ 84 Abs. 4 SGB XI). Abschluss und Kündigung des Vertrages regeln §§ 73 und 74 SGB XI.

**Vertragspartner** des Versorgungsvertrages sind (§ 72 Abs. 2 SGB XI)

- der Träger der Einrichtung oder
- eine vertretungsberechtigte Vereinigung gleicher Träger,
- die Landesverbände der Pflegekassen im Einvernehmen mit
- dem zuständigen Träger der Sozialhilfe (der überörtliche Sozialhilfeträger, soweit im Land keine abweichende Regelung getroffen ist).

Für mehrere Pflegeeinrichtungen eines Trägers kann bei organisatorischer Verbundenheit vor Ort ein **Gesamtversorgungsvertrag** abgeschossen werden. Insoweit soll v. a. die sektorenübergreifende (ambulant und stationär) Versorgung vor Ort („quartiersnah") gefördert werden. Sondernorm für die integrierte Versorgung ist § 92 b SGB XI, wenn in dem integrierten Versorgungsnetz pflegerische Leistungen mit enthalten sein sollen.

Versorgungsverträge zwischen Pflegekassen und Leistungserbringern werden nicht trägerindividuell und einzelfallbezogen ausgehandelt und abgeschlossen. Vielmehr richten sich die einzelnen Versorgungsverträge nach zuvor ausgehandelten **Rahmenverträgen, Bundesempfehlungen und -vereinbarungen**, die nach den Vorgaben des § 75 SGB XI abgeschlossen werden. Es gibt hierzu Vereinbarungen, die auf Bundesebene und solche, die auf Landesebene abgeschlossen werden. Diesen folgen sodann die Versorgungsverträge auf Leistungserbringerträgerebene.

Zur Schlichtung von Streitfällen wird für jedes Land durch die Landesverbände der Pflegekassen und die Vereinigung der Träger der Pflegeeinrichtungen eine **Schiedsstelle** gebildet (§ 76 SGB XI), die unter Rechtsaufsicht des jeweiligen Landes steht (§ 76 Abs. 4 SGB XI). Aufgaben der Schiedsstelle sind Schlichtungen von Auseinandersetzungen im Zusammenhang mit Versorgungsverträgen und v. a. bei der **Festsetzung von Pflegesätzen** in Vergütungsvereinbarungen (stationäre Pflegeleistungen § 85 Abs. 5, ambulante Pflegeleistungen § 89 Abs. 3 i. V. m. § 85 Abs. 5 SGB XI).

Für die häusliche Pflege durch Einzelpersonen (§ 77 SGB XI) und über Pflegehilfsmittel (§ 78 SGB XI) sind gesonderte Verträge abzuschließen.

### 4.2.1.4 Mitglieder

Ebenso wie gesetzliche Krankenkassen haben Pflegekassen **Mitglieder**. Auch insoweit gilt der Grundsatz „PV folgt KV", sodass die Mitgliedschaft in der Pflegekasse derjenigen der Krankenkasse folgt. Die Mitgliedschaft **beginnt** mit dem Tag, an dem ein Versicherungspflichtverhältnis gemäß §§ 20, 21 SGB XI begründet wird (§ 49 Abs. 1 S. 1 SGB XI). Sie **endet** mit dem Tod oder mit dem Ende des Versicherungspflichtverhältnisses, sofern nicht das Recht zur Weiterversicherung nach § 26 SGB XI ausgeübt wird (§ 49 Abs. 1 S. 2 SGB XI). Liegt eine Mitgliedschaft auf Grundlage einer freiwilligen Versicherung nach den §§ 26 und 26 a SGB XI vor, endet diese gemäß § 49 Abs. 3 SGB XI mit dem Tod des Mitglieds oder mit Ablauf des übernächsten Kalendermonats, gerechnet von dem Monat, in dem das Mitglied den Austritt erklärt, wenn die Satzung nicht einen früheren Zeitpunkt bestimmt.

Die Mitgliedschaft bestimmt die **Zuständigkeit** der Pflegekasse für das Mitglied sowie der aus der Mitgliedschaft folgenden Versicherungsverhältnisse. Zuständig ist die Pflegekasse, bei der eine Pflichtmitgliedschaft oder freiwillige Mitgliedschaft besteht (§ 48 Abs. 1 S. 1 SGB XI). Für Familienversicherte nach § 25 ist die Pflegekasse des Mitglieds zuständig (§ 48 Abs. 1 S. 2 SGB XI). Für Versicherungspflichtige in Fällen der sozialen Entschädigung und Versorgung ohne gesetzlichen oder privaten Krankenversicherungsschutz (§ 21 SGB XI) ist grundsätzlich die Pflegekasse zuständig, die bei der Krankenkasse errichtet ist, die mit der Leistungserbringung im Krankheitsfalle beauftragt ist (§ 48 Abs. 2 SGB XI). Soldaten auf Zeit ohne gesetzlichen oder privaten Krankenversicherungsschutz (§ 21 Nr. 6 SGB XI) haben das in § 48 Abs. 3 SGB XI geregelte Wahlrecht.

Für Versicherte, für die bei einem **privaten Versicherungsunternehmen** ein Versicherungspflichtverhältnis besteht, ist grundsätzlich das Unternehmen der privaten Krankenversicherung zuständig, welches die private Pflegeversicherung durchführt. Allerdings kann nach § 23 Abs. 2 SGB XI innerhalb der ersten sechs Monate ein Wahlrecht ausgeübt werden und ein entsprechender Versicherungspflichtvertrag bei einem anderen privaten Versicherungsunternehmen abgeschlossen werden. Selbst wenn das Vertragsverhältnis gekündigt wird, besteht die Pflichtversicherung nach der gesetzlichen Anordnung des § 23 Abs. 2 S. 4 SGB XI solange fort, bis ein neues Pflichtversicherungsverhältnis bei einem neuen Versicherer nachgewiesen wird.

### 4.2.1.5 Kreis der Versicherten

§ 1 Abs. 2 SGB XI legt den Rahmen fest, wer zum Kreis der versicherten Personen gehören soll. Nach dieser Norm sind in den Schutz der sozialen Pflegeversicherung **kraft Gesetzes** alle einbezogen, die in der gesetzlichen Krankenversicherung versichert sind. Wer gegen Krankheit bei einem privaten Krankenversicherungsunternehmen versichert ist, muss eine private Pflegepflichtversicherung abschließen.

**Versicherungspflicht kraft Gesetzes**
Anknüpfend an § 1 SGB XI normiert § 20 Abs. 1 S. 1 SGB XI, dass versicherungspflichtig in der sozialen Pflegeversicherung die **versicherungspflichtigen Mitglieder der gesetzlichen Krankenversicherung** sind. Satz 2 der Norm führt den pflichtversicherten Personenkreis in 12 einzelnen Nummern erläuternd auf. Dabei besteht grundsätzlich **Kongruenz** zwischen der Versicherungspflicht in Kranken- und Pflegeversicherung, wobei bei Inkongruenz überwiegend der Regelung der Krankenversicherung Vorrang eingeräumt werden soll (hierzu KassKomm § 20 SGB XI, Rz. 12 f.) (Kaltenstein 2018). Der Auffangtatbestand des § 20 Abs. 1 S. 2 Nr. 12 SGB XI (vgl. § 5 Abs. 1 Nr. 13 SGB V) dient dazu, die Gesamtbevölkerung gegen das Pflegerisiko absichern zu können.

Der pflichtversicherte Personenkreis wird nach § 20 Abs. 2 S. 1 SGB XI um Bezieher von Vorruhestandsgeld erweitert. Dies gilt nicht für Personen, die ihren **Wohnsitz** oder **gewöhnlichen Aufenthalt** in einem **ausländischen Staat** haben, mit dem keine über- oder zwischenstaatlichen Regelungen über Sachleistungen bei Krankheit bestehen. Ebenfalls pflichtversichert in der sozialen Pflegeversicherung sind Auszubildende in geistlichen Genossenschaften (§ 20 Abs. 2 a SGB XI) sowie Personen, die **freiwillige Mitglieder der gesetzlichen Krankenversicherung** sind (§ 20 Abs. 3 SGB XI i. V. m. § 188 SGB V anknüpfend an § 9 SGB V). Für diese Personen besteht allerdings eine Befreiungsmöglichkeit nach § 22 Abs. 1 SGB XI.

▶   **TIPP** Der GKV-Spitzenverband, Deutsche Verbindungsstelle Krankenversicherung –
      Ausland, stellt Informationen über Vertragsstaaten auf seiner Homepage zur
      Verfügung: https://www.dvka.de/de/arbeitgeber_arbeitnehmer/geltungsbereiche/
      geltungsbereiche_1.html (Stand 01.10.2021).

Die Versicherungspflicht wird aus **sozialen Schutzgründen** für bestimmte nicht gesetzlich oder privat krankenversicherte Personen mit Wohnsitz oder gewöhnlichem Aufenthalt im Inland begründet, wenn diese Personen in den in § 21 SGB XI genannten Fällen Leistungen nach dem sozialen Entschädigungs- und Versorgungsrecht sowie Unterhalts- und Krankenhilfeleistungen erhalten (Nummern 1 bis 5) oder in das Dienstverhältnis eines Soldaten auf Zeit berufen worden sind (Nummer 6). Die Norm soll die Reichweite der sozialen Pflegeversicherung als Volksversicherung sicherstellen.

**Hintergrundinformation: Familienversicherung**
Ebenso wie die Krankenversicherung kennt die soziale Pflegeversicherung in § 25 SGB XI eine **Familienversicherung**. Dabei handelt es sich um eine vom Stammversicherten abgeleitete eigene Versicherung eines gesetzlich definierten Personenkreises. Die über die Familienversicherung versicherten Personen sind daher keine Mitglieder der Pflegekasse. Der Struktur der sozialen Pflegeversicherung als Volksversicherung folgend besteht auch in der privaten Pflegeversicherung eine Familienversicherung. Die Systemabgrenzung erfolgt für Familienversicherte über § 25 Abs. 3 SGB XI. Die Familienversicherung ist als Teil der sozialstaatlichen Förderung im Rahmen des Familienlastenausgleichs sowohl in der sozialen als auch privaten Pflegeversicherung beitragsfrei (§ 1 Abs. 6 S. 3, § 56 Abs. 1 SGB XI).

§ 20 Abs. 4 SGB IV enthält einen **Missbrauchstatbestand**, der die Versichertengemeinschaft schützen soll. Die Regelung stellt eine Durchbrechung des Grundsatzes der Kongruenz zwischen Kranken- und Pflegeversicherung dar. Ein Versicherungspflichtverhältnis in der sozialen Pflegeversicherung soll gerade **nicht** begründet werden, wenn Personen, die längere Zeit („mindestens zehn Jahre") nicht in der sozialen Pflegeversicherung oder der gesetzlichen Krankenversicherung versicherungspflichtig waren, eine dem äußeren Anschein nach versicherungspflichtige Beschäftigung oder selbstständige Tätigkeit von untergeordneter wirtschaftlicher Bedeutung aufnehmen. In diesem Fällen – insbesondere für die Beschäftigung bei Familienangehörigen oder Lebenspartnern – besteht die **widerlegbare Vermutung**, dass eine die Versicherungspflicht begründende Beschäftigung tatsächlich nicht ausgeübt wird. Die Norm soll verhindern, dass langjährig unversicherte Personen über ein vorgeschobenes Beschäftigungsverhältnis versicherungspflichtig und damit leistungsberechtigt in der Pflegeversicherung werden.

**Hintergrundinformation: Anzahl der Versicherten**
Aktuell (2021) sind nach Bekanntmachung des GKV Spitzenverbandes insgesamt 73,26 Millionen Menschen in der sozialen Pflegeversicherung versichert (57,17 Mio. Mitglieder, 16,09 Mio. Familienversicherte, https://www.gkv-spitzenverband.de/media/grafiken/pflege_kennzahlen/spv_kennzahlen_06_2021/SPV_Kennzahlen_Booklet_06-2021_300dpi_2021-06-10_BF.pdf (Stand 01.10.2021).

Sondernorm für **privat krankenversicherte Personen** ist § 23 SGB XI. Für diesen Personenkreis besteht ebenfalls ein **Pflichtversicherungsverhältnis** bei einem privaten Versicherungsunternehmen. Allerdings wird kein Versicherungsvertragsverhältnis kraft Gesetzes begründet, sondern die Verpflichtung formuliert, einen entsprechenden Vertrag abschließen zu müssen (sog. **Kontrahierungszwang**, siehe hierzu § 110 SGB XI). Das Pflichtversicherungsverhältnis wird gemäß § 23 Abs. 1 SGB XI neben dem **Stammversicherten** auf **Familienangehörige** i. S. d. § 25 SGB XI erweitert (siehe zur Systemabgrenzung § 25 Abs. 3 SGB XI). Gemäß § 23 Abs. 2 SGB XI besteht ein Wahlrecht, bei welchem privaten Versicherungsunternehmen die Absicherung erfolgen soll. Da **Beamte**

durch Beihilfeansprüche bei Pflegebedürftigkeit nicht vollständig abgesichert sind, sieht
§ 23 Abs. 3 SGB XI vor, dass Beamte einen entsprechenden anteiligen beihilfekonformen
Versicherungsvertrag abschließen müssen. § 23 Abs. 4 SGB XI erweitert diesen Personenkreis um Heilfürsorgeberechtigte, Mitglieder der Postbeamtenkrankenkasse sowie der
Krankenversorgung der Bundesbahnbeamten. Für Abgeordnete trifft § 24 SGB XI eine
Sonderregelung; sie müssen die Absicherung gegen das Risiko der Pflegebedürftigkeit
nachweisen.

Kraft Gesetzes besteht für den grundsätzlich **privat pflichtversicherten Personenkreis**
nach § 23 Abs. 5 SGB XI dann **keine Versicherungspflicht**, wenn sich diese Personen auf
nicht absehbare Dauer in stationärer Pflege befinden Pflegeleistungen in Anspruch nehmen
und wenn keine Personen vorhanden sind, für die eine Familienversicherung nach § 25 SGB
XI bestünde. Die zuletzt genannte Voraussetzung (Rückausnahme zur Versicherungspflicht)
soll sicherstellen, dass Familienangehörige nicht versicherungsfrei in der sozialen Pflegeversicherung sind, weil der Stammversicherte bereits Pflegeleistungen erhält.

Im Zusammenhang der Systemabgrenzung der sozialen versus privaten Pflegeversicherung ist § 27 SGB XI zu betrachten. Wird ein Pflichtversicherungsverhältnis nach §§ 20,
21, 21 a Abs. 1 SGB XI begründet, besteht ein Sonderkündigungsrecht des privaten Pflegever-
sicherungspflichtvertrages einschließlich der Familienversicherten gemäß § 25 SGB XI.

**Hintergrundinformation: Besonderheiten der privaten Pflegepflichtversicherung**
Die versicherungsrechtlichen Besonderheiten der privaten Pflegepflichtversicherung einschließlich
der vertraglichen Besonderheiten (Kontrahierungszwang) sind in § 110 SGB XI zusammengefasst.

**Versicherungsbefreiung**
Die Versicherung kraft Gesetzes besteht unabhängig vom Willen des Versicherten. Eine
**Befreiung** von der Versicherungspflicht betrifft nur die einzelne Person und setzt einen
Antrag voraus. Die Person, die sich befreien lassen möchte, muss weiterhin in einem
anderen Vorsorgesystem abgesichert sein. **Freiwillige Mitglieder der gesetzlichen**
**Krankenversicherung**, für die nach § 20 Abs. 3 SGB XI ein Versicherungspflichtverhältnis in der sozialen Pflegeversicherung begründet ist, können gemäß § 22 Abs. 1 SGB XI
auf **nicht widerrufbaren Antrag** von der Versicherungspflicht befreit werden, wenn sie
die Absicherung für sich und ihre Angehörigen bei einem privaten Versicherungsunternehmen nachweisen. Für den Antrag formuliert § 22 Abs. 2 SGB XI eine Ausschlussfrist
von drei Monaten nach Beginn der Versicherungspflicht bei der Pflegekasse. Die Befreiung wirkt vom Beginn der Versicherungspflicht an bzw. nach der Inanspruchnahme
von Leistungen vom Beginn des Kalendermonats an, der auf die Antragstellung folgt.

**Versicherungsberechtigung**
Als Tatbestand einer Versicherungsberechtigung regelt § 26 SGB XI die **Weiterver-**
**sicherung**, wenn Personen aus der Versicherungspflicht nach §§ 20, 21, 21 a Abs. 1 SGB
XI ausgeschieden sind und Vorversicherungszeiten (24 Monate innerhalb der letzten fünf

Jahre und mindestens 12 Monate unmittelbare Vorversicherungszeit) bestehen. Als Ausschlusstatbestandsmerkmal darf keine private Pflegepflichtversicherung nach § 23 Abs. 1 SGB XI bestehen. Das gleiche Recht steht gemäß § 26 Abs. 1 S. 2 SGB XI Personen zu, deren Familienversicherung nach § 25 SGB XI erlischt oder zuvor als Kinder privat pflegeversichert waren (siehe § 25 Abs. 3 SGB XI). Der erforderliche Antrag auf Weiterversicherung muss gemäß § 26 Abs. 1 S. 3 SGB XI innerhalb von drei Monaten nach Beendigung der vorher bestehenden Mitgliedschaft bzw. Versicherung gestellt werden.

§ 26 Abs. 2 SGB XI eröffnet die Möglichkeit einer **Weiterversicherung bei Auslandsaufenthalt** einschließlich der Familienversicherung mit einer verminderten hälftigen Beitragspflicht (§ 57 Abs. 5 SGB XI). Da ein Leistungstransfer ins Ausland grundsätzlich nicht stattfindet, kommt der Regelung insbesondere im Hinblick auf leistungswahrende Vorversicherungszeiten (§ 33 Abs. 2 S. 2 SGB XI) Bedeutung zu.

Schließlich sieht der Gesetzgeber in § 26 a SGB XI die Möglichkeit eines Beitrittsrechts für Personen vor, die bei Inkrafttreten des SGB XI zum 01.01.1995 weder gesetzlich noch privat krankenversichert waren. Praktische Bedeutung hat die Norm heute nur noch nach § 26 a Abs. 3 SGB XI für **Zuwanderer** oder **Auslandsrückkehrer**.

## 4.2.2 Finanzierung

Die **wirtschaftliche Bedeutung** der sozialen Pflegeversicherung nimmt seit Jahren bezogen auf Ausgabenvolumen und Finanzierungsaufkommen zu. Nach den Zahlen des Statistischen Bundesamtes betragen die Leistungsausgaben im Jahr 2019 insgesamt 42,4 Mrd. Euro, denen Finanzierungsmittel in Höhe von 44,434 Mr. Euro gegenüberstehen (zuzügliche private Pflegeversicherung: Leistungsausgaben 1,8 Mrd. Euro, Finanzierungsmittel 2,718 Mrd. Euro). Die Gesamtausgaben in der Pflege steigen dabei kontinuierlich. Lag das Finanzvolumen im Jahr 2010 noch zwischen 21 und 22 Mrd. Euro, betrug es im Jahr 2015 bereits 28,95 Mrd. Euro Leistungsausgaben, denen Finanzierungsmittel in Höhe von 30,64 Mrd. Euro gegenüberstanden. Insoweit ist der Trend einer Ausgabensteigerung in der Pflege also deutlich erkennbar, weshalb der Beitragssatz zur Finanzierung der Ausgaben bereits mehrfach angehoben werden musste (von 1,0 v. H. im Jahr 1995 über 2,55 v. H. ab dem Jahr 2017 bis hin zu aktuell einem Beitragssatz von 3,05 v. H.; siehe hierzu die Übersicht in KassKomm § 55 SGB XI, Rz. 6) (Kaltenstein 2018). Dieser Trend ist in einer schrumpfenden und zugleich immer älter werdenden Gesellschaft naheliegend. Da der Anteil der versicherungspflichtig Beschäftigten an der Gesamtbevölkerung, welche die größte Gruppe der Beitragszahler darstellt, kontinuierlich sinkt, muss auch für die Finanzierung dieses Zweigs der Sozialversicherung ein zukunftsorientiertes Lösungskonzept jenseits einer Beitragssatzsteigerung entwickelt werden.

**Hintergrundinformation: Pflegevorsorgefonds, §§ 131 ff. SGB XI**
Lösungsansatz des Gesetzgebers ist der als nicht rechtsfähiges **Sondervermögen** errichtete **Vorsorgefonds der sozialen Pflegeversicherung**, der getrennt von Vermögen und Verbindlichkeiten der

sozialen Pflegeversicherung zu halten ist (§§ 131, 137 SGB XI). Dieser dient der **langfristigen Stabilisierung der Beitragsentwicklung** in der sozialen Pflegeversicherung, er darf nur zur Finanzierung von Leistungsaufwendungen verwendet werden (§ 132 SGB XI). Der Gesetzgeber stellt weiterhin heraus, dass der Fonds der Generationengerechtigkeit dienen soll, da mit ihm die Gefahr einer Beschränkung des Leistungsniveaus begegnet werde (Bt.-Drucks. 18/1798, S. 42). Eine Verwendung des Sondervermögens ist wegen der langfristigen Zielrichtung erst ab dem Jahr 2035 jährlich auf eine Obergrenze beschränkt (1/20-stel) im Wege der Zuführung an den Ausgleichsfonds möglich. Der Pflegevorsorgefonds wird von der Deutschen Bundesank verwaltet (§ 134 Abs. 1 SGB XI). Er wird aus monatlichen Zuführungen (1,53 Mrd. Euro im Jahr 2020, https://www.bundesgesundheitsministerium.de/fileadmin/Dateien/3_Downloads/Statistiken/Pflegeversicherung/Finanzentwicklung/2020_Finanzentwicklung-der-sozialen-Pflegeversicherung_bf.pdf) des Bundesamtes für Soziale Sicherung aus dem Ausgleichsfonds (§ 65 SGB XI) und dessen Erträgen (§ 134 Abs. 2 SGB XI) gespeist.

Der Gesetzgeber hat bereits in den allgemeinen Vorschriften die Finanzierungsstrukturen der sozialen Pflegeversicherung deutlich beschrieben. § 1 Abs. 6 SGB XI legt fest, dass die Ausgaben der Pflegeversicherung durch **Beiträge** der **Mitglieder** und der **Arbeitgeber** finanziert werden, wobei sich die Beiträge nach den beitragspflichtigen Einnahmen der Mitglieder richten. Zusätzlich wird v. a. zur Umsetzung von Vorgaben des Bundesverfassungsgerichts in § 1 Abs. 6 S. 3 SGB XI die **beitragsfreie Mitversicherung** für versicherte Familienangehörige und eingetragene Lebenspartner (Lebenspartner) normiert.

Gesetzlicher Anknüpfungspunkt der Finanzierung ist § 54 SGB XI. Absatz 1 der Norm legt fest, dass die Mittel für die Pflegeversicherung durch **Beiträge** sowie **sonstige Einnahmen** gedeckt werden. Die im SGB V enthaltenen Überleitungsregelungen aus Anlass der Herstellung der Einheit Deutschlands gelten gemäß § 54 Abs. 3 SGB XI entsprechend. Gesetzlich nicht geregelt sind sonstige Einnahmen, insbesondere fehlen Regelungen zu Bundeszuschüssen etc.

Für einige Sachverhalte hat der Gesetzgeber in § 56 SGB XI festgelegt, dass **Beitragsfreiheit** in der sozialen Pflegeversicherung besteht. Es sind dies

- familienversicherte Personen nach § 25 SGB XI (Abs. 1),
- Familienangehörige und Hinterbliebene für die Dauer des Rentenantragsverfahren (von der Antragstellung bis zum Rentenbeginn; Abs. 2),
- Mitglieder für die Dauer des Bezugs von Mutterschafts-, Eltern- oder Betreuungsgeld (Abs. 3),
- Bezieher von Entschädigungsleistungen in stationärer Pflege, wenn sie keine Familienangehörigen haben, für die eine Familienversicherung ach § 25 SGB XI besteht (Abs. 4),
- Bezieher von Pflegeunterstützungsgeld (Abs. 5).

**Beiträge**
Die **Finanzierung über Beiträge** im Umlageverfahren wird von mehreren Grundsätzen als Rahmenvorgaben geleitet (vgl. § 54 Abs. 2 SGB XI):

- **Beitragssatz** als Vomhundertsatz der beitragspflichtigen Einnahmen,
- **Beitragsbemessungsgrundlage** = die der Beitragspflicht dem Grunde nach unterfallenden Einnahmen,
- **Beitragsbemessungsgrenze** (§ 55 SGB X) = Obergrenze, bis zu deren Höhe die beitragspflichtigen Einnahmen (Beitragsbemessungsgrundlage) für die Beitragsberechnung zugrunde gelegt werden.

Der Beitrag ergibt sich dementsprechend aus der Formel:

**berücksichtigungsfähige Beitragsbemessungsgrundlage × Beitragssatz = Beitragshöhe**

Beiträge sind grundsätzlich für **jeden Tag der Mitgliedschaft** zu zahlen (§ 54 Abs. 2 S. 2 SGB XI).

Der **Beitragssatz** beträgt gesetzlich festgelegt bundeseinheitlich 3,05 v. H. (§ 55 Abs. 1 SGB XI). Für Personen mit Anspruch auf Beihilfe oder Heilfürsorge (Beamte) beträgt der Beitragssatz 1,525 v. H. (§ 55 Abs. 1 S. 2 i. V. m. § 28 Abs. 2 SGB XI). Bei landwirtschaftlichen Unternehmern wird der Beitrag als Zuschlag zu den Krankenversicherungsbeiträgen erhoben (§ 55 Abs. 5 SGB XI, siehe auch § 166 SGB V i. V. m. § 38 KVLG; eine Sonderregelung gilt für sog. Altenteiler nach § 57 Abs. 3 SGB XI i. V. m. § 45 KVLG).

Die Beitragsfinanzierung in der gesetzlichen Pflegeversicherung wird maßgeblich durch die Rechtsprechung des Bundesverfassungsgerichts vom 03.04.2001 beeinfluss (siehe hierzu das Beispiel am Ende von Abschn. 1.2, BVerfGE 103, 197–225; E 225–241; E 242–271). Zusammengefasst stellt das Bundesverfassungsgericht fest:

- Kindererziehung ist ein konstitutiver Beitrag für diejenigen sozialen Sicherungssysteme, die auf das Nachwachsen einer ausreichenden jungen Generation angewiesen sind.
- Wird dieser generative Beitrag nicht mehr in der Regel von allen Versicherten erbracht, führt dies zu einer spezifischen Belastung kindererziehender Versicherter im Pflegeversicherungs-system, deren benachteiligende Wirkung auch innerhalb dieses Systems auszugleichen ist.
- Den Versicherten ohne Kinder erwächst im Versicherungsfall ein Vorteil aus der Erziehungsleistung anderer beitragspflichtiger Versicherter, die wegen der Erziehung zu ihrem Nachteil auf Konsum und Vermögensbildung verzichtet haben (BVerfGE 103, 242, 265 f.).

Der Gesetzgeber hat die Vorgaben zur Differenzierung der Beitragspflichtigen in der sozialen Pflegeversicherung dergestalt umgesetzt, dass Mitglieder mit Kindern keine Beitragsermäßigung erhalten, sondern für **Kinderlose** ein **Beitragszuschlag** erhoben wird. Technisch umgesetzt wird dies durch eine **Erhöhung des Beitragssatzes** um 0,25 v. H. Beitragssatzpunkte. Diese Erhöhung erfolgt ab dem Monat nach Vollendung des 23.

Lebensjahres des Mitglieds (§ 55 Abs. 3 S. 1 SGB XI). Um nicht zur Zahlung des erhöhten Beitragssatzes herangezogen zu werden, muss die Elterneigenschaft im Sinne des § 56 Abs. 1 S. 1 Nr. 3, Abs. 3 Nr. 2, 3 SGB I nach § 55 Abs. 3 S. 2 bis 6 SGB XI nachgewiesen werden. Für Adoptiveltern und Stiefeltern ist gemäß § 55 Abs. 3 a SGB XI die Zuschlagsfreiheit eingeschränkt.

▶   **TIPP** Grundsätzlich Hinweise zum Zuschlag und Empfehlungen zum Nachweis der Elterneigenschaft stellt der GKV Spitzenverband in seiner Eigenschaft als Spitzenverband der Pflegekassen auf seiner Homepage zur Verfügung: https://www.gkv-spitzenverband.de/media/dokumente/pflegeversicherung/grundprinzipien/2017-11-07_Grundsaetzliche_Hinweise_Beitragszuschlag_Kinderlose.pdf (Stand 04.10.20201).

§ 55 Abs. 2 SGB XI knüpft an die allgemeinen Regelungen des SGB IV an und definiert, dass **Beitragsbemessungsgrundlage** die beitragspflichtigen Einnahmen sind. § 57 SGB XI konkretisiert diese und knüpft im Wesentlichen an die Regelungen der gesetzlichen Krankenversicherung an. Besonderheiten gelten z. B. für Bezieher von Arbeitslosengeld II (Bezugnahme auf einen erhöhten Teil der monatlichen Bezugsgröße, § 57 Abs. 1 S. 2 SGB XI). Anders in der gesetzlichen Krankenversicherung (dort § 224 Abs. 1 S. 1 SGB V) sind Bezieher von Krankengeld in der sozialen Pflegeversicherung beitragspflichtig (§ 57 Abs. 2 SGB XI).

§ 55 Abs. 2 SGB XI legt die **Beitragsbemessungsgrenze** fest. Für das gesamte Kalenderjahr ist dies die in § 6 Abs. 7 SGB V festgelegte Jahresarbeitsentgeltgrenze. Da der Beitrag kalendertäglich der Beitragsberechnung zugrunde gelegt wird, ist für jeden Kalendertag 1/360 dieser Grenze zu berücksichtigen.

Bei der **Tragung der Beiträge** unterscheidet das Gesetz, ob es sich um Fälle einer versicherungspflichtigen Beschäftigung (§ 58 SGB XI) oder um andere Mitglieder (§ 59 SGB XI handelt.

Bei den nach § 20 Abs. 1 S. 2 Nr. 1 und 12 versicherungspflichtig Beschäftigten **tragen** diese und ihre Arbeitgeber die Beiträge **jeweils zur Hälfte** (§ 58 Abs. 1 S. 1 SGB XI). Beiträge für Kurzarbeitergeld trägt der Arbeitgeber allein (§ 58 Abs. 1 S. 2 SGB XI). Den **Beitragszuschlag für Kinderlose** nach § 55 Abs. 3 SGB XI tragen die **Beschäftigten allein** (§ 58 Abs. 1 S. 3 SGB XI). Da bei der Einführung der sozialen Pflegeversicherung die Arbeitgeber mit einer weiteren Beitragslast („Lohnnebenkosten") belastet worden sind, hat der Gesetzgeber zur Förderung der Wirtschaftskraft der Unternehmen einen landesweiten gesetzlichen Feiertag (den Buß- und Bettag) aufgehoben (§ 58 Abs. 2 SGB XI). Allerdings hat der Bundesgesetzgeber den Ländern die Wahl überlassen, den Feiertag beizubehalten. Insoweit bestimmt § 58 Abs. 3 S. 1 SGB XI, dass die Beschäftigten in diesem Falle die Beiträge in Höhe von 1 v. H. alleine tragen. Von dieser Regelung hat Sachsen Gebrauch gemacht, sodass versicherungspflichtig Beschäftigte mit Beschäftigungsort in Sachsen einen um 0,5 v. H. **erhöhten Arbeitnehmeranteil** zu tragen haben. Für Personen mit Anspruch auf Beihilfe oder Heilfürsorge (**Beamte**, § 55 Abs. 1 S. 2 i. V. m. § 28 Abs. 2

SGB XI) sieht § 58 Abs. 3 S. 2 SGB XI eine identische Regelung vor. Für **Beschäftigte im Übergangsbereich** (§ 20 Abs. 2 SGB IV) gilt eine abweichende Regelung zur Hälftigen Beitragstragung (§ 58 Abs. 5 SGB XI i. V. m. § 249 Abs. 3 SGB V), sodass die Arbeitnehmer einen geringeren Beitragsanteil zu tragen haben (siehe auch Abschn. 3.2.4).

**Hintergrundinformation: abweichender Beitragssatz im Freistaat Sachsen**
Da der Beitragssatz bei Einführung der sozialen Pflegeversicherung (1995) 1,0 betrug, hatten die Beschäftigten in Sachsen seinerzeit den gesamten Beitrag alleine zu tragen. Der Gesetzgeber hat davon abgesehen, diesen Gedanken fortzuführen und stattdessen die 0,5 v. H. Erhöhung beibehalten.

Für **andere Mitglieder** formuliert § 59 Abs. 1 S. 1 Hs. 1 SGB XI eine Verweisung auf die einschlägigen Regelungen des SGB V, sodass die Beiträge von den Mitgliedern allein oder durch Dritte getragen werden. **Rentner** tragen ihre Beiträge allein (§ 59 Abs. 1 S. 1 Hs. 2 SGB XI). Den **Beitragszuschlag für Kinderlose** trägt das Mitglied stets allein (§ 59 Abs. 5 SGB XI). Krankengeldbezieher und die leistende Krankenkasse tragen den Beitrag grundsätzlich je zur Hälfte; für Minijobber trägt die Krankenkasse den Beitrag alleine (§ 59 Abs. 2 S. 1 SGB XI). Wird Krankengeld im Zusammenhang mit der Spende von Organen und Gewebe geleistet, trägt die leistungserbringende Stelle die Beiträge allein (§ 59 Abs. 2 S. 2 SGB XI). In Entschädigungs- und Versorgungsfällen trägt der Leistungsträger die Beiträge allein (§ 59 Abs. 3 S. 1 SGB XI). Von der alleinigen Beitragstragung des Mitglieds formuliert § 59 Abs. 4 S. 2 SGB XI Ausnahmen in Fällen einer Teilnahme an Rehabilitationsmaßnahmen bzw. für satzungsmäßige Mitglieder geistlicher Genossenschaften, Diakonissen und ähnliche Personen, bei denen die Beiträge vom Rehabilitationsträger bzw. der Gemeinschaft allein getragen werden.

**Hintergrundinformation: Beitragszuschüsse für freiwillige Mitglieder der GKV und Privatversicherte (§ 61 SGB XI)**
Weil freiwillige Mitglieder der gesetzlichen Krankenversicherung nach § 20 Abs. 3 SGB XI in der Pflegeversicherung pflichtversichert sind und sie nach § 59 SGB XI ihre Beiträge allein zu tragen haben, würden sie gegenüber anderen pflichtversicherten Beschäftigten in Höhe der hälftigen Beitragslast wirtschaftlich benachteiligt werden. Um diesen wirtschaftlichen Nachteil auszugleichen, hat der Gesetzgeber Arbeitgeberzuschüsse vorgesehen, wenn eine hälftige Beitragstragung nach § 58 SGB XI bestehen würde. Dementsprechend ist der Zuschuss auf den vom Arbeitgeber nach den allgemeinen Regeln zu tragenden Beitragsanteil begrenzt. Gleiches gilt bei Beschäftigten, die bei einem privaten Krankenversicherungsunternehmen versichert sind. § 61 SGB XI erfasst daher v. a. den Personenkreis, der wegen Überschreitens der Jahresarbeitsentgeltgrenze in der Krankenversicherung versicherungsfrei ist (§ 6 Abs. 1 Nr. 1 SGB V).

Auch § 60 Abs. 1 S. 1 SGB XI formuliert für die **Beitragszahlung** den Grundsatz, dass Beiträge von demjenigen zu zahlen sind, der sie zu tragen hat. Die wichtigste Ausnahme besteht für versicherungspflichtig Beschäftigte, da die Beitragszahlung des Pflegeversicherungsbeitrags mit dem Einzug des **Gesamtsozialversicherungsbeitrags** erfolgt. Auch hinsichtlich der Beitragszahlung wird auf Regelungen des SGB V verwiesen, was dem Grundsatz Pflegeversicherung folgt Krankenversicherung Rechnung trägt. Daneben gelten insbesondere folgende Besonderheiten:

- für Bezieher von Krankengeld zahlen die Krankenkassen die Beiträge (mit Abzugs-
  möglichkeit vom Krankengeld; Abs. 2 S. 1)
- in Entschädigungs- und Versorgungsfällen können Dritte mit der Zahlung beauftragt
  werden (Abs. 2 S. 2),
- wird der Beitragszuschlag für Kinderlose nicht vom Mitglied gezahlt, hat der Dritte
  einen Anspruch gegen das Mitglied, der durch Abzug von Geldleistungen geltend gemacht werden kann (Abs. 5); ohne Leistungsbezug hat der Kinderlose den Beitrag
  selbst zu zahlen (Abs. 6),
- die Beitragszuschläge für die Bezieher von Arbeitslosengeld, Unterhaltsgeld und Kurzarbeitergeld, Ausbildungsgeld, Übergangsgeld und, soweit die Bundesagentur beitrags-
  zahlungspflichtig ist, für Bezieher von Berufsausbildungsbeihilfe nach dem SGB III
  werden von der Bundesagentur für Arbeit pauschal in Höhe von 20 Millionen Euro pro
  Jahr an den Ausgleichsfonds der Pflegeversicherung überwiesen (Abs. 7).

§ 60 Abs. 3 und 4 SGB XI regeln, wer die Beiträge erhält und deren Empfänger ist bzw.
wohin diese weiterzuleiten sind.

### Hintergrundinformation: Grundsatz der Beitragssatzstabilität

Der Grundsatz der Beitragssatzstabilität ist in § 70 Abs. 1 SGB XI enthalten und damit im Leistungserbringungsrecht (siehe Abschn. 4.2.1.3). Die Pflegekassen haben in den Verträgen sicherzustellen,
dass die Leistungsausgaben die Beitragseinnahmen nicht überschreiten.

### Mittelverwendung, Ausgleichsfonds und Finanzausgleich

Aus den beitragspflichtigen Einnahmen sind die Mittel in Gestalt von **Betriebsmitteln**
und **Rücklagen** zu bilden (§ 62 SGB XI). Ergänzend zu den allgemeinen Bestimmungen
des SGB IV legt § 63 Abs. 2 SGB XI fest, dass die **Betriebsmittel** eine durchschnittliche
Monatsausgabe der Pflegekasse nach dem Haushaltsplan nicht übersteigen dürfen. Die
**Rücklage** beträgt eine halbe durchschnittliche Monatsausgabe der Pflegekasse nach dem
Haushaltsplan (**Rücklagesoll**, § 64 Abs. 2 SGB XI). Übersteigt die Rücklage diesen Betrag, ist der übersteigende Betrag den Betriebsmitteln zuzuführen; wenn diese bereits in
voller Höhe vorhanden sind, muss der darüber hinausgehende Überschuss an den Aus-
gleichsfonds (§ 65 SGB XI) abgeführt werden (§ 64 Abs. 4 SGB XI). Betriebsmittel und
Rücklage sind einerseits sicher und zweckgebunden jederzeit verfügbar anzulegen.

Zwischen den Pflegekassen wird ein bundesweiter **Finanzausgleich** nach den Regelungen der §§ 65–68 SGB XI durchgeführt. Der Finanzausgleich dient dem Ausgleich
finanzieller Folgen wegen der **unterschiedlichen** mitgliedschaftlich verursachten
**Risikostrukturen**. Insoweit folgt der Finanzausgleich der identischen Idee wie der Risikostrukturausgleich in der GKV. Dies ist eine weitere Folge der Kongruenz zwischen Kran-
ken und Pflegeversicherung. Der Finanzausgleich bewirkt, dass Leistungsaufwendungen
sowie die Verwaltungskosten der Pflegekassen **von allen Pflegekassen** nach dem Verhältnis ihrer Beitragseinnahmen **gemeinsam getragen** werden (§ 66 Abs. 1 S. 1 SGB XI).
Das Bundesamt für Soziale Sicherung führt den Finanzausgleich auf Grundlage ge-

meinsamer Vereinbarungen mit dem Spitzenverband Bund der Pflegekassen durch
(§ 66 Abs. 1 S. 3, 4 SGB XI).

Instrument zur **Durchführung des Finanzausgleichs** zwischen den Pflegekassen ist
der **Ausgleichsfonds** (siehe § 67 Abs. 2 S. 1 SGB XI), der vom Bundesamt für Soziale
Sicherung als Sondervermögen verwaltet wird. Der Ausgleichsfonds wird aus den Beiträgen aus den Rentenzahlungen, den Überschüssen aus Rücklagen und Betriebsmitteln,
den vom Gesundheitsfonds überwiesenen Beiträgen der Versicherten (§ 60 Abs. 3 SGB XI
i. V. m. § 252 Abs. 2 SGB V) sowie aus (eigenen) Kapitalerträgen gebildet. Der Ausgleich
findet in einem ersten Schritt monatlich statt (§ 67 Abs. 1 SGB XI), damit das Volumen der
Umverteilung einerseits überschaubar bleibt und andererseits laufend erfolgt. Überstiegen
die Ausgaben der Pflegekasse deren Einnahmen, erhält sie den Unterschiedsbetrag aus
dem Ausgleichsfonds, sind die Einnahmen höher als die Ausgaben, muss der Überschuss
abgeführt werden. Nach Ablauf eines Kalenderjahres wird unter Berücksichtigung der
Monatsausgleiche ein Jahresausgleich durchgeführt (§ 68 SGB XI).

▶   **TIPP**  Das Bundesamt für Soziale Sicherung stellt auf seiner Internetseite Infor-
    mationen zum Ausgleichsfonds und zum Verfahren (einschließlich der Verein-
    barungen mit den Pflegekassen) zur Verfügung: https://www.bundesamtsozi-
    alesicherung.de/de/themen/ausgleichsfonds/ueberblick/ (Stand 04.10.2021).

Da die soziale Pflegeversicherung und die privatwirtschaftlich organisierte Pflegeversicherung auch hinsichtlich ihrer Finanzierung streng zu trennen sind, wird zwischen den
privaten Versicherungsunternehmen ein **separater Risikoausgleich** nach den Vorgaben
des § 111 SGB XI durchgeführt (vgl. § 148 VAG). Auch dieser Risikoausgleich soll verhindern, dass einzelne private Versicherungsunternehmen finanziell überfordert werden.
Die Aufsicht führt die Bundesanstalt für Finanzdienstleistungsaufsicht (vgl. §§ 320 ff. VAG).

### Hintergrundinformation: Sondersituation SARS-CoV-2-Virus

Da gerade älteren Menschen in Pflegeheimen von einer Corona-Erkrankung nach Infektion mit dem
SARS-CoV-2-Virus bedroht sind, wurden in der Pflege besondere Schutzmaßnahmen mit finanziellen Belastungen durchgeführt. §§ 147 ff. SGB XI regeln hierzu Maßnahmen zur Aufrechterhaltung
der pflegerischen Versorgung während der durch das neuartige Coronavirus SARS-CoV-2 verursachten Pandemie. Die zentrale finanzwirksame Regelung enthält § 150 Abs. 2 S. 1 SGB XI: „Den
zugelassenen Pflegeeinrichtungen werden die ihnen infolge des neuartigen Coronavirus SARS-
CoV-2 anfallenden, außerordentlichen Aufwendungen sowie Mindereinnahmen im Rahmen ihrer
Leistungserbringung, die nicht anderweitig finanziert werden, erstattet.". Um die finanzielle Gesamt-
lage der Pflegeversicherung zu stabilisieren, enthält § 153 SGB XI eine Bundesgarantie wegen der
SARS-CoV-2-Situation. Für das Jahr 2021 hat der Bund einen Bundeszuschuss in unbegrenzter
Höhe zu leisten, sofern der Mittelbestand der sozialen Pflegeversicherung aufgrund pandemiebe-
dingter Mehrausgaben absehbar das gesetzliche Betriebsmittel- und Rücklagesoll der Pflegekassen
zu unterschreiten droht.

## 4.3    Gesetzliche Rentenversicherung

Die gesetzliche Rentenversicherung wird als eine der **Drei Säulen der Lebensstandard-sicherung im Alter** bezeichnet. Sie stellt die **Basisversorgung** dar. Daneben stehen als weitere Säulen eine **betriebliche Altersversorgung** sowie die **private Versorgung**. Sehr schematisch kann man sagen, dass die Sicherung über die gesetzliche Rentenversicherung durch Beiträge der Arbeitgeber und Versicherten, die betriebliche Altersversorgung über zumeist steuerbegünstigte Zuschüsse des Arbeitgebers (und Arbeitnehmers) sowie die private Versorgung über (im Einzelfall staatliche geförderte) private Anlageprodukte (also privates Sparen) erkauft wird (siehe Abb. 4.4).

Die **Basisversorgung** über die gesetzliche Rentenversicherung wird aufgrund mehrerer Gesetzesreformen in Zukunft stetig sinken. Gründe dafür sind die demografische Entwicklung, eine steigende Lebenserwartung und damit einhergehend eine längere Rentenbezugsdauer. Das Bruttorentenniveau eines Durchschnittsverdieners wird langfristig (bis 2030) aufgrund des Nachhaltigkeitsfaktors in der Rentenformel (§ 68 Abs. 4 SGB VI) weit unter 50 v. H. liegen. Als Untergrenze hat der Gesetzgeber ein Rentenniveau von 43 v. H. definiert (§ 154 Abs. 3 S. 1 Nr. 2 SGB VI). Da **Zusatzversorgung** über betriebliche und private Altersversorgung trotz staatlicher Fördermaßnahmen nicht in dem vom Gesetzgeber gewünschten Umfang stattfindet, ist die gewollte Absenkung des Rentenniveaus, die zugleich einen Schutz der Beitragszahler darstellt, ein wesentlicher Grund der politisch diskutierten und bisher keiner Lösung zugeführten sog. **Altersarmut** (siehe hierzu Ruland 2018, Rz. 12 ff.). Unter den Aspekten der Systemgerechtigkeit sowie der Generationengerechtigkeit werden wiederholt Reformvorschläge gemacht (Koppenfels-Spies 2021), ein „großer Wurf" ist indes bisher noch nicht gelungen. Angesichts der demografischen Entwicklung sowie der prognostischen Wirtschaftsentwicklung können nach hier vertretener Auffassung Alterssicherungssysteme einer solchen Lösung auch gar nicht zugeführt

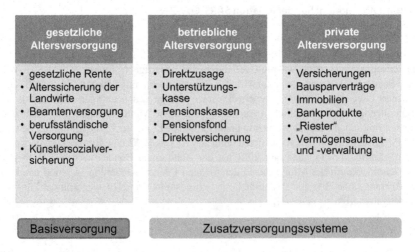

**Abb. 4.4**  Drei Säulen der Alterssicherung in Deutschland

werden. Es wäre Angelegenheit politischer Entscheidungsträger, den Menschen die realistischen Möglichkeiten künftig zu erwartender Alterssicherungsmöglichkeiten staatlich organisierter Systeme offenzulegen. Die Kernfrage ist dabei, ob und wenn ja wie groß der Abstand zwischen sozialstaatlichen Mindestsicherungssystemen (Grundsicherung im Alter, §§ 41 ff. SGB XII) und anderen organisierten Versorgungssystemen ist. Eine staatliche Vollversorgung leistet die gesetzliche Rentenversicherung bereits seit vielen Jahren nicht. Dies Tatsache scheint bis heute weder in der Diskussion über die gesetzliche Rentenversicherung noch bei Entscheidungsträgern als Realität wahrgenommen zu werden.

Die **wirtschaftliche Bedeutung** der gesetzlichen Rentenversicherung ist groß. Sie ist der größte Zweig der Sozialversicherung. Der Datenreport 2021 weist für das Jahr 2019 Ausgaben in Höhe von 330,2 Mrd. Euro aus.

▶ **TIPP** Wichtige Statistiken (z. B. Versicherte ohne Rentenbezug, gezahlte Renten, etc.) veröffentlicht die Deutsche Rentenversicherung regelmäßig auf ihrer Homepage (https://www.deutsche-rentenversicherung.de/Allgemein/de/Navigation/6_Wir_ueber_uns/02_Fakten_und_Zahlen/03_statistiken/Statistiken_index_node.html, Stand 05.10.2021).

**Zusammenfassung, Merksatz**
Die Lebensstandardsicherung im Alter erfolgt über drei Säulen. Die Basisversorgung stellt die gesetzliche Rentenversicherung dar. Hinzu kommen als zweite Säule die betriebliche Altersversorgung sowie die private Vermögensbildung.

## 4.3.1 Organisation

Die **Organisation der gesetzlichen Rentenversicherung** folgt deren Aufgaben. Dabei wird durch das Gesetz bis heute eine Aufgabentrennung nach Zweigen festgeschrieben (siehe § 125 Abs. 1 SGB VI). Aufgaben gibt es in den **Zweigen**

- allgemeine Rentenversicherung,
- knappschaftliche Rentenversicherung sowie
- Alterssicherung der Landwirte.

Die **Alterssicherung der Landwirte** wird dabei nicht im SGB VI geregelt, sondern durch das Gesetz zur Alterssicherung der Landwirte (ALG). Die sog. „Urproduktion" hat daher bis heute eine Sonderstellung im Sozialversicherungsrecht inne (siehe hier Wirth 2019, Kap. 17).

### 4.3.1.1 Träger
§ 23 Abs. 2 Nr. 1 SGB I i. V. m. § 125 SGB VI i. V. m. § 126 S. 1 SGB VI regelt den Aufgaben folgend die **Trägerstruktur** der Rentenversicherung. Träger der **allgemeinen Rentenversicherung** sind

- die Deutsche Rentenversicherung Bund (DRV Bund als Bundesträger) und
- die Regionalträger, welche die Bezeichnung „Deutsche Rentenversicherung" und einem Zusatz für ihre jeweilige regionale Zuständigkeit tragen, sowie
  Bsp.: DRV Hessen, DRV Mitteldeutschland
- die Deutsche Rentenversicherung Knappschaft-Bahn-See (DRV KBS).

Träger der **knappschaftlichen Rentenversicherung** ist allein die DRV KBS (§ 23 Abs. 2 Nr. 2 SGB I i. V. m. § 132 SGB VI).

Neben der Zuständigkeit im Einzelfall, sind **Grundsatz- und Querschnittsaufgaben** sowie **gemeinsamen Angelegenheiten** der Träger der Rentenversicherung zu erledigen. Diese Aufgaben nimmt zentral die **DRV Bund** wahr, die früher durch den Dachverband erledigt wurden (§ 125 Abs. 2 S. 2 SGB VI; siehe zur früheren Gesetzeslage unten). Einzelheiten zu den Aufgaben regelt § 138 SGB VI, die Organisation des Erweiterten Direktoriums ist in § 139 SGB VI normiert. Da auf übergeordneter Ebene auch Entscheidungen zur Aufbau- und Ablauforganisation der Träger der DRV getroffen werden, regelt § 140 SGB VI die frühzeitige zentrale Beteiligung der Personalvertretungen mittels einer Arbeitsgruppe Personalvertretung der DRV (§ 140 SGB VI). Beschlüsse bedürfen gemäß § 138 Abs. 2 S. 1 SGB VI i. V. m. § 64 Abs. 4 SGB IV einer Zweidrittelmehrheit.

Regional betrachtet gibt es derzeit

- 2 Bundesträger und
- 14 Regionalträger.

Der Gesetzgeber stellt den Regionalträgern die Möglichkeit zur Verfügung, sich „zur Verbesserung der Wirtschaftlichkeit oder Leistungsfähigkeit zu einem Regionalträger zu vereinigen (§ 141 Abs. 1 S. 1 SGB VI), sofern sich die Zuständigkeit des neuen Trägers nicht auf mehr als drei Bundesländer erstreckt. Die Regelung zur **Vereinigung von Regionalträgern** knüpft an Art. 87 Abs. 2 GG an, da ab der Zuständigkeit für vier Bundesländer ein weiterer bundesunmittelbarer Träger entstehen würde. Diese Möglichkeit schließt der Gesetzgeber über § 141 SGB VI aus.

▶   **TIPP** Weitergehende Informationen zur Trägerorganisation stellt die Deutsche Rentenversicherung auf ihrer Homepage zur Verfügung: http://www.deutsche-rentenversicherung.de.

Da somit organisatorisch für die Durchführung der allgemeinen Rentenversicherung einer versicherten Person 16 unterschiedliche Träger zuständig sein können, muss der Gesetzgeber festlegen, welcher Träger **sachlich zuständig** ist. Hierbei geht der Gesetzgeber für **Neuversicherte** (also Versicherte nach Durchführung der Organisationsreform der DRV mit Wirkung ab dem 01.10.2005) mehrstufig vor.

- Von der Meldung einer Person bis zur Vergabe einer Versicherungsnummer besteht die zentrale Zuständigkeit für alle Fälle der DRV Bund (Auffangfunktion, § 127 Abs. 1 S. 2 SGB VI).
- Ist ein Träger bei der Vergabe einer Versicherungsnummer bereits festgelegt worden, ist dieser Träger zuständig (§ 127 Abs. 1 S. 1 SGB VI). Dies gilt auch für „Altfälle" vor der Organisationsreform der gesetzlichen Rentenversicherung im Jahr 2005 (siehe hierzu unten).
- Nach § 127 Abs. 2 Nr. 1 SGB VI wird die Zuständigkeit **quotal** zwischen den Trägern **aufgeteilt**. Dies dient dazu, eine kontinuierliche Arbeitsmengenverteilung zwischen den Träger sicherzustellen. Dabei entfallen
  - 55 v. H. auf die Regionalträger,
  - 40 v. H. auf die DRV Bund und
  - 5 v. H. auf die DRV KBS.

**Wie** diese **Quoten** hinsichtlich der Neuversicherten erfüllt werden, regelt § 127 Abs. 2 Nr. 2 bis 4 SGB VI. Organ für die Durchführung der Zuordnung der Versicherten ist das Erweiterte Direktorium der DRV Bund (§ 139 SGB VI). In einem ersten Schritt (§ 127 Abs. 2 Nr. 2 SGB VI) wird eine **Sonderzuständigkeit** der **DRV KBS** für Versicherte der ehemaligen Bundesknappschaft, Bahnversicherungsanstalt und Seekasse sowie Neuversicherte, die bei diesen ehemaligen Trägern zu versichern wären, begründet (zu den Einzelheiten §§ 129, 133 SGB VI). Für die DRV KBS wird daher eine branchenspezifische Sonderzuständigkeit weiter fortgeschrieben, was einen **Systembruch** innerhalb der neuen Trägerstruktur der Deutschen Rentenversicherung darstellt. In einem zweiten Schritt (§ 127 Abs. 2 Nr. 3 SGB VI) werden Versicherte den **Regionalträgern** jeweils entsprechend deren regionalen Zuständigkeitsbereichen zugeordnet. Entscheidendes Kriterium für die Zuständigkeit ist der **Wohnort** der versicherten Person (vgl. § 128 Abs. 1 S. 1 SGB VI). Dabei wird die Quote von 55 v. H. auf jeden Regionalträger gesondert angewendet. Das heißt, es gibt Regionalträger, welche die Quote bereits erfüllen und daher keine Zuweisungen erhalten und solche, die aktuell Zuweisungen von Versicherten erhalten. Schließlich wird in einen dritten Schritt (§ 127 Abs. 2 Nr. 4 SGB VI) die quotale Verteilung zwischen DRV Bund (40 v. H.) und DRV KBS (5 v. H.) unter Anrechnung der Sonderzuständigkeit nach Nr. 2 durchgeführt.

**Hintergrundinformation: Vergabe einer Versicherungsnummer**
Zuständig für die Vergabe der **Versicherungsnummer** ist gemäß § 147 Abs. 1 SGB VI die Datenstelle der Träger der Rentenversicherung (§ 145 SGB VI). Die Vergabe nach dem Wohnortprinzip folgt nicht unmittelbar aus dem Gesetz. Dafür ist vorrangig die Verordnung über die Versicherungsnummer, die Kontoführung und den Versicherungsverlauf in der gesetzlichen Rentenversicherung (Versicherungsnummern-, Kontoführungs- und Versicherungsverlaufsverordnung – VKVV) heranzuziehen. Dort regelt § 4, dass zuständig für die Kontoführung der Träger der Rentenversicherung ist, der nach den Bestimmungen des SGB VI für die Erfüllung der Aufgaben der Rentenversicherung zuständig ist. Die Verordnung füllt den vom Gesetzgeber dem BMAS übertragenen Verordnungsrahmen nach § 152 Nr. 4 SGB VI inhaltlich aus.

Die Zuständigkeit für **Bestandsversicherte** der (ehemaligen) Träger wird von der Übergangsvorschrift § 274 c SGB VI geregelt. Es gilt dabei der Grundsatz, dass diese Versicherten dem zuständigen Träger zugeordnet bleiben. Allerdings soll auch für Bestandsversicherte der bereits oben genannte quotale Verteilungsschlüssel (55 v. H. Regionalträger versus 45 v. H. Bundesträger) erreicht werden. Zur Umsetzung wird über einen Zeitraum von 15 Jahren das **Ausgleichsverfahren** nach § 274 c Abs. 2 SGB VI durchgeführt. Dabei sind im Interesse der Versicherten bestimmte abschließend in Absatz 3 aufgezählte Personengruppen vom Ausgleichsverfahren ausgenommen (z. B. Leistungsbezieher, also Rentner).

Für **Hinterbliebene** von Versicherten ist der Träger zuständig, an den zuletzt Beiträge für den verstorbenen Versicherten gezahlt worden sind (§ 127 Abs. 3 S. 1 SGB VI).

---

**Zusammenfassung, Merksatz**

Es gibt 16 Träger der allgemeinen Rentenversicherung. Die beiden Bundesträger verwalten 45 % der Versicherten (DRV Bund 40 %, DRV KBS 5 %), die 14 Regionalträger verwalten 55 % der Versicherten. Die Zuständigkeit für Neuversicherte erfolgt nach dem Wohnsitzprinzip unter Berücksichtigung der Quotenverteilung. Bestandversicherte werden in einem Ausgleichsverfahren verteilt, bis der Quotenschlüssel erreicht ist.

---

Träger der **Alterssicherung der Landwirte** ist die Sozialversicherung für Landwirtschaft, Forsten und Gartenbau (SVLFG; § 23 Abs. 2 Nr. 3 SGB I i. V. m. § 49 S. 1 ALG). Für die Durchführung der Aufgaben führt sie die Bezeichnung **landwirtschaftliche Alterskasse** (§ 49 S. 2 ALG).

**Hintergrundinformation: Trägerorganisation der DRV bis zum 30.09.2005**
Bis zur Umsetzung der Rentenreform zum 01.10.2005 durch das Gesetz zur Organisationsreform in der gesetzlichen Rentenversicherung (RVOrgG vom 09.12.2004, BGBl. I 2004, S. 3242) waren die Träger der Rentenversicherung nach dem traditionellen Konzept in mehrere Zweige gegliedert:

* Rentenversicherung der Arbeiter (Träger: Landesversicherungsanstalten, LVA),
* Rentenversicherung der Angestellten (Träger: Bundesversicherungsanstalt für Angestellte, BfA),
* Rentenversicherung der Sonderversicherungssysteme, z. B.
  - knappschaftliche Rentenversicherung (Träger: Bundesknappschaft),
  - Alterssicherung der Landwirte (Träger: landwirtschaftliche Alterskassen),
  - Alterssicherung der Beschäftigten der Deutschen Bahn (Träger: Bahnversicherungsanstalt [ehemals Bahnsozialwerk]),
  - Alterssicherung der Seeleute (Träger: Seekasse).

Dachverband war der Verband deutscher Rentenversicherungsträger e. V. (VDR). Im Zuge der Vereinheitlichung des Leistungsrechts, wegen einer deutlichen Verschiebung der Versicherungsverhältnisse aus dem „Arbeiterbereich" hin in den „Angestelltenbereich" und des hohen Verwaltungsaufwandes wegen der Administration mehrerer Trägersysteme, hat sich der Gesetzgeber entschieden, die Trägerstruktur und -organisation zu verschlanken. Dabei ist dem Gesetzgeber allerdings nicht gelungen, einen einheitlichen Träger der gesetzlichen Rentenversicherung zu schaffen. Hindernisse waren (und sind) regionale politische Widerstände. Zudem kann man vortrefflich darüber streiten, ob ein einheitlicher Träger tatsächlich gewünschte Effizienzgewinne mit sich bringt.

Die **örtliche Zuständigkeit der Regionalträger** regelt das Gesetz in § 128 SGB VI. Dabei handelt es sich bei der Norm nicht nur um eine örtliche Zuständigkeitsregelung, sondern aufgrund des Regionalitätsprinzips wird zugleich die sachliche Zuständigkeit des Regionalträgers bestimmt. Insoweit regelt das Gesetz hiermit zweierlei. Die örtliche Zuständigkeit des Regionalträgers, welche zugleich auch die sachliche Zuständigkeit festlegt, richtet sich nach dem **Wohnsitz** (§ 128 Abs. 1 S. 1 SGB VI, weitere Rangfolge: gewöhnlicher Aufenthalt, Beschäftigungsort, Tätigkeitsort). Die örtliche Zuständigkeit **innerhalb** des sachlich zuständigen **Trägers** richtet sich nach dem Organisationsaufbau des jeweiligen Trägers der DRV. Die Zuständigkeit der Dienststellen richtet sich vorrangig ebenfalls nach dem **Wohnsitzprinzip.**

Die Zuständigkeit bei der Anwendung des **über- und zwischenstaatlichen Rechts** (§ 126 S. 2 SGB VI) einschließlich der Aufgaben einer Verbindungsstelle (§ 127 a Abs. 1 S. 1 SGB VI) wird durch den Gesetzgeber in § 128 Abs. 3 SGB VI staatenbezogen als Aufgabe der Regionalträger festgelegt. Eine nachrangige Auffangzuständigkeit wird der DRV Rheinland zugewiesen (§ 128 Abs. 4 SGB VI). Daneben legt das Gesetz einige Sonderzuständigkeiten fest (DRV Bund § 127 a Abs. 2, DRV KBS § 127 a Abs. 3 und § 136 a, DRV Saarland § 128 a SGB VI).

Neben der Frage der Zuständigkeit regelt das SBB VI zusätzlich die Organisation der **Auskunft und Beratung** in Angelegenheiten der gesetzlichen Rentenversicherung. Diese erfolgt durch die **Regionalträger**, die insoweit für die DRV ein Dienststellennetz unterhalten (§ 131 SGB VI). Den beiden Bundesträgern obliegt zusätzlich durch ihre Dienststellen die Erfüllung der allgemeinen in §§ 13 bis 16 SGB I genannten Pflichten. § 131 SGB VI ist insoweit keine Sondervorschrift des materiellen Rechts, sondern regelt allein die bereichsspezifische Organisation der bestehenden Aufgaben.

### 4.3.1.2 Kreis der Versicherten

Der **versicherte Personenkreis** (siehe Abschn. 3.2.2.5) in der gesetzlichen Rentenversicherung wird teilweise um Sondertatbestände gegenüber den übrigen Sozialversicherungszeigen erweitert. Bei **Konkurrenz** mehrerer Versicherungsverhältnisse greift das Versicherungspflichtverhältnis, welches den günstigeren sozialen Schutz gewährleistet (Bt.-Drucks. 12/826, S. 1, Bt.-Drucks. 14/151, S. 37 f.). In einigen Fällen ist die Konkurrenz ausdrücklich geregelt (§ 3 S. 5 SGB VI). Dies ist das Versicherungsverhältnis, auf dessen Grundlage höhere Beiträge zu zahlen sind, da wegen der Äquivalenz zwischen Beitragszahlung und Forderungshöhe dieses Versicherungsverhältnis höheren sozialen Schutz gewährleistet. Liegen mehrere Beschäftigungen vor, ist jeder Sachverhalt für sich zu beurteilen, sodass eine **Mehrfachversicherung** gegeben sein kann. Dabei handelt es

sich um kein Konkurrenzverhältnis, sondern um einzeln zu betrachtende nach mehreren
gesetzlichen Normen nebeneinander zu versichernde Tätigkeiten. Beide Fälle sind strikt
voneinander zu trennen.

**Versicherungspflicht kraft Gesetzes (§ 1 bis 3 SGB VI)**
Die **Versicherungspflicht kraft Gesetzes** erfasst die größte Personengruppe der versicherten Personen. Bis auf die Tatbestände der Versicherungsfreiheit und Versicherungsbefreiung ist die gesetzliche Rentenversicherung auf einen **möglichst umfassenden
Schutz** der Bevölkerung ausgerichtet. Dementsprechend werden von der Versicherungspflicht Beschäftigte (§ 1 SGB VI), selbstständige Erwerbstätige (§ 2 SGB VI) sowie
sonstige Versicherte (§ 3 SGB VI) erfasst. Wie in den anderen Sozialversicherungszweigen auch knüpft der Grundtatbestand des § 1 S. 1 Nr. 1 SGB VI an die Beschäftigung
gegen Arbeitsentgelt an. Daneben sind Personen während der Berufsausbildung und des
Bezugs von Kurzarbeitergeld i. S. d. SGB III versichert. Versicherungspflicht besteht
grundsätzlich unabhängig von der Höhe des Arbeitsentgelts. Hiervon macht der Gesetzgeber allerdings im Zusammenhang mit der **geringfügigen Beschäftigung** i. S. d. § 8
SGB IV eine Ausnahme und regelt gesetzliche eine Versicherungsfreiheit (vgl. hierzu
Abschn. 3.2.4).

Die Versicherungspflicht **selbstständig Tätiger** gemäß § 2 SGB VI basiert auf einer
Wertung des Gesetzgebers zur sozialen Schutzbedürftigkeit bestimmter selbstständiger
Tätigkeiten. Dabei werden in § 2 S. 1 Nr. 1 bis 8 SGB VI historisch bedingt bestimmte
Berufsgruppen aufgezählt, wohingegen in Nr. 9 der Vorschrift die Versicherungspflicht an
typisierende Merkmale angeknüpft wird. Dies erklärt sich daher, dass der Gesetzgeber der
Erosion des versicherten Personenkreises durch eine Zunahme der **arbeitnehmerähnlichen
selbstständigen Tätigkeiten** in vielen Bereichen der Wirtschaft entgegenwirken will.
Selbstständig Tätige sind deshalb dann versicherungspflichtig, wenn sie regelmäßig keinen versicherungspflichtigen Arbeitnehmer beschäftigen und auf Dauer nur für einen
Arbeitgeber tätig sind. Vielfach wird hier der Begriff **Soloselbstständige** verwendet. Allen
in § 2 SGB VI erfassten Personenkreisen ist gemein, dass es sich um **selbstständige Tätigkeiten** handeln muss. Da das Gesetz diesen Begriff nicht definiert, erfolgt in der Praxis
eine Abgrenzung zur versicherten Beschäftigung. Als Wertungskriterien werden herangezogen (vgl. auch Guttenberger in KassKom § 2 SGB VI, Rz. 35 ff.) (Kaltenstein 2018)

- eine Gewinnerzielungsabsicht,
- persönliche Unabhängigkeit,
- eigene betriebliche Einrichtungen oder eine Betriebsstätte,
- nicht nur vorübergehende Tätigkeit,
- die Tragung des Unternehmerrisikos,
- die Weisungsfreiheit bei der Ausübung der Tätigkeit,
- die vertragliche Ausgestaltung der Tätigkeit,
- die steuerliche Einordnung der Einkünfte,
- etc.

Beginn und Ende der Versicherungspflicht richtet sich nach der **tatsächlichen Ausübung** der Tätigkeit. Die Einbeziehung selbstständig tätiger Personen wird überwiegend als unvollständig und reformbedürftig erachtet und insbesondere unter den Gesichtspunkten demografische Herausforderungen (z. B. Steinmeyer 2021) sowie zukunftsfähiger Weiterentwicklung der Alterssicherung (z. B. Roßbach 2021) diskutiert.

**Sonstige versicherte Personen** (§ 3 SGB VI) sind solche, die weder als Beschäftigte nach § 1 noch als selbstständig Tätige gemäß § 2 SGB VI versicherungspflichtig sind. Der Gesetzgeber knüpft hier an gesamtgesellschaftlich gewünschte Verhaltensweisen wie z. B. die Kindererziehung oder die nicht erwerbsmäßige Pflege an.

> **Zusammenfassung, Merksatz**
> Die Tatbestände der Versicherungspflicht sollen in der gesetzlichen Rentenversicherung den Kreis der versicherten Personen möglichst weit fassen. Nur in Ausnahmefällen (insbesondere bei den gesetzlichen Regelungen zur Versicherungsfreiheit) besteht keine Versicherungspflicht in der gesetzlichen Rentenversicherung.

**Versicherungsfreiheit (§ 1 S. 3, § 5 SGB VI)**

Einige Personengruppen, die nach §§ 1 bis 3 SGB VI (insbesondere als Beschäftigte) versichert wären, sind kraft Gesetzes von der (grundsätzlich bestehenden) Versicherungspflicht ausgenommen (**Versicherungsfreiheit**). Es muss sich daher um Tatbestände handeln, die (materiell) eine Versicherungspflicht begründet haben bzw. begründen würden. Die Versicherungsfreiheit besteht von Gesetzes wegen und bedarf keines Antrags. Diese Personengruppen sind ordnungspolitisch anderen Vorsorgesystemen zugewiesen (Ausnahme: geringfügig Beschäftigte nach § 5 Abs. 2 SGB VI). Die gesetzlichen Ausnahmetatbestände sind wegen des **Ausnahmecharakters** der Versicherungsfreiheit **abschließend**, sodass eine Versicherungsfreiheit nicht durch entsprechende Normanwendung abgeleitet werden kann.

Einen **Sondertatbestand** regelt § 1 S. 3 SGB VI hinsichtlich der Versicherungsfreiheit der Mitglieder des **Vorstandes einer Aktiengesellschaft** (für Versicherungsverhältnisse, die bis zum 31.12.1991 begründet wurden, gilt gemäß §§ 229, 229 a SGB VI Abweichendes). Für diesen Personenkreis sieht der Gesetzgeber kein Erfordernis einer sozialversicherungsrechtlichen Alterssicherung. Grund hierfür ist, dass bei diesen Personen eine starke wirtschaftliche Stellung gesehen wird. Da Ausnahmen vom sozialen Schutzprinzip nur in seltenen Ausnahmefällen gegeben sein sollen, muss die Regelung sehr eng ausgelegt werden. Anknüpfungspunkt der Versicherungsfreiheit ist der Status einer Person als Vorstandsmitglieds, der aus der Eintragung im Handelsregister öffentlich gemacht ist (§ 41 Abs. 1 AktG i. V. m. §§ 76 ff. AktG). Für stellvertretende Vorstandsmitglieder (BSGE 36, 161, 164) sowie Vorstandsmitglieder großer Versicherungsvereine auf Gegenseitigkeit (BSG SozR 2400 § 3 Nr. 4) hat das Bundessozialgericht eine Versicherungsfreiheit anerkannt. Allerdings können sich Vorstandsmitglieder einer Aktiengesellschaft aus Antrag pflichtversichern, wenn die weiteren Voraussetzungen des § 4 Abs. 2 SGB VI gegeben sind.

**Hintergrundinformation: Sozialversicherungspflicht von Geschäftsführern einer GmbH**
**Geschäftsführer** einer **GmbH** sind demgegenüber regelmäßig sozialversicherungspflichtig (vgl. zum nationalen bzw. unionsrechtlichen Arbeitnehmerbegriff BGH vom 26.03.2019, II ZR 244/17, NJW 2019, 2086–2091 mit Anmerkungen Lunk; auch zum Arbeitnehmerbegriff BAG vom 21.01.2019, 9 AZB 23/18, NJW 2019, 1627–1631). Dies gilt auch für **Gesellschafter-Geschäftsführer** (siehe zum Ganzen Ruland, SGb 2021, 393–404). Ein solcher ist nur dann nicht abhängig beschäftigt, wenn er die (gesellschaftsvertraglich abgesicherte) Rechtsmacht besitzt, über die bzw. in der Gesellschafterversammlung die Geschicke der Gesellschaft zu bestimmten. Dieser Ausnahmefall ist gegeben, wenn er als Mehrheitsgesellschafter mehr als 50 v. H. der Geschäftsanteile hält (siehe BSG vom 07.07.2020, B 12 R 17/18 R, NZS 2021, 643, 644). Ist die Kapitalbeteiligung geringer als 50 v. H. liegt dann keine abhängige Beschäftigung vor, wenn im Gesellschaftsvertrag ausdrücklich eine echte/qualifizierte Sperrminorität geregelt ist. Dabei kommt es auf die rechtlich durchsetzbaren Einflussmöglichkeiten an, unliebsame Entscheidungen abwenden zu können (siehe hierzu BSG vom 14.03.2018, B 12 KR 13/17 R und B 12 R 5/16 R, NZS 2018, 778–781). Eine Treuhand vermittelt keine solche unmittelbare gesellschaftsrechtliche Rechtsmacht (BSG vom 10.12.2019, B 12 KR 9/18, SozR 4-2400 § 7 Nr. 46; zur – nicht gegebenen – Beschäftigung eines Gesellschafter-Geschäftsführers, der durch einen Treuhandvertrag als Treuhänder Geschäftsanteile für einen Treugeber hält vgl. die sehr lesenswerte Entscheidung BSG vom 12.05.2020, B 12 KR 30/19 R, NZS 2021, 397–404 mit Anmerkungen Bürger). Für alle Gesellschafter-Geschäftsführer einer GmbH muss ein obligatorisches **Statusfeststellungsverfahren** gemäß § 7 a Abs. 1 S. 2 SGB IV durchgeführt werden. Umfassend zuständig für das Statusfeststellungsverfahren ist gemäß § 7 a Abs. 1 S. 3 SGB IV die Deutsche Rentenversicherung Bund/Clearingstelle (Clearingstelle Befreiung Sozialversicherungspflicht; siehe BSG vom 16.07.2019, B 12 KR 6/18 R, SozR 4-2400 § 7a Nr. 12; vertiefend hierzu und insbesondere zur Klagebefugnis der Deutschen Rentenversicherung Bund Kingreen, NZS 2020, 613 bis 619).
Diese Grundsätze gelten auch im Hinblick auf die Versicherungspflicht der Geschäftsführer von Familiengesellschaften; insoweit besteht kein Vertrauensschutz in die sogenannte „Kopf-und-Seele"-Rechtsprechung (BSG vom 19.09.2019, B 12 R 25/18 R, SozR 4-2400 § 7 Nr. 43). Nach der „Kopf- und Seele"-Rechtsprechung (zur Sozialversicherungspflicht nach SGB III oder SGB VII) konnte eine rechtlich bestehende Abhängigkeit durch die tatsächlichen Verhältnisse überlagert sein und eine selbstständige Tätigkeit etwa vorliegen, wenn ein Geschäftsführer aufgrund seiner Stellung in der Familie die Geschäfte der Gesellschaft wie ein Alleingesellschafter nach eigenem Gutdünken führte und die Ordnung des Betriebes prägte, er „Kopf und Seele" des Unternehmens war oder er – wirtschaftlich gesehen – seine Tätigkeit nicht wie für ein fremdes, sondern wie für ein eigenes Unternehmen ausübte (BSG, a.a.O., Rz. 22, juris). Bei dieser Rechtsprechung habe es sich allerdings jeweils um Einzelfallentscheidungen gehandelt, sodass in Bezug auf das Mitgliedschafts- und Beitragsrecht der Sozialversicherung keine gefestigte und langjährige Rechtsprechung, nach der die Tätigkeit von Geschäftsführern solcher Art als nicht versicherungspflichtig und damit beitragsfrei zu beurteilen gewesen wäre, und damit kein Vertrauensschutztatbestand bestanden habe. Diese Grundsätze gelten auch hinsichtlich einer (nicht bestehenden) Sozialversicherungspflicht des Geschäftsführers einer GmbH bei Beteiligung an der Muttergesellschaft (BSG vom 08.07.2020, B 12 R 26/18 R, NZS 2021, 520–525 mit Anmerkungen Zieglmeier).

**Versicherungsfreiheit** gemäß § 5 SGB VI (Übergangsvorschrift zu früher geltenden Gesetzeslagen: § 230 SGB VI) besteht für die üblichen Versichertengruppen, die nach

**anderen sozialen Schutzsystemen abgesichert** sind bzw. sein sollen. Die Personengruppen decken sich im Wesentlichen mit denjenigen der übrigen Sozialversicherungszweige, wobei der Personenkreis in der gesetzlichen Rentenversicherung etwas enger gefasst ist. Versicherungsfreiheit besteht für folgende Personen, die

- nach beamtenrechtlichen Regelungen einschließlich kirchenrechtlicher Regelungen abgesichert sind (Abs. 1),
- einer geringfügigen kurzfristigen Beschäftigung nachgehen (Abs. 2),
- während des Studiums einem vorgeschriebenen studiennahen Praktikum nachgehen (Abs. 3),
- Regelaltersrentner oder Versorgungsempfänger nach beamtenrechtlichen Vorschriften (einschließlich kirchenrechtlicher Bezüge) oder nach berufsständischen Regelungen sowie bis zum Erreichen der Regelaltersgrenze unversicherte Personen (einschließlich Personen nach Beitragserstattung) sind (Abs. 4).

**Versicherungsbefreiung (§ 6 SGB VI)**
Die Versicherung kraft Gesetzes besteht unabhängig vom Willen des Versicherten. Eine **Befreiung** von der Versicherungspflicht betrifft nur die einzelne Person und setzt einen **Antrag** voraus (§ 6 Abs. 2 SGB VI). Die Person, die sich befreien lassen möchte, muss regelmäßig in einem **anderen Vorsorgesystem** abgesichert sein und insoweit einen entsprechenden Schutz nachweisen (Ausnahme: geringfügige Beschäftigung nach § 6 Abs. 1 b SGB VI). Auch die Befreiungstatbestände stellen eng auszulegende (systemfremde) **Sondertatbestände** dar. Übergangsvorschriften sind die §§ 231, 231 a SGB VI.

Um eine Versicherungsbefreiung beantragen zu können, muss zunächst ein Versicherungspflichtverhältnis (entweder von Gesetzes wegen [§§ 1 bis 3 SGB VI] oder auf Antrag [§ 4 SGB VI] begründet worden sein. Aus dieser Überlegung folgt, dass sich die Versicherungsfreiheit nach § 5 SGB VII und die Versicherungsbefreiung nach § 6 SGB VI bereits tatbestandlich ausschließen. Folgende Personenkreise können sich bezogen auf entsprechende Beschäftigungen (**Tätigkeitsbezug**) befreien lassen:

- Mitglieder einer berufsständischen Versorgungseinrichtung (Kammer, z. B. Rechtsanwaltskammern, Architektenkammern) kraft gesetzlicher Regelung (Abs. 1 S. 1 Nr. 1, S. 2 bis 6; siehe zum Tätigkeitsbezug BSG, SozR 4-2600 § 6 Nr. 14; zum Erfordernis einer Pflichtmitgliedschaft bzw. Genügen einer freiwilligen Mitgliedschaft in einem Versorgungswerk [Syndikusanwälte] und der zeitlichen Abgrenzung zum Stichtag 01.01.2016 siehe BSG vom 26.02.2020, B 5 RE 2/19 R, SozR 4-2600 § 231 Nr. 7),
- Lehrer und Erzieher an nicht-öffentlichen Schulen (Abs. 1 S. 1 Nr. 2),
- nichtdeutsche Besatzungsmitglieder deutscher Seeschiffe (Abs. 1 S. 1 Nr. 3),
- Gewerbetreibende in Handwerksbetrieben (Abs. 1 S. 1 Nr. 4, beachte Abs. 1 S. 6),

- Selbstständige nach § 2 S. 1 Nr. 9 (Existenzgründer und ältere Selbstständige; Abs. 1 a – beachte den Höchstbefreiungszeitraum von drei Jahren nach Abs. 1 a S. 1 Nr. 1),
- geringfügig Beschäftigte (Abs. 1 b; mit Ausnahme der Personen, für die bereits kraft Gesetzes gemäß § 5 Abs. 2 SGB VI Versicherungsfreiheit besteht)

**Zusammenfassung, Merksatz**
Die antragsabhängige Versicherungsbefreiung ist nur in Ausnahmefällen zulässig. Entweder sind diese Personengruppen einem anderen Sicherungssystem zugeordnet oder es bestehen andere (soziale) Befreiungsumstände.

Das **Antragsrecht** steht grundsätzlich dem Versicherten zu. In den Fällen des Absatzes 1 S. 1 Nr. 2 und 3 hat dieses Recht allein der Arbeitgeber, der insoweit von Pflichtbeiträgen zur Rentenversicherung entlastet wird. Ein Schriftformerfordernis besteht bei Anträgen geringfügig Beschäftigter (§ 6 Abs. 1 b S. 2 SGB VI). Der Antrag ist nicht fristgebunden, d. h. dieser kann bei erstmaligem Vorliegen des Befreiungstatbestandes oder später gestellt werden (§ 6 Abs. 4 S. 1 SGB VI). Auch insoweit gelten hinsichtlich der geringfügig Beschäftigten Besonderheiten (§ 6 Abs. 4 S. 2–4 SGB VI).

Bei der **Entscheidung** über den **Befreiungsantrag** ist zwischen Befreiungstatbeständen nach einerseits Absatz 1sowie 1 a und andererseits Absatz 1 b) zu unterscheiden; auch insoweit gelten Besonderheiten bei geringfügigen Beschäftigungen. Der **Rentenversicherungsträger** hat die Voraussetzungen des jeweils einschlägigen Befreiungstatbestandes für die **konkrete Tätigkeit** (Beschäftigung oder selbstständige Tätigkeit, vgl. auch § 6 Abs. 5 S. 1 SGB VI zur Wirkung der Befreiung) zu prüfen. Er muss sich das Vorliegen der Voraussetzungen einer Absicherung durch ein anderes soziales Sicherungssystem bestätigen lassen. Anschließend ergeht ein entsprechender Befreiungsbescheid. Bei **geringfügigen Beschäftigungsverhältnissen** bedarf es keiner Entscheidung des Rentenversicherungsträgers. Widerspricht die zuständige Einzugsstelle nicht innerhalb eines Monats nach Eingang der Meldung des Arbeitgebers dem Befreiungsantrag, gilt die Befreiung als erteilt (§ 6 Abs. 3 S. 2 SGB VI).

**Versicherungsberechtigung**
Versicherungsberechtigte Personen können auf **Antrag** der gesetzlichen Rentenversicherung beitreten. Das Gesetz normiert insoweit zwei unterschiedliche und voneinander zu trennende Regelungskomplexe. Das ist einerseits die Versicherungspflicht auf Antrag (§ 4 SGB VI) und die freiwillige Versicherung (§ 7 SGB VI).

Die **Versicherungspflicht auf Antrag** nach § 4 SGB VI stellt dabei eine **rentenrechtliche Sondervorschrift** dar, da ein **Versicherungspflichtverhältnis** begründet wird (vgl. zur Arbeitsförderung § 28 a SGB III). Da der Gesetzgeber ansonsten die Versicherungspflichtverhältnisse unmittelbar im Gesetz regelt und die antragsabhängige Versicherungspflicht von der willentlichen Entscheidung der berechtigten Personen abhängt, stellt die Versicherungspflicht auf Antrag einen Systembruch dar. Die Tatbestände werden wegen des Charakters als Pflichtversicherung häufig im Zusammenhang mit dem versicherungspflichtigen Personenkreis betrachtet.

Auf **Antrag des Arbeitgebers** mit Sitz im Inland besteht Versicherungspflicht auf Antrag für

- Entwicklungshelfer (Abs. 1 S. 1 Nr. 1),
- Angehörige eines Mitgliedsstaates der Europäischen Union, des Europäischen Wirtschaftsraums oder der Schweiz für die Zeit einer zeitlich begrenzten Beschäftigung im Ausland (Abs. 1 S. 1 Nr. 2 als Ausnahme vom Territorialprinzip, siehe Abschn. 1.3),
- Angehörige eines Mitgliedsstaates der Europäischen Union, des Europäischen Wirtschaftsraums oder der Schweiz, wenn sie in einer Vertretung es Bundes oder der Länder beschäftigt sind (Abs. 1 S. 2).

Auf **eigenen Antrag** besteht **Versicherungspflicht** auf Antrag für

- selbstständig Tätige, wenn der Antrag innerhalb der ersten fünf Jahre der Tätigkeit gestellt wird oder zuvor Versicherungspflicht bestand (Abs. 2),
- Sozialleistungsempfänger (Entgeltersatzleistungen), für die zugunsten § 3 S. 1 Nr. 3 bzw. 3 a SGB VI kein Versicherungspflichtverhältnis besteht, weil versicherungsrechtliche Voraussetzungen nicht gegeben sind (Abs. 3 S. 1 Nr. 1),
- Arbeitsunfähige und berufliche Rehabilitanden längstens für 18 Monate (Abs. 3 S. 1 Nr. 2).

Der Antrag ist mit Ausnahme der selbstständig Tätigen (Absatz 2: innerhalb von fünf Jahren) **nicht fristgebunden** (siehe § 4 Abs. 4 S. 1 SGB VI). Gemäß § 4 Abs. 4 S. 2 SGB VI entfällt das Versicherungspflichtverhältnis, sobald die Voraussetzungen weggefallen sind. Eines gesonderten „Aufhebungsbescheides" bedarf es nicht. Für Arbeitsunfähige und berufliche Rehabilitanden sieht das Gesetz eine Höchstdauer des Versicherungspflichtverhältnisses von 18 Monaten vor (§ 4 Abs. 3 S. 1 Nr. 2 SGB VI).

> **Zusammenfassung, Merksatz**
> Die Versicherung auf Antrag begründet ein Versicherungspflichtverhältnis (ebenso wie im Recht der Arbeitsförderung). Es handelt sich um einen abschließend geregelten Sondertatbestand. Das Antragsrecht steht in bestimmten Fällen Arbeitgebern sowie den Versicherungsberechtigten zu.

Eine **freiwillige Versicherung** steht grundsätzlich jeder nicht versicherungspflichtigen Person (§§ 1 bis 3, § 4, § 8 SGB VI) nach Vollendung des 16. Lebensjahres offen, solange eine Vollrente wegen Alters noch nicht bewilligt oder bezogen wird (§ 7 Abs. 1 S. 1, Abs. 2 SGB VI). Der Gesetzgeber möchte damit für die Gesamtbevölkerung mit Wohnsitz oder gewöhnlichem Aufenthalt im Inland – unabhängig von der Staatsangehörigkeit – die

Möglichkeit schaffen, in der gesetzlichen Rentenversicherung abgesichert zu sein. Diese Möglichkeit ist grundsätzlich auch Personen gegeben, die versicherungsfrei (§ 1 S. 3, § 5 SGB VI) sind. Da praktisch nur in von persönlichen Motivationslagen begründeten Fällen solche Personen von der Versicherungsberechtigung Gebrauch machen, werden von diesen Personengruppen die Sondervorsorgesysteme offensichtlich aus wesentlich lukrativer angesehen. Wegen des deutlich abgesenkten Niveaus der Leistungen der gesetzlichen Rentenversicherung (vgl. § 154 Abs. 3 S 1 Nr. 2 SGB VI) dürfte dies kaum verwundern.

**Sonderfälle: Nachversicherung sowie Versorgungsausgleich und Rentensplitting**
Das Gesetz sieht als Besonderheit der gesetzlichen Rentenversicherung in § 8 Abs. 1 S. 1 Nr. 1, Abs. 2 SGB VI in bestimmten Fällen die Möglichkeit einer **Nachversicherung** vor. Dabei handelt es sich um Personen, die zunächst versicherungsfrei oder von der Versicherungspflicht befreit waren. Die Nachversicherung soll eine möglichst lückenlose Vorsorge sicherstellen. Praktisch wichtigster Anwendungsfall ist die Nachversicherung von Personen, die zunächst nach beamtenrechtlichen Regelungen oder in anderen berufsständigen Versorgungseinrichtungen abgesichert waren und nachversichert werden. Die Nachversicherung setzt voraus, dass die nachzuversichernde Person ohne Anspruch auf Versorgung aus der Beschäftigung ausgeschieden ist oder ihren Anspruch auf Versorgung verloren hat (§ 8 Abs. 2 S. 1 SGB VI). Zudem dürfen Gründe für einen Aufschub der Beitragszahlung (§ 184 Abs. 2 SGB VI) nicht gegeben sein.

Zusätzlich sind auch versichert Personen, für die aufgrund eines **Versorgungsausgleichs** (siehe hierzu z. B. Eichenhofer 2019, § 15) oder eines **Rentensplittings** (§§ 120 a ff. SGB VI) Rentenanwartschaften übertragen oder begründet sind (§ 8 Abs. 1 S. 1 Nr. 2 SGB VI).

### 4.3.2   Finanzierung

Die Finanzierung der gesetzlichen Rentenversicherung erfolgt nach der gesetzlichen Definition des § 153 SGB VI im **Umlageverfahren** (siehe zum Finanzierungssystem Abschn. 3.2.3.1). Dieses Verfahren ist nach weit verbreiteter Auffassung alternativlos (z. B. Ruland 2018, Rz. 159 m. w. N.). Die Ausgaben eines Kalenderjahres werden durch die Einnahmen des **gleichen Kalenderjahres** gedeckt (§ 153 Abs. 1 SGB VI). Sollten die Einnahmen für die Ausgabendeckung nicht genügen, wird auf die **Nachhaltigkeitsrücklage** (§§ 216 ff. SGB VI) zurückgegriffen. Das Gesetz definiert, dass **Einnahmen** der allgemeinen Rentenversicherung „insbesondere" die **Beiträge** und die **Zuschüsse des Bundes** sind. Damit ist diese Aufzählung nicht abschließend, was sich bereits aus den einschlägigen Normen des SGB IV ergibt. Die Regelung ist daher ohne Regelungsinhalt. Die Finanzierung der allgemeinen RV soll nachfolgende Abbildung Abb. 4.5 veranschaulichen.

Zusätzlich greift zugunsten der allgemeinen Rentenversicherung die **Bundesgarantie** des § 214 Abs. 1 SGB VI. Genügen Beiträge und Zuschüsse des Bundes (und sonstige

**Finanzierungsinstrumente allgemeine RV (§ 153 SGB VI)**

Einnahmen, insbesondere

Nachhaltigkeits rücklage, §§ 216 ff. SGB VI

Beiträge

Zuschüsse des Bundes

Betriebs- mittel

Rücklage

Liquiditätssicherung (Bundesgarantie)

**Abb. 4.5** Finanzierungsinstrumente allgemeine RV

Einnahmen-) sowie die Nachhaltigkeitsrücklage nicht aus, die Zahlungsverpflichtungen zu erfüllen, gleicht der Bund die fehlenden Mittel aus. Die im Gesetz als „**Liquiditäts-hilfe**" bezeichnete finanzielle Unterstützung ist nach der Regelung des § 214 Abs. 2 SGB VI zinslos zurückzuzahlen. Insoweit stellt die Bundesgarantie ein zinsloses steuer-finanziertes Darlehen an die gesetzliche Rentenversicherung dar. Gesetzlich nicht geregelt ist der Fall, dass eine Rückzahlung nicht erfolgt bzw. wegen langanhaltender finanzieller Schieflage des Systems nicht erfolgen kann. In diesem Fall dürften sich gesamtgesellschaft-lich und volkswirtschaftlich allerdings weit grundlegendere Fragen stellen.

Um die **langfristige Leistungsfähigkeit** der gesetzlichen Rentenversicherung sicher-zustellen, hat der Gesetzgeber aus allen Trägern der **allgemeinen Rentenversicherung** einen **Finanzverbund** geschaffen (§ 219 SGB VI), das als **Gesamtlastverfahren** be-zeichnet wird. Dieser ist unabhängig von der Trägerstruktur. Innerhalb des Finanzver-bundes findet ein **interner Finanzausgleich** nach den Regelungen des § 219 SGB VI er-gänzt um die Sachverhalte der §§ 227, 287 f. SGB VI statt. Das Ausgleichsverfahren zwischen allgemeiner und knappschaftlicher Rentenversicherung regelt § 223 SGB VI.

**Beiträge**
Die **Finanzierung über Beiträge** wird von mehreren Grundsätzen als Rahmenvorgaben geleitet (vgl. § 157 SGB VI):

- **Beitragssatz** als Vomhundertsatz der beitragspflichtigen Einnahmen,
- **Beitragsbemessungsgrundlage** = die der Beitragspflicht dem Grunde nach unter-fallenden Einnahmen,

- **Beitragsbemessungsgrenze** = Obergrenze, bis zu deren Höhe die beitragspflichtigen Einnahmen (Beitragsbemessungsgrundlage) für die Beitragsberechnung zugrunde gelegt werden.

Der Beitrag ergibt sich dementsprechend aus der Formel:

$$\text{berücksichtigungsfähige Beitragsbemessungsgrundlage} \times \text{Beitragssatz}$$
$$= \text{Beitragshöhe}$$

Für die gesetzliche Rentenversicherung gilt in besonderem Maße der Grundsatz der **Äquivalenz zwischen Beitrag und Leistung**. Die Höhe der Rente richtet sich dementsprechend nach § 63 Abs. 1 SGB VI „vor allem nach der Höhe der während des Versicherungslebens durch Beiträge versicherten Arbeitsentgelte und Arbeitseinkommen" (BVerfGE 53, 257, 291 ff.; 69, 272, 302; siehe zum Äquivalenzprinzip Ruland 2018, Rz. 164 ff.).

### Hintergrundinformation: Beitragsbezogenheit des Leistungsbezugs?

Das Bundessozialgericht ist der Auffassung, dass es in der Beschäftigtenversicherung der allgemeinen Rentenversicherung keine beitragsbezogenen Leistungen und spiegelbildlich auch keine leistungsbezogenen Beiträge gebe (BSGE 86, 262, 281; 92, 113, 127; zustimmend jüngst Kaltenstein 2018, S. 1 ff.). Vielmehr sei die Rente arbeitswertbezogen. Die Auffassung des Bundessozialgerichts verkennt allerdings, dass Bezugspunkt des „Arbeitswertes" die Höhe des Arbeitsentgelts ist, das wiederum die Beitragsbemessungsgrundlage darstellt. Es besteht daher eine beitrags- und leistungsrechtliche Äquivalenz. Hiergegen ist auch nicht einzuwenden, dass sich die Rentenhöhe nur nach der Summe der Verhältniswerte (Entgeltpunkte) richtet (Kaltenstein 2018, S. 3 m. w. N.), da die Relation der Entgeltpunkte zueinander unmittelbar aus der Höhe der Arbeitsentgelte abgeleitet wird.

Der **Beitragssatz** (vgl. § 158 SGB VI) wird jährlich von der Bundesregierung überprüft und beträgt für die allgemeine Rentenversicherung 18,6 v. H. ab dem 01.01.2018 (siehe hierzu Abschn. 3.2.5). Ziel des Gesetzgebers ist, den Beitragssatz bis zum Jahr 2030 auf einem Niveau bis zu 22 v. H. stabil zu halten (§ 154 Abs. 3 S. 2 Nr. 1 SGB VI).

§ 161 Abs. 1 SGB VI knüpft an die allgemeinen Regelungen des SGB IV an und definiert, dass **Beitragsbemessungsgrundlage** für Versicherungspflichtige die beitragspflichtigen Einnahmen (hierzu im Einzelnen §§ 162, 163 SGB VI i. V. m. § 14 ff. SGB IV i. V. m. der SVEV) sind. Versicherungspflichtige sind die in den §§ 1 bis 4 SGB VI genannten Personen. Handelt es sich um einen selbstständig Tätigen (§§ 2, 229, 229 a, 4 Abs. 2 SGB VI), gilt für die beitragspflichtigen Einnahmen die Sonderregelung des § 165 SGB VI (siehe zu Sonderregelungen Flecken 2019, S. 511 f.). Für Versicherungspflichtige ohne Anknüpfung an eine Beschäftigung oder selbstständige Tätigkeit regelt die Auffangregelung des § 166 SGB VI, was beitragspflichtige Einnahmen darstellen sollen. Für freiwillig Versicherte (§ 7 SGB VI) ist jeder Betrag zwischen der Mindestbeitragsbemessungsgrundlage (§ 167 SGB VI) und der Beitragsbemessungsgrenze die Beitragsbemessungsgrundlage. Dabei beträgt diese anknüpfend an das Recht der geringfügigen Beschäftigung (Abschn. 3.2.4) mindestens 450 Euro im Monat (§ 167 SGB VI).

Die **Beitragsbemessungsgrenze** wird jährlich überprüft (und regelhaft angehoben; vgl. §§ 159, 160 SGB VI). Diese beträgt in der allgemeinen Rentenversicherung jährlich 85.200 Euro (monatlich 7100 Euro) im Jahr 2021 (siehe hierzu Abschn. 3.2.5).

**Hintergrundinformation: Familienlastenausgleich im Beitragsrecht der gesetzlichen Rentenversicherung**

Anders als in der gesetzlichen Pflegeversicherung (siehe Abschn. 4.2.2) wird in der gesetzlichen Rentenversicherung den Erziehungsberechtigten von Kindern keine finanzielle Entlastung auf Ebene der Beitragsfinanzierung gewährt. Auch vor dem Hintergrund der Entscheidung des Bundesverfassungsgerichts zur Beitragsentlastung in der sozialen Pflegeversicherung hat das Bundessozialgericht bisher abgelehnt, eine solche förderfähige Leistung in Form eines generativen Beitrags in der gesetzlichen Kranken- und Rentenversicherung anzuerkennen (insbesondere BSG vom 30.09.2015, B 12 KR 15/12 R, BSGE 120, 23–51; siehe hierzu auch das Beispiel sowie die Hintergrundinformation am Ende von Abschn. 1.2).

> **Zusammenfassung, Merksatz**
>
> Die Beitragsfinanzierung stellt in der gesetzlichen Rentenversicherung das Hauptfinanzierungsinstrument dar. Der Beitragssatz ist gesetzlich auf 18,6 % (seit 2018), die Beitragsbemessungsgrenze auf 85.200 Euro (Jahr 2021) festgesetzt.

Neben den Rahmenvorgaben, welche die Beitragsfinanzierung **dem Grunde nach** sowie der **Höhe** nach regeln, ist von entscheidender Bedeutung, wer die **Beiträge schuldet**. Der Fachbegriff des Gesetzes ist die **Beitragstragung**. Davon muss unterschieden werden, wer die Beitragsschuld bezahlen muss (**Beitragszahlung**).

- **Beitragstragung**:
  Die Beiträge werden bei **versicherungspflichtig Beschäftigten** entsprechend des Prinzips der paritätischen (= hälftigen) Finanzierung der Sozialversicherung zu gleichen Teilen von Arbeitgebern und Arbeitnehmern getragen, wenn letztere gegen Arbeitsentgelt beschäftigt sind (§ 168 Abs. 1 Nr. 1 SGB VI). Neben diesem Grundtatbestand regelt das Gesetz in § 168 SGB VI eine Reihe von Sondertatbeständen (z. B. Kurzarbeitergeld, geringfügige Beschäftigung, Teilhabemaßnahmen von Menschen mit Behinderung, etc.), die zum Teil eine abweichende Betragstragung vorsehen. **Selbstständig Tätige** haben ihre Beiträge selbst zu tragen (§ 169 Nr. 1 SGB VI); gleiches gilt für **freiwillig Versicherte** (§ 171 SGB VI i. V. m. § 7 SGB VI). Für Versicherungspflichtige ohne Anknüpfung an eine Beschäftigung oder selbstständige Tätigkeit regelt die Auffangregelung des § 170 SGB VI in Anknüpfung an § 166 SGB VI, wer die Beiträge zu tragen hat.
  Für **Künstler** und **Publizisten** (§ 2 S. 1 Nr. 5 SGB VI i. V. m. 2 KSVG) trägt die Künstlersozialkasse (KSK) die Beiträge (§ 169 Nr. 2 SGB VI) im Verhältnis zum Rentenversicherungsträger. Die Beiträge zur KSK erbringen Ihrerseits die Künstler und Publizisten (§ 15 KSVG) sowie über die Künstlersozialabgabe die beitragspflichtigen

Unternehmer (§ 23 KSVG, Bundeszuschuss § 34 KSVG) je zur Hälfte. Mithin tragen Künstler und Publizisten mittelbar die Hälfte des Beitrags zur Rentenversicherung. Allerdings ist gemäß § 175 Abs. 2 SGB VI die KSK nur dann zur Zahlung eines Beitrags für die Künstler und Publizisten verpflichtet, als diese ihren Beitragsanteil zur Rentenversicherung nach § 15 KSVG gezahlt haben. Die Berufsgruppe ist daher mindestens hälftig über die Künstlersozialabgabe rentenrechtlich abgesichert.

Für bestimmte von der Versicherungspflicht **befreite Personengruppen** (insbesondere nach Erreichen der Regelaltersgrenze unabhängig vom vorherigen versicherungsrechtlichen Status) sieht § 172 Abs. 1 SGB VI eine Tragung des Hälftigen Beitrags durch Arbeitgeber vor, wenn eine versicherungspflichtige Beschäftigung bestehen würde. Die Norm soll aus Wettbewerbsgründen verhindern, dass wegen der geringeren Lohnnebenkosten solche Personen beschäftigt werden. Für **geringfügig Beschäftigte** und Beschäftigte in Privathaushalten (§ 172 Abs. 3, 3 a SGB VI) siehe Abschn. 3.2.4.

- **Beitragszahlung**:
  Anknüpfend an die Beitragstragung bestimmt § 173 SGB VI, dass die Beiträge von dem zu zahlen sind, der Sie schuldet (also: zu tragen hat). Hiervon macht das Gesetz für die wichtigste Gruppe der gegen Arbeitsentgelt **versicherungspflichtig Beschäftigten** in § 174 Abs. 1 SGB VI eine wichtige Ausnahme. Durch den Verweis auf die Normen zum Gesamtsozialversicherungsbeitrag im SGB IV hat allein der **Arbeitgeber** die Beiträge an die Einzugsstelle **zu zahlen** (siehe hierzu im Einzelnen Abschn. 3.2.3.3). Dabei sieht das Bundessozialgericht die Zahlungspflicht des Arbeitgebers als originär eigene Beitragsschuld des Arbeitgebers an, was systematisch nicht korrekt ist (BSG, SozR3 – 2400 § 25 Nr. 6). Im Verhältnis zum Beschäftigten hat der Arbeitgeber ein Recht auf Abzug vom Bruttolohn mit Erfüllungswirkung (§ 362 Abs. 2 BGB). Gegenüber den versicherungspflichtig Beschäftigten hat die Einzugsstelle kein Recht, Beiträge zu fordern. Dies gilt auch dann, wenn der Arbeitgeber nicht gezahlt hat.

  Die Beiträge für **Kindererziehungszeiten** werden als versicherungsfremde rentenrechtliche Zeiten vom **Bund** und damit aus Steuermitteln gezahlt (§ 177 Abs. 1 SGB VI).

Das SGB VI bestimmt zusätzlich, welche **Wirksamkeit die Beitragszahlung** hat. Wegen des Versicherungsprinzips müssten idealtypisch der Versicherungszeitraum mit der Beitragszahlung (Versicherungsprämie und deren Geltungszeitraum) zusammenfallen. Da dies praktisch kaum durchführbar ist und sozialpolitisch unerwünscht ist (freiwillige Beiträge), kann ein Auseinanderfallen von Zahlungs- und Versicherungsmonat nicht vermieden werden (siehe hierzu auch Peters in Kass Komm § 197 SGB VI, Rz. 2, (Kaltenstein 2018)). Anderseits soll eine Zahlung auch nicht zeitlich unbegrenzt möglich sein. Der Gesetzgeber hat daher als Prinzip in § 197 Abs. 1 SGB VI festgelegt, dass gezahlte Pflichtbeiträge bis zur **Verjährung des Anspruchs** auf diese wirksam sind. Für freiwillige Beiträge gilt eine Wirksamkeit der Zahlung bis zum 31.03. des Folgejahres, für das sie gelten sollen (§ 197 Abs. 2 SGB VI). Weitere Sonderfälle wegen Irrtümern etc. regelt das Gesetz in den §§ 198 bis 203 SGB VI.

**Hintergrundinformationen**

**Hintergrundinformation: Nachversicherung**

Das Gesetz sieht in § 8 Abs. 1 S. 1 Nr. 1, Abs. 2 SGB VI in bestimmten Fällen die Möglichkeit einer **Nachversicherung** vor. Dabei handelt es sich um Personen, die zunächst versicherungsfrei oder von der Versicherungspflicht befreit waren. Praktisch wichtigster Anwendungsfall ist die Nachversicherung von Personen, die zunächst nach beamtenrechtlichen Regelungen abgesichert waren und nachversichert werden. In diesen Fällen werden die Beiträge nachträglich nach den aktuell geltenden Vorschriften berechnet (§ 181 Abs. 1 S. 1 SGB VI); es gilt also das Recht zum Zeitpunkt der Zahlung der Nachversicherung (siehe zur alten Gesetzeslage bis zu 31.12.1991 § 281 Abs. 2 SGB VI). Die Bemessungsgrundlage sind nach § 181 Abs. 2 SGB VI die beitragspflichtigen Einnahmen aus der Beschäftigung im Nachversicherungszeitraum (Mindestbeitragsbemessungsgrundlage § 181 Abs. 3 SGB VI; siehe zum Begriff des Arbeitsentgelts im Nachversicherungszeitraum BSG mit Anmerkungen Pietrek, SGb 2017, 721–728). Die Beitragsbemessungsgrundlage wird wegen des regelmäßig längerfristigen betroffenen Zeitraums nach Absatz 4 der Norm dynamisiert. Getragen werden die Beiträge **allein** von den **Arbeitgebern, Genossenschaften oder Gemeinschaften** des Arbeitgebers, sodass allein diese Schuldner und Zahlungspflichtige des Nachversicherungsbeitrags sind (§ 181 Abs. 5 S. 1 SGB VI). Das heißt, nachversicherte Personen werden ohne eigenen Beitragsanteil nachversichert (Ausnahme vom Prinzip der paritätischen Beitragsfinanzierung). Die Zahlung erfolgt unmittelbar an den zuständigen Rentenversicherungsträger (§ 185 Abs. 1 S. 1 SGB VI), Nachversicherungsbeiträge gelten als rechtzeitig gezahlte Pflichtbeiträge (§ 185 Abs. 2 S. 1 SGB VI).

Ist die nachzuversichernde Person berechtigt, an der **berufsständischen Versorgung** teilzunehmen (siehe Abschn. 4.3.3.2), erfolgt die Zahlung der Beiträge an die berufsständische Versorgungseinrichtung (siehe hierzu § 186 SGB VI).

**Hintergrundinformation: Nachzahlung von Beiträgen**

Etwas anderes als die Nachversicherung ist die Möglichkeit einer **Nachzahlung von Beiträgen**. Die allgemeinen Voraussetzungen der Nachzahlung regelt § 209 SGB VI. Die Norm gehört systematisch eher in einen „allgemeinen Teil" des Beitragsrechts, den das SGB VI allerdings nicht vorsieht. Neben diesen grundsätzlichen Tatbestandsvoraussetzungen müssen die Tatbestandsvoraussetzungen der Sondernormen der Nachzahlung (§§ 204 bis 207, §§ 282 bis 285 SGB VI) gegeben sein. Sinn und Zweck der Nachzahlung ist, bestehende Beitragslücken in der Rentenbiografie zu schließen. Es soll kein eigenes Zugangsrecht zur Rentenversicherung geschaffen werden, weshalb § 209 Abs. 1 S. 1 SGB VI auch die Versicherungspflicht oder eine freiwillige Versicherungsberechtigung voraussetzt (versicherungsrechtlicher Tatbestand der Nachzahlung). Die Berechnungsparameter der Nahzahlung normiert grundsätzlich § 209 Abs. 2 SGB VI. Die Nachzahlung ist eine Sonderform der Zahlung freiwilliger Beiträge für länger zurückliegende Zeiträume (siehe im Einzelnen Peters in Kass Komm § 209 SGB VI, Rz. 2 ff., (Kaltenstein 2018)).

Da die **Beitragssatzstabilität** und die **Sicherung des Rentenniveaus** von herausragender gesamtgesellschaftlicher und volkswirtschaftlicher Bedeutung sind, hat der Gesetzgeber der Bundesregierung Berichtspflichten (§ 154 SGB VI, insbesondere den jährlichen Rentenversicherungsbericht) aufgegeben Damit soll sichergestellt werden, dass die politisch Verantwortlichen zeitgerecht Maßnahmen ergreifen.

**Zuschüsse des Bundes**

Der Bund leistet nach § 213 SGB VI **Zuschüsse zur allgemeinen Rentenversicherung** (Sondernorm § 215 SGB VI für Zuschüsse zur knappschaftlichen Rentenversicherung). Dabei handelt es sich nicht um einen einzigen zusammenhängenden Zuschuss, sondern um mehrere voneinander getrennt zu betrachtende Zuschüsse, die jeweils auf anderen Rechtsgründen beruhen. Zur Sicherung des allgemeinen Finanzierungsaufwandes (siehe zum Sinn und Zweck der Bundeszuschüsse Ruland 2018, Rz. 182 ff.) der Ausgaben der allgemeinen Rentenversicherung leistet der Bund einen **allgemeinen Zuschuss** nach § 213 Abs. 1 SGB VI, der jährlich nach den Regelungen der Absätze 2 und 2 a der Norm angepasst wird. Bezogen wird die jährliche Änderung auf die Bruttolohnentwicklung der Arbeitnehmer und die Entwicklung des Beitragssatzes in der Rentenversicherung. Mit Wirkung ab 01.01.2021 hat der Gesetzgeber das Gesetz zur Einführung der **Grundrente** für langjährige Versicherung in der gesetzlichen Rentenversicherung mit unterdurchschnittlichem Einkommen und für weitere Maßnahmen zur Erhöhung der Alterseinkommen (Grundrentengesetz) in Kraft gesetzt (BGBl. I 2020, S. 1879; siehe zur Grundrente Ruland NZS 2021, 241 bis 250). Die zusätzlichen Rentenleistungen der Grundrente werden ebenfalls durch den Bundeszuschuss finanziert (BMAS, Gesetzesentwurf S. 5) (Bundesagentur für Arbeit, Presseinfo zum Haushalt 2021).

Zusätzlich leistet der Bund einen **zusätzlichen Zuschuss** für **nicht beitragsgedeckte (= versicherungsfremde) Leistungen** (§ 213 Abs. 3 SGB VI). Dieser Zuschuss für nicht beitragsgedeckte Leistungen wird zusätzlich zur Finanzierungsstabilisierung der Rentenversicherung erhöht (Erhöhungsbetrag nach § 213 Abs. 4, 5 SGB VI). Der zusätzliche Zuschuss sowie dessen Erhöhungsbetrag werden durch eine Erhöhung der Umsatzsteuer sowie aus der ökologischen Steuerreform gegenfinanziert (siehe hierzu Fuchs et al. 2021, § 45 Rz. 20). Die Zuschüsse werden vom Bundesamt für Soziale Sicherung administriert (§ 213 Abs. 6 SGB VI). Der Umfang der Bundeszuschüsse hat einen erheblichen Umfang und beträgt 99,745 Mrd. Euro (Jahr 2019, Statistisches Bundesamt, Datenreport 2021.

**Nachhaltigkeitsrücklage**

Die Träger der allgemeinen Rentenversicherung halten trägerübergreifend und damit auf Systemebene eine gemeinsame **Nachhaltigkeitsrücklage** aus **Betriebsmitteln** und **Rücklagen** vor, der die Überschüsse der Einnahmen über die Ausgaben zugeführt werden und aus der Defizite zu decken sind (§ 216 Abs. 1 S. 1 SGB VI). Das SGB VI regelt daher Sondertatbestände zu den Regelungen des SGB IV zu Betriebsmitten und Rücklagen (siehe Abschn. 3.2.3.5), die sich aus der trägerübergreifenden **Solidarisierung von Überschüssen und Defiziten** ergibt. Die Höhe der Nachhaltigkeitsrücklage ergibt sich aus § 158 Abs. 1 S. 1 SGB VI und muss zwischen dem 0,2-fachen (**Mindestrücklage**) bis 1,5-fachen (**Höchstnachhaltigkeitsrücklage**) einer durchschnittlichen Monatsausgabe der Träger der Rentenversicherung liegen. Die Nachhaltigkeitsrücklage wird von der DRV Bund verwaltet, sofern sie dauerhaft den Wert einer 0,5-fachen durchschnittlichen Monatsausgabe nicht überschreitet (§ 216 Abs. 2 S. 1 SGB VI). Überschreitet sie diesen Wert, ist sie von den Trägern der allgemeinen Rentenversicherung zu verwalten. Zuständig ist das Erweiterte Direktorium der DRV Bund. Die Anlage muss nach § 217 SGB VI liquide und damit möglichst sicher erfolgen. **Aktuell** wird eine Nachhaltigkeitsrücklage im Umfang der **Höchstnachhaltigkeitsrücklage** vorgehalten.

▶ **TIPP** Alle wichtigen Zahlen zur Finanzierungssituation können auf der Homepage der Deutschen Rentenversicherung abgerufen werden: https://www. deutsche-rentenversicherung.de/DRV/DE/Experten/Zahlen-und-Fakten/ zahlen-und-fakten_node.html (Stand 06.10.2021).

Beispielsweise wird dort die Entwicklung bzw. Höhe der Nachhaltigkeitsrücklage abgebildet: https://www.deutsche-rentenversicherung.de/DRV/DE/ Experten/Zahlen-und-Fakten/Kennzahlen-zur-Finanzentwicklung/ kennzahlen-zur-finanzentwicklung_node.html (Stand 06.10.2021).

### 4.3.3 Besondere Formen der Alters-, Invaliditäts- und Hinterbliebenensicherung

**Hintergrundinformation: Zusatz- und Sonderversorgungssysteme im Beitrittsgebiet**
Für Ansprüche und Anwartschaften, die aufgrund der Zugehörigkeit zu Zusatz- und Sonderversorgungssystemen (Versorgungssysteme) im Beitrittsgebiet (§ 18 Abs. 3 SGB IV) erworben worden sind, regelt das Gesetz zur Überführung der Ansprüche und Anwartschaften aus Zusatz- und Sonderversorgungssystemen des Beitrittsgebiets (Anspruchs- und Anwartschaftsüberführungsgesetz – AAÜG), wie mit diesen Ansprüchen umzugehen ist. Dabei wird für den Begriff des Arbeitsentgelts auf die allgemeine Definition des § 14 SGB IV zurückgegriffen. Ob relevantes Arbeitsentgelt zugeflossen ist, muss von dem Berechtigten wenigstens überwiegend wahrscheinlich, d. h. glaubhaft gemacht werden (vgl. BSG, NZS 2017, 637, 637).

#### 4.3.3.1 Beamtenversorgung
Die **Beamtenversorgung** stellt im gegliederten System der Alterssicherung in Deutschland ein Sondersystem dar. Das Versorgungsrecht der Beamten ist Teil des **Beamtenrechts**. Die Beamtenversorgung korrespondiert mit Grundprinzipien des deutschen Berufsbeamtentums (siehe hierzu BVerfGE 114, 258, 281 ff.; (Kemmler 2018). § 4 Bundesbeamtengesetz (BBG) besagt insoweit, dass Beamtinnen und Beamte zu ihren Dienstherren in einem öffentlich-rechtlichen **Dienst- und Treueverhältnis** stehen. Welche Institution Dienstherr sein kann, ergibt sich aus § 2 BBG.

**§ 2 BBG**
Das Recht, Beamtinnen und Beamte zu haben, besitzen der Bund sowie bundesunmittelbare Körperschaften, Anstalten und Stiftungen des öffentlichen Rechts, die dieses Recht zum Zeitpunkt des Inkrafttretens dieses Gesetzes besitzen oder denen es danach durch Gesetz oder aufgrund eines Gesetzes verliehen wird.

Aus der Nähe zum Dienstherrn erklärt sich, wie dem Grunde nach die Besoldung bzw. Versorgung der Beamten **finanziert** wird. Diese wird ebenso finanziert wie die Aufgaben der Behörde, Körperschaft, Anstalt oder Stiftung, für welche der Beamte tätig wird. Daher werden die Besoldung und Versorgungsbezüge in der Regel aus **Steuermitteln** aufgebracht. Sind die Finanzierungsmittel des Dienstherrn über Beiträge finanziert (z. B. bei den Trägern der Deutschen Rentenversicherung), werden aus den Beitragseinnahmen auch die Kosten der Besoldung und Versorgung der Beamten finanziert.

**Hintergrundinformation: Uneinheitlichkeit des Beamtenrechts**
Das Beamtenrecht in Deutschland ist in sich ein gegliedertes System. Insbesondere auf Bundesebene sowie auf Eben der Bundesländer existieren eigenständige Regelungen, die zum Teil deutlich voneinander abweichen. Daneben bestehen weitere Sondersysteme; zu nennen ist hier insbesondere das Dienstrecht der Soldatinnen und Soldaten (siehe Abschn. 6.5). Exemplarisch wird hier auf das Beamtenrecht des Bundes abgestellt.

Grundsätzlich wird das Beamtenverhältnis **auf Lebenszeit** begründet (vgl. § 6 S. 2 BBG). Sinn und Zweck des Beamtenverhältnisses auf Lebenszeit ist die dauernde Wahrnehmung von gesetzlich bestimmten Aufgaben (vgl. § 5 BBG). Beamte werden (nur) bei Vorliegen bestimmter gesetzlich normierter Voraussetzungen auf Lebenszeit ernannt (vgl. § 11 BBG).

Im Rahmen dieses lebenszeitlichen Dienst- und Treueverhältnisses „erdient" sich ein Beamter Versorgungsbezüge, die er nach dem aktiven Dienst und Eintritt in den **Ruhestand** als Pensionär erhält. Auch als sog. Versorgungsempfänger gelten die Rechte und Pflichten aus dem weiterhin fortbestehenden Beamtenverhältnis weiter. Regelfall des Ruhestands ist das Erreichen einer Altersgrenze.

**§ 51 Abs. 1 BBG**
Beamtinnen auf Lebenszeit und Beamte auf Lebenszeit treten mit dem Ende des Monats in den Ruhestand, in dem sie die für sie jeweils geltende Altersgrenze erreichen. Die Altersgrenze wird in der Regel mit Vollendung des 67. Lebensjahres erreicht (Regelaltersgrenze), soweit nicht gesetzlich eine andere Altersgrenze (besondere Altersgrenze) bestimmt ist.

Anders als in der gesetzlichen Rentenversicherung zahlt ein Beamter in der aktiven Dienstphase grundsätzlich keinen eigenen monetären Beitrag zur Altersversorgung. Seit 1999 leisten Beamte eine sog. „Versorgungsrücklage" zu ihrer Altersversorgung.

**Hintergrundinformation: Versorgungsrücklage**
Nach § 14 a BBesG werden Versorgungsrücklagen als Sondervermögen aus einer Verminderung der Besoldungs- und Versorgungsanpassungen gebildet. Hierzu wird das Besoldungs- und Versorgungsniveau der Beamten und Pensionäre in jährlichen Schritten von je 0,2 v. H. abgesenkt, indem die gesetzlich beschlossenen Gehaltsanpassungen der Beamten und die daraus resultierenden Anpassungen der Pensionen in den Jahren zwischen 1999 und 2024 entsprechend vermindert werden. Die dadurch eingesparten Beträge werden einem Sondervermögen zugeführt und dürfen nur zur Finanzierung künftiger Versorgungsausgaben verwendet werden. Das Bundesverfassungsgericht hat diesen monetären Beitrag der Beamten zu ihrer Alterssicherung akzeptiert (BVerfGE 114, 258, 297 ff.).

Aus dem lebenslangen gegenseitigen Dienst- und Treueverhältnis zwischen Dienstherren und Beamten folgt das **Alimentationsprinzip**. Besoldung und Versorgung sind die einheitliche bei Begründung des Beamtenverhältnisses garantierte Gegenleistung des Dienstherrn (vgl. BVerfGE 21, 329, 346; 37, 167, 179; 39, 196, 202). Die Versorgung setzt insoweit die Besoldung fort. Der Dienstherr ist gehalten, den Unterhalt des Beamten und der Hinterbliebenen **lebenslang zu garantieren** (BVerfGE 76, 256, 298). Deshalb hat ein Beamte seine Altersversorgung und die seiner Hinterbliebenen nicht selbst zu veranlassen (BVerfGE 39, 196, 202). Folge dieser Garantie ist, dass die **Bruttobezüge** des aktiven Beamten von vornherein – unter Berücksichtigung der künftigen Pensionsansprüche – **niedriger** festgesetzt sind (vgl. BVerfGE 54, 11, 31 f.; 105, 73, 115 und125). Da die Beamtenversorgung ein Gesamtversorgungssystem darstellt, gewährt sie dem Beamten und seiner Hinterbliebenen ein soziales Sicherungsniveau, welches sonst durch die gesetzliche Rentenversicherung kombiniert mit einer betrieblichen Altersversorgung gewährleistet werden soll.

> **Zusammenfassung, Merksatz**
> Die Versorgung der Beamten basiert auf dem lebenslangen Alimentationsprinzip als Spiegelbild des gegenseitigen Dienst- und Treueverhältnisses zwischen Dienstherren und Beamten. Beamten wird lebenslang Unterhalt gewährt. Da Beamte keinen eigenen monetären Beitrag zur Alterssicherung zahlen, sind die Bruttobezüge während der aktiven Dienstzeit von vornherein niedriger festgesetzt.

Die **Höhe der Versorgungsbezüge** richtet sich nach anderen Kriterien als in der gesetzlichen Rentenversicherung. In der Beamtenversorgung kommt es nicht auf die durchschnittliche Höhe lebenslang erzielter Dienstbezüge an. Vielmehr richtet sich die Beamtenversorgung nach der **Besoldung im letzten Amt** unter Zugrundelegung **geleisteter Dienstjahre**.

### § 4 Abs. 3 BeamtVG
Das Ruhegehalt wird auf der Grundlage der ruhegehaltfähigen Dienstbezüge und der ruhegehaltfähigen Dienstzeit berechnet.

Zu den hergebrachten Grundsätzen des Berufsbeamtentums zählt, dass das Ruhegehalt unter Wahrung des **Leistungsprinzips** und Anerkennung aller Beförderungen aus dem letzten Amt zu berechnen ist (BVerfGE 61, 43, 58; 114, 258, 286). Die in einer Beförderung liegende Anerkennung wirkt sich daher auch auf die Versorgung im Ruhestand aus, ein beruflicher Aufstieg wertet daher auch die Altersversorgung auf. Im Grundsatz der Versorgung aus dem letzten Amt wirken das **Alimentations- und das Leistungsprinzip** zusammen. Die Besoldung im letzten Amt muss der Beamte mindestens zwei Jahre erhalten haben (§ 5 Abs. 5 S. 1 BeamtVG). Die ruhegehaltsfähigen Dienstzeiten bestimmen, welcher Prozentsatz der Besoldung aus dem letzten Amt als Ruhegehalt gezahlt wird. Insoweit ist gesetzlich festgelegt, welcher vom-Hundert-Satz je Dienstjahr Berücksichtigung findet und wie hoch maximal das Ruhegehalt ist.

### § 14 Abs. 1 S. 1 BeamtVG

Das Ruhegehalt beträgt für jedes Jahr ruhegehaltfähiger Dienstzeit 1,79375 Prozent, insgesamt jedoch höchstens 71,75 Prozent, der ruhegehaltfähigen Dienstbezüge.

---

**Berechnungsbeispiel**

Ein unverheirateter kinderloser Beamter (Jahrgang 1972) ist seit 1994 ununterbrochen 26 Jahr im Dienst und bezieht seit drei Jahren Besoldung nach A 11. Er wird im Jahr 2021 dienstunfähig und in den Ruhestand versetzt.

Wie hoch ist das Ruhegehalt (Besoldung 2021)?

Lösung (Grundgehalt ohne Zulagen):

Besoldung nach A 11 nach 26 Dienstjahren, Erfahrungsstufe 8 = 4747,51 €

Dienstzeit: 26 Jahre + Zurechnungszeit nach § 13 Abs. 1 BeamtVG (2/3 von 11 Jahren = 7,33 Jahre) = 33,33 Jahre

Faktor nach § 5 Abs. 1 BeamtVG: 0,9901

Besoldung 4747,51 € × 0,9901 = 4700,51 €

Versorgungssatz: 33,33 Jahre × 1,79375 = 59,79 v. H.

Ruhegehalt: 4700,51 € × 59,79 v. H. = 2810,43 Euro

Verminderung nach § 14 Abs. 3 BeamtVG um 10,8 v. H. = 303,53 €

Ruhegehalt mit Verminderung: 2506,90 € ◄

**Zuständig** für die Zahlung der Versorgungsbezüge ist grundsätzlich der frühere Dienstherr des Beamten („**Versorgungsträger**"). Die Festsetzung der Versorgungsbezüge kann allerdings auch auf eine andere Stelle übertragen werden.

### § 49 Abs. 1 BeamtVG

Die oberste Dienstbehörde setzt die Versorgungsbezüge fest, bestimmt die Person des Zahlungsempfängers und entscheidet über die Berücksichtigung von Zeiten als ruhegehaltfähige Dienstzeit sowie über die Bewilligung von Versorgungsbezügen auf Grund von Kannvorschriften. Sie kann diese Befugnisse im Einvernehmen mit dem Bundesministerium des Innern, für Bau und Heimat auf andere Stellen übertragen.

**Scheiden** Beamte vorzeitig freiwillig oder unfreiwillig aus dem Beamtenverhältnis **aus**, erlischt automatisch der Anspruch auf eine Beamtenversorgung. Folge ist, dass der Beamte dann in der **gesetzlichen Rentenversicherung nachversichert** wird (vgl. hierzu vertiefend Ruland 2017). Alternativ hat der Gesetzgeber mit dem Altersgeldgesetz (vom 28.08.2013, BGBl. I 2013, S. 3386) für aus dem aktiven Dienst ausscheidende Beamte die Möglichkeit geschaffen, **Altersgeld** zu beziehen. Voraussetzung für die Gewährung von Altersgeld ist nach § 1 Abs. 1 AltGG, dass die berechtigte Person vor Beendigung des Dienstverhältnisses eine Erklärung gegenüber dem Dienstherrn abgegeben hat, anstelle der Nachversicherung in der gesetzlichen Rentenversicherung das Altersgeld in Anspruch nehmen zu wollen. Wenn ein Beamter zu einem anderen **Dienstherrn wechselt**, kann er in einem beamtenrechtlichen Versorgungssystem verbleiben. Insoweit wird die öffentliche Hand als Einheit betrachtet. Der neue Dienstherr übernimmt dann die Versorgung des Beamten unter Einschluss der ruhegehaltsfähigen Zeiten, welche dieser bei dem früheren Dienstherrn absolviert hat. Zwischen den Dienstherren kann nach §§ 107 b ff. BeamtVG eine anteilige Verteilung der Versorgungslasten erfolgen.

### 4.3.3.2 Berufsständische Versorgung

Die **berufsständige Versorgung** wird überwiegend als Sozialversicherung im Sinne des Art. 74 Abs. Nr. 12 GG angesehen (vgl. zur berufsständischen Pflichtaltersversicherung Kemmler 2018, Rz. 8 ff.). Sie ist durch die **berufsständischen Versorgungseinrichtungen** organisiert. Versichert sind **Mitglieder**, für die aufgrund entsprechender Satzungsnormen **Pflichtversicherungsverhältnisse** begründet werden. Dies sind einerseits selbstständig Tätige sowie andererseits dem jeweiligen Berufsstand angehörige Beschäftigte auf Grundlage entsprechender Satzungsregelungen. Letztere sollen der berufsständischen Versorgung angehören, da diese Beschäftigten in Ausübung eines „**freien Berufs**" häufig Selbstständige werden (können) und dementsprechend eine einheitliche rentenrechtliche Versorgungsbiografie bestehen soll. Entsprechend sieht § 6 Abs. 1 S. 1 Nr. 1 SGB VI eine Befreiungsmöglichkeit von der Versicherungspflicht in der gesetzlichen Rentenversicherung vor (siehe hierzu Kemmler 2018, Rz. 4). Den **Befreiungsbescheid** erteilt der zuständige Träger der gesetzlichen Rentenversicherung.

Berufsständische Versorgungseinrichtungen sind **Kammern** (Rechtsanwaltskammern, Steuerberaterkammern, Ärztekammern, Apothekerkammern, etc.). Auch Kammern folgen dem Prinzip der (berufsständischen) **Selbstverwaltung**. Sie erstrecken sich auf den jeweiligen Zuständigkeitsbezirk (laut Satzung). Die Kammerbezirke sind häufig aufgrund traditioneller historischer Gegebenheiten nicht mit Ländergrenzen identisch. Wechseln Mitglieder aufgrund eines Ortswechsels zwischen Kammern, werden sie zwischen den Versorgungseinrichtungen übergeleitet. Kammern werden auf landesrechtlicher Grundlage errichtet; der Bundesgesetzgeber hat insoweit von seiner (konkurrierenden) Gesetzgebungskompetenz bisher keinen Gebrauch gemacht. Organisatorisch können sie errichtet werden als (Kemmler 2018, Rz. 11)

rechtsfähige Körperschaften oder Anstalten des öffentlichen Rechts,

- teilrechtsfähige Verwaltungseinheiten (Sondervermögen der Kammer) oder
- nichtrechtsfähige Anstalten (öffentliche Einrichtungen), die von den Berufskammern kraft gesetzlicher Ermächtigung gebildet werden.

Dachverband ist die Arbeitsgemeinschaft berufsständischer Versorgungseinrichtungen e. V.

▶ **TIPP** Die Internetpräsentation ist über die Seite https://www.abv.de/, Stand 06.10.2021 zu erreichen.

Die Kammern finanzieren sich durch **Zwangsabgaben** ihrer (Zwangs-)Mitglieder in Form von **Beiträgen**. Schuldner der Beiträge ist das jeweilige Mitglied der Versorgungseinrichtung. Bei von der Versicherungspflicht befreiten Personen nach § 6 Abs. 1 S. 1 Nr. 1 SGB VI zahlen die Arbeitgeber einen Zuschuss in Höhe der Hälfte des Kammerbeitrags. Der Zuschuss ist der Höhe nach gedeckelt auf die Hälfte des Beitrags, der zu zahlen wäre, wenn Versicherungspflicht in der gesetzlichen Rentenversicherung bestehen würde. Daneben können Kammern Erlöse aus Vermögensanlagen erzielen.

---

**Berechnungsbeispiel: Höchstzuschuss zu einem Kammerbeitrag**

Beitragsbemessungsgrundlage bis zur Beitragsbemessungsgrenze in der allgemeinen Rentenversicherung = 85.200 Euro (2021)

$$\text{Beitrag} = 18,6 \text{ v. H. von } 85.200 \text{ Euro} = 15.847,20 \text{ Euro} / 2 = 7923,60 \text{ Euro} \blacktriangleleft$$

Im Grunde werden entsprechend der vielfältigen berufsständischen Versorgung zahlreiche Parallelsysteme neben der gesetzlichen Rentenversicherung gepflegt, die systematisch gleichwertig strukturiert sind und deshalb zu einem einzigen einheitlichen System zusammengeführt werden könnten (hierzu Boecken 2012, Rz. 10 ff.) (a. A. Kemmler 2018, Rz. 5). Dies ist wegen der Tradition und starken Lobbyarbeit der berufsständigen Versorgungseinrichtungen sowie des dort herrschenden höheren Versorgungsniveaus bisher nie ernsthaft versucht worden. Inwieweit ein einheitliches staatlich organisiertes Rentensystem tatsächlich vorteilhaft ist, wird je nach Ansicht unterschiedlich bewertet.

---

**Zusammenfassung, Merksatz**
Die berufsständische Versorgung stellen die Versorgungssysteme der sog. freien Berufe dar. Die Versorgungseinrichtungen sind Kammern. Auch für diese gilt das Selbstverwaltungsprinzip. Wer einen freien Beruf ausübt, wird Zwangsmitglied der zuständigen Kammer, die regional nach Bezirken gegliedert sind. Die Mitglieder finanzieren die Versorgungsaufwände der Kammern über Beiträge.

---

### 4.3.3.3 Betriebliche Altersversorgung

**Betriebliche Altersversorgung** wird als „Zweite Säule" der Lebensstandardsicherung im Alter bezeichnet. Sie basiert auf dem Gedanken, dass im Rahmen eines Beschäftigungsverhältnisses Arbeitgeber und Arbeitnehmer eine **Versorgungszusage** vereinbaren. Die Bedeutung der betrieblichen Altersstandardsicherung hat in den vergangenen Jahrzehnten in dem Maße zugenommen, in dem auf der anderen Seite die Regelvorsorge über die gesetzliche Rentenversicherung abgenommen hat. Die betriebliche Altersversorgung ist eine freiwillige privatrechtlich organisierte **Zusatzversorgung**, auf die grundsätzlich kein gesetzlicher Anspruch besteht. Um im betrieblichen Kontext diese Bemühungen zu unterstützen, hat der Gesetzgeber v. a. im **Steuerrecht** verankerte Förderungen geschaffen. Die betriebliche Altersversorgung ist im Gesetz zur Verbesserung der betrieblichen Altersversorgung („Betriebsrentengesetz", BetrAVG) geregelt. Der Gesetzgeber hat im Juli 2017 eine umfassende Reform des Betriebsrentengesetzes beschlossen. Das Betriebsrentenstärkungsgesetz trat zum 01.01.2018 in Kraft und soll die Verbreitung der betrieblichen Altersversorgung vor allem unter Geringverdienern fördern. Weitere wichtige rechtliche Ankerpunkte sind Tarifverträge, Betriebsvereinbarungen oder eine betriebliche Übung. Da die **Sicherung** der zugunsten der Arbeitnehmer über Jahre und Jahrzehnte aufgebauten betrieblichen Altersversorgung wichtig ist, hat der Gesetzgeber Schutzmechanismen geschaffen (**Unverfallbarkeit** der Anwartschaften [§ 1 b BetrAVG], keine **Auszehrung** der beitragsadäquaten Leistungen [§ 5 BetrAVG]). Bei einem Arbeitgeberwechsel sind Anwartschaften unter den Voraussetzungen des § 4 BetrAVG **übertragbar**. Auf Ebene des Europarecht sollen die Regelungen der Mobilitätsrichtlinie (RL 2014/50/EU, Abl. 2014 I L 128/1), diese umgesetzt in nationale Regelungen, eine bessere Portabilität gewährleisten.

### Hintergrundinformation: Organmitglieder juristischer Personen
**Organmitgliedern** juristischer Personen (Kapitalgesellschaften) dient die betriebliche Altersversorgung hingegen als Regelsicherungssystem, soweit sie nicht in den versicherten Personenkreis der gesetzlichen Rentenversicherung hineingezogen sind.

**Betriebliche Altersversorgung** ist nach § 1 Abs. 1 S. 1 BetrAVG gegeben, wenn Leistungen der Alters-, Invaliditäts- oder Hinterbliebenenversorgung aus Anlass seines Arbeitsverhältnisses vom Arbeitgeber zugesagt werden. Daneben liegt betriebliche Altersversorgung auch in den in Absatz 2 der Norm genannten Fällen vor. Das Betriebsrentengesetz unterscheidet vier **Zusagearten**:

1. Reine Leistungszusage: Der Arbeitgeber verspricht eine bestimmte Altersrente, z. B. als festen Geldbetrag oder als Prozentsatz des letzten Gehalts.
2. Beitragsorientierte Leistungszusage: Der Arbeitgeber verspricht, bestimmte Beiträge in eine Anwartschaft auf Alters-, Invaliditäts- oder Hinterbliebenenversorgung umzuwandeln.
3. Beitragszusage mit Mindestleistung: Der Arbeitgeber verspricht die Zahlung von Beiträgen zur Finanzierung von Leistungen der betrieblichen Altersversorgung an einen Pensionsfonds, eine Pensionskasse oder eine Direktversicherung. Zu Beginn der Altersrente müssen mindestens die gezahlten Beiträge zur Verfügung stehen, soweit sie nicht für einen biometrischen Risikoausgleich verbraucht wurden.
4. Reine Beitragszusagen (§§ 21–25 BetrAVG): Der Arbeitgeber ist hier lediglich zur Zahlung von Beiträgen verpflichtet. Eine bestimmte (Mindest-)Leistung wird weder durch den Arbeitgeber noch durch die die Zusage durchführende Einrichtung (Pensionskasse, Pensionsfonds oder Direktversicherung) garantiert. Die reine Beitragszusage hat

mit dem Betriebsrentenstärkungsgesetz zum 01.01.2018 in das Betriebsrentengesetz Eingang gefunden. Voraussetzung ist das Vorliegen eines Tarifvertrages. Die Tarifvertragsparteien haben sich an der Durchführung und Steuerung der reinen Beitragszusage zu beteiligen.

Betriebliche Altersversorgung ist über fünf **Durchführungswege** intern oder extern (§ 1 Abs. 1 S. 2 BetrAVG) möglich:

- **Direktzusage** des Arbeitgebers (§ 6 a EStG)
  Die Direktzusage wird als sog. interner Durchführungsweg bezeichnet. Bei ihr übernimmt der Arbeitgeber die Verpflichtung, Arbeitnehmern im Rentenalter eine Betriebsrente aus dem Betriebsvermögen zu zahlen. Hierfür bildet der Arbeitgeber Pensionsrückstellungen. Schutz vor Verlust durch Insolvenz besteht (§§ 7 ff. BetrAVG), da für Leistungen der Pensions-Sicherungsvereins eintritt (§ 14 BetrAVG).
- **Unterstützungskasse** (§ 4 d EStG)
  Die Unterstützungskasse gehört ebenfalls zu den internen Durchführungswegen. Es handelt sich um rechtsfähige Versorgungseinrichtungen, die auf ihre Leistungen keinen Rechtsanspruch gewähren (§ 1 b Abs. 4 BetrAVG). Eine Unterstützungskasse dient dem Arbeitgeber zur Finanzierung und Erfüllung seiner Versorgungszusagen an die Arbeitnehmer. Arbeitnehmer haben nur Ansprüche gegen den Arbeitgeber und nicht gegenüber der Unterstützungskasse unmittelbar.
- **Pensionskasse** (§ 4 c EStG)
  Pensionskassen zählen zu den externen Durchführungswegen. Sie sind rechtsfähige Versorgungseinrichtungen, die dem Arbeitnehmer oder seinen Hinterbliebenen auf ihre Leistungen einen Rechtsanspruch gewähren (§ 1 b Abs. 3 BetrAVG; siehe auch § 232 Abs. 1 VAG). Pensionskassen sind nach deutschem Recht Lebensversicherer, die ausschließlich wegfallendes Erwerbseinkommen versichern. Sie werden von der Bundesanstalt für Finanzdienstleistungsaufsicht beaufsichtigt und unterfallen der Richtlinie über die Tätigkeiten und die Beaufsichtigung von Einrichtungen der betrieblichen Altersversorgung (EbAV-Richtlinie – RL (EU) 2016/2341, ABl. EU L 354/37). Die Beiträge werden vom Arbeitgeber gezahlt, Arbeitnehmer können sich daran beteiligen. Für den Arbeitgeber sind Beiträge gemäß § 3 Nr. 63 EStG bis zur Höhe von 8 % der Beitragsbemessungsgrenze in der allgemeinen Rentenversicherung (2021 = 6816 Euro) steuerfrei. Für den Arbeitnehmer greift die Steuerfreiheit nach § 3 Nr. 63 EStG, wenn die Pflichten ausschließlich dem Arbeitgeber obliegen und die Zahlung durch den Dritten (Arbeitnehmer) als Pflichterfüllung des Arbeitgebers angesehen werden kann (BFH, BStBl. 2011 II S. 978; die Entscheidung ist zu den Beiträgen zu einer Pensionskasse ergangen, nimmt in der Begründung allerdings Bezug auf alle externen Durchführungswege). Werden die Beiträge durch Entgeltumwandlung (§ 1 a BetrAVG) gezahlt, sind sie bis zur Höhe von 4 % der Beitragsbemessungsgrenze in der gesetzlichen Rentenversicherung beitragsfrei in der Sozialversicherung (§ 14 Abs. 1 S. 2 SGB IV; 2021 = 3408 Euro).

- **Direktversicherung** (§ 4 b EStG)

  Zweiter externer Durchführungsweg ist die Direktversicherung. Es handelt sich um Lebens- oder Rentenversicherungen, die der Arbeitgeber als Versicherungsnehmer zugunsten seiner Beschäftigten als versicherte Personen und Bezugsberechtigte abschließt (§ 1 b Abs. 2 BetrAVG). Auch hier übt die Bundesanstalt für Finanzdienstleistungsaufsicht die Aufsicht aus, die Lebensversicherungsunternehmen unterfallen der Solvency II-Richtlinie (RL 2009/138/EG, ABl. L 335 vom 17.12.2009). Die Beitragszahlung erfolgt durch Arbeitgeber allein oder gemeinsam mit oder Arbeitnehmern. Für den Arbeitgeber sind Beiträge gemäß § 3 Nr. 63 EStG bis zur Höhe von 8 % der Beitragsbemessungsgrenze in der gesetzlichen Rentenversicherung (2021 = 6816 Euro) steuerfrei. Für den Arbeitnehmer greift die Steuerfreiheit nach § 3 Nr. 63 EStG, wenn die Pflichten ausschließlich dem Arbeitgeber obliegen und die Zahlung durch den Dritten (Arbeitnehmer) als Pflichterfüllung des Arbeitgebers angesehen werden kann (BFH, BStBl. 2011 II S. 978). Werden die Beiträge durch Entgeltumwandlung (§ 1 a BetrAVG) gezahlt, sind sie bis zur Höhe von 4 % der Beitragsbemessungsgrenze in der gesetzlichen Rentenversicherung beitragsfrei in der Sozialversicherung (§ 14 Abs. 1 S. 2 SGB IV; 2021 = 3408 Euro).

- **Pensionsfonds** (§ 4 e EStG)

  Der dritte externe Durchführungsweg ist der Pensionsfonds. Es sind dies rechtsfähige Versorgungseinrichtungen, die dem Arbeitnehmer oder seinen Hinterbliebenen auf ihre Leistungen einen Rechtsanspruch gewähren (§ 1 b Abs. 3 BetrAVG, siehe auch § 236 Abs. 1 VAG). Für den Arbeitgeber sind Beiträge gemäß § 3 Nr. 63 EStG bis zur Höhe von 8 % der Beitragsbemessungsgrenze in der gesetzlichen Rentenversicherung (2021 = 6816 Euro) steuerfrei. Für den Arbeitnehmer greift die Steuerfreiheit nach § 3 Nr. 63 EStG, wenn die Pflichten ausschließlich dem Arbeitgeber obliegen und die Zahlung durch den Dritten (Arbeitnehmer) als Pflichterfüllung des Arbeitgebers angesehen werden kann (BFH, BStBl. 2011 II S. 978). Werden die Beiträge durch Entgeltumwandlung (§ 1 a BetrAVG) gezahlt, sind sie bis zur Höhe von 4 % der Beitragsbemessungsgrenze in der gesetzlichen Rentenversicherung beitragsfrei in der Sozialversicherung (§ 14 Abs. 1 S. 2 SGB IV; 2021 = 3408 Euro).

**Hintergrundinformation: Beitragspflicht in der gesetzlichen Krankenversicherung**

In der gesetzlichen Krankenversicherung besteht Beitragspflicht der Kapitalleistungen aus einer Direktversicherung (siehe BGS vom 26.02.2019, B 12 KR 17/18 R, NZS 2019, 821 bis 826 mit Anmerkungen Diehm). Dies gilt auch dann, wenn eine Kapitalleistung aus einer betrieblichen Altersversorgung (teilweise) zur Finanzierung einer Sofortrentenversicherung verwendet worden ist (BSG vom 10.10.2017, NZS 2018, 459–463 mit Anmerkungen Holzwarth). Dabei hat das Gericht die Frage verneint, ob die Beitragspflicht bei Betriebsrenten wegen der mit dem Betriebsrentenstärkungsgesetz vom 17.08.2017 mit Wirkung ab 01.01.2018 geltenden beitragsrechtlichen Privilegierung sogenannter „Riesterrenten" in § 229 Abs. 1 S. 1 Nr. 5 SGB V gegen den Gleichbehandlungsgrundsatz verstößt. Direktversicherungen und Riesterrenten werden nach Auffassung des BSG im Wesentlichen gleichbehandelt, weil sie jeweils nur einmal der Beitragspflicht unterliegen. Bei Riesterrenten erfolge die Belastung mit Beiträgen in der Ansparphase, bei den übrigen Betriebsrenten in der Bezugsphase.

Insgesamt ist die Beitragspflicht in der Kranken- und Pflegeversicherung für Leistungen aus einer betrieblichen Altersversorgung stärker als in der Vergangenheit in der Diskussion. Dies liegt einerseits daran, dass diese Versorgungsinstrumente im Bezugszeitraum steigende praktische Relevanz für den Einzelnen haben und andererseits daran, dass Kranken- und Pflegekassen die Beitragspflicht konsequenter als in der Vergangenheit realisieren. Von den Bürgern wird zudem als ungerecht empfunden, dass die Leistungen – aus deren Sicht: nochmals – einer Beitragspflicht unterworfen werden. Das erklärt die zunehmende Zahl an Gerichtsentscheidungen in diesem Themenkomplex (vgl. z. B. BVerfG vom 27.06. und 09.07.2018, NZA 2018, 1325–1329, zu Renten aus Pensionskassen und der Beitragspflicht von Versorgungsbezügen; vgl. vertiefend hierzu Bieback 2019).

Der Gesetzgeber hat auf diese Situation reagiert und mit Wirkung ab dem 01.01.2020 mit dem Gesetz zur Einführung eines Freibetrages in der gesetzlichen Krankenversicherung zur Förderung der betrieblichen Altersvorsorge (GKV-Betriebsrentenfreibetragsgesetz – GKV-BRG) vom 21.12.2019, BGBl. I 2019, S. 2913 beitragsrechtliche Entlastung insbesondere betrieblicher Kleinrenten umgesetzt. Zu diesem Zweck wurde ab 01.01.2020 die bisherige beitragsrechtliche Freigrenze zu einem Freibetrag umgewandelt. Dieser beträgt für das Jahr 2021 in der gesetzlichen Krankenversicherung 164,50 Euro (2020 = 159,25 Euro). Der Freibetrag wird jährlich durch eine Kopplung an die Bezugsgröße nach § 18 SGB IV angepasst.

▶ **TIPP** Informationen zum Pensions-Sicherungsverein stellt dieser auf der Internetpräsentation https://www.psvag.de/ (Stand 06.10.2021) zur Verfügung.

Das konkrete „Wie" der Umsetzung der betrieblichen Altersversorgung ist vielfältig. Es besteht ein Zusammenspiel zwischen Beitragszusagen und/oder Leistungszusagen. Ein in der Praxis häufig gewählter Weg ist die **Entgeltumwandlung** vor dem Hintergrund der steuerlichen und sozialversicherungsrechtlichen Förderung (Steuerfreiheit und Beitragsfreiheit). Die Arbeitgeber haben gemäß § 16 BetrAVG alle drei Jahre die Verpflichtung, eine **Anpassung** der laufenden Leistungen der betrieblichen Altersversorgung zu prüfen und hierüber nach billigem Ermessen zu entscheiden. Dies soll dem Wertverlust der Anlage aufgrund der Einkommens- und Kaufkraftveränderungen und damit deren Auszehrung vorbeugen.

Für den **öffentlichen Dienst** gelten **Sonderregelungen**. Hier bestimmt § 18 BetrAVG, dass die betriebliche Altersversorgung über bei der Versorgungsanstalt des Bundes und der Länder (VBL) oder einer kommunalen oder kirchlichen Zusatzversorgungseinrichtung oder einer anderen Zusatzversorgungseinrichtung durchgeführt wird. Im öffentlichen Dienst werden alle Tarifbeschäftigen in die Zusatzversorgung mit einbezogen.

**Zusammenfassung, Merksatz**
Die betriebliche Altersversorgung ist die zweite Säule der Lebensstandardsicherung der Versicherten der gesetzlichen Rentenversicherung im Alter. Es handelt sich um private Vereinbarungen zwischen Arbeitgebern und Arbeitnehmern, bei denen Arbeitgeber eine Versorgungszusage geben. Die betriebliche Altersversorgung kann betriebsindividuell oder über Tarifverträge geregelt bestehen. Es gibt fünf Durchführungswege, für die im Steuerrecht und teilweise im Sozialrecht Förderungen geregelt sind.

### 4.3.3.4 Staatlich geförderte Altersvorsorge (Riester-Rente)

Bei der sog. Riester-Rente handelt es sich um **privatrechtliche Vermögensanlage-produkte**, die nach bestimmten Qualitätskriterien staatlich zertifiziert werden und der **Alterslebensstandardsicherung** dienen sollen. Diese Anlageprodukte werden deshalb besonders staatlich gefördert, um Bürger dazu zu bewegen, neben der Alterssicherung durch die gesetzliche Rentenversicherung, eine betriebliche Altersvorsorge auch privat vorzusorgen. Damit ist zugleich das Problem der Riester-Rente aufgezeigt: weil es sich um eine freiwillige – staatlich gewollte – private Vorsorgeleistung handelt, müssen entsprechende Anreize gegeben sein, damit der Bürger solche Produkte wählt. Zugleich sollen diese Produkte möglichst „sicher" sein, um Wertverlust möglichst auszuschließen, was geringe Renditechancen zur Folge hat. Weiterhin stellen staatliche Förderungen Markteingriffe dar und verzerren den Wettbewerb.

Die staatliche Förderung der Anlageprodukte wird im **Steuerrecht** umgesetzt. Wesentliche Normen sind § 10 a, §§ 79 ff. EStG. Der **zulagenberechtigte Personenkreis** ergibt sich aus § 79 i. V. m. § 10 a EStG. Es gilt der Grundsatz, dass die zulagenberechtigte Person im Inland unbeschränkt steuerpflichtig sein muss (§ 1 EStG). Zulagenberechtigt sind

- Pflichtversicherte der gesetzlichen Rentenversicherung (§ 10 a Abs. 1 S. 1 Hs. 1 EStG),
- Empfänger von Besoldung und Amtsbezügen (§ 10 a Abs. 1 S. 1 Hs. 2 Nr. 1 und 2 EStG),
- Personen, die nach beamtenrechtlichen Vorschriften einschließlich kirchrechtlicher Bezüge versorgt sind (§ 10 a Abs. 1 S. 1 Hs. 2 Nr. 3 EStG),
- Beamte während einer Beurlaubung bei Gewährleistung einer Versorgungsanwartschaft oder während Kindererziehungszeiten (§ 10 a Abs. 1 S. 1 Hs. 2 Nr. 4 und 5 EStG),
- Pflichtversicherte in der Alterssicherung der Landwirte (§ 10 a Abs. 1 S. 3 EStG),
- Bezieher einer Rente wegen voller Erwerbsminderung oder Erwerbsunfähigkeit sowie entsprechend beamtenrechtliche Versorgungsempfänger bis zur Vollendung der 67. Lebensjahres (§ 10 a Abs. 1 S. 4 EStG),
- Ehegatten entsprechend der Regelungen nach § 79 EStG sowie
- gleichgestellte Personen in einem ausländischen gesetzlichen Alterssicherungssystem unter den Voraussetzungen des § 10 a Abs. 6 EStG.

Die Förderung wird steuertechnisch umgesetzt durch einen **Sonderabgabenabzug** nach § 10 a EStG bis zu 2 100 Euro jährlich oder eine **Zulage** zum Anlageprodukt nach §§ 83–85 EStG, wobei das Finanzamt eine **Günstigerprüfung** von Amts wegen vornimmt (§ 10 a Abs. 2 S. 3 EStG). Welche Förderung im Einzelfall greift, hängt von steuerlichen Merkmalen ab (z. B. Zusammen- oder Getrenntveranlagung, Progression des Steuertarifs, Berücksichtigung von Werbungskosten, etc.). Zusätzlich besteht **Pfändungsschutz** für einen Altersvorsorgevertrag nach § 851 Abs. 1 ZPO i. V. m. § 97 EStG, soweit die vom Schuldner erbrachten Altersvorsorgebeiträge tatsächlich gefördert werden und den Höchstbetrag (§ 10 a Abs. 1 S. 1 EStG) nicht übersteigen (BGH, ZInsO 2018, 162–164 = ZIP 2018, 135–137).

**Hintergrundinformation: Gestaltungsmöglichkeiten**

Ein besonderer Anreiz der Riester-Rente besteht darin, diese mit einer betrieblichen Altersversorgung zu kombinieren. Diese Möglichkeit sieht der Gesetzgeber nach § 82 Abs. 2 EStG i. V. m. § 1 a Abs. 3 BetrAVG vor. Eine Kombination ist nur für die externen Durchführungswege der betrieblichen Altersversorgung möglich (Pensionsfonds, Pensionskasse, Direktversicherung). Einen weiteren Anreiz hat der Gesetzgeber insoweit geschaffen, dass Riesterrenten anders als Direktversicherungen wegen § 229 Abs. 1 S. 1 Nr. 5 Hs. 2 SGB V nicht der Beitragspflicht in der gesetzlichen Kranken- und Pflegeversicherung unterfallen (siehe hierzu BSG vom 01.04.2019, B 12 KR 19/18 R, NZS 2019, S. 838 [Kurzwiedergabe]).

Erfolgt die Förderung über eine **Zulage**, wird diese durch eine einkommensunabhängige Grundzulage nach § 84 EStG in Höhe von 175 Euro (ab dem Jahr 2018) jährlich umgesetzt. Zusätzlich wird für zulagenberechtigte Kinder eine Kinderzulage von 185 Euro bzw. für nach dem 31.12.2007 geborene Kinder von 300 Euro jährlich gewährt. Um die Zulagen nach §§ 84, 85 EStG in voller Höhe zu erlangen, muss ein Mindesteigenbeitrag geleistet werden, der nach § 86 Abs. 1 EStG 4 % des – sehr vereinfacht gesagt – jährlichen Einkommens beträgt. Dabei geht der Gesetzgeber davon aus, dass für die Erlangung der staatlichen Förderung wenigstens ein Kleinstbetrag privat aufgewandt wird. Dieser Sockelbetrag ist auf 60 Euro jährlich festgesetzt (§ 86 Abs. 1 S. 4 EStG). Die Gewährung der Zulage ist abhängig von einem Antrag, der innerhalb einer Ausschlussfrist von zwei Kalenderjahren nach Ablauf eines Beitragsjahres gestellt werden muss (§§ 88, 89 EStG). Die Deutsche Rentenversicherung Bund als sog. zentrale Stelle (§ 81 EStG) ermittelt, ob und in welcher Höhe ein Zulagenanspruch besteht (zum Verfahren siehe § 90 EStG).

---

**Beispiele**

**Berechnungsbeispiel Zulagenförderung 1**

Eine teilzeitbeschäftigte Person erzielt ein Arbeitsentgelt von 1250 Euro monatlich.

Jahresarbeitsentgelt 15.000 Euro

davon 4 v. H. = 600 Euro = 50 Euro monatlich Mindesteigenbeitrag

Eine Zulage kann in Höhe von 175 Euro gewährt werden. Unter 600 Euro eigenem Sparbeitrag, werden die Zulagen gekürzt.

**Berechnungsbeispiel Zulagenförderung 2**

Eine teilzeitbeschäftigte Person erzielt ein Arbeitsentgelt von 1250 Euro monatlich. Die Person hat zwei zulagenberechtigte Kinder, die in den Jahren 2009 und 2012 geboren sind.

Jahresarbeitsentgelt 15.000 Euro

davon 4 v. H. = 600 Euro = 50 Euro monatlich Mindesteigenbeitrag

Eine Zulage kann in Höhe von 775 Euro (175 Euro + 2 × 300 Euro Kinderzulage) gewährt werden. Unter 600 Euro eigenem Sparbeitrag, werden die Zulagen gekürzt. ◄

Welche **Vorsorgeprodukte** gefördert werden können, ergibt sich nicht unmittelbar aus dem Einkommensteuergesetz. Der Gesetzgeber nimmt im ersten Schritt nicht Bezug auf konkrete Finanzprodukte, sondern stellt deren **Anbieter** in den Mittelpunkt. Gemäß § 80

EStG handelt es sich dabei um Anbieter von Altersvorsorgeverträgen gemäß § 1 Abs. 2 des (Altersvorsorge-Zertifizierungsgesetz (Alt-ZertG) sowie die in § 82 Abs. 2 EStG genannten Versorgungseinrichtungen. Nur diese Anbieter dürfen entsprechende Finanzprodukte für die staatliche Förderung anbieten. Diese Produkte müssen vom Bundeszentralamt für Steuern entsprechend zertifiziert sein (§ 3 Alt-ZertG). Die **Zertifizierung** erfolgt gemäß § 5 i. V. m. § 1 Abs. 3 Alt-ZertG für einen **Altersvorsorgevertrag**. Verträge müssen insbesondere die Zusage des Anbieters enthalten, dass zu Beginn der Auszahlungsphase (§ 1 Abs. 1 S. 1 Nr. 2 Alt-ZertG) zumindest die eingezahlten Altersvorsorgebeiträge für die Auszahlungsphase zur Verfügung stehen und für die Leistungserbringung genutzt werden (§ 1 Abs. 1 S. 1 Nr. 3 Alt-ZertG). Damit soll ein Verlust wenigstens der nominell eingezahlten Beiträge verhindert werden. Zugleich wird seitens des Gesetzgebers eine Mindestrendite nicht gefordert, sodass wegen der Inflation die Vorsorgebeiträge Wertverluste mit sich bringen können. Die **Nominalwertzusage** stellt daher keinen echten Anreiz zum Abschluss solcher Vorsorgeprodukte dar.

Um auch die **Bildung selbstgenutzten Wohneigentums** zu fördern, ist eine Verwendung des in einem Altersvorsorgevertrag gebildeten Kapitals für eine selbstgenutzte Wohnung unter den Voraussetzungen des § 92 a EStG möglich (sog. **Wohn-Riester**).

**Hintergrundinformation: Rürup-Rente**
Neben der Riester-Rente wird staatlich eine Förderung durch die sog. Rürup-Rente durchgeführt. Gesetzlicher Anknüpfungspunkt ist der Sonderausgabenabzug nach § 10 Abs. 1 Nr. 2 b) aa) EStG. Die Rürup-Rente richtet sich an Personen, die nicht zum förderungsberechtigten Personenkreis einer Riester-Rente gehören. Die Förderung richtet sich daher vorrangig an Selbstständige, Mitglieder der freien Berufe sowie sog. Gutverdiener mit sehr hohen Einkünften (wegen der Möglichkeit, in erhöhtem Maße Sonderausgabenabzüge steuerlich geltend zu machen). Umgesetzt wird die Rürup-Rente durch einen zertifizierten **Basisrentenvertrag** gemäß § 5 a i. V. m. § 2 Abs. 3 Alt-ZertG.

---

**Zusammenfassung, Merksatz**
Die private Altersvorsorge als dritte Säule der Lebensstandardsicherung im Alter wird unter bestimmten Voraussetzungen staatlich gefördert. Dafür muss ein Anbieter Altersvorsorgeverträge entsprechend zertifizieren lassen. Die Förderung erfolgt dann über Sonderausgabenabzüge (für Gutverdiener) oder Gewährung von Zulagen.

---

### 4.3.3.5 Weitere private Vorsorge

Weitere private Lebensstandardsicherung im Alter erfolgt durch private Vermögensbildung. Diese geschieht über Aktien, Immobilien, Lebensversicherungsverträge, Sparverträge, Bausparen, etc.

## 4.4    Gesetzliche Unfallversicherung

Für den Bereich der gesetzlichen Unfallversicherung gelten einige Besonderheiten, da insbesondere die Finanzierung nicht über den Einzug des Gesamtsozialversicherungsbeitrags erfolgt. Vielmehr tragen die Unternehmer den Beitrag zur gesetzlichen Unfallversicherung allein.

▶   **TIPP**  Die Deutsche Gesetzliche Unfallversicherung e. V. als Spitzenverband der
Träger der gesetzlichen Unfallversicherung stellt auf ihrer Internetpräsentation
zahlreiche Informationen zur Organisation und Finanzierung einschließlich der
Versichertenzahlen und Leistungsdaten der gesetzlichen Unfallversicherung
zur Verfügung: http://www.dguv.de/de/zahlen-fakten/index.jsp.

### 4.4.1   Organisation

#### 4.4.1.1 Träger
**Träger** der gesetzlichen Unfallversicherung sind:

* die gewerblichen Berufsgenossenschaften (§ 114 Abs. 1 S. 1 Nr. 1 SGB VII),
* die landwirtschaftliche Berufsgenossenschaft (§ 114 Abs. 1 S. 1 Nr. 2, Satz 2 SGB VII),
* die Unfallversicherungsträger der öffentlichen Hand (§ 114 Abs. 1 S.1 Nr. 3–7 SGB VII).

▶   **TIPP**  Eine Trägerübersicht bietet die DGUV: http://www.dguv.de/de/wir-ueber-
uns/mitglieder/index.jsp.

**Hintergrundinformation: Deutsche Gesetzliche Unfallversicherung e. V. (DGUV)**
**Spitzenorganisation** der Unfallversicherungsträger ist die **Deutsche Gesetzliche Unfallversicherung e. V.** Diese nimmt **Verbandsaufgaben** (z. B.: Unterstützung der Unfallversicherungsträger bei der Erfüllung von Präventionsaufgaben nach § 14 Abs. 4 SGB VII, beim Erlass von Unfallverhütungsvorschriften § 15 SGB VII, Aufgaben als Deutsche Verbindungsstelle Unfallversicherung – Ausland gemäß § 139 a SGB VII, bei Arbeitgebermeldungen nach § 101 Abs. 2 SGB IV) und Aufgaben in der Zusammenarbeit mit anderen Sozialversicherungszweigen wahr (z. B. bei der Verarbeitung und Nutzung von Betriebsnummern nach § 18 m SGB IV, bei Arbeitgebermeldungen nach § 28 b SGB IV bei der Datenübermittlung gemäß § 95 SGB IV). Die DGUV vertritt die gesetzliche Unfallversicherung gegenüber Politik, Bundes-, Landes-, europäischen und sonstigen nationalen und internationalen Institutionen sowie Sozialpartnern. Aufsicht übt im Anwendungsbereich des SGB IV das Bundesministerium für Arbeit und Soziales aus, das diese auf das Bundesamt für Soziale Sicherung übertragen kann (was praktisch auch erfolgt ist; § 87 Abs. 3 SGB IV).

§ 121 Abs. 1 SGB VII regelt eine **Primärzuständigkeit** der gewerblichen **Berufs-genossenschaften**. Sie sind für alle Unternehmen zuständig, soweit nicht im Gesetz die dann gegebene Zuständigkeit der landwirtschaftlichen Berufsgenossenschaft (vgl. §§ 123 f. SGB VII) oder eines Unfallversicherungsträgers der öffentlichen Hand (vgl. §§ 116, 117, 125–129 a SGB VII) geregelt wird. Die Zuständigkeit eines Unfallver-sicherungsträgers für ein Unternehmen entsteht dabei kraft Gesetzes und wird als **mate-rielle Zuständigkeit** bezeichnet. Davon zu unterscheiden ist die **formelle Zuständigkeit**. Diese folgt aus der per Bescheid gemäß § 136 Abs. 1 S. 1 SGB VII festgestellten Zu-ständigkeit durch einen Unfallversicherungsträger. Materielle und formelle Zuständigkeit können dabei auseinanderfallen (z. B. weil falsche Unternehmenszwecke gemeldet wor-den sind oder eine Fehleinschätzung hinsichtlich der Zuständigkeit vorliegt). Das Gesetz sieht in § 136 SGB VII Regelungen vor, wie diese Problemlage gelöst werden kann.

**Zusammenfassung, Merksatz**
Die gewerblichen Berufsgenossenschaften sind vorrangig für die Erfüllung der Auf-gaben der gesetzlichen Unfallversicherung zuständig. Die Zuständigkeit beginnt kraft Gesetzes mit dem Beginn des Unternehmens (materielle Zuständigkeit). Die Zuständigkeit ist per Bescheid festzustellen (formelle Zuständigkeit).

Die **materielle Zuständigkeit** des Unfallversicherungsträgers entsteht mit dem **Be-ginn** des Unternehmens, von dem auch vorbereitende Arbeiten mit umfasst sind (§ 136 Abs. 1 S. 2 SGB VII). Sie besteht ohne Rücksicht darauf, ob das Unternehmen angemeldet wurde oder versicherte Personen tätig sind. Die materielle Zuständigkeit **endet** mit dem Ende des Unternehmens. Ein Unternehmen ist beendet, wenn es endgültig und dauerhaft seinen Betrieb eingestellt hat und somit erloschen ist. Saisonale Unterbrechungen des Wirtschaftsbetriebes stellen kein Beenden dar, sondern sind als vorübergehendes Ruhen des Unternehmens zu bewerten.

Die **formelle Zuständigkeit** des Unfallversicherungsträgers entsteht mit Bekanntgabe des Bescheides über den Beginn der Zuständigkeit des Versicherungsträgers für ein Unter-nehmen (§ 136 Abs. 1 S. 1 SGB VII). Die Unfallversicherungsträger der öffentlichen Hand, sind nicht verpflichtet (wohl aber berechtigt), einen Zuständigkeitsbescheid zu er-lassen (§ 136 Abs. 4 SGB VII). Mit der formellen Zuständigkeitserklärung wird die bereits kraft Gesetzes bestehende materielle Zuständigkeit des Unfallversicherungsträgers für das Unternehmen gegenüber dem Unternehmer verbindlich und nachvollziehbar festgestellt. Die Feststellung dient somit der Rechtssicherheit. Die formelle Zuständigkeit wird des-halb zum Zeitpunkt des Beginns der materiellen Zuständigkeit festgestellt. **Folge** der Be-gründung der formellen Zuständigkeit ist, dass ein weiterer Bescheid über den Beginn der Zuständigkeit nicht ergehen kann. Ein solch zweiter Verwaltungsakt ist nichtig. Dies gilt selbst dann, wenn formelle und materielle Zuständigkeit durch den Erstbescheid nicht übereinstimmen. Das Gesetz gibt als Korrekturmöglichkeit die **Überweisung** vor (§ 136

Abs. 1 S. 4, 5, Abs. 2 SGB VII). Die Regelung dient sowohl der Rechtssicherheit als auch dem Zweck, dass Zuständigkeitsstreitigkeiten zu Lasten des Unternehmers ausgetragen werden. Die formelle Zuständigkeit **endet** mit Bekanntgabe des Bescheides über das Ende der Zuständigkeit an den Unternehmer (§ 136 Abs. 1 S. 1 SGB VII). Der im Bescheid genannte Zeitpunkt ist der Zeitpunkt der Beendigung des Unternehmens.

**Hintergrundinformation: Schiedsstelle für Katasterfragen**

Bei der Deutschen Gesetzlichen Unfallversicherung e. V. (DGUV) und der Sozialversicherung für Landwirtschaft, Forsten und Gartenbau (SVLFG) ist die Schiedsstelle für Katasterfragen eingerichtet worden. Vor der Schiedsstelle sollen Streitigkeiten über die materiell-rechtliche Zuständigkeit zwischen den Versicherungsträgern geklärt und so Verfahren vor den Sozialgerichten vermieden werden. Die beteiligten Unfallversicherungsträger haben untereinander darauf verzichtet, Klage vor dem Sozialgericht zu erheben, soweit die Schiedsstelle zuständig ist. Sie unterwerfen sich den Entscheidungen der Schiedsstelle und vertreten diese einheitlich gegenüber Unternehmern, Sozialgerichten und Aufsichtsbehörden. Die Schiedsstelle wirkt allerdings lediglich „intern", d. h. Unternehmer sind an die Entscheidung nicht gebunden. Ihnen steht der Sozialgerichtsweg gegen Verwaltungsakte eines Unfallversicherungsträgers uneingeschränkt offen.

Folge einer Überweisung eines Unternehmens oder eines Unternehmensbestandteils ist zugleich der **Übergang der Entschädigungslast** (§ 137 Abs. 2 SGB VII), da ansonsten der abgebende Unfallversicherungsträger weiterhin für Versicherungsfälle leisten müsste, ohne einen entsprechenden Beitrag zu erhalten. Auf der anderen Seite würde der übernehmende Unfallversicherungsträger für das Unternehmen den Beitrag erhalten, ohne leisten zu müssen.

Die **sachliche Zuständigkeit** spielt nicht nur auf der Ebene der Zuständigkeitsabgrenzung gewerbliche Berufsgenossenschaften, landwirtschaftliche Berufsgenossenschaft bzw. Unfallversicherungsträger der öffentlichen Hand, sondern auch auf der Ebene der Zuständigkeitsangrenzung der **gewerblichen Berufsgenossenschaften untereinander** eine wichtige Rolle. Das Gesetz sieht hierzu in § 122 Abs. 1 SGB VII eine Regelungsbefugnis über eine Rechtsverordnung des Bundesministeriums für Arbeit und Soziales vor. Diese ist bisher allerdings nicht ergangen und auch nicht absehbar. Deshalb wird für die Beantwortung von Zuständigkeitsabgrenzungsfragen weiterhin vorkonstitutionelles Recht als Auslegungshilfe des Gesetzes (also von § 122 SGB VII) herangezogen. Namentlich sind dies der Beschluss des Bundesrates des Deutschen Reiches vom 21.05.1885 (AN 1885, 143) sowie das (später fortgeschriebene) **alphabetische Verzeichnis der Gewerbezweige** des Reichsversicherungsamtes vom 26.09.1885 (AN 1885, 254; zuletzt ergänzt durch den früheren Hauptverband der gewerblichen Berufsgenossenschaften). Das Bundesverfassungsgericht hat diese Praxis bisher akzeptiert (BVerfG vom 03.07.2007, 1 BvR 1696/03, SozR 4-2700 § 157 Nr. 3).

Aus § 122 Abs. 1 SGB VII ergibt sich, welche Kriterien bei der **sachlichen Abgrenzung** Berücksichtigung finden:

- Art und Gegenstand der Unternehmen
- unter Berücksichtigung der Prävention und
- der Leistungsfähigkeit der Berufsgenossenschaften.

Gesetzlicher Anknüpfungspunkt bei Zuständigkeitsfragen ist weiterhin § 122 Abs. 2 SGB VII. Die Norm bestimmt, dass die Berufsgenossenschaft für die Unternehmensarten sachlich zuständig bleibt, für die sie bisher zuständig war. Hieraus ergibt sich der sog. Grundsatz der **„Katasterstetigkeit"**, der Vorrang haben soll vor einer **„Katasterrichtigkeit"** (also: zu welcher Berufsgenossenschaft wäre heute das Unternehmen aufgrund der heutigen Gewerbestruktur und -zuordnung der Berufsgenossenschaften zuzuordnen). Die Tatbestandsvoraussetzungen von § 122 Abs. 1 versus Abs. 2 SGB VII stehen insoweit in einem gewissen **Spannungsverhältnis**, das in jedem Einzelfall aufzulösen ist. In der Praxis der Berufsgenossenschaften wird die Zuständigkeit vorrangig anknüpfend an § 122 Abs. 2 SGB VII i. V. m. dem alphabetischen Verzeichnis geklärt. Der örtlichen Zuständigkeit einer Berufsgenossenschaft (§ 122 Abs. 1 SGB VII) kommt heute keine praktische Bedeutung zu, da alle neun bestehenden Berufsgenossenschaften (vgl. Anlage 1 zu § 114 SGB VII) bundesweit zuständig sind. Für die örtliche Zuständigkeit ist der Betriebssitz entscheidend.

**Hintergrundinformation: Kataster der Berufsgenossenschaften**
Unternehmen wurden früher in sog. Kataster der Berufsgenossenschaften eingetragen. Daher hat sich die Begrifflichkeit bis heute erhalten, obwohl das Gesetz diesen Begriff nicht verwendet.

Unfallversicherungsträger sind **Körperschaften des öffentlichen Rechts** i. S. d. § 29 SGB IV. Die gewerblichen Berufsgenossenschaften sind aufgrund ihrer bundesweiten Zuständigkeit bundesunmittelbare Körperschaften und unterliegen der Aufsicht durch das Bundesamt für Soziale Sicherung. § 120 SGB VII normiert eine **Staatsgarantie** durch den Bund bzw. das zuständige Land, soweit in Unfallversicherungsträger im jeweiligen Zuständigkeitsbereich aufgelöst wird.

**Zusammenfassung, Merksatz**
Die sachliche Zuständigkeit einer Berufsgenossenschaft für Unternehmen folgt aus Art und Gegenstand der Unternehmen unter Berücksichtigung der Prävention und der Leistungsfähigkeit der Berufsgenossenschaft. In der Verwaltungspraxis kommt dem alphabetischen Verzeichnis der Gewerbezweige entscheidende Bedeutung zu. Die Zuständigkeit richtig sich deshalb zumeist danach, welchem Gewerbezweig ein Unternehmen zugeordnet werden kann.

**Unternehmen**
Die Zuständigkeit der Versicherungsträger bezieht sich auf ein **Unternehmen**. Der Unternehmensbegriff ist in § 121 Abs. 1 SGB VII unmittelbar im Gesetz geregelt. Unternehmen sind demnach Betriebe, Verwaltungen, Einrichtungen oder Tätigkeiten. Die geringsten Anforderungen an Unternehmen stellen **Tätigkeiten** dar, da hierfür nur geringe organisatorische Umsetzungen erforderlich sind. Hierfür hat das Bundessozialgericht entschieden, dass ein Unternehmen jede **planmäßige für eine gewisse Dauer be-**

**stimmte Vielzahl von Tätigkeiten, gerichtet auf einen einheitlichen Zweck und aus-
geübt mit einer gewissen Regelmäßigkeit** ist (BSGE 16, 79, 81). Die unfallversicherungsrechtlich relevanten Tätigkeiten sind allerdings von privatwirtschaftlichen
Tätigkeiten zu trennen. Der Schutz der gesetzlichen Unfallversicherung besteht nämlich
nur dann, wenn eine Tätigkeit nicht der privaten Lebensführung zugeordnet werden
kann. **Verwaltungen** bezeichnen administrative Tätigkeiten. **Betriebe** und **Einrichtungen** stellen die höchsten Anforderungen an organisatorische Strukturen. Hier werden
Tätigkeiten für (wenigstens eine) Organisationseinheit, für die regelmäßig eine örtliche
und technische Verbundenheit sowie eine Unternehmensführung zu fordern ist, erbracht.
Dabei unterscheiden sich Betriebe und Einrichtungen nach der wirtschaftlichen Zweckrichtung. Betriebe werden dem gewerblichen Bereich zugeordnet, wohingegen Einrichtungen keine wirtschaftlichen Zwecke (z. B. Kircheneinrichtungen, Schulen,
Kindergärten, etc.) verfolgen (Bereiter-Hahn und Mehrtens 2021 § 121 SGB VII, Rz.
3.1). Unternehmen können in jeder möglichen Rechtsform existieren (z. B. Einzelunternehmer, in Form von Kapitalgesellschaften [z. B. AG oder GmbH], Personengesellschaften [z. B. GbR, oHG, KG], etc.).

> **Zusammenfassung, Merksatz**
> Ein Unternehmen ist jede planmäßige für eine gewisse Dauer bestimmte Vielzahl
> von Tätigkeiten, gerichtet auf einen einheitlichen Zweck und ausgeübt mit einer ge-
> wissen Regelmäßigkeit.

Ein weiterer wichtiger Grundsatz im Zuständigkeitsrecht der gewerblichen Berufsgenossenschaften ist die einheitliche Zuständigkeit nur einer Berufsgenossenschaft für ein
**Gesamtunternehmen.** Ein Unternehmer kann **ein** Unternehmen oder auch **mehrere** verschiedene Unternehmen betreiben. Betreibt er mehrere Unternehmen, ist jedes einzelne
unfallversicherungsrechtlich grundsätzlich eigenständig zu betrachten. Dies gilt auch für
die sachliche Zuständigkeit eines Unfallversicherungsträgers.

> **Beispiel**
>
> Unternehmer U betreibt ein Fitnessstudio und einen Hotelbetrieb. Zuständig für das
> Fitnessstudio ist die Verwaltungs-Berufsgenossenschaft (VBG) und für das Hotel die
> Berufsgenossenschaft Nahrungsmittel und Gastgewerbe (BGN). ◄

Sind die Unternehmen eines Unternehmers eng miteinander verbunden, sollen sie
unfallversicherungsrechtlich als **Einheit** betrachtet werden, mit der Folge, dass nur ein
**einziger Unfallversicherungsträger zuständig** ist. Das Gesetz regelt die Tatbestandsvoraussetzungen in § 131 Abs. 1 SGB VII.

### § 131 Abs. 1 SGB VII

Umfasst ein Unternehmen **verschiedenartige Bestandteile** (Hauptunternehmen, Nebenunternehmen, Hilfsunternehmen), die **demselben Rechtsträger** angehören, ist der Unfallversicherungsträger zuständig, dem das Hauptunternehmen angehört. § 129 Abs. 4 SGB VII bleibt unberührt.

Diese Vorschrift beruht auf dem Gedanken, dass auch ungleichartig gestalteten Unternehmen möglichst nur ein einziger Unfallversicherungsträger gegenüberstehen sollte, wenn sie zu einem Gesamtunternehmen verbunden sind. Dem Unternehmer soll mit Blick auf die Aufgaben der gesetzlichen Unfallversicherung (siehe § 1 SGB VII: Prävention vor Rehabilitation vor Entschädigung) ein Versicherungsträger einheitlich als Ansprechpartner und Dienstleister zur Verfügung stehen.

Voraussetzung hierfür ist zunächst die **Verschiedenartigkeit der Unternehmensbestandteile**. Diese ist gegeben, wenn bei separater Betrachtung der jeweiligen sachlichen Zuständigkeit die Unternehmensbestandteile verschiedenen Berufsgenossenschaften zuzuordnen sind. Zu fordern ist zunächst eine gewisse **organisatorische Selbstständigkeit** jedes Unternehmens (BSGE 77, 162, 168). Zusätzlich muss zwischen den verschiedenartigen Unternehmensbestandteilen ein **wirtschaftlicher** und **betriebstechnischer Zusammenhang** bestehen. Dabei sind die jeweiligen Umstände des Einzelfalls zu berücksichtigen, sodass es sich hierbei lediglich um Indizien handelt (BSGE 77, 162, 166). Für einen wirtschaftlichen Zusammenhäng sprechen dabei z. B. eine einheitliche Betriebsleitung sowie eine einheitliche Buchführung und Verrechnung. Für das Vorliegen eines betriebstechnischen Zusammenhangs werden z. B. eine wechselseitige Beschäftigung von Arbeitnehmern, eine Verbindung durch gemeinsame Einrichtungen (z. B. Fuhrpark) oder eine Verwendung derselben Betriebsgeräte betrachtet.

---

**Beispiel**

Unternehmer U betreibt ein Fitnessstudio und einen Hotelbetrieb. Die Lohnbuchhaltung der jeweilig Beschäftigten übernimmt einheitlich der Steuerberater des U. Hotelgäste können vergünstigt das Fitnessstudio nutzen. In der Urlaubszeit werden Beschäftigte in Vertretung auch im anderen Unternehmensteil eingesetzt. ◄

Neben der Verschiedenartigkeit der Unternehmensbestandteile ist v. a. das Tatbestandsmerkmal der **einheitlichen Rechtsträgerschaft** von praktischer Bedeutung. Liegt diese nicht vor und ist damit kein Gesamtunternehmen gegeben, sind unterschiedliche Berufsgenossenschaften sachlich zuständig, auch wenn die Unternehmensbestandteile wirtschaftlich miteinander verbunden sind. Eine **Unternehmeridentität** liegt vor, wenn die Unternehmensbestandteile eine einheitliche Leitung haben und der Verfügungsgewalt des Unternehmers unterfallen (BSGE 97, 279, 282 f.). Erforderlich ist insoweit auch eine Rechtsformidentität. Werden Unternehmensbestandteile in unterschiedlicher Rechtsform betrieben, sind sie ohne Rücksicht auf etwaige Verflechtungen mit anderen Gesellschaften oder Einzelunternehmern als selbstständige Unternehmen zu behandeln.

Unternehmer U betreibt ein Fitnessstudio in Rechtsform der „U GmbH" und einen Hotelbetrieb in Rechtsform der „U GmbH & Co. KG", deren Komplementärin der U GmbH ist.

Da keine einheitliche Rechtsträgerschaft vorliegt (einmal in Form einer Kapitalgesellschaft [GmbH] und einmal in Form einer Personengesellschaft [KG]), liegt kein Gesamtunternehmen vor. Zuständig für das Fitnessstudio ist somit die Verwaltungs-Berufsgenossenschaft (VBG) und für das Hotel die Berufsgenossenschaft Nahrungsmittel und Gastgewerbe (BGN). ◄

Liegt ein **Gesamtunternehmen** vor, muss geklärt werden, **welche Berufsgenossenschaft sachlich zuständig** ist. Anknüpfungspunkt hierfür ist die gesetzliche Kategorisierung der Unternehmensbestandteile in Haupt-, Neben- und Hilfsunternehmen (§ 131 Abs. 1 S. 1 SGB VII). Die Zuständigkeit folgt aus derjenigen für das Hauptunternehmen. Nach § 131 Abs. 2 SGB VII erfolgt die Bewertung der Unternehmensbestandteile:

- Das **Hauptunternehmen** bilden den Schwerpunkt des Unternehmens (§ 131 Abs. 2 S. 1 SGB VII). Es handelt sich um den Unternehmensteil, der den wirtschaftlichen Schwerpunkt bildet und dem Unternehmen sein **Gepräge** verleiht (BSGE 68, 205, 208).
- **Nebenunternehmen** verfolgen überwiegend eigene Zwecke (§ 131 Abs. 2 S. 3 SGB VII). Es handelt sich um solche Unternehmensbestandteile, die zu über 50 % eigene wirtschaftliche Zwecke verfolgen und ohne andere Bestandteile des Gesamtunternehmens existenzfähig sind.
- **Hilfsunternehmen** dienen überwiegend den Zwecken anderer Unternehmensbestandteile (§ 131 Abs. 2 S. 2 SGB VII). Es handelt sich um solche Unternehmensbestandteile, die zu über 50 % wirtschaftlichen Zwecken anderer Unternehmensteilen dienen und nicht selbstständig existenzfähig sind.

Ausgehend vom Zweck der gesetzlichen Unfallversicherung liegt dieser Schwerpunkt eines Gesamtunternehmens unter dem Aspekt der fachlich gegliederten Prävention dort, wo der **Präventionsschwerpunkt** liegt. Anknüpfungspunkte hierfür sind insbesondere die Anzahl der Beschäftigten sowie die Gefahrgeneigtheit der Tätigkeiten und Betriebsanlagen (vgl. BSGE 68, 205, 209).

Unternehmer U betreibt als Einzelunternehmer ein Fitnessstudio und einen Hotelbetrieb. Die Lohnbuchhaltung der jeweilig Beschäftigten übernimmt einheitlich der Steuerberater des U. Hotelgäste können vergünstigt das in unmittelbarer Nähe eingerichtete Fitnessstudio nutzen. In der Urlaubszeit werden Beschäftigte in Vertretung auch im anderen Unternehmensteil eingesetzt. Im Hotel sind 50 Personen, im Fitnessstudio sind 15 Personen beschäftigt. Der Umsatz liegt bei 5 Mio. Euro (Hotel) bzw. 1 Mio. Euro (Fitnessstudio).

Hier liegen die Kriterien eines Gesamtunternehmens vor. Das Hotel bildet dabei den Schwerpunkt und ist das Hautunternehmen, das Fitnessstudio ist als Nebenunternehmen anzusehen. Zuständig für das Gesamtunternehmen ist einheitlich die BGN. ◄

---

**Zusammenfassung, Merksatz**

Für ein Gesamtunternehmen (Unternehmen mit verschiedenartigen Bestandteilen desselben Rechtsträgers [Unternehmeridentität]) ist die Berufsgenossenschaft zuständig, die für das Hauptunternehmen zuständig ist. Hauptunternehmen ist der Unternehmensbestandteil, der dem Unternehmen sein Gepräge gibt.

---

### Unternehmer

Vom Unternehmen ist der Begriff des **Unternehmers** strikt zu trennen. Dieser ergibt sich aus § 136 Abs. 3 Nr. 1 SGB VII ergänzt für Sondertatbestände um die Nr. 2 bis 7 der Norm.

### § 136 Abs. 3 Nr. 1 SGB VII
Unternehmer ist

1. die natürliche oder juristische Person oder rechtsfähige Personenvereinigung oder -gemeinschaft, der das Ergebnis des Unternehmens unmittelbar zum Voroder Nachteil gereicht, …

Unternehmer ist somit derjenige, der das wirtschaftliche **Unternehmerrisiko** trägt und eine weitgehende Einwirkung auf die Unternehmensführung oder die kaufmännische Leitung des Unternehmens hat (BSGE 17, 273, 275).

---

**Beispiel**

Der 17-jährige E erbt von seinem Onkel einen Geschäftsbetrieb. E wird von seinem Vater V gemäß § 1629 Abs. 1 S. 1 BGB rechtsgeschäftlich vertreten. Wer ist Unternehmer i. S. d. § 136 Abs. 3 Nr. 1 SGB VII?

Soweit V im Geschäftsbetrieb anstelle des E handelt, haben seine Entscheiden Auswirkungen auf den Geschäftsbetrieb. V handelt daher für Rechnung des von ihm vertretenen E. Unternehmer ist daher E, da ihm das wirtschaftliche Ergebnis unmittelbar zum Vor- oder Nachteil gereicht. Das rechtsgeschäftliche Handeln des Vertreters (V) ist dem Vertretenen (E) zuzurechnen (§§ 164 ff. BGB). ◄

---

Die Klärung der Frage, wer Unternehmer eines Unternehmens ist, hat praktische Relevanz, da diesen sowohl Rechte zustehen als auch Pflichten treffen.

1. **Rechte:**
   - Beschränkung der Haftpflicht (§§ 104 ff. SGB VII)
   - Recht auf Beratung in Fragen der Prävention etc. (§ 17 SGB VII)
   - stimmberechtigte Teilnahme an den Organwahlen (aktives Wahlrecht, §§ 46 ff. SGB IV)
   - Wählbarkeit zu den Organen (passives Wahlrecht, §§ 46 ff. SGB IV)
   - Versicherungsberechtigung als Unternehmer in Form einer freiwilligen Versicherung (§ 6 SGB VII i. V. m. den jeweiligen Satzungsnormen), soweit nicht bereits ein Pflichtversicherungsverhältnis kraft Gesetzes (§ 2 SGB VII) bzw. kraft Satzung (§ 3 SGB VII i. V. m. den jeweiligen Satzungsnormen) besteht
2. **Pflichten:**
   - Beachtung der Unfallverhütungsvorschriften (UVVen) und Unterrichtung der Versicherten über diese (§ 21 Abs. 1 und § 15 Abs. 5 SGB VII)
   - Anzeige von Versicherungsfällen (§ 193 SGB VII)
   - Mitteilungs- und Auskunftspflichten (§ 192 SGB VII)
   - Beitragszahlung für Beschäftigte und die eigene Unternehmerversicherung (§ 150 Abs. 1 SGB VII)
   - Unterstützung bei der Durchführung der Unfallversicherung, insbesondere im Falle eines Versicherungsfalles (§ 191 SGB VII)

In der Praxis der Berufsgenossenschaften wird bei einem Wechsel der Person des Unternehmers für ein identisches Unternehmen (gleichbleibendes Beitragsobjekt) ein sog. **Umschreibungsbescheid** erteilt. Als Rechtsgrundlage wird § 136 Abs. 1 S. 1 SGB VII entsprechend herangezogen.

### 4.4.1.2 Mitglieder

Das SGB VII verzichtet auf die Benennung von Mitgliedschaftsverhältnissen. Aus der Systematik einer Körperschaft mit Selbstverwaltung wären dies einerseits Unternehmer und andererseits die versicherten Personen. Beide Personengruppen treffen im Verhältnis zum Unfallversicherungträger Rechte und Pflichten, welche an die jeweilige Eigenschaft anknüpfen. Deshalb ist für den Bereich der gesetzlichen Unfallversicherung v. a. die Anknüpfung an die Unternehmereigenschaft bzw. den Kreis der versicherten Personen von entscheidender Bedeutung.

### 4.4.1.3 Kreis der Versicherten

§ 133 Abs. 1 SGB VII verknüpft die Zuständigkeit eines Unfallversicherungträgers für ein Unternehmen mit dem Versicherungsverhältnis. Die Zuständigkeit der Unfallversicherungträger für Versicherte bestimmt sich nach der Zuständigkeit für das Unternehmen, für das die Versicherten tätig sind. Wer Versicherter ist, ergibt sich aus den §§ 2 ff. SGB VII.

---

**Beispiel: Zuständigkeit eines Unfallversicherungsträgers**

B ist beschäftigter Bäcker in einer Bäckerei. Zuständig für Bäckereien ist die ist die Berufsgenossenschaft Nahrungsmittel und Gastgewerbe (BGN). Diese Berufsgenossenschaft ist deshalb für B zuständig (z. B. bei Leistungen wegen eines Versicherungsfalls). ◄

**Hintergrundinformation: Konkurrenz von Versicherungsverhältnissen**

Es kann in seltenen Ausnahmefällen vorkommen, dass eine Person nach mehreren Versicherungstatbeständen der §§ 2 ff. SGB VII versichert ist bzw. sein kann. Das ist dann der Fall, wenn eine Tätigkeit nach mehreren Vorschriften unter Versicherungsschutz steht, weil die Merkmale verschiedener Vorschriften objektiv und subjektiv erfüllt sind (sog. echte Konkurrenz). Hier muss geklärt werden, welcher Unfallversicherungsträger zuständig ist, denn im Verhältnis zum Versicherten ist grundsätzlich nur ein einziger Versicherungsträger für Entschädigungen zuständig.

Grundsätzlich gilt die Rangfolge:

- Pflichtversicherung kraft Gesetzes vor
- Pflichtversicherung kraft Satzung vor
- Freiwillige Versicherung.

Stehen mehrere Versicherungsschutztatbestände nach § 2 SGB VII kraft Gesetzes in Konkurrenz zueinander, können sie gleichrangig nebeneinanderstehen. Im Allgemeinen geht aber eine Vorschrift der anderen subsidiären vor. Zum Beispiel, hat § 2 Abs. 1 Nr. 1 SGB VII gemäß § 135 Abs. 1 SGB VII Vorrang vor vielen anderen Versicherungsschutztatbeständen des § 2 SGB VII.

Der **Kreis der versicherten Personen** in der gesetzlichen Unfallversicherung weicht teilweise von dem versicherten Personenkreis in den anderen Sozialversicherungszweigen ab. Der Gesetzgeber hat insoweit von seiner in § 2 Abs. 2 und 4 SGB IV grundsätzlich normierten Regelungskompetenz Gebrauch gemacht. Beispielsweise sind in der gesetzlichen Unfallversicherung nicht nur **Beschäftigte** gegen Arbeitsentgelt versichert; der Versicherungsschutz ist auch auf Personen erweitert, die ohne Arbeitsentgeltbezug einer Beschäftigung nachgehen. Übergeordnet betrachtet ist der Kreis der versicherten Personen umfassender als in den übrigen Versicherungszweigen der Sozialversicherung. Versichert oder zumindest versicherungsberechtigt sind grundsätzlich **alle Erwerbstätigen**.

Daneben hat der Gesetzgeber im Laufe der Zeit **weitere Personengruppen** unter Versicherungsschutz gestellt. Die Einbeziehung dieser Personengruppen erfolgt unter sozialen oder sonstigen Gesichtspunkten (z. B. Absicherung ehrenamtlichen Engagements). Systematisch betrachtet ist bei einigen dieser Personengruppen eine gewisse **Nähe zum Arbeitsleben** gegeben (z. B. § 2 Abs. 1 Nr. 2–4, 14 SGB VII). Andere Personengruppen sind demgegenüber versichert, weil sie im **Interesse der Allgemeinheit** tätig werden (z. B. § 2 Abs. 1 Nr. 10–13, 15–17, Abs. 1 a SGB VII). In diesen beschäftigungsfernen Versicherungsgruppen spricht man von „**unechter Unfallversicherung**" (siehe Eichenhofer 2019, § 20; Ebsen und Wallrabenstein 2018), weil sie eine Ausnahme von der Anknüpfung des Versicherungsverhältnisses an eine Beschäftigung entsprechend § 2 Abs. 2 Nr. 1 SGB IV darstellen. **Zuständig** für Sachverhalte der unechten Unfallversicherung sind deshalb die **Versicherungsträger der öffentlichen Hand** (Bund, Länder, Gemeinden, Feuerwehrunfallkassen, vgl. hierzu §§ 125–129 SGB VII). Gewerbliche Berufsgenossenschaften können hier keine Zuständigkeit haben.

---

**Zusammenfassung, Merksatz**

Der Kreis der versicherten Personen ist in der gesetzlichen Unfallversicherung weit gezogen. Versichert sind beschäftigte Personen unabhängig vom Entgeltbezug. Daneben sind Personen mit einem Bezug zum Arbeitsleben versichert. Im Rahmen der sog. unechten Unfallversicherung sind weiterhin Personen versichert, die sie im Interesse der Allgemeinheit tätig werden.

---

**Hintergrundinformation: Unechte Unfallversicherung**

Die „atypische" Integration der Fälle der unechten Unfallversicherung in die gesetzliche Unfallversicherung wird überwiegend als verfehlt angesehen (z. B. Hase 2018, Rz. 6 ff.). Hier seien insbesondere Personengruppen erfasst, deren soziale Absicherung dem Recht der sozialen Versorgung und Entschädigung zuzuordnen sei. Diese Auffassung geht fehl. Vielmehr wäre es ordnungspolitisch und aus Gründen der Verwaltungsökonomie richtig, das gesamte Recht der sozialen Versorgung und Entschädigung in die gesetzliche Unfallversicherung zu integrieren. Den Leistungen entstehen im Versorgungs- und Entschädigungsrecht insbesondere dann, wenn sich Unfälle i. S. d. § 8 Abs. 1 S. 2 SGB VII ereignet haben. Deshalb sind die leistungsrechtlichen Voraussetzungen mit denen der gesetzlichen Unfallversicherung weitgehend identisch. Sowohl die Tatbestände („Versicherungsfälle") des sozialen Versorgungs- und Entschädigungsrechts als auch diejenigen der gesetzlichen Unfallversicherung (gleich ob „echte" oder „unechte") sind durch eine dreistufige Kausalkette charakterisiert (siehe hierzu Abschn. 6.2.2). Weiterhin gibt es Parallelen, da stets eine konkrete „Einwirkung" auf die Person erfolgen muss. Durch eine Eingliederung in die gesetzliche Unfallversicherung könnten wegen der zentralen Zuständigkeit der Unfallversicherungsträger der öffentlichen Hand (Landesträger oder kommunale Unfallversicherungsträger) und deren leistungsrechtlicher Expertise die aktuell zuständigen Gebietskörperschaften von Aufgaben (und damit Personal- sowie Sachkosten) entlastet werden. Eine leistungsrechtliche Kostenentlastung wäre damit allerdings nicht verbunden, da diese im Umlageverfahren der gesetzlichen Unfallversicherung von den Trägern der öffentlichen Hand über deren Beiträge getragen werden müssten. Der Gesetzgeber hat leider die Chance versäumt, das soziale Versorgungs- und Entschädigungsrecht in das SGB VII zu integrieren. Vielmehr wurde das Entschädigungsrecht in einem neuen SGB XIV – Soziale Entschädigung – geregelt, das in wesentlichen Teilen zum 01.01.2024 in Kraft treten wird.

Die gesetzliche Unfallversicherung weist noch eine weitere wesentliche Abweichung zum Schutzkonzept der übrigen Sozialversicherungszweige auf. Anders als dort ist eine Person in der gesetzlichen Unfallversicherung nicht ständig („rund um die Uhr") versichert. Der gesetzlich definierte Kreis der versicherten Personen beschreibt daher nur, welche Personengruppen **dem Grunde nach** unter Versicherungsschutz stehen. Für die Verwirklichung des **Versicherungsschutzes** nach §§ 2 ff. SGB VII muss noch ein weiteres Kriterium hinzutreten, nämlich ein **Unfall** i. S. d. § 8 Abs. 1 S. 2 SGB VII (oder eine Berufskrankheit, § 9 SGB VII) auf Basis einer berufsbezogenen **Tätigkeit** oder wegen eines „aufopfernden" Handelns für die Allgemeinheit. Die gesetzliche Unfallversicherung deckt daher **kein allgemeines Lebensrisiko** ab, sondern ein **besonderes handlungsbezogenes** (zumeist bezeichnet als: **tätigkeitsbezogenes**) **Lebensrisiko**. Unter Versicherungsschutz steht daher nicht die Person als solche, sondern deren konkretes Verhalten (die „Tätigkeit") im Kontext mit den gesetzlich definierten **Versicherungsfällen**. Daher gilt: Erst das versicherte Verhalten macht die Person zur versicherten Person. Insoweit bestehen weitere Parallelen zum sozialen Versorgungs- und Entschädigungsrecht, welches auch die konkrete unfallbezogene Einwirkung unter staatlichen „Quasi-Versicherungsschutz" stellt.

---

**Zusammenfassung, Merksatz**

Der besondere Versicherungsschutz in der gesetzlichen Unfallversicherung besteht nur für ein besonderes handlungsbezogenes („tätigkeitsbezogenes") Lebensrisiko. Das allgemeine Lebensrisiko wird nicht abgedeckt. Das schädigende Ereignis („Unfall" oder „Berufskrankheit") muss dieser besonderen Lebenssphäre zuzuordnen sein.

---

**Beispiel: Unversicherte Tätigkeit**

Arbeitnehmer A muss während der Büroarbeitszeiten im Betrieb seine Notdurft verrichten. Wann besteht Versicherungsschutz?

Nach der Rechtsprechung des Bundessozialgerichts (BSG, SozR 2200 § 548 Nr. 97) ist zwischen dem Weg zur bzw. von der Toilette und dem Verrichten der Notdurft an sich zu unterscheiden:

Versicherungsschutz besteht in der Betriebsstätte auf dem Weg zur bzw. von der Toilette, weil der Versicherte durch die Anwesenheit auf der Betriebsstätte gezwungen ist, seine Notdurft dort zu verrichten. Zudem handelt es sich um eine regelmäßig unaufschiebbare Handlung, die der Fortsetzung der Arbeit direkt im Anschluss daran dient und somit auch im mittelbaren Interesse des Arbeitgebers.

Kein Versicherungsschutz besteht bei der Verrichtung der Notdurft. Für die Abgrenzung zwischen der versicherten und unversicherten Tätigkeit wird der Aufenthalt in der Toilettenanlage (Waschbecken, Urinal, etc.) herangezogen. Mit Durchschreiten der entsprechenden Tür zur Toilettenanlage liegt eine nicht versicherte Tätigkeit vor. Das Reinigen der Hände innerhalb der Toilettenanlage ist daher ebenfalls eine nicht versicherte eigenwirtschaftliche Tätigkeit. ◄

Da für das Vorliegen eines Versicherungsfalls das Vorhandensein einer versicherten Tätigkeit bzw. damit zusammenhängende Kausalitäts- und Zurechnungsfragen wesentlich ist, wird hierzu in der Verwaltungspraxis häufig gestritten. Da das Leben bunt und eine Vielzahl an Einzelfallgestaltungen bereithält, hat die **Rechtsprechung** eine ausufernde **Kasuistik** entwickelt, die kaum zu überschauen ist. Die im Einzelfall tätigkeitsbezogenen

Konkretisierung des Kreises der versicherten Personen kann daher als die „Achillesferse des Rechts der gesetzlichen Unfallversicherung" bezeichnet werden. Das Bundessozialgericht hat sich in der jüngeren Vergangenheit in mehreren Entscheidungen mit dem Begriff der Handlungstendenz zu helfen versucht; aber auch dieses Kriterium ist unscharf und verursacht teilweise sich widersprechende Rechtsprechung bzw. kaum mehr handhabbare Lebenssituationen.

**Hintergrundinformation: Covid-19-Erkrankung als Versicherungsfall in der gesetzlichen Unfallversicherung**
Auch eine Covid-19-Erkrankung nach Infektion mit dem SARS-CoV-2-Virus kann zum Vorliegen eines Versicherungsfalls in der gesetzlichen Unfallversicherung führen. Dabei ist zwischen einem Arbeitsunfall und einer Berufskrankheit zu unterscheiden

▶    **TIPP** Zur Abgrenzung stellt die DGUV Informationsmaterial zur Verfügung: https://
www.dguv.de/de/mediencenter/hintergrund/corona_arbeitsunfall/index.jsp,
Stand 22.11.2021.

Da für das Vorliegen eines **Arbeitsunfalls** der Bezug zur beruflichen Tätigkeit vorliegen muss, muss die auf der Infektion basierende Erkrankung auf die jeweilige versicherte Tätigkeit (Beschäftigung, [Hoch-] Schulbesuch, Ausübung bestimmter Ehrenämter, Hilfeleistung bei Unglücksfällen o. a.) zurückzuführen sein. Erforderlich ist, dass ein intensiver Kontakt mit einer infektiösen Person („Indexperson") nachweislich stattgefunden hat und spätestens innerhalb von zwei Wochen nach dem Kontakt die Erkrankung eingetreten bzw. der Nachweis der Ansteckung erfolgt ist. Anhaltspunkte dafür, wann diese Form des Kontaktes gegeben ist, geben die SARS-CoV-2-Arbeitsschutzregel in der Fassung vom 07.05.2021 (GMBl. 2021 S. 622–628) und das Robert-Koch-Institut im Rahmen der Risikobewertung.

▶    **TIPP** Die Risikobewertung des RKI ist im Internet aufrufbar: (https://www.rki.
de/DE/Content/InfAZ/N/Neuartiges_Coronavirus/Risikobewertung.html,
Stand 29.09.2021).

Im Einzelfall sind eine Betrachtung und Abwägung aller Aspekte erforderlich, die für oder gegen eine Verursachung der Covid-19-Erkrankung durch die versicherte Tätigkeit sprechen. Nur die Infektion und darauf basierende Erkrankung, die **infolge der versicherten Tätigkeit** (§ 8 Abs. 1 S. 1 SGB VII) eingetreten ist, erfüllt die Voraussetzungen eines Arbeitsunfalles. Eine Covid-19-Erkrankung kann auch **Berufskrankheit** im Sinne des § 9 SGB VII sein. In Anlage 1 zur Berufskrankheiten-Verordnung sind unter Ziffer 3101 erfasst „Infektionskrankheiten, wenn der Versicherte im Gesundheitsdienst, in der Wohlfahrtspflege oder in einem Laboratorium tätig oder durch eine andere Tätigkeit der Infektionsgefahr in ähnlichem Maße besonders ausgesetzt war". Hierunter sind auch SARS-Cov-2-Infektionen und darauf basierende Covid-19-Erkrankungen zu subsumieren. Eine Anerkennung als Berufskrankheit setzt voraus, dass nach einer Infektion mindestens geringfügige klinische Symptome auftreten. Treten erst später Gesundheitsschäden auf, die als Folge der Infektion anzusehen sind, kann eine Berufskrankheit ab diesem Zeitpunkt anerkannt werden.

▶    **TIPP** Für Beschäftigte im Gesundheitswesen hat die DGUV in Zusammenarbeit
mit der Deutschen Vereinigung für Intensivmedizin (DIVI) relevante Informationen zusammengetragen (https://publikationen.dguv.de/widgets/pdf/download/article/3854).

▶ Alle wichtigen Informationen zum Arbeits- und Gesundheitsschutz in der Pandemielage hat die DGUV e. V. auf einer Sonderseite gebündelt: https://www.dguv.de/corona/index.jsp.

**Versicherungspflicht kraft Gesetzes**

§ 2 SGB VII definiert, wer kraft gesetzlicher Regelung dem Grunde nach zum versicherten Personenkreis der gesetzlichen Unfallversicherung gehört. Die Tatbestände sind in den einzelnen Ziffern des Absatzes 1 i. V. m. Absätzen 3 und 4 aufgeführt. Bei Tätigkeiten im Rahmen einer Beschäftigung ist der **Entgeltbezug** für den Versicherungsschutz in der gesetzlichen Unfallversicherung **ohne Bedeutung** (siehe demgegenüber ausdrücklich § 5 Abs. 1 Nr. 1 SGB V oder § 1 S. 1 Nr. 1 SGB VI). Bedeutungslos sind für den Versicherungsschutz ebenso Kriterien wie Alter, Staatsangehörigkeit, Vorliegen eines Arbeitsvertrages, etc. Selbst wenn gegen ein gesetzliches Verbot verstoßen wird, schließt dies den Versicherungsschutz in der gesetzlichen Unfallversicherung nicht aus. Sichtbar wird dies in der Regelung des § 7 Abs. 2 SGB VII, nach der **verbotswidriges Handeln** den Versicherungsfall nicht ausschließt. Deshalb stehen auch im Rahmen von illegalen Beschäftigungsverhältnissen („Schwarzarbeit") Tätige unter dem Schutz der gesetzlichen Unfallversicherung.

> **Zusammenfassung, Merksatz**
> Versicherungsschutz besteht sehr weitgehend und wird selbst durch verbotswidriges Handeln grundsätzlich nicht ausgeschlossen.

Eine Besonderheit des versicherten Personenkreises in der gesetzlichen Unfallversicherung stellt die sog. „**Wie-Beschäftigung**" dar.

**§ 2 Abs. 2 S. 1 SGB VII**

Ferner sind Personen versichert, die wie nach Absatz 1 Nr. 1 Versicherte tätig werden.

Versichert sind Personen, die für ein fremdes Unternehmen tätig werden, ohne in ihm beschäftigt zu sein. Auch kommt es auf den Beweggrund an, der eine Person veranlasst, eine bestimmte Tätigkeit auszuüben, nicht an. Sogenannte Gefälligkeitsleistungen unter Freunden bzw. Verwandten oder in Vereinen schließen deshalb allein für sich betrachtet den Versicherungsschutz nicht von vornherein aus. Der **Versicherungsschutz** nach § 2 Abs. 2 S. 1 SGB VII **setzt voraus** (siehe hierzu im Einzelnen einschließlich der Hinweise zur Rechtsprechung KassKom § 2 SGB VII, Rz. 123 ff.; Kaltenstein 2018):

- eine ernstliche Tätigkeit von wirtschaftlichem Wert,
- die einem fremden Unternehmen dienen soll (Handlungstendenz),
- dem wirklichen oder mutmaßlichen Willen des Unternehmers entspricht,
- ihrer Art nach von Arbeitnehmern geleistet wird also einem Beschäftigungsverhältnis ähnlich ist,
- und keine Sonderbeziehung z. B. als Familienangehöriger oder Vereinsmitglied besteht.

Für die Beantwortung der Frage, ob eine Wie-Beschäftigung vorliegt, kommt es auf das **Gesamtbild** der tatsächlichen oder beabsichtigen Tätigkeit an.

> **Zusammenfassung, Merksatz**
> Die Wie-Beschäftigung erweitert den Versicherungsschutz sehr weitgehend auf Sachverhalte des fremdnützigen Handelns im fremden Pflichtenkreis.

In der gesetzlichen Unfallversicherung ist praktisch weiterhin die Abgrenzung zwischen Beschäftigten und dem **Unternehmer** wichtig. Für Unternehmer ist eine Versicherungspflicht kraft Gesetzes nämlich nur in Ausnahmefällen (§ 2 Abs. 1 Nr. 5, 6, 7, 9, 16 SGB VII) vorgesehen. Deshalb ist für bestimmte Personengruppen (z. B. Versicherungsvertreter o. ä.) entscheidend, ob diese als Beschäftigte zum Kreis der versicherten Personen gehören oder ggf. versicherungsfrei oder ggf. versicherungspflichtig kraft Satzung mit einer **eigenen Beitragspflicht** sind. Die Abgrenzung erfolgt anhand der Betrachtung aller Umstände des Einzelfalls und des sich daraus ergebenden **Gesamtbildes** (vgl. z. B. zur – nicht gegebenen – Unternehmereigenschaft eines Vorstandsmitgliedes einer Aktiengesellschaft: BSG vom 20.03.2018, B 2 U 13/16 R, NZS 2018, 985–989 mit Anmerkungen Pionteck). Die Abgrenzungskriterien sind dieselben wie in der gesetzlichen Rentenversicherung, nämlich (vgl. KassKom § 136 SGB VII, Rz. 25; Kaltenstein 2018):

- eine Gewinnerzielungsabsicht,
- persönliche Unabhängigkeit,
- eigene betriebliche Einrichtungen oder eine Betriebsstätte,
- nicht nur vorübergehende Tätigkeit,
- die Tragung des Unternehmerrisikos,
- die Weisungsfreiheit bei der Ausübung der Tätigkeit,
- die vertragliche Ausgestaltung der Tätigkeit,
- die steuerliche Einordnung der Einkünfte,
- etc.

Eine ähnlich zu bewertende Fallgruppe, bei der es auf das sich ergebende Gesamtbild ankommt, ist die Beschäftigung von **Ehegatten** (gleich ob verschieden- oder gleichgeschlechtlich) und sonstigen **Verwandten**. Ob es „echtes" Beschäftigungsverhältnis vorliegt, muss dementsprechend wertend betrachtet werden, wobei wegen der familiären Nähe einzelne Kriterien eines Beschäftigungsverhältnisses i. S. d. § 2 Abs. 1 Nr. 1 SGB VII in den Hintergrund rücken können.

Bei der Frage, ob es sich bei **Gesellschaftern**, Mitgliedern von Vereinen etc. um versicherte Personen i. S. d. § 2 Abs. 1 Nr. 1 SGB VII handelt, muss nach Gesellschaftsform unterschieden werden (Bereiter-Hahn und Mehrtens 2021, § 2 SGB VII, Rz. 6.13 ff.):

- **Personengesellschaften**: die unbeschränkt haftenden Gesellschafter sind Unternehmer; nur ausnahmsweise kann ein Gesellschafter zusätzlich in einem Beschäftigungsverhältnis zur Gesellschaft stehen. Kommanditisten sind keine Unternehmer, da diese kein Unternehmensrisiko tragen. Ob ein Beschäftigungsverhältnis vorliegt, folgt aus der Ausgestaltung des Gesellschaftsvertrages.
- **Kapitalgesellschaften**: Gesellschafter stehen grundsätzlich in einem Beschäftigungsverhältnis, da sie als abhängig Beschäftigte anzusehen sind. Unternehmerin ist nämlich die Gesellschaft selbst. Sobald ein Gesellschafter wenigstens eine Sperrminorität an Gesellschaftsanteilen hält oder kein anderer ein Direktionsrecht ausüben kann und damit **maßgeblich unternehmerische Entscheidungen beeinflussen** kann, scheidet ein Beschäftigungsverhältnis aus. Entscheidend ist das Gesamtbild. Vorstandsmitglieder stehen in keinem Beschäftigungsverhältnis.

**Beispiel Versicherungsschutz von GmbH-Gesellschaftern**

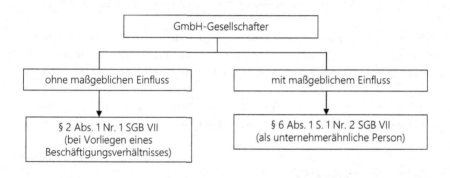

Für alle Gesellschafter-Geschäftsführer einer GmbH sowie mitarbeitende Familienangehörige muss ein obligatorisches **Statusfeststellungsverfahren** gemäß § 7 a Abs. 1 S. 2 SGB IV durchgeführt werden. Zuständig für das Statusfeststellungsverfahren ist die Deutsche Rentenversicherung Bund/Clearingstelle (Clearingstelle Befreiung Sozialversicherungspflicht).

**Sonderfall: Versicherung kraft Satzung, § 3 SGB VII**
Die Versicherung kraft Satzung nach § 3 SGB VII begründet ebenso wie die Versicherung kraft Gesetzes nach § 2 SGB VII ein **Pflichtversicherungsverhältnis**. Der einzelne Unfallversicherungsträger kann daher den Kreis der Pflichtversicherten teilweise selbst bestimmen. Deshalb ist die Versicherung unabhängig vom Willen der versicherten Person, sie setzt daher auch keinen Antrag voraus. Eine Befreiung von der Versicherungspflicht ist nur möglich, wenn die Satzung sie ausdrücklich vorsieht.

Wesentlicher praktischer Anwendungsfall ist die Versicherung von **Unternehmern** im Bereich der gewerblichen Berufsgenossenschaften. Unternehmer sind nur in Ausnahmefällen gesetzlich nach § 2 SGB VII pflichtversichert. Gleichwohl sieht der Gesetzgeber die Möglichkeit vor, durch die Satzung des Unfallversicherungsträgers für Unternehmer ein Pflichtversicherungsverhältnis nach § 3 SGB VII zu begründen. Daneben besteht für Unfallversicherungsträger die Möglichkeit, die Versicherungsbeziehungen mit den Unternehmern auf freiwilliger Basis über eine freiwillige Versicherung nach § 6 SGB VII zu gestalten. Unternehmer können daher entsprechend der folgenden Abbildung (Abb. 4.6 Unternehmerversicherung in der GUV) bei einer Berufsgenossenschaft versichert sein.

Die Ermächtigung, die Pflichtversicherung durch Satzung auszudehnen, ist beschränkt auf

- Unternehmer und ihre im Unternehmen mitarbeitenden Ehegatten oder Lebenspartner (§ 3 Abs. 1 Nr. 1 SGB VII),
- Personen, die sich auf der Unternehmensstätte aufhalten (§ 3 Abs. 1 Nr. 2 SGB VII),
- Personen, die unter bestimmten Bedingungen im Ausland beschäftigt sind (§ 3 Abs. 1 Nr. 3 SGB VII),
- ehrenamtlich Tätige und bürgerschaftlich Engagierte (§ 3 Abs. 1 Nr. 4 SGB VII) sowie
- Kinder und Jugendliche während der Teilnahme an Sprachförderkursen, wenn die Teilnahme auf Grund landesrechtlicher Regelung erfolgt (§ 3 Abs. 1 Nr. 5 SGB VII).

Andere Personen dürfen nicht in eine satzungsmäßige Pflichtversicherung einbezogen werden, weil hierzu eine gesetzliche Ermächtigung fehlt.

**Zusammenfassung, Merksatz**
Die Versicherung kraft Satzung ermöglicht dem Unfallversicherungsträger, durch autonomes Recht Pflichtversicherungsverhältnisse zu begründen.

**Abb. 4.6** Unternehmerversicherung in der GUV

**Versicherungsfreiheit**

Einige Personengruppen, die nach § 2 SGB VII als Beschäftigte pflichtversichert wären, sind kraft Gesetzes von der Versicherungspflicht ausgenommen (**Versicherungsfreiheit**). Die Versicherungsfreiheit besteht von Gesetzes wegen und bedarf keines Antrags. Diese Personengruppen sind ordnungspolitisch entweder anderen Vorsorgesystemen zugewiesen oder aus sonstigen Gründen versicherungsfrei gestellt. Die Versicherungsfreiheit ist in § 4 SGB VII geregelt. Versicherungsfreiheit besteht für Personen, die

- Schutz durch beamtenrechtliche Unfallfürsorgevorschriften oder ähnliche Grundsätze (ausgenommen Ehrenbeamte und ehrenamtliche Richter) genießen,
- wegen eines Versorgungsfalls im Sinne des sozialen Versorgungs- und Entschädigungsrechts abgesichert wird,
- Mitglieder geistlicher Genossenschaften oder ähnlicher Gemeinschaften sind und Tätigkeiten verrichten, die unmittelbar der Allgemeinheit dienen,
- Fischerei- und Jagdgäste sind,
- nicht gewerbsmäßige Unternehmer i. S. d. § 2 Abs. 1 Nr. 5 SGB VII sind,
- im medizinischen Bereich selbstständige Tätigkeiten ausüben (§ 2 Abs. 1 Nr. 9 SGB VII; hier vermutet der Gesetzgeber die wirtschaftliche Fähigkeit zur Eigenvorsorge),
- Wie-Beschäftigte im Haushalt sind.

Nicht unter den Anwendungsbereich des § 4 SGB VII fallen dagegen die von der gesetzlichen Unfallversicherung grundsätzlich **nicht erfassten** Personen; sie müssen deshalb auch nicht von der Versicherungspflicht ausgenommen werden. Da **Unternehmer** grundsätzlich nicht pflichtversichert sind, werden sie von der Versicherungsfreiheit nicht erfasst.

**Versicherungsbefreiung**

Die Versicherung kraft Gesetzes besteht unabhängig vom Willen des Versicherten. Eine **Befreiung** von der Versicherungspflicht betrifft nur die einzelne Person und setzt einen Antrag voraus (§ 5 S. 1 SGB VII). Die Person, die sich befreien lassen möchte, muss weiterhin in einem anderen Vorsorgesystem abgesichert sein. In der gesetzlichen Unfallversicherung ist eine Befreiung nur in einem Ausnahmefall (landwirtschaftliche Unternehmer) möglich.

**Versicherungsberechtigung**

Die Versicherungsberechtigung ist in § 6 SGB VII (**freiwillige Versicherung**) geregelt. Versicherungsberechtigte Personen können auf schriftlichen oder elektronischen **Antrag** in der gesetzlichen Unfallversicherung versichert sein. Die Versicherung **beginnt** mit dem Tag nach Eingang des Antrages (§ 6 Abs. 2 S. 1 SGB VII). Die Versicherung **endet**, wenn die Berufsgenossenschaft für den Versicherten nicht mehr zuständig ist bzw. der Versicherte die Versicherung nicht fortsetzen will und einen entsprechenden Antrag stellt. Daneben ist das Bestehen abhängig von der rechtzeitigen Zahlung des Versicherungsbeitrags. § 6 Abs. 2 S. 2 SGB VII bestimmt insoweit, dass die freiwillige Versicherung erlischt, wenn der Beitrag oder Beitragsvorschuss binnen zweier Monate nach Fälligkeit (§ 23 Abs. 3 SGB IV) nicht gezahlt worden ist. Die Versicherung lebt nicht wieder auf, wenn der Rückstand gezahlt ist. Es muss deshalb in diesen Fällen auf Antrag ein neues freiwilliges Versicherungsverhältnis begründet werden.

Ein Sonderproblem besteht für Fälle, in denen die **Zuständigkeit** für ein Unternehmen **wechselt**. Wird das Unternehmen an eine andere Berufsgenossenschaft überwiesen, würde die Versicherung grundsätzlich mit dem Wirksamwerden der Überweisung enden. Aus Gründen des **Vertrauensschutzes** wird die freiwillige Versicherung beim aufnehmenden Unfallversicherungsträger fortgeführt, wenn dieser eine freiwillige Versicherung vorsieht. Eines neuen Antrags bedarf es in diesen Fällen nicht. Besteht beim aufnehmenden Unfallversicherungsträger eine Pflichtversicherung kraft Satzung, wird die Versicherung als solche nach § 3 SGB VII fortgeführt. War der Unternehmer bei der abgebenden Berufsgenossenschaft nach § 3 SGB VII pflichtversichert, wird allerdings eine freiwillige Versicherung nach § 6 SGB VII nur dann begründet, wenn er bei der aufnehmenden Berufsgenossenschaft einen entsprechenden Antrag stellt.

Freiwillig können sich nach § 6 SGB VII i. V. m. den entsprechenden Satzungsregelungen nur

- Unternehmer und ihre im Unternehmen mitarbeitenden Ehegatten (§ 6 Abs. 1 S. 1 Nr. 1 SGB VII),
- Personen, die in Kapital- oder Personenhandelsgesellschaften regelmäßig wie Unternehmer selbstständig tätig sind (§ 6 Abs. 1 S. 1 Nr. 2 SGB VII),
- gewählte oder beauftragte Ehrenamtsträger in gemeinnützigen Organisationen (§ 6 Abs. 1 S. 1 Nr. 3 SGB VII),
- Personen, die in Arbeitgeber- oder Arbeitnehmerorganisationen ehrenamtlich tätig sind oder an Ausbildungsveranstaltungen für diese Tätigkeit teilnehmen (§ 6 Abs. 1 S. 1 Nr. 4 SGB VII),
- Personen, die ehrenamtlich für Parteien tätig sind (§ 6 Abs. 1 S. 1 Nr. 5 SGB VII)

versichern.

**Zusammenfassung, Merksatz**
Die freiwillige Versicherung ermöglicht versicherungsberechtigten Personen aufgrund Satzungsregelung, Versicherungsschutz zu erlangen. Die freiwillige Versicherung ist v. a. für Unternehmer und ihre im Unternehmen mitarbeitenden Ehegatten sowie unternehmerähnliche Personen (z. B. GmbH-Geschäftsführer) wichtig.

## 4.4.2 Finanzierung

### 4.4.2.1 Ablösung der Unternehmerhaftung

Die gesetzliche Unfallversicherung knüpft an zivilrechtlichen Regelungen zum Haftungs- und Schadensrecht an. Ursprung dieses Zweigs der Sozialversicherung ist die Idee, zivilrechtliche Auseinandersetzungen aus dem betrieblichen Kontext herauszulösen und die Schadensabwicklung öffentlichen Trägern zuzuweisen. Diese Idee wird nach der aktuellen Gesetzeslage durch die in § 1 SGB VII formulierten Leitlinien umgesetzt, dass „**mit allen geeigneten Mitteln**" Prävention, vor Rehabilitation vor Entschädigung geleistet wird. Zugleich ist die gesetzliche Unfallversicherung auch Versicherung, insoweit gilt auch hier das **Versicherungsprinzip**. Von der Grundidee der Sozialversicherung, dass Arbeitgeber und Beschäftigte zu gleichen Teilen die Beiträge tragen (hälftige Beitragslast), weicht die gesetzliche Unfallversicherung ab. In diesem Sozialversicherungszweig trägt **allein der Unternehmer die Beitragslast**. Diese Ausnahmeregelung erklärt sich aufgrund der – Anknüpfungspunkt Haftungs- und Schadensrecht – **Beschränkung der Haftung der Unternehmer** nach §§ 104 ff. SGB VII. Der gesetzlich definierte Leistungsumfang der Beschäftigten gegen die Unfallversicherungsträger (öffentlich-rechtlicher Anspruch auf Leistungen) ersetzt privatrechtliche Schadensersatzansprüche der Beschäftigten gegen den Unternehmer. Es liegt eine **Ablösung der Unternehmerhaftung** vor, das Schadensrisiko geht auf den zuständigen Unfallversicherungsträger über. Das Schadensrisiko geht insoweit von einem einzelnen Unternehmer auf die Gesamtheit der Mitglieder (der Mitgliedsunternehmen) eines Trägers über (**Solidarprinzip** der Versichertengemeinschaft einer Versicherung). Rechtfertigungsgründe sind das sog. **Finanzierungsargument** (alleinige Beitragspflicht) sowie das sog. **Friedensargument** (Wahrung des Betriebsfriedens).

Daraus folgt, dass **allein Unternehmer Beiträge** in der gesetzlichen Unfallversicherung sowohl zu **tragen** als auch zu **zahlen** haben. § 22 Abs. 1 SGB IV enthält die Regelung, dass Beitragsansprüche entstehen, sobald die im Gesetz bzw. aufgrund Gesetzes bestimmten Voraussetzungen vorliegen. Diese im Gesetz bestimmten Voraussetzungen sind einerseits unmittelbar im SGB VII definiert bzw. andererseits in denen an gesetzliche Ermächtigungen anknüpfende Satzungsregelungen der Unfallversicherungsträger enthalten. Für die an die Ablösung der Unternehmerhaftung anknüpfende Konstellation, dass für einen Unternehmer in dessen Unternehmen Versicherte tätig sind, regelt § 150 Abs. 1 S. 1 SGB VII den entsprechenden Tatbestand und formuliert die Beitragspflicht des Unternehmers. Unter Versicherten sind dabei die gesetzlich in §§ 2 ff. SGB VII definierten Sachverhalte zu verstehen. Neben der Beitragspflicht für Dritte muss bzw. kann den Unternehmer auch eine weitere Beitragspflicht für die (eigene) **Unternehmerversicherung** treffen. Gesetzlicher Anknüpfungspunkt dieser Beitragsverpflichtung ist § 150 Abs. 1 S. 2 SGB VII. Die Tatbestände einer Unternehmerversicherung sind dabei in den §§ 2, 3 und 6 SGB VII geregelt. Unternehmer können selbst kraft Gesetzes (§ 2 SGB VII), kraft

Satzungsregelung (§ 3 SGB VII i. V. m. den entsprechenden Satzungsregelungen) bzw. freiwillig (§ 6 SGB VII i. V. m. den entsprechenden Satzungsregelungen) in der gesetzlichen Unfallversicherung versichert sein. Bei der Versicherung kraft Gesetzes bzw. kraft Satzung handelt es sich um sog. Pflichtversicherungsverhältnisse entgegen der freiwilligen Versicherung, was Abb. 4.6 darstellt.

> **Zusammenfassung, Merksatz**
> In der gesetzlichen Unfallversicherung tragen und zahlen allein die Unternehmer die Beitragslast. Diese Ausnahmeregelung erklärt sich aufgrund der Beschränkung der Unternehmerhaftung. Neben der Beitragspflicht für Dritte muss bei Pflichtversicherungen kraft Gesetzes oder kraft Satzung bzw. kann bei der freiwilligen Versicherung den Unternehmer auch eine weitere Beitragspflicht für die (eigene) Unternehmerversicherung treffen.

### 4.4.2.2 Gewerbliche Berufsgenossenschaften

Die gesetzliche Unfallversicherung weist hinsichtlich der Finanzierung Unterschiede zu den übrigen Sozialversicherungszweigen auf. Zu nennen sind hier insbesondere zwei bedeutende **Wesensmerkmale der gesetzlichen Unfallversicherung**:

- die zuvor erwähnte alleinige Beitragspflicht der Unternehmer (vgl. insbesondere § 150 Abs. 1 S. 1 SGB VII),
- das Umlageverfahren der nachträglichen Bedarfsdeckung (vgl. § 152 Abs. 1 S. 1 SGB VII).

**Umlageverfahren der nachträglichen Bedarfsdeckung** bedeutet, dass eine Berufsgenossenschaft ihren **Finanzbedarf (Umlagesoll,** § 152 Abs. 1 SGB VII) durch Beiträge nachträglich erst nach Ablauf des Kalenderjahres geltend machen darf, in dem die Beitragsansprüche entstanden sind. Mit anderen Worten werden die Ausgaben einer Berufsgenossenschaft erst durch im Folgejahr erhobene Beiträge ausgeglichen. Um diese Finanzierungslücke zu schließen, bedarf es einer **Vorfinanzierung**. Diese erfolgt in der Praxis der Berufsgenossenschaften über die Erhebung von Vorschüssen (§ 164 Abs. 1 SGB VII). Die Anzahl der Vorschusszahlungen variiert zwischen den Berufsgenossenschaften. Es werden bis zu sechs Vorschusszahlungen verlangt. Die Vorschüsse werden mit dem berechneten und erhobenen Beitrag verrechnet. Für die UVT der öffentlichen Hand (Ausnahme: Unfallversicherung Bund und Bahn, § 186 Abs. 1 S. 1 SGB VII) gelten hierzu abweichende Grundsätze (siehe Abb. 4.7).

> **Zusammenfassung, Merksatz**
> Das Umlageverfahren der nachträglichen Bedarfsdeckung ist das Beitragserhebungsverfahren der gewerblichen Berufsgenossenschaften sowie der Unfallversicherung Bund und Bahn.

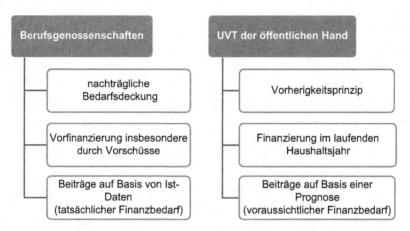

**Abb. 4.7**  Gesetzliche Unfallversicherung – unterschiedliche Finanzierungsstrukturen

Das Prinzip der nachträglichen Bedarfsdeckung weicht von den Grundsätzen ab, die bei privaten Versicherungen gelten. Dort orientieren sich die Ausgaben an den Einnahmen, d. h. eine private Versicherung darf nur so viel ausgeben (= an versicherten Leistungen erbringen), wie man eingenommen hat (= Gesamtsumme der Prämien aller Versicherungsnehmer).

Weiterhin erfolgt die **Berechnung des Beitrags** in der gesetzliche Unfallversicherung nach anderen Kriterien als beim Gesamtsozialversicherungsbeitrag (dort: Beitragssatz, Beitragsbemessungsgrundlage, Beitragsbemessungsgrenze). Die Berechnung basiert nach § 153 Abs. 1 SGB VII auf dem Finanzierungsbedarf (Umlagesoll), den Arbeitsentgelten sowie den Gefahrklassen. Diese Berechnungsparameter werden gemäß § 167 Abs. 1 und 2 SGB VII in eine Beziehung zueinander gesetzt und ergeben die Beitragsberechnungsformel

$$\textbf{Beitrag} = \textbf{Beitragseinheiten} \left( \textbf{Arbeitsentgelt} \times \textbf{Gefahrklasse} \right) \times \textbf{Beitragsfuß}$$

Als einziger Zweig der Sozialversicherung orientiert sich die gesetzliche Unfallversicherung an einem Versicherungstarif. In dem von der Berufsgenossenschaft als autonomes Satzungsrecht festzusetzenden **Gefahrtarif** werden **Gewerbezweige** und/oder Tätigkeiten nach Gefährdungsrisiken unter Berücksichtigung eines versicherungsmäßigen Risikoausgleichs in **Gefahrklassen** zusammengefasst (vgl. hierzu § 157 SGB VII). Dabei hat die Berufsgenossenschaft in regelmäßigen Abständen, spätestens alle sechs Kalenderjahre (§ 157 Abs. 5 SGB VII), den Gefahrtarif neu festzusetzen. Die Aufsichtsbehörde muss den Gefahrtarif genehmigen (§ 158 Abs. 1 SGB VII). Die einzelnen Gefahrklassen spiegeln dabei die abstrakte Gefährlichkeit der dort zusammengefassten Gewerbezweige und/oder Tätigkeiten im Verhältnis zu den übrigen Gefahrklassen wider. Das heißt, je höher innerhalb eines Gefahrtarifs eine Gefahrklasse ist, desto höher ist deren Gefährdungsrisiko.

**Beispiel: Gefährdungsrisiko**

In dem ab 01.01.2018 geltenden Gefahrtarif der Berufsgenossenschaft der Bauwirtschaft (BG BAU) sind Dacharbeiten aller Art der Gefahrtarifziffer 100 mit der Gefahrklasse 12,58 zugeordnet. Zimmereiarbeiten sind als Gefahrtarifstelle 110 mit der Gefahrklasse 18,12 bewertet. Zimmereiarbeiten sind daher tariflich deutlich gefährlicher als (sonstige) Dacharbeiten aller Art bewertet. ◄

Nachdem die Berufsgenossenschaft den Gefahrtarif festgesetzt hat, wird jedes Unternehmen den einzelnen Tarifstellen für die gesamte Dauer des Gefahrtarifs per Bescheid zugeordnet. Dies nennt man **Veranlagung** zum Gefahrtarif, die per Veranlagungsbescheid nach § 159 Abs. 1 SGB VII erfolgt. Die Veranlagung erfolgt entsprechend der konkreten Verhältnisse im Unternehmen, sodass dieses als Einzel- oder Gesamtunternehmen veranlagt wird. Wegen der zentralen Zuständigkeit einer einzigen Berufsgenossenschaft für ein gesamtes Unternehmen, muss diese auch zu Gefahrklassen veranlagen, für welche die Berufsgenossenschaft materiell nicht zuständig ist. Die Veranlagung für fremdartige Nebenunternehmen muss daher gesondert in jedem Gefahrtarif geregelt werden (§ 157 Abs. 4 SGB VII). Wirkt der Unternehmer beim Veranlagungsverfahren nicht mit, kann die Berufsgenossenschaft die Veranlagung nach eigner Einschätzung vornehmen (§ 159 Abs. 2 S. 2 SGB VII).

> **Zusammenfassung, Merksatz**
> In der gesetzlichen Unfallversicherung bildet jede Berufsgenossenschaft einen eigenen Versicherungstarif (Gefahrtarif). Dieser gliedert sich in Gefahrgemeinschaften. Jedes Unternehmen im Zuständigkeitsbereich einer Berufsgenossenschaft wird den Tarifstellen zugeordneten (Veranlagung zu den Gefahrklassen).

Die **jährliche Beitragsberechnung** (Gesamtsozialversicherungsbeitrag: monatlich) erfolgt in mehreren Schritten. Jeder Unfallversicherungsträger ermittelt für sich, welcher Finanzbedarf für das Kalenderjahr 1 besteht. Im Kalenderjahr 2 wird dieser ins Verhältnis zu der Summe der im Kalenderjahr 1 entstandenen Gesamtbeitragseinheiten – also auf übergeordneter Ebene des gesamten Versicherungsträgers – gesetzt. Diese Berechnung ergibt den **Beitragsfuß** (§ 167 Abs. 2 SGB VII). Der Beitragsfuß ist insoweit eine Messzahl für die Gefahrträchtigkeit der Tätigkeiten und Gewerbe eines Kalenderjahres, für welche die jeweilige Berufsgenossenschaft zuständig ist. Anschließend wird der Beitragsfuß mit den veranlagten Gefahrklassen und den zugeordneten Arbeitsentgelten multipliziert. Die Arbeitsentgelte sind im **Lohnnachweisverfahren** an die Berufsgenossenschaft zu melden (§ 165 SGB VII i. V. m. §§ 99 ff. SGB IV). Erfolgt keine Meldung, darf die Berufsgenossenschaft die Entgelte schätzen (§ 165 Abs. 3 SGB VII). Bei der Berechnung des Beitrags für die Unternehmerversicherung ist anstelle des Arbeitsentgelts die **Versicherungssumme** nach § 154 Abs. 1 SGB VII i. V. m. § 83 S. 1 SGB VII heranzuziehen.

▶ **TIPP** Die Grundsätze des UV-Meldeverfahrens der Arbeitsentgelte werden auf der Homepage der DGUV erläutert: http://www.dguv.de/de/versicherung/uv-meldeverfahren/index.jsp. Hier finden sich zudem weiterführende Informationen.

---

**Beispiel: Beitragsberechnung**

Unternehmen 1 führt Hochbauarbeiten aus. Zuständiger Unfallversicherungsträger ist die BG BAU. Die Veranlagung erfolgt zur Gefahrtarifstelle 100 mit der Gefahrklasse 12,58. Im Jahr 2020 haben die 10 Beschäftigten 100.000 Euro Arbeitsentgelt erhalten. Der Beitragsfuß der BG BAU beträgt 0,0041 Euro.

Der Unternehmer U des Unternehmens 1 muss daher folgenden Beitrag zahlen:

$$100.000 \text{ Euro} \times 12,58 \times 0,0045 \text{ Euro} = 5157,80 \text{ Euro}$$

Unternehmen 2 führt Hochbauarbeiten und Zimmereiarbeiten aus. Zuständiger Unfallversicherungsträger ist die BG BAU. Die Veranlagung erfolgt zur Gefahrtarifstelle 100 mit der Gefahrklasse 12,58 sowie zur Gefahrtarifstelle 110 mit der Gefahrklasse 18,12. Im Jahr 2020 haben die 10 Beschäftigten des Hochbaus 100.000 Euro Arbeitsentgelt und die 5 Beschäftigten der Zimmerei 50.000 Euro Arbeitsentgelt erhalten. Der Beitragsfuß beträgt 0,0041 Euro.

Der Unternehmer U des Unternehmens 2 muss daher folgenden Beitrag zahlen:

$$100.000 \text{ Euro} \times 12,58 = 1.258.000 \text{ Euro Beitragseinheiten}$$

$$50.000 \times 18,12 = 906.000 \text{ Euro Beitragseinheiten}$$

zusammen 2.164.000 Euro Beitragseinheiten × 0,0041 Euro (Beitragsfuß) = 8872,40 Euro ◄

**Hintergrundinformation: Bezug des Beitragsfußes auf 1000 bzw. 100 Euro**
In der Praxis der Berufsgenossenschaften beziehen sich der Beitragsfuß und die Arbeitsentgelte auf 1000 Euro bzw. 100 Euro. Deshalb wird in der Beitragsberechnung in den Nenner der Beitragsformel ein entsprechender Berechnungsfaktor eingefügt. Der Beitragsfuß in dem vorherigen Beispiel würde daher in der Praxis z. B. 4,10 Euro betragen.

Aus Gründen der Verwaltungsvereinfachung kann die Berufsgenossenschaft einen **Mindestbeitrag** erheben (§ 161 SGB VII).

Neben diesem Umlagebeitrag hat der Unternehmer noch **weitere Beiträge** zu zahlen. Jede Berufsgenossenschaft hat ein **Beitragsausgleichsverfahren** durchzuführen. Der Gesetzgeber hat in § 162 Abs. 1 SGB VII bestimmt, dass die Berufsgenossenschaft geregelt durch die Satzung **Zuschläge** zu erheben oder **Nachlässe** zu gewähren oder ein Verfahren aus beiden Möglichkeiten vorzusehen hat. Zuschlage bzw. Nachlässe dienen dazu, anknüpfend an die Präventionsbemühungen eines Unternehmens Einzelfallgerechtigkeit bei der Beitragsberechnung herzustellen. Daneben sind im Rahmen der **Lastenverteilung** zwischen den Berufsgenossenschaften jedem Unternehmer Beitragsanteile nach Neurenten und Entgelten aufzuerlegen. Idee der Lastenverteilung zwischen den Berufsgenossenschaften ist einen übergeordneten **Risikoausgleich** zwischen allen Gewerben und Tätigkeiten der gewerblichen Wirtschaft der Bundesrepublik Deutschland herzustellen. Schließlich sind noch weitere Beiträge zu zahlen, sofern die Berufsgenossenschaft Zuführungen zu Betriebsmitteln und Rücklagen (§§ 172, 172 a SGB VII i. V. m. §§ 81, 82 SGB IV) beschließt.

### 4.4.2.3 UVT der öffentlichen Hand

Sondervorschrift im Verhältnis zu § 152 SGB VII ist § 185 SGB VII für die UVT der öffentlichen Hand (Landes- und Kommunalbereich). Die Haushaltsaufstellung dieser Träger folgt den Haushaltsgrundsätzen der öffentlichen Verwaltungen. Die Beiträge der beitragspflichtigen Mitglieder werden aus den Haushaltsmitteln gedeckt. § 185 Abs. 1 S. 1 SGB VII enthält keinen Verweis auf § 152 SGB VII, d. h. das Prinzip der nachträglichen Bedarfsdeckung gilt für die Träger der öffentlichen Hand nicht. Vielmehr werden praktisch **Beiträge für das laufende Haushaltsjahr** im Vorwege erhoben (**Vorherigkeitsprinzip**, vgl. z. B. § 30 Bundeshaushaltsordnung). Die Aufstellung des Haushaltsplans der Träger im Jahr vor Festsetzung und Erhebung der Beiträge basiert somit auf einer Prognose des voraussichtlichen Finanzierungsbedarfs, der über Beiträge gedeckt wird (siehe Abb. 4.7). Das **Prinzip der Beitragspflicht** gilt allerdings auch im Bereich der öffentlichen Träger, da § 185 Abs. 1 S. 1SGB VII auch auf § 150 SGB VII verweist. Das heißt, die Aufgaben der Unfallversicherungsträger der öffentlichen Hand werden ebenfalls über **Beiträge** finanziert. Die Mittel hierfür stammen zwar mittelbar aus den abgabenrechtlichen Einnahmen der versicherten Unternehmen. Gleichwohl erfolgt hier anders als häufig behauptet die Finanzierung nicht aus Steuermitteln. Die Berechnungsparameter weichen ebenfalls von denen der gewerblichen Berufsgenossenschaften ab (vgl. § 185 Abs. 2, 3 SGB VII). Die Beitragshöhe richtet sich nach der Einwohnerzahl, der Zahl der Versicherten oder der Arbeitsentgelte (§ 185 Abs. 4 S. 1 SGB VII). Auch die Träger der öffentlichen Hand können einen Mindestbeitrag vorsehen (§ 185 Abs. 4 S. 2 SGB VII).

> **Zusammenfassung, Merksatz**
> Die Beitragsberechnung der Unfallversicherungsträger der öffentlichen Hand richtet sich aufgrund des für die Träger geltenden Haushaltsrechts nach dem Vorherigkeitsprinzip. Auch diese Unfallversicherungsträger finanzieren sich über Beiträge der (versicherten) Unternehmen (der öffentlichen Hand), sodass eine versicherungsmäßige Beitragsfinanzierung gegeben ist.

§ 186 SGB VII trifft eine Spezialregelung für die **Unfallversicherung Bund und Bahn**. Das **Prinzip der Beitragspflicht** gilt auch für diesen Träger, da § 186 Abs. 1 S. 1 SGB VII ebenfalls auf § 150 SGB VII verweist. Für die Unfallversicherung Bund und Bahn gilt nach § 186 Abs. 1 S. 1 SGB VII i. V. m. § 152 SGB VII allerdings das Prinzip der **nachträglichen Bedarfsdeckung**. Das in der Satzung des Trägers näher festgelegte Verfahren zur Aufbringung der Mittel ähnelt daher strukturell eher dem Beitragsverfahren der Berufsgenossenschaften als den Finanzierungsverfahren der übrigen UVT der öffentlichen Hand.

## 4.5  Arbeitsförderung

Die **Arbeitsförderung** (früher: Arbeitslosenversicherung) vereint zwei Teilaspekte im SGB III. Einerseits werden auf Vorsorge beruhende Leistungen (**existenzsichernde Versicherungsleistungen**) erbracht, andererseits werden Leistungen zur **aktiven Arbeitsförderung** (Risikovermeidung, was als präventiver Ansatz verstanden werden kann) erbracht (siehe zum Leistungsspektrum § 3 SGB III). Die Arbeitsförderung ist dabei aus Sicht des Gesetzgebers der vorrangige Aspekt, was sich bereits in der Gesetzesüberschrift widerspiegelt. Gleichwohl ist es zielführend, Organisation und Finanzierung des SGB III gesamt darzustellen, sodass sich daraus die Frage ergibt, dies eher im Kontext der Vorsorgesysteme (Sozialversicherung) oder eher im Kontext der Fördersysteme zu tun. Der Wortlaut des Art. 74 Abs. 1 Nr. 12 GG (dort noch als „Arbeitslosenversicherung" bezeichnet) folgend wird die Arbeitsförderung im Zusammenhang mit den Sozialversicherungszweigen betrachtet (siehe zur Einordnung der Arbeitsförderung Bieback 2018, Rz. 2 sowie zu dessen Besonderheiten Rz. 10 ff.).

Aufgrund der Vereinigung der Aspekte Versicherungssystem und Fördersystem wird der Arbeitsförderung häufig eine **Sonderstellung** zugeschrieben und auch darauf abgestellt, dass dies bereits die Sonderstellung im Sozialgesetzbuch vor dem SGB IV widerspiegele (siehe dort zur eingeschränkten Geltung des SGB IV im Recht der Arbeitsförderung § 1 Abs. 1 S. 2 SGB IV). Dem kann nicht zugestimmt werden. Vielmehr handelt es sich bei der Arbeitsförderung, um ein Sozialversicherungssystem, das kontextuell weitere leistungsrechtliche Aspekte beinhaltet. Die Arbeitsförderung stellt insoweit eine Symbiose **mehrerer** zum Teil eng miteinander verflochtener **versicherungsrechtlicher Leistungssysteme** dar, die strukturell am Beschäftigungsverhältnis ansetzen und verwaltungstechnisch durch eine Organisation administriert werden. Da mehrere Versicherungssysteme vorliegen, werden mehrere voneinander unabhängige Beiträge bzw. „Umlagen" (für Insolvenzgeld §§ 165 ff., 358 ff. SGB III sowie Wintergeld als besondere Form des Kurzarbeitergeldes gemäß §§ 102 ff., 354 ff. SGB III) erhoben. Auch der präventive und versicherungsrechtliche Ansatz ist der Sozialversicherung nicht fremd, da diesem Ansatz auch die gesetzliche Unfallversicherung folgt (vgl. § 1 SGB VII).

**Hintergrundinformation: Bundesagentur für Arbeit aus Sicht des Bundesgerichtshofes**
Der Bundesgerichtshof sieht insoweit die Bundesagentur für Arbeit als Trägerin der Arbeitslosenversicherung nicht als Sozialversicherungsträger im Sinne von § 110 Abs. 1 S. 1 SGB VII an, BGH
in NJW 2018, 618–621.

> **Zusammenfassung, Merksatz**
> Die Arbeitsförderung vereint mehrere Sicherungssysteme in einem Gesetz unter
> einer einheitlichen Administration. Einerseits ist die Arbeitsförderung ein „klassi-
> sches" Sozialversicherungssystem, da dem Bürger beitragsfinanzierte Versicherungs-
> leistungen (insbesondere Arbeitslosengeld, §§ 136 ff. SGB III) bei Eintritt des
> Versicherungsfalls (Arbeitslosigkeit, § 138 SGB III) unter Berücksichtigung ver-
> sicherungsrechtlicher Zeiten gewährt werden. Andererseits beinhaltet die Arbeits-
> förderung umlagefinanzierte Sondersicherungssysteme für besondere Sachverhalte
> (Insolvenzsicherung, Wintergeld). Schließlich sind in die Arbeitsförderung Maß-
> nahmen einer sozialen Förderung integriert, die an das versicherte Risiko anknüpfen.

Die – individuellen und arbeitsmarktpolitischen – **Ziele der Arbeitsförderung** sind in
§ 1 Abs. 1 SGB III definiert (weitere Ziele der Leistungen der Arbeitsförderung definiert
§ 1 Abs. 2 SGB III).

### § 1 Abs. 1 SGB III
Die Arbeitsförderung soll dem Entstehen von Arbeitslosigkeit entgegenwirken, die
Dauer der Arbeitslosigkeit verkürzen und den Ausgleich von Angebot und Nachfrage
auf dem Ausbildungs- und Arbeitsmarkt unterstützen. Dabei ist insbesondere durch die
Verbesserung der individuellen Beschäftigungsfähigkeit Langzeitarbeitslosigkeit zu
vermeiden. Die Gleichstellung von Frauen und Männern ist als durchgängiges Prinzip
der Arbeitsförderung zu verfolgen. Die Arbeitsförderung soll dazu beitragen, dass ein
hoher Beschäftigungsstand erreicht und die Beschäftigungsstruktur ständig verbessert
wird. Sie ist so auszurichten, dass sie der beschäftigungspolitischen Zielsetzung der
Sozial-, Wirtschafts- und Finanzpolitik der Bundesregierung entspricht.

Ziele der Arbeitsförderung sind v. a. die **Prävention** zur Vermeidung des Eintritts des
Versicherungsfalls, die **Aktivierung** der versicherten Personen sowie der **Ausgleich** auf
dem Ausbildungs- und Arbeitsmarkt. Zur Erreichung dieser Ziele arbeiten die Agenturen
für Arbeit eng mit den Arbeitgebern und Arbeitnehmern zusammen (zu den Pflichten der
Arbeitgeber siehe § 2 Abs. 2, 3 SGB III). Auch in der Arbeitsförderung gilt der Grundsatz
des „**Förderns und Forderns**", was sich bereits aus § 2 Abs. 5 SGB III ableiten lässt
(z. B. Pflicht zur Fortsetzung oder Aufnahme einer „zumutbaren" Beschäftigung i. S. d.
§ 140 SGB III; vgl. zu den Pflichten von Ausbildungs- und Arbeitsuchenden § 38 SGB III
sowie zur Förderung § 45 SGB III, allgemein §§ 309 ff. SGB III). Dabei soll zugleich die
Vereinbarkeit von Familie und Beruf berücksichtigt (§ 8 SGB III) sowie die berufliche

Situation von Frauen verbessert werden (§ 1 Abs. 2 Nr. 4 SGB III). Leistungsrechtlich wird vom Gesetzgeber der **Vermittlung** in Ausbildung und Arbeit (siehe zur Beratung §§ 29 ff. SGB III sowie zur Vermittlung §§ 35 ff. SGB III) ein Vorrang vor der Leistungsgewährung eingeräumt (§ 4 SGB III). Die Leistungen der **aktiven Arbeitsförderung** haben wiederum einen Vorrang vor den Entgeltersatzleistungen bei Arbeitslosigkeit (§ 5 SGB III). Ziel des Gesetzgeber ist weiterhin, Langzeitarbeitslosigkeit (§ 18 SGB III) vorzubeugen (§ 5 SGB III).

## 4.5.1 Organisation

### 4.5.1.1 Träger

Die Aufgaben der Arbeitsförderung nimmt die **Bundesagentur für Arbeit (Bundesagentur)** bundesweit zentral wahr (§ 368 Abs. 1 S. 1 SGB III). Ihr können weitere mit der Arbeitsförderung im Zusammenhang stehende Aufgaben übertragen werden. Die Bundesagentur ist eine rechtsfähige bundesunmittelbare Körperschaft des öffentlichen Rechts mit Selbstverwaltung (§ 367 Abs. 1 SGB III). Der **Verwaltungsaufbau** der Bundesagentur ist klassisch **dreistufig** hierarchisch strukturiert. Die Zentrale hat ihren Sitz in Nürnberg, die mittlere Verwaltungsebene sind Regionaldirektionen und die örtliche Verwaltungsebene wird durch Agenturen für Arbeit dargestellt (§ 367 Abs. 2 SGB II). Daneben kann die Bundesagentur besondere Dienststellen errichten. Die Regionaldirektionen tragen auf der mittleren Ebene Verantwortung für den Erfolg der regionalen Arbeitsmarktpolitik (§ 367 Abs. 3 SGB III).

**Hintergrundinformation: Interessenvertretung bei der Bundesagentur**
Obwohl die Bundesagentur eine rechtsfähige bundesunmittelbare Körperschaft des öffentlichen Rechts mit Selbstverwaltung ist (§ 367 Abs. 1 SGB III), ist sie nicht mitgliedschaftlich organisiert. Das Recht der Arbeitsförderung kennt keine Mitgliedschaft bei der Bundesagentur. Vielmehr vertreten Repräsentanten wichtiger gesellschaftlicher bzw. politischer Gruppen und Institutionen in den Organen die Interessen der vor ihnen vertretenen Gruppen.

Obwohl mit der Bundesagentur ein bundesunmittelbarer Versicherungsträger für die Administration der Arbeitsförderung zuständig ist, soll die Arbeitsförderung gleichwohl **regional** aufgestellt sein. § 9 Abs. 1 S. 1 SGB III bestimmt insoweit, dass die Leistungen der Arbeitsförderung vorrangig durch die **örtlichen Agenturen für Arbeit** erbracht werden sollen. Auch sollen die Gegebenheiten des örtlichen und überörtlichen Arbeitsmarktes berücksichtigt werden (§ 9 Abs. 1 S. 2 SGB III). Ein Instrument für die Erreichung dieser Ziele ist die Einrichtung eines regionalen Arbeitsmarktmonitoring (§ 9 Abs. 2 S. 4 SGB III). Weiterhin soll mit den Beteiligten auf örtlicher Ebene zusammengearbeitet werden (**Kooperationspflichten** nach § 9 Abs. 3 und § 9 a SGB III).

Die **örtliche Zuständigkeit** der Agenturen für Arbeit ist nach der jeweiligen Leistungsart gegliedert. Es ergeben sich daher unterschiedliche Zuständigkeiten. Die Bundesagentur kann die Zuständigkeit abweichend auf andere Dienststellen übertragen (§ 327 Abs. 6

SGB III). Grundsätzlich gilt das **Wohnsitzprinzip** für Leistungen des Arbeitnehmers; hält es sich dort nicht auf, ist der gewöhnliche Aufenthalt maßgebend (§ 327 Abs. 1 SGB III). Der Arbeitslose kann beantragen, dass eine andere Agentur für Arbeit für zuständig erklärt wird (§ 327 Abs. 2 SGB III).

Für das Kurzarbeitergeld, das Wintergeld, das Insolvenzgeld und Leistungen zur Förderung der Teilnahme an Transfermaßnahmen gelten abweichende Regelungen zur **örtlichen Zuständigkeit**. Für Kurzarbeitergeld, Wintergeld und Insolvenzgeld ist die Agentur für Arbeit zuständig, in deren Bezirk die für den Arbeitgeber zuständige Lohnabrechnungsstelle liegt (§ 327 Abs. 3 S. 1 SGB III). Gibt es beim Insolvenzgeld im Inland keine Lohnabrechnungsstelle, ist der Sitz des Insolvenzgerichts maßgebend (§ 327 Abs. 3 S. 2 SGB III). Für Leistungen zur Förderung der Teilnahme an Transfermaßnahmen ist die Agentur für Arbeit zuständig, in deren Bezirk der Betrieb des Arbeitgebers liegt (§ 327 Abs. 3 S. 3 SGB III). Für Leistungen an Arbeitgeber ist dessen Betriebssitz maßgebend (§ 327 Abs. 4 SGB III). Für Leistungen an Träger ist die Agentur für Arbeit zuständig, in deren Bezirk das Projekt oder die Maßnahme durchgeführt wird (§ 327 Abs. 5 SGB III).

> **Zusammenfassung, Merksatz**
> Träger der Arbeitsförderung ist die Bundesagentur. Auf der mittleren Verwaltungsebene setzen die Regionaldirektionen die Aufgaben der Bundesagentur um. Die örtliche Ebene stellen die Agenturen für Arbeit dar. Die den versicherten Personen zur Verfügung gestellten Leistungen sind regional organisiert und erfolgen durch die Agenturen für Arbeit. Grundsatz der örtlichen Zuständigkeit ist das Wohnsitzprinzip.

Da der Erfolg der Arbeitsmarktpolitik großen Einfluss auf die gesamte Volkswirtschaft, müssen die Ergebnisse ständig überwacht und die Instrumente verbessert werden. Deshalb sieht das Gesetz in §§ 280 SGB III vor, dass von der Bundesagentur **Statistiken** und **Berichte** veröffentlicht sowie **Forschung** betrieben wird.

### § 280 SGB III
Die Bundesagentur hat Lage und Entwicklung der Beschäftigung und des Arbeitsmarktes im Allgemeinen und nach Berufen, Wirtschaftszweigen und Regionen sowie die Wirkungen der aktiven Arbeitsförderung zu beobachten, zu untersuchen und auszuwerten, indem sie

1.  Statistiken erstellt,
2.  Arbeitsmarkt- und Berufsforschung betreibt und
3.  Bericht erstattet.

▶   **TIPP**  Aus Presse und Nachrichten bekannt ist die **monatliche Statistik** (https://statistik.arbeitsagentur.de/DE/Navigation/Statistiken/Statistiken-aktuell/

Monatsbericht/Monatsbericht-Nav.html). Daneben haben die Bundesagentur und jede Agentur für Arbeit nach Abschluss eines Haushaltsjahres über ihre Ermessensleistungen der aktiven Arbeitsförderung eine **Eingliederungsbilanz** zu erstellen (§ 11 SGB III).

**Selbstverwaltung und Aufsicht**

**Selbstverwaltungsorgane** der Bundesagentur sind der **Verwaltungsrat** und die **Verwaltungsausschüsse** bei den Agenturen für Arbeit (§ 371 Abs. 1 SGB III). Sie haben die Verwaltung zu überwachen und in allen aktuellen Fragen des Arbeitsmarktes zu beraten (§ 371 Abs. 2 SGB III). Die Zusammensetzung der Selbstverwaltungsorgane ist etwas anders strukturiert als bei anderen Sozialversicherungsträgern. Sie setzen sich zu gleichen Teilen aus **Mitgliedern** zusammen, die Arbeitnehmer, Arbeitgeber und öffentliche Körperschaften vertreten (§ 371 Abs. 5 S. 1 SGB III, sog. **Drittelparität**). Die Mitglieder werden nach den Vorgaben der §§ 377, 378 SGB III persönlich berufen bzw. abberufen. Die Amtsdauer beträgt sechs Jahre (§ 375 Abs. 1 SGB III). Die vertretenen Mitgliedsgruppen haben gemäß § 379 SGB III ein entsprechendes Vorschlagsrecht.

Der **Verwaltungsrat** nimmt gemäß § 373 SGB III Aufgaben wahr, die ansonsten der Vertreterversammlung gemäß § 33 SGB IV übertragen sind. Er besteht (drittel-)paritätisch aus 21 Mitgliedern. Der Verwaltungsrat beschließt die Satzung und kann jederzeit vom Vorstand Auskunft über die Geschäftsführung verlangen. Die Satzung und die Anordnungen des Verwaltungsrats bedürfen der Genehmigung des Bundesministeriums für Arbeit und Soziale (§ 372 Abs. 1, 2 SGB II). Das Bundesministerium für Arbeit und Soziale hat als **Aufsichtsbehörde** (§ 393 Abs. 1 SGB III, Rechtsaufsicht) ohnehin großen Einfluss auf die Geschicke der Bundesagentur.

Die **Verwaltungsausschüsse** (§ 374 SGB III) überwachen und beraten die örtlichen Agenturen für Arbeit bei der Erfüllung ihrer Aufgaben. Sie bestehen aus maximal 15 Mitgliedern.

Kein Selbstverwaltungsorgan ist der **Neutralitätsausschuss** nach § 380 SGB III, der Feststellungen über bestimmte Voraussetzungen über das Ruhen des Arbeitslosengeldes bei Arbeitskämpfen trifft.

Die rechtliche Gestaltung des **Vorstands** der Bundesagentur in §§ 381 und 382 SGB III entspricht im Wesentlichen dem in § 35 SGB IV gesetzten Rahmen. Allerdings besteht eine deutlich engere Abhängigkeit an die Bundesregierung und dem zuständigen Ministerium für Arbeit und Soziale (§ 381 Abs. 1, 3 SGB III). Er leitet die Bundesagentur, führt deren Geschäfte und vertritt diese gerichtlich und außergerichtlich. Die **hauptamtliche Verwaltungsleistung** der Agenturen für Arbeit ist einem Geschäftsführers bzw. einer Geschäftsführung als Kollegialorgan mit drei Mitgliedern (§ 383 SGB III, § 36 SGB IV) übertragen. Die Leistung der Regionaldirektionen erfolgt stets durch eine Geschäftsführung (§ 384 SGB III).

**Zusammenfassung, Merksatz**

Selbstverwaltungsorgane der Bundesagentur sind der Verwaltungsrat und die Verwaltungsausschüsse bei den Agenturen für Arbeit. Der Vorstand leitet die Bundesagentur, er führt deren Geschäfte und vertritt diese gerichtlich und außergerichtlich. Die hauptamtliche Verwaltungsleistung der Agenturen für Arbeit ist einem Geschäftsführer bzw. einer Geschäftsführung als Kollegialorgan übertragen. Die Leistung der Regionaldirektionen erfolgt durch eine Geschäftsführung.

Die **Rechtsaufsicht** über die Bundesagentur übt nach § 393 Abs. 1 SGB III das Bundesministerium für Arbeit und Soziales aus. Daneben ist gemäß § 393 Abs. 2 SGB III dem Bundesministerium für Arbeit und Soziales jährlich ein Geschäftsbericht vorzulegen, der vom Vorstand zu erstatten und vom Verwaltungsrat zu genehmigen ist. Der Gesetzgeber hat an vereinzelten Stellen dem Bundesministerium ein **fachliches Weisungsrecht** eingeräumt (z. B. § 283 Abs. 2 SGB III).

**Leistungserbringung – Zulassung eines Trägers oder einer Maßnahme**

Die Bundesagentur bedient sich für bestimmte Aufgaben externer **Leistungserbringer**. Beispielsweise können im Zusammenhang mit dem Ausbildungsmarkt und der Berufsausbildung Träger von Jugendwohnheimen gefördert werden (§ 80 a SGB III). §§ 176 ff. SGB III regeln die Voraussetzungen, nach denen Träger nach Zulassung durch eine **fachkundige Stelle** (§ 176 SGB III) Maßnahmen der Arbeitsförderung durchführen dürfen. Voraussetzung für die Zulassung als fachkundige Stelle ist ein **Akkreditierungsverfahren** durch die Akkreditierungsstelle, das gesetzte **Qualitätsstandard** auf sächlicher und personeller Ebene prüft und bestätigt (§ 177 SGB III). Mit der Akkreditierung als fachkundige Stelle ist keine Beleihung verbunden (§ 177 Abs. 1 S. 2 SGB III). Die Bundesagentur selbst übt die Fachaufsicht über die Akkreditierungsstelle aus (§ 177 Abs. 1 S. 3 SGB III).

► **TIPP** Die nationale Akkreditierungsstelle der Bundesrepublik Deutschland ist die DAkkS, die über sich und ihre Aufgaben im Internet informiert: https://www.dakks.de/content/profil.

Das Zulassungsverfahren eines Trägers oder einer Maßnahme zeigt Abb. 4.8.
Ein **Träger** ist von einer fachkundigen Stelle gemäß § 178 SGB III zuzulassen, wenn

- er die erforderliche Leistungsfähigkeit und Zuverlässigkeit besitzt,
- er in der Lage ist, durch eigene Bemühungen die berufliche Eingliederung von Teilnehmenden in den Arbeitsmarkt zu unterstützen,
- Leitung, Lehr- und Fachkräfte über Aus- und Fortbildung sowie Berufserfahrung verfügen, die eine erfolgreiche Durchführung einer Maßnahme erwarten lassen,

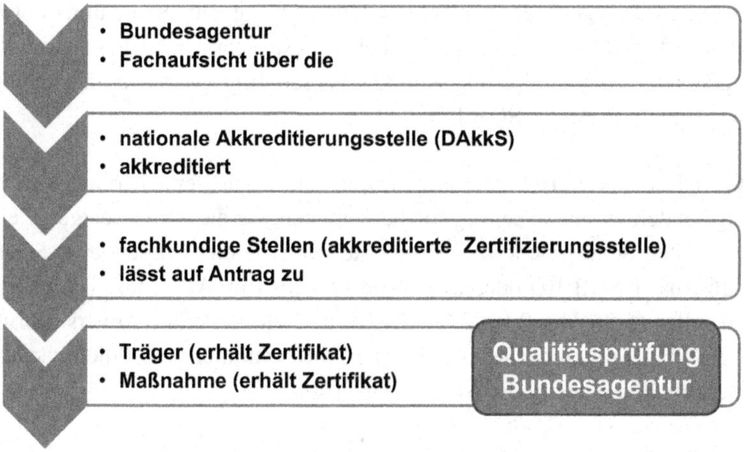

**Abb. 4.8** Zulassung von Trägern und Maßnahmen

- er ein System zur Sicherung der Qualität anwendet und
- seine vertraglichen Vereinbarungen mit den Teilnehmenden angemessene Bedingungen insbesondere über Rücktritts- und Kündigungsrechte enthalten.

Neben der Zulassung eines Trägers sieht das Gesetz in § 179 SGB III auch die Zulassung einer **Maßnahme** durch die fachkundige Stelle vor. Für die Zulassung einer **Maßnahme der beruflichen Weiterbildung** nach den §§ 81 und 82 SGB III gelten besondere Zulassungsvoraussetzungen (§ 180 SGB III).

Für die Zulassung als Träger oder einer Maßnahme ist jeweils ein **Antrag** erforderlich (§ 181 Abs. 1 SGB III), über die Zulassung wird ein **Zertifikat** durch die fachkundige Stelle vergeben (§ 181 Abs. 6 SGB III). Der bei der Bundesagentur nach § 182 SGB III eingerichtete Beirat kann Empfehlungen für die Zulassung von Trägern und Maßnahmen aussprechen. Die Qualitätsprüfung eines Trägers oder einer Maßnahme erfolgt durch die Bundesagentur.

### 4.5.1.2 Kreis der Versicherten

**Versicherungspflicht kraft Gesetzes**

Grundlegende Norm der **Versicherungspflicht** ist § 24 SGB III. Die Versicherungspflicht in der Arbeitsförderung knüpft stärker als in den übrigen Sozialversicherungssystemen an das **Beschäftigungsverhältnis** an. Die Arbeitsförderung führt die Tradition einer **Arbeitnehmerversicherung** an stärksten fort, was mit dem versicherten Risiko zusammenhängt. Die Versicherungspflicht beginnt und endet jeweils tagggleich mit dem Beginn oder Ende des Beschäftigungsverhältnisses (vgl. hierzu BSG vom 28.06.2018, B 5 AL 1/17 R, NZS 2019, 303, 307 [Rz. 17]). Sie besteht auch bei Kurzarbeitergeld. Eine Besonderheit besteht im Hinblick auf die Versicherungsfreiheit. Um einen umfassenden Schutz zu gewährleisten, besteht für Beschäftigte Versicherungspflicht mit dem Tag nach dem Erlöschen der Versicherungsfreiheit. Spiegelbildlich endet das Versicherungspflichtverhältnis mit dem Tag vor Eintritt der Versicherungsfreiheit. Versicherungspflichtig sind Personen, die gegen Arbeitsentgelt oder zu ihrer Berufsausbildung beschäftigt (versicherungspflichtige Beschäftigung) sind (§ 25 Abs. 1 SGB III).

§ 26 SGB III zählt **weitere Personengruppen** auf, für die Versicherungspflicht besteht. Regelmäßig handelt es sich dabei um solche Personen, für die der Gesetzgeber einen umfassenden sozialen Schutz sicherstellen möchte, weil sie eines besonderen Schutzes bedürfen (§ 26 Abs. 1 SGB III) oder weil diese Personen im Allgemeinwohlinteresse versichert sein sollen (§ 26 Abs. 2 bis 2 b SGB III, mit erforderlicher Vorversicherungszeit). § 26 Abs. 3 SGB III regelt die Konkurrenz bei Vorliegen mehrerer Pflichtversicherungsverhältnisse. Pflichtversicherte Personengruppen sind

- Jugendliche in Einrichtungen der beruflichen Rehabilitation (Abs.1 Nr. 1),
- Personen, die Wehrdienst oder Zivildienst leisten (Abs. 1 Nr. 2),
- Gefangene, die Arbeitsentgelt, Ausbildungsbeihilfe oder Ausfallentschädigung erhalten (Abs. 1 Nr. 4),
- nicht satzungsmäßige Mitglieder geistlicher Genossenschaften oder ähnlicher religiöser Gemeinschaften die für den Dienst in einer solchen Genossenschaft oder ähnlichen religiösen Gemeinschaft außerschulisch ausgebildet werden (Abs. 1 Nr. 5),
- Bezieher von Mutterschaftsgeld, Krankengeld, Versorgungskrankengeld, Verletztengeld oder Übergangsgeld (Abs. 2 Nr. 1),
- Bezieher von Krankentagegeld von einem privaten Krankenversicherungsunternehmen (Abs. 2 Nr. 2),
- nicht sozialversicherungsrechtlich abgesicherte Personen wegen der Spende von Organen oder Geweben oder im Zusammenhang mit einer erfolgenden Spende von Blut zur Separation von Blutstammzellen oder anderen Blutbestandteilen (Abs. 2 Nr. 2 a),
- Bezieher von Pflegeunterstützungsgeld (Abs. 2 Nr. 2 b),
- Bezieher einer Rente wegen voller Erwerbsminderung (Abs. 2 Nr. 3),
- Kindererziehende bis zur Vollendung des dritten Lebensjahres des Kindes (Abs. 2 a),
- private Pflegepersonen während der Pflege eines Pflegebedürftigen mindestens mit Pflegegrad 2 (Abs. 2 b).

**Versicherungsfreiheit**
Einige Personengruppen, die nach §§ 24 bis 26 SGB III versichert wären, sind kraft Gesetzes gemäß § 27 SGB III von der Versicherungspflicht ausgenommen (**Versicherungsfreiheit**). Die Versicherungsfreiheit besteht von Gesetzes wegen und bedarf keines Antrags. Diese Personengruppen sind ordnungspolitisch **anderen Vorsorgesystemen** zugewiesen. Die Personengruppen decken sich im Wesentlichen mit denjenigen der übrigen Sozialversicherungszweige. Versicherungsfreiheit besteht für folgende Personen, die

- nach beamtenrechtlichen Regelungen abgesichert sind (Abs. 1 Nr. 1 bis 3),
- satzungsmäßige Mitglieder von geistlichen Genossenschaften, Diakonissen und ähnliche Personen sind (Abs. 1 Nr. 4),

- Mitglieder des Vorstandes einer Aktiengesellschaft sind (Abs. 1 Nr. 5),
- einer geringfügigen Beschäftigung nachgehen (mit Ausnahme einer Berufsausbildung oder bei Kurzarbeitergeld, Abs. 2),
- unständig weniger als eine Woche beschäftigt sind (Abs. 3 Nr. 1),
- als Zwischenmeister tätig sind (Abs. 3 Nr. 2),
- ausländische Arbeitnehmer der beruflichen Aus- und Fortbildung sind (Abs. 3 Nr. 3),
- ehrenamtlich als Bürgermeister oder Beigeordneter tätig sind (Abs. 3 Nr. 4),
- geförderte erwerbsfähige Leistungsberechtigte nach §§ 16 e, 16 i SGB II sind (Abs. 3 Nr. 5),
- Schüler, Auszubildende oder Studierende sind (Abs. 4),
- während einer Zeit, in der ein Anspruch auf Arbeitslosengeld besteht, eine Beschäftigung ausüben (Abs. 5).

Versicherungsfreiheit besteht weiterhin beim Bezug der Regelaltersrente, bei einer Minderung der Leistungsfähigkeit oder während des Bezugs einer (in- oder ausländischen) Rente wegen voller Erwerbsminderung (§ 28 Abs. 1 und 2 SGB III). Nach § 420 SGB III sind versicherungsfrei Personen in einer Beschäftigung, die im Rahmen des Bundesprogramms „Soziale Teilhabe am Arbeitsmarkt" durch Zuwendungen des Bundes gefördert wird.

**Versicherungsbefreiung**
Das Recht der Arbeitsförderung kennt keine Befreiung einzelner Personen von der Versicherungspflicht aufgrund eines Antrags.

**Versicherungsberechtigung**
Versicherungsberechtigte Personen können auf **Antrag** der Arbeitsförderung beitreten. Das Gesetz normiert insoweit nur den Sonderfall die Versicherungspflicht auf Antrag (§ 28 a SGB III). Eine freiwillige Versicherung kennt das Gesetz nicht. Die **Versicherungspflicht auf Antrag** nach § 28 a SGB III stellt dabei eine **Sondervorschrift** dar, da ein **Versicherungspflichtverhältnis** begründet wird (vgl. zur gesetzlichen Rentenversicherung § 4 SGB VI). Die Tatbestände werden deshalb häufig auch im Zusammenhang mit dem versicherungspflichtigen Personenkreis betrachtet. Die Versicherungspflicht auf Antrag ist nachrangig gegenüber anderen Pflichtversicherungsverhältnissen (§§ 25, 26 SGB III; siehe zur Abgrenzung sowie zum Tatbestandmerkmal der Erwerbsabsicht BSG vom 28.06.2018, B 5 AL 1/17 R, NZS 2019, 303 bis 308 mit Anmerkungen Habel) und bei Versicherungsfreiheit (§§ 27, 28 SGB III) ausgeschlossen (Ausnahme bei geringfügiger Beschäftigung).

Versicherungsberechtigt sind insbesondere selbstständig Tätige (§ 28 a Abs. 1 S. 1 Nr. 2 SGB III) oder Personen, die Elternzeit in Anspruch nehmen (§ 28 a Abs. 1 S. 1 Nr. 4 SGB III). Die Versicherung auf Antrag ist allerdings nicht losgelöst von einem früheren Versicherungspflichtverhältnis zu betrachten, sodass z. B. nicht jeder selbstständig Tätige versicherungsberechtigt ist. Vielmehr muss nach Absatz 2 eine **Vorversicherungszeit** von 12 Monaten innerhalb der letzten zweieinhalb Jahre (30 Monate) bestanden haben oder die in Absatz 1 beschriebene Tätigkeit, Beschäftigung oder Elternzeit muss unmittelbar einem Anspruch auf **Entgeltersatzleistungen** nach dem SGB III nachfolgen. Weiterhin muss der Antrag innerhalb von drei Monaten ab Anspruchsberechtigung erfolgen (§ 28 a Abs. 3 SGB III). Neben anderen Gründen endet das Versicherungspflichtverhältnis auch dann, wenn der Versicherte mit der Beitragszahlung länger als drei Monate in Verzug ist (§ 28 a Abs. 5 Nr. 3 SGB III). Insoweit bestehen Parallelen zur freiwilligen Versicherung in der gesetzlichen Unfallversicherung (§ 6 SGB VII).

**Verhältnis zu anderen Leistungen**

Das Verhältnis zu anderen Leistungen regeln die §§ 22, 23 SGB III. Leistungen der aktiven Arbeitsförderung sind nachrangig gegenüber anderen gleichartigen Leistungen aufgrund gesetzlicher Verpflichtung (§ 22 Abs. 1 SGB III). Leistungen zur Teilhabe am Arbeitsleben dürfen ebenso nachrangig nur erbracht werden, wenn nicht vorrangig ein anderer Rehabilitationsträger zuständig ist (§ 22 Abs. 2 SGB III). Im Schwerbehindertenrecht gelten für bestimmte Leistungen Anrechnungsregelungen (§ 22 Abs. 2 SGB III).

## 4.5.2   Finanzierung

Das **Finanzierungsvolumen** der Arbeitsförderung beträgt nach dem Haushaltsplan der Bundesagentur für Arbeit im Jahr 2021 insgesamt 45,5 Mrd. Euro. Diesen Ausgaben stehen Einnahmen von 36,3 Milliarden Euro gegenüber. Die Beitragseinnahmen als Hauptfinanzierungsquelle liegen bei 31,3 Milliarden Euro (Haushaltsplan 2021). Die Bundesagentur konnte vor Beginn der pandemischen Lagen wegen des SARS-CoV-2-Virus aufgrund der mehrjährigen sehr guten wirtschaftlichen Lage dauerhaft Überschüsse erwirtschaften. Durch die finanziellen Ausgaben in der Pandemie insbesondere durch das Kurzarbeitergeld (2019 Ist: 0,16 Mrd. Euro; 2020 Ist: knapp 22 Mrd. Euro; 2021 Soll: 6 Mrd. Euro) hat die Bundesagentur allerdings in den Jahren 2020 und 2021 erhebliche Ausgabeüberschüsse erwirtschaftet. Die **Finanzierung** der **Leistungen** und **Aufgaben** der Bundesagentur für Arbeit entspricht strukturell den Finanzierungsinstrumenten der übrigen Sozialversicherungszweige (Ausnahme: gesetzliche Unfallversicherung). Gemäß § 340 SGB III werden die Leistungen und Aufgaben durch

- Beiträge der Versicherungspflichtigen, der Arbeitgeber und Dritter (Beitrag zur Arbeitsförderung),
- Umlagen,
- Mittel des Bundes und
- sonstige Einnahmen

finanziert.

▶    **TIPP**  Über aktuelle Zahlen, Daten und Fakten informiert die Bundesagentur für Arbeit regelmäßig über ihren Internetauftritt: Bundesagentur, Statistiken.

**Beitrag zur Arbeitsförderung**

Auch der Beitrag zur Arbeitsförderung wird im **Umlageverfahren** mit dem **Gesamt-sozialversicherungsbeitrag** erhoben. Die **Finanzierung über Beiträge** wird von mehreren Grundsätzen als Rahmenvorgaben geleitet (vgl. § 341 SGB III):

- **Beitragssatz** als Vomhundertsatz der beitragspflichtigen Einnahmen,
- **Beitragsbemessungsgrundlage** = die der Beitragspflicht dem Grunde nach unterfallenden Einnahmen,
- **Beitragsbemessungsgrenze** = Obergrenze, bis zu deren Höhe die beitragspflichtigen Einnahmen (Beitragsbemessungsgrundlage) für die Beitragsberechnung zugrunde gelegt werden.

Der **Beitragssatz** in der Arbeitsförderung beträgt aktuell 2,6 v. H. (§ 341 Abs. 2 SGB III). Die **Beitragsbemessungsgrenze** ist diejenige der allgemeinen Rentenversicherung (§ 341 Abs. 4 SGB III). Das der Beitragsberechnung zugrundeliegende Entgelt der Arbeitsförderung (**Beitragsbemessungsgrundlage**) ist bei Beschäftigten daher regelmäßig mit dem der Rentenversicherung identisch (beitragspflichtige Einnahmen, vgl. § 342 SGB III für Beschäftigte). Für bestimmte Beschäftigtengruppen gelten gemäß § 344 SGB III abweichende Regelungen. Für sonstige Versicherungspflichtige außerhalb einer Beschäftigung definiert § 345 SGB III die beitragspflichtigen Einnahmen. Die Tatbestände knüpfen spiegelbildlich an die Sachverhalte an, welche die Versicherungspflicht begründen. Für das Versicherungspflichtverhältnis auf Antrag bestimmt § 345 b SGB III die (aus sozialpolitischen Gründen ermäßigte) Beitragsbemessungsgrundlage.

**Hintergrundinformation: Äquivalenzprinzip in der Arbeitsförderung**
In der Arbeitsförderung wird das Prinzip der Äquivalenz zwischen Beitrag und Leistung zurückgedrängt durch das Solidarprinzip. Daraus folgt die Pflicht zur Beitragsfinanzierung unabhängig davon, ob und ggf. in welchem Umfang zugunsten eines Beitragszahlers ein Schutzbedürfnis besteht (siehe BVerfGE 14, 312, 317; 92, 53, 71). Werden allerdings beitragspflichtige Entgeltanteile bei der Leistungsberechnung nicht berücksichtigt, bedarf dies einer am Maßstab des Art. 3 Abs. 1 GG ausgerichteten besonderen Rechtfertigung (BVerfGE 92, 53, 71).

Grundsätzlich werden auch in der Arbeitsförderung **Beiträge** von den versicherungspflichtig Beschäftigten und den Arbeitgebern je zur Hälfte **getragen** (§ 346 Abs. 1 S. 1 SGB III). Für Beschäftigte im Übergangsbereich (§ 20 Abs. 2 SGB IV i. V. m. § 344 Abs. 4 SGB III) ist der Arbeitgeberanteil höher und nähert sich bis zu dem Entgelt von 1300,00 Euro an (§ 346 Abs. 1 a SGB III). Für bestimmte Sachverhalte, bei denen behinderte Menschen in anerkannten Werkstätten für behinderte Menschen beschäftigt sind, tragen die Arbeitgeber die Beiträge allein. Für die sonstigen Versicherten regelt § 347 SGB III, wer Beiträge zu tragen hat. Bei einem Versicherungspflichtverhältnis auf Antrag trägt die versicherungspflichtige Person die Beiträge allein (§ 349 a S. 1 SGB III).

Von der Frage, wer die Beiträge zu tragen hat, ist auch in der Arbeitsförderung die Frage zu trennen, wer die **Beiträge** zu **zahlen** hat. Es gilt dabei der Grundsatz, dass Beiträge zu zahlen hat, wer diese zu tragen hat (§ 348 Abs. 1 SGB III). Im Rahmen eines versicherungspflichtigen Beschäftigungsverhältnisses wird der Beitrag mit dem Gesamtsozialversicherungsbeitrag gezahlt (§ 348 Abs. 2 SGB III). Für sonstige Versicherungspflichtige normiert § 349 SGB III die Beitragszahlung.

Aus den Überschüssen der (insbesondere Beitrags-)Einnahmen hat die Bundesagentur **Rücklagen** zu bilden (§ 366 SGB III). Diese lag vor Beginn der Pandemie im Jahr 2019 bei noch bei 25,8 Mrd. Euro. Bis zum Ende des Jahres 2021 ist die Rücklage vollständig zur Deckung der Pandemiekosten aufgebraucht (siehe Presseinfo der Bundesagentur zum Haushalt 2021).

> **Zusammenfassung, Merksatz**
> Beiträge sind das primäre Finanzierungsinstrument der Arbeitsförderung. Sie werden im Rahmen des Gesamtsozialversicherungsbeitrags erhoben. Der Beitragssatz beträgt gesetzlich festgelegt 2,6 v. H. Die Beitragsbemessungsgrundlage bis zur Beitragsbemessungsgrundlage ist weitgehend mit derjenigen der gesetzlichen Rentenversicherung identisch.

## Umlagen

Umlagen für Sondersicherungssysteme sind die Winterbeschäftigungsumlage sowie die Umlage für das Insolvenzgeld (siehe hierzu Abschn. 4.5.3).

## Mittel des Bundes

Zur Finanzierung der auf die Bundesagentur **übertragenen Aufgaben** (versicherungsfremde Leistungen) führt der Bund **steuerfinanzierte Mittel** zum Haushalt der Bundesagentur zu (§ 363 SGB III). Für übertragene Aufgaben nach dem SGB III werden der Bundesagentur Verwaltungskosten nicht erstattet; erfolgt die Aufgabenübertragung auf Grund anderer gesetzlicher Grundlage, erfolgt grundsätzlich eine Erstattung der Verwaltungskosten.

### Hintergrundinformation: arbeitsmarktpolitische Instrumente
Nicht zu den versicherungsfremden Leistungen gehören im Allgemeininteresse liegende arbeitsmarktpolitische Instrumente wie z. B. Berufsberatung oder Arbeitsvermittlung, da diese kaum vom versicherten Risiko „Arbeitslosigkeit" getrennt werden können (siehe hierzu Bieback 2018, Rz. 16, 260). Hier dürfte eher der Gedanke der Prävention richtig sein. Auf der Finanzierungseben werden diese Leistungen daher über das Beitragsaufkommen finanziert.

Zur Sicherstellung der allgemeinen **Liquiditätssicherung** der Bundesagentur zur Durchführung der Arbeitsförderung leistet der Bund bei Bedarf notwendige Liquiditätshilfen als zinslose Darlehen, wenn die Mittel der Bundesagentur zur Erfüllung der Zahlungsverpflichtungen nicht ausreichen (§ 364 Abs. 1 SGB III). Insoweit besteht ebenso wie in der gesetzlichen Rentenversicherung eine auf Art. 120 Abs. 1 S. 4 GG basierende Finanzierungsgarantie des Bundes.

### 4.5.3 Sonderfall Insolvenzsicherung

In der Arbeitsförderung ist als weiteres Sondersicherungssystem das **Insolvenzgeld** geregelt. Sinn und Zweck des Insolvenzgeldes ist, in der wirtschaftlichen Krise eines Unternehmens den Beschäftigten für einen gewissen Zeitraum eine soziale Sicherung zu gewähren. Insolvenzrechtlich ist diese Leistung ein wichtiger Baustein für die Möglichkeit der Sanierung eines Unternehmens (siehe hierzu Bork 2019, Rz. 208 ff.). Arbeitnehmer haben auch nach Insolvenzeröffnung gegen das Unternehmen Anspruch auf Arbeitsentgelt (Fortgeltung der Beschäftigungsverhältnisse nach § 108 Abs. 1 InsO, sodass Arbeitsentgelt gemäß § 55 Abs. 1 Nr. 2 InsO aus der Masse zu zahlen ist). Deshalb müsste der Insolvenzverwalter zur Erhaltung der Insolvenzmasse und Vermeidung von Haftungsansprüchen gegen sich selbst das Unternehmen regelmäßig sofort einstellen (Kündigungsrecht des Insolvenzverwalters gegen die Beschäftigten nach § 113 InsO).

Da in der Krise unmittelbar **vor** Antrag auf **Insolvenzeröffnung** in vielen Fällen nur anteilig oder gar kein Arbeitsentgelt an die Arbeitnehmer gezahlt wird und diese Forderungen auf Arbeitsentgelt nach § 108 Abs. 3 InsO lediglich Insolvenzforderungen gemäß § 38 InsO sind (die regelmäßig nur mit einer [geringen] Quote befriedigt werden), hat der Gesetzgeber zur Existenzsicherung das Insolvenzgeld (früher Konkursausfallgeld) vorgesehen. Für die **drei Monate vor** einem **Insolvenzereignis** erfolgt die Vergütung der Arbeitnehmer nicht mehr durch das Unternehmen, sondern durch die Bundesagentur mittels einer umlagefinanzierten **Sondersozialleistung**. Deshalb gehen nach § 169 S. 1 SGB III die Ansprüche auf Arbeitsentgelt der Beschäftigten, die einen Anspruch auf Insolvenzgeld begründen, mit dem Antrag auf Insolvenzgeld auf die Bundesagentur über. Insolvenzrechtlich sollen die Beschäftigten aus dem Insolvenzverfahren möglichst herausgehalten werden. Die gegen Beschäftigte begründete Anfechtung nach der Insolvenzordnung findet deswegen gegen die Bundesagentur statt (§ 169 S. 3 SGB III). Verfahrensrechtlich wichtig ist, dass gemäß § 324 Abs. 3 S. 1 SGB III das Insolvenzgeld innerhalb einer **Ausschlussfrist** von zwei Monaten nach dem Insolvenzereignis zu **beantragen** ist.

Als **Insolvenzereignis** als Voraussetzung der Leistung des Insolvenzgeldes gilt gemäß § 165 Abs. 1 S. 2 SGB III

- die Eröffnung des Insolvenzverfahrens über das Vermögen des Arbeitgebers,
- die Abweisung des Antrags auf Eröffnung des Insolvenzverfahrens mangels Masse (§ 26 InsO) oder
- die vollständige Beendigung der Betriebstätigkeit im Inland, wenn ein Antrag auf Eröffnung des Insolvenzverfahrens nicht gestellt worden ist und ein Insolvenzverfahren offensichtlich mangels Masse nicht in Betracht kommt.

Die **Finanzierung** des Insolvenzgeldes regeln die §§ 358 ff. SGB III. Das Finanzierungssystem ähnelt strukturell dem Umlageverfahren der gesetzlichen Unfallversicherung (alleinige Finanzierung durch Arbeitgeber, nachträgliche Bedarfsdeckung). Dort wurde das Insolvenzgeld auch bis zum 31.12.2008 im Rahmen der nachträglichen Bedarfsdeckung von den gewerblichen Berufsgenossenschaften erhoben. Seit dem Jahr 2009 wird das Insolvenzgeld als Umlage U 3 zusammen mit dem Gesamtsozialversicherungsbeitrag monatlich entrichtet und von den Einzugsstellen (Krankenkassen) an die Bundesagentur abgeführt (§ 359 SGB III).

Die **Mittel** für die Zahlung des Insolvenzgeldes werden durch eine monatliche Umlage allein von den **Arbeitgebern** aufgebracht (§ 358 Abs. 1 S. 1 SGB III). Arbeitnehmer werden daher zur Finanzierung des Insolvenzgeldes nicht herangezogen. Soweit ein Insolvenzverfahren nach § 12 InsO über Körperschaften des öffentlichen Rechts nicht zulässig ist, sind diese von der Finanzierung gemäß § 358 Abs. 1 S. 2 SGB III ausgenommen. Gleiches gilt für private Haushalte.

Die Umlage ist nach einem Prozentsatz des Arbeitsentgelts (**Umlagesatz**) zu erheben (§ 358 Abs. 2 S. 1 SGB III). Als Bemessungsgrundlage und Bemessungsgrenze sind die Entgelte nach Maßgabe der gesetzlichen Rentenversicherung zugrunde zu legen (§ 358 Abs. 2 SGB III). Der Umlagesatz beträgt für das Jahr 2021 gemäß § 360 SGB III 0,12 v. H. (bis zum Jahr 2020 betrug der Umlagesatz gemäß § 361 Nr. 1 SGB III i. V. m. § 1 InsO-GeldFestV 0,06 v. H.; insoweit hatte bis zum Jahr 2021 der Verordnungsgeber wegen der sehr guten wirtschaftlichen Lage von seiner Ermächtigung Gebrauch gemacht). Ab dem 01.01.2022 wird der gesetzliche Umlagesatz wieder 0,15 Prozent betragen. Unter den Voraussetzungen des § 361 Nr. 1 SGB III kann dann ein abweichender Umlagesatz durch Rechtsverordnung festgesetzt werden.

Die **Winterbeschäftigungsumlage** ist eine weitere besondere Umlage im Baugewerbe getrennt nach Wirtschaftszweigen. Für dieses Sondersicherungssystem stellt die Bundesagentur umfassend Informationen zur Verfügung (Bundesagentur für Arbeit, Haushaltsplan 2021).

### 4.5.4   Sonderfall Kurzarbeitergeld in der Corona-Krise

**Kurzarbeitergeld** war und ist eines der zentralen Instrumentarien, um einerseits Unternehmer wegen Umsatzeinbußen vor dem Hintergrund von Zwangsschließungen durch Senkung von Personalkosten zu unterstützen und andererseits Arbeitslosigkeit von Beschäftigten zu verhindern. Gleichzeitig können so Beschäftigungsverhältnisse erhalten bleiben. Dafür wurden die grundsätzlich bestehenden Regelungen zum Kurzarbeitergeld an die Pandemiesituation angepasst und höhere Leistungen bestimmt. Dies alles hat den Staat zahlreiche Milliarden Euro gekostet, die volkswirtschaftlich betrachtet allerdings gut angelegt erscheinen.

Kurzarbeitergeld ist in §§ 95 ff. SGB III geregelt. Anspruchsvoraussetzungen sind in § 95 S. 1 SGB III geregelt.

**§ 95 S. 1 SGB III**

Arbeitnehmerinnen und Arbeitnehmer haben Anspruch auf Kurzarbeitergeld, wenn

1. ein erheblicher Arbeitsausfall mit Entgeltausfall vorliegt,
2. die betrieblichen Voraussetzungen erfüllt sind,
3. die persönlichen Voraussetzungen erfüllt sind und
4. der Arbeitsausfall der Agentur für Arbeit angezeigt worden ist.

Die einzelnen Tatbestandsvoraussetzungen sind im Gesetz geregelt (§ 96 SGB III erheblicher Arbeitsausfall; § 97 SGB III betriebliche Voraussetzungen; § 98 SGB III persönliche Voraussetzungen; § 99 SGB III Anzeige bei der Agentur für Arbeit). Kurzarbeitergeld wird für den Arbeitsausfall für eine Dauer von längstens zwölf Monaten von der Agentur für Arbeit für alle in einem Betrieb beschäftigten Arbeitnehmer geleistet (§ 104 Abs. 1 S. 1, 2 SGB III). Das Kurzarbeitergeld beträgt 60 v. H. der Nettoentgeltdifferenz (§ 106 SGB III) im Anspruchszeitraum, Arbeitnehmer mit mindestens einem Kind haben einen erhöhten Leistungssatz von 67 v. H. Diese Bezugsdauer und Leistungssätze wurden durch Sonderregelungen in der Corona-Pandemie verändert (§ 421 c Abs. 2 SGB III). Ab dem vierten Bezugsmonat betragen die Leistungssätze 70 zw. 77 v. H., ab dem siebten Bezugsmonat betragen die Leistungssätze 80 bzw. 87 v. H. Die Erhöhung des Kurzarbeitergeldes bis 31.12.2021 gilt nur, wenn spätestens für März 2021 erstmalig Kurzarbeitergeld bezogen wurde. Die Erhöhung der Leistungssätze soll dem Erhalt der Kaufkraft der Beschäftigten dienen. Der Bezug von Kurzarbeitergeld ist einkommensteuerfrei (§ 3 Nr. 2 a EStG).

§ 109 SGB III sieht eine **Verordnungsermächtigung** zugunsten des Bundesministeriums für Arbeit und Soziales hinsichtlich der Regelungen zum Kurzarbeitergeld vor. Dieses Instrumentarium wurde zur Pandemiebewältigung genutzt. Die wesentlichen Regelungen enthält die Kurzarbeitergeld-Verordnung mit Wirkung ab dem 01.03.2020, deren Regelungswirkung aktuell bis 31.12.2021 begrenzt ist. § 1 KUG-V senkt die Anforderungen an den erheblichen Arbeitsausfall (§ 96 SGB III) herab. Nach § 2 Abs. 1 KUG-V werden dem Arbeitgeber für Arbeitsausfälle in der Zeit vom 01.01.2021 bis zum 31.12.2021 die von ihm während des Bezugs von Kurzarbeitergeld allein zu tragenden **Beiträge zur Sozialversicherung** auf Antrag von der Bundesagentur für Arbeit in voller Höhe **in pauschalierter Form erstattet.** Für die Zeit vom 01.10.2021 bis 31.12.2021 beträgt der Erstattungssatz 50 v. H. Die Regelung ist erforderlich, da Kurzarbeitergeld in der Sozialversicherung nicht beitragsfrei gestellt ist (§ 163 Abs. 6 SGB VI, § 232 a Abs. 2 SGB V, § 57 Abs. 1 SGB XI).

## 4.6    Zusammenfassung

Das Sozialversicherungssystem ist der wirtschaftlich bedeutendste Sozialbereich in Deutschland. Entsprechend der versicherten Risiken teilt er sich in fünf Sozialversicherungszweige auf. Neben den Besonderheiten im Einzelfall soll grundsätzlich die gesamte Bevölkerung gegen die Wechselfälle des Lebens abgesichert sein. Die Definition des **Kreises der versicherten Personen** dient daher heute eher der Systemabgrenzung zwischen gesetzlicher Sozialversicherung und Versicherung durch private Versicherungsunternehmen. Die **Träger der Sozialversicherung** sind Körperschaften des öffentlichen Rechts mit Selbstverwaltung. Ihre Aufgaben, Organisationsstrukturen und Finanzierungselemente sind gesetzlich und durch autonomes Satzungsrecht geregelt. Mit Ausnahme der gesetzlichen Unfallversicherung, die ein besonderes Finanzierungsverfahren mit eigenen Berechnungselementen vorhält und bei der allein der Unternehmer die Beiträge trägt, erfolgt die Finanzierung über den **Gesamtsozialversicherungsbeitrag**. Daher ist die Methodik der Finanzierung durch Beiträge in der Kranken-, Pflege und Rentenversicherung sowie der Arbeitsförderung grundsätzlich identisch. Auf eine Beitragsbemessungsgrundlage, die in ihrer Höhe nach oben begrenzt ist, wird ein Beitragssatz angewendet. Aus diesen Faktoren ergibt sich der geschuldete Beitrag. Wer diesen zu tragen hat, folgt aus den Unterschieden des versicherten Personenkreises. Grundsätzlich tragen Arbeitgeber und Arbeitnehmer den Beitrag je zur Hälfte (Ausnahme gesetzliche Krankenversicherung hinsichtlich der Zusatzbeiträge; gesetzliche Unfallversicherung). Abweichungen ergeben sich aus den einzelnen Sozialgesetzbüchern. Neben der Beitragsfinanzierung leistet der Staat in unterschiedlichen Dimensionen Zuschüsse bzw. Beteiligungen (Ausnahme gesetzliche Unfallversicherung).

## Literatur

Abt et al., Kapitel 5 Sozialgesetzbuch 5. Buch Krankenversicherung, BMAS, Übersicht über das Sozialrecht, 16. Auflage, Ausgabe 2019/2020, Nürnberg 2019

Bereiter-Hahn/Mehrtens, Gesetzliche Unfallversicherung, 5. Auflage, Berlin 2021, Lieferung 3/21

Bieback, Arbeitsförderung, in: Ruland / Becker / Axer (Hrsg.), Sozialrechtshandbuch, 6. Auflage, Baden-Baden 2018, § 21

Bieback, Die Beitragspflicht von Leistungen der Direktversicherung nur mit Kapitalauszahlung in der GKV, NZS 2019, Seiten 246 bis 252

Boecken, Berufsständische Versorgungswerke, in: von Maydell / Ruland / Becker (Hrsg.), Sozialrechtshandbuch, 5. Auflage, Baden-Baden 2012, § 22

Bork, Einführung in das Insolvenzrecht, 9. Auflage, Tübingen 2019

Bundesagentur für Arbeit, Haushaltsplan 2021, https://www.arbeitsagentur.de/datei/nhp-2021_ba146853.pdf, Stand 29.09.2021

Bundesagentur für Arbeit, Presseinfo zum Haushalt 2021: https://www.arbeitsagentur.de/presse/2020-50-ba-haushalt-2021-ermoeglicht-stabilisierung-von-ausbildung-und-beschaeftigung-in-schwierigen-zeiten, Stand 29.09.2021

Dünn, Organisation und Selbstverwaltung der Sozialversicherung, in: Ruland / Becker / Axer (Hrsg.), Sozialrechtshandbuch, 6. Auflage, Baden-Baden 2018, § 13

Ebsen / Wallrabenstein, Krankenversicherungsrecht, in: Ruland / Becker / Axer (Hrsg.), Sozialrechtshandbuch, 6. Auflage, Baden-Baden 2018, § 15

Eichenhofer, Sozialrecht, 11. Auflage Tübingen 2019, § 13, 14, 16 bis 18, 20, 21

Ekardt / Rath 2021, Anpassungen im SGB II, V, und XII in der Corona-Krise: Rechtsfragen und Wirksamkeit

Flecken, Kapitel 6 Sozialgesetzbuch 6. Buch Rentenversicherung, BMAS, Übersicht über das Sozialrecht, 16. Auflage, Ausgabe 2019/2020, Nürnberg 2019

Fuchs / Preis / Brose, Sozialversicherungsrecht und SGB II, 3. Auflage, Köln 2021

Geiken, Schnellübersicht Sozialversicherung 2021 Beitragsrecht, 10. Auflage, Bonn 2021

GKV-Spitzenverband, Leistungsbereiche in Euro (2020), https://www.gkv-spitzenverband.de/service/zahlen_und_grafiken/gkv_kennzahlen/gkv_kennzahlen.jsp, Stand 14.02.2022

Hase, Soziales Entschädigungsrecht, in: Ruland / Becker / Axer (Hrsg.), Sozialrechtshandbuch, 6. Auflage, Baden-Baden 2018, § 26

Kaltenstein, Arbeit, Lohn, Beitrag und Rente, SGb 2018, 1–6

Kemmler, Berufsständische Versorgungswerke, in: Ruland / Becker / Axer (Hrsg.), Sozialrechtshandbuch, 6. Auflage, Baden-Baden 2018, § 22

Kingreen, Subjektiv-öffentliche Rechte auf Wahrung der Zuständigkeitsordnung: Die Entscheidungen des Bundessozialgerichts zur Statusfeststellung nach § 7a Abs. 1 S. 2 SGB IV, NZS 2020, 613 bis 619

Koppenfels-Spies, Aspekte der Systemgerechtigkeit in der gesetzlichen Rentenversicherung, NZS 2021, Seiten 632 bis 641

Möller, Grundsätze der Krankenhausplanung, VSSR 2007, 263 bis 288

Roßbach, Zukunftsfähige Weiterentwicklung der Alterssicherung, NZS 2021, Seiten 624 bis 632

Ruland, Rentenversicherung, in: Ruland / Becker / Axer (Hrsg.), Sozialrechtshandbuch, 6. Auflage, Baden-Baden 2018, § 17

Ruland, Das Ende der herkömmlichen Nachversicherung von Beamten, NVwZ 2017, 422 bis 427

Ruland, Die Grundrente – Voraussetzungen, Berechnung, Verfahre und Versorgungsausgleich, NZS 2021, 241 bis 250

Ruland, Die Rentenversicherungspflicht von Geschäftsführern, Vorständen, Aufsichtsratsmitgliedern und anderen Organmitgliedern, SGb 2021, 393 bis 404

Schlegel / Meßling / Bockholdt, Covid-19, Corona-Gesetzgebung – Gesundheit und Soziales, München 2020

Schlegel, Der Sozialstaat in und nach der Covid-19-Pandemie, NJW 2021, 2782 bis 2788

Stäbler, Schulden im Sozialrecht – Beitragsrecht, SGb 2018, 81–85

Statistisches Bundesamt, Datenreport 2021, Kapitel 10, Soziale Sicherung und Übergänge in den Ruhestand, https://www.destatis.de/DE/Service/Statistik-Campus/Datenreport/_inhalt.html, Stand 01.09.2021

Steinmeyer, Demografische Herausforderungen für die Alterssicherung, NZS 2021, Seiten 617 bis 624

Wirth, Kapitel 17 Alterssicherung der Landwirte, BMAS, Übersicht über das Sozialrecht, 16. Auflage, Ausgabe 2019/2020, Nürnberg 2019

## Weiterführende Literatur

Axer, Grundfragen des Versicherungs- und Beitragsrechts, in: Ruland / Becker / Axer (Hrsg.), Sozialrechtshandbuch, 6. Auflage, Baden-Baden 2018, § 14

Axer, Gesundheitswesen, in: Isensee/Kirchhof (Hrsg.), Handbuch des Staatsrechts, Band IV, § 95, 3. Auflage, Heidelberg 2006

Axer / Wiegand, Künstlersozialversicherung, in: Ruland / Becker / Axer (Hrsg.), Sozialrechtshand-
    buch, Baden-Baden 2018, § 20
Badura, Gesundheit aus sozialwissenschaftlicher Sicht: Plädoyer für eine investive Gesundheits-
    politik, Denkschrift 60 Jahres Bundessozialgericht, Band 2, Berlin 2015, Seiten 271 bis 298
Baumeister et al., Kapitel 16 Zusätzliche Altersversorgung, BMAS, Übersicht über das Sozialrecht,
    16. Auflage, Ausgabe 2019/2020, Nürnberg 2019
Bermig, Kapitel 3 Sozialgesetzbuch 3. Buch Arbeitsförderung, BMAS, Übersicht über das Sozial-
    recht, 16. Auflage, Ausgabe 2019/2020, Nürnberg 2019
Berringer et al., Kapitel 11 Sozialgesetzbuch 11. Buch Pflegeversicherung, BMAS, Übersicht über
    das Sozialrecht, 16. Auflage, Ausgabe 2019/2020, Nürnberg 2019
Bode, Alterssicherung und Erwerbsminderung aus sozialwissenschaftlicher Sicht: Formen, Gründe
    und Folgen der Entkollektivierung, Denkschrift 60 Jahres Bundessozialgericht, Band 2, Berlin
    2015, Seiten 65 bis 82
Börsch-Supan, Reformprozess der Altersvorsorge, Denkschrift 60 Jahres Bundessozialgericht, Band
    1, Berlin 2014, Seiten 711 bis 728
Breyer, Pflege und Gesundheit, Denkschrift 60 Jahres Bundessozialgericht, Band 1, Berlin 2014,
    Seiten 729 bis 749
Bundesagentur für Arbeit, Winterbeschäftigungsumlage, https://www.arbeitsagentur.de/unter-
    nehmen/personalfragen/winterbeschaeftigungsumlage, Stand 29.09.2021
Bundesministerium für Arbeit und Soziales, Gesetzesentwurf zum Grundrentengesetz, https://www.
    bmas.de/SharedDocs/Downloads/DE/Gesetze/Regierungsentwuerfe/reg-gesetz-zur-
    einfuehrung-der-grundrente.pdf;jsessionid=54F84428963DFDF52C2C4C4A0BF5BF3D.
    delivery1-replication?__blob=publicationFile&v=1, Stand 21.10.2021
Ehlers / Pünder, Allgemeines Verwaltungsrecht, 15. Auflage, Berlin 2015
Erlenkämper / Fichte, Sozialrecht, 6. Auflage, Köln 2008, Kapitel 10 bis 17, 25
Felix, Kindererziehungszeiten im SGB V – zur Reform der Krankenversicherung der Rentner, SGb
    2018, 241–247
GKV-Spitzenverband, Grundsätzliche Hinweise, Obligatorischen Anschlussversicherung nach
    § 188 Abs. 4 SGB V vom 14.12.2018, https://www.vdek.com/vertragspartner/mitgliedschafts-
    recht_beitragsrecht/abschlussversicherung/_jcr_content/par/download_1924228689/file.res/
    GH%20zur%20oAV.pdf, Stand 29.09.2021
Goeke / Schliemann, Kapitel 7 Sozialgesetzbuch 7. Buch Unfallversicherung, BMAS, Übersicht
    über das Sozialrecht, 16. Auflage, Ausgabe 2019/2020, Nürnberg 2019
Hänlein, Arbeitspolitik aus rechtswissenschaftlicher Sicht: Das Recht der Arbeitsförderung, Denk-
    schrift 60 Jahres Bundessozialgericht, Band 2, Berlin 2015, Seiten 327 bis 357
Igl, Pflegeversicherung, in: Ruland / Becker / Axer (Hrsg.), Sozialrechtshandbuch, 6. Auflage,
    Baden-Baden 2018, § 18
Igl, Pflege aus rechtswissenschaftlicher Sicht: Die BSG-Rechtsprechung, ihre Folgen und der Dia-
    log mit der Wissenschaft, Denkschrift 60 Jahres Bundessozialgericht, Band 2, Berlin 2015, Sei-
    ten 119 bis 138
Kasseler Kommentar, Sozialversicherungsrecht, 114. Ergänzungslieferung, München 2021
Kenntner, Grundsatzfragen zum dienstrechtlichen Konkurrentenstreit, NVwZ 2017, 417 bis 422
Lau, Sozialversicherungspflicht von GmbH-Geschäftsführern, NZS 2019, 452 bis456
Möller, Finanzierung der gesetzlichen Unfallversicherung, SGb 2014, Seiten 435 bis 441
Muckel / Ogorek / Rixen, Sozialrecht, 5. Auflage, München 2019, § 7 bis 12
Papier / Möller, Verfassungsrechtliche Fragen der Festsetzung der Beiträge in der Unfallver-
    sicherung, SGb 1998, 337 bis 349

Rothgang, Pflege aus wirtschaftswissenschaftlicher Sicht: Die Pflegeversicherung als Erfolgsmodell mit Schönheitsfehlern, Denkschrift 60 Jahres Bundessozialgericht, Band 2, Berlin 2015, Seiten 139 bis 170

Ruland, Die Beamtenversorgung und die Zukunft der gesetzlichen Alterssicherungssysteme, in: Görner (Hrsg.), DGB, Beamtenpolitisches Forum, 1996, Seiten 49 bis 64

Ruland / Rürup (Hrsg.), Alterssicherung und Besteuerung, Wiesbaden 2008

Schlegel / Geiger, Sozialversicherungsrechtliche Statusfeststellung, NJW 2020, 16 bis 22

Schulz, Verfassungsrechtliche Fragen der Festsetzung der Beiträge in der Unfallversicherung (Erwiderung zu Papier / Möller), SGB 1999, 172 bis 180

Schupp, Kapitel 15 Soziale Sicherung der Beamten, BMAS, Übersicht über das Sozialrecht, 16. Auflage, Ausgabe 2019/2020, Nürnberg 2019

Sehnert, Die agrarsoziale Sicherung, in: Ruland / Becker / Axer (Hrsg.), Sozialrechtshandbuch, 6. Auflage, Baden-Baden 2018, § 19

Spellbrink, Das Beitragsrecht der Gesetzlichen Unfallversicherung, SR 2012, 17 bis 41

Spellbrink, Unfallversicherung, in: Ruland / Becker / Axer (Hrsg.), Sozialrechtshandbuch, 6. Auflage, Baden-Baden 2018, § 16

Steinmeyer, Private und betriebliche Altersvorsorge zwischen Sicherheit und Selbstverantwortung, in Deutscher Juristentag (Hrsg.), Verhandlungen des 65. DJT, Bonn 2004, Band 1, Teil F

Tuschen / Trefz, Krankenkausentgeltgesetz, 2. Auflage, Stuttgart 2009

Uebelhack, Betriebliche Altersversorgung, 3. Auflage, Heidelberg 2021

Wallerath, Arbeitsmarkt, in: Isensee/Kirchhof (Hrsg.), Handbuch des Staatsrechts, Band IV, § 93, 3. Auflage, Heidelberg 2006

Waltermann, Sozialrecht, 14. Auflage Heidelberg 2020, § 7 bis 12

Waltermann, Bewältigung des wirtschaftlichen Strukturwandels bei der Beitragsumlage in fusionierten Berufsgenossenschaften, NZS 2018, 425–434

Wirth, Kapitel 14 Soziale Sicherung der Freien Berufe, BMAS, Übersicht über das Sozialrecht, 16. Auflage, Ausgabe 2019/2020, Nürnberg 2019

Wollenschläger, Die Einheitliche Gebührenordnung für ambulante ärztliche Leistungen (Teile 1 und 2), NZS 2018, 385–392, NZS 2018, 445–452

# Soziale Fürsorge und Hilfen

**5**

**Lernziele**

Im fünften Kapitel stehen die existenzsichernden sozialen Fürsorgen und Hilfen im Mittelpunkt. Es wird ein Bogen von den im ersten Kapitel dargestellten verfassungsrechtlichen Grundlagen gespannt, welche Sie auf die gesetzlichen Regelungen der Existenzsicherung anwenden können. Nach der Bearbeitung können Sie die sozialen Fürsorgeleistungen und Hilfen in das Sozialrechtssystem einordnen und analysieren. Sie können die verschiedenen Fürsorgearten ableiten und beschreiben sowie eine Abgrenzung der einzelnen Leistungsgesetze durchführen. Weiterhin können Sie Sinn und Zweck sowie Aufbau und Systematik der einzelnen fürsorgerechtlichen Leistungssysteme darstellen und beschreiben.

Die **existenzielle Sicherung** der Lebensgrundlagen ist Voraussetzung freiheitlicher Lebensgestaltung. Dabei stellt sich in modernen Gesellschaften nicht mehr die Frage des „Ob" der Existenzsicherung, diese ist Ausfluss der im Grundgesetz manifestierten Menschenwürde. Vielmehr treten Fragen des „Wie" und in „Welcher Höhe" etc. in den Vordergrund. Hierauf hat der Gesetzgeber Antworten gefunden. Die Umsetzung der sozialen Grundsicherung wird durch unterschiedliche Weltanschauungen, Ansichten sowie von politischen, soziologischen, religiösen, etc. Überzeugungen beeinflusst. Wie der Gesetzgeber seinen Gestaltungswillen und seine Gestaltungsmöglichkeiten umsetzt, ist dabei im Rahmen der Verfassungsvorgaben von den (jeweiligen) Mehrheitsverhältnissen abhängig. Nicht zu unterschätzen ist zugleich die politische Einschätzung, was die Bevölkerung an Regelungen gutheißt oder auch nur akzeptiert. Der Blick auf die eigene Wiederwahl ist opportunistisch und in einer Demokratie legitim.

Gerade im Zusammenhang mit der Existenzsicherung treten allerdings auch zutiefst gesellschaftspolitische Motive zutage. Zu beobachten ist dies z. B. an der immer wieder aufflammenden Diskussion um das sog. „**Lohnabstandsgebot**". Damit Arbeit attraktiv ist

© Springer Fachmedien Wiesbaden GmbH, ein Teil von Springer Nature 2022
R. Möller, *Finanzierung und Organisation des Sozialstaates*,
https://doi.org/10.1007/978-3-658-37190-6_5

bzw. bleibt, müsse zwischen dem gesetzlichen Mindestlohn bzw. tariflichen Entgelten sowie der fürsorgerechtlichen Existenzsicherung nach dem heute geltenden Grundsicherungsrecht ein Abstand bestehen. Wenn ein solcher Abstand nicht bestünde, so wird argumentiert, hätten Menschen keinen Anreiz zu arbeiten. Gerade in schlecht bezahlten Berufen und Tätigkeiten ginge dann der Sinn von Arbeit verloren. Dies trifft zweifelsfrei mit Blick allein auf monetäre Aspekte zu. Der Sinn des Arbeitens ist für den Einzelnen allerdings mehr als nur Geld zu verdienen. Es geht auch um einen Lebenssinn, das Gefühl, ein wichtiger Teil der Gesellschaft zu sein und gebracht zu werden, Selbstwertgefühl, etc. Menschen handeln häufig aus intrinsischen Motiven. Wenn nur der monetäre Aspekt der Arbeit entscheidend wäre, dürfte es das Phänomen der sog. sozialhilferechtlicher „Aufstocker" nicht geben. Nach der Statistik der Bundesagentur für Arbeit beziehen ca. 1 Millionen erwerbstätige Menschen in Deutschland zusätzlich zu ihrem Arbeitslohn ergänzende Leistungen der Grundsicherung. Das heißt, 1 Millionen Menschen gehen einer Erwerbstätigkeit nach, obwohl diese auch ohne zu arbeiten die identische finanzielle Grundabsicherung haben. Hier ist politischer Gestaltungswille gefragt, z. B. Erwerbseinkommen attraktiver zu machen, das Maß der Grundsicherung zu überprüfen oder sonst einen Weg zu finden, eine als sozial gerecht empfundene Lösung zu gestalten.

▶ **TIPP** Statistiken der Bundesagentur für Arbeit können als monatliche Bekanntmachung über das Internet abgerufen werden: https://statistik.arbeitsagentur. de/Navigation/Statistik/Statistik-nach-Themen/Grundsicherung-fuer-Arbeitsuchende-SGBII/Grundsicherung-fuer-Arbeitsuchende-SGBII-Nav.html (Stand 06.10.2021).

## 5.1   Grundsicherung für Arbeitsuchende und Sozialhilfe

Die klassischen **sozialstaatlichen Fürsorgeleistungen** (Sozialhilfe) sind heute in zwei sozialrechtlichen Leistungsgesetzen geregelt. Das SGB XII trägt die **Sozialhilfe** dabei in der Bezeichnung. Das SGB II ist die **Grundsicherung für Arbeitsuchende**. Aus dem Titel des SGB II kann man bereits die systematische Abgrenzung der beiden Gesetze ableiten:

- das SGB II richtet sich an Arbeitsuchende, also Personen, die in der Lage sind einer Berufstätigkeit nachzugehen und dem Arbeitsmarkt (tatsächlich) in einem gewissen Umfang zur Verfügung stehen (vgl. § 7 Abs. 1 S. 1 SGB II),
- wohingegen das SGB XII Personen erfasst, die nicht arbeitsuchend sind bzw. sein können und bedürftig sind (vgl. § 19 Abs. 1 SGB XII).

Die beiden Gesetze scheinen zwar auf den ersten Blick eine ähnliche Regelungssystematik zu haben. So ist z. B. die Höhe der **Regelbedarfe** nominell identisch (446 Euro im Jahr 2021 in der Regelbedarfsstufe 1 nach Anlage zu § 28 SGB XII bzw. gemäß § 20 Abs. 1 a

SGB II). **Leistungen** sind weitgehend **pauschalisiert**, was insbesondere in sozialhilfe-
rechtlichen Regelungen des BSHG anders war (siehe zur historischen Entwicklung Kazda
und Vogt 2019, S. 22 ff.). Beide Gesetze sollen jedoch **unterschiedliche Ziele** erreichen.
Ein tragender Grundsatz der **Grundsicherung für Arbeitsuchende** ist das Prinzip des
„**Förderns und Forderns**". Dadurch sollen Maßnahmen dem Berechtigten effektiver und
zielgenauer zukommen, er soll zugleich stärker auf seine Mitwirkungs- und Selbsthilfeverpflichtung hingewiesen werden (zu den Mitwirkungspflichten siehe BVerfG vom
05.11.2019, 1 BvL 7/16, NJW 2019, 3703-3715; hierzu Kreßel, SGb 2020, 150 ff.). Insoweit wird vielfach von der **Aktivierung** der Leistungsberechtigten gesprochen. Der
Fördergedanke wird dabei insbesondere bei den Leistungen der Eingliederung in Arbeit
(§§ 14 ff. SGB II) sichtbar. Diese Leistungen sind zugleich ein wesentliches
Unterschiedsmerkmal zur Sozialhilfe, da Leistungsberechtigte des SGB XII nicht arbeitsuchend sind bzw. sein können. Diese Personen können gemäß § 19 Abs. 1 SGB II ihren
notwendigen Lebensunterhalt gerade nicht oder nicht ausreichend aus eigenen Kräften
(Arbeit) und Mitteln (insbesondere Einkommen und Vermögen) bestreiten. Das Kriterium
des Förderns wird bei vielen Zumutbarkeitsregelungen sichtbar. Beispielsweise ist gemäß
§ 10 Abs. 1 SGB II einer erwerbsfähigen leistungsberechtigten Person grundsätzlich jede
Arbeit zumutbar, es sei denn, es liegt ein besonderer Grund einer Unzumutbarkeit vor.

---

**Zusammenfassung, Merksatz**

Das Fürsorgesystem ist zweigliedrig organisiert. Nach versicherungsrechtlichen
Leistungen der Arbeitsförderung (insbesondere Arbeitslosengeld I) schließt sich die
fürsorgerechtliche Grundsicherung für Arbeitsuchende (insbesondere Arbeitslosengeld II) an. Diese richtet sich an erwerbsfähige hilfebedürftige Personen. Das Fürsorgesystem der Sozialhilfe erfasst demgegenüber Personen, die bedürftig sind und
dem Arbeitsmarkt wegen Alters oder voller Erwerbsminderung nicht zur Verfügung
stehen. Beide Fürsorgesysteme schließen sich daher gegenseitig aus. Die Leistungen
beider Systeme sind weitgehend pauschaliert. Leistungsberechtigte sollen durch
Einsatz eigener Mittel und Kräfte Bedarfe möglichst eigenständig decken. In der
Grundsicherung für Arbeitsuchende soll dies vorrangig durch den Einsatz der eigenen Arbeitskraft über Leistungen der Eingliederung in Arbeit sowie in der Sozialhilfe vorrangig über den Einsatz von Einkommen und Vermögen umgesetzt werden.

---

Da sich die fürsorgerechtlichen Grundsicherungsleistungen (Arbeitslosengeld II
§§ 20 ff. SGB II, Hilfe zum Lebensunterhalt §§ 27 ff. SGB XII, Grundsicherung im Alter
und bei Erwerbsminderung §§ 41 ff. SGB XII) nicht in der Höhe wohl jedoch nach ihrem
Rechtsgrund unterscheiden, ist der wesentliche Unterschied wohl in der **Art und Weise
der Mitwirkung** und dem **Einsatz der eigenen Mittel der Leistungsberechtigten** zu
sehen. Allerdings bezwecken sowohl die Grundsicherung für Arbeitsuchende als auch die
Sozialhilfe den Leistungsberechtigten die Führung eines Lebens zu ermöglichen, das der

Würde des Menschen entspricht (§ 1 Abs. 1 SGB II, § 1 S. 1 SGB XII). Schnittstellenprobleme für den Zugang zu existenzsichernden Leistungen versucht der Gesetzgeber über die Nahtlosigkeitsregelungen der § 44a SGB II und § 21 S. 3 SGB XII zu lösen.

Beide Leistungsgesetze folgen mehreren **Strukturprinzipien** (a. A. Siefert 2018, Rz. 19, derzurfolge es keine Strukturprinzipien gibt):

- Sicherung des verfassungsrechtlich garantierten Existenzminimums (jedenfalls hinsichtlich der Deckung des laufenden Lebensunterhalts),
- sozialstaatliches subsidiäres Auffangsystem (Nachranggrundsatz, siehe hierzu Beaucamp 2021) mit seinerseits fürsorgerechtlichem Vorrang-Nachrang-Verhältnis der Leistungen untereinander (siehe auch Grube et al. 2020, § 2 SGB XII, Rz. 2),
- Steuerfinanzierung der Leistungen,
- weitgehende Pauschalierung der Leistungen,
- individuelle existenzsichernde Bedarfsermittlung (Bedarfsdeckungsprinzip) auf Grundlage der konkreten tatsächlichen Umstände des Einzelfalls (vgl. § 9 Abs. 1 SGB XII, Tatsächlichkeitsprinzip),
- Finalitätsprinzip und Gegenwärtigkeitsprinzip (also: die Leistungen dienen dem Ziel der Deckung eines konkreten aktuellen Bedarfs),
- Selbsthilfeverpflichtung des Einzelnen, die bei der Grundsicherung für Arbeitsuchende zum Grundsatz des „Förderns und Forderns" (vgl. § 2 SGB II, aber auch die Aktivierung i. S. d. § 11 SGB XII) konkretisiert ist.

**Hintergrundinformation: Sondersituation SARS-CoV-2-Virus**
Auch im Kontext der Grundsicherung und Sozialhilfe hat der Gesetzgeber zur Abmilderung der Folgen der Corona-Krise zahlreiche, insbesondere leistungsrechtliche Regelungen geschaffen (siehe hierzu ausführlich Schlegel et al. 2020; siehe auch Ekardt und Rath, NZS 2021, S. 417 ff.).

## 5.1.1  Organisation – Träger

Die Organisation der Fürsorgeleistungen ist in den beiden Leistungsgesetzen unterschiedlich geregelt. Zuständig sind die **Bundesagentur für Arbeit** sowie die **kommunalen Gebietskörperschaften** und die Länder. Ergänzend wird in beiden Leistungsgesetzen die Zusammenarbeit mit den **Trägern der freien Wohlfahrtspflege** genannt (§ 17 Abs. 1 S. 2 SGB II, § 5 und § 11 Abs. 5 SGB XII).

**SGB II Grundsicherung für Arbeitsuchende**
Die Organisation der Träger der Grundsicherung für Arbeitsuchende ist Ergebnis eines politischen Kompromisses. Das SGB II als Nachfolgeregelung der Arbeitslosenhilfe und des Bundessozialhilfegesetzes spiegelt die unterschiedlichen Ansichten über die „richtige" Trägerschaft zur Bekämpfung von Arbeitslosigkeit wider. Deshalb ist eine **geteilte Zuständigkeit** entweder der **Bundesagentur für Arbeit** (Bundesagentur gemäß § 6

Abs. 1 S. 1 Nr. 1 SGB II in Tradition der Arbeitslosenhilfe) oder einer kommunalen Ge-
bietskörperschaft (**Kreise** oder **kreisfreie Städte** gemäß § 6 Abs. 1 S. 1 Nr. 2 SGB II in
Tradition der Sozialhilfe) normiert worden. Die Zuständigkeit der Kreise und Kreisfreien
Städte erstreckt sich dabei allerdings lediglich auf **bestimmte Leistungen** (kommunale
Eingliederungsleistungen, Arbeitslosengeld II und Sozialgeld bei Leistung für Bedarfe
Unterkunft und Heizung, Erstausstattungen für Wohnung und Bekleidung, Bedarfs für
Bildung und Teilhabe). Es sind nur **ausgewählte kommunale Träger zugelassen**, die be-
stimmte qualitative Anforderungen erfüllen müssen. Welche kommunalen Träger zugelassen sind und wie das Zulassungsverfahren ausgestaltet ist, folgt aus § § 6a ff. SGB II
i. V. m. der Kommunalträger-Zulassungsverordnung. Zur Wahrnehmung der Aufgaben
anstelle der Bundesagentur errichten und unterhalten die zugelassenen kommunalen Träger **besondere Einrichtungen** für die Aufgabenerfüllung (§ 6 a Abs. 5 SGB II). § 6 Abs. 3
SGB II enthält eine Stadtstaatenklausel, da diese Bundesländer zugleich als Gemeinden gelten.

Für diese **geteilte Zuständigkeit** sah der Gesetzgeber die Notwendigkeit, die Schnittstellen und Zusammenarbeit zu regeln. Umgesetzt wird dies durch die **gemeinsame Einrichtung** nach § 44 b SGB II. Im Gebiet jedes kommunalen Trägers muss zur einheitlichen Durchführung der Grundsicherung für Arbeitsuchende eine solche durch den
kommunalen Träger gebildet werden; davon unabhängig ist, ob bzw. dass Aufgaben bei
der Bundesagentur verbleiben. Im SGB II wird daher das Trennungsmodell einer geteilten
Trägerschaft geregelt (§ 44 b Abs. 1 S. 2 Hs. 2 SGB II). Bei deren (örtlichen) Standort
sowie der Ausgestaltung und Organisation „sollen die Besonderheiten der beteiligten Träger, des regionalen Arbeitsmarktes und der regionalen Wirtschaftsstruktur" berücksichtigt
werden (§ 44 b Abs. 2 S. 2 SGB II). Weiterhin sind weitreichende gegenseitige Auskunfts-
rechte und -pflichten sowie Unterstützungshandlungen vorgesehen. Die gemeinsamen
Einrichtungen nach § 44 b und die zugelassenen kommunalen Träger nach § 6 a führen die
Bezeichnung **Jobcenter** (§ 6 d SGB II).

**Hintergrundinformation: Zulässigkeit einer Mischverwaltung**
Der Gesetzgeber sah zunächst eine Regelung vor, nach der Arbeitsgemeinschaften gemäß § 44 b
SGB II a. F. die Aufgaben der geteilten Zuständigkeit wahrnahmen. Die Gesetzeslage wurde vom
Bundesverfassungsgericht allerdings wegen eines Verstoßes gegen Art. 28 Abs. 2 GG i. V. m. Art. 83
GG (Garantie der kommunalen Selbstverwaltung) für nicht mit dem Grundgesetz vereinbar erklärt
(BVerfGE 119, 331 bis 394). Da der politisch gefundene Kompromiss der geteilten Zuständigkeit
jedoch aufrecht erhalten bleiben sollte, wurde die vom Bundesverfassungsgericht als fehlend mo-
nierte Kompetenznorm mit Art. 91 e GG nachträglich in die Verfassung aufgenommen. Nunmehr ist
eine Mischverwaltung zwischen Bund und kommunalen Gebietskörperschaften auf dem Gebiet der
Grundsicherung für Arbeitsuchende möglich und mit den gemeinsamen Einrichtungen (Jobcentern)
umgesetzt.

Die **örtliche Zuständigkeit** richtet sich nach dem **gewöhnlichen Aufenthalt** des er-
werbssuchenden Hilfebedürftigen (§ 36 Abs. 1 S. 1, 2 SGB II). Lässt sich dieser nicht
feststellen, ist der tatsächliche Aufenthalt relevant (§ 36 Abs. 1 S. 4 SGB II). Im Zu-

sammenhang mit der Leistungsgewährung an Ausländer mit aufenthaltsrechtlichem Status ist das Wohnsichtprinzip relevant (§ 36 Abs. 2 SGB II i. V. m. § 12 a Abs. 1 AufenthG).

---

**Zusammenfassung, Merksatz**

Die Zuständigkeit der Grundsicherung für Arbeitsuchende ist zweigeteilt. Grundsätzlich zuständig ist die Bundesagentur für Arbeit. Daneben gibt es zugelassene kommunale Träger, denen bestimmte Aufgaben des SGB II übertragen sind. Im Gebiet jedes kommunalen Trägers muss zur einheitlichen Durchführung der Grundsicherung für Arbeitsuchende eine gemeinsame Einrichtung von Bundesagentur und kommunalem Träger gebildet werden, welche als Jobcenter bezeichnet wird. Die örtliche Zuständigkeit richtet sich grundsätzlich nach dem gewöhnlichen Aufenthalt.

---

### SGB XII Sozialhilfe

Sozialhilfe wird von den Ländern als eigene Angelegenheit erbracht (Art. 84 GG). Die **sachliche Zuständigkeit** der Sozialhilfe regelt § 97 SGB XII. Die **örtlichen** – also kommunalen (Städte und Kreise sowie nach landesrechtlicher Bestimmung kreisangehörige Gemeinden, siehe § 3 Abs. 2 SGB XII) – **Träger** sind sachlich zuständig, sofern nicht der überörtliche Träger zuständig ist (§ 97 Abs. 1 SGB XII). Das Gesetz sieht somit eine Allzuständigkeit des örtlichen Trägers der Sozialhilfe vor. Soweit Landesrecht keine Bestimmung nach Absatz 2 Satz 1 enthält, ist der **überörtliche Träger** der Sozialhilfe (siehe § 3 Abs. 3 SGB XII) für Leistungen der Hilfe zur Pflege nach den §§ 61 bis 66, Leistungen der Hilfe zur Überwindung besonderer sozialer Schwierigkeiten nach den §§ 67 bis 69 und Leistungen der Blindenhilfe nach § 72 sachlich zuständig (§ 97 Abs. 3 SGB XII). Besondere Aufgabe der überörtlichen Träger ist, zur Weiterentwicklung von Leistungen der Sozialhilfe beizutragen (§ 97 Abs. 5 S. 1 SGB XII). Wer überörtlicher Träger der Sozialhilfe ist, richtet sich nach Landesrecht. Die überörtlichen Träger der Sozialhilfe haben sich zu einer (freiwilligen) Bundesarbeitsgemeinschaft der überörtlichen Träger der Sozialhilfe zusammengeschlossen. Werden Aufgaben auf die Verbände der freien Wohlfahrtspflege übertragen, bleiben die örtlichen Träger gleichwohl den Leistungsberechtigten gegenüber in der Verantwortung (§ 5 Abs. 5 S. 2 SGB XII).

▶ **TIPP** Informationen zur Bundesarbeitsgemeinschaft der überörtlichen Träger der Sozialhilfe können über deren Homepage abgerufen werden: https://www. bagues.de/de/ (Stand 07.10.2021).

Anders als im Recht der Grundsicherung für Arbeitsuchende orientiert sich die **örtliche Zuständigkeit** in der Sozialhilferecht nach dem **tatsächlichen Aufenthalt** (§ 98 Abs. 1 S. 1 SGB XII). Anderes gilt für stationäre Leistungen. Für diese ist der Träger der Sozialhilfe örtlich zuständig, in dessen Bereich die Leistungsberechtigten ihren gewöhnlichen Aufenthalt im Zeitpunkt der Aufnahme in die Einrichtung haben oder in den zwei Monaten vor der Aufnahme zuletzt gehabt hatten (§ 98 Abs. 2 S. 1 SGB XII).Deutsche im Ausland können ausnahmsweise unter den Voraussetzungen des § 24 SGB XII Sozialhilfe erhalten.

Die Durchführung der Sozialhilfe kann je Bundesland abweichend geregelt werden (§ 99 SGB XII). § 101 SGB XII enthält eine Stadtstaaten-Klausel.

Die Aufgaben der **Länder** führt § 7 SGB XII auf. Neben einer Unterstützung der Träger der Sozialhilfe sollen sie Erfahrungsaustausche, die Entwicklung und Durchführung von Instrumenten der Dienstleistungen, die zielgerichtete Erbringung und Überprüfung von Leistungen sowie die Qualitätssicherung fördern.

> **Zusammenfassung, Merksatz**
> Die örtlichen Träger der Sozialhilfe sind sachlich primär zuständig. Die örtliche Zuständigkeit richtet sich grundsätzlich nach dem tatsächlichen Aufenthalt.

§§ 75 bis 81 SGB XII regeln die rechtlichen und finanziellen Beziehungen der Kostenträger (örtliche und überörtliche Träger der Sozialhilfe) zu den stationären und teilstationären **Einrichtungen**, die der Pflege, der Behandlung oder sonstigen nach dem SGB XII zu deckenden Bedarfe oder der Erziehung dienen (§ 13 Abs. 2 SGB XII). Solche eigenen Einrichtungen sollen die Träger der Sozialhilfe nicht neu schaffen, sondern sich geeigneter Einrichtungen bedienen. Sind mehrere Einrichtungen vorhanden, sind entscheidende Parameter für den Vertragsabschluss die Kosten sowie die Qualität der Leistungserbringung. Zuständig für den Abschluss von Verträgen über die Vergütung, Leistung und Prüfung von Trägern von Einrichtungen ist der örtliche Träger der Sozialhilfe, soweit keine abweichende landesrechtliche Regelung vorhanden ist (BSG vom 13.07.2017, B 8 SO 21/15 R, SozR 4-3500 § 97 Nr. 1). Vielfach sind Einrichtungen solche der Träger der freien Wohlfahrtpflege, auch wenn deren Monopol heute aufgebrochen ist und auch private Anbieter Einrichtungen betreiben. Die überörtlichen Träger der Sozialhilfe und die kommunalen Spitzenverbände auf Landesebene schließen mit den Vereinigungen der Träger der Einrichtungen auf Landesebene gemeinsam und einheitlich Rahmenverträge (§ 80 Abs. 1 SGB XII).

## 5.1.2 Anspruchsberechtigte

### 5.1.2.1 Grundsicherung für Arbeitsuchende

Anspruchsberechtigt in der **Grundsicherung für Arbeitsuchende** sind gemäß § 7 Abs. 1 S. 1 SGB II Personen (**erwerbsfähige Leistungsberechtigte**), die

- das 15. Lebensjahr vollendet und die Altersgrenze nach § 7a noch nicht erreicht haben,
- erwerbsfähig (Erwerbsfähigkeit i. S. d. § 8 SGB II) sind,

- hilfebedürftig (Hilfebedürftigkeit i. S. d. § 9 SGB II) sind und
- ihren gewöhnlichen Aufenthalt in der Bundesrepublik Deutschland haben.

Leistungen erhalten gemäß § 7 Abs. 2 S. 1 SGB II auch Personen, die mit erwerbsfähigen Leistungsberechtigten in einer **Bedarfsgemeinschaft** (zum Begriff der Bedarfsgemeinschaft siehe Abs. 3 und 3 a der Norm, insbesondere Ehegatten, Partner und in der Bedarfsgemeinschaft lebende Kinder bis 25 Jahren) leben. Bürger der Mitgliedsstaaten der Europäischen Union genießen Arbeitnehmerfreizügigkeit, sodass sie jederzeit einer Erwerbstätigkeit nachgehen dürfen. (Andere) Ausländer können leistungsberechtigt sein, wenn sie über einen Aufenthaltstitel verfügen, der Ihnen die Ausübung einer Erwerbstätigkeit gestattet (siehe hierzu vertiefend Abschn. 5.5). Es gibt allerdings Ausnahmen von der Anspruchsberechtigung. Insbesondere haben Auszubildende, deren Ausbildung im Rahmen des BAföG dem Grunde nach förderungsfähig ist, über die Leistungen nach § 27 (Leistungen für Auszubildende) hinaus keinen Anspruch auf Leistungen zur Sicherung des Lebensunterhalts (§ 7 Abs. 5 S. 1 SGB II). Leistungen erhält gemäß § 7 Abs. 4 S. 1 SGB II weiterhin nicht, wer in einer stationären Einrichtung untergebracht ist.

Dem anspruchsberechtigten Personenkreis soll ein **einheitliches Leistungssystem** hinsichtlich der **Eingliederung in Arbeit** als auch hinsichtlich der **Sicherung des Lebensunterhalts** (Existenzminimums) zur Verfügung stehen. Die **Leistungen der Eingliederung in Arbeit** entsprechen dabei wegen der Regelung des § 16 SGB II weitgehend denen der Arbeitsförderung. Auch besteht Versicherungspflicht in der Krankenversicherung (§ 5 Abs. 1 Nr. 2 a SGB V) und Pflegeversicherung (§ 20 Abs. 1 Nr. 2 a SGB XI). In der Rentenversicherung besteht keine Versicherungspflicht mehr, die Zeiten der Arbeitslosigkeit werden als Anrechnungszeiten nach § 58 Abs. 1 S. 1 Nr. 3 SGB VI als Anrechnungszeiten berücksichtigt.

Die Regelungen zu den Leistungen der Eingliederung in Arbeit sowie die versicherungsrechtlichen Bestimmungen der übrigen Sozialversicherungssysteme geben bereits einen Hinweis darauf, wie das Verhältnis der Leistungen der Grundsicherung für Arbeitsuchende zu den Leistungen der Arbeitsförderung (SGB III) ausgestaltet sind: Arbeitsförderung und das Arbeitslosengeld I als Leistung aus dem Sozialversicherungsrechtsverhältnis geht den Leistungen der Grundsicherung vor. Letztere dürfen dementsprechend nur **nachrangig** und allenfalls **ergänzend** neben Leistungen der Arbeitsförderung erbracht werden. Wenn also eigenes Einkommen (§§ 11 bis 11 b SGB II) oder Vermögen (§ 12 SGB II) oder sozialversicherungsrechtliche Leistungen des SGB III (vgl. § 12 a SGB II) nicht die Existenzsicherung der versicherten Person – sowie der Bedarfsgemeinschaft – sicherstellen können, werden ergänzend Leistungen der Grundsicherung nach SGB II gezahlt (sog. „**Aufstocker**").

Leistungen werden als Dienstleistungen (z. B. als Beratung), Geldleistungen (z. B. Arbeitslosengeld II und Kosten für Unterkunft und Heizung) und Sachleistungen (z. B. Leistungen für Bildung und Teilhabe) erbracht (§ 4 Abs. 1 SGB II). Neben § 5 SGB II (Verhältnis zu anderen Leistungen) definiert § 12 a SGB II, welche **Leistungen vor-**

**rangig** sind. Nach dieser Vorschrift sind Leistungsberechtigte verpflichtet, Sozialleistungen anderer Träger in Anspruch zu nehmen und die dafür erforderlichen Anträge zu stellen, sofern dies zur Vermeidung, Beseitigung, Verkürzung oder Verminderung der Hilfebedürftigkeit erforderlich ist. Zum Fürsorgerecht gehört auch der in § 6 a BKGG geregelte Kinderzuschlag (siehe Abschn. 7.2.1).

**Hintergrundinformation: Stärkung der Teilhabe von Menschen mit Behinderungen**
Über die Neuregelung des § 5 Abs. 5 SGB II durch das Teilhabestärkungsgesetz (BGBl. I 2021, S. 1387) mit Wirkung ab dem 01.01.2022 soll die Teilhabe von Menschen mit Behinderungen, die Leistungen nach dem SGB II beziehen, verbessert werden. Gleiches gilt über die Neuregelung des § 22 Abs. 2 S. 2 SGB III für Leistungen der Arbeitsförderung zur aktiven Arbeitsförderung für Rehabilitanden nach §§ 45, 45 SGB III (siehe (Bt-Drucks. 19/27400, S. 54 f.). Die Gesetzesbegründung führt insoweit zu § 5 Abs. 5 SGB II aus (Bt-Drucks. 19/27400, S. 53): „Den Jobcentern wird die Möglichkeit eröffnet, Leistungen nach den §§ 16a ff. SGB II neben einem Rehabilitationsverfahren zu erbringen. Die bisherige Verfahrensweise, wonach den Leistungen des Rehabilitationsträgers zur Teilhabe am Arbeitsleben ein absoluter Vorrang zukommt, der sich für die Leistungen nach den §§ 16a ff. SGB II faktisch wie ein Leistungsverbot auswirkt, wird geändert. Dieser Ausschluss hat insbesondere eine nachhaltige Eingliederung von Rehabilitanden mit multiplen Vermittlungshemmnissen im SGB II erschwert. Zugleich führte er zu einer Ungleichbehandlung von Rehabilitanden gegenüber erwerbsfähig leistungsberechtigten Personen ohne Rehabilitationsbedarf."

Der Anspruch einer Person kann zwar nicht entfallen, wohl allerdings gemindert werden. **Sanktionsregelungen** enthalten die §§ 31 bis 32 SGB II (hierzu mit der Erklärung der teilweisen Unvereinbarkeit von § 31a und § 31b SGB II mit dem Grundgesetz BVerfG vom 05.11.2019, 1 BvL 7/16, BVerfGE 152, 68–151). Anknüpfungspunkt dieser Regelungen ist der **Nachranggrundsatz** sowie der **Selbsthilfegrundsatz**, der in der Grundsicherung für Arbeitsuchende eine besondere Ausprägung durch den Grundsatz des Forderns und Förderns erfahren hat. Gemäß § 2 Abs. 2 S. 1 SGB II haben erwerbsfähige Leistungsberechtigte und die mit ihnen in einer Bedarfsgemeinschaft lebenden Personen in eigener Verantwortung alle Möglichkeiten zu nutzen, ihren Lebensunterhalt aus **eigenen Mitteln und Kräften** zu bestreiten. Diese eigenen Mittel und Kräfte werden durch den Gesetzgeber dahingehend konkretisiert, dass erwerbsfähige Leistungsberechtigte ihre Arbeitskraft zur Beschaffung des Lebensunterhalts für sich und die mit ihnen in einer Bedarfsgemeinschaft lebenden Personen einsetzen müssen. Wird Einkommen erzielt, kürzt dieses den Anspruch auf Grundsicherung. Um Menschen wieder in Arbeit zu bringen, werden Leistungen zur Eingliederung in Arbeit (§§ 14 ff. SGB II) erbracht. Verletzt eine leistungsberechtigte Person die sich aus den Leistungen ergebenden Mitwirkungspflichten und Obliegenheiten, wird diese entsprechend bis hin zu einer vollständigen Minderung des Arbeitslosengeld II (§ 31 a Abs. 1 S. 3 SGB II) sanktioniert.

**Zusammenfassung, Merksatz**

Leistungsberechtigt in der Grundsicherung für Arbeitsuchende sind Personen, die das 15. Lebensjahr vollendet und die Altersgrenze nach § 7a SGB II noch nicht erreicht haben, erwerbsfähig sind, hilfebedürftig sind und ihren gewöhnlichen Aufenthalt in der Bundesrepublik Deutschland haben. Ebenso sind leistungsberechtigt alle in der Bedarfsgemeinschaft mit der leistungsberechtigten Person lebenden Personen. Diese Personen sollen ihren Lebensunterhalt möglichst aus eigenen Mitteln und Kräften bestreiten. Damit ist der Einsatz der Arbeitskraft zur Beschaffung des Lebensunterhalts für sich und die in einer Bedarfsgemeinschaft lebenden Personen gemeint.

### 5.1.2.2 Soziale Fürsorge (Sozialhilfe) für nicht Arbeitsuchende

Gesetzlicher Anknüpfungspunkt der Sozialhilfe ist die gesetzliche Grundsatznorm des § 9 SGB I.

**§ 9 SGB I**

Wer nicht in der Lage ist, aus eigenen Kräften seinen Lebensunterhalt zu bestreiten oder in besonderen Lebenslagen sich selbst zu helfen, und auch von anderer Seite keine ausreichende Hilfe erhält, hat ein Recht auf persönliche und wirtschaftliche Hilfe, die seinem besonderen Bedarf entspricht, ihn zur Selbsthilfe befähigt, die Teilnahme am Leben in der Gemeinschaft ermöglicht und die Führung eines menschenwürdigen Lebens sichert. Hierbei müssen Leistungsberechtigte nach ihren Kräften mitwirken.

Der Anwendungsbereich der **Sozialhilfe** ist in der Praxis entgegen der gesetzlichen Reihenfolge und Formulierung im SGB XII auf die besondere Hilfe der **Grundsicherung im Alter und bei Erwerbsminderung** (§§ 41 ff. SGB XII) fokussiert. Leistungsberechtigt sind ältere und dauerhaft voll erwerbsgeminderte Personen mit gewöhnlichem Aufenthalt im Inland, die ihren notwendigen Lebensunterhalt nicht oder nicht ausreichend aus Einkommen und Vermögen bestreiten können (§ 41 Abs. 1 SGB XII). Die Sozialhilfe nimmt dabei Bezug auf Regelungen der gesetzlichen Rentenversicherung, da sich sowohl die Leistungsberechtigung wegen Alters (§ 41 Abs. 2 SGB XII) als auch die Leistungsberechtigung wegen voller Erwerbsminderung (§ 41 Abs. 3 SGB XII) auf Regelungen des SGB VI bezieht. Grundsicherung im Alter greift als subsidiäres Hilfesystem dann ein, wenn die Leistungen der Rentenversicherung nicht zur Deckung des Existenzminimums genügen. Demgegenüber kommt der Hilfe zum Lebensunterhalt (§§ 27 ff. SGB XII) eine geringe Bedeutung für einen kleinen Personenkreis zu, sodass die früher bestehende existenzsichernde Auffangfunktion der Sozialhilfe heute nicht mehr vorhanden ist. Da wer vollständig erwerbsgemindert ist nicht zugleich Erwerbsfähiger i. S. d. SGB II sein kann, schließen sich Leistungen nach dem SGB II und der Grundsicherung im Alter gegenseitig aus (vgl. § 5 Abs. 2 SGB II). Dieser Gesetzessystematik folgend erhalten Leistungsberechtigte nach SGB II keine Leistungen für den Lebensunterhalt (§ 21 SGB XII; siehe hierzu vertiefend Lutz 2019, S. 830 ff.).

Das Gesetz sieht daneben noch weitere **Hilfen für besondere Bedarfe** vor. Diese waren im BSHG unter dem Begriff „Hilfen in besonderen Lebenslagen" benannt (Kapitel V bis IX SGB XII, §§ 47 bis 74 SGB XII). Anspruch auf Hilfe für besondere Bedarfe besteht daher **isoliert neben** der Hilfe zum Lebensunterhalt. Das heißt, Anspruch auf diese Leistungen haben auch Personen, die keine existenzsichernden Fürsorgeleistungen nach dem SGB XII (Hilfe zum Lebensunterhalt oder Grundsicherung im Alter und bei Erwerbsminderung) erhalten. Voraussetzung ist gemäß § 19 Abs. 3 SGB XII stets, dass der hilfebedürftigen Peron oder deren Ehegatte bzw. Lebenspartner bzw. den Eltern des minderjährigen Leistungsberechtigten der Einsatz von Einkommen und Vermögen (11. Kapitel, §§ 82 bis 96 SGB XII) nicht zuzumuten ist. Auch können andere (soziale) Leistungen Einfluss auf die Höhe der Hilfe für besondere Bedarfe durch **Anrechnung** haben (Bsp.: Anrechnung von Landesblindengeld auf die Blindenhilfe [§ 72 SGB XII], siehe hierzu Besprechung zu LSG Bayern vom 16.11.2017, L 8 SO 154/15 in NZS 2018, 155). Welche Hilfen es gibt, führt grundlegend § 8 SGB XII auf.

**§ 8 SGB XII**
Die Sozialhilfe umfasst:

1.  Hilfe zum Lebensunterhalt (§§ 27 bis 40),
2.  Grundsicherung im Alter und bei Erwerbsminderung (§§ 41 bis 46b),
3.  Hilfen zur Gesundheit (§§ 47 bis 52),
4.  Hilfe zur Pflege (§§ 61 bis 66a),
5.  Hilfe zur Überwindung besonderer sozialer Schwierigkeiten (§§ 67 bis 69),
6.  Hilfe in anderen Lebenslagen (§§ 70 bis 74)

sowie die jeweils gebotene Beratung und Unterstützung.

Ebenso wie im Recht der Grundsicherung für Arbeitsuchende spielt der **Einsatz von Einkommen und Vermögen** in der Sozialhilfe eine praktisch wichtige (wenn nicht gar: wichtigere) Rolle. Anknüpfungspunkt dieser Regelungen (§§ 82 ff. SGB XII) ist die Beantwortung der grundsätzlichen Frage, ob die Leistungsberechtigung durch den **Einsatz der eigenen Mittel** abgewendet werden kann (**Nachranggrundsatz** der Sozialhilfe, **Selbsthilfe** des Leistungsberechtigten). Da Arbeitskraft wegen Alters oder voller Erwerbsminderung als „eigene Mittel" nicht zur Verfügung stehen, fordert der Gesetzgeber in der Sozialhilfe allein den Einsatz von Einkommen und Vermögen. Der Einsatz von Einkommen und Vermögen wird v. a. bei der Hilfe zum Lebensunterhalt relevant, da diese nach § 27 Abs. 2 S. 1 SGB XII insbesondere als „eigene Mittel" bezeichnet werden. Stehen entsprechende Geldmittel oberhalb von Freigrenzen zur Verfügung, scheidet ein Leistungsanspruch aus. Die Normen stehen regelmäßig im Mittelpunkt gesellschaftspolitischer Diskussionen, weil die Regelungen dazu führen, dass bedürftige Personen „ihr Erspartes" bis auf (geringes) Schonvermögen vor dem Sozialhilfebezug aufbrauchen müssen. Da Sozialhilfe jedoch erst bei den wirtschaftlich eher schwächer aufgestellten älteren oder erwerbsgeminderten Personen greifen kann, wird deren finanzielle Situation noch stärker belastet. Es wird somit eine finanzielle Abwärtsspirale eröffnet.

---

**Zusammenfassung, Merksatz**

Sozialhilfe durch Hilfe zum Lebensunterhalt wird heute im Wesentlichen im Zusammengang der Grundsicherung im Alter und bei Erwerbsminderung geleistet. Diese Personen sind nicht erwerbsfähig im Sinne des SGB II. Der Einsatz von Einkommen und Vermögen spielt in der Sozialhilfe eine praktisch wichtige Rolle. Dadurch soll der Nachrang der Sozialhilf gewahrt sowie die Hilfe zur Selbsthilfe gestärkt werden. Isoliert neben der Hilfe zum Lebensunterhalt und der Grundsicherung für Arbeitsuchende bestehen Hilfen für besondere Bedarfe.

---

### 5.1.2.3 Umfang der Fürsorge

Neben der Frage, **wer** anspruchsberechtigt ist, ist im verfassungsrechtlichen Kontext insbesondere von Bedeutung, welchen **Umfang** die Fürsorgeleistungen haben (müssen).

---

**Sachverhalt (nach BVerfG BVerfGE 125, 175–260)**

Eine dreiköpfige Familie (Vater, Mutter, Tochter) bezog auf Basis der seinerzeit geltenden fürsorgerechtlichen Regelungen des SGB II seit dem 01.01.2005 Leistungen der Grundsicherung für Arbeitsuchende. Die Bundesagentur bewilligte ihnen monatliche Leistungen in Höhe von insgesamt 825 Euro. Die Bewilligung enthielt Leistungen für Unterkunft und Heizung in Höhe von insgesamt 150 Euro, jeweils eine Regelleistung für die Eltern in Höhe von jeweils 311 Euro und eine Regelleistung in Höhe von 53 Euro für die Tochter, die sich ausgehend von der gesetzlichen Regelleistung in Höhe von 207 Euro ergab, weil Kindergeld in Höhe von 154 Euro monatlich angerechnet wurde.

Nach erfolglosem Widerspruchsverfahren machten die Kläger vor dem Sozialgericht die Gewährung höherer Leistungen mit der Begründung geltend, die gesetzliche Regelleistung reiche zur Sicherung ihres Existenzminimums nicht aus.
Zu Recht?

**Lösung des Bundesverfassungsgerichts (Zusammenfassung)**

Das Grundrecht auf Gewährleistung eines menschenwürdigen Existenzminimums aus Art. 1 Abs. 1 GG i. V. m. dem Sozialstaatsprinzip des Art. 20 Abs. 1 GG (so bereits BVerfGE 82, 60, 85) sichert jedem Hilfebedürftigen diejenigen **materiellen Voraussetzungen** zu, die für seine **physische Existenz** und für ein **Mindestmaß an Teilhabe** am gesellschaftlichen, kulturellen und politischen Leben unerlässlich sind. Dieses Grundrecht hat als **Gewährleistungsrecht** neben dem absolut wirkenden Anspruch aus Art. 1 Abs. 1 GG auf Achtung der Würde jedes Einzelnen eigenständige Bedeutung. Es ist dem Grunde nach unverfügbar und muss eingelöst werden, bedarf aber der Konkretisierung und stetigen Aktualisierung durch den Gesetzgeber, der die zu erbringenden Leistungen an dem **jeweiligen Entwicklungsstand des Gemeinwesens** und den **bestehenden Lebensbedingungen** auszurichten hat. Dabei steht ihm ein **Gestaltungsspielraum** zu, der beeinflusst wird durch die gesellschaftlichen Anschauungen über das für ein menschenwürdiges Dasein Erforderliche (BVerfGE 115, 118, 153). Da sich die Gewährleistung des menschenwürdigen Existenzminimums unmittelbar aus einem Gesetz ergeben muss, darf ein Hilfebedürftiger nicht auf freiwillige Leistungen des Staates oder Dritter verwiesen werden, deren Erbringung nicht durch ein subjektives Recht des Hilfebedürftigen gewährleistet ist.

Zur Ermittlung des **Anspruchsumfangs** hat der Gesetzgeber alle existenznotwendigen Aufwendungen des individuellen Bedarfs (vgl. BVerfGE 99, 246, 261) in einem transparenten und sachgerechten Verfahren realitätsgerecht sowie nachvollziehbar auf der Grundlage verlässlicher Zahlen und schlüssiger Berechnungsverfahren zu bemessen. Zwar ist ihm dafür keine bestimmte Methode vorgeschrieben; jedoch müssen Abweichungen von der gewählten Methode sachlich gerechtfertigt sein. Ein unmittelbar aus der Verfassung folgender Anspruch in einer konkreten Höhe besteht nicht (siehe auch BVerfGE 91, 93, 111 f.). Bei der Bestimmung des Umfangs der konkreten Leistungen im Einzelfall zur Sicherung des Existenzminimums kommt dem Gesetzgeber ein Gestaltungsspielraum zu, der die Beurteilung der tatsächlichen Verhältnisse ebenso wie die wertende Einschätzung des notwendigen Bedarfs umfasst. Der Gesetzgeber kann den **typischen Bedarf** zur Sicherung des menschenwürdigen Existenzminimums durch einen **monatlichen Festbetrag** decken, muss aber für einen darüber hinausgehenden unabweisbaren, laufenden, nicht nur einmaligen, **besonderen Bedarf** einen **zusätzlichen Leistungsanspruch** einräumen. Draus folgt, dass sich mit Rücksicht auf den gesetzgeberischen Gestaltungsspielraum die materielle Kontrolle des Bundesverfassungsgerichts im Hinblick auf das Ergebnis darauf beschränkt, ob die Leistungen **evident unzureichend** sind.

Gemessen an diesen Maßstäben war die **Klage** der Hilfebedürftigen in der Sache **erfolgreich**. Der Gesetzgeber war nämlich seinerzeit von Strukturprinzipien seines Berechnungsmodells abgewichen, weil unbegründet Kürzungen zu bestimmten Positionen vorgenommen worden waren. Weiterhin beruhte die Bemessung des Sozialgeldes für Kinder bis 14 Jahren mit 60 % der Regelleistung für einen alleinstehenden Erwachsenen auf keiner vertretbaren Methode zur Bestimmung dessen Existenzminimums. Zusätzlich wurde vom Bundesverfassungsgericht beanstandet, dass es keine gesetzliche Regelung zur Deckung besonderer Bedarfe gab. Deshalb hat das Gericht den Gesetzgeber verpflichtet, diese Lücke in der Deckung des lebensnotwendigen Existenzminimums durch eine Härtefallregelung in Form eines Anspruchs auf Hilfeleistungen zu schließen. ◄

### 5.1.3  Finanzierung

Das Sozialhilferecht und die Grundsicherung für Arbeitsuchende sind **steuerfinanziert**. Kostenträger ist für die Grundsicherungsleistungen der **Bund**. Dies ist unabhängig davon, ob die Person arbeitsuchend ist oder nicht. Die wirtschaftliche Bedeutung des Fürsorgerechts ist immens. Das statistische Bundesamt belegt im Datenreport 2021 bezogen auf das Jahr 2019 für die Grundsicherung für Arbeitsuchende Ausgaben von 43,3 Mrd. Euro sowie für die Sozialhilfe Ausgaben von 40,3 Mrd. Euro.

Bei der **Grundsicherung für Arbeitsuchende** wird die Finanzierung dadurch kompliziert, dass keine einheitliche Trägerstruktur existiert. So trägt der **Bund** für einig Leistungen der **kommunalen Träger** die **Mittel**. Wichtig ist insoweit die Finanzierung der **Grundsicherung für Arbeitsuchende** einschließlich der **Verwaltungskosten** (§ 6 b Abs. 2 S. 1 SGB II). Werden vom kommunalen Träger Haushaltmittel des Bundes bewirtschaftet, muss dieser dies nach bundesrechtlichen Regelungen einschließlich eines Prüfungsrechts des Bundesrechnungshofes tun (§ 6 b Abs. 2, 2a und 3 SGB II). § 46 Abs. 1 S. 1 SGB II formuliert, dass der Bund die Aufwendungen der Grundsicherung für Arbeitsuchende einschließlich der Verwaltungskosten trägt, soweit die Leistungen von der Bundesagentur erbracht werden. Dies gilt auch, soweit die Aufgaben von gemeinsamen Einrichtungen nach § 44 b wahrgenommen werden (§ 46 Abs. 1 S. 3 SGB II; Bundesanteil 84,8 v. H. an den Gesamtverwaltungskosten der gemeinsamen Einrichtungen gemäß § 46 Abs. 3 S. 1 SGB II). § 44 f Abs. 1 SGB II bestimmt insoweit, dass die Bundesagentur der gemeinsamen Einrichtung die Bewirtschaftung von Haushaltmitteln des Bundes überträgt, die sie (also die gemeinsame Einrichtung) im Rahmen von § 46 bewirtschaftet. Für die Übertragung und die Bewirtschaftung gelten die haushaltsrechtlichen Bestimmungen des Bundes. Zusätzlich prüft das Bundesministerium für Arbeit und Soziales, ob Einnahmen und Ausgaben in der besonderen Einrichtung (§ 6a Abs. 5 SGB II) begründet und belegt sind und den Grundsätzen der Wirtschaftlichkeit und Sparsamkeit entsprechen (§ 6 b Abs. 4 S. 1 SGB II). Gemäß § 46 Abs. 5 SGB II beteiligt sich der Bund zweckgebunden an den Ausgaben für die Leistungen für **Unterkunft und Heizung** nach § 22 Abs. 1 SGB II mit einer Quote von höchstens 74 Prozent der gesamten bundesweiten Ausgaben. Es gelten landesspezifische Beteiligungsquoten (siehe hierzu § 46 Abs. 6 bis 11 SGB II).

In der **Sozialhilfe** sind Kostenträger die zuständigen **örtlichen und überörtlichen Träger der Sozialhilfe**. Städte und Kreise sowie die Länder müssen daher die Mittel der Sozialhilfe aus Ihren Haushalten und damit aus den eigenen Einnahmen sowie Finanzzuweisungen der Länder aufbringen. Hier spielen gesetzlich geregelte Fälle eines Forderungsübergangs sowie Regelungen zum Kostenersatz eine praktisch wichtige Rolle, da hiervon v. a. örtliche Träger der Sozialhilfe angesichts knapper Haushaltslagen Gebrauch machen. Eine Ausnahme hinsichtlich der Finanzierung bilden die Leistungen der **Grundsicherung im Alter und bei Erwerbsminderung**. Diese trägt der **Bund** über eine Erstattung seit dem Jahr 2014 zu 100 v. H. (§ 46 a Abs. 1 Nr. 2 SGB XII). Verfassungsrechtlicher Anknüpfungspunkt dieser Regelung ist Art. 104 a Abs. 3 GG. Aus Satz 2 dieser

Norm folgt, dass die Träger der Sozialhilfe insoweit im Auftrag des Bundes tätig werden (Art. 85 GG).

Der **Forderungsübergang** ist dem Grunde nach in § 93 SGB XII geregelt. Haben Leistungsberechtigte während des Leistungsbezugs gegenüber anderen Rechtspersonen Forderungen, kann der Sozialhilfeträger diese Ansprüche auf sich überleiten. Eine Sondernorm hierzu ist § 94 SGB XII hinsichtlich des Forderungsübergangs bei bürgerlich-rechtlichen **Unterhaltspflichten**. Besteht während des Leistungsbezugs ein Unterhaltsanspruch, geht dieser auf den Träger der Sozialhilfe über. Dementsprechend nimmt der Gesetzgeber eine Wertung vor, dass die unterhaltsrechtliche Familiensolidarität Vorrang haben soll vor der fürsorgerechtlichen Sozialleistung durch die Solidargemeinschaft. Da Unterhaltsansprüche sowohl für Kinder als auch für Eltern bestehen können, kommt dieser Norm bei zunehmender „Altersarmut" eine wachsende Bedeutung zu (lesenswert hierzu die Entscheidung des BGH vom 08.05.2015, XII ZB 56/14, BGHZ 206, 177–195).

§ 102 SGB XII regelt einen **Kostenersatz** der Sozialhilfe **durch Erben**. Die Erben leistungsberechtigter Personen sind grundsätzlich zum Ersatz der im Zeitraum von 10 Jahren vor dem Erbfall entstanden Kosten der Sozialhilfe, die das Dreifache des Grundbetrages nach § 85 Abs. 1 SGB XII übersteigen, verpflichtet (§ 102 Abs. 1 S. 1 und 2 SGB XII). Diese Ersatzpflicht gehört gemäß § 102 Abs. 2 S. 1 SGB XII zu den Nachlassverbindlichkeiten. Der Anspruch auf Kostenersatz erlischt in drei Jahren nach dem Tod der leistungsberechtigten Person (§ 102 Abs. 4 SGB XII). Ungeschriebenes Tatbestandsmerkmal der Kostenersatzpflicht ist die Rechtmäßigkeit der Leistungserbringung, wobei es (nur) darauf ankommt, ob die dem Erblasser gewährte Leistung diesem materiellrechtlich zustand, während reine Formverstöße ohne Bedeutung sind (BSG vom 27.02.2019, B 8 SO 15/17 R, NJW 2019, 3173, 3174, Rz. 16). Der Kostenersatzanspruch ist ausgeschlossen, wenn der Nachlass nur von geringem Wert ist oder soweit die Inanspruchnahme des Erben nach der Besonderheit des Einzelfalles eine **besondere Härte** bedeuten würde (§ 102 Abs. 3 SGB XII). Eine solche ist nach der Rechtsprechung des Bundessozialgerichts anzunehmen, wenn eine „auffallende Atypik des zu beurteilenden Sachverhalts anzunehmen ist, die es unter Berücksichtigung aller Umstände des Einzelfalls als unbillig erscheinen lässt, den Erben für den Ersatz der Kosten der Sozialhilfe in Anspruch zu nehmen" (BSG SozR 4-5910 § 92c Nr. 1). Dabei muss die Härte besonders gewichtig sein (z. B. nach der Pflege eines leistungsberechtigten Verwandten „rund um die Uhr"). Allerdings hat das Bundessozialgericht auch entschieden, dass es für die Anwendung des § 102 SGB XII keine Rolle spielt, ob im Nachlasse (des Sozialhilfeempfängers) befindliche Vermögensstände zu Lebzeiten geschützt waren, da die Vorschriften über einzusetzendes Vermögen (§§ 90, 91 SGB XII) nicht dem Schutz der Erben dienen (BSG vom 27.02.2019, B 8 SO 15/17 R, NJW 2019, 3173, 3175, Rz. 19).

Ebenfalls besteht ein Kostenersatzanspruch bei **schuldhaftem Verhalten** (§ 103 SGB XII). Ein solches legt insbesondere an den Tag, wer nach Vollendung des 18. Lebensjahres für sich oder andere durch vorsätzliches oder grob fahrlässiges Verhalten die Voraussetzungen für die Leistungen der Sozialhilfe herbeigeführt hat. Sondervorschrift hierzu ist § 104 SGB XII für zu Unrecht erbrachte Leistungen. Erhält ein Leistungsberechtigter zugleich Leistungen eines vorrangig verpflichteten Sozialleistungsträger und der Sozialhilfe, muss der Empfänger das Erlangte an den Sozialhilfeträger herausgeben (§ 105 SGB XII). Die Kostenerstattung zwischen den Trägern der Sozialhilfe regeln die §§ 106 bis 112 SGB XII.

---

**Zusammenfassung, Merksatz**

Die Grundsicherung für Arbeitsuchende wird im Wesentlichen durch den Bund als Kostenträger finanziert. Sozialhilfe wird demgegenüber durch die Länder sowie die örtlichen Träger der Sozialhilfe auf kommunaler Ebene getragen. Eine Kostenüberahme durch den Bund erfolgt nur im Bereich der Grundsicherung im Alter und bei Erwerbsminderung. In der Sozialhilfe spielen die Refinanzierungsmöglichkeiten des Forderungsübergangs und Kostenersatzes eine praktisch wichtige Rolle.

---

## 5.2 Wohngeld

### 5.2.1 Systematik

Gesetzlicher Anknüpfungspunkt für das **Wohngeld** sind § 7 SGB I und § 26 Abs. 1 SGB I.

**Legal Text**
**§ 7 SGB I**

Wer für eine angemessene Wohnung Aufwendungen erbringen muss, die ihm nicht zugemutet werden können, hat ein Recht auf Zuschuss zur Miete oder zu vergleichbaren Aufwendungen.

**§ 26 Abs. 1 SGB I**

Nach dem Wohngeldrecht kann als Zuschuss zur Miete oder als Zuschuss zu den Aufwendungen für den eigengenutzten Wohnraum Wohngeld in Anspruch genommen werden.

**Auch § 1 Abs. 1 WoGG**

Das Wohngeld dient der wirtschaftlichen Sicherung angemessenen und familiengerechten Wohnens.

Auf der Tatbestandsseite spielen die Begriffe der **Angemessenheit der Wohnung** sowie der **Zumutbarkeit von Aufwendungen** die entscheidende Rolle. Beide Kriterien engen den Anwendungsbereich („ob") und Anwendungsumfang („wie") des Anspruchs ein. Zugleich ist zu beachten, dass weder § 7 SGB I noch § 26 Abs. 1 SGB I dem Einzelnen einen konkret-individuellen Anspruch auf Wohngeld vermitteln (siehe § 2 Abs. 1 S. 2 SGB I). § 1 Abs. 1 WoGG hebt zusätzlich das Kriterium des **familiengerechten Wohnens** hervor.

Auch hierbei handelt es sich eher um einen Programmsatz, der individuelle Ansprüche nicht zu begründen vermag. Auf der Rechtsfolgenseite der Unterstützung durch Wohngeld ist die Erbringung eines Zuschusses entweder zur Miete (**Mietzuschuss**, § 1 Abs. 2 WoGG) oder zu vergleichbaren Aufwendungen genannt (Zuschuss zur Belastung [**Lastenzuschuss**], § 1 Abs. 2 WoGG). Vergleichbar sind nach § 26 Abs. 1 SGB I Aufwendungen für den eigengenutzten Wohnraum (also: Wohneigentum. § 1 Abs. 2 WoGG spricht von „selbst genutzten Wohnraum"). Das Wohngeldgesetz (WoGG) setzt auf Basis dieser Rahmenvorgaben des SGB I die Ansprüche um.

Der **Anwendungsbereich** des **Wohngeldgesetzes** – bzw. genauer: die Anspruchsberechtigung und Leistungsgewährung nach WoGG – wird zugleich durch vorrangige gesetzliche Regelungen **erheblich eingeschränkt**. In erster Linie sind hier die bedarfsdeckenden Regelungen der Grundsicherung gemäß §§ 22 bis 22c SGB II SGB II sowie §§ 35 bis 36 SGB XII (Bedarfe für Unterkunft und Heizung) zu nennen. Dementsprechend sind Leistungsempfänger des Arbeitslosengeld II sowie der Grundsicherung vom Wohngeldbezug ausgeschlossen (vgl. z. B. § 7 Abs. 1 S. 1 Nr. 1 oder Nr. 6 WoGG). Es sind somit Personen vom Wohngeld ausgeschlossen, deren finanzieller Aufwand für den Wohnbedarf bereits bei der Ermittlung der Fürsorgeleistungen berücksichtigt wird. Dabei ist zu beachten, dass der Ausschluss dann nicht besteht, wenn die Leistungen ausschließlich als Darlehen gewährt werden (§ 7 Abs. 1 S. 3 Nr. 1 WoGG) oder wenn durch das Wohngeld die Hilfebedürftigkeit im Sinne des § 9 SGB II, des § 19 Abs. 1 und 2 SGB XII oder des § 27 a BVG vermieden oder beseitigt werden kann (§ 7 Abs. 1 S. 3 Nr. 2 WoGG).

Aus der Systematik dieser Zusammenhänge ergeben sich zudem systembedingte Folgen. Da im Bereich der Grundsicherung eine Obliegenheit zur Senkung der Wohnkosten bestehen kann, kann es dort zu bedarfsorientierten Wohnungswechseln kommen. Dies ist im Bereich des Wohngeldes ausgeschlossen, da das Wohngeld auf **Zuschuss** zu einer **bestehenden Wohnung** abzielt, jedenfalls soweit es sich um angemessenen Wohnraum handelt (Mrozynski 2019, § 7 Rz. 2 f.). Das heißt, die gesamte Miete wird im Wohngeldrecht nicht zwingend in jedem Fall als angemessen und damit zuschussfähig bewertet.

Die finanzielle Bedeutung des Wohngeldes ist aufgrund dieser Ausschlusstatbestände mit Einführung der sog. „Hartz IV Gesetze" mit Wirkung ab dem 01.01.2005 erheblich gesunken. Der Datenreport 2021 des Statistischen Bundesamtes wirft für das Jahr 2019 Wohngeldausgaben in Höhe von 1 Mrd. Euro für das gesamte Bundesgebiet aus (2004 noch ca. 3,5 Milliarden Euro) (Schürmann 2016).

In der **Verwaltungspraxis** greifen **Grundsicherungsrecht für Arbeitsuchende** und Wohngeldrecht allerdings regelungsbedingt ineinander. Praktisch ergibt sich im Grundsicherungsrecht eine Obliegenheit, **Wohngeld zu beantragen** (hierzu im Einzelnen Mrozynski 2019, § 26 Rz. 3 ff.). Dies folgt aus der Regelung des § 7 Abs. 1 S. 3 Nr. 2 WoGG. Wenn nämlich durch den Bezug von Wohngeld die Hilfebedürftigkeit im Sinne des § 9 SGB II, des § 19 Abs. 1 und 2 SGB XII oder des § 27 a BVG vermieden oder beseitigt werden kann, ist der Wohngeldanspruch vorrangig. Eine weitere Voraussetzung formuliert insoweit § 12 a S. 2 Nr. 2 SGB II für das Grundsicherungsrecht für Arbeitsuchende. Wohngeld muss dann nicht vorrangig beantragt werden, wenn die Hilfebedürftigkeit für einen zusammenhängenden Zeitraum von mindestens drei Monaten nicht beseitigt werden würde. Mit anderen Worten muss der Wohngeldbezug für länger als drei Monate dazu führen, dass die Hilfebedürftigkeit nach SGB II entfällt. Ist dies der Fall, muss Wohngeld beantragt werden (vgl. auch § 5 Abs. 3 SGB II), ist dies nicht der Fall, braucht Wohngeld nicht beantragt werden.

> **Zusammenfassung, Merksatz**
> Wohngeld wird als Zuschuss des Staates zu den Wohnkosten der anspruchs-berechtigten Personen mit geringem Einkommen geleistet. Wohngeldrecht und Leistungen der Grundsicherung ergänzen sich. Der Bezug von Wohngeld ist aus-geschlossen, wenn Grundsicherungsleistungen (insbesondere Arbeitslosengeld II und Hilfe zum Lebensunterhalt) bezogen werden.

### 5.2.2   Organisation – Träger

§ 26 Abs. 2 SGB I bestimmt, dass für Wohngeld die durch **Landesrecht bestimmten Behörden** zuständig sind. Die Norm wird durch § 24 Abs. 1 WoGG ergänzt jedoch kaum konkretisiert. Wohngeldbehörden sind in den meisten Bundesländern die Land-kreise und kreisfreie Städte. In den Stadtstaaten sind die Bezirks- bzw. Ortsämter zu-ständig. Über Anträge und Entscheidungen nach dem WoGG wird eine Bundesstatistik geführt (§ 34 Abs. 1 WoGG). Zusätzlich berichtet die Bundesregierung dem Deutschen Bundestag über im Zusammenhang mit dem Wohngeldrecht relevante wohnungs-wirtschaftliche Entwicklungen (§ 39 Abs. 1 WoGG Wohngeld- und Mietenbericht; § 39 Abs. 2 WoGG Bericht über die Lage und Entwicklung der Wohnungs- und Immobilien-wirtschaft in Deutschland).

> ▶    **TIPP**  Der jüngste Bericht (Vierter Bericht der Bundesregierung über die Woh-nungs- und Immobilienwirtschaft in Deutschland und Wohngeld- und Mieten-bericht 2020) steht seit 30.06.2021 zur Verfügung (https://www.bmi.bund.de/ SharedDocs/downloads/DE/veroeffentlichungen/2021/06/bericht-bauwirtschaft.html, Stand 07.10.2021).

### 5.2.3   Anspruchsberechtigte

Wohngeld ist eine **subjektbezogene Wohnraumförderung** bezugsberechtigter Personen (§ 3 WoGG Wohngeldberechtigung). Die objektbezogene Wohnraumförderung ist eine soziale Förderleistung des Staates (siehe Abschn. 7.3). Ob Anspruch auf Wohnraum-förderung besteht, hängt von drei Faktoren ab (§ 4 WoGG):

- Anzahl der bezugsberechtigten Haushaltsmitglieder (§§ 5 bis 8 WoGG),
- Höhe der zu berücksichtigenden Miete oder Belastung (§§ 9 bis 12 WoGG),
- Höhe des zu berücksichtigenden Haushaltsgesamteinkommens (§§ 13 bis 18 WoGG).

Wohngeld wird nur auf **Antrag** geleistet (§ 22 Abs. 1 WoGG). Die Entscheidung über den Antrag erfolgt durch schriftlichen Bescheid (§ 24 Abs. 1 S. 1 WoGG) und soll grundsätzlich einen Zeitraum von 12 Monaten umfassen (§ 25 Abs. 1 S. 1 WoGG).

Der **Bezug** von Wohngeld ist bei staatlichen Transferleistungen der sozialen (Mindest-) Sicherung **ausgeschlossen**, wenn bei Berechnung dieser Leistungen die Kosten der Unterkunft bereits Berücksichtigung finden (vgl. § 7 WoGG). Wird einer solchen Person Wohngeld bewilligt, ist dieses bei Sozialleistungen nicht als deren Einkommen zu berücksichtigen (§ 40 WoGG).

---

**Beispiel zu § 40 WoGG (Erlenkämper und Fichte 2008), Rn. 22**

M ist Mieter eine Wohnung. Er erhält Arbeitslosengeld II. Sohn S wohnt ebenfalls in der Wohnung, gehört allerdings nicht zur Bedarfsgemeinschaft.

M kann als Mieter für die Wohnung Wohngeld für S beantragen. Grundlage der Berechnung ist das Einkommen des Sohnes unter Berücksichtigung der hälftigen Miete. Das an M ausgezahlt Wohngeld zählt nicht als Einkommen und kürzt daher nicht dessen Anspruch auf ALG II. ◀

---

Bei **Gesetzeskonkurrenz** im Zusammenhang mit anderen staatlichen Förderleistungen (§ 20 Abs. 2 WoGG im Zusammenhang mit der **Ausbildungsförderung**) besteht kein Anspruch auf Wohngeld.

**Hintergrundinformation: Ausschluss von Leistungsberechtigten nach dem BAföG**
Nach Auffassung des Bundesverfassungsgerichts ist der Ausschluss von Leistungsberechtigten nach dem BAföG verfassungsgemäß. Dies gelte allerdings nicht für berufsbegleitende Studierende, die berufsbegleitend eine weitere Ausbildung betreiben, für die sie dem Grunde nach Ausbildungsförderungsleistungen beanspruchen können, deren Lebenssituation aber von der Berufsausübung geprägt ist (BVerfGE 96, 315, 325 f.).

Der Zuschuss umfasst grundsätzlich die **tatsächlichen Aufwendungen** der gesamten Miete (ohne insbesondere Heizung oder Warmwasser) oder Belastung, sodass die Kosten vollständig durch Wohngeldbezug abgedeckt werden können. Jedoch greift praktisch häufig der **Höchstbetrag** nach § 12 Abs. 1 WoGG, der bei der Berechnung des Wohngeldes die berücksichtigungsfähige Miete oder Belastung auf diesen Betrag kappt. Dieser Höchstbetrag ist wohnortabhängig unterschiedlich hoch (sog. Mietstufen der Gemeinden). Grund dafür ist, dass das regionale Mietniveau ins Verhältnis gesetzt wird zum Durchschnitt der Mieten im Bundesgebiet (§ 12 Abs. 2 WoGG). Das Gesamteinkommen wird angelehnt an das Einkommensteuerrecht einschließlich pauschalierter Abzüge für Steuern und Pflicht-Sozialversicherungsbeiträge (RV, KV, PV) berücksichtigt. Die Berechnung der

Höhe des Wohngeldes richtet sich nach der gesetzlich in § 19 WoGG festgelegten Be-
rechnungsformel.

> **Zusammenfassung, Merksatz**
> Wohngeldbezug ist abhängig von der Familiengröße. Die Höhe der Leistung ist ein-
> kommensabhängig. Werden die Kosten der Wohnung über andere soziale (Grund-)
> Sicherungssysteme getragen, ist der Bezug von Wohngeld ausgeschlossen.

## 5.2.4   Finanzierung

Wohngeld wird von den **Ländern** gezahlt. Die Zahlung erfolgt für den Bewilligungszeit-
raum (§ 25 WoGG) monatlich im Voraus unbar (§ 26 WoGG). Unterhalb einer Bagatellgrenze von 10 Euro besteht kein Anspruch auf Wohngeld (§ 21 Nr. 1 WoGG). Die Hälfte
der Kosten werden den einzelnen Ländern gemäß § 32 WoGG vom **Bund** erstattet. Das
Aufkommen wird aus Steuermitteln finanziert.

## 5.3   Kinder- und Jugendhilfe

Der Begriff der **Kinder- und Jugendhilfe** ist weit. Verstanden werden kann darunter die
von hoheitlichen und privaten Trägern durchgeführte außerfamiliäre, außerschulische
und außerberufliche Aktivität der Sozialisation, Erziehung und Ausbildung (Münder
und Trenczek 2018, Rz. 1). Damit ist zugleich das Spannungsfeld zu dem in Art. 6
Abs. 2 S. 1 GG verfassungsrechtlich gewährleisteten und zugleich verpflichtenden
**Pflege- und Erziehungsrecht der Eltern** eröffnet. Da das Pflege- und Erziehungsrecht
„zuvörderst" den Eltern obliegt, kann **Kinder- und Jugendhilfe lediglich subsidiär**
(vgl. BVerfGE 56, 363, 385) und nach der hier vertretenen Auffassung grundsätzlich
nicht entgegen des Elternwillens eingreifen, da die Eltern das Erziehungsziel des Kindes
bestimmen. Gleichwohl hat der Staat auch neben den Eltern Aufgaben und Pflichten bei
der Erziehung von Kindern inne (BVerfGE 24, 119, 135 f.; sog. **Wächteramt** des Staates, BVerfGE 4, 52, 57; 10, 59, 84). Erst dann, wenn Kinder- und Jugendliche hinsichtlich Sozialisation, Erziehung und Ausbildung benachteiligt werden und aus dem Leben
in der Gemeinschaft ausgegrenzt zu werden drohen, darf der Staat – fördernd und unter-
stützend – eingreifen. Allerdings darf der Staat nicht selbst die aus seiner Sicht bestmögliche Erziehung übernehmen (BVerfGE 24, 119, 144 f.). Er wird gemäß Art. 6 Abs. 3
GG zu einem Eingreifen verpflichtet, wenn die Erziehungsberechtigten versagen oder
wenn die Kinder aus anderen Gründen zu verwahrlosen drohen. Die durch die Verfassung vorgesehene Trennung der Kinder von den Erziehungsberechtigten ist insoweit
allerdings nur unter dem Vorbehalt einer ausdrücklichen gesetzlichen Regelung mög-

lich. Mit zunehmender Reife müssen dabei die **Persönlichkeitsrechte des Kindes**, also dessen Fähigkeit, selbstbestimmend und selbstverwirklichend zu handeln, zunehmend berücksichtigt und gefördert werden, sodass das Pflege- und Erziehungsrecht in diesem Verhältnis spiegelbildlich in den Hintergrund rückt. Einfachrechtlich bestimmt hierzu § 8 Abs. 1 SGB VIII, dass Kinder und Jugendliche entsprechend ihres Entwicklungsstandes an allen sie betreffenden Entscheidungen der öffentlichen Jugendhilfe zu beteiligen sind (siehe auch § 9 Nr. 2 SGB VIII zur wachsenden Fähigkeit selbstständigen und verantwortungsbewussten Handelns).

Das in der Verfassung zum Ausdruck kommende Spannungsverhältnis nimmt § 8 S. 2 SGB I auf. Jugendhilfe hat demnach die Aufgaben, die Entwicklung junger Menschen zu **fördern** und die Erziehung in der Familie zu **unterstützen** und zu **ergänzen**. Kinder- und Jugendhilferecht ist heutzutage als **Förderangebot an Kinder und Eltern** ausgestaltet. Daher werden im SGB VIII auch nicht vorrangig Leistungen geregelt, sondern im weitesten Sinne **Rahmenbedingen** für die Umsetzung eines Förder- und Unterstützungsangebots durch die entsprechenden Einrichtungen, die im Einzelfall greifen sollen. Seinen Ursprung hat das Hilferecht in der Armenpflege und dem Armenrecht (Eichenhofer 2019, Rz. 567 f.).

**Aufgaben** und **Ziele** der Kinder- und Jugendhilfe sind vielfältig. Das liegt daran, dass der Förder- und Unterstützungsbedarf im Einzelfall höchst unterschiedlich sein kann. § 1 Abs. 1 SGB VIII formuliert insoweit einen das gesamte Hilferecht umfassenden Programmsatz.

### § 1 Abs. 1 SGB VIII
Jeder junge Mensch hat ein Recht auf Förderung seiner Entwicklung und auf Erziehung zu einer selbstbestimmten, eigenverantwortlichen und gemeinschaftsfähigen Persönlichkeit.

Im Mittelpunkt steht somit die **Persönlichkeitsentwicklung**, was Ausdruck des verfassungsrechtlich garantierten Persönlichkeitsrechts (Art. 2 Abs. 1 GG) ist. Die einzelnen Leistungen der Jugendhilfe sind in den Kap. 2 und 3 des SGB VIII (§§ 11 bis 60 SGB VIII) geregelt (vgl. hierzu auch die Aufzählung in § 2 SGB VIII).

**Zusammenfassung, Merksatz**
Kinder- und Jugendhilfe will die Entwicklung junger Menschen fördern sowie die Erziehung in der Familie unterstützen und ergänzen. Im Mittelpunkt steht die Persönlichkeitsentwicklung des jungen Menschen. Das Pflege- und Erziehungsrecht der Eltern wird durch den Staat subsidiär ergänzt. Dem Staat kommt ein Wächteramt zu, sodass der Staat ergänzend und fördernd in die elterliche Erziehung eingreifen darf.

## 5.3.1  Organisation – Träger

**Grundsätze**

Im Allgemeinen Teil des SGB VIII wird in § 3 Abs. 1 SGB VIII der Grundsatz der **Trägerpluralität** festgeschrieben: „Die Jugendhilfe ist gekennzeichnet durch die Vielfalt von Trägern unterschiedlicher Wertorientierungen und die Vielfalt von Inhalten, Methoden und Arbeitsformen". Durch diesen sehr weiteren Rahmen der Beteiligung an der Kinder- und Jugendhilfe soll ein Angebot geschaffen werden, aus dem für die einzelne Person das passende Angebot der Förderung und Unterstützung herausgesucht werden kann. Der Staat möchte keine einheitliche Hilfe „vorschreiben", sondern mit den Erfordernissen des Einzelfalls korrespondierende Hilfestellungsmöglichkeiten geben. Deshalb haben Leistungsberechtigte das Recht, zwischen Einrichtungen und Diensten verschiedener Träger zu wählen und Wünsche hinsichtlich der Gestaltung der Hilfe zu äußern (**Wahl- und Wunschrecht**, § 5 Abs. 1 S. 1 SGB VIII). Der Wahl und den Wünschen soll entsprochen werden, sofern dies nicht mit **unverhältnismäßigen Mehrkosten** verbunden ist (§ 5 Abs. 2 S. 1 SGB VIII). Bei der inhaltlichen Ausgestaltung der Leistungen sind weiterhin die von den Personensorgeberechtigten bestimmte **Grundrichtung der Erziehung** sowie deren Rechte und die Rechte des Kindes oder des Jugendlichen bei der Bestimmung der religiösen Erziehung **zu beachten** (§ 9 Nr. 1 SGB VIII).

Das in Kapiteln Zwei und Drei unterteilte Leistungsgeschehen wird spiegelbildlich auch bei der Organisationsstruktur relevant.

- Die im Kapitel Zwei mit **Leistungen der Jugendhilfe** überschriebenen Leistungen (§§ 11 bis 41 a SGB VIII) werden **gemeinsam** von Trägern der freien Jugendhilfe und von Trägern der öffentlichen Jugendhilfe erbracht (§ 3 Abs. 2 S. 1 SGB VIII). Nur durch das SGB VIII begründete Leistungsverpflichtungen richten sich ausschließlich an die Träger der öffentlichen Jugendhilfe (§ 3 Abs. 2 S. 2 SGB VIII).
- Die im Kapitel III mit „**Anderen Aufgaben der Jugendhilfe**" überschriebenen Leistungen (§§ 42 bis 60 SGB VIII) werden grundsätzlich von **Trägern der öffentlichen Jugendhilfe** wahrgenommen (§ 3 Abs. 3 S. 1 SGB VIII). Nur soweit dies ausdrücklich bestimmt ist, können Träger der freien Jugendhilfe diese Aufgaben wahrnehmen oder mit ihrer Ausführung betraut werden (§ 3 Abs. 3 S. 2 SGB VIII).

Neben dieser Aufgabenverteilung regelt § 4 SGB VIII die Grundsätze der **Zusammenarbeit** zwischen den Trägern.

### § 4 SGB VIII

(1) Die öffentliche Jugendhilfe soll mit der freien Jugendhilfe zum Wohl junger Menschen und ihrer Familien **partnerschaftlich zusammenarbeiten**. Sie hat dabei die Selbstständigkeit der freien Jugendhilfe in Zielsetzung und Durchführung ihrer Aufgaben sowie in der Gestaltung ihrer Organisationsstruktur zu achten.

(2) Soweit geeignete Einrichtungen, Dienste und Veranstaltungen von anerkannten Trägern der freien Jugendhilfe betrieben werden oder rechtzeitig geschaffen werden können, **soll** die **öffentliche Jugendhilfe** von eigenen Maßnahmen **absehen**.

(3) Die öffentliche Jugendhilfe soll die freie Jugendhilfe nach Maßgabe dieses Buches **fördern** und dabei die **Beteiligung** von Kindern, Jugendlichen und Eltern **stärken**.

Bei einer **Gefährdung des Kindeswohls** sieht § 8 a SGB VIII zwingend die Zuständigkeit des **Jugendamtes** vor. Die Norm setzt den staatlichen Schutzauftrag bei Kindeswohlgefährdung um (so bereits die Normüberschrift).

---

**Zusammenfassung, Merksatz**

Kinder- und Jugendhilfe ist durch Trägerpluralität gekennzeichnet. Dem Einzelnen soll die Möglichkeit gegeben sein, das für ihn beste Angebot zu nutzen. Er hat insoweit ein Wahl- und Wunschrecht. Träger der Kinder- und Jugendhilfe sind öffentliche Träger und freie Träger der Jugendhilfe.

---

**Gesetzliche Aufgabenregelungen**

Kap. 5, 6, 7 (§ 69 bis 89 h SGB VIII) enthalten **Zuständigkeits- und Kostenregelungen** der Träger und Einrichtungen der Kinder- und Jugendhilfe. Allein der Umfang der Normen macht deutlich, dass die Umsetzung der vom Gesetzgeber gewollten Trägerpluralität einigen Abstimmungsbedarf und Zuständigkeitsabgrenzungen erforderlich macht. Bestimmte Leistungen werden dabei gesondert geregelt (vgl. §§ 78 a bis 78 g SGB VIII). In § 79 Abs. 1 SGB VIII ist insoweit der alle Zuständigkeitsregelungen überspannende Grundsatz geregelt, dass die **Träger der öffentlichen Jugendhilfe** für die Erfüllung der Aufgaben die **Gesamtverantwortung** einschließlich der Planungsverantwortung haben.

Werden öffentliche Träger der Kinder- und Jugendhilfe nicht, sondern freie Träger tätig, müssen die Rechtsbeziehungen zwischen den Beteiligten geregelt werden. Dies erfolgt über Verträge, sodass ein **jugendhilferechtliches Dreiecksverhältnis** entsteht (Leistungserbringungsrecht im Kinder- und Jugendhilferecht; vgl. hierzu Münder und Trenczek 2018, Rz. 82 ff.).

**Träger** der **öffentlichen Jugendhilfe** sind aufgrund **landesrechtlicher Regelungen** (§ 69 Abs. 1 SGB VIII) wie folgt organisiert (§ 69 SGB VIII):

- **Jugendämter** (= örtliche Träger der Jugendhilfe [Kreise, kreisfreie Städte und Gemeinden]), Aufgabenwahrnehmung (§ 70 Abs. 1 und 2 SGB VIII) durch
  - dessen Verwaltung für „laufende" Aufgaben
  - den Jugendhilfeausschuss (§ 71 Abs. 1 bis 3 SGB VIII) für Entscheidungen grundsätzlicher Bedeutung (als rechtlich übergeordnetes Gremium)

- **Landesjugendamt** (= überörtlicher Träger der Jugendhilfe [das Bundesland]), Aufgabenwahrnehmung (§ 70 Abs. 3 SGB VIII) durch
  - dessen Verwaltung für „laufende Aufgaben"
  - den Landesjugendhilfeausschuss (§ 71 Abs. 5 SGB VIII) für Entscheidungen grund-
    sätzlicher Bedeutung (als rechtlich übergeordnetes Gremium)
- möglich sind: gemeinsame Einrichtungen und Dienste (aufgrund Errichtung durch
  mehrere örtliche Träger oder durch mehrere überörtliche Träger)

Gemäß § 72 SGB VIII sollen die Träger der öffentlichen Jugendhilfe hauptberuflich möglichst nur **Fachkräfte** beschäftigen, die „sich für die jeweilige Aufgabe nach ihrer Persönlichkeit eignen und eine dieser Aufgabe entsprechende Ausbildung erhalten haben".

Die **sachliche Zuständigkeit**, also die Frage nach der Zuständigkeit des örtlichen oder
überörtlichen Trägers der öffentlichen Jugendhilfe, ist in § 85 SGB VIII geregelt. Nach der
Grundregelung in § 85 Abs. 1 SGB VIII ist der örtliche Träger sachlich zuständig, soweit
nicht der überörtliche Träger – aufgrund einer besonderen gesetzlichen Regelung (siehe
insbesondere § 85 Abs. 2 SGB VIII) sachlich zuständig ist. Die **örtliche Zuständigkeit**
richtet sich nach der Zuständigkeit des Trägers, in dessen Bereich die Eltern ihren gewöhnlichen Aufenthalt haben (§ 86 Abs. 1 S. 1 SGB VIII). Weitere Regelungen zur örtlichen Zuständigkeit treffen §§ 86 bis 88 a SGB VIII.

---

**Zusammenfassung, Merksatz**
Träger der öffentlichen Jugendhilfe sind örtlich und überörtlich organisiert. Die örtlichen Träger der öffentlichen Jugendhilfe sind sachlich primärzuständig. Die örtliche Zuständigkeit richtet sich grundsätzlich nach dem gewöhnlichen Aufenthalt
der Eltern.

---

Die **Träger der freien Jugendhilfe** bedürfen einer staatlichen **Anerkennung**. Wann
deren Voraussetzungen vorliegen, regelt § 75 SGB VIII.

### § 75 SGB VIII

(1) Als Träger der freien Jugendhilfe können juristische Personen und Personen-
    vereinigungen anerkannt werden, wenn sie

   1. auf dem Gebiet der Jugendhilfe im Sinne des § 1 tätig sind,
   2. gemeinnützige Ziele verfolgen,
   3. auf Grund der fachlichen und personellen Voraussetzungen erwarten lassen,
      dass sie einen nicht unwesentlichen Beitrag zur Erfüllung der Aufgaben der
      Jugendhilfe zu leisten imstande sind, und
   4. die Gewähr für eine den Zielen des Grundgesetzes förderliche Arbeit bieten.

(2) Einen Anspruch auf Anerkennung als Träger der freien Jugendhilfe hat unter den Voraussetzungen des Absatzes 1, wer auf dem Gebiet der Jugendhilfe mindestens drei Jahre tätig gewesen ist.

(3) Die **Kirchen und Religionsgemeinschaften** des öffentlichen Rechts sowie die auf Bundesebene zusammengeschlossenen **Verbände der freien Wohlfahrtspflege** sind anerkannte Träger der freien Jugendhilfe.

Praktisch wichtig sind die Träger der freien Jugendhilfe nach § 75 Abs. 3 SGB VIII, also die Kirchen- und Religionsgemeinschaften sowie die Verbände der freien Wohlfahrtspflege. Zu den Kirchen- und Religionsgemeinschaften zähle auch deren Wohlfahrtsverbände (Caritas [katholische Kirche] und Diakonie [evangelische Kirche]).

Die Träger der öffentlichen Jugendhilfe sollen die freiwillige Tätigkeit auf dem Gebiet der Jugendhilfe anregen; sie sollen sie unter bestimmten Voraussetzungen (§ 74 Abs. 1 SGB VIII) zusätzlich fördern. Werden Aufgaben den Trägern der freien Jugendhilfe übertragen oder diese an der Aufgabenerfüllung beteiligt, verbleibt die Verantwortlichkeit gleichwohl bei den Trägern der öffentlichen Jugendhilfe (§ 76 Abs. 2 SGB VIII).

Um die in § 4 Abs. 1 SGB VIII genannte partnerschaftliche Zusammenarbeit praktisch sicherzustellen, sieht der Gesetzgeber in § 78 SGB VIII die Bildung sog. **Arbeitsgemeinschaften** von Trägern der öffentlichen und freien Jugendhilfe vor, in denen darauf hingewirkt werden soll, dass „die geplanten Maßnahmen aufeinander abgestimmt werden und sich gegenseitig ergänzen".

Der Gesetzgeber regelt im Kinder- und Jugendhilferecht nicht nur, „Wer" für bestimmte Leistungen und Angebote zuständig ist, sondern auch, in welchem Umgang von Trägern die Hilfeleistungen angeboten werden. Der Staat nimmt dafür eine sog. **Bedarfsplanung** – die **Jugendhilfeplanung** – vor (§ 80 SGB VIII). Da insoweit über Strukturfragen, Einrichtungsplätze, deren Finanzierung, etc. planerisch entschieden wird, sollen von den öffentlichen Trägern der Jugendhilfe alle beteiligten anerkannten Träger der freien Jugendhilfe an der Planung frühzeitig beteiligt werden (§ 80 Abs. 4 S. 1 SGB VIII). Das Nähere („Wie") der Beteiligung regelt Landesrecht (§ 80 Abs. 4 S. 3 SGB VIII).

Neben den Trägern der Jugendhilfe (öffentliche örtliche und überörtliche Träger sowie freie Träger) haben auch die Länder und der Bund gesetzlich definierte Aufgaben. Die **Länder** haben auf einen gleichmäßigen Ausbau der Einrichtungen und Angebote hinzuwirken und die Jugendämter und Landesjugendämter bei der Wahrnehmung ihrer Aufgaben zu unterstützen (§ 82 Abs. 2 SGB VIII). Dabei hat die oberste Landesjugendbehörde die Tätigkeit der Träger der öffentlichen und der freien Jugendhilfe und die Weiterentwicklung der Jugendhilfe anzuregen und zu fördern (§ 82 Abs. 1 SGB VIII). Die fachlich zuständige oberste **Bundesbehörde** (derzeit das Bundesministerium für Familie, Senioren, Frauen und Jugend) soll ebenso die Tätigkeit der Jugendhilfe anregen und fördern, soweit sie von überregionaler Bedeutung ist und ihrer Art nach nicht durch ein Land allein wirksam gefördert werden kann (§ 83 Abs. 1 S. 1 SGB VIII). Zusätzlich wird die Bundesregierung in grundsätzlichen Fragen der Jugendhilfe von einem Sachverständigengremium (Bundesjugendkuratorium) beraten (§ 83 Abs. 2 S. 1 SGB VIII).

▶ **TIPP**  Zur Arbeit des Bundesjugendkuratoriums siehe dessen Internetauftritt:
https://bundesjugendkuratorium.de/ (Stand 07.10.2021).

## 5.3.2  Anspruchsberechtigte

Die Kinder- und Jugendhilfe richtet sich einerseits an das **Kind** bzw. den **Jugendlichen**
selbst, da dessen **Persönlichkeitsentwicklung** unterstützt werden soll. Da diese im Zentrum staatlichen Handels steht, müssen Unterstützungsleistungen auch über die Vollendung
des 18. Lebensjahres möglich sein, da die Persönlichkeitsentwicklung nicht in allen Fällen
mit Eintritt der Volljährigkeit abgeschlossen ist. § 7 Abs. 1 Nr. 3 SGB VIII definiert insoweit den im Gesetz genannten jungen Volljährigen als Person, die 18 aber noch nicht 27
Jahre alt ist. Ebenso sind die Erziehungsberechtigten Empfänger von Unterstützungs- und
Förderleistungen. Die berechtigten Personen werden in § 7 Abs. 1 SGB VIII definiert.

**§ 7 Abs. 1 SGB VIII**
Im Sinne dieses Buches ist

1. Kind, wer noch nicht 14 Jahre alt ist, soweit nicht die Absätze 2 bis 4 etwas anderes
   bestimmen,
2. Jugendlicher, wer 14, aber noch nicht 18 Jahre alt ist,
3. junger Volljähriger, wer 18, aber noch nicht 27 Jahre alt ist,
4. junger Mensch, wer noch nicht 27 Jahre alt ist,
5. Personensorgeberechtigter, wem allein oder gemeinsam mit einer anderen Person
   nach den Vorschriften des Bürgerlichen Gesetzbuchs die Personensorge zusteht,
6. Erziehungsberechtigter, der Personensorgeberechtigte und jede sonstige Person
   über 18 Jahre, soweit sie auf Grund einer Vereinbarung mit dem Personensorgeberechtigten nicht nur vorübergehend und nicht nur für einzelne Verrichtungen
   Aufgaben der Personensorge wahrnimmt.

Die Leistungsberechtigung orientiert sich am **tatsächlichen Aufenthalt im Inland** (§ 6
Abs. 1 S. 1 SGB VIII). Ausländer können Leistungen nur beanspruchen, wenn sie rechtmäßig oder auf Grund einer ausländerrechtlichen Duldung ihren gewöhnlichen Aufenthalt
im Inland haben (§ 6 Abs. 2 S. 1 SGB VIII.

Kinder- und Jugendhilfe ist gegenüber anderen Sozialleistungen **grundsätzlich nachrangig** (§ 10 Abs. 1 SGB VIII). Das Gesetz hebt insoweit einerseits Träger anderer Sozialleistungen und andererseits Schulen besonders hervor. Für Leistungen nach **SGB II** und
**SGB XII**, also für klassische Fürsorgeleistungen, sieht § 10 Abs. 3 und 4 SGB VIII demgegenüber einen **grundsätzlichen Vorrang** des Rechts der Kinder- und Jugendhilfe vor.
Hiervon werden bestimmte Fürsorgeleistungen ausdrücklich ausgenommen, sodass dafür
wiederum ein Nachrang der Kinder- und Jugendhilfe besteht (v. a.: Leistungen der Eingliederung in Arbeit, Leistungen für Bildung und Teilhabe, Leistungen der Eingliederungs-

hilfe). Für unterhaltspflichtige Personen besteht in bestimmten Fällen die Verpflichtung zur Kostenbeteiligung (§ 10 Abs. 2 SGB VIII).

### 5.3.3   Finanzierung

Die **Kosten** der Kinder- und Jugendhilfe belaufen sich nach Angaben des Statistischen Bundesamtes im Datenreport 2021 im Jahr 2019 auf 49,7 Mrd. Euro. Die Kosten sind vom zuständigen Träger aufzubringen. Das heißt, die Ausgaben für das Kinder- und Jugendhilferecht werden auf **Landes- oder kommunaler Ebene** getragen. Da die Kinder- und Jugendhilfe weitgehend den örtlichen Trägern übertragen ist, wird der Großteil der Finanzierungslasten durch die kommunale Ebene getragen. Finanzierungsquelle sind dabei Zuwendungen durch das Land, landesrechtliche Ausgleichsregelungen oder kommunale Steuern (Wiesner 2019, S. 626). Die Finanzierung der Leistungserbringung durch freie Träger der Jugendhilfe erfolgt auf vertraglicher Basis oder durch Subventionen der öffentlichen Träger der Jugendhilfe.

Aufgrund der sehr diversen Zuständigkeiten im Kinder- und Jugendhilferecht ist erforderlich, dass zwischen den Trägern **Kostenerstattungen** bei („unzuständiger") Aufgabenerfüllung erfolgen. Da gerade das Kinder- und Jugendhilferecht auf schnelle Hilfe im Einzelfall angelegt ist, da Bedarfe häufig unmittelbar gedeckt werden müssen, kann eine Zuständigkeitsklärung in vielen Fällen nicht abgewartet werden. Deshalb sieht das Gesetz in den §§ 89 bis 89 h SGB VIII Kostenerstattungstatbestände vor.

Kap. 8 mit den §§ 90 bis 97 c SGB VIII trifft Regelungen zu einer **Kostenbeteiligung** bei Leistungen der Kinder- und Jugendhilfe (vgl. Münder und Trenczek 2018, Rz. 78). Hier wird der Bogen zum Pflege- und Erziehungsrecht der Eltern. Sofern Kinder- und Jugendhilfemaßnahmen erforderlich sind, können die Eltern bzw. Erziehungsberechtigten zur Kostenbeteiligung herangezogen werden.

> **Zusammenfassung, Merksatz**
> Die Kinder- und Jugendhilfe wird entsprechend der kommunalen Struktur vorrangig durch die örtlichen Gebietskörperschaften finanziert.

### 5.4   Unterhaltsleistungen nach UVG

**Unterhaltsleistungen (Unterhaltsvorschuss oder Unterhaltsausfallleistungen)** nach dem UVG sind praktisch wichtige staatliche Sozialleistungen, die Störungen im zivilrechtlichen Unterhaltsrecht im Verhältnis von **Kindern zu den Eltern** aufzufangen versuchen. Die Leistungen sind sowohl zeitlich als auch in der Höhe beschränkt. Der Gesetzgeber will daher keine staatliche Unterhaltsgarantie, sondern eine Hilfestellung in besonderen wirtschaftlich schwierigen Lebenslagen geben.

Anknüpfungspunkt sind zunächst die **zivilrechtlichen Unterhaltspflichten**. Unterhaltspflichten zugunsten der Kinder bestehen während der laufenden Ehe im Rahmen des Familienunterhalts (§§ 1360, 1360 a BGB), als Trennungsunterhalt (§ 1361 BGB bei Getrenntleben der Ehegatten) sowie im Rahmen des nachehelichen Unterhalts nach Scheidung der Ehe (§§ 1569 ff. BGB). Da die Unterhaltspflichten an unterschiedliche eheliche Zustände anknüpfen, ist der Pflichtenkreis entsprechend unterschiedlich ausgestaltet. Der Familienunterhalt knüpft an eine bestehende Ehe und die damit bestehende häusliche Gemeinschaft von Ehegatten und (im Zusammenhang mit dem Unterhaltsvorschuss) Kindern an. Trennungsunterhalt berücksichtigt die Besonderheiten der ehelichen Trennungsphase (z. B. getrennte Wohnungen), knüpft allerdings wegen des (noch) Fortbestehens der Ehe an die Lebensverhältnisse und die Erwerbs- und Vermögensverhältnisse der Ehegatten an. Beim nachehelichen Unterhalt ist Leitgedanke die Eigenverantwortlichkeit der ehemaligen Ehegatten, die nunmehr zuvörderst wieder selbst für ihren Unterhalt sorgen müssen. Aus der geschiedenen Ehe folgt allerdings eine nachwirkende Mitverantwortung des wirtschaftlich stärkeren Ehegatten für den anderen Ehegatten und die Kinder.

**Unterhaltsleistungen** greifen systematisch dann ein, wenn im Rahmen des Trennungsunterhalts oder des nachehelichen Unterhalts der wirtschaftlich stärkere (ehemalige) Ehegatte **zu geringen oder keinen Unterhalt zugunsten der Kinder** leistet, zu dem dieser zivilrechtlich verpflichtet ist. Da Unterhaltsleistungen für die Unterhaltsberechtigten Störungen in den zivilrechtlichen Rechtsbeziehungen ausgleichen, handelt es sich um eine **subsidiäre (= nachrangige) Sozialleistung**. Unterhaltsleistungen nach dem UVG **scheiden** deshalb **aus**, wenn entweder kein zivilrechtlicher Unterhaltsanspruch besteht oder dieser Anspruch erfüllt wird (§ 1 Abs. 4 S. 1 UVG). Da der Staat helfend anstelle des verpflichteten (ehemaligen) Ehegatten Leistungen erbringt, gehen Unterhaltsansprüche auf die leistende staatliche Behörde über (§ 7 UVG, Fall einer gesetzlichen Zession). Neben dieser Anknüpfung an eine (ehemalige) Ehe greifen Unterhaltsleistungen auch in den Fällen, in denen Kindern aus anderen Gründen (ledige Elternteile ohne vorherige Ehe, verwitwete Ehegatten) bei („nur") einem Elternteil leben. Im Verhältnis zu Grundsicherungsleistungen dürften Unterhaltsleistungen nach dem UVG vorrangig zu erbringen sein (Rückschluss aus § 5 Abs. 3 SGB II).

---

**Zusammenfassung, Merksatz**

Unterhaltsleistungen sollen Störungen im zivilrechtlichen Unterhaltsrecht im Verhältnis von Kindern zu den Eltern auffangen. Unterhaltsleistungen greifen nachrangig dann ein, wenn im Rahmen des Trennungsunterhalts oder des nachehelichen Unterhalts der wirtschaftlich stärkere (ehemalige) Ehegatte zu geringen oder keinen Unterhalt zugunsten der Kinder leistet, zu dem dieser zivilrechtlich verpflichtet ist.

Anspruch aus Unterhaltsleistungen nach dem UVG **scheiden** gemäß § 1 Abs. 4 S. 2 UVG dann **aus**, wenn Bedarfe durch Leistungen nach dem SGB VIII gedeckt sind. Unterhaltsleistungen sind daher **nachrangig** zu Leistungen der Kinder- und Jugendhilfe.

### 5.4.1 Organisation – Träger

Das UVG wird von den Ländern als eigene Angelegenheit ausgeführt (Art. 83 GG i. V. m. Art. 84 Abs. 1 S. 1 GG). Zuständig für die Entscheidung über den **Antrag** (§ 9 Abs. 1 S. 1 UVG) auf Unterhaltsleistungen nach dem UVG sind die durch Landesrecht bestimmten Stellen, in deren Bezirk der Berechtigte seinen **Wohnsitz** hat (§ 9 Abs. 1 S. 2 UVG). Es sind dies die **zuständigen Jugendämter** und daher Stadtverwaltungen oder Landratsämter.

▶ **TIPP** Welche Behörde zuständig ist, kann im Internet ermittelt werden: https://familienportal.de/familienportal/familienleistungen/unterhaltsvorschuss (Stand 07.10.2021).

### 5.4.2 Anspruchsberechtigte

Anspruchsberechtigt sind **nur unterhaltsberechtigte Kinder** von Eltern. Für Ehegatten im Rahmen des Trennungs- oder nachehelichen Unterhalts bestehen nach UVG keine Ansprüche. Anspruch auf Unterhaltsleistungen hat nach § 1 Abs. 1 UVG hat, wer

1. das zwölfte Lebensjahr noch nicht vollendet hat,
2. im Geltungsbereich des UVG (also: im Bundesgebiet) bei einem seiner Elternteile lebt, der (also: der Elternteil) ledig, verwitwet oder geschieden ist oder (von dem anderen Ehegatten) getrennt lebt und
3. nicht oder nicht regelmäßig Unterhalt von dem anderen (zivilrechtlich unterhaltsverpflichteten) Elternteil (in der in § 2 Abs. 1 und 2 UVG genannten Höhe) erhält. Gleiches zu Ziffer 3. gilt im Rahmen von Waisenbezügen.

Da Kinder zumeist bei ihren alleinerziehenden Müttern leben und diese häufig entweder keiner oder einer Teilzeitbeschäftigung nachgehen sowie zusätzlich die Entlohnung von Frauen statistisch betrachtet relevant unter dem Niveau vergleichbarer Männer liegt, ist die finanzielle Situation dieser Kinder in vielen Fällen angespannt. Der Gesetzgeber hat daher mit (rückwirkender) Wirkung ab dem 01.07.2017 § 1 Abs. 1 a UVG in das Gesetz aufgenommen (BGBl. I 2017, S. 3122) und die Möglichkeit des Bezugs von Unterhaltsleistungen vom 12. **bis zur Vollendung des 18. Lebensjahr** des Kindes verlängert. Ziel der Gesetzesreform ist dementsprechend, **Kinderarmut** zu **verhindern**. **Zusätzliche Voraussetzungen** sind dafür allerdings, dass

a) das Kind keine Leistungen nach SGB II bezieht oder durch die Unterhaltsleistungen Hilfebedürftigkeit nach § 9 SGB II vermieden werden kann oder
b) der Elternteil, bei dem das Kind lebt, über Einkommen i. S. d. § 11 Abs. 1 S. 1 SGB II in Höhe von mindestens 600 Euro verfügt.

Vereinfacht gesagt scheiden Unterhaltsleistungen nach dem UVG dann aus, wenn das Kind nach Vollendung des 12. Lebensjahres (als Teil der Bedarfsgemeinschaft) Grundsicherungsleistungen nach SGB II erhält. In den Fällen nach Vollendung des 12. Lebensjahres des Kindes, in denen beide (getrenntlebenden) Elternteile Grundsicherungsleistungen nach SGB II erhalten, greift das UVG somit grundsätzlich nicht. Wie der Gesetzgeber gerade in diesen Fällen Kinderarmut verhindern will, bleibt sein Geheimnis. Hierzu hat die Bundesregierung dem Deutschen Bundestag bis zum 31.07.2018 zu berichten (§ 12 UVG).

▶    **TIPP** Der Bericht ist im Internet abrufbar: https://www.bmfsfj.de/resource/
      blob/127808/30e83e5ad2a87405b48a7eb6d95b2b58/bericht-uvg-data.pdf,
      Stand 07.10.2021.

Für nicht freizügigkeitsberechtigte Ausländer gilt die Sonderregelung des § 1 Abs. 2 a UVG.

§ 1 Abs. 3 UVG regelt einen wichtigen **Ausschlussgrund** des Anspruchs auf Unterhaltsleistungen. Der Anspruch des Kindes scheidet dann aus, wenn entweder der Elternteil bei dem das Kind lebt, im Antragsverfahren nicht mitwirkt (z. B. wenn Auskünfte nicht erteilt werden oder bei der Feststellung der Vaterschaft nicht mitgewirkt wird) oder der unterhaltsverpflichtete Elternteil wieder mit dem Elternteil nach § 1 Abs. 1 Nr. 2 UVG zusammenlebt. Auch den Unterhaltsverpflichteten treffen weitreichende Auskunfts- und Anzeigepflichten (§ 6 UVG), die in der Verwaltungspraxis allerdings häufig nur schwer oder gar nicht durchsetzbar sind.

Die **Höhe der Unterhaltsleistungen** knüpft gemäß § 2 Abs. 1 UVG an den in § 1612 a Abs. 1 BGB geregelten **Mindestunterhalt** an und ist insoweit in seiner Höhe beschränkt. Dieser richtet sich nach dem steuerfrei zu stellenden sächlichen Existenzminimum minderjähriger Kinder. Dieser beträgt im Jahr 2021 (Dritte Verordnung zur Änderung der Mindestunterhaltsverordnung vom 03.11.2020, BGBl. I 2020, 2344)

• für Kinder von 0 bis 5 Jahre 174 Euro,
• für Kinder von 6 bis 11 Jahre 232 Euro,
• für Kinder von 12 bis 17 Jahre 309 Euro.

Minderungstatbestände regeln § 2 Abs. 2 bis 4 UVG. Unterhaltsleistungen werden monatlich im Voraus gezahlt (§ 9 Abs. 3 S. 1 UVG). Unterhalb der Bagatellgrenze von 5 Euro werden Beträge nicht geleistet (§ 9 Abs. 3 S. 3 UVG).

Erhält das Kind Unterhaltsleistungen nach UVG, decken diese Mittel als Surrogat zivil-rechtlicher Unterhaltsansprüche den Lebensunterhalt des Kindes. Zwar sind Leistungen des Kindes auf Sozialgeld, Arbeitslosengeld II, Grundsicherungsleistungen oder Kinder-zuschlag sowie Wohngeld nicht ausgeschlossen. Bezogene Unterhaltsleistungen werden allerdings als **vorrangige Sozialleistungen** angerechnet, sodass hinsichtlich der übrigen Sozialleistungen dann lediglich ergänzende Leistungen für den nicht vollständig ge-deckten Lebensunterhalt in Betracht kommen. Haben nachrangig verpflichtete Sozial-leistungsträger zunächst geleistet, sind die Unterhaltsleistungen deshalb an diesen Träger (je nach Sachlage nach § 103 SGB X oder nach § 104 SGB X) zu erstatten.

### 5.4.3   Finanzierung

Die Geldleistungen, die nach dem UVG zu zahlen sind, werden zu 40 v. H. durch den **Bund** und im Übrigen von den **Ländern** getragen (§ 8 Abs. 1 S. 1 UVG). Die Länder können hinsichtlich ihres Finanzierungsanteils eine angemessene Aufteilung zwischen Ländern und Gemeinden bestimmen (§ 8 Abs. 1 S. 2 UVG). Das Aufkommen wird aus Steuermitteln finanziert.

Können auf Grundlage des **Forderungsübergangs** nach § 7 UVG Mittel von den zivil-rechtlich Unterhaltsverpflichteten eingezogen werden, führen die Länder 40 v. H. dieser Mittel entsprechend der Finanzierungsquote des Bundes an den Bund ab (§ 8 Abs. 2 UVG). Die gesetzliche Konstruktion würde idealtypisch dazu führen, dass alle Geld-leistungen nach dem UVG wegen des gesetzlichen Forderungsübergangs durch die Unter-haltsverpflichteten getragen werden würden. Davon ist die Realität weit entfernt, da typischerweise entweder Unterhaltsverpflichtete keine pfändbaren Einkünfte haben oder man ihrer nicht habhaft werden kann. Zudem bleiben die mit der Durchführung des UVG entstehenden Verwaltungskosten ohnehin über das Steueraufkommen zu tragende Kosten.

**Hintergrundinformation: Forderungsübergang**
Der Forderungsübergang nach § 7 UVG unterscheidet zwischen laufenden Unterhaltsansprüchen sowie Unterhaltsansprüchen für die Vergangenheit.

Laufende Unterhaltsansprüche gehen nach § 7 Abs. 1 UVG „laufend" bei Leistungsgewährung durch das zuständige Jugendamt auf das Land über. Solche Ansprüche sind rechtzeitig und voll-ständig (§ 7 Abs. 3 S. 1 UVG) durchzusetzen, dürfen allerdings nicht zum Nachteil des Unterhalts-berechtigten hinsichtlich dessen Rechtsdurchsetzung geltend gemacht werden (§ 7 Abs. 3 S. 2 UVG). Ein Sonderfall der laufenden Unterhaltsleistungen sind die für voraussichtlich längere Zeit zu gewährenden Unterhaltsleistungen, welche das Land gemäß § 7 Abs. 4 UVG auch für die Zukunft gerichtlich geltend machen kann.

Für die Vergangenheit geht der Unterhaltsanspruch nur dann gemäß § 7 Abs. 2 UVG auf das Land über, wenn die zivilrechtlichen Voraussetzungen des Unterhalts für die Vergangenheit (§ 1613 BGB) bestehen und zusätzlich der unterhaltsverpflichtete Elternteil von dem Antrag auf Unterhaltsleistungen Kenntnis erhalten hat sowie über die Folgen des Forderungsübergangs belehrt worden ist. An diesen zusätzlichen Voraussetzungen scheitert zumeist der Forderungsübergang für die Vergangenheit.

Die Verfolgung von übergegangenen Unterhaltsansprüchen wird ausgesetzt, solange der Ver-pflichtete Grundsicherungsleistungen nach SGB II erhält und über kein eigenes Einkommen i. S. v. § 11 Abs. 1 S. 1 SGB II verfügt (§ 7 a UVG).

Die Ausgaben für Leistungen nach dem UVG betrugen nach Angaben des Bundesministeriums für Familie, Senioren, Frauen und Jugend (BFSFJ 2021, UVG-Geschäftsstatistik) im Jahr 2020 bei rund 838.000 leistungsberechtigten Kindern 2,3 Mrd. Euro. Im Jahr 2020 konnten 385 Mio. Euro wieder per Rückgriff von Unterhaltsverpflichteten beigetrieben werden. Alle Leistungen des UVG, die nicht über Rückgriffsansprüche beigetrieben werden konnten, werden aus Steuermitteln finanziert.

## 5.5 Asylbewerber

Die soziale Sicherung (im Sinne sozialer Leistungen) von **Asylbewerbern** richtet sich nach den Regelungen des Asylbewerberleistungsgesetzes. Asylbewerber genießen verfassungsrechtlich festgeschriebenen Schutz auf Grundlage von Art. 16 a GG. Gemäß Art. 16 a Abs. 1 GG genießen allerdings lediglich „**politisch Verfolgte**" Asylrecht. Nach der Rechtsprechung des Bundesverfassungsgerichts ist eine Verfolgung dann eine politische, wenn sie grundsätzlich staatlich erfolgt und wenn „sie dem Einzelnen in Anknüpfung an seine politische Überzeugung, seine religiöse Grundentscheidung oder an für ihn unverfügbare Merkmale, die sein Anderssein prägen, gezielt Rechtsverletzungen zufügt, die ihn ihrer Intensität nach aus der übergreifenden Friedensordnung der staatlichen Einheit ausgrenzen" (BVerfGE 80, 315, 315, Leitsätze 1 und 2). Für andere Zuwanderungsgründe (insbesondere sog. „Wirtschaftsflüchtlinge") sieht das Grundgesetz gerade keinen Asylschutz vor. Dementsprechend wäre der richtige Weg, dass der Gesetzgeber den Zuzug nach Deutschland durch ein entsprechendes „Einwanderungsgesetz" oder „Migrationsgesetz" umfassend regelt, um Rechtssicherheit zu schaffen.

Die aktuelle gesetzliche Regelung von in die Bundesrepublik Deutschland Einreisenden ist in mehreren Gesetzen und nach überwiegender Auffassung unübersichtlich gestaltet. Folgende gesetzlichen Grundlagen für unterschiedlich betroffene Personengruppen spielen dabei eine wichtige Rollse.

1. **Aufenthaltsgesetz**
   Das Aufenthaltsgesetz regelt den Zuzug von **Ausländern**, die nicht Unionsbürger sind oder nicht der deutschen Gerichtsbarkeit unterliegen oder diplomatischen Schutz genießen. § 1 AufenthG definiert insoweit wie folgt:

   **§ 1 AufenthG**
   (1) Das Gesetz dient der Steuerung und Begrenzung des Zuzugs von Ausländern in die Bundesrepublik Deutschland. Es ermöglicht und gestaltet Zuwanderung unter Berücksichtigung der Aufnahme- und Integrationsfähigkeit sowie der wirtschaftlichen und arbeitsmarktpolitischen Interessen der Bundesrepublik Deutschland. Das Gesetz dient zugleich der Erfüllung der humanitären Verpflichtungen der Bundesrepublik Deutschland. Es regelt hierzu die Einreise,

den Aufenthalt, die Erwerbstätigkeit und die Integration von Ausländern. Die Regelungen in anderen Gesetzen bleiben unberührt.

(2) Dieses Gesetz findet keine Anwendung auf Ausländer,

1. deren Rechtsstellung von dem Gesetz über die allgemeine Freizügigkeit von Unionsbürgern geregelt ist, soweit nicht durch Gesetz etwas anderes bestimmt ist,
2. die nach Maßgabe der §§ 18 bis 20 des Gerichtsverfassungsgesetzes nicht der deutschen Gerichtsbarkeit unterliegen,
3. soweit sie nach Maßgabe völkerrechtlicher Verträge für den diplomatischen und konsularischen Verkehr und für die Tätigkeit internationaler Organisationen und Einrichtungen von Einwanderungsbeschränkungen, von der Verpflichtung, ihren Aufenthalt der Ausländerbehörde anzuzeigen und dem Erfordernis eines Aufenthaltstitels befreit sind und wenn Gegenseitigkeit besteht, sofern die Befreiungen davon abhängig gemacht werden können.

Entsprechend der in § 1 Abs. 1 S. 1 und 2 AufenthG genannten Zwecke dient das Gesetz v. a. der **Steuerung und Begrenzung des Zuzugs** sowie dem geregelten **Zuzug von Arbeitskräften.** Das Gesetz findet Anwendung auf alle Ausländer i. S. d. § 1 AufenthG, sodass auch Asylbewerber dessen Anwendungsbereich unterfallen, sobald ihnen nicht mehr der Status eines Asylbewerbers oder anerkannten Asylanten zukommen. Für (anerkannte) Asylbewerber sind die Vorschriften des Asylgesetzes bzw. Asylbewerberleistungsgesetzes daher die spezielleren Normen. Für Abgrenzungsfragen und den Umfang der Leistungen sind daher im Folgenden auch die Regelungen des AufenthG von Relevanz.

## 2. Asylgesetz

Das Asylgesetz gilt gemäß § 1 Abs. 1 AsylG für Ausländer, die **Schutz vor politischer Verfolgung** nach Artikel 16 a Abs. 1 GG oder **internationalen** (Flüchtlings-)**Schutz** nach europäischem Recht beantragen. Die Ausschlussnorm für heimatlose Ausländer (§ 1 Abs. 2 AsylG) hat praktisch kaum Bedeutung. Die Regelungen des Asylgesetzes spielen für den anspruchsberechtigten Personenkreis eine große Rolle.

### § 1 Abs. 1 AsylG

(1) Dieses Gesetz gilt für Ausländer, die Folgendes beantragen:

1. Schutz vor politischer Verfolgung nach Artikel 16a Absatz 1 des Grundgesetzes oder
2. internationalen Schutz nach der Richtlinie 2011/95/EU des Europäischen Parlaments und des Rates vom 13. Dezember 20⊮1 über Normen für die Anerkennung von Drittstaatsangehörigen oder Staatenlosen als Personen mit Anspruch auf internationalen Schutz, für einen einheitlichen Status für Flüchtlinge oder für Personen mit Anrecht auf subsidiären Schutz und für den Inhalt des zu gewährenden Schutzes (ABl. L 337 vom 20.12.2011, S. 9); der internationale Schutz im Sinne der Richtlinie 2011/95/EU umfasst den Schutz

vor Verfolgung nach dem Abkommen vom 28. Juli 1951 über die Rechtsstellung der Flüchtlinge (BGBl. 1953 II S. 559, 560) und den subsidiären Schutz im Sinne der Richtlinie; der nach Maßgabe der Richtlinie 2004/83/EG des Rates vom 29. April 2004 über Mindestnormen für die Anerkennung und den Status von Drittstaatsangehörigen oder Staatenlosen als Flüchtlinge oder als Personen, die anderweitig internationalen Schutz benötigen, und über den Inhalt des zu gewährenden Schutzes (ABl. L 304 vom 30.09.2004, S. 12) gewährte internationale Schutz steht dem internationalen Schutz im Sinne der Richtlinie 2011/95/EU gleich; § 104 Absatz 9 des Aufenthaltsgesetzes bleibt unberührt.

3. **Asylbewerberleistungsgesetz**

Das Asylbewerberleistungsgesetz definiert den **Umfang der Leistungen** der **anspruchsberechtigten Personen nach Asylgesetz oder Aufenthaltsgesetz**. Dazu zählen nicht nur Schutz beantragende Personen nach dem Asylgesetz, sondern auch Ausländer mit einem anderen Aufenthaltstitel nach dem Aufenthaltsgesetz. Der anspruchsberechtigte Personenkreis folgt daher aus diesen beiden Gesetzen. Das Asylgesetz und das Aufenthaltsgesetz definieren insoweit den **Status** der Personen.

4. **Flüchtlingshilfegesetz**

Das Flüchtlingshilfegesetz sowie die von diesem Gesetz erfassten Personen sind im historischen Kontext der Teilung Deutschlands bis zur Wiedervereinigung zu betrachten. Personen, die nicht zum Lastenausgleich (vgl. § 1 Abs. 1 S. 2 FlüHG) berechtigt sind, sollen gleichwohl gleichwertige staatliche Leistungen erhalten. Der berechtigte Personenkreis umfasst **deutsche Staatsangehörige** und Personen deutscher **Volkszugehörigkeit**, die ihren **Wohnsitz** in der **DDR** oder **Ostberlin** hatten. Dementsprechend wird der das Gesetz umfassende Personenkreis grundsätzlich in § 1 Abs. 1 FlüHG wie folgt umschrieben „Leistungen nach Maßgabe der folgenden Vorschriften erhalten auf Antrag deutsche Staatsangehörige und deutsche Volkszugehörige, die ihren Wohnsitz oder ständigen Aufenthalt in der sowjetischen Besatzungszone Deutschlands oder im sowjetisch besetzten Sektor von Berlin (Schadensgebiet) gehabt haben, wenn sie im Zuge der Besetzung oder nach der Besetzung des Schadensgebiets und vor dem 1. Juli 1990 in den Geltungsbereich des Gesetzes zugezogen sind und sich ständig im Geltungsbereich des Gesetzes aufhalten".

Diese Personengruppe bleibt der folgenden Betrachtung außen vor.

5. **Freizügigkeitsgesetz**

Gemäß § 1 FreizügG regelt das Gesetz „die Einreise und den Aufenthalt von Staatsangehörigen anderer Mitgliedstaaten der Europäischen Union (**Unionsbürger**) und ihrer Familienangehörigen". Das Gesetz knüpft damit an die in Art. 21 AEUV geregelte Personenfreizügigkeit, die in Art. 45 AEUV geregelte Arbeitnehmerfreizügigkeit sowie die in Art. 49 bis 55 AEUV geregelte Niederlassungsfreiheit an. Dementsprechend erfolgt auf nationaler Ebene die Umsetzung und Garantie dieser Freiheiten des primären Gemeinschaftsrechts. § 2 Abs. 1 FreizügG bestimmt deshalb, dass „Freizügigkeitsberechtigte Unionsbürger und ihre Familienangehörigen ... das Recht auf Einreise und Aufenthalt nach Maßgabe dieses Gesetzes (haben)".

Diese Personengruppe bleibt der folgenden Betrachtung außen vor.

### 5.5.1 Organisation – Träger

Die Entscheidung über Anträge auf Schutz nach Art. 16 a GG ist **bundesweit zentral** dem **Bundesamt für Migration und Flüchtlinge** übertragen. Das heißt, die Klärung asyl- und flüchtlingsrechtlicher **Statusfrage** von antragstellenden Personen wird durch eine Bundesoberbehörde im Geschäftsbereich des Bundesinnenministeriums getroffen. Insoweit obliegen Statusfragen der Bearbeitung durch eine bundeseigene Verwaltung (Art. 86 GG; vgl. zum Verfahren und zu Zahlen Filges 2019, 1136 ff.). Weiterhin **verteilt** das Bundesamt die Antragsteller auf Asyl nach einer Quote auf die Bundesländer (vgl. zum Verfahren §§ 44 ff. AsylG).

▶ **TIPP** Das Bundesamt für Migration und Flüchtlinge stellt über die Internetpräsentation zahlreiche Informationen und Hilfestellungen rund um Asyl-, Aufenthalts- und Verfahrensfragen zur Verfügung: https://www.bamf.de/DE/Startseite/startseite_node.html (Stand 08.10.2021).

Für aufenthalts- und passrechtliche Maßnahmen und Entscheidungen nach dem Aufenthaltsgesetz und nach ausländerrechtlichen Bestimmungen in anderen Gesetzen sind die Ausländerbehörden und damit die kommunalen Gebietskörperschaften zuständig (§ 71 Abs. 1 S. 1 AufenthG). Die jeweilige Landesregierung kann abweichende Regelungen treffen.

Die Abwicklung und Erbringung der **Leistungen** nach dem AsylblG ist indes **kommunal** organisiert. Auf Grundlage der verfassungsrechtlichen Kompetenzordnung bestimmt § 10 AsylblG, dass die Landesregierungen oder die von ihnen beauftragten obersten Landesbehörden die für die Durchführung dieses Gesetzes zuständigen Behörden und Kostenträger bestimmen und Näheres zum Verfahren festlegen können, soweit dies nicht durch Landesgesetz geregelt ist. Die **Bundesländer** haben die **Durchführung** des Gesetzes entsprechend auf die Ebene der Städte, Gemeinden und Landkreise übertragen. Diese Regionalisierung trägt der gesetzlichen Regelung Rechnung, dass Ausländer bis zur Klärung von Statusfragen eine örtliche Residenzpflicht haben (vgl. insoweit § 10 a AsylblG, der an die Verteilung und Zuweisung von Leistungsberechtigten nach Asylgesetz oder Aufenthaltsgesetz anknüpft). Die örtliche Zuständigkeit kann sich weiterhin aus dem gewöhnlichen oder tatsächlichen Aufenthalt ergeben (vgl. § 10 a Abs. 2 und 3 AsylblG). Auch insoweit gilt es im Einzelfall abzugrenzen. Durch eine ausländerrechtliche Wohnsitzauflage wird z. B. dann kein gewöhnlicher Aufenthalt i. S. d. § 30 Abs. 3 S. 2 SGB I begründet, wenn der Ausländer dort nicht tatsächlich Aufenthalt genommen hat (LSG Hessen vom 07.06.2017, L 4 SO 88/16, ZFSH/SGB 2017, 650–654).

Da somit die Organisation und Administration von einerseits Status und andererseits sozialer Sicherung unterschiedlichen Verwaltungseinheiten auf unterschiedlichen Ebenen der körperschaftlichen Organisation übertragen sind, kommt es zu Informationsverlusten, Dopplungen von administrativen Aufwänden und zeitlichen Verzögerungen in der Steuerung der Fälle. Die Organisation von Ausländerfragen, Migration und Integration wird daher aktuell als ineffizient und deutlich verbesserungswürdig sowie -bedürftig angesehen. **Ziele** der gesamten Asyl- und Ausländerpolitik sind, tatsächlich Verfolgten Schutz zu gewähren und zugleich Missbrauch und Fehlentwicklungen entgegenzuwirken sowie die arbeitsmarktpolitisch gewünschte Migration nebst Integration zu steuern.

> **Zusammenfassung, Merksatz**
> Die Klärung von asylrechtlichen Statusfragen ist bundesweit zentral dem Bundesamt für Migration und Flüchtlinge übertragen. Demgegenüber ist die Leistungserbringung zugunsten der Berechtigten kommunal organisiert. Die Zuständigkeit hinsichtlich der Leistungserbringung richtet sich nach der Residenzpflicht bis zur Klärung von statusrechtlichen Fragen oder alternativ nach dem gewöhnlichen oder tatsächlichen Aufenthalt.

Zu den Leistungen nach Asylbewerberleistungsgesetz wird eine sog. **Asylbewerberleistungsstatistik** (§ 12 AsylblG) erstellt, die sich einerseits auf die Empfänger bestimmter Leistungen und andererseits auf die Ausgaben und Einnahmen nach diesem Gesetz bezieht. Diese Bundesstatistik wird vom Statistischen Bundesamt erhoben (vgl. Statistisches Bundesamt, Erläuterung zur Asylbewerberleistungsstatistik, Siefert 2018). Die deutschlandweiten Bruttoausgaben (einschließlich der Leistungen entsprechend SGB XII und SGB IX, vgl. § 2 Abs. 1 AsylblG) sind insbesondere im Zuge der sog. Flüchtlingskrise 2015 stark gestiegen und verstetigen sich mittel- bis langfristig, da die Menschen in Deutschland bleiben (siehe Tab. 5.1).

### 5.5.2 Anspruchsberechtigte

Das individuelle Recht auf Asyl ist in der Verfassung in Art. 16 a GG verankert. Seinen Ursprung hat es im **internationalen (Völker-)Recht**. Die Genfer Flüchtlingskonvention (Abkommen vom 28.07.1951 über die Rechtsstellung der Flüchtlinge) ist entsprechend Art. Art. 59 Abs. 2 GG (siehe Abschn. 1.3) durch Gesetz vom 01.09.1953, BGBl. II 1953,

**Tab. 5.1** Bundesweite Ausgaben nach AsylblG (Quelle: Statistisches Bundesamt 2021, Asylbewerberleistungsstatistik)

| 2010 | 2011 | 2012 | 2013 | 2014 | 2015 | 10/2021 |
|------|------|------|------|------|------|---------|
| in Mrd. Euro | | | | | | |
| 0,815 | 0,908 | 1096 | 1517 | 2402 | 5295 | 4,1 |

559, in nationales Bundesrecht umgesetzt worden. Daher werden in § 3 AsylG der Begriff des Flüchtlings definiert und an die Flüchtlingseigenschaft entsprechende Rechtsfolgen hinsichtlich eines Schutzstatus geknüpft. Das nationale Asylrecht geht über die internationalen Grundlagen hinaus, da dort ein individuelles Rechte nicht definiert, sondern lediglich die Anerkennung des Asylrechts zwischen Staaten statuiert wird. Dementsprechend ist die individuelle Grundrechtsgeltendmachung dann ausgeschlossen, wenn der Ausländer aus einem sog. „sicheren Drittland" im Sinne des Art. 16 a Abs. 2 GG in die Bundesrepublik einreist („…aus einem Mitgliedstaat der Europäischen Gemeinschaften oder aus einem anderen Drittstaat einreist, in dem die Anwendung des Abkommens über die Rechtsstellung der Flüchtlinge und der Konvention zum Schutze der Menschenrechte und Grundfreiheiten sichergestellt ist"). Entsprechend dieser für den Einzelnen sehr einschneidenden Regelung ist die politische Diskussion, welches Land als „sicher" einzustufen sei, groß. Für **Mitgliedsstaaten der EU** regelt das sog. „Dublin-Verfahren" Zuständigkeitsbestimmung zur Durchführung von Asylverfahren. Die Rechtsgrundlagen des Dublin-Verfahrens sind die Dublin III-VO (EU) Nr. 604/2013 i. V. m. der Durchführungsverordnung zur Dublin III-VO (EU) Nr. 118/2014 und die EURODAC II-VO (EU) Nr. 603/2013. Das Verfahren wurde im Rahmen der Flüchtlingskrise (teilweise) ausgesetzt und wird bis heute in einigen Mitgliedsstaaten nicht konsequent angewandt und umgesetzt.

▶ **TIPP** Das Bundesamt für Migration und Flüchtlinge stellt das Dublin-Verfahren gut nachvollziehbar dar: https://www.bamf.de/DE/Themen/AsylFluechtlingsschutz/AblaufAsylverfahrens/DublinVerfahren/dublinverfahren-node.html (Stand 08.10.2021).

Die **Leistungsberechtigung** regelt § 1 Asylbewerberleistungsgesetz (siehe hierzu vertiefend Filges 2019, 1144 ff.). In der Norm wird auf die Statusregelungen nach dem Asylgesetz sowie dem Aufenthaltsgesetz Bezug genommen:

### § 1 Abs. 1 AsylblG
Leistungsberechtigt nach diesem Gesetz sind Ausländer, die sich tatsächlich im Bundesgebiet aufhalten und die

1. eine Aufenthaltsgestattung nach dem Asylgesetz besitzen,

   1a. ein Asylgesuch geäußert haben und nicht die in den Nummern 1, 2 bis 5 und 7 genannten Voraussetzungen erfüllen,

2. über einen Flughafen einreisen wollen und denen die Einreise nicht oder noch nicht gestattet ist,
3. eine Aufenthaltserlaubnis besitzen

   a) wegen des Krieges in ihrem Heimatland nach § 23 Absatz 1 oder § 24 des Aufenthaltsgesetzes,
   b) nach § 25 Absatz 4 Satz 1 des Aufenthaltsgesetzes oder
   c) nach § 25 Absatz 5 des Aufenthaltsgesetzes, sofern die Entscheidung über die Aussetzung ihrer Abschiebung noch nicht 18 Monate zurückliegt,

4. eine Duldung nach § 60a des Aufenthaltsgesetzes besitzen,

5. vollziehbar ausreisepflichtig sind, auch wenn eine Abschiebungsandrohung noch nicht oder nicht mehr vollziehbar ist,

6. Ehegatten, Lebenspartner oder minderjährige Kinder der in den Nummern 1 bis 5 genannten Personen sind, ohne daß sie selbst die dort genannten Voraussetzungen erfüllen, oder

7. einen Folgeantrag nach § 71 des Asylgesetzes oder einen Zweitantrag nach § 71a des Asylgesetzes stellen.

§ 1 Abs. 1 Nr. 1a AsylblG ist durch Art. 1 des Dritten Gesetzes zur Änderung des AsylblG (BGBl. I 2019, S. 1290) mit Wirkung ab dem 01.09.2019 eingefügt worden. Leistungsberechtigt sind demnach auch Ausländer, die sich im Bundesgebiet aufhalten und ein Asylgesuch bei der Grenzbehörde, der Ausländerbehörde oder der Polizei (vgl. §§ 18, 19 AsylG) gestellt haben und die nicht die in den Nr. 1, 2 bis 5 und 7 genannten Voraussetzungen erfüllen. Nunmehr erhalten auch Ausländer Leistungen, die ein Asylgesuch geäußert haben und denen noch kein Ankunftsnachweise ausgestellt worden ist. **Anspruchseinschränkungen** bestehen bei Personen, die nach § 1 Abs. 1 Nr. 5 AsylblG vollziehbar ausreisepflichtig sind, auch wenn eine Abschiebungsandrohung noch nicht oder nicht mehr vollziehbar ist. Den Umfang der Einschränkungen definiert das Gesetz in § 1a Abs. 1 AsylblG sowie ergänzend in § 11 AsylblG. **Überbrückungsleistungen** nach § 1 Abs. 4 AsylblG erhalten Leistungsberechtigte nach Absatz 1 Nr. 5, denen bereits von einem anderen Mitgliedstaat der Europäischen Union oder von einem am Verteilmechanismus teilnehmenden Drittstaat im Sinne von § 1a Abs. 4 S. 1 AsylblG internationaler Schutz gewährt worden ist. Diese Sonderleistung ist erforderlich, da diese Personen keinen Anspruch auf Leistungen nach dem AsylblG haben, wenn der internationale Schutz fortbesteht. Die Rechtsnormen sind erforderlich, um die Folgen des Aussetzens bzw. der Nichtanwendung des Dublin-Verfahrens abzumildern.

Das **Ende der Leistungsberechtigung** definiert § 1 Abs. 3 S. 1 AsylblG; auch diese Norm ist mit Art. 1 des Dritten Gesetzes zur Änderung des AsylblG (BGBl. I 2019, S. 1290) mit Wirkung ab dem 01.09.2019 geändert worden. Nach dieser Norm endet der Leistungsanspruch mit der Ausreise oder mit Ablauf des Monats, in dem die Leistungsvoraussetzung entfällt (vgl. Deibel 2019, S. 543). Die Neuregelung führt zu einem Hinausschieben des Rechtskreiswechsels vom AsylblG zum SGB II bzw. SGB XII. Dadurch werden die Kosten des Bundes für die Betreuung von Flüchtlingen zulasten der Länder und Kommunen verringert. **Anerkannte Asylberechtigte** erhalten (allgemeine Sozial-)Leistungen nach dem SGB XII oder SGB II. § 1 a AsylblG enthält Anspruchseinschränkungen und dient dazu, Leistungsmissbrauch zu bekämpfen.

Die **Leistungsgewährung** nach dem Asylbewerberleistungsgesetz ist **abschließend**. § 9 Abs. 1 AsylblG bestimmt insoweit, dass Leistungsberechtigte keine Leistungen nach dem SGB XII oder vergleichbaren Landesgesetzen erhalten (vgl. auch § 23 Abs. 2 SGB XII). Für anerkannte Asylbewerber siehe zuvor. Das Leistungsniveau des Asylbewerberleistungsgesetzes ist **niedriger als** dasjenige des **Sozialhilferechts** (vgl. insbesondere zur

Sicherung des Existenzminimums in diesem Bereich BVerfGE 132, 134–179; siehe zum jüngeren Asylbewerberleistungsrecht Dinter, NZS 2022, S. 136 ff.). Welche Leistungen gewährt werden, regelt dem Grunde nach § 3 AsylblG. Auch diese Norm ist durch das Dritte Gesetz zur Änderung des AsylblG (BGBl. I 2019, S. 1290) mit Wirkung ab dem 01.09.2019 geändert worden (siehe hierzu Deibel 2019). Hinsichtlich der Höhe der Grundleistungen trifft § 3a AsylblG Festlegungen. Das Leistungsspektrum definiert § 3 Abs. 1 AsylblG. Gewährt werden Leistungen zur Deckung des Bedarfs an Ernährung, Unterkunft, Heizung, Kleidung, Gesundheitspflege und Gebrauchs- und Verbrauchsgütern des Haushalts (notwendiger Bedarf). Zusätzlich werden Leistungsberechtigten nach § 1 AsylblG Leistungen zur Deckung persönlicher Bedürfnisse des täglichen Lebens gewährt (notwendiger persönlicher Bedarf). Wie die Leistungsgewährung erfolgt, hängt davon ab, ob die anspruchsberechtigte Person innerhalb oder außerhalb einer Aufnahmeeinrichtung im Sinne von § 44 Abs. AsylG untergebracht ist. Bei einer **Unterbringung in Aufnahmeeinrichtungen** wird der notwendige Bedarf durch **Sachleistungen** gedeckt (§ 3 Abs. 2 AsylblG). Bei einer **Unterbringung außerhalb von Aufnahmeeinrichtungen** sind nach § 3 Abs. 3 S. 1 AsylblG vorbehaltlich des § 3 Abs. 3 S. 3 AsylblG (Bedarfe für Unterkunft, Heizung und Hausrat sowie für Wohnungsinstandhaltung und Haushaltsenergie – Bedarfsdeckung als Geld- oder Sachleistung) vorrangig **Geldleistungen** zur Deckung des notwendigen Bedarfs zu gewähren. In Gemeinschaftsunterkünften im Sinne von § 53 AsylG kann der notwendige persönliche Bedarf soweit wie möglich auch durch Sachleistungen gedeckt werden (§ 3 Abs. 3 S. 5 AsylblG).

Da die Idee des Asylbewerberleistungsrechts ist, dass Leistungen nur vorübergehend bis zur Klärung des – entsprechend zügig festzustellenden – ausländerrechtlichen Status gewährt werden, werden diese ab einem tatsächlichen Aufenthalt („ohne wesentliche Unterbrechung") von 18 Monaten in vielen Anwendungsfällen in entsprechender Anwendung des SGB XII und nicht mehr nach dem Asylbewerberleistungsgesetz gewährt (§ 2 Abs. 1 S. 1 AsylblG), sofern der Aufenthalt nicht rechtsmissbräuchlich selbst beeinflusst wurde (d. h. einer Ausreisepflicht nicht nachgekommen wurde). Die Leistungen werden daher lediglich vorübergehend für diesen gesetzlich definierten Zeitraum gewährt. Faktisch erhalten deshalb eine Großzahl der sich in der Bundesrepublik Deutschland aufhaltenden Ausländer mit vorübergehendem Aufenthaltstitel Leistungen nach dem SGB XII. Es besteht somit ein zeitlicher Gleichlauf zwischen den Leistungen nach AsylblG und der Verpflichtung zum Wohnen in einer Aufnahmeeinrichtung (§ 47 Abs. 1 AsylG). Dementsprechend ist die zentrale Kritik aktuell, dass Statusfragen nicht schnell genug geklärt, die sich daraus ergebenden Folgen nicht zügig genug vollzogen werden. Die Ausbildungsförderung ist gesondert geregelt und zielt auf den Abschluss einer Ausbildung hin (vgl. hierzu im Übrigen § 2 AsylblG).

Die Voraussetzungen für die Übernahme der **Krankenbehandlung** ist sowohl für anerkannte Asylbewerber als auch für Leistungsberechtigte nach dem Asylbewerberleistungsgesetz in § 264 Abs. 1 SGB V geregelt. Das **Leistungsspektrum** für Leistungsberechtigte nach § 1 AsylblG ist nach §§ 4, 6 AsylblG **eingeschränkt**. Zur Behandlung akuter Erkrankungen und Schmerzzustände sind die erforderliche ärztliche und zahnärztliche Behandlung einschließlich der Versorgung mit Arznei- und Verbandmitteln sowie sonstiger zur Genesung, zur Besserung oder zur Linderung von Krankheiten oder Krankheitsfolgen erforderlichen Leistungen zu gewähren (§ 4 Abs. 1 S. 1 AsylblG).

> **Zusammenfassung, Merksatz**
> Leistungen nach dem Asylbewerberleistungsgesetz sind im Verhältnis zu Sozialhilfeleistungen niedriger. Da die Leistungsgewährung nur zeitlich befristet erfolgt, werden Leistungen ab einem tatsächlichen Aufenthalt („ohne wesentliche Unterbrechung") von 18 Monaten in vielen Sachverhalten in entsprechender Anwendung des SGB XII gewährt.

### 5.5.3  Finanzierung

Die **Ausgaben** nach dem Asylbewerberleistungsgesetz werden als allgemeine Staatsaufgabe über **Steuermittel** finanziert. Im Rahmen der sog. Flüchtlingskrise ab dem Jahr 2015 wurde die Verteilung der Kosten zwischen den Beteiligten Gebietskörperschaften diskutiert und neu geregelt (vgl. hierzu übersichtlich Hummel und Thöne 2016, S. 17 ff.).

▶  **TIPP**  Die wesentlichen Regelungen finden sich hierzu in der Beschlusslage zur Besprechung der Bundeskanzlerin mit den Regierungschefinnen und Regierungschefs der Länder zur Asyl- und Flüchtlingspolitik am 24. September 2015 (https://www.bundesregierung.de/Content/DE/_Anlagen/2015/09/2015-09-24-bundlaender-fluechtlinge-beschluss.pdf?__blob=publicationFile, Stand 08.10.2021; siehe Abb. 5.1) sowie im Asylverfahrensbeschleunigungsgesetz (BGBl. 2015 I S. 1722) sowie weiterhin im Gesetz zur Einführung beschleunigter Asylverfahren (BGBl. I 2016, 390).

Der Bund beteiligt sich ab dem Jahr 2016 pauschaliert an den Kosten der Asylverfahren. Eine vollständige Kompensation der Kosten der Landes- bzw. kommunalen Ebene wird allerdings nicht erzielt, sodass alle Ebenen der föderalen Staatsverwaltung an der Finanzierung beteiligt sind.

Der im Rahmen der Flüchtlingskrise gefundene politische Kompromiss wird bis heute fortgeführt und spiegelt die mehrschichtige Zuständigkeit in Asyl- und Flüchtlingsverfahren wider, da alle Ebenen der Gebietskörperschaften darin involviert sind. Dies führt dazu, dass jährlich zwischen Bund und Ländern sowie auf Länderebene zwischen Landesregierungen und kommunalen Gebietskörperschaften verhandelt wird, wie hoch die jeweilige Kostenbeteiligung erfolgen soll.

| Aufgabe / Leistung | Finanzierung durch | | | | | | | |
|---|---|---|---|---|---|---|---|---|
| | Stand bis September 2015 | | | | Stand ab 24. September 2015 | | | |
| | Bund | Länder | Landkreise / kr.-fr. Städte | Gemeinden | Bund | Länder | Landkreise / kr.-fr. Städte | Gemeinden |
| Registrierung | X | X | | | X | X | | |
| Bereitstellung von und Unterbringung in Erstaufnahme-Einrichtungen | | X | | | X | X | | |
| Verteilung auf die Länder (Koordination und Reise) | | X | | | X | | | |
| Bearbeitung des Asylantrags | X | | | | X | | | |
| Leistungen nach AsylbIG | | X | X | X | X | X | X | X |
| Unterbringung bei der Erstaufnahme | | X | X | X | X | X | X | X |

**Abb. 5.1**   Finanzierung von Flüchtlingsleistungen auf föderalen Ebenen

▶   **TIPP**   Die Bundesregierung gibt jährlich einen Bericht über Maßnahmen des Bundes zur Unterstützung von Ländern und Kommunen im Bereich der Flüchtlings- und Integrationskosten und die Mittelverwendung durch die Länder ab. Der jüngste Bericht zum Jahr 2020 ist am 28.05.2021, Bt.-Drucks. 17/30525 erschienen: https://dserver.bundestag.de/btd/19/305/1930525.pdf (Stand 08.10.2021).

Der Deutsche Städte- und Gemeindebund anerkennt die Beteiligung des Bundes, wünscht sich aber eine langfristige Lösungsstrategie: https://www.dstgb.de/themen/asyl-und-fluechtlinge/aktuelles/uebernahme-der-fluechtlings-und-integrationskosten-durch-den-bund/ (Stand 08.10.2021).

## 5.6   Zusammenfassung

Das Hilfesystem der **Grundsicherung für Arbeitsuchende** und **Sozialhilfe** ist zweigliedrig organisiert. Nach versicherungsrechtlichen Leistungen der Arbeitsförderung (insbesondere Arbeitslosengeld I) schließt sich die fürsorgerechtliche Grundsicherung für Arbeitsuchende (insbesondere Arbeitslosengeld II) an. Diese richtet sich an erwerbsfähige hilfebedürftige Personen. Das Fürsorgesystem der Sozialhilfe erfasst demgegenüber Personen, die bedürftig sind und dem Arbeitsmarkt wegen Alters oder voller Erwerbsminderung nicht zur Verfügung stehen. Beide Fürsorgesysteme **schließen sich** daher gegenseitig **aus**. Die Leistungen beider Systeme sind weitgehend **pauschaliert**. Leistungsberechtigte sollen durch Einsatz eigener Mittel und Kräfte Bedarfe möglichst eigenständig decken. In der Grundsicherung für Arbeitsuchende soll dies vorrangig durch den Einsatz

der eigenen Arbeitskraft über Leistungen der Eingliederung in Arbeit sowie in der Sozialhilfe vorrangig über den Einsatz von Einkommen und Vermögen umgesetzt werden.

- **Grundsicherung für Arbeitsuchende**:
  Die Zuständigkeit ist zweigeteilt. Grundsätzlich zuständig ist die **Bundesagentur für
  Arbeit**. Daneben gibt es **zugelassene kommunale Träger**, denen bestimmte Aufgaben
  des SGB II übertragen sind. Im Gebiet jedes kommunalen Trägers muss zur einheitlichen Durchführung der Grundsicherung für Arbeitsuchende eine gemeinsame Einrichtung von Bundesagentur und kommunalem Träger gebildet werden, welche als
  **Jobcenter** bezeichnet wird. Die örtliche Zuständigkeit richtet sich grundsätzlich nach
  dem gewöhnlichen Aufenthalt.

  **Leistungsberechtigt** sind Personen, die das 15. Lebensjahr vollendet und die Altersgrenze nach § 7a noch nicht erreicht haben, erwerbsfähig sind, hilfebedürftig sind und
  ihren gewöhnlichen Aufenthalt in der Bundesrepublik Deutschland haben. Ebenso sind
  leistungsberechtigt alle in der **Bedarfsgemeinschaft** mit der leistungsberechtigten Person lebenden Personen. Diese Personen sollen ihren Lebensunterhalt möglichst aus
  eigenen Mitteln und Kräften bestreiten. Damit ist der Einsatz der Arbeitskraft zur Be-
  schaffung des Lebensunterhalts für sich und die in einer Bedarfsgemeinschaft lebenden
  Personen gemeint.

  Die Grundsicherung für Arbeitsuchende wird im Wesentlichen durch den **Bund** als
  Kostenträger finanziert.
- **Sozialhilfe**
  In der Sozialhilfe sind die **örtlichen Träger der Sozialhilfe** sachlich primär zuständig.
  Die örtliche Zuständigkeit richtet sich in der Sozialhilfe grundsätzlich nach dem tat-
  sächlichen Aufenthalt.

  Hilfe zum Lebensunterhalt wird heute im Wesentlichen im Zusammengang der
  **Grundsicherung im Alter und bei Erwerbsminderung** geleistet. Diese Personen
  sind nicht erwerbsfähig im Sinne des SGB II. Der Einsatz von Einkommen und Vermögen spielt in der Sozialhilfe eine praktisch wichtige Rolle. Dadurch soll der Nachrang der Sozialhilfe gewahrt sowie die Hilfe zur Selbsthilfe gestärkt werden. Isoliert
  neben der Hilfe zum Lebensunterhalt und der Grundsicherung für Arbeitsuchende bestehen Hilfen für besondere Bedarfe.

  Die Kostentragung erfolgt durch die **Länder** sowie die örtlichen Träger der Sozialhilfe auf **kommunaler Ebene**. Eine Kostenüberahme durch den Bund erfolgt nur im
  Bereich der Grundsicherung im Alter und bei Erwerbsminderung. In der Sozialhilfe
  spielen die Refinanzierungsmöglichkeiten des Forderungsübergangs und Kostenersatzes eine praktisch wichtige Rolle.

**Wohngeld** wird als **Zuschuss** des Staates zu den Wohnkosten der anspruchsberechtigten
Personen mit geringem Einkommen geleistet. Wohngeldrecht und Leistungen der Grundsicherung ergänzen sich. Der Bezug von Wohngeld ist ausgeschlossen, wenn Grundsicherungsleistungen (insbesondere Arbeitslosengeld II und Hilfe zum Lebensunterhalt)

bezogen werden. Der Anwendungsbereich des Wohngeldgesetzes ist daher eingeschränkt. Zuständig sin die nach Landesrecht bestimmten Stellen. Dies sind in den meisten Bundesländern die **Landkreise und kreisfreien Städte**. Wohngeldbezug ist abhängig von der Familiengröße. Die Höhe der Leistung ist einkommensabhängig. Werden die Kosten der Wohnung über andere soziale (Grund-)Sicherungssysteme getragen, ist der Bezug von Wohngeld ausgeschlossen. Die Mittel für Wohngeld werden von den **Ländern** aufgebracht und diesen zur Hälfte vom Bund erstattet.

**Kinder- und Jugendhilfe** hat die Ziele, die Entwicklung junger Menschen zu fördern sowie die Erziehung in der Familie zu unterstützen und zu ergänzen. Im Mittelpunkt steht die Persönlichkeitsentwicklung des jungen Menschen. Das **Pflege- und Erziehungsrecht der Eltern** wird durch den Staat subsidiär ergänzt. Dem Staat kommt ein **Wächteramt** zu, sodass der Staat ergänzend und fördernd in die elterliche Erziehung eingreifen darf. Kinder- und Jugendhilfe ist durch **Trägerpluralität** gekennzeichnet. Dem Einzelnen soll die Möglichkeit gegeben sein, das für ihn beste Angebot zu nutzen. Er hat insoweit ein **Wahl- und Wunschrecht**. Träger der Kinder- und Jugendhilfe sind **öffentliche Träger und freie Träger der Jugendhilfe**. Träger der öffentlichen Jugendhilfe sind örtlich und überörtlich organisiert. Die örtlichen Träger der öffentlichen Jugendhilfe sind sachlich **primärzuständig**. Die örtliche Zuständigkeit richtet sich grundsätzlich nach dem gewöhnlichen Aufenthalt der Eltern. Träger der freien Jugendhilfe bedürfen einer staatlichen **Anerkennung**. Im Rahmen der Bedarfsplanung – die Jugendhilfeplanung – sollen von den öffentlichen Trägern der Jugendhilfe alle beteiligten anerkannten Träger der freien Jugendhilfe an der Planung frühzeitig beteiligt werden. Die Kosten für das Kinder- und Jugendhilferecht werden auf Landes- oder (vorrangig) kommunaler Ebene getragen.

**Unterhaltsleistungen** sollen Störungen im zivilrechtlichen Unterhaltsrecht im Verhältnis von Kindern zu den Eltern auffangen. Unterhaltsleistungen greifen nachrangig dann ein, wenn im Rahmen des Trennungsunterhalts oder des nachehelichen Unterhalts der wirtschaftlich stärkere (ehemalige) Ehegatte zu geringen oder keinen Unterhalt zugunsten der Kinder leistet, zu dem dieser zivilrechtlich verpflichtet ist. Das UVG wird durch die zuständigen **Jugendämter** und daher Stadtverwaltungen oder Landratsämter ausgeführt. Anspruchsberechtigt sind nur **unterhaltsberechtigte Kinder** von Eltern. Die Geldleistungen, die nach dem UVG zu zahlen sind, werden zu 40 v. H. durch den **Bund** und im Übrigen von den **Ländern** getragen.

Die Klärung von **asylrechtlichen Statusfragen** ist bundesweit zentral dem Bundesamt für Migration und Flüchtlinge übertragen. Demgegenüber ist die **Leistungserbringung** zugunsten der Berechtigten kommunal organisiert. Die Zuständigkeit hinsichtlich der Leistungserbringung richtet sich nach der Residenzpflicht bis zur Klärung von statusrechtlichen Fragen oder alternativ nach dem gewöhnlichen oder tatsächlichen Aufenthalt. Leistungen nach dem Asylbewerberleistungsgesetz sind im Verhältnis zu Sozialhilfeleistungen niedriger. Da die Leistungsgewährung nur zeitlich befristet erfolgt, werden Leistungen ab einem tatsächlichen Aufenthalt („ohne wesentliche Unterbrechung") von 18 Monaten nach dem SGB XII gewährt. Kostenträger sind dem Grunde nach die **Länder** und **kommunale Gebietskörperschaften**. Aktuell beteiligt sich der **Bund** pauschal an den Kosten.

## Literatur

Beaucamp, Wie ernst nimmt das deutsche Sozialrecht den Nachranggrundsatz?, NZS 2021,
    745 bis 751

Deibel, Die Neuregelung im Asylbewerberleistungsrecht 2019, ZFSH/SGB 2019, Seiten 541 bis 548

Eichenhofer, Sozialrecht, 11. Auflage Tübingen 2019, § 24, 26, 27

Erlenkämper/Fichte, Sozialrecht, 6. Auflage, Köln 2008, Kapitel 9, 19, 21, 26

Filges, Kapitel 21 Asylbewerberleistungsgesetz, BMAS, Übersicht über das Sozialrecht, 16. Auf-
    lage, Ausgabe 2019/2020, Nürnberg 2019

Grube/Wahrendorf/Flint, SGB XII Sozialhilfe Kommentar, 7. Auflage München 2020

Hummel/Thöne, Finanzierung der Flüchtlingspolitik, Finanzwissenschaftliches Forschungsinstitut
    an der Universität zu Köln, Studie für die Robert Bosch Stiftung, Jahrgang 2016, http://www.
    tagesspiegel.de/downloads/13009584/1/gutachten-fifo.pdf, Stand 23.10.2017

Kazda/Vogt, Kapitel 2 Sozialgesetzbuch 2. Buch Grundsicherung für Arbeitsuchende, BMAS, Über-
    sicht über das Sozialrecht, 16. Auflage, Ausgabe 2019/2020, Nürnberg 2019

Lutz, Kapitel 12 Sozialgesetzbuch 12. Buch Sozialhilfe, BMAS, Übersicht über das Sozialrecht, 16.
    Auflage, Ausgabe 2019/2020, Nürnberg 2019

Mrozynski, Kommentar zum SGB I, 6. Auflage, München 2019

Münder/Trenczek, Kinder- und Jugendhilferecht, in: Ruland/Becker/Axer (Hrsg.), Sozialrechts-
    handbuch, 6. Auflage, Baden-Baden 2018, § 25

Schlegel/Meßling/Bockholdt, Covid-19, Corona-Gesetzgebung – Gesundheit und Soziales, Mün-
    chen 2020

Schürmann, Sozialrecht für die familienrechtliche Praxis, Bielefeld 2016

Siefert, Sozialhilferecht, in: Ruland/Becker/Axer (Hrsg.), Sozialrechtshandbuch, 6. Auflage, Baden-
    Baden 2018, § 23

Statistische Bundesamt, Erläuterungen zur Asylbewerberleistungsstatistik, https://www.destatis.de/DE/
    Themen/Gesellschaft-Umwelt/Soziales/Asylbewerberleistungen/_inhalt.html, Stand 08.10.2021

Wiesner, Kapitel 8 Sozialgesetzbuch 8. Buch Kinder- und Jugendhilfe, BMAS, Übersicht über das
    Sozialrecht, 16. Auflage, Ausgabe 2019/2020, Nürnberg 2019

## Weiterführende Literatur

Becker, Wohngeldrecht, in: Ruland/Becker/Axer (Hrsg.), Sozialrechtshandbuch, 6. Auflage, Baden-
    Baden 2018, § 29

Becker, Die Zukunft des europäischen und deutsche Asylrechts, in: Walter/Burgi (Hrsg.), Die
    Flüchtlingspolitik, der Staat, das Recht, Tübingen 2017, S. 55–116

Berlit/Conradis/Sartorius (Hrsg.), Existenzsicherungsrecht, 3. Auflage, Baden-Baden 2017

Bundesministeriums für Familie, Senioren, Frauen und Jugend, Unterhaltsvorschussgesetz, Statis-
    tik, (https://www.daten.bmfsfj.de/daten/daten/unterhaltsvorschussgesetz-uvg-geschaeftsstatistik
    %2D%2D127534, Stand 07.10.2021

Dinter, NZS-Jahresrevue 2018-2021: Asylbewerberleistungsrecht, NZS 2022, 136 bis 140

Ekardt/Rath 2021, Anpassungen im SGB II, V, und XII in der Corona-Krise: Rechtsfragen und
    Wirksamkeit

Frank, Kapitel 20 Wohngeld, BMAS, Übersicht über das Sozialrecht, 16. Auflage, Ausgabe
    2019/2020, Nürnberg 2019

Fuchs/Preis/Brose, Sozialversicherungsrecht und SGB II, 3. Auflage, Köln 2021

Görres, Pflege aus pflegewissenschaftlicher Sicht: Gesellschaftliche Einflussfaktoren, Trends und
    Bedarfsszenarien, Denkschrift 60 Jahres Bundessozialgericht, Band 2, Berlin 2015, Seiten
    171 bis 199

Hanesch, Armut und Unterversorgung aus sozialwissenschaftlicher Sicht: Armutskonzepte und Armutsursachen als sozialstaatliche Herausforderung, Denkschrift 60 Jahres Bundessozialgericht, Band 2, Berlin 2015, Seiten 465 bis 493

Kellner, Der Kostenersatzanspruch des Sozialhilfeträgers nach 3 103 Abs. 1 Satz 1 SGB XII in Betreuungssituationen, NZS 2019, Seiten 609 bis 613

Knickrehm/Krauß, Grundsicherung für Arbeitsuchende, in: Ruland/Becker/Axer (Hrsg.), Sozialrechtshandbuch, 6. Auflage, Baden-Baden 2018, § 24

Kreßel, Der verfassungsrechtliche Rahmen für Mitwirkungspflichten in der Grundsicherung für Arbeitsuchende, SGb 2020, 150 bis 155

Kunkel/Kunkel, Welche Auswirkungen hat das Bundesteilhabegesetz auf die Jugendhilfe, ZFSG/SGB 2017, 194–203

Luthe/Palsherm, Fürsorgerecht: Grundsicherung und Sozialhilfe, 3. Auflage, Berlin 2013

Muckel/Ogorek/Rixen, Sozialrecht, 5. Auflage, München 2019, § 13, 14

Ott/Schürmann/Werding, Schnittstellen im Sozial-, Steuer- und Unterhaltsrecht, Baden-Baden 2012

Statistisches Bundesamt, Datenreport 2021, Kapitel 10, Soziale Sicherung und Übergänge in den Ruhestand, https://www.destatis.de/DE/Service/Statistik-Campus/Datenreport/_inhalt.html, Stand 01.09.2021

Waltermann, Sozialrecht, 14. Auflage Heidelberg 2020, § 14, 15

# Soziale Versorgung und Entschädigungen

**Lernziele**

Die im sechsten Kapitel dargestellte soziale Versorgung und Entschädigung basiert im Wesentlichen auf dem Aufopferungsgedanken. Nach der Bearbeitung können Sie die verfassungsrechtlichen Grundlagen des Rechts der sozialen Versorgung und Entschädigung darstellen und einordnen. Sie lernen systemleitende soziologische Hintergründe kennen und können Grundbegriffe beschreiben und unterscheiden. Sie lernen die wichtigsten Gesetze im Recht der Versorgung und Entschädigung kennen und können Sinn und Zweck der einzelnen gesetzlichen Regelungssysteme ableiten. Ebenso können Sie gesetzliche Zusammenhänge beschreiben und auf verfassungsrechtliche Grundlagen beziehen.

Das soziale Versorgungs- und Entschädigungsrecht erfasst sozialstaatliche Leistungen, mit denen Folgen **gesundheitlicher Schädigungen** ausgeglichen werden sollen, für die eine besondere **Verantwortung der Allgemeinheit** anzuerkennen ist (Hase 2018, Rz. 1, vgl. BSGE 54, 206, 208; BVerfGE 48, 281, 288 f.). Die sozialrechtlich grundlegende Norm des Rechts der sozialen Versorgung und Entschädigung ist § 5 SGB I.

### § 5 SGB I

Wer einen Gesundheitsschaden erleidet, für dessen Folgen die staatliche Gemeinschaft in Abgeltung eines **besonderen Opfers** oder aus anderen Gründen nach versorgungsrechtlichen Grundsätzen einsteht, hat ein Recht auf

1. die notwendigen Maßnahmen zur Erhaltung, zur Besserung und zur Wiederherstellung der Gesundheit und der Leistungsfähigkeit und
2. angemessene wirtschaftliche Versorgung.

© Springer Fachmedien Wiesbaden GmbH, ein Teil von Springer Nature 2022      325
R. Möller, *Finanzierung und Organisation des Sozialstaates*,
https://doi.org/10.1007/978-3-658-37190-6_6

Ein Recht auf angemessene wirtschaftliche Versorgung haben auch die Hinterbliebenen eines Beschädigten.

Der Gesetzgeber stellt auf ein „besonderes Opfer" – ein sog. **Sonderopfer** ab. Damit kann grundsätzlich jeder zum leistungsberechtigten Personenkreis gehören. Es kommt insoweit nicht auf einen definierten „versicherten" Personenkreis an, sondern auf die konkrete Situation, in welcher sich der Einzelne auf besondere Weise für die Gemeinschaft in eine gesundheitsbeeinträchtigende „Opferrolle" begibt. Der Einzelne trägt daher nicht mehr allein das Risiko in seiner Rechtssphäre, sondern die Schädigung wird als ein die Allgemeinheit betreffendes Ereignis betrachtet. Die besonderen **schadenverursachenden Lebenssituationen** werden in den einzelnen Leistungsgesetzen (siehe Abschn. 6.1, 6.2, 6.3, 6.4 und 6.5; siehe auch die ausführliche Übersicht bei Hase 2018, Rz. 28 f.; außer Betracht bleibt z. B. die Entschädigung von SED-Unrechtsopfern nach StRehaG und VwRehaG) des sozialen Versorgungs- und Entschädigungsrechts definiert (zur Frage der systemischen Ordnung vgl. Hase 2018, Rz. 1 ff.; Mrozynski 2019, § 5 Rz. 2 f.). Aus diesem Gedanken heraus werden überwiegend die Tatbestände der sog. „unechten Unfallversicherung" dem sozialen Entschädigungsrecht systematisch zugeordnet (siehe hierzu Hase 2018, Rz. 6 f.; siehe hierzu auch Abschn. 4.4.1.3).

Seinen Ursprung hat das soziale Entschädigungsrecht in § 75 ALR: „Dagegen ist der Staat denjenigen, welcher seine besonderen Rechte und Vorteile dem Wohle des gemeinen Wesens aufzuopfern genötigt wird, zu entschädigen gehalten." Aus dieser Norm wird der **allgemeine Aufopferungsanspruch** hergeleitet. Im Kontext der sozialstaatlichen Verfassungsregelungen wird dieser nach der hier vertretenen Auffassung zu sozialrechtlichen Versorgungs- bzw. Entschädigungsleistungen konkretisiert. Dabei wird zwar in § 5 SGB I ausdrücklich nur auf Gesundheitsschäden abgestellt. Aus dem allgemeinen Entschädigungsrecht folgt allerdings, dass im Wege der Gesetzesauslegung der Leistungsumfang im Einzelfall konkretisiert werden muss.

Die **Merkmale des sozialen Entschädigungsrechts** ergeben sich aus dem Sinn und Zweck der Regelungen. Da schädigende Ereignisse ungeplant auf den Betroffenen einwirken, sind Präventionsbemühungen nicht möglich. Zudem muss eine Kausalkette zwischen Schädigung und Gesundheitsschaden bestehen. Da der Staat das individuelle Sonderopfer auszugleichen versucht, werden Leistungen als allgemeine Staatsaufgabe begriffen und sind deshalb über das allgemeine **Steueraufkommen** finanziert. Dabei ist die soziale Entschädigung wirtschaftlich betrachtet eher von untergeordneter Bedeutung. Im Jahr 2019 beliefen sich die Ausgaben der sozialen Entschädigungen nach Ermittlungen des statistischen Bundesamtes auf 0,8 Mrd. Euro (zuzüglich Wiedergutmachungen von 1,3 Mrd. Euro und „sonstige Entschädigungen" von 0,5 Mrd. Euro).

▶   **TIPP**  Das BMAS hat wichtige Informationen zur sozialen Entschädigung auf seiner Internetpräsentation zusammengefasst: https://www.bmas.de/DE/Soziales/Soziale-Entschaedigung/soziale-entschaedigung.html (Stand 08.10.2021).

> **Zusammenfassung, Merksatz**
> Das soziale Versorgungs- und Entschädigungsrecht hat seinen Ursprung im allgemeinen Aufopferungsrecht. Dem Einzelnen wird ein Sonderopfer abverlangt. Die Aufwendungen werden aus Steuermitteln finanziert.

## 6.1   Sozialgesetzbuch Vierzehntes Buch – Soziale Entschädigung

In jüngerer Vergangenheit wurde hinsichtlich des sozialen Versorgungs- und Entschädigungsrechts ein Umbruch- und Modernisierungsprozess angestoßen (siehe hierzu Schmachtenberg 2017, S. 18 ff.). Dieser Prozess ist abgeschlossen, das Soziale Entschädigungsrecht ist im SGB XIV geregelt (Art. 1 Gesetz zur Regelung des Sozialen Entschädigungsrechts vom 12.12.2019, BGBl. I 2019, S. 2652; zum Gesetzgebungsprozess siehe Tabbara 2020, S. 212). Dieses Gesetz wird im Wesentlichen zum 01.01.2024 in Kraft treten. Bis dahin gelten die nachfolgend beschrieben Regelungen im Wesentlichen unverändert fort. Mit Verkündung des Gesetzes sind in Kraft getreten §§ 38, 40, 91, 109 und 113 Abs. 6 SGB XIV, die im Wesentlichen Verordnungsermächtigungen zugunsten des Bundesministeriums für Arbeit und Soziales enthalten. Mit Wirkung ab dem 01.01.2021 sind in Kraft getreten §§ 2, 31 bis 37, 111, 112, 115, 116, 138 Abs. 7 SGB XIV. Für die im Rahmen dieses Lehrbuchs relevanten Fragestellungen ist v. a. § 2 SGB XIV von Bedeutung. Die Norm enthält **Begriffsdefinitionen**, die für das gesamte Soziale Entschädigungsrecht bereits heute Bedeutung haben.

**§ 2 SGB XIV**
(1) Berechtigte sind Geschädigte sowie deren Angehörige, Hinterbliebene und Nahestehende.
(2) Geschädigte sind Personen, die durch ein schädigendes Ereignis nach diesem Buch unmittelbar eine gesundheitliche Schädigung erlitten haben.
(3) Angehörige sind Ehegatten sowie Kinder und Eltern von Geschädigten. Als Kinder gelten auch in den Haushalt Geschädigter aufgenommene Stiefkinder sowie Pflegekinder im Sinne des § 2 Absatz 1 Satz 1 Nummer 2 des Bundeskindergeldgesetzes.
(4) Hinterbliebene sind

   1. Witwen, Witwer und Waisen,
   2. Eltern sowie
   3. Betreuungsunterhaltsberechtigte
      einer an den Folgen einer Schädigung verstorbenen Person. Als Waisen gelten auch in den Haushalt der an den Folgen einer Schädigung verstorbenen Person aufgenommene Stiefkinder sowie Pflegekinder im Sinne des § 2 Absatz 1 Satz 1 Nummer 2 des Bundeskindergeldgesetzes.

(5) Nahestehende sind Geschwister sowie Personen, die mit Geschädigten eine Lebensgemeinschaft führen, die der Ehe ähnlich ist.

Das SGB XIV ist in einen Allgemeinen Teil mit übergreifenden Regelungen und in Besondere Teile für die einzelnen Entschädigungstatbestände gegliedert. Neben einigen leistungsrechtlichen Verbesserungen (Übersicht bei Tabbara 2020, S. 214 ff.) wird das neue Gesetz hinsichtlich der **Zersplitterung der Zuständigkeiten** leider wenig Positives bringen. Grundsätzlich zuständig für die soziale Entschädigung werden die zuständigen Behörden der Länder sein (regelhaft kommunale Gebietskörperschaften). Hinsichtlich der Leistungen der Krankenbehandlung werden die gesetzlichen Krankenkassen verantwortlich sein, Leistungen der Hilfsmittelversorgung verantworten die Unfallkassen der Länder, Pflegeleistungen verantworten die Pflegekassen (§§ 57, 77 SGB XIV). Alle übrigen Leistungen erbringen die zuständigen Behörden der Länder selbst. Über Widersprüche gegen Bescheide dieser Behörden entscheidet dann wiederum die für die Versorgungsverwaltung nach dem Landesrecht zuständige Behörde (§§ 58, 78 SGB XIV). Wie diese Zersplitterung der Zuständigkeiten aus Sicht eines Leistungsberechtigten zu einer vereinfachten und bürgernahen Bearbeitung von Entschädigungsfällen führen soll, erschließt sich wohl nur dem Bundesgesetzgeber.

## 6.2  Kriegsopferversorgung und -entschädigung

Art. 73 Abs. 1 Nr. 13 GG sieht die **ausschließliche Gesetzgebungskompetenz des Bundes** für „die Versorgung der Kriegsbeschädigten und Kriegshinterbliebenen und die Fürsorge für die ehemals Kriegsgefangenen" vor. Die Verantwortlichkeit des Staates gegenüber Bürgern, die **militärischen Dienst** für die Allgemeinheit tun, folgt aus dem Gewaltmonopol des Staates. Aus diesem Dienstverhältnis folgen besondere gegenseitige Rechte und Pflichten. Eine Pflicht des Staates ist, in Ausübung militärischen Dienstes erlittene gesundheitliche Schädigungen, die der Einzelne im Dienst für die Allgemeinheit erleidet, auszugleichen. Da allein der Staat über die Organisationshoheit des Militärs entscheidet und die erforderlichen Mittel zur Verfügung stellt, ist die Situation mit derjenigen der gesetzlichen Unfallversicherung vergleichbar. Für den Staat als „militärischer Unternehmer" werden dienstverpflichtete Bürger tätig. Da militärischer Dienst per se das Risiko in sich trägt, Leib und Leben zu schädigen bzw. zu verlieren, tritt der Staat bis ans Äußerste fordernd an seine Bürger heran. Das Bundesversorgungsgesetz regelt diese Sachverhalte – im besonderen Kontext der Wehrverpflichtung im 2. Weltkrieg – und ist insoweit wesentlich von der Leitidee dieser bürgerlichen **Aufopferung** und des **Opferausgleichs** geprägt. Die Kriegsopferversorgung ist daher eine besondere sozialstaatlich geprägte Ausgestaltung allgemeiner Aufopferungsansprüche (BSGE 1, 272, 275; BVerfGE 48, 281, 288).

### Hintergrundinformation: Kriegsopferfürsorge

Eine Sonderrolle nimmt die in den §§ 25 bis 27 l BVG normierte **Kriegsopferfürsorge** ein. Dabei handelt es sich um keine Tatbestände des sozialen Versorgungs- und Entschädigungsrechts. Vielmehr werden hier besondere Tatbestände der in einem besonderen (kriegerischen) Zusammenhang stehenden **sozialen Fürsorge und Hilfen** normiert. Dementsprechend sind Kriegsopferfürsorgeleistungen abhängig vom Bedarf und gegenüber anderen Sozialleistungen nachrangig (Einsetzen von Einkommen und Vermögen, vgl. §§ 25 a Abs. 1, 25 c bis 25 f BVG). Deshalb wird diese Fürsorgeleistung von den Fürsorgestellen und nicht von der Versorgungsverwaltung durchgeführt. Das Leistungsniveau der Kriegsopferfürsorge liegt deutlich oberhalb desjenigen der allgemeinen Sozialhilfe, was unter Gleichheitsgesichtspunkten problematisch ist. Diese Leistungen gehen den Fürsorgeleistungen nach SGB II und SGB XII vor (§ 5 Abs. 1 S. 1 SGB II bzw. § 2 Abs. 1 SGB XII).

▶ **TIPP** Auf der Homepage der Bundesarbeitsgemeinschaft der Integrationsämter und Hauptfürsorgestellen (BIH) kann die zuständige Behörde recherchiert werden (https://www.hauptfuersorgestellen.de/Kontakt/135c106/index. html, Stand 08.10.2021).

## 6.2.1 Organisation – Träger

Die Aufgabenerfüllung des BVG obliegt den **Ländern**. Die Verwaltungsstruktur wird durch das Gesetz über die Errichtung der Verwaltungsbehörden der Kriegsopferversorgung geregelt (KOVVwG). Es sind auf regionaler und übergeordneter Ebene die **Versorgungs- und Landesversorgungsämter** zuständig (§ 1 S. 1 KOVVwG). § 3 KOVVwG regelt das Verhältnis (die Aufsicht) zwischen den Behörden. Die Versorgungsämter unterstehen den Landesversorgungsämtern; diese unterstehen den für die Kriegsopferversorgung zuständigen Obersten Landesbehörden. Das bereits im Jahre 1951 erlassene Gesetz legt aus heutiger Sicht erfreuliche Qualitätsstandards insoweit fest, dass § 4 KOVVwG bestimmt, dass die Beamten und Angestellten der Versorgungsverwaltung für ihre Aufgabe besonders geeignet sein sollen. Da die übrigen sozialen Versorgungs- und Entschädigungsgesetze auf das BVG verweisen, sind die Behörden der Kriegsopferversorgung und -entschädigung auch für die Durchführung des übrigen sozialen Versorgungs- und Entschädigungsrecht zuständig. Die Zuständigkeit der Erbringung von Heil- bzw. Krankenbehandlung ist nach der Regelung des § 18 c BVG zwischen der Verwaltungsbehörde und der zuständigen **Krankenkasse** aufgeteilt. Die Krankenkassen erbringen in weitem Umfang die Leistungen für die Verwaltungsbehörden.

▶ **TIPP** Über die Internetpräsentation des BMAS (BMAS, Übersicht über die Versorgungsämter, [265]) kann eine Übersicht über die Versorgungsämter abgerufen werden: https://www.bmas.de/SharedDocs/Downloads/DE/Soziale-Sicherung/adressen-und-internetseiten-der-landesversorgungsbehoerden. pdf;jsessionid=974AD7A2588FE6193B060652CAE6906C.delivery1-replication?_ blob=publicationFile&v=2 (Stand 08.10.2021).

## 6.2.2 Anspruchsberechtigte

Anspruchsberechtigte stehen anders als in der Sozialversicherung **nicht** durch eine Definition eines versicherten Personenkreises **von vornherein fest**. Vielmehr muss sich im konkreten Einzelfall das den Einzelnen besonders belastende **Sonderopfer** realisieren. Anspruchsberechtigt ist daher die Person (bzw. mittelbar dessen Hinterbliebene), bei der sich der gesetzlich normierte Tatbestand des jeweiligen Versorgungs- und Entschädigungsgesetzes realisiert. Gesetzlich wird dies mit dem Wort „Wer" (siehe hierzu näher § 7 BVG) umschrieben.

**Grundtatbestand** des Bundesversorgungsgesetzes ist die **Wehrdienstbeschädigung** gemäß § 1 Abs. 1 Alt. 1, § 81 Hs. 1 BVG.

**Legal Text**
**§ 1 Abs. 1 BVG**

Wer durch eine militärische oder militärähnliche Dienstverrichtung oder durch einen Unfall während der Ausübung des militärischen oder militärähnlichen Dienstes oder durch die diesem Dienst eigentümlichen Verhältnisse eine gesundheitliche Schädigung erlitten hat, erhält wegen der gesundheitlichen und wirtschaftlichen Folgen der Schädigung auf Antrag Versorgung.

**§ 81 Hs. 1 BVG**

Erfüllen Personen die Voraussetzungen des § 1 oder entsprechender Vorschriften anderer Gesetze, die eine entsprechende Anwendung dieses Gesetzes vorsehen, so haben sie wegen einer Schädigung gegen den Bund nur die auf diesem Gesetz beruhenden Ansprüche; … .

Die Grundstruktur des Entschädigungstatbestandes ist durch eine dreistufige Kausalkette charakterisiert (siehe Tab. 6.1).

Diese Grundstruktur ist bei **sämtlichen Tatbeständen des sozialen Versorgungs- und Entschädigungsrechts identisch**. Sie entspricht der Grundstruktur des Versicherungsfalls in der gesetzlichen Unfallversicherung. D. h. diese Gesetzesstruktur wird in allen leistungsrechtlichen Tatbeständen relevant (siehe hierzu z. B. Hase 2018, Rz. 32 ff., sowie zu Entschädigungsleistungen Rz. 63 ff., Eichenhofer 2017).

**Hintergrundinformation: haftungsbegründenden Kausalität**
Bei den oben genannten Kausalzusammenhängen handelt es sich um solche der sog. **haftungsbegründenden Kausalität**. Diese betrifft einerseits die Frage des Zusammenhangs zwischen Dienstverrichtung und schädigendem Ereignis aber auch die Frage, ob das schädigende Ereignis den Eintritt des Primär- oder Erstschadens wesentlich verursacht hat. Erst nach dem Eintritt des Gesund-

**Tab. 6.1** Grundstruktur Entschädigungsfälle

| Wer | |
|---|---|
| – durch eine militärische oder militärähnliche Dienstverrichtung | |
| | ⇒ Kausalität |
| – von einem schädigenden Ereignis betroffen ist („Verletzung"), | |
| | ⇒ Kausalität |
| – welches zu einem Gesundheitsschaden führt (Primärschaden), | |
| erhält Leistungen. | |

heitsschadens (Primärschadens) setzt die haftungsausfüllende Kausalität ein. Sie verknüpft die Ergebnisse der späteren, gesundheitlichen Entwicklung (die „Schädigungsfolgen") mit der Schädigung (vgl. hierzu BSG, SozR 3-3200 § 81 Nr. 16).

> **Zusammenfassung, Merksatz**
> Die Tatbestände des sozialen Versorgungs- und Entschädigungsrechts sind durch eine dreistufige Kausalkette charakterisiert. Diese Struktur entspricht dem Versicherungsfall in der gesetzlichen Unfallversicherung.

Das Bundesversorgungsgesetz und das Soldatenversorgungsgesetz betreffen Ansprüche aufgrund von **Sonderopfern**, die im **Zusammenhang mit dem militärischen Dienst** (vgl. hierzu §§ 2 bis 4 BVG) eingetreten sind. Der Anwendungsbereich der beiden Gesetze ist historisch bedingt unterschiedlich:

- das BVG erfasst Tatbestände bis zum Ende des 2. Weltkrieges,
- das SVG erfasst Tatbestände in der Bundeswehr.

Die schädigende Handlung muss dem Militärdienst zugerechnet werden können (BSGE 54, 76, 77; BSG, SGb 1993, 235, 236). Da der Gesundheitsschaden „während" des Militärdienstes eingetreten sein muss, muss lediglich ein zeitlicher Zusammenhang zwischen Dienstverrichtung und schädigendem Ereignis (Unfall) vorliegen. Weil die Anerkennung eines Entschädigungstatbestands nicht immer leicht zu beweisen ist, hat der Gesetzgeber in § 1 Abs. 3 BVG eine **Beweiserleichterung** vorgesehen, sodass zur Anerkennung einer Gesundheitsstörung als Folge einer Schädigung die **Wahrscheinlichkeit** des ursächlichen Zusammenhangs genügt. Ist der Beschädigte an den Folgen der Schädigung gestorben, so erhalten seine **Hinterbliebenen** auf Antrag Versorgung (§ 1 Abs. 5 S. 1 BVG).

Neben den in § 1 Abs. 1 BVG geregelten Tatbeständen formuliert § 1 Abs. 2 BVG weitere Tatbestände, die nicht unmittelbar mit dem militärischen Dienst zusammenhängen. Zum Beispiel, werden nach Buchstabe a) der Norm auch solche Schädigungen erfasst, die durch „eine unmittelbare Kriegseinwirkung" (vgl. § 5 BVG) herbeigeführt worden sind. Die Norm dient dazu, den Anwendungsbereich des BVG auf **geschädigte Zivilpersonen** auszudehnen.

Aus unterschiedlichen Gründen können **Ansprüche ausscheiden**. Bei absichtlicher Herbeiführung der Schädigung sind Ansprüche ausgeschlossen (§ 1 Abs. 4 BVG). Ansprüche sind zu versagen, wenn die anspruchsberechtigte Person während der Herrschaft des Nationalsozialismus gegen die Grundsätze der Menschlichkeit oder Rechtsstaatlichkeit verstoßen hat (§ 1 a Abs. 1 S. 1 BVG).

## 6.2.3 Finanzierung

Die Aufwendungen für Versorgungsleistungen nach dem BVG trägt der **Bund** aus Steuermitteln.

## 6.3　Gewaltopferentschädigung

Wer **in Deutschland Opfer** einer vorsätzlichen **Gewalttat** wird und dadurch eine gesundheitliche Schädigung erleidet, kann einen Anspruch auf **Opferentschädigung** geltend machen. Die Anknüpfung an das Territorialprinzip basiert auf dem Gedanken, dass der Staat seiner Schutzpflicht gegenüber dem Bürger nicht Genüge getan hat. Unter bestimmten engen Voraussetzungen bestehen seit einer Gesetzesänderung im Jahr 2009 auch Ansprüche bei Gewalttaten im Ausland (§ 3 a OEG). Ansprüche bestehen auch für Hinterbliebene von Gewaltopfern. Unter bestimmten Voraussetzungen haben auch Ausländer Anspruch auf Opferentschädigung. Ziel der Gewaltopferentschädigung ist, die **gesundheitlichen und wirtschaftlichen Folgen** solcher Taten **auszugleichen**.

**Hintergrundinformation: Tätlicher Angriff durch Gebrauch eines Kraftfahrzeugs**
Einen wichtigen Ausnahmetatbestand regelte bis zum 02.06.2021 mit Inkrafttreten von Art. 11a des Teilhabestärkungsgesetzes (BGBl. I 2021, S. 1387) § 1 Abs. 8 OEG. Keine Ansprüche bestanden bei Schäden aus einem tätlichen Angriff, die von dem Angreifer durch den **Gebrauch eines Kraftfahrzeugs** oder eines Anhängers verursacht worden sind. Grund dafür war, dass für das mit dem Führen eines Kraftfahrzeugs realisierte Risiko eine Versicherungspflicht besteht. In diesem Fall konnte ein Antrag an den **Entschädigungsfonds für Schäden aus Kraftfahrzeugunfällen** gerichtet werden. Auf der Internetseite des Verkehrsopferfonds wird dies wie folgt konkretisiert (Verkehrsopferfonds 2021):
　　Nunmehr regelt § 1 Abs. 8 OEG, dass bei Verüben eines tätlichen Angriffs im Sinne des § 1 Abs. 1 OEG durch den Gebrauch eines Kraftfahrzeugs oder eines Anhängers **Leistungen nach dem OEG** erbracht werden. Diese Änderung wurde im Gesetzgebungsverfahren des Teilhabestärkungsgesetzes vorgenommen (siehe Bt-Drucks. 19/28834 vom 21.04.2021, Begründung S. 59 f.). Durch die Änderung wird sichergestellt, dass auch bei Gewalttaten mit vielen Opfern, wie z. B. beim Anschlag auf dem Breitscheidplatz in Berlin, auch alle Opfer eine volle Entschädigung erhalten. Das ab 01.01.2024 geltende SGB XIV sieht eine entsprechende Regelung vor.

### 6.3.1　Organisation – Träger

Sachlich zuständige Träger der Gewaltopferentschädigung sind die **Landesbehörden**, welche auch für die Leistungen des **Bundesversorgungsgesetzes zuständig** sind (§ 6 Abs. 1 S. 1 OEG). Die örtliche Zuständigkeit bestimmte die jeweilige Landesregierung durch Rechtsverordnung (§ 6 Abs. 2 OEG). Ist der Bund Kostenträger, ist zuständig das Bundesland, in dem der Geschädigte seinen Wohnsitz oder gewöhnlichen Aufenthalt hat oder das für den ausländischen Aufenthaltsstaat zuständige Land (§ 6 Abs. 1 S. 2 OEG). Das Bundesministerium für Arbeit und Soziales hat besondere Aufgaben im zwischenstaatlichen Bereich (§ 6 a OEG; vgl. hierzu auch die Richtlinie 2004/80/EG über die Entschädigung von Opfern von Straftaten in grenzüberschreitenden Fällen).

## 6.3.2 Anspruchsberechtigte

Anspruchsberechtigt kann grundsätzlich **jede Person** sein. Der Personenkreis wird erst dann auf den Einzelfall konkretisiert, wenn eine Person Opfer einer Gewalttat, etc. wird. Die im Gesetz genannten Anspruchsberechtigten („Wer") stehen daher erst – aber auch dann – fest, wenn sich in der konkreten Person das in § 1 OEG genannte **Risiko verwirklicht** hat. Die Person muss daher Opfer eines „tätlichen Angriff" (§ 1 Abs. 1 S. 1 OEG) geworden sein. Nach der Rechtsprechung des BSG liegt ein solcher vor, wenn ein gewaltsames, handgreifliches Vorgehen gegen eine Person in kämpferischer, feindseliger Absicht gegeben ist (BSGE 59, 46, 47). Entscheidendes Merkmal soll die in der Handlung hervortretende Rechtsfeindlichkeit sein (BSGE 59, 46, 48 f.; 108, 97, 108), sodass auch eine gewaltlose Handlung den Tatbestand verwirklichen kann (zum Stalking: BSGE 108, 97, 109 ff.). Ein ärztlicher Eingriff ist dann ein tätlicher Angriff i. S. d. § 1 Abs. 1 OEG, wenn er aus Sicht eines verständigen Dritten in keiner Weise dem Wohle des Patienten dient (BSG, SGb 2011, 273, 277 f.). **Ausländer** haben dieselben Ansprüche wie Deutsche (§ 1 Abs. 4 OEG). Die früher bestehende Unterscheidung zwischen bevorrechtigten Ausländern (insbesondere Bürgern der Mitgliedsstaaten, § 1 Abs. 4 OEG a. F.) und „sonstigen" Ausländern (§ 1 Abs. 5 und 6 OEG a. F.) existiert nicht mehr.

In § 2 Abs. 1 S. 1 OEG sind **Versagensgründe** für Entschädigungen nach dem OEG normiert. Leistungen sind zu versagen, wenn „der Geschädigte die Schädigung verursacht hat oder wenn es aus sonstigen, insbesondere in dem eigenen Verhalten des Anspruchstellers liegenden Gründen unbillig wäre, Entschädigung zu gewähren". Dabei ist der Begriff der Unbilligkeit nicht leicht zu fassen (vgl. hierzu Mrozynski 2019, § 5 Rz. 12 f.); nicht jedes riskante Verhalten darf als unbillig bewertet werden. § 2 Abs. 1 S. 2 OEG führt als besondere Versagensgründe die Beteiligung an politischen Auseinandersetzungen und kriegerischen Auseinandersetzungen sowie die Verwicklung in organisierte Kriminalität auf. Unterlässt die geschädigte Person das ihr Mögliche zur Aufklärung des Sachverhalts und zur Verfolgung des Täters, **können** Leistungen versagt werden (§ 2 Abs. 2 OEG).

Der Leistungsumfang und die Leistungshöhe richten sich nach dem Bundesversorgungsgesetz (§ 1 Abs. 1 S. 1 OEG). Sie umfassen insbesondere

* Heil- und Krankenbehandlung, Pflegeleistungen,
* Hilfsmittel (z. B. Prothesen, Zahnersatz, Rollstuhl),
* Entschädigungszahlungen für Geschädigte und Hinterbliebene,
* Bestattungs- und Sterbegeld,
* zusätzliche Fürsorgeleistungen bei wirtschaftlicher Bedürftigkeit (z. B. Hilfe zur Pflege, ergänzende Hilfe zum Lebensunterhalt).

Für Berechtigte ist wichtig, dass Leistungen erst ab Eingang eines **Antrags** (bei der zuständigen Behörde) geleistet werden. Der Ausgang eines Ermittlungs- oder Strafverfahrens braucht dabei nicht abgewartet zu werden. Bei Anspruchskongruenz

mit dem BVG oder dessen entsprechender Anwendung entfallen Ansprüche nach dem
OEG (§ 3 Abs. 2 OEG).

**Schmerzensgeld** wird nicht gezahlt, sodass die Geltendmachung eines immateriellen
Schadens allein dem Opfer obliegt. Ein solcher Schmerzensgeldanspruch geht auch nicht
gemäß § 5 OEG auf das leistende Land über.

### 6.3.3   Finanzierung

Die Finanzierung der Opferentschädigung erfolgt über Mittel der **Bundesländer (Steueraufkommen)**. Gemäß § 4 Abs. 1 OEG ist zur Gewährung der Versorgung das Land verpflichtet, in dem die berechtigte Person ihren **Wohnsitz**, bei Fehlen eines Wohnsitzes ihren
**gewöhnlichen Aufenthalt** hat. Dies gilt aber nur, „soweit die Absätze 2 bis 8 in Verbindung mit § 6 Absatz 1 nichts Abweichendes regeln". Diese Regelungen führen die
früher bis 2019 geltende Rechtslage fort, da bis dahin entscheidend war, in welchem Land
die Schädigung eingetreten war. Es handelt sich daher im Wesentlichen um Zuständig-
keits- bzw. Übergangsregelungen für bis zum 19.12.20219 eingetretene Schädigungen.
Der **Bund** beteiligt sich an den Kosten der Bundeländer. Gemäß § 4 Abs. 7 S. 1 OEG trägt
der Bund vierzig vom Hundert der Ausgaben, die den Ländern durch Geldleistungen nach
dem OEG entstehen. Schadensersatzansprüche der nach dem OEG leistungsberechtigten
Personen gegen Dritte gehen nach § 5 OEG i. V. m. § 81 a BVG auf das leistende Land
über (gesetzlicher geregelter **Forderungsübergang** von Schadensersatzansprüchen).

### 6.4   Entschädigung von Impfschäden

Die Entschädigung von **Impfschäden** basiert auf der Idee einer **staatlichen Schutzpflicht** gegenüber seinen Bürgern. Der Staat fördert das Impfen gegen bestimmte
Infektionskrankheiten. Deshalb ist einer Impfung ein stark reglementiertes Zulassungsverfahren des Impfstoffs vorgeschaltet. Folgt der Bürger der staatlichen Impfempfehlung,
soll er – zwar nicht frei von Nebenwirkungen jedoch – frei von schädigenden Impf-
folgen bleiben. Treten gleichwohl Impfschäden auf, ist deren Anknüpfungspunkt die
Verletzung der staatlichen Schutzpflicht. Treten Folgen durch die Verwendung nicht zugelassener Impfstoffe auf, handelt es sich dementsprechend nicht um einen Impfschaden
i. S. d. § 60 IfSG.

§ 2 Nr. 11 IfSG normiert den Begriff des **Impfschadens**. Impfschaden im Sinne des
Gesetzes ist die gesundheitliche und wirtschaftliche Folge einer über das übliche Ausmaß
einer Impfreaktion hinausgehenden gesundheitlichen Schädigung durch die Schutzimpfung; ein Impfschaden liegt auch vor, wenn mit vermehrungsfähigen Erregern geimpft
wurde und eine andere als die geimpfte Person geschädigt wurde. Erfasst ist der unmittelbare Schaden (sog. Primärschaden), eine mittelbare Schädigungsfolge (sog. Gesundheits-

störung) kann vom sozialen Entschädigungsrecht ebenfalls erfasst sein (BSGE 48, 187, 188; 60, 58, 59; demgegenüber verneint in BSGE 71, 1, 2: „... von der Entschädigungspflicht des Staates für die Folgen von Kriegsschäden sind nicht die Gesundheitsstörungen erfasst, die der Kriegsbeschädigte als Fahrer eines Kraftfahrtzeugs bei einem Verkehrsunfall erleidet.").

Noch nicht absehbar ist, welche Bedeutung der Folgenbeseitigung von Impfschäden in Folge der Impfungen gegen das **SARS-CoV-2-Virus** mit sich bringen wird bzw. könnte. Zur Bekämpfung der weltweiten Pandemielage wurden völlig neue Impfstoffe entwickelt, die in zeitlich bemerkenswerter Kürze eine Zulassung erhielten. Diese mRNA-Impfstoffe wirken anders als herkömmliche Impfstoffe. Zur Vermeidung bzw. Unterbrechung des Infektionsgeschehens dient eine Strategie des Testens und Impfens. In Bevölkerungsgruppen, für die noch keine zugelassenen Impfstoffe vorhanden sind, ist vorrangiges Instrument die Testung.

**Hintergrundinformation: mRNA-Impfstoffe**
Bei mRNA-Impfstoffen werden keine Krankheitserreger oder deren Bestandteile (Antigene) für den Aufbau des Impfschutzes genutzt. Stattdessen enthalten sie Teile des Erbguts des SARS-CoV-2-Virus in Form von messenger-RNA (kurz mRNA, Boten-RNA oder messenger Ribonukleinsäure). Durch die Impfung wird die mRNA in die Zellen im Muskelgewebe übertragen. Dort dient sie als Bauplan für die Herstellung einzelner Proteine (einzelner Bausteine des Virus, sog. Spikeprotein), die dann das Immunsystem zu einer gezielten Immunantwort anregen. Eine Immunreaktion anregende Proteine werden als Antigene bezeichnet. Die COVID-19-mRNA-Impfstoffe enthalten keine vermehrungsfähigen Impfviren, d. h. geimpfte Personen können auch keine Impfviren auf andere Personen übertragen.

## 6.4.1   Organisation – Träger

Innerhalb des Infektionsschutzgesetzes ist die Entschädigung von Impfschäden nur ein kleiner Teilbereich. Gleichwohl wird insoweit eine Sonderzuständigkeit geschaffen. Diese erklärt sich aus dem Umstand, dass der Ausgleich von Impfschäden nicht zum Kernbereich der zuständigen obersten Landesgesundheitsbehörden und örtlichen Gesundheitsämter gehört (vgl. § 54 IfSG). Deshalb knüpft das Gesetz an die Zuständigkeit der Versorgungsämter nach dem BVG an, um für alle Entschädigungstatbestände eine möglichst einheitliche Zuständigkeit zu schaffen. Gesetzlicher Anknüpfungspunkt ist § 64 Abs. 1 S. 1 IfSG. Nach dieser Norm wird die Versorgung von den für die Durchführung des **Bundesversorgungsgesetzes zuständigen Behörden** durchgeführt. Die örtliche Zuständigkeit der Behörden bestimmt die Regierung des Landes, das die Versorgung zu gewähren hat (§ 64 Abs. 1 S. 2 i. V. m. § 66 Abs. 2 IfSG). Grundsätzlich ist zuständig das Land, in dem der Schaden verursacht worden ist (§ 66 Abs. 2 Nr. 1 IfSG). Bei den Entschädigungstatbeständen nach § 60 Abs. 2 und 3 IfSG gilt gemäß § 66 Abs. 2 Nr. 2, 3 IfSG das Wohnsitzprinzip bzw. ist der gewöhnliche Aufenthalt relevant.

**Hintergrundinformation: Organisation des Infektionsschutzes**
Die Organisation der Aufgaben des Infektionsschutzgesetzes ist auf **Landesebene** über die obersten Landesgesundheitsbehörden und diesen nachgeordnet durch **kommunale** Gesundheitsbehörden, die Gesundheitsämter, geregelt.

Neben den Ländern und deren nachgeordneten Behörden übernimmt der **Bund** übergeordnete planerische Aufgabe für den Infektionsschutz. Gemäß § 5 IfSG erstellt die Bundesregierung durch allgemeine Verwaltungsvorschrift mit Zustimmung des Bundesrates einen Plan zur gegenseitigen Information von Bund und Ländern in epidemisch bedeutsamen Fällen. Die Norm hat im Rahmen der pandemischen Lage wegen des SARS-CoV-2-Virus erheblich Bedeutung erlangt.

Konzeptionell sind dem **Robert-Koch-Institut** wichtige Aufgaben übertragen. Das Institut hat im Rahmen des IfSG die Aufgabe, Konzeptionen zur Vorbeugung übertragbarer Krankheiten sowie zur frühzeitigen Erkennung und Verhinderung der Weiterverbreitung von Infektionen zu entwickeln (§ 4 Abs. 1 S. 1 IfSG; zu den weitern auch internationalen Aufgaben siehe insgesamt § 4 IfSG).

## 6.4.2   Anspruchsberechtigte

Der Kreis der möglichen berechtigten Personen ist ebenso wie bei der Gewaltopferentschädigung weit („Wer") gefasst und wird erst durch das **schädigende Ereignis** selbst festgelegt bzw. konkretisiert. Anspruchsnorm ist § 60 IfSG. Der Grundtatbestand ist in § 60 Abs. 1 S. 1 IfSG geregelt, die weiteren Tatbestände finden sich in § 60 Abs. 2 und 3 IfSG. § 60 Abs. 4 IfSG normiert Ansprüche von Hinterbliebenen des Geschädigten, § 60 Abs. 5 IfSG erweitert den Begriff des Impfschadens um die Folgen einer gesundheitlichen Schädigung.

**§ 60 Abs. 1 S. 1 IfSG**
Wer durch eine Schutzimpfung oder durch eine andere Maßnahme der spezifischen Prophylaxe, die

1.  von einer zuständigen Landesbehörde öffentlich empfohlen und in ihrem Bereich vorgenommen wurde,

    1a. gegen das Coronavirus SARS-CoV-2 aufgrund einer Rechtsverordnung nach § 20i Absatz 3 Satz 2 Nummer 1 Buchstabe a, auch in Verbindung mit Nummer 2, des Fünften Buches Sozialgesetzbuch vorgenommen wurde,

2.  auf Grund dieses Gesetzes angeordnet wurde,
3.  gesetzlich vorgeschrieben war oder
4.  auf Grund der Verordnungen zur Ausführung der Internationalen Gesundheitsvorschriften durchgeführt worden ist,

eine gesundheitliche Schädigung erlitten hat, erhält nach der Schutzimpfung wegen des Impfschadens im Sinne des § 2 Nr. 11 oder in dessen entsprechender Anwendung bei einer anderen Maßnahme wegen der gesundheitlichen und wirtschaftlichen Folgen der Schädigung auf Antrag Versorgung in entsprechender Anwendung der Vorschriften des Bundesversorgungsgesetzes, soweit dieses Gesetz nichts Abweichendes bestimmt.

Eine **Schutzimpfung** ist gemäß § 2 Nr. 9 IfSG „die Gabe eines Impfstoffes mit dem Ziel, vor einer übertragbaren Krankheit zu schützen". Vorrangiger Anwendungsfall von

§ 60 IfSG sind Folgen von öffentlichen **Impfempfehlungen** der obersten Landesgesundheitsbehörden, welche diese aufgrund Empfehlungen der beim Robert Koch-Institut eingerichteten Ständige Impfkommission aussprechen.

Ein **Impfschaden** liegt vor, wenn eine **übermäßige Impfreaktion** vorliegt, die einen Gesundheitsschaden bewirkt (BGSE 60, 58, 59). Eine übermäßige Impfreaktion liegt vor, wenn ein über das übliche Ausmaß einer Impfreaktion hinausgehende gesundheitliche Schädigung festzustellen ist (Mrozynski 2019, § 5 Rz. 15). Da dies im konkreten Sachverhalt nur schwer festzustellen ist, hat der Gesetzgeber in § 61 S. 1 IfSG zugunsten berechtigter Personen eine **Beweiserleichterung** normiert. Demnach genügt zur Anerkennung eines Gesundheitsschadens als Folge einer Schädigung im Sinne des § 60 Abs. 1 Satz 1 die Wahrscheinlichkeit des ursächlichen Zusammenhangs.

Bei **Zusammentreffen** von Ansprüchen aus § 60 IfSG mit Ansprüchen aus § 1 BVG oder in entsprechender Anwendung des BVG, ist unter Berücksichtigung des durch die gesamten Schädigungsfolgen bedingten Grades der Schädigungsfolgen eine **einheitliche Rente** festzusetzen (§ 63 Abs. 1 IfSG).

Zur **Bekämpfung der Corona-Pandemie** wurde die Sonderregelung des § 60 Abs. 1 S. 1 Nr. 1a IfSG geschaffen. Bei der Impfung gegen das SARS-CoV-2-Virus kommt es auf eine Impfempfehlung der Länder nicht an. Entschädigung wird dann gewährt, wenn die Impfung gegen das Virus aufgrund einer Rechtsverordnung des BMG vorgenommen wurde.

### 6.4.3 Finanzierung

Das Infektionsschutzgesetz ist als Bundesgesetz Gegenstand der konkurrierenden Gesetzgebung nach Art. 74 Abs. 1 Nr. 19 GG. Es wird von den Ländern als eigenen Angelegenheit ausgeführt (Art. 83 GG). Kostenträger der Leistungen von Impfschäden sind die **Bundesländer** (vgl. § 66 Abs. 2 IfSG). Die Kosten werden daher grundsätzlich über **Steuermittel** finanziert. In den Fällen des § 63 Abs. 1 IfSG (Zusammentreffen von Ansprüchen) sind die Kosten, die durch das Hinzutreten der weiteren Schädigung verursacht werden, von dem Leistungsträger zu übernehmen, der für die Versorgung wegen der weiteren Schädigung zuständig ist (§ 66 Abs. 3 IfSG). Schadensersatzansprüche der nach dem IfSG leistungsberechtigten Personen gegen Dritte gehen nach § 63 Abs. 4 IfSG i. V. m. § 81 a BVG auf das leistende Land über (gesetzlicher geregelter **Forderungsübergang** von Schadensersatzansprüchen).

### 6.5 Wehrdienstbeschädigung

Das **Soldatenversorgungsgesetz** regelt die Versorgung von Soldaten der Bundeswehr, die in Ausübung ihres Dienstes einen gesundheitlichen Schaden erlitten haben. Insoweit kann auf das zur Kriegsopferversorgung und -entschädigung Abschn. 6.2 Gesagte verwiesen werden.

**Hintergrundinformation: Soldatenentschädigungsgesetz**
Der Gesetzgeber hat im Zuge der Kodifikation des SGB XIV auch die Soldatenversorgung neu geregelt. Im Wesentlichen mit Wirkung ab dem 01.01.2025 tritt das Soldatenentschädigungsgesetz in Kraft (Gesetz vom 20.08.2021, BGBl. I 2021, S. 3932). Zum 31.12.2024 tritt das Soldatenversorgungsgesetz außer Kraft.

## 6.5.1   Organisation – Träger

Für Wehrdienstschäden und hieraus zustehende Versorgungsleistungen ist die Bundeswehrverwaltung zuständig. Innerhalb der **Bundeswehrverwaltung** ist die Abwicklung der sozialen Entschädigungsleistungen beim Bundesamt für das Personalmanagement der Bundeswehr in Düsseldorf zentralisiert.

## 6.5.2   Anspruchsberechtigte

Die soziale Entschädigung und Versorgung der **ehemaligen Soldaten** der Bundeswehr und ihrer **Hinterbliebenen** regelt das SVG, soweit im Einzelnen nichts anderes bestimmt ist (§ 1 SVG).

**Hintergrundinformation: Ruhestandsversorgung der Berufssoldaten**
Von der Beschädigtenversorgung ist die Ruhestandsversorgung der **Berufssoldaten** zu unterscheiden. § 27 Abs. 1 S. 1 SVG bestimmt insoweit, dass auf einen Berufssoldaten, der wegen Dienstunfähigkeit infolge eines Dienstunfalles in den Ruhestand versetzt worden ist, sind die §§ 36, 37, 44 Absatz 1 und 2 sowie die §§ 45 und 87 des Beamtenversorgungsgesetzes entsprechend anzuwenden sind. Als Dienst gilt dabei auch das Zurücklegen des mit dem Dienst zusammenhängenden Weges nach und von der Dienststelle (§ 27 Abs. 3 S. 1 SVG). Wurde die Dienstunfähigkeit durch eine Wehrdienstbeschädigung oder einen Dienstunfall verursacht, wird das Ruhegehalt ohne Versorgungsabschlag gezahlt.

Der Grundtatbestand ist in § 80 S. 1 SVG geregelt. Ein Soldat, der eine **Wehrdienstbeschädigung** erlitten hat, erhält nach Beendigung des Wehrdienstverhältnisses wegen der **gesundheitlichen und wirtschaftlichen Folgen** der Wehrdienstbeschädigung **auf Antrag** Versorgung in entsprechender Anwendung der Vorschriften des **Bundesversorgungsgesetzes**.

Als **Wehrdienstbeschädigungen** angesehen werden gesundheitliche Schäden durch

- Wehrdienstverrichtungen (§ 81 Abs. 1 SVG),
- Unfälle während der Dienstausübung (§ 81 Abs. 1 SVG),
- wehreigentümliche Verhältnisse (§ 81 Abs. 1 SVG),
- Unfälle bei der Durchführung bestimmter Maßnahmen (§ 81 Abs. 2 bis 4 SVG) einschließlich der Wegeunfälle.

Daneben kommen gemäß § 81 Abs. 2 SVG gesundheitliche Schäden durch Angriffe auf den Soldaten wegen seines pflichtgemäßen dienstlichen Verhaltens, wegen seiner Zugehörigkeit zur Bundeswehr sowie bei Kriegshandlungen, Aufruhr oder Unruhen, denen er am Ort seines dienstlich angeordneten Aufenthalts im Ausland besonders ausgesetzt war, in Betracht.

Ebenso wie in den anderen Versorgungs- und Entschädigungsgesetzen scheiden Ansprüche bei **absichtlich herbeigeführter gesundheitlicher Schädigung** aus (§ 81 Abs. 8 SVG). Auch enthält das Gesetz in § 81 Abs. 6 SVG zugunsten des Berechtigten eine **Beweiserleichterung**, welche den anderen Versorgungs- und Entschädigungsgesetzen entspricht. Zur Anerkennung einer Gesundheitsstörung als Folge einer Wehrdienstbeschädigung genügt deshalb die Wahrscheinlichkeit des ursächlichen Zusammenhangs.

### 6.5.3  Finanzierung

Die Aufwendungen für Versorgungsleistungen nach dem SVG trägt der **Bund** aus Steuermitteln.

## 6.6  Häftlingshilfegesetz

Das **Häftlingshilfegesetz** knüpft an die Situation nach dem Zweiten Weltkrieg an. Es werden Lebenssachverhalte erfasst, die an **politisch motivierte Haftsituationen** im Rahmen der Besatzung der Ostgebiete des ehemaligen Deutschen Reichs bzw. unter dessen Einflussbereich stehender Gebiete anknüpfen. Dementsprechend kam dem HHG insbesondere in den Nachkriegsjahren und mit Blick auf sog. „Volksdeutsche", die im Hoheitsgebiet insbesondere der ehemaligen Sowjetunion (sowie anderer Ostblockstaaten) lebten und die nach der deutschen Wiedervereinigung in das Hoheitsgebiet der Bundesrepublik Deutschland übersiedelten, große praktische Bedeutung zu. Durch das Versterben der (Nach-) Kriegsgeneration bzw. der sog. Spätaussiedler wird der Anwendungsbereich des HHG in der Zukunft erlöschen.

### 6.6.1  Organisation – Träger

§ 10 Abs. 1 S. 1 HHG legt die Zuständigkeit der jeweiligen **Landesbehörden** fest. Für die Gewährung von Leistungen nach den §§ 4, 5 und 8 sind die Behörden zuständig, denen die **Durchführung des Bundesversorgungsgesetzes** und des Unterhaltsbeihilfegesetzes obliegt. Soweit die Versorgungsbehörden zuständig sind, richtet sich das Verfahren nach den für die Kriegsopferversorgung geltenden Vorschriften (§ 10 Abs. 1 S. 2 HHG). Für Eingliederungshilfen nach § 9 a bis 9 c HHG sind die von den Landesregierungen bestimmten Stellen zuständig.

## 6.6.2   Anspruchsberechtigte

Allgemein gesagt sind anspruchsberechtigt Personen, die in der sowjetischen Besatzungszone oder im sowjetischen Sektor Berlins oder in den Staaten des Ostblocks aus **politischen Gründen in Gewahrsam genommen** wurden, sowie deren Angehörige und Hinterbliebene. Das Gesetz umschreibt den Personenkreis in mehreren Normen, die wiederum
an das Bundesvertriebenengesetz anknüpfen. Der Grundtatbestand ist in § 1 Abs. 1 HHG
geregelt.

> **§ 1 Abs. 1 HHG**
> Leistungen nach Maßgabe der folgenden Vorschriften erhalten **deutsche
> Staatsangehörige** und **deutsche Volkszugehörige**, wenn sie
>
> 1. nach der Besetzung ihres Aufenthaltsortes oder nach dem 8. Mai 1945 in der
>    sowjetischen Besatzungszone oder im sowjetisch besetzten Sektor von Berlin oder
>    in den in § 1 Abs. 2 Nr. 3 des Bundesvertriebenengesetzes genannten Gebieten aus
>    politischen und nach freiheitlich-demokratischer Auffassung von ihnen nicht zu
>    vertretenden Gründen in Gewahrsam genommen wurden oder
> 2. Angehörige der in Nummer 1 genannten Personen sind oder
> 3. Hinterbliebene der in Nummer 1 genannten Personen sind
>
> und den gewöhnlichen Aufenthalt im Geltungsbereich des Gesetzes genommen haben.

Das Gesetz definiert daher vier Tatbestandsvoraussetzungen, nämlich

1. die Staats- bzw. Volkszugehörigkeit,
2. die politisch motivierte Ingewahrsamnahme
3. in besetzten „Ostgebieten" sowie
4. nunmehr den gewöhnlichen Aufenthalt in der Bundesrepublik Deutschland.

§ 1 Abs. 5 S. 1 HHG definiert den Begriff des **Gewahrsams** dahingehend, dass „ein Fest-
gehaltenwerden auf engbegrenztem Raum unter dauernder Bewachung" gegeben sein
muss. Einen besonderen Ausschluss definiert § 1 Abs. 6 HHG. Kein Gewahrsam im Sinne
des Gesetzes ist „eine lagermäßige Unterbringung als Folge von Arbeitsverpflichtungen
oder zum Zwecke des Abtransportes von Vertriebenen oder Aussiedlern".

§ 2 Abs. 1 HHG definiert **Ausschlussgründe**. Die Ausschlüsse sind auch gegenüber
Angehörigen und Hinterbliebenen wirksam (§ 2 Abs. 4 HHG). Von Leistungen ausgeschlossen sind daher folgende Personenkreise:

- Personen, die in den Gewahrsamsgebieten (§ 1 Abs. 1 Nr. 1 HHG) dem dort herrschen-
  den politischen System erheblich Vorschub geleistet haben,
- Personen, die während der Herrschaft des Nationalsozialismus oder in den
  Gewahrsamsgebieten (§ 1 Abs. 1 Nr. 1) durch ihr Verhalten gegen die Grundsätze

der Rechtsstaatlichkeit oder Menschlichkeit verstoßen haben (also in der Regel damit einhergehend: Kriegsverbrechen begangen haben),

- Personen, die nach dem 8. Mai 1945 durch deutsche Gerichte wegen vorsätzlicher Straftaten zu Freiheitsstrafen von insgesamt mehr als drei Jahren rechtskräftig verurteilt worden sind (soweit die Verurteilung nicht auf in § 1 Abs. 1 Nr. 1 genannte Gründe beruht).

Erlitt eine leistungsberechtigte Person während des Gewahrsams eine Schädigung, erhält sie Versorgung in analoger Anwendung der Bestimmungen des Bundesversorgungs-gesetzes. Leistungen erhalten auch Hinterbliebene, wenn der Gewahrsam zum Tod des Inhaftierten führte. Das Vorrang-Nachrang-Verhältnis von Leistungen nach HHG gegen-über denjenigen nach BVG regelt § 6 HHG.

Bis zum 30. Juni 2016 zahlte zudem die **Stiftung für ehemalige politische Häftlinge** (vgl. §§ 15 ff. HHG) an jeden in Gewahrsam Genommenen eine im Wesentlichen aus Bundesmitteln finanzierte (§ 16 HHG) monatliche Opferrente. Diese Leistungen wurden inzwischen aufgrund des hohen Alters der Zielgruppe eingestellt und durch eine Einmal-zahlung abgefunden (vgl. § 18 S. 4 HHG).

### 6.6.3 Finanzierung

Gemäß § 13 HHG trägt der **Bund** die durch **Steuermittel** finanzierten Aufwendungen für Leistungen nach dem HHG jeweils in dem gleichen Umfange wie die Aufwendungen für Leistungen, die unmittelbar auf Grund der Gesetze gewährt werden, die in diesem Gesetz für entsprechend anwendbar erklärt sind. Mit anderen Worten trägt der Bund die Auf-wendungen im gleichen Umfang wie nach Bundesversorgungsgesetz.

## 6.7 Zusammenfassung

Das **SGB XIV** wird in wesentlichen Teilen ab dem 01.01.2024 in Kraft treten und das Soziale Entschädigungsrecht in einem einheitlichen Gesetz zusammenfassen.

Das soziale Versorgungs- und Entschädigungsrecht erfasst sozialstaatliche Leistungen, mit denen Folgen **gesundheitlicher Schädigungen** ausgeglichen werden sollen, für die eine besondere **Verantwortung der Allgemeinheit** anzuerkennen ist. Anknüpfungspunkt dafür ist ein vom Einzelnen erbrachtes **Sonderopfer**. Alle anspruchsbegründeten Tat-bestände haben gemein, dass eine Kausalkette zwischen Schädigung und Gesundheits-schaden bestehen muss. Da der Staat das individuelle Sonderopfer ausgleicht, werden Leistungen über das allgemeine **Steueraufkommen** finanziert.

Die **Kriegsopferversorgung- und Entschädigung** knüpft an den militärischen Dienst während des 2. Weltkriegs an. Sie ist eine besondere sozialstaatlich geprägte Ausgestaltung des allgemeinen Aufopferungsanspruchs. Zuständig sind die Länder und dort die Versorgungsämter und Landesversorgungsämter. Da die übrigen sozialen Versorgungs- und Entschädigungsgesetze auf das BVG verweisen, sind die Behörden der Kriegsopferversorgung und -entschädigung auch für die Durchführung des übrigen sozialen Versorgungs- und Entschädigungsrecht zuständig.

Wer **in Deutschland Opfer** einer vorsätzlichen **Gewalttat** wird und dadurch eine gesundheitliche Schädigung erleidet, kann einen Anspruch auf Opferentschädigung geltend machen. Seit 2009 gilt dies auch unter besonderen Voraussetzungen für Gewalttaten im Ausland. Ziel der Gewaltopferentschädigung ist, die gesundheitlichen und wirtschaftlichen Folgen solcher Taten auszugleichen. Wichtige Versagensgründe sind eigene Schädigungsverursachung oder wenn es aus sonstigen Gründen unbillig wäre, Entschädigung zu gewähren.

Die Entschädigung von **Impfschäden** basiert auf der Idee einer staatlichen Schutzpflicht gegenüber seinen Bürgern vor Infektionskrankheiten. Impfschaden ist die gesundheitliche und wirtschaftliche Folge einer über das übliche Ausmaß einer Impfreaktion hinausgehenden gesundheitlichen Schädigung durch die Schutzimpfung. Vorrangiger Anwendungsfall sind Folgen von öffentlichen Impfempfehlungen der obersten Landesgesundheitsbehörden, welche diese aufgrund Empfehlungen der beim Robert Koch-Institut eingerichteten Ständige Impfkommission aussprechen.

Das **Soldatenversorgungsgesetz** regelt die Versorgung von Soldaten der Bundeswehr, die in Ausübung ihres Dienstes einen gesundheitlichen Schaden erlitten haben. Zuständig ist die Bundeswehrverwaltung. Ein Soldat, der eine Wehrdienstbeschädigung erlitten hat, erhält nach Beendigung des Wehrdienstverhältnisses wegen der gesundheitlichen und wirtschaftlichen Folgen der Wehrdienstbeschädigung auf Antrag Versorgung in entsprechender Anwendung der Vorschriften des Bundesversorgungsgesetzes.

Das **Häftlingshilfegesetz** erfasst Lebenssachverhalte, die an **politisch motivierte Haftsituationen** im Rahmen der Besatzung der Ostgebiete des ehemaligen Deutschen Reichs bzw. unter dessen Einflussbereich stehender Gebiete anknüpfen. Anspruchsberechtigt sind Personen, die in diesen Gebieten Ostblocks aus politischen Gründen in Gewahrsam genommen wurden.

## Literatur

Eichenhofer, Soziale Entschädigung – quo vadis? SOZIALRECHTaktuell Sonderheft 2017, Seiten 6 bis 12

Hase, Soziales Entschädigungsrecht, in: Ruland/Becker/Axer (Hrsg.), Sozialrechtshandbuch, 6. Auflage, Baden-Baden 2018, § 26

Mrozynski, Kommentar zum SGB I, 6. Auflage, München 2019

Schmachtenberg, Erster Arbeitsentwurf eines Gesetzes zur Regelung des sozialen Entschädigungsrechts – Konzeption und Inhalt, SOZIALRECHTaktuell Sonderheft 2017, Seiten 18 bis 23

Tabbara, Neues Sozialgesetzbuch XIV – Die Reform des Sozialen Entschädigungsrechts, NZS 2020, 210 bis 217

Verkehrsopferfonds, Garantiefonds, (http://www.verkehrsopferhilfe.de/de/garantiefonds/, Stand 08.10.2021

## Weiterführende Literatur

Bundesministerium für Arbeit und Soziales, Übersicht über die Versorgungsämter, https://www. bmas.de/SharedDocs/Downloads/DE/Soziale-Sicherung/adressen-und-internetseiten-der-landesversorgungsbehoerden.pdf;jsessionid=974AD7A2588FE6193B060652CAE6906C. delivery1-replication?__blob=publicationFile&v=2, Stand 08.10.2021

Dau, Der lange Weg vom RVG zum neuen sozialen Entschädigungsrecht, SOZIALRECHTaktuell Sonderheft 2017, Seiten 1 bis 5

Eckert-Knappe, Kapitel 22 Lastenausgleich, BMAS, Übersicht über das Sozialrecht, 14. Auflage, Ausgabe 2017/2018, Nürnberg 2017

Eichenhofer, Sozialrecht, 11. Auflage Tübingen 2019, § 19

Erlenkämper/Fichte, Sozialrecht, 6. Auflage, Köln 2008, Kapitel 20

Löbner, Warum brauchen wir ein neues soziales Entschädigungsrecht – das Leitgesetz des BVG als Auslaufmodell?, SOZIALRECHTaktuell Sonderheft 2017, Seiten 13 bis 15

Müller-Piepenkötter, Warum brauchen wir ein neues soziales Entschädigungsrecht – das Leitgesetz des BVG als Auslaufmodell?, SOZIALRECHTaktuell Sonderheft 2017, Seiten 16 bis 18

Muckel/Ogorek/Rixen, Sozialrecht, 5. Auflage, München 2019, § 16

Waltermann, Sozialrecht, 14. Auflage Heidelberg 2020, § 13

Wältermann, Kapitel 23 Soziale Entschädigung bei Gesundheitsschäden, BMAS, Übersicht über das Sozialrecht, 16. Auflage, Ausgabe 2019/2020, Nürnberg 2019

# Soziale Förderung

> **Lernziele**
>
> Im siebten Kapitel werden staatlich organisierte, soziale Förderungen vorgestellt. Sie lernen die Grundlagen sozialer Förderungssysteme kennen und in die sozialen Rahmenbedingungen der Verfassung einzuordnen. Sie können nach der Bearbeitung dieses Kapitels die unterschiedlichen verfassungsrechtlichen Vorgaben unterscheiden. Sie werden befähigt, regelungspflichtige Sachverhalte und die gesetzgeberische Umsetzung zu analysieren und in dem gesellschaftlichen Zusammenhang darzustellen. Weiterhin können Sie die Regelungsgebiete dieses Kapitels beschreiben und präsentieren.

Stellt man die Frage, was soziale Förderung ist und welche Bereiche bzw. Sachverhalte sozial förderungswürdig sind, erhält man höchst unterschiedliche Antworten. Das liegt an unterschiedlichen Weltanschauungen, Ansichten sowie an politischen, soziologischen, religiösen, etc. Überzeugungen. Dies gilt sowohl auf Ebene jedes einzelnen Menschen als auch auf Ebene von Interessenverbünden, wie diese z. B. mit politischen Parteien, Arbeitgebervertretungen, Arbeitnehmervertretungen, etc. bestehen. Da der verfassungsrechtliche Rahmen für soziale Förderung als – zum großen Teil – „ad on" einer Mindestsicherung dem Gesetzgeber einen **weiten Gestaltungsspielraum** eröffnet, richtet sie sich und ihre Ausgestaltung einerseits am Gestaltungswillen und der Gestaltungsmöglichkeit der aktuell regierenden Mehrheit sowie andererseits an der Kompromissmöglichkeit und Kompromissfähigkeit der aktuell oppositionellen Minderheit. Denn es ist Wesen einer Demokratie, dass sich Mehrheitsverhältnisse ändern können, sodass deswegen die Beteiligten tendenziell an einer über die bloßen Mehrheitsverhältnisse getragenen Lösung interessiert sind. Dies gilt umso mehr für „soziale Wohltaten", die – wenn nicht verpflichtend zu

© Springer Fachmedien Wiesbaden GmbH, ein Teil von Springer Nature 2022
R. Möller, *Finanzierung und Organisation des Sozialstaates*,
https://doi.org/10.1007/978-3-658-37190-6_7

regeln – nicht zum Pflichtprogramm gesetzgeberischen Handelns gehören. Es zeigt sich nämlich, dass einmal eingeführte Fördersysteme wegen des gesellschaftlichen Drucks kaum abzuschaffen und nur schwer zu verändern sind.

Das Kapitel befasst sich mit den monetären Aspekten der sozialen Förderung. Deshalb bleiben Förderaspekte wie z. B. Elternzeit nach dem BEEG, der Anspruch auf Förderung in Tageseinrichtungen und in der Kindertagespflege (§ 24 SGB VIII) oder (arbeitsrechtliche) Schutzvorschriften von Müttern bzw. Eltern unberücksichtigt. Ebenso werden nicht dem Kern des Sozialrechts angehörende Fragen, wie insbesondere die Bereitstellung genügenden und bezahlbaren Wohnraums (Diskussion um den sog. „Mietendeckel"), nicht erörtert. Das System der Arbeitsförderung wird abschließend in Abschn. 4.5 abgearbeitet.

## 7.1   Ausbildungsförderung

Die **Ausbildungsförderung** knüpft verfassungsrechtlich an die Freiheitsgrundrechte an. Aus Art. 12 Abs. 1 GG folgt einerseits das – berufsbezogene – Recht auf Bildung und andererseits die Garantie der Berufswahl- und Berufsausübungsfreiheit (vgl. B VerfGE 43, 291, 363 sowie B VerfGE 45, 393, 397 f. zur Wahlfreiheit auch eines zweiten Ausbildungsberufes; für die Wahl eines Studiengangs B VerfGE 33, 303, 337 f., 345 f.). Die Umsetzung dieser Verfassungsgarantien umfasst die Wahl des Ausbildungsberufs sowie der Ausbildungsstätte. Um sozialrechtlich jedem Menschen unabhängig von sozialem Status und finanziellen Möglichkeiten die Ausübung dieser Freiheitsgrundrechte zu ermöglichen, hat der Staat als Teilhabemöglichkeit die Ausbildungsförderung geschaffen. Deren Gewährung knüpft deshalb v. a. an die finanziellen Möglichkeiten des Einzelnen (also der **Bedürftigkeit** des Auszubildenden) sowie zum Unterhalt Verpflichteter (finanzielle **Leistungsfähigkeit** der Eltern) an. Insoweit greifen zivilrechtliche Unterhaltsansprüche und Ausbildungsförderung ineinander. Zivilrechtlich besteht ein Unterhaltsanspruch (in diesem Zusammenhang betrachtet: der Kinder gegenüber den Eltern) gemäß § 1601 BGB, der auch die Kosten einer angemessenen Vorbildung des Kindes zu einem Beruf umfasst (§ 1610 Abs. 2 BGB). Forderungen nach einer bedürftigkeitsunabhängigen Ausbildungsförderung losgelöst von der unterhaltsrechtlichen Situation („BAföG für Alle", aktuell vertreten von der Freie Demokratische Partei e.V. (FDP 2021) ebenso wie von der Partei DIE LINKE (2021) stellen deshalb eine Abkehr von dieser Systematik dar und würden diesen Bereich der sozialen Förderung deutlich ausbauen.

Das zivilrechtliche System des Unterhaltsrechts würde ohne wertenden Eingriff des Gesetzgebers über die Ausbildungsförderung zu gesamtgesellschaftlich unerwünschten und als ungerecht empfundenen Ergebnissen führen, sodass die **Chancengleichheit** und **Teilhabemöglichkeiten** des Einzelnen allein von den wirtschaftlichen Möglichkeiten der Elterngeneration abhängen würde. Der zivilrechtliche Unterhaltsanspruch des Kindes ist nämlich unterschiedlich hoch und bemisst sich nach der wirtschaftlichen Leistungsfähigkeit der unterverpflichteten Eltern. Das heißt, dass unterhaltsberechtigte Kinder wirtschaftlich leistungsfähiger Eltern gegenüber diesen einen Anspruch auf hohen Ausbildungsunterhalt haben, wohingegen Kinder wirtschaftlich weniger leistungsfähiger Eltern einen in der Höhe geringeren Anspruch haben. Folge ist unterhaltsrechtlich, dass ein Anspruch des Kindes auf Unterhalt für ein teures Studium nur gegenüber wirtschaftlich leistungsfähigen Eltern besteht. Der wirtschaftliche Erfolg der Elterngeneration würde daher voll auf die Kindergeneration durchschlagen, eine wirtschaftliche Spaltung der Gesellschaft wäre die Folge; zudem könnten die Potenziale der Kindergeneration nicht vollständig ausgeschöpft werden.

Die **Gesetzgebungszuständigkeit** des Bundes für die Ausbildungsförderung folgt aus Art. 74 Abs. 1 Nr. 13 GG („Ausbildungsbeihilfe"). Sozialrechtlich sind die Grundsätze der Ausbildungsförderung in § 18 SGB I enthalten, die Umsetzung der Ausbildungsförderung erfolgt v. a. über das BAföG bzw. für die nichtakademische berufliche Erstausbildung (sowie eine zweite berufliche Ausbildung mit dem Ziel der dauerhaften beruflichen Eingliederung) über das SGB III (vgl. dort §§ 56 ff.) sowie ergänzend für die berufliche Aufstiegsqualifizierung über das Aufstiegsfortbildungsförderungsgesetz (AFBG). Für begabte Studierende an staatlich anerkannten Hochschulen kann eine Förderung nach dem Stipendienprogrammgesetz möglich sein. Sämtliche Maßnahmen werden als gesamtgesellschaftliche Herausforderung über das allgemeine **Steueraufkommen** finanziert.

**Zielrichtung** der Ausbildungsförderung können unterschiedliche Bildungsmaßnahmen sein. Es sind dies

- die berufliche Erstausbildung – gleich ob akademischer oder nichtakademischer Art – sowie
- die Ausbildung zum beruflichen Aufstieg; eine Sonderform hiervon ist das sog. „Meister-BAföG".

Das größte Anwendungsgebiet der Ausbildungsförderung war seit jeher und ist es auch aktuelle die berufliche akademische Erstausbildung. Da Kinder einkommensschwacher Elternhäuser unterhaltsrechtlich keinen Anspruch auf finanzielle Unterstützung für eine kostspielige akademische Erstausbildung haben, versucht die Ausbildungsförderung gerade hier Abhilfe zu schaffen und diese berufliche Möglichkeit zu eröffnen. Dabei ist der Staat in der Umsetzung der Ausbildungsförderung wie auch sonst an verfassungsrechtliche Vorgaben gebunden. Diese Teilhabemöglichkeit muss daher insbesondere gleichheitsgerecht und unter Berücksichtigung des Grundsatzes der Verhältnismäßigkeit umgesetzt werden. Zugleich ist dem Gesetzgeber allerdings nicht verwehrt, Grenzen der Teilhabemöglichkeiten zu definieren. Zum Beispiel, knüpft die Förderungsfähigkeit nach § 10 Abs. 3 BAföG an das Lebensalter bei Beginn der beruflichen bzw. akademischen Ausbildung an (akzeptiert durch BVerfG vom 03.09.2014, 1 BvR 1768/11).

§ 18 Abs. 1 SGB I definiert, welche Leistungen Gegenstand der Ausbildungsförderung sein können. Es gibt zwei **Leistungsarten**, nämlich **Zuschüsse** oder **Darlehen**. Zweckrichtung von Zuschüssen oder Darlehen können das Bestreiten des Lebensunterhalts und die Absolvierung der Ausbildung sein. Zuschüsse sind Vermögenszuwendungen, die nicht zurückgezahlt werden müssen. Bei Darlehen wird dem Darlehensempfänger ein Geldbetrag zur Verfügung gestellt, welcher dieser zuzüglich eines Entgelts (Zinsen) zurückzahlen muss (vgl. § 488 Abs. 1 BGB). § 18 Abs. 2 SGB I enthält die grundlegende Festlegung, welche Behörden für die Ausbildungsförderung zuständig sind. Es sind dies die Ämter und die Landesämter für Ausbildungsförderung nach Maßgabe der §§ 39, 40, 40 a und 45 BAföG.

Der **Umfang** der Ausbildungsförderung ist gemessen an dem gesamten Sozialbudget eher gering. Nach der den veröffentlichten Daten des Statistischen Bundesamtes (Destatis, Ausbildungsförderung 2021) (Schmehl 2009) erhielten im Jahr 2020 insgesamt 639.069 Menschen BAföG-Förderung. Das finanzielle Volumen betrug 2863 Milliarden Euro. Davon entfallen auf Studierende (465.543 Geförderte) 2,21 Milliarden Euro. Die übrige Förderung erfolgt an Schülerinnen und Schüler. Bei den Studierenden halten sich die Förderinstrumente Zuschuss und Darlehen ungefähr die Waage, wohingegen Schülerförderung zu 100 % durch Zuschüsse erfolgt. Bei der Aufstiegsförderung nach dem AFBG wurden nach den Daten des Statistischen Bundesamtes (Fachserie 11, Reihe 8, Seite 32) im Jahr 2020 insgesamt 178.165 Menschen gefördert. Der finanzielle Aufwand lag bei 783 Millionen Euro, wobei die Förderungsform Zuschüsse mit ca. 61 v. H. gegenüber Darlehen überwog.

> **Zusammenfassung, Merksatz**
> Ausbildungsförderung knüpft an zivilrechtliche Unterhaltspflichten an. Zweck ist, die Teilhabemöglichkeiten und Chancengleichheit im Bereich der beruflichen Bildung sicherzustellen. Ausbildungsförderung wird durch Zuschüsse oder Darlehen geleistet.

## BAföG

**Ausbildungsförderung** wird **nachrangig** zum familienrechtlichen Ausbildungsunterhalt (§ 1 BAföG, „…wenn dem Auszubildenden die für seinen Lebensunterhalt und seine Ausbildung erforderlichen Mittel anderweitig nicht zur Verfügung stehen") gewährt. Daneben ist der Anspruch gemäß § 2 Abs. 6 BAföG ausgeschlossen, wenn der Auszubildende

- Unterhaltsgeld, Arbeitslosengeld bei beruflicher Weiterbildung nach SGB III oder Arbeitslosengeld II bei beruflicher Weiterbildung nach SGB II erhält,
- Leistungen von den Begabtenförderungswerken erhält,
- als Beschäftigter im öffentlichen Dienst Anwärterbezüge oder ähnliche Leistungen aus öffentlichen Mitteln erhält oder
- als Gefangener Anspruch auf Ausbildungsbeihilfe nach den §§ 44, 176 Abs. 4 des Strafvollzugsgesetzes hat.

Ausbildungsförderung wird auf **Antrag** (§ 46 BAföG) gemäß § 2 Abs. 1 S. 1 BAföG in den praktisch relevantesten Fällen geleistet für den über die Zeit der Schulpflicht hinausgehenden Besuch von

- allgemeinbildenden Schulen (Schüler),
- beruflichen (fach-) Schulen sowie
- Hochschulen (Studierende) oder von Akademien, die Abschlüsse verleihen, die nach Landesrecht Hochschulabschlüssen gleichgestellt sind (neu hinzugekommen sind hierzu durch das 26. BaföGÄndG [BGBl. I 2019 vom 08.07.2019, S. 1048] nichtstaatliche Berufsakademien).

Dabei geht das Gesetz von einer **Ausbildung in Vollzeit** aus, sodass grundsätzlich andere Erwerbsmöglichkeiten zur Sicherung der Bedarfe nicht bestehen. Sinn und Zweck dieser Grundkonzeption ist die erste berufliche Qualifizierung bzw. allgemeinbildende Höherqualifizierung (insbesondere zur Erlangung der allgemeinen Hochschulreife). Die Förderung soll dabei grundsätzlich für die Ausbildung im Inland stattfinden (§ 4 BAföG, Ausnahmen §§ 5 bis 6 BAföG). **Förderfähig** ist die **berufliche Erstausbildung** an einer allgemeinbildenden oder beruflichen Schule sowie einer Hochschule oder dieser gleichgestellten Bildungseinrichtung (§ 7 Abs. 1 BAföG). Hierzu zählen nach § 7 Abs. 1a BAföG z. B. auch ein Master- oder Magisterstudiengang sowie ein postgradualer Diplomstudiengang und nach Absatz 1b der Norm Studiengänge, die ganz oder teilweise mit einer staatlichen Prüfung abschließen (Staatsexamensstudiengang). Ausnahmsweise wird auch für eine „einzige weitere Ausbildung ... längstens bis zu einem berufsqualifizierenden Abschluss" Ausbildungsförderung geleistet (§ 7 Abs. 2 BAföG).

Den förderungsfähigen **Personenkreis** definiert § 8 BAföG (vgl. auch § 60 SGB III, § 8 AFBG) sehr weit. Für Schüler gemäß § 2 Abs. 1 S. 1 Nr. 1 BAföG zum Besuch weiterführender allgemeinbildender Schulen und Berufsfachschulen definiert § 2 Abs. 1a BAföG besondere persönliche Voraussetzungen. Die zu fördernde Person muss weiterhin Leistungen erbringen, die erwarten lassen, dass das angestrebte Ausbildungsziel erreicht wird (§ 9 Abs. 1 BAföG). Weiterhin normiert § 10 BAföG eine Altershöchstgrenze von 30 bzw. 35 Jahren für bestimmte Studiengänge.

Der **Umfang** der Ausbildungsförderung orientiert sich am **Bedarf für den Lebensunterhalt** und die **Ausbildung** (§ 11 Abs. 1 BAföG). Die Bedarfe sind typisierend festgelegt und je Empfängerkreis (Schüler, Student, Praktikant, zusätzliche Sonderbedarfe, §§ 12–14 b BAföG) unterschiedlich hoch. Auf diesen Bedarf sind Einkommen und Vermögen der anspruchsberechtigten Person sowie Unterhaltsverpflichteter anzurechnen (§ 11 Abs. 2 bis 4 BAföG, §§ 21–35 BAföG). Der Gesetzgeber hat insoweit mit der 26. BAföGÄndG (BGBl. I 2019 vom 08.07.2019, S. 1048) die Vermögensfreibeträge sowie die Freibeträge auf Einkommen angehoben. Die **Dauer** der Förderung kann sich maximal auf den gesamten Zeitraum der Ausbildung erstrecken (§ 15 BAföG). Die Förderhöchstdauer für Studiengänge richtet sich nach der Regelstudienzeit nach § 10 Abs. 2 HRG (§ 15 a Abs. 1

BAföG). War kein Anspruch auf Ausbildungsförderung gegeben, besteht eine Rückzahlungsverpflichtung (§ 20 BAföG).

Grundsätzlich erfolgt Ausbildungsförderung als **Zuschuss** (§ 17 Abs. 1 BAföG). In den Genuss dieser Regelung kommen faktisch allerdings regelmäßig nur Schüler. Denn in § 17 Abs. 2 BAföG ist geregelt, dass bei dem Besuch von Höheren Fachschulen, Akademien und Hochschulen sowie damit zusammenhängender Praktika die Förderung **zur Hälfte als Darlehen** geleistet wird. Das heißt, die Förderung von **Studenten** erfolgt je zur Hälfte als Zuschuss und Darlehen. Ausschließlich in Form eines Darlehens wird die Förderung in den in § 17 Abs. 3 BAföG genannten Fällen (z. B. bei einer weiteren Ausbildung) geleistet; die frühere Formulierung, dass es sich um ein Bankdarlehen handeln müsse, ist mit dem 26. BAföGÄndG (BGBl. I 2019 vom 08.07.2019, S. 1048) weggefallen. Darlehen werden grundsätzlich zinsfrei gewährt (§ 18 Abs. 2 S. 1 BAföG; ansonsten zu Darlehensbedingungen siehe §§ 18 bis 18 d BAföG).

Erhalten Auszubildende entgegen der zivilrechtlichen Verpflichtung von deren Eltern keinen Unterhalt und ist die Berufsausbildung (deshalb) gefährdet, können sie Ausbildungsförderung ohne Anrechnung des Unterhaltsbetrages erhalten (sog. Vorausleistung von Ausbildungsförderung, § 36 BAföG). Folge ist dann ein gesetzlicher Übergang des anzurechnenden Unterhaltsanspruchs des Kindes gegen die Eltern auf das Land (§ 37 Abs. 1 S. 1 BAföG).

Die Ausbildungsförderung wird von den **Ländern** im Auftrag des Bundes (vgl. Art. 85 GG, § 39 Abs. 1 BAföG) ausgeführt. Für die Verwaltung und Einziehung der Darlehen bei dem Besuch von Höheren Fachschulen, Akademien und Hochschulen sowie damit zusammenhängender Praktika (§ 18 i. V. m. § 17 Abs. 2 BAföG) ist das Bundesverwaltungsamt zuständig (§ 39 Abs. 2 BAföG). Vorgesehen ist, dass in jedem Kreis oder jeder kreisfreien Stadt ein Amt für Ausbildungsförderung gebildet wird, wobei auch überregionale Ämter (§ 40 Abs. 1 BAföG) oder landesweit zuständige Ämter (§ 40 a BAföG) errichtet werden können. Für **Studenten** besteht eine Sonderzuständigkeit durch **bei staatlichen Hochschulen oder bei Studentenwerken** eingerichteten Ämtern (§ 40 Abs. 2 BAföG). Die Ämter für Ausbildungsförderung einschließlich der an Hochschulen oder Studentenwerken eingerichteten Ämter sind für alle Aufgaben des BAföG zuständig (§ 41 BAföG). Die örtliche Zuständigkeit richtet sich nach dem Wohnsitz der Eltern oder des Antragstellers (§ 45 BAföG). Dabei ist das Bewilligungsverfahren zweistufig ausgestaltet. Auf der ersten Ebene entscheiden das Amt für Ausbildungsförderung per Bescheid (§ 50 BAföG) über das Ob und Wie der Ausbildungsförderung. Insoweit ist der Verwaltungsrechtsweg eröffnet (§ 54 BAföG). Auf der zweiten Ebene der Förderung über Darlehen erfolgt eine Abwicklung über die dafür zuständigen Organisationen (Bundesverwaltungsamt [Darlehen nach §§ 18 bis 18 b BAföG] oder Kreditanstalt für Wiederaufbau [Bankdarlegen gemäß § 18 c BAföG]). Die **steuerfinanzierten Mittel** für Leistungen der Ausbildungsförderung **trägt allein der Bund** (§ 56 BAföG).

▶ **TIPP** Alle wichtigen Informationen zum BAföG hat das Bundesministerium für Bildung und Forschung in einer Internetpräsentation aufbereitet: https://www. bafög.de/de/das-bafoeg-372.php. (Birk 2007)

Die jüngsten Änderungen durch das 26. BAföGÄndG fasst das BMBF auf seiner Internetpräsentation zusammen: https://www.bmbf.de/bmbf/shareddocs/kurzmeldungen/de/die-wichtigsten-aenderungen. (Bundesministerium für Bildung und Forschung 2021)

---

**Zusammenfassung, Merksatz**

Ausbildungsförderung nach dem BAföG wird für Bildungsteilhabe nach der gesetzlichen Schulpflicht geleistet. Zielrichtungen sind eine allgemeinbildende Höherqualifizierung oder eine erste berufliche Erstausbildung an einer beruflichen (Fach-) Schule bzw. einer Hochschule oder dieser nach Landesrecht gleichgestellten Akademie i. S. d. § 2 Abs. 1 S. 1 Nr. 6 BAföG. Leistungen sind alters- und einkommensabhängig. Zuständig für die größte Empfängergruppe (Studenten) sind bei staatlichen Hochschulen oder bei Studentenwerken eingerichtete Ämter.

---

## SGB III

Anspruch auf **Berufsausbildungsbeihilfe** besteht nach § 56 Abs. 1 SGB III während – also grundsätzlich für die gesamte Dauer der Berufsausbildung, § 69 Abs. 1 S. 1 SGB III – einer Berufsausbildung dann, wenn

- die Berufsausbildung förderungsfähig ist,
- Auszubildende zum förderungsfähigen Personenkreis gehören und die sonstigen persönlichen Voraussetzungen für eine Förderung erfüllt sind und
- Auszubildenden die erforderlichen Mittel zur Deckung der Bedarfe für den Lebensunterhalt (vgl. § 61 SGB III), der Fahrkosten (§ 63 SGB III) und der sonstigen Aufwendungen (§ 64 SGB III), zusammen sog. Gesamtbedarf, nicht anderweitig zur Verfügung stehen (also: Bedürftigkeit besteht).

Die Berufsausbildungsbeihilfe ist somit ebenfalls **nachrangig** zum familienrechtlichen Ausbildungsunterhalt. Den förderungsfähigen **Personenkreis** definiert § 60 SGB III (vgl. auch § 8 BAföG, § 8 AFBG) sehr weit. Geduldete Ausländer sind auch förderberechtigt (§ 60 Abs. 3 S. 2 SGB III; zum früheren Recht: ein Anspruch konnte auch für Asylbewerber mit guter Bleibeperspektive bestehen, LSG Schleswig-Holstein vom 19.12.2018, L 3 AL 193/18 B ER, NZS 2019, 555). Zu den sonstigen persönlichen Voraussetzungen der Förderung zählen das Wohnen außerhalb des Hausstands der Eltern sowie die (nicht gegebene) Erreichbarkeit der Ausbildungsstätte in angemessener Zeit (siehe im Einzelnen § 60 SGB III). Förderungsfähig ist grundsätzlich nur die **erste Berufsausbildung** (§ 57 Abs. 2 S. 1 SGB III). Eine zweite Berufsausbildung ist dann förderungsfähig, wenn durch diese die berufliche Eingliederung erreicht wird. Bei der Berufsausbildung muss es sich gemäß § 57 Abs. 1 SGB III um eine solche handeln, die in einem nach dem Berufsbildungsgesetz, der Handwerksordnung oder dem Seearbeitsgesetz **staatlich anerkannten Ausbildungsberuf** betrieblich oder außerbetrieblich oder nach Teil 2, auch in Verbindung mit Teil 5, des Pflegeberufegesetzes oder dem Altenpflegegesetz betrieblich durchgeführt wird und der dafür vorgeschriebene Berufsausbildungsvertrag abgeschlossen worden ist. Für **berufsvorbereitende Bildungsmaßnahmen** gelten besondere Regelungen (vgl. § 56 Abs. 2, § 62, § 70 SGB III).

Die Berufsausbildungsbeihilfe steht hinsichtlich der **Sicherung des Lebensunterhalts** in einem Spannungsverhältnis zum Grundsicherungsrecht. Da es sich bei der Berufsausbildungsbeihilfe gerade nicht um eine soziale Fürsorge oder Hilfe handelt, ist dem Gesetzgeber ein Gestaltungsspielraum bei der konkreten Ausgestaltung eröffnet. Deutlich wird dies bei den Regelungen der Einkommensanrechnung auf den Gesamtbedarf (§ 67 SGB III). Sinn und Zweck der Leistungen ist u. a., eine berufliche Erstqualifizierung zu ermöglichen, um künftig Fürsorgeleistungen zu vermeiden. Daraus rechtfertigt sich bezogen auf die Lebensstandardsicherung während der Ausbildungszeit, dass Freigrenzen der Einkommens- und Vermögensanrechnung oberhalb derjenigen des Grundsicherungsrechts liegen. Ebenso ist gerechtfertigt, dass es wegen dieser Regelungen im Bedürftigkeitszeitraum regelmäßig zu einer vorübergehenden Bedarfsunterdeckung kommt, die erst im Nachhinein ausgeglichen wird (BSG vom 26.02.2019, B 11 AL 6/18 R, juris).

Erhalten Auszubildende entgegen der zivilrechtlichen Verpflichtung von deren Eltern keinen Unterhalt und ist die Berufsausbildung (deshalb) gefährdet, können sie Berufsausbildungsbeihilfe ohne Anrechnung des Unterhaltsbetrages erhalten (sog. Vorausleistung von Berufsausbildungsbeihilfe, § 68 SGB III). Folge ist dann ein gesetzlicher Übergang des anzurechnenden Unterhaltsanspruchs des Kindes gegen die Eltern auf die Agentur für Arbeit (§ 68 Abs. 2 S. 1 SGB III).

Das SGB III nennt unter §§ 73 bis 80 SGB III weitere Maßnahmen der aktiven Arbeitsförderung, die allerdings nicht zum Kernbereich der Ausbildungsförderung gehören. Dabei handelt es sich vielmehr um einen Maßnahmenmix, der Menschen mit einer (faktischen) Benachteiligung (im weitesten Sinne) erfasst:

- Zuschüsse für Arbeitgeber von behinderten und schwerbehinderten Menschen im Sinne des § 187 Abs. 1 Nr. 3 Buchstabe e SGB IX (§ 73 SGB III).
- Zuschüsse für Träger von Maßnahmen, an denen förderungsbedürftige junge Menschen teilnehmen (§ 74 SGB III), wenn diese ausbildungsbegleitende Hilfen (§ 75 SGB III) oder in einer außerbetrieblichen Einrichtung (§ 76 SGB III) ausgebildet werden.

**Zuständig** für die Erbringung der Leistungen ist die Agentur für Arbeit (§ 368 Abs. 1 S. 1 SGB III). Die **Finanzierung** erfolgt über das allgemeine Steueraufkommen nach § 363 Abs. 1 SGB III. Bei den Aufgaben der Berufsausbildungsbeihilfe handelt es sich um Aufgaben, deren Durchführung die Bundesregierung der Bundesagentur übertragen hat. Eine

Finanzierung über Beiträge scheidet aus, da es sich systematisch um Leistungen der sozialen Fürsorge und Hilfen handelt.

> **Zusammenfassung, Merksatz**
> Berufsausbildungsbeihilfe kann während der ersten beruflichen Ausbildung geleistet werden. Die Leistung ist abhängig von Bedarfen des Anspruchsberechtigten für den Lebensunterhalt, der Fahrkosten und der sonstigen Aufwendungen.

**AFBG**

Die Ziele der **Aufstiegsfortbildungsförderung** sind in § 1 AFBG formuliert.

**§ 1 AFBG**
Ziel der individuellen Förderung nach diesem Gesetz ist es, Teilnehmerinnen und Teilnehmer an Maßnahmen der beruflichen Aufstiegsfortbildung durch Beiträge zu den **Kosten der Maßnahme** und zum **Lebensunterhalt finanziell zu unterstützen**. Leistungen zum Lebensunterhalt werden gewährt, soweit die dafür erforderlichen Mittel anderweitig nicht zur Verfügung stehen.

Förderfähig sind dem Grunde nach

- Kosten der Maßnahmen zur beruflichen Aufstiegsfortbildung (**Maßnahmebeitrag**) sowie
- Kosten zum Lebensunterhalt (**Unterhaltsbeitrag**).

Die Unterstützung zum Lebensunterhalt ist **nachrangig** zum familienrechtlichen Ausbildungsunterhalt. („… soweit die dafür erforderlichen Mittel anderweitig nicht zur Verfügung stehen"). Hinsichtlich der Leistungen zur Sicherung des Lebensunterhalts gilt das zur Berufsausbildungsbeihilfe Gesagte entsprechend. Da eine Aufstiegsfortbildung typischerweise in einer anderen Lebensphase im beruflichen Kontext stattfindet, liegt das Sicherungsniveau deutliche höher als bei Grundsicherungsleistungen, was aus dem Sinn und Zweck des Fördersystems folgt. Der **Umfang** des jeweiligen Förderbeitrags ergibt sich aus § 10 AFBG. Die Dauer der Förderung beträgt höchstens 24 (Vollzeit) bzw. 48 (Teilzeit) Kalendermonate (siehe § 11 AFBG).

Bei der Fortbildungsmaßnahme muss es sich um eine solche handeln, die zu einem **staatlich anerkannten Fortbildungsabschluss** nach dem Berufsbildungsgesetz, der Handwerksordnung oder gleichwertigen anerkannten Regelungen führt (§ 2 Abs. 1 AFBG) und bei einem geeigneten Träger (§ 2 a AFBG; zu dessen Auskunftspflichten siehe § 21 AFBG) durchgeführt wird. Dabei formuliert der Gesetzgeber zugleich Anforderungen an zeitliche Mindeststandards der Qualifizierung (z. B. mindestens 400 Unterrichtsstunden, § 2 Abs. 3 AFBG). Wegen der Möglichkeit der Förderung eines Abschlusses nach der

Handwerksordnung wird die Förderung auch häufig als „Meister-BAföG" oder „Aufstiegs-BAföG" bezeichnet.

Die Leistungen des AFBG werden **nachrangig** nach anderen Förderung- bzw. Hilfemaßnahmen gewährt. Vorrangig sind Leistungen

- nach BAföG (§ 3 S. 1 Nr. 1 AFBG),
- durch Arbeitslosengeld bei beruflicher Weiterbildung (§ 144 SGB III) nach SGB III (§ 3 S. 1 Nr. 2 AFBG),
- durch Arbeitslosengeld bei einer Maßnahme in Vollzeit (§ 3 S. 1 Nr. 3 AFBG),
- bei Gründerzuschuss nach §§ 93, 94 SGB III (§ 3 S. 1 Nr. 4 AFBG),
- der Rehabilitation nach SGB IX (§ 3 Nr. 5 AFBG).

Den förderungsfähigen **Personenkreis** definiert § 8 AFBG (vgl. auch § 8 BAföG, § 60 SGB III) sehr weit. Da es sich um eine Fortbildungsqualifizierung handelt, muss die zu fördernde Person über berufliche Vorqualifikationen verfügen (vgl. § 9 AFBG), die je nach angestrebten Fortbildungsabschluss unterschiedlich sein können.

§ 18 SGB I folgend erfolgt die Förderung auf Antrag (§ 19 AFBG) als **Zuschuss** oder **Darlehen** (§ 12 AFBG). Sowohl Maßnahme- als auch Unterhaltsbeitrag werden als Mix aus Zuschuss und Darlehen gewährt. Dem Gesetzeszweck entsprechend erfolgt bei der Prüfung der Leistungsgewährung dem Grunde und der Höhe nach eine Einkommens- und Vermögensanrechnung (§ 17 AFBG). Die Freibeträge auf das Vermögen sind entsprechend der typischerweise vorliegenden Lebensphase und beruflichen Situation der an der Fortbildungsmaßnahme teilnehmenden Person dabei deutlich höher als im Grundsicherungsrecht (§ 17 a AFBG).

Die Aufstiegsfortbildungsförderung wird von den Ländern im Auftrag des Bundes (vgl. Art. 85 GG) ausgeführt. Das **Bewilligungsverfahren** erfolgt **zweistufig.** Auf der ersten Stufe entscheidet die zuständige Behörde dem Grunde nach über die Förderfähigkeit einer Fortbildungsmaßnahme. Die hoheitliche Förderentscheidung erfolgt durch einen entsprechenden Bescheid mit den in § 23 AFBG genannten Inhalten. Die konkrete Förderung durch Zuschuss oder Darlehen auf der zweiten Stufe wird durch die Kreditanstalt für Wiederaufbau durchgeführt. Da beide Stufen eng miteinander verzahnt sind, sieht das Gesetz in § 20 AFBG gegenseitige Mitteilungspflichten vor.

**Zusammenfassung, Merksatz**
Aufstiegsfortbildungsförderung soll die berufliche Weiterqualifizierung fördern. Gefördert werden Bedarfe der beruflichen Aufstiegsfortbildung und Kosten des Lebensunterhalts. Das Verfahren ist zweistufig gestaltet. Die Entscheidung über die Förderung trifft die zuständige Landesbehörde, die Auszahlung von Zuschüssen oder Darlehen erfolgt auf der zweiten Stufe durch die Kreditanstalt für Wiederaufbau.

**Sachlich zuständig** für die Entscheidung über die Förderfähigkeit der Fortbildungs-maßnahme (erste Stufe der Förderung) sind gemäß § 19 AFBG die landesrechtlich bestimmten Behörden. Die örtliche Zuständigkeit der Landesbehörde ergibt sich aus § 19 a S. 1 AFBG und richtet sich nach dem Wohnsitz bei Antragstellung.

> ▶ **TIPP** Eine Übersicht der zuständigen Landesbehörden lässt sich einer vom Bundesministerium für Bildung und Forschung zur Verfügung gestellten Internetpräsentation entnehmen: https://www.aufstiegs-bafoeg.de/aufstiegsbafoeg/de/ihr-weg-zur-foerderung/persoenliche-unterstuetzung-vor-ort/persoenliche-unterstuetzung-vor-ort_node.html (Bischofs 2020)

**Zuständig** für die Darlehensgewährung (zweite Stufe der Förderung) ist die Kreditanstalt für Wiederaufbau (§§ 13 ff. AFBG). Die Bank ist eine Körperschaft (Anstalt) des öffentlichen Rechts, die der Aufsicht des Bundesministeriums der Finanzen (§ 1 Abs. 1, § 12 Abs. 1 KfW-G) unterliegt. Die KfW wird aus **Steuermitteln** finanziert (Bund und Länder, § 1 Abs. 2 KfW-G), wobei zu Lasten des Bundes eine Haftungsgarantie besteht (§ 1 a KfW-G). Für die **Aufbringung der Mittel** der Aufstiegsfortbildungsförderung ist gesetzliche in § 28 AFBG eine davon abweichende Gewichtung zwischen Bund und Ländern bestimmt.

### Hintergrundinformation: Rechtschutz
Die Zweistufigkeit des Förderverfahrens spiegelt sich auch in den Rechtsschutzmöglichkeiten wider. Auf der ersten Stufe der öffentlich-rechtlichen Bescheiderteilung ist der Verwaltungsrechtsweg eröffnet, für Rechtsmittel auf der zweiten Stufe der vertraglichen Beziehungen der förderfähigen Person mit der KfW ist der ordentliche Rechtsweg gegeben (§ 26 AFBG).

## 7.2 Familienleistungen

Für die Gestaltung und Gewährung von **Familienleistungen** ist dem Gesetzgeber ein **weiter Gestaltungsspielraum** eröffnet. Die **Familienpolitik** und die Förderung von Familien ist eines der Kernfelder politischer Auseinandersetzung und wird auf Bundesebene regelmäßig alle vier Jahre in Wahlkampfzeiten hochemotional diskutiert. Der Gestaltungsspielraum wird dabei einerseits von der Umsetzungsmöglichkeit aufgrund parlamentarischer Mehrheiten und andererseits faktisch durch den finanziellen Rahmen des Haushalts begrenzt. Verfassungsrechtlicher Anknüpfungspunkt ist der Schutz der Familie in Art. 6 Abs. 1 GG. Aufgrund der demografischen Entwicklung hat die Familienpolitik insbesondere in den vergangenen beiden Jahrzehnten einen größeren Stellenwert erlangt. Im Mittelpunkt der Auseinandersetzung steht dabei die Beantwortung der Frage, wie private Lebensführung und berufliche Herausforderung besser in Einklang gebracht werden können. Zumeist wird über die „Work-Life-Balance" oder die „Vereinbarkeit von Familie und Beruf" ein familienpolitischer Ansatz diskutiert. Allgemein anerkannt ist heutzutage die Erkenntnis, dass **Betreuungsmöglichkeiten** die Bereitschaft von jungen Menschen erhöht, Kinder zu bekommen. Ebenso wird als erforderlich angesehen, die Minderung der **finanziellen Leistungsfähigkeit** von Eltern aufgrund des (teilweisen) Wegfalls eines Einkommens sowie den gleichzeitigen Hinzutritt finanzieller Belastungen wegen der Kindererziehung abzufedern. Hierfür sind **soziale Transferleistungen** erforderlich, die einen sozialen Ausgleich bezwecken und die gesellschaftliche Anerkennung der Erziehungs- und Betreuungsleistung von Eltern widerspiegeln. Über deren Höhe und Gestaltung herrscht indes politischer Dissens.

Die Transferleistungen der sozialen Familienförderung stehen zugleich in einem Spannungsverhältnis mit Leistungen der sozialen Fürsorge und Hilfen. Die Abgrenzung zwischen einerseits Förderung und andererseits Fürsorgeleistungen erfolgt bei der Betrachtung der **Bedürftigkeit** in der (konkreten) Familiensituation. Leistungen der sozialen Familienförderung dürfen deshalb nicht ergänzend zu sozialen Fürsorge- bzw. Hilfeleistungen gewährt werden. Anderenfalls würden diese familienpolitisch motivierten Transferleistungen die finanzielle Leistungsfähigkeit bedürftiger Familien zweifach steigern. Hier käme es dann zu Verwerfungen und Schlechterstellungen von Leistungsberechtigten sozialer Familienförderung, die (gerade noch) keine Fürsorge- und Hilfeleistungen beanspruchen können. Vereinfacht gesagt schließen sich die Sicherung des Existenzminimums sowie die Gewährung von Familienleistungen gegenseitig aus. Kindergeld gilt deshalb als Einkommen im Sinne des Sozialhilferechts (§ 11 Abs. 1 S. 5 SGB II; vgl. auch BVerfG, SozR 4-4200 § 11 Nr. 32). Entsprechendes gilt für den zivilrechtlichen Unterhaltsanspruch des Kindes, der in Höhe des Kindergeldes gemindert ist (vgl. hierzu § 1612 b und c BGB). Zwangsvollstreckungsrechtlich stellt Kindergeld kein Einkommen (der Eltern) im Sinne des § 850c Abs. 4 ZPO dar. Das gilt auch dann, wenn das Kind erste unterhaltsberechtigte Person im Sinne des § 850c Abs. 1 S. 2 ZPO ist (BGH vom 09.07.2020, IX ZB 38/19, ZInsO 2020, 1842 bis 1844).

Das traditionelle Konzept von **staatlichen Transferleistungen** an Familien – genauer: an Personen, die Kinder erziehen und betreuen – ist die Erbringung in Gestalt von **Geldleistungen**. Dieser Ansatz lässt sich aus § 6 SGB I ableiten, da dort ein Recht auf **Minderung der wirtschaftlichen Belastungen** zugunsten von Personen normiert ist, die Kindern Unterhalt zu leisten haben oder leisten. Mit den Geldleistungen soll die Fähigkeit der Eltern unterstützt werden, den Verpflichtungen des Eltern- bzw. Familienunterhalts nachzukommen. Zugleich sollen die **Teilhabemöglichkeiten** und die **Chancengleichheit** der Kinder durch die Erhöhung der wirtschaftlichen Leistungsfähigkeit der Familien erhöht werden. Diesem traditionellen Konzept folgen z. B. Elterngeld sowie Kindergeld. Aus der gesetzlichen Formulierung der Unterhaltsleistung in der Familie und dem gesetzlichen Auftrag zum Ausgleich der damit zusammenhängenden wirtschaftlichen Belastungen setzt sich der vielfach verwendete Begriff des **Familienleistungsausgleichs** zusammen, der zunächst im Steuerrecht verwendet wurde (§ 31 EStG, vgl. Entwurf des Jahressteuergesetzes 1997, Bt-Drucks. 13/4839, S. 76). Häufig synonym, gelegentlich allerdings auch mit differenzierender Bedeutung wird der (früher gebräuchliche) Begriff des **Familienlastenausgleichs** verwendet (vgl. zur Begrifflichkeit Felix 2018, Rz. 1; Eichenhofer 2019).

Eine Typisierung und nominelle Unterscheidung ist indes nicht erforderlich, da es stets um verfassungsrechtlich fundierte (Art. 6 Abs. 1 GG) staatliche (Transfer-)Leitungserbringung der Familienförderung geht. Exemplarisch führt das Bundesverfassungsgericht hierzu aus (BVerfG vom 07.07.1992, 1 BvL 51/86, 1 BvL 50/87, 1 BvR 873/90, 1 BvR 761/91, BVerfGE 87, 1, 36 = Rz. 123 juris):

> „… Demgemäß lässt sich aus der Wertentscheidung des Art. 6 Abs. 1 GG in Verbindung mit dem Sozialstaatsprinzip zwar die allgemeine Pflicht des Staates zu einem Familien- lastenausgleich entnehmen, nicht aber die Entscheidung darüber, in welchem Umfang und in welcher Weise ein solcher sozialer Ausgleich vorzunehmen ist. Aus dem Verfassungsauftrag, einen wirksamen Familienlastenausgleich zu schaffen, lassen sich konkrete Folgerungen für die einzelnen Rechtsgebiete und Teilsysteme, in denen der Familienlastenausgleich zu ver- wirklichen ist, nicht ableiten. Insoweit besteht vielmehr grundsätzlich Gestaltungsfreiheit des Gesetzgebers (vgl. BVerfGE 39, 316, 326; 82, 60, 81 m. w. N.).“

Umsetzungsbeispiele für Familienförderung sind:

- die beitragsfreie Familienversicherung nach § 10 SGB V,
- die Beitragssatzminderung bzw. der Zuschlag zum Beitragssatz in der sozialen Pflege- versicherung für Kinderlose (§ 55 Abs. 3 SGB XI),
- die Berücksichtigung von Kindererziehungszeiten in der gesetzlichen Rentenversiche- rung (§ 56 SGB VI).

**Hintergrundinformation: Bedeutung von Familienleistungsausgleich bzw. Familienlasten- ausgleich**
Im 7. Familienbericht der Bundesregierung (Bt.-Drucks. 16/1369, S. 56) werden den Begriffen Fa- milienleistungsausgleich bzw. Familienlastenausgleich unterschiedliche Bedeutung beigemessen:

> „Familienpolitische Leistungen, die aus dem Kriterium der Bedarfsgerechtigkeit und der Le- bensstandardsicherung abgeleitet sind, zielen darauf ab, bestimmte Belastungen der Eltern zu kompensieren, die durch die Geburt und Erziehung der Kinder entstehen. Diese Instrumente lassen sich unter dem Oberbegriff des Familienlastenausgleichs zusammenfassen.Daneben ist es eine weitere Aufgabe der staatlichen Familienpolitik, jene Leistungen zu kompensieren, die die Familien für die Gesellschaft erbringen, die aber nicht über den Markt abgegolten werden. Diese Leistungen fasst man als Familienleistungsausgleich zusammen“.

Das Bundesverfassungsgericht führt insoweit aus, dass sich aus der Wertentscheidung der Verfas- sung zum Schutz der Familie i. V. m. dem Sozialstaatsprinzip die allgemeine Pflicht des Staates zu einem Familienlastenausgleich entnehmen lässt (BVerfGE 103, 242, 259).

## 7.2.1  Kindergeld und Kinderfreibetrag

Soziale Familienförderung durch **Kindergeld** wird einerseits nach den Bestimmungen des Einkommensteuerrechts und anderseits nach den Regelungen des Bundeskindergeldgesetzes umgesetzt. Dabei kommt den steuerrechtlichen Regelungen eine praktisch erheblich größere Bedeutung zu. Kindergeld nach dem BKGG hat praktische Bedeutung für im Ausland lebende Eltern. **Sozialpolitisch** ist die Gewährung von Kindergeld regelmäßig Gegenstand politischer Diskussionen. Grund dafür ist die Frage, wie Familien sozialpolitisch gefördert werden soll(t)en. Während einerseits der unmittelbare monetäre Zufluss von Kindergeld und die damit verbundene unmittelbare Steigerung der wirtschaftlichen Leistungsfähigkeit als ein richtiges Instrument angesehen wird, sehen andere diese Förderung u. a. auch wegen des Einflusses der steuerlichen Progression als ungerecht an, sodass Familienförderung besser vorrangig durch mittelbare Förderung über insbesondere den Ausbau von Betreuungsmöglichleiten geleistet werden solle.

§ 31 EStG sieht den steuerrechtlichen **Familienleistungsausgleich** vor (siehe zu sonstigen steuerrechtlichen Normen des Familienlastenausgleichs (Felix 2018, Rz. 62 ff.; Eichenhofer 2019). Nach Satz 1 der Norm erfolgt die steuerliche Freistellung eines Einkommensbetrags in Höhe des **Existenzminimums eines Kindes** einschließlich der Bedarfe für Betreuung und Erziehung oder Ausbildung durch

- **Freibeträge** nach § 32 Abs. 6 EStG oder durch
- **Kindergeld** nach §§ 62 bis 78 EStG.

Demgemäß schließen sich Freibeträge und Kindergeld wechselseitig aus, sodass Eltern entweder der eine oder der andere Vorteil zukommt.

Die Konstruktion der Gewährung von Kindergeld hat Auswirkungen auf den **Rechtsweg** bei Streitigkeiten über das Kindergeld:

- für Freibeträge oder Kindergeld nach EStG ist der Finanzrechtsweg eröffnet,
- Streitigkeiten mit der Familienkasse des Dienstherrn sind vor den Verwaltungsgerichten zu führen,
- Streitigkeiten über Kindergeld nach dem BKGG sind vor den Sozialgerichten auszutragen.

▶  **TIPP**  Wesentliche Informationen fasst die Bundesagentur regelmäßig auf ihrer Homepage zusammen, für die ab 01.01.2021 geltenden Neuregelungen z. B. https://www.arbeitsagentur.de/news/erhoehung-kindergeld-und-kinderzuschlag-2021 (Stand 20.10.2021).

Speziell zum Kinderzuschlag nach § 6 a BKGG informiert ergänzend das Bundesministerium für Familie, Senioren, Frauen und Jugend https://www.bmfsfj.de/bmfsfj/themen/familie/familienleistungen/kinderzuschlag/kinderzuschlag-und-leistungen-fuer-bildung-und-teilhabe/kinderzuschlag-und-leistungen-fuer-bildung-und-teilhabe-73906, Stand 20.10.2021.

**Zusammenfassung, Merksatz**
Kindergeld wird in der Praxis vorrangig über das Einkommensteuerrecht verwirklicht. Nur in Ausnahmefällen wird Kindergeld nach dem BKGG gezahlt.

**Freibetrag nach § 32 Abs. 6 EStG**

Der **Freibetrag** wird bei dem zu versteuernden Einkommen der Eltern berücksichtigt. Der Freibetrag soll pauschalierend die **Sicherung des Existenzminimums** des Kindes (durch die Unterhaltsverpflichteten) sicherstellen und knüpft strukturell an die zivilrechtliche **Unterhaltsverpflichtung** der Eltern gegenüber den Kindern an. Dabei wird für jedes zu berücksichtigende Kind (im ersten Grad verwandte Kinder und Pflegekinder sowie weitere Kinder entsprechend § 32 Abs. 1–5 EStG) des Steuerpflichtigen ein Freibetrag von 2730 Euro für das sächliche Existenzminimum des Kindes (Kinderfreibetrag) sowie ein Freibetrag von 1464 Euro für den Betreuungs- und Erziehungs- oder Ausbildungsbedarf des Kindes, also zusammen 4194 Euro (Jahr 2021), vom Einkommen abgezogen. Der Gesetzgeber setzt insoweit die Vorgaben des Bundesverfassungsgericht um (BVerfGE 99, 216–246). Bei der in der Praxis überwiegend gewählten **Zusammenveranlagung** von Ehegatten (§ 26 b EStG) **verdoppelt** sich dieser Betrag (§ 32 Abs. 6 S. 2 EStG). Kinder sind in den praktisch wichtigsten Fällen bis zur Vollendung des 18. Lebensjahres (§ 32 Abs. 3 EStG) bzw. bis zur Vollendung des 21 Lebensjahres als Arbeitsuchender bzw. bis zur Vollendung des 25. Lebensjahres während einer Berufsausbildung (§ 32 Abs. 4 EStG) zu berücksichtigen (vgl. hinsichtlich einer sog. mehraktigen Berufsausbildung versus einer [kindergeldschädlichen] Zweitausbildung BFH vom 11.12.2018, III R 26/18, BStBl. II 2019, 765 = NJW 2019, 1166–1168). Das bezogene Kindergeld wird dann bei der Ermittlung der festzusetzenden Einkommensteuer der Unterhaltsverpflichteten hinzugerechnet (§ 31 S. 4 EStG). Das Finanzamt führt bei der Steuerberechnung von Amts wegen eine **Günstigerprüfung** durch. Das heißt, die Finanzbehörde prüft, ob die gebotene steuerliche Freistellung des Existenzminimums (des Kindes) durch den Anspruch auf Kindergeld (§ 62 EStG) oder die Berücksichtigung des Freibetrags erfolgt. Wegen der Progression im Steuertarif führt dies zu einer stärkeren Entlastungswirkung mit steigendem Einkommen (wobei andererseits dieser Entlastungswirkung auch eine stärkere steuerliche Belastung wegen des steigenden Steuertarifs gegenübersteht). Praktisch führt dies dazu, dass die Sicherung des Existenzminimums bei hohen zu versteuernden Einkommen über die Freibetragsregelung des § 32 EStG und bei niedrigeren Einkommen durch die Zahlung von Kindergeld sichergestellt wird. Dies führt zu einer als ungerecht empfundenen (steuerlichen) Privilegierung von Eltern mit hohen Einkommen (vgl. hierzu Eichenhofer 2019, Rz. 502 f.; Bundesamt für Soziale Sicherung 2021). Das Bundesverfassungsgericht hat diese gesetzliche Regelung bisher akzeptiert (BVerfGE 99, 246–268). **Zuständig** für die Durchführung des Familienleistungsausgleichs über die Freibetragsregelung ist das **Finanzamt**, welches für die einkommensteuerrechtliche Veranlagung der Unterhaltsverpflichteten zuständig ist.

**Zusammenfassung, Merksatz**
Bei der steuerrechtlichen Freibetragsregelung werden ein Freibetrag für das sächliche Existenzminimum des Kindes (Kinderfreibetrag) sowie ein Freibetrag für den Betreuungs- und Erziehungs- oder Ausbildungsbedarf des Kindes vom Einkommen der Eltern abgezogen. Die steuerliche Berücksichtigung von Freibeträgen sorgt praktisch für eine Besserstellung höherer Einkommen.

**Kindergeld gemäß §§ 62 bis 78 EStG**
Praktisch häufiger wird deshalb **Kindergeld** nach §§ 62 bis 78 EStG geleistet. Anspruchsberechtigt nach § 62 Abs. 1 EStG ist, wer seinen **Wohnsitz im Inland** hat oder im Inland **unbeschränkt einkommensteuerpflichtig** ist und einen **schriftlichen Antrag** bei der zuständigen Familienkasse stellt (§ 67 S. 1 Hs. 1 EStG). Elektronische Antragstellung ist unter bestimmten Voraussetzungen möglich (§ 67 S. 1 Hs. 2 EStG). Im Zuge der Anpassung des Fachkräfteeinwanderungsgesetzes wurde § 62 Abs. 2 EStG geändert; in der sog. Ausländerklausel ist nunmehr anspruchsfreundlicher geregelt, wann ein nicht freizügigkeitsberechtigter Ausländer Kindergeld erhält. Damit wurden zugleich die Vorgaben des Art. 12 Abs. 1 lit. e der RL 2011/98/EU umgesetzt. Antragsberechtigt ist gemäß § 67 S. 2 EStG auch, wer „ein berechtigtes Interesse an der Leistung des Kindergeldes hat"; dies sind insbesondere Personen oder Stellen, die das Kind finanziell unterstützen. Diese Personen haben besondere Mitwirkungspflichten gemäß § 68 EStG. Welche **Kinder berücksichtigungsfähig** sind, normiert § 63 EStG. Grundsätzlich sind dies im ersten Grad verwandte Kinder und Pflegekinder sowie im Haushalt aufgenommene Kinder eines Ehegatten oder im Haushalt aufgenommene Enkel, sodass der Kreis der berücksichtigungsfähigen Kinder weiter ist als bei § 32 EStG. Überschreitet das Kind das 18. Lebensjahr, kann Kindergeld bis zur Vollendung des 25. Lebensjahres (bei Berufsausbildung) gezahlt werden. Erforderlich ist dann ein erneuter Antrag, da die Anspruchsvoraussetzungen nach Wegfall erneut (aufgrund eines anderen Tatbestandes) vorliegen. Nach Vollendung des 18 Lebensjahres hat auch das volljährige Kind besondere Mitwirkungspflichten (§ 68 Abs. 1 S. 2 EStG). Das Kind muss seinen **Wohnsitz** oder gewöhnlichen Aufenthalt im Inland, einem Mitgliedstaat der Europäischen Union oder in einem Staat, auf den das Abkommen über den Europäischen Wirtschaftsraum Anwendung findet, haben (Umkehrschluss aus § 63 Abs. 1 S. 6 EStG). Sind mehrere Personen berechtigt (= beide Elternteile), wird nur an einen Berechtigten Kindergeld gezahlt (Obhutsprinzip, § 64 Abs. 1 EStG). Das ist der Berechtigte, der das Kind in den Haushalt aufgenommen hat (§ 64 Abs. 2 EStG). Die **Höhe** des Kindergeldes beträgt 219 Euro (2628 Euro) bzw. 225 Euro (2700) für das dritte Kind bzw. 250 Euro (3000 Euro) für das vierte und jedes weitere Kind und wird monatlich für ganze Monate gezahlt (§ 66 EStG).

**Ausnahmsweise** wird das Kindergeld nicht an den Berechtigten gezahlt, sondern **an das Kind unmittelbar,** wenn die berechtigte Person zivilrechtlichen Unterhaltsansprüchen nicht nachkommt (§ 74 Abs. 1 S. 1 EStG). Damit korrespondiert § 76 EStG; nach dieser Norm kann der Anspruch auf Kindergeld (der Eltern) nur wegen Nichterfüllung gesetzlicher Unterhaltsansprüche (des Kindes gegen die Eltern) gepfändet werden. Erhält das Kind wegen Nichterfüllung von Unterhaltsansprüchen von staatlichen Stellen Unterhalt, können diese Träger von Sozialleistungen die Zahlung erhalten. Für die Erstattungsansprüche der Sozialleistungsträger gegenüber der Familienkasse gelten dann §§ 102–109 und 111–113 SGB X entsprechend (§ 74 Abs. 2 EStG).

Steht die antragsberechtigte Person (also die gegenüber dem Kind unterhaltspflichtige Person) in einem öffentlich-rechtlichen Dienst-, Amts- oder Ausbildungsverhältnis (zu weiteren Anwendungsfällen siehe § 72 EStG), wird das Kindergeld von den Körperschaften, Anstalten oder Stiftungen des öffentlichen Rechts als **Familienkassen** festgesetzt und ausgezahlt (§ 72 Abs. 1 S. 1 EStG). Das heißt, ein **Beamter** erhält das Kindergeld zusammen mit der Besoldung vom Dienstherrn ausbezahlt.

Zuständig für die Festsetzung und Zahlung von Kindergeld an die berechtigte Person ist die zuständige **Familienkasse** (§ 67 S. 1, § 70 Abs. 1 EStG). Dies ist die bei der Agentur für Arbeit errichtete Familienkasse (§ 7 BKGG). Bei der **Festsetzung** handelt es sich um einen begünstigenden Verwaltungsakt mit Dauerwirkung (§ 70 Abs. 1 EStG), auf den verfahrensrechtlich gemäß § 155 Abs. 5 AO für das Kindergeld als Steuervergünstigung (§ 31 S. 3 EStG) die für die Steuerfestsetzung geltenden Vorschriften der Abgabenordnung sinngemäß anzuwenden sind. Die **Auszahlung** des Kindergeldes erfolgt monatlich (§ 66 Abs. 2 EStG). Da das Kindergeld als Steuervergünstigung monatlich gezahlt wird (§ 31 S. 3 EStG), erfolgt dessen **Finanzierung** aus **Steuermitteln** des Bundes.

### Kindergeld nach BKGG

§ 1 Abs. 1 BKGG grenzt den Anwendungsbereich des sozialrechtlichen Kindergeldes zu dem Kindergeld im Sinne des EStG ab. Ergänzend bestimmt § 2 Abs. 4 S. 1 BKGG, dass Kinder, für die einer (anderen) Person nach dem Einkommensteuergesetz Kindergeld oder ein Kinderfreibetrag zusteht, nicht berücksichtigt werden. Kindergeld erhält nach BKGG, wer nach § 1 Abs. 1 und 2 EStG nicht unbeschränkt steuerpflichtig ist und auch nicht nach § 1 Abs. 3 EStG als unbeschränkt steuerpflichtig behandelt wird (im Zuge der Anpassung des Fachkräfteeinwanderungsgesetzes wurde auch § 1 Abs. 3 BKGG angepasst). Hierbei handelt es sich um Personen, die ihren Wohnsitz oder gewöhnlichen Aufenthalt **außerhalb Deutschlands** haben. Es handelt sich in der Mehrzahl um in Deutschland beschränkt steuerpflichtige **Grenzgänger**. Zusätzlich werden in den Nr. 1 bis 4 der Norm alternative Tatbestandsvoraussetzungen genannt:

- Versicherungspflicht im Sinne der Arbeitsförderung oder Versicherungsfreiheit wegen Erreichung des gesetzlichen Rentenalters,
- Tätigkeit als Entwicklungshelfer oder Missionar im Ausland,
- Entsendung als Beamter ins Ausland,
- Ehegatte oder Lebenspartner eines Mitglieds der Truppe oder des zivilen Gefolges eines NATO-Mitgliedstaates.

Diese Personen können **für in Deutschland lebenden Kinder** (Umkehrschluss aus § 2 Abs. 5 BKGG) Kindergeld nach dem BKGG erhalten. Ein Kind kann selbst Kindergeld erhalten, wenn es gemäß § 1 Abs. 2 BKGG **Vollweise** ist oder den Aufenthalt der Eltern nicht kennt, seinen Wohnort oder gewöhnlichen Aufenthalt im Inland hat und bei keiner anderen Person als Kind berücksichtigt wird. Im Übrigen sind die materiellen Normen zum Kindergeld (Höhe, Antragstellung etc.) nach BKGG mit denen des EStG inhaltlich identisch. **Zuständig** ist die Bundesagentur für Arbeit als Familienkasse (§ 7 BKGG, örtliche Zuständigkeit nach dem Wohnsitzprinzip oder gewöhnlichen Aufenthalt gemäß § 13 BKGG), die insoweit allerdings nicht als Finanzbehörde tätig wird, sondern das Gesetz nach fachlichen Weisungen des Bundesministeriums für Familie, Senioren, Frauen und Jugend durchführt. Die **Mittel** werden aus Steuereinnahmen des Bundes bereitgestellt (§ 8 Abs. 1 BKGG).

Von praktisch größerer Bedeutung ist der **Kinderzuschlag** nach § 6 a BKGG. Bis zur Neuregelung durch das „Starke-Familien-Gesetz" (siehe hierzu Bischofs, SGb 2020, 592 bis 600 Bieback 1996) zum 01.07.2019 konnte Kinderzuschlag in Höhe von maximal 170 Euro geleistet werden kann. Diese Regelung wurde durch eine textlich verklausulierte Neufassung ersetzt, welche zu einer leichten Erhöhung des Maximalbetrages führt (für die Jahre 2019 und 2020 auf 185 Euro; siehe insoweit auch die Übergangsvorschrift in § 20 Abs. 3 BKGG). Ab 01.01.2021 beträgt der Kinderzuschlag 205 Euro. Der Kinderzuschlag hat in den Jahren vor der SARS-CoV-2-Krise ca. 250.000 bis 300.000 Kinder erreicht (Bundesagentur für Arbeit, Kindergeld/Kinderzuschlag, Jahreszahlen 2020). Im Zuge der Bewältigung der Corona-Krise ist die Anzahl der leistungsberechtigten Kinder und des Ausgabevolumens deutlich gestiegen; im Jahresmittel des Jahres 2020 erhielten 674.000 Kinder Kinderzuschlag (Bundesagentur für Arbeit, Kindergeld/Kinderzuschlag, Jahreszahlen 2020). Die mit Wirkung ab dem 01.01.2005 eingeführte Leistung stellt eine gezielte Förderung von gering verdienenden Eltern mit Kindern dar. Ziele sind, diesen Familien den Bezug von Arbeitslosengeld II mit seinen negativen Auswirkungen zu ersparen sowie zugleich den Arbeitsanreiz für die Eltern zu erhöhen. Es handelt sich um eine bedürftigkeitsabhängige Transferleistung, die systematisch zum **Fürsorgerecht** (siehe Grundsicherung für Arbeitsuchende und Sozialhilfe Abschn. 5.1) gehört und deshalb eher im SGB II bzw. SGB XII geregelt werden sollte. Dementsprechend enthält die Regelung Verweise bzw. Bezugnahmen auf die entsprechenden Normen des Fürsorgerechts.

▶ **TIPP**  Aktuell wird noch ein **Kinderfreizeitbonus** als Familienleistung angeboten. Diese Sonderleistung wurde im Rahmen des Aktionsprogramms der Bundesregierung „Aufholen nach Corona für Kinder und Jugendliche" als weitere finanzielle Hilfe für bedürftige Familien beschlossen. Informationen hierzu sind abrufbar unter https://www.arbeitsagentur.de/familie-und-kinder/kinderfreizeitbonus, Stand 20.10.2021.

### 7.2.2 Elterngeld

**Elterngeld** ist eine staatliche Transferleistung, welche die Minderung der finanziellen Leistungsfähigkeit von Eltern während der Zeit der Erziehung und Betreuung von Säuglingen und Kleinkindern mindern soll. Es handelt sich um eine im weiten Gestaltungsspielraum des Gesetzgebers stehende Teilhabeleistung und ist somit keine zweckbestimmte Einnahme. Demgemäß wird das Mindestelterngeld bei der Einkommensermittlung sozialstaatlicher (Mindest-) Sicherungssysteme als Einnahme bzw. Einkommen berücksichtigt (BSG, SozR 4 – 5870 § 6a Nr. 7 für die Berücksichtigung beim Kinderzuschlag nach dem BKGG; BSG, NZS 2017, 507–511 für die Anrechnung auf Leistungen zur Sicherung des Lebensunterhalts nach dem SGB II). Elterngeld folgt zeitlich den Leistungen des Mutterschutzes (z. B. Mutterschaftsgeld) nach.

Für den Regelfall (siehe zu Sondertatbeständen § 1 Abs. 2–7 BEEG; zur Elterngeldberechtigung von Unionsbürgern siehe BSG vom 27.03.2020, B 10 EG 5/18 R, NZS 2020, 631 bis 636) hat gemäß § 1 Abs. 1 S. 1 BEEG **Anspruch auf Elterngeld**, wer

- einen Wohnsitz oder seinen gewöhnlichen Aufenthalt in Deutschland hat,
- mit seinem Kind in einem Haushalt lebt,
- dieses Kind selbst betreut und erzieht und
- keine oder keine volle Erwerbstätigkeit ausübt.

Erfüllen beide Elternteile die Anspruchsvoraussetzungen, bestimmen sie, wer Elterngeld bezieht (§ 5 Abs. 1 BEEG). Der Anspruch auf Elterngeld ist ab einem zu versteuernden Einkommen von 250.000 Euro und mehr ausgeschlossen (§ 1 Abs. 8 BEEG). Insoweit ist das Elterngeld einkommensabhängig, was jedoch wegen der Einkommensgrenze nur in seltenen Ausnahmefällen relevant ist.

Elterngeld ist **nachrangig** gegenüber (§ 3 Abs. 1 BEEG, durch Anrechnung auf das Elterngeld)

- Mutterschaftsgeld einschließlich des Arbeitgeberzuschusses,
- (zur Anrechnung von Mutterschaftsgeld auf Elterngeld siehe BSG, NJW 2018, 422–423)
- Dienst- und Anwärterbezüge sowie Zuschüssen nach beamten- oder soldatenrechtlichen Vorschriften,
- vergleichbaren Leistungen, auf die gegenüber einer über- oder zwischenstaatlichen Einrichtung Anspruch besteht,
- Elterngeld, das der berechtigten Person für ein älteres Kind zusteht, sowie
- bei der Berechnung der Bemessungsgrundlage nicht berücksichtigte Einnahmen, die der berechtigten Person als Ersatz für Erwerbseinkommen zustehen.

Im Verhältnis zu anderen Sozialleistungen bleibt Elterngeld in Höhe des Mindestbetrags von 300 Euro bei der Einkommensermittlung bzw. als Leistungsausschlussgrund unberücksichtigt (im Einzelnen hierzu § 10 BEEG).

Der **Bezugszeitraum** des Elterngeldes (**Basiselterngeld**) beginnt ab Geburt und endet mit Vollendung des 14. Lebensmonats des Kindes (§ 4 Abs. 1 S. 1 BEEG). Nach diesem Zeitraum kann das sog. **Elterngeld Plus** bezogen werden, das den Übergang zwischen Elternzeit und Wiederaufnahme einer Berufstätigkeit gestalten soll. Wirkungsweise des recht kompliziert formulierten Gesetzes (§ 4 Abs. 1 S. 2, Abs. 3 BEEG) ist, dass ein Monat des Elterngeldbezugs auf zwei Monate gestreckt wird und sich dafür der Bezugsbetrag halbiert. Zusätzlich können bei gemeinsamer Erziehung und Betreuung bei Minderung des Erwerbseinkommens zwei weitere Monate Elterngeld bezogen werden (§ 4 Abs. 4 BEEG, Partnermonate, die umgangssprachlich auch Vätermonate genannt werden; siehe zum Partnerschaftsbonus auch § 4 b BEEG; die zwei Monate verlängern sich beim Elterngeld Plus auf vier Monate).

Elterngeld wird nur auf **Antrag** geleistet (§ 7 BEEG). Die **Auszahlung** erfolgt im Laufe des Monates, für den das Elterngeld bestimmt ist (§ 6 BEEG). Es wird für höchstens 12 Monatsbeträge gezahlt (§ 4 Abs. 4 S. 1 BEEG). Die früher bestehende Verlängerungsmöglichkeit der Auszahlung (ehemals § 6 S. 2, 3 BEEG; 24 anstatt 12 Monate) hat der Gesetzgeber mit der Schaffung des Elterngeldes Plus abgeschafft. Steuerungseffekt soll sein, Frauen die Rückkehr in den Beruf (in Teilzeit) schneller zu ermöglichen.

Anknüpfend an den gesetzlichen Zweck des Elterngeldes bezieht sich dessen **Höhe** auf das Einkommen aus Erwerbstätigkeit vor der Geburt des Kindes. Für die Berechnung wird auf das durchschnittliche **Nettoeinkommen** aus nichtselbstständiger Arbeit sowie aus Land- und Forstwirtschaft, Gewerbebetrieb und selbstständiger Arbeit nach Einkommensteuerrecht (zum Bemessungszeitraum bei Selbstständigkeit siehe BSG vom 28.03.2019, B 10 EG 6/18 R, SozR 4-7837 § 2b Nr. 5; Sonderregelungen enthalten §§ 2 c bis f BEEG) im Zeitraum der letzten 12 Monate vor Geburt des Kindes (Bemessungszeitraum, § 2 b Abs. 1 S. 1 BEEG) abgestellt (§ 2 Abs. 1 BEEG). Berücksichtigung finden nur **laufende Einnahmen**, einmalige Einnahmen wie z. B. Urlaubs- oder Weihnachtsgeld werden nicht berücksichtigt (hierzu BSG, NJW 2018, 189–192; zu Gehaltsnachzahlungen siehe BSG vom 27.06.2019, B 10 EG 1/18 R, SozR 4-7837 § 2 Nr. 33). Für niedrige Einkommen unter 1000 Euro wird die Bemessungsgrundlage gemäß § 2 Abs. 2 BEEG erhöhend berechnet. Ausgehend von dieser Bemessungsgrundlage wird Elterngeld in Höhe von 67 % bis zu einem **Höchstbetrag** von 1800 Euro geleistet (§ 2 Abs. 1 S. 1, 2 BEEG). Der **Mindestbetrag** des Elterngeldes beträgt 300 Euro (§ 2 Abs. 4 S. 1 BEEG) und wird auch gezahlt, wenn die berechtigte Person vor der Geburt des Kindes kein Einkommen aus Erwerbstätigkeit hatte (z. B. wegen Erziehung und Betreuung von Geschwisterkindern oder wegen Bezugs von Leistungen der sozialen Fürsorge und Hilfen). Bei Erziehung und Betreuung von mehreren Kindern (zwei Kinder bis zur Vollendung des dritten Lebensjahres bzw. mindestens drei Kinder bis zur Vollendung des sechsten Lebensjahres) wird ein Geschwisterzuschlag in Höhe von 10 % bzw. mindestens 75 Euro gezahlt, sodass sich in diesen Fällen der Mindestbetrag auf 375 Euro bzw. der Höchstbetrag auf 1980 Euro erhöht

(§ 2 a Abs. 1 bis 3 BEEG). Bei Mehrlingsgeburten sieht das Gesetz einen sog. Mehrlings-zuschlag vor (§ 2 a Abs. 4 BEEG).

Elterngeld wird von den **Ländern** im Auftrag des Bundes (vgl. Art. 85 GG) adminis-triert. Die Länder bestimmen, welche Landesbehörden hierfür zuständig ist (§ 12 Abs. 1 S. 1 BEEG). Die örtliche Zuständigkeit innerhalb eines Bundeslandes richtet sich nach dem Wohnsitz der anspruchsberechtigten Person. Eine Aufstellung der Elterngeldstellen hat das Bundesministerium für Familie, Senioren, Frauen und Jugend veröffentlicht (BM-FSFJ 2021). Die **steuerfinanzierten Mittel** für das Elterngeld **trägt allein der Bund** (§ 12 Abs. 3 BEEG).

Elterngeld ist steuer- und sozialabgabenfrei, unterliegt aber dem steuerlichen Progres-sionsvorbehalt (§ 32 b Abs. 1 S. 1 Nr. 1 j) EStG).

---

**Zusammenfassung, Merksatz**

Elterngeld ist eine staatliche Transferleistung, welche die Minderung der finanziel-len Leistungsfähigkeit von Eltern während der Zeit der Erziehung und Betreuung von Säuglingen und Kleinkindern mindern soll. Die Höhe des Elterngeldes richtet sich nach dem Einkommen vor der Geburt des Kindes. Es wird in einer garantierten Mindesthöhe bis zu einer Höchstgrenze gleistet.

---

▶ **TIPP** Eine Übersicht zu den leistungsrechtlichen Änderungen hinsichtlich der Sondersituation wegen der SARS-CoV-2 bedingten Pandemielage bietet Koppenfels-Spies, NZS 2021, 331, 331 ff. (Hebeler 2018)

## 7.2.3 Mutterschaftsgeld

**Mutterschaftsgeld** wird auf Grundlage von § 19 Abs. 1, 2 Mutterschutzgesetz (MuSchG; (bis 31.12.2017: § 13 Abs. 1, 2 MuSchG) gezahlt. Es handelt sich um eine **Entgeltersatz-leistung** für erwerbstätige Frauen (siehe § 1 Abs. 1 MuSchG oder nach § 1 Abs. 2 Mu-SchG gleichgestellten Frauen) während der Zeit eines gesetzlichen Beschäftigungsverbots vor oder nach einer Entbindung (§ 3 MuSchG). Die Schutzfrist beginnt wenigstens sechs Wochen vor der (errechneten) Entbindung bzw. zuvor aufgrund ärztlichen Zeugnisses (§ 3 Abs. 1 MuSchG, Schutzfrist vor der Entbindung). Sie dauert wenigstens acht Wochen nach der Entbindung (§ 3 Abs. 2 MuSchG, Schutzfrist nach der Entbindung). Die Zeit-räume ändern sich bei Mehrlingsgeburten oder sonstigen Besonderheiten. §§ 4, 5, 6, 8 MuSchG regeln, welche Tätigkeiten der Art nach während der Schwangerschaft nicht (mehr) oder eingeschränkt ausgeübt werden dürfen.

Die Entgeltersatzleistungen teilen sich in das Mutterschaftsgeld (§ 19 MuSchG) sowie Mutterschutzlohn bei Beschäftigungsverboten (§ 18 MuSchG) auf. Das **Mutterschafts-geld** ist die Entgeltersatzleistung innerhalb der **gesetzlichen Schutzfristen** von § 3 Abs. 1

und 2 MuSchG (= 6 Wochen vor und 8 Wochen nach Entbindung einschließlich des Entbindungstages). Für alle übrigen Beschäftigungsverbote wird **Mutterschutzlohn** nach § 18 MuSchG vom Arbeitgeber gezahlt. Für diesen wird das durchschnittliche Arbeitsentgelt der letzten drei abgerechneten Kalendermonate vor dem Eintritt der Schwangerschaft unabhängig von einem Wechsel der Beschäftigung oder der Entlohnungsart gezahlt (§ 18 S. 2, 3 MuSchG). Beginnt das Beschäftigungsverhältnis erst nach Eintritt der Schwangerschaft, ist das durchschnittliche Arbeitsentgelt aus dem Arbeitsentgelt der ersten drei Monate der Beschäftigung zu berechnen (§ 18 S. 4 MuSchG).

**Mutterschaftsgeld** wird durch **mehrere Kostenträger** erbracht. Dies führt zu einer gewissen Unübersichtlichkeit der Zuständigkeit. Für die größten Personengruppen ergibt sich folgendes Bild.

Für Frauen, die **Mitglieder einer gesetzlichen Krankenkasse** sind, werden die Vorschriften des MuSchG durch § 24 i SGB V ergänzt. Dabei ist unerheblich, ob Mitgliedschaft aufgrund eines Pflichtversicherungsverhältnisses oder aufgrund freiwilliger Versicherung besteht. Anspruch haben nach § 24 i Abs. 1 S. 1 SGB V Frauen, die bei Arbeitsunfähigkeit Anspruch auf Krankengeld haben oder denen wegen der Schutzfristen nach § 3 MuSchG kein Arbeitsentgelt gezahlt wird. Gemäß § 24 i Abs. 2 S. 1 SGB V wird die **Höhe des Mutterschaftsgeldes** auf Grundlage des um die gesetzlichen Abzüge verminderten durchschnittlichen kalendertäglichen laufenden Arbeitsentgelts der letzten drei abgerechneten Kalendermonate vor Beginn der Schutzfrist nach § 3 Abs. 1 des MuSchG errechnet und gezahlt. Es beträgt höchstens 13 Euro für den Kalendertag (§ 24 i Abs. 2 S. 2 SGB V). Dieser „Höchstsatz" ist der regelmäßig gezahlte Satz, der nur in wenigen Ausnahmefällen unterschritten wird. Übersteigt das durchschnittliche Arbeitsentgelt 13 Euro kalendertäglich, wird der übersteigende Betrag vom **Arbeitgeber (Zuschuss zum Mutterschaftsgeld**, § 20 MuSchG) oder von der für die Zahlung des Mutterschaftsgeldes zuständigen Stelle nach den Vorschriften des Mutterschutzgesetzes gezahlt (§ 24 i Abs. 2 S. 4 SGB V). Mutterschaftsgeld wird nur aus Antrag geleistet. Gemäß § 24 i Abs. 3 S. 4 SGB V ist weitere Voraussetzung für die Zahlung vor Entbindung ein Zeugnis eines Arztes bzw. einer Hebamme maßgebend, in dem der mutmaßliche Tag der Entbindung angegeben ist. Die **Zahlung** des Mutterschaftsgeldes erfolgt durch die **Krankenkasse**. Die Kosten des Mutterschaftsgeldes als versicherungsfremde Leistung **trägt der Bund** (§ 221 SGB V).

**Frauen**, die in einem **anderen Arbeitsverhältnis** stehen (z. B. privat versicherte Frau; familienversicherte Frauen nach § 10 SGB V, da diese nicht Mitglied der Krankenkasse sind) oder in Heimarbeit beschäftigt sind, erhalten für den identischen Zeitraum (reduziertes) Mutterschaftsgeld zu **Lasten des Bundes** in entsprechender Anwendung von § 24 i SGB V, höchstens jedoch insgesamt 210 Euro (§ 19 Abs. 2 S. 1 MuSchG). Das Mutterschaftsgeld wird diesen Frauen auf Antrag vom Bundesamt für Soziale Sicherung gezahlt (§ 19 Abs. 2 S. 2 MuSchG).

▶ **TIPP** Eine Übersicht zum Mutterschaftsgeld liefert das Bundesamt für Soziale Sicherung: https://www.bundesamtsozialesicherung.de/de/mutterschaftsgeld/ ueberblick/, Stand 22.09.2021. (Bundesministerium für Familien 2021)

Frauen, die in einem **Dienstverhältnis als Beamtin** stehen, erhalten weiterhin Dienstbezüge aufgrund beamtenrechtlicher Vorschriften (z. B. § 2 S. 1 Verordnung über den Mutterschutz für Beamtinnen des Bundes und die Elternzeit für Beamtinnen und Beamte des Bundes).

**Nicht berufstätige Frauen** erhalten kein Mutterschaftsgeld.

§ 20 MuSchG sieht für Frau, die in einem Arbeitsverhältnis stehen, für die Schutzfristen vor und nach der Entbindung einen **Arbeitgeberzuschuss zum Mutterschaftsgeld** vor. Der Zuschuss berechnet sich aus der Differenz zwischen Mutterschaftsgeld der Krankenkasse in Höhe von 13 Euro kalendertäglich sowie dem um die gesetzlichen Abzüge verminderten durchschnittlichen kalendertäglichen Arbeitsentgelt (Netto-Arbeitsentgelt). Den Arbeitgebern werden die ihnen entstandenen Kosten im Wege des so genannten U2-Verfahrens erstattet. Gesetzliche Regelungen zum Schutz von Arbeitnehmerinnen dürfen sich nicht faktisch diskriminierend auswirken (BVerfGE 109, 64–96).

Mutterschaftsgeld und Arbeitgeberzuschuss sind steuer- und sozialabgabenfrei, unterliegt aber dem steuerlichen Progressionsvorbehalt (§ 32 b Abs. 1 S. 1 Nr. 1 b) bzw. c) EStG).

> **Zusammenfassung, Merksatz**
> Mutterschaftsgeld ist eine Entgeltersatzleistung, die sich insbesondere auf Zeiten des gesetzlichen Mutterschutzes bezieht. Die Zuständigkeit der Zahlung hängt von der konkreten Lebenssituation der Berechtigten ab (Krankenkasse, Bundesamt für Soziale Sicherung, Dienstherr, Arbeitgeber für den Arbeitgeberzuschuss). Die steuerfinanzierten Kosten trägt final der Bund.

## 7.2.4 Landesrechtliche Familienförderung

Als freiwillige soziale Förderleistung für Familien zahlen Bayern Familiengeld und Sachsen Landeserziehungsgeld auf Grundlage landesrechtlicher Normen. Es handelt sich dabei um eine Leistung, die im zweiten oder dritten Lebensjahr des Kindes gezahlt wird, wenn das Kind von dem Berechtigten selbst ohne Inanspruchnahme öffentlicher Angebote (insbesondere Kindertagesstätten) betreut und erzogen wird. In Bayern wird das Familiengeld unabhängig vom Familieneinkommen gezahlt (anders noch das Landeserziehungsgeld, Art. 5 Abs. 2 BayLErzgG), da es keine existenzsichernde Leistung sein soll, sondern den Zweck der Anerkennung der Erziehungsleistung hat (Art. 1 BayFamGG). Ebenso gibt es Nachrangregelungen gegenüber anderen vergleichbaren Leistungen (Art. 4 BayFamGG). Problematisch ist das Verhältnis zu existenzsichernden Sozialleistungen. Das bayerische

Familiengeld soll darauf nach Vorstellung des Freistaates Bayern nicht angerechnet werden (Art. 1 S. 4 BayFamGG; vgl. hierzu Link 2019; Koppenfels-Spies 2020).

**Hintergrundinformation: Regelungen in den Ländern**
In Bayern wurde bis zum 31.07.2018 Landeserziehungsgeld geleistet, das Landeserziehungsgeldgesetz wurde zum 01.08.2018 durch das Bayerische Familiengeldgesetz abgelöst und gilt für „Altfälle" für eine Übergangszeit weiter, https://www.zbfs.bayern.de/familie/landeserziehungsgeld/. Gleiches gilt für das vormals bis zum 31.08.2018 geregelte bayerische Betreuungsgeld (https://www.zbfs.bayern.de/familie/bayerisches-betreuungsgeld/index.php). Für dieses hat das LSG Bayern vom 07.08.2019, L 9 EG 20/18 BG, NZS 2019, 873 (Kurzwiedergabe) entschieden, dass bayerisches Betreuungsgeld anzurechnendes Einkommen gemäß §§ 11 ff. SGB II ist.
    Andere Bundesländer haben das Landeserziehungsgeld abgeschafft: Baden-Württemberg, Mecklenburg-Vorpommern, Thüringen.

## 7.3   Frühere Förderleistungen

**Betreuungsgeld** war eine Sozialleistung für Familien, die Ihre Kinder im zweiten und dritten Lebensjahr ohne Inanspruchnahme öffentlicher Angebote (insbesondere Kindertagesstätten) betreuen (von politischen Gegnern wurde das Betreuungsgeld als „Herdprämie" betitelt). Das Bundesverfassungsgericht hat diese bundesgesetzlich geregelte Leistung mit Urteil vom 21.07.2015 für unvereinbar mit dem Grundgesetz erklärt (BVerfGE 140, 65–99), da es nicht zur Herstellung einheitlicher Lebensverhältnisse erforderlich ist (Art. 72 Abs. 2 GG). Dem Bundesgesetzgeber kommt somit die Kompetenz für diese Regelung nicht zu, landesrechtliche Regelungen sind den einzelnen Bundesländern indes unbenommen.

Die **Wohnraumförderung** als soziale Förderleistung des Staates wurde im Zuge der Föderalismusreform 2006 der konkurrierenden **Gesetzgebungskompetenz des Bundes entzogen**. Die **objektbezogene Wohnraumförderung** nach dem Wohnraumförderungsgesetz ist nunmehr Sache der Länder und dementsprechend divergierend geregelt. Unter objektbezogenen Fördermaßnahmen werden die öffentliche Vergabe und Erstellung von Wohnraum sowie die Förderung des privaten Wohnungsbaus durch Vergabe von Zuschüssen oder zinsgünstigen Darlehen verstanden. Die Umsetzung der objektbezogenen Förderung wurde praktisch zumeist über steuerrechtliche Regelungen und Rechtswirkungen umgesetzt (vgl. die Regelungen des Eigenheimzulagengesetzes, zur Geltungsdauer vgl. § 19 Abs. 9 EigZulG). Die objektbezogenen Wohnraumförderung auf Grundlage bundesgesetzlicher Regelungen läuft somit bis zum Ablauf des zeitlich letztmöglichen Förderjahres aus. Die seinerzeit in Art. 74 Abs. 1 Nr. 18 GG geregelte konkurrierende Gesetzgebungskompetenz umfasste in diesem Zusammenhang insbesondere die Bereiche „Wohnungswesens" sowie „Siedlungs- und Heimstättenwesen". Lediglich für das zur sozialen Fürsorge und Hilfen zählende „Wohngeldrecht" besteht weiterhin eine Bundeskompetenz. Hierbei handelt es sich allerdings um eine Subjektförderung, also eine Förderung bezogen auf den einzelnen Menschen und dessen (sozialen) Bedarf.

## 7.4 Zusammenfassung

**Ausbildungsförderung** knüpft an die verfassungsrechtlich garantierte Freiheit der Berufswahl und -ausübung an. Da die Ausbildung junger Menschen typischerweise in jungen Lebensjahren erfolgt, greifen zivilrechtliche Unterhaltsansprüche der Kinder gegenüber deren Eltern und Ausbildungsförderung ineinander. Der zivilrechtliche Unterhaltsanspruch umfasst auch die Kosten einer angemessenen Vorbildung des Kindes zu einem Beruf. Ausbildungsförderung dient daher dem Zweck, die **Chancengleichheit** und **Teilhabemöglichkeiten** des Einzelnen zu gewährleisten und „korrigiert" insoweit Schwächen des zivilrechtlichen Unterhaltsrechts, das an die wirtschaftliche Leistungsfähigkeit des Unterhaltspflichtigen anknüpft. Zielrichtung der Ausbildungsförderung sind die berufliche Erstausbildung (gleich ob akademischer oder nichtakademischer Art) sowie die Ausbildung zum beruflichen Aufstieg. Ausbildungsförderung wird über das Steueraufkommen finanziert. **Ausbildungsförderung** nach dem BAföG wird für Bildungsteilhabe zeitlich nach der gesetzlichen Schulpflicht geleistet. Zielrichtungen sind eine allgemeinbildende Höherqualifizierung oder eine erste berufliche Erstausbildung an einer beruflichen (Fach-) Schule bzw. einer Hochschule. Leistungen sind alters- und einkommensabhängig. Zuständig für die größte Empfängergruppe (Studenten) sind bei staatlichen Hochschulen oder bei Studentenwerken eingerichtete Ämter. **Berufsausbildungsbeihilfe** nach SGB III kann während der ersten beruflichen Ausbildung geleistet werden. Die Leistung ist abhängig von Bedarfen des Anspruchsberechtigten für den Lebensunterhalt, der Fahrkosten und der sonstigen Aufwendungen. **Aufstiegsfortbildungsförderung** soll die berufliche Weiterqualifizierung fördern. Gefördert werden Bedarfe der beruflichen Aufstiegsfortbildung und Kosten des Lebensunterhalts. Das Verfahren ist zweistufig gestaltet. Die Entscheidung über die Förderung trifft die zuständige Landesbehörde, die Auszahlung von Zuschüssen oder Darlehen erfolgt auf der zweiten Stufe durch die Kreditanstalt für Wiederaufbau.

    **Soziale Förderung für Familien** bzw. Menschen, die Kinder erziehen und betreuen, erfolgt zumeist in Gestalt von Geldleistungen. Mit den Geldleistungen soll die Fähigkeit der Eltern unterstützt werden, den Verpflichtungen des Eltern- bzw. Familienunterhalts nachzukommen. Zugleich sollen die **Teilhabemöglichkeiten** und eine **Chancengleichheit** der Kinder durch die Erhöhung der wirtschaftlichen Leistungsfähigkeit der Familien erhöht werden.

    Das zeitliche und in der wirtschaftlichen Bedeutung wichtigste Instrument ist die soziale Familienförderung durch **Kindergeld**, das einerseits nach den Bestimmungen des Einkommensteuerrechts und andererseits nach den Regelungen des Bundeskindergeldgesetzes umgesetzt wird. Kindergeld wird vorrangig über das Einkommensteuerrecht verwirklicht. Nur in Ausnahmefällen wird Kindergeld nach dem BKGG gezahlt. Der steuerliche Freibetrag nach § 32 Abs. 6 EStG soll pauschalierend die Sicherung des Existenzminimums des Kindes (durch die Unterhaltsverpflichteten) sicherstellen und knüpft strukturell an die zivilrechtliche Unterhaltsverpflichtung der Eltern gegenüber den Kindern an. Es werden ein Freibetrag für das sächliche Existenzminimum des Kindes (Kinderfreibetrag) sowie ein Freibetrag für den Betreuungs- und Erziehungs- oder Ausbildungsbedarf des Kindes vom Einkommen der Eltern abgezogen. Die steuerliche Berücksichtigung von Freibeträgen sorgt für eine Besserstellung höherer Einkommen. Praktisch häufiger wird daher Familienförderung über die Festsetzung und Zahlung von Kindergeld an die berechtigte Person durch die bei der Agentur für Arbeit errichtete Familienkasse umgesetzt. Kindergeld nach BKGG erhalten nicht unbeschränkt in Deutschland Steuerpflichtige; häufigster Anwendungsfall sind in Deutschland beschränkt steuerpflichtige Grenzgänger.

**Elterngeld** ist eine staatliche Transferleistung, welche die Minderung der finanziellen Leistungsfähigkeit von Eltern während der Zeit der Erziehung und Betreuung von Säuglingen und Kleinkindern mindern soll. Es handelt sich um eine im weiten Gestaltungsspielraum des Gesetzgebers stehende Teilhabeleistung und ist somit keine zweckbestimmte Einnahme. Die Höhe des Elterngeldes richtet sich nach dem Einkommen vor der Geburt des Kindes. Es wird in einer garantierten Mindesthöhe bis zu einer Höchstgrenze gleistet. Zuständig sind die nach Landesrecht bestimmten Elterngeldstellen. Die Finanzierung erfolgt aus dem Steueraufkommen des Bundes.

**Mutterschaftsgeld** ist eine Entgeltersatzleistung für erwerbstätige Frauen während der Zeit eines gesetzlichen Beschäftigungsverbots wegen Schwangerschaft oder Entbindung. Die Schutzfrist beginnt wenigstens sechs Wochen vor der (errechneten) Entbindung bzw. zuvor aufgrund ärztlichen Zeugnisses und dauert wenigstens acht Wochen nach der Entbindung. Die Zuständigkeit der Zahlung hängt von der konkreten Lebenssituation der Berechtigten ab (Krankenkasse, Bundesamt für Soziale Sicherung, Dienstherr, Arbeitgeber für den Arbeitgeberzuschuss). Die steuerfinanzierten Kosten trägt final der Bund.

Heute nicht mehr existierende Förderleistungen waren das Betreuungsgeld sowie die objektbezogenen Wohnraumförderung auf Bundesebene. Die Wohnraumförderung wird nunmehr durch die Bundesländer gestaltet.

## Literatur

Bieback, Familienleistungen und Familienlastenausgleich in der Sozialversicherung, VSSR 1996, 73–78

Birk, Das neue Elterngeld nach dem Bundeselterngeld- und Erziehungszeitgesetz, ZfSH/SGB 2007, 3–12

Bischofs, Änderungen im Recht des Kinderzuschlags nach § 6a BKGG durch das Starke-Familien-Gesetz (StaFamG) für die Zeit ab dem 1.1.2020, SGb 2020, 592–600

Bundesministerium für Bildung und Forschung, https://www.bafög.de/de/das-bafoeg-372.php, Stand 11.10.2021

Bundesministerium für Familien, Senioren, Frauen und Jugend, https://www.bmfsfj.de/bmfsfj/themen/familie/familienleistungen/elterngeld/elterngeld-und-elterngeldplus/73752, Stand 20.10.2021

Bundesministerium für Familien, Senioren, Frauen und Jugend, Elterngeldstellen und Aufsichtsbehörden, https://www.bmfsfj.de/bmfsfj/themen/familie/familienleistungen/elterngeld/elterngeldstellen-und-aufsichtsbehoerden/elterngeldstellen-und-aufsichtsbehoerden-in-elterngeldangelegenheiten-73716, Stand 20.10.2021

Bundesagentur für Arbeit, Kindergeld/Kinderzuschlag, Jahreszahlen 2020, https://statistik.arbeits-agentur.de/Statistikdaten/Detail/202012/famka/famka-jz/famka-jz-d-0-202012-pdf.pdf?__blob=publicationFile&v=2, Stand 20.10.2021

Bundesamt für Soziale Sicherung, Mutterschaftsgeld, https://www.bundesamtsozialesicherung.de/de/mutterschaftsgeld/ueberblick/, Stand 22.09.2021

DIE LINKE, https://www.linksfraktion.de/themen/a-z/detailansicht/bafoeg/, Stand 11.10.2021

Eichenhofer, Sozialrecht, 11. Auflage Tübingen 2019, § 22, 23

Felix, Familienlastenausgleich, in: Ruland/Becker/Axer (Hrsg.), Sozialrechtshandbuch, 6. Auflage, Baden-Baden 2018, § 30

Freie Demokratische Partei e.V., FDP, https://www.fdp.de/forderung/elternunabhaengiges-baukasten-bafoeg-einfuehren, Stand 11.10.2021

Hebeler, Ausbildungsförderung, in: Ruland/Becker/Axer (Hrsg.), Sozialrechtshandbuch, 6. Auflage, Baden-Baden 2018, § 31

Koppenfels-Spies, NZS Jahresrevue 2020: Elterngeld, Unterhaltsvorschuss, Kindergeld (EstG), Künstlersozialversicherung, NZS 2021, 331–341

Link, Keine Anrechnung des Bayerischen Familiengeldes auf Leistungen der Grundsicherung für Arbeitsuchende nach dem SGB II, ZFSH/SGB 2019, 130 bis 132

Schmehl, Kinder im Steuerrecht, in Bork/Repgen (Hrsg.), Das Kind im Recht, Berlin 2009, S. 127–158

## Weiterführende Literatur

Bundesministerium für Bildung und Forschung, https://www.aufstiegs-bafoeg.de/aufstiegsbafoeg/de/ihr-weg-zur-foerderung/persoenliche-unterstuetzung-vor-ort/persoenliche-unterstuetzung-vor-ort_node.html, Stand 11.10.2021

Bundesministerium für Bildung und Forschung, https://www.bmbf.de/bmbf/shareddocs/kurzmeldungen/de/die-wichtigsten-aenderungen, Stand 11.10.2021

Erlenkämper/Fichte, Sozialrecht, 6. Auflage, Köln 2008, Kapitel 22, 23, 24

Felix, Das Kind im Sozialrecht, in Bork/Repgen (Hrsg.), Das Kind im Recht, Berlin 2009, S. 105–126

Freistaat Bayern, Familiengeld, https://www.zbfs.bayern.de/familie/familiengeld/, Stand 22.10.2021

Freistaat Sachsen, Landeserziehungsgeld, https://www.familie.sachsen.de/landeserziehungsgeld.html, Stand 22.10.2021

Helmke/Lenz, Kapitel 18 Familienleistungsausgleich, BMAS, Übersicht über das Sozialrecht, 16. Auflage, Ausgabe 2019/2020, Nürnberg 2019

Krebs, Kapitel 19 Bundesgesetz über individuelle Förderung der Ausbildung; Bildungskredit und Aufstiegs-Fortbildungsförderung, BMAS, Übersicht über das Sozialrecht, 16. Auflage, Ausgabe 2019/2020, Nürnberg 2019

Löhnig, Ausbildungsunterhalt bei mehrstufiger Ausbildung, NJW 2017, 2234–2237

Muckel/Ogorek/Rixen, Sozialrecht, 5. Auflage, München 2019, § 15

Rancke/Pepping (Hrsg.), Mutterschutz, Elterngeld, Elternzeit, 6. Auflage Baden-Baden 2021

Schmidt, Familienleistungen – monetär/ real/ steuerlich, ZFSH SGB 2021, 671–677

Statistischen Bundesamtes, Ausbildungsförderung, Fachserie 11, Reihe 7, https://www.destatis.de/DE/Service/Bibliothek/_publikationen-fachserienliste-11.html, Stand 11.10.2021

Waltermann, Sozialrecht, 14. Auflage Heidelberg 2020, § 16

Will, Familienförderung im Sozialrecht, Hamburg 2009

# Menschen mit Behinderung

**8**

**Lernziele**

Das achte Kapitel beinhaltet eine Darstellung von Grundlagen und Bedeutung rechtlicher Regelungen im Hinblick auf Menschen mit Behinderung. Nach der Bearbeitung des Kapitels können Sie die historische Entwicklung und die nationalen Bedeutungszusammenhänge darstellen und beschreiben. Weiterhin können Sie das Zusammenwirken mit anderen sozialrechtlichen Reglungen ableiten und auf Sachverhalte anwenden. Häufig verwendete Begriffe im Recht der Menschen mit Behinderung können Sie erläutern und einordnen. Ebenso lernen Sie Maßnahmen der Rehabilitation und Teilhabe kennen und einordnen.

Die **Inklusion** und **Teilhabemöglichkeiten** von Menschen mit Behinderung bzw. von Behinderung bedrohter Menschen (auf letzte wird im kommenden Kapitel nicht gesondert eingegangen) sind ein Spiegelbild des gesamtgesellschaftlichen sozialen Zusammenlebens. Wie eine Gesellschaft mit ihren schwächsten Mitgliedern umgeht, zeigt deren Zusammenhalt und Verbundenheit. Ob und inwieweit das verfassungsrechtlich niedergelegte Sozialstaatsprinzip der Lebenswirklichkeit entspricht, wird in diesem Zusammenhang offenbar.

## 8.1 Einordnung in das System des Sozialrechts

Der Umgang der Gesellschaft mit Menschen mit Behinderung wird rechtlich durch Rahmenvorgaben begleitet. Diese sind einerseits im nationalen Verfassungsrecht und andererseits in völkerrechtlichen Vorgaben enthalten, die einfachrechtlich umgesetzt werden.

© Springer Fachmedien Wiesbaden GmbH, ein Teil von Springer Nature 2022
R. Möller, *Finanzierung und Organisation des Sozialstaates*,
https://doi.org/10.1007/978-3-658-37190-6_8

**Nationales Verfassungsrecht**

Im **nationalen Verfassungsrecht** nimmt ausdrücklich Art. 3 Abs. 3 GG Bezug auf Menschen mit Behinderung.

> ### Art. 3 Abs. 3 S. 2 GG
> Niemand darf wegen seiner Behinderung benachteiligt werden.

Positiv rechtlich formuliert das Grundgesetz ein **Benachteiligungsverbot**. Von einer Förderung ist nicht die Rede, sodass der Normtext der Verfassung allenfalls geringe Teilhabemöglichkeiten aus dem objektiv-rechtlichen Gehalt der Verfassungsnorm i. V. m. dem Sozialstaatsprinzip statuiert. Individuelle Leistungsansprüche lassen sich aus der Verfassungsnorm daher nicht ableiten. Allerdings wird der Norm ein Paradigmenwechsel zugeschrieben. Der tradierte sozialstaatlich-rehabilitative Umgang mit behinderten Menschen durch Fürsorge, die das Risiko der Entmündigung und Bevormundung in sich trage, werde durch einen Anspruch auf Schutz vor Diskriminierung ersetzt. Es werde nicht nur die benachteiligte Minderheit angesprochen, sondern auch die Mehrheitsgesellschaft in die Verantwortung genommen. Die Verfassungsnorm wurde 1994 geändert mit dem Ziel, ein Signal in die Öffentlichkeit und einen Anstoß für einen Bewusstseinswandel im Umgang mit Menschen mit Behinderung zu geben (Bt-Drucks. 12/8165, 28 f., 38 f.). Jüngst hatte das Bundesverfassungsgericht Gelegenheit, sich mit der Auslegung der Verfassungsnorm zu befassen (BVerfG vom 30.01.2020, 2 BvR 1005/18, NJW 2020, 1282–1284). Das Verbot der Benachteiligung von Menschen mit Behinderungen gemäß Art. 3 Abs. 3 Satz 2 GG ist Grundrecht und zugleich objektive Wertentscheidung. Aus ihm folgt – über das sich aus dem Wortlaut unmittelbar ergebende Verbot der Benachteiligung hinaus – im Zusammenwirken mit speziellen Freiheitsrechten, dass der Staat eine besondere Verantwortung für behinderte Menschen trägt (vgl. BVerfGE 96, 288, 303 f.). Nach dem Willen des Verfassungsgebers fließt das Verbot der Benachteiligung behinderter Menschen als Teil der objektiven Wertordnung auch in die Auslegung des Zivilrechts ein.

> **Zusammenfassung, Merksatz**
> Das Grundgesetz formuliert ein Benachteiligungsverbot wegen einer Behinderung
> Art. 3 Abs. 3 S. 2 GG ist Grundrecht und zugleich objektive Wertentscheidung des Verfassungsgebers.

Der **Begriff der Behinderung** wird im Verfassungstext nicht erläutert. Das Bundesverfassungsgericht versteht hierunter „die Auswirkung einer nicht nur vorübergehenden Funktionsbeeinträchtigung, die auf einem regelwidrigen körperlichen, geistigen und seelischen Zustand beruht" (BVerfGE 96, 288, 301; 99, 341, 356 f.). Diese Auslegung ist bereits einige Jahre alt und das Gericht hat bisher trotz des zunehmenden Stellenwerts der Inklusion und

Teilhabe von Menschen mit Behinderungen versäumt, ein moderneres Begriffsverständnis seiner Verfassungsrechtsprechung zugrunde zu legen. Auch tut sich die Literatur mit der verfassungsrechtlichen Begriffsbestimmung schwer; selbst in Standard-Lehrbüchern fehlt bis heute eine Auseinandersetzung mit Art. 3 Abs. 3 S. 2 GG (z. B. Ipsen 2020, Rz. 844 ff.). Einfachrechtlich umschreibt § 2 SGB IX, was unter einer Behinderung verstanden werden kann. Das SGB IX und andere Gesetze werden mit Wirkung ab dem 30.12.2016 (oder später gestaffelt bis zum 01.01.2023; treten Änderungen nach dem 01.01.2018 ein, erfolgt hierzu ein gesonderter Hinweis) durch das **Bundesteilhabegesetz** (BGBl. I 2016, S. 3234) umgestaltet. Dies macht (teilweise) erforderlich, die alte und die neue Gesetzeslage zu betrachten.

**Legal Text**
**§ 2 Abs. 1 SGB IX a. F.**

Menschen sind behindert, wenn ihre körperliche Funktion, geistige Fähigkeit oder seelische Gesundheit mit hoher Wahrscheinlichkeit länger als sechs Monate von dem für das Lebensalter typischen Zustand abweichen und daher ihre Teilhabe am Leben in der Gesellschaft beeinträchtigt ist. Sie sind von Behinderung bedroht, wenn die Beeinträchtigung zu erwarten ist.

**§ 2 Abs. 1 SGB IX (BTHG)**

Menschen mit Behinderungen sind Menschen, die körperliche, seelische, geistige oder Sinnesbeeinträchtigungen haben, die sie in Wechselwirkung mit einstellungs- und umweltbedingten Barrieren an der gleichberechtigten Teilhabe an der Gesellschaft mit hoher Wahrscheinlichkeit länger als sechs Monate hindern können. Eine Beeinträchtigung nach Satz 1 liegt vor, wenn der Körper- und Gesundheitszustand von dem für das Lebensalter typischen Zustand abweicht. Menschen sind von Behinderung bedroht, wenn eine Beeinträchtigung nach Satz 1 zu erwarten ist.

**Hintergrundinformation: Bundesteilhabegesetz**
Das Bundesteilhabegesetz ändert das SGB IX grundlegend und führt als Artikelgesetz (sog. „Rucksackgesetz") zu zahlreichen Änderungen auch in anderen Sozialleistungsgesetzen. Dem neuen Gesetz gehen zum Teil sehr konträre Diskussionen voraus. Mit 368 Seiten ist der Umfang des Gesetzesentwurfs (Bt.-Drucks. 18/9522) umfangreich ausgefallen.

▶   **TIPP** Das BMAS hat umfangreiche Erläuterungen zum BTHG online gestellt (https://www.bmas.de/DE/Soziales/Teilhabe-und-Inklusion/Rehabilitation-und-Teilhabe/Fragen-und-Antworten-Bundesteilhabegesetz/faq-bundesteilhabegesetz.html, Stand 02.09.2021), die bis heute zeigen, welch hoher Erläuterungsbedarf zu der neuen Gesetzeslage besteht.

Der neu definierte Begriff der Behinderung nach dem BTHG (kritisch zur neuen Terminologie Mrozynski 2017, S. 450 f.; Mau 2014) geht zu Recht davon aus, dass eine Behinderung nicht der Grund dafür ist, dass Teilhabemöglichkeiten von Menschen mit Behinderungen eingeschränkt sind. Vielmehr wird diese erst dann zu einer Benachteiligung, weil objektive **Umweltbedingungen** (z. B. eine Treppe für einen Rollstuhlfahrer) oder **Einstellungen** (z. B. Ekelgefühle „normaler" Menschen beim Anblick geistig schwerstbehinderter Menschen) wegen des Zusammentreffens mit behinderten Menschen **Teilhabebarrieren** schaffen. Es geht also darum, diese (objektiven) und (subjektiven) Hindernisse zu beseitigen und auf diese Weise Teilhabe zu ermöglichen. Behinderung führt daher nicht aus sich heraus zu einer Benachteiligung, sondern erst durch das Zusammentreffen mit Barrieren.

**Behinderung** liegt nach der Definition des SGB IX (i. d. F. d. BTHG) bei einer Beeinträchtigung von Körper, Geist, Seele oder Sinnen vor. Der Gesetzgeber geht demnach von einer **regelwidrigen Funktionsstörung** aus, die durch eine **Hilfestellung** (Leistungen zur medizinischen Rehabilitation, Leistungen zur Teilhabe am Arbeitsleben, Leistungen zur Teilhabe am Leben in der Gemeinschaft [BTHG: Soziale Teilhabe und gesondert ausgewiesen Leistungen zur Teilhabe an Bildung]) ausgeglichen werden soll. § 2 Abs. 2 und 3 SGB IX ergänzen den Behindertenbegriff und qualifizieren diesen im Sinne der **Schwerbehinderung** für die Anwendung des Schwerbehindertenrechts (BTHG Teil 3 §§ 151 ff. SGB IX, Teil 2, §§ 68 ff. SGB IX a. F.).

Der neu definierte Begriff basiert auf dem Behindertenbegriff der **UN-Behindertenrechtskonvention** (UN-BRK, Übereinkommen der Vereinten Nationen vom 13.12.2006 über die Rechte von Menschen mit Behinderung, national in Kraft getreten am 26.03.2009, BGBl. II 2008, S. 1419). Der internationale Behindertenbegriff stellt stärker auf **soziale Beeinträchtigungen** ab, was nunmehr ab 2018 auch im SGB IX geregelt ist. Die UN-BRK basiert ihrerseits auf dem Teilhabemodell der „International Classification of Functioning, Disability an Health (ICF)" (siehe Reimann 2018, Rz. 16 ff.).

### Art. 1 Abs. 2 UN-BRK

Zu den Menschen mit Behinderungen zählen Menschen, die langfristige körperliche, seelische, geistige oder Sinnesbeeinträchtigungen haben, welche sie in Wechselwirkung mit verschiedenen Barrieren an der vollen, wirksamen und gleichberechtigten Teilhabe an der Gesellschaft hindern können.

### Hintergrundinformation: Antidiskriminierungsrichtlinie

Auch auf **europäischer Ebene** wird der Behindertenbegriff relevant. Dieser ist Gegenstand der Richtlinie 2000/78/EG – zur Festlegung eines allgemeinen Rahmens für die Verwirklichung der Gleichbehandlung in Beschäftigung und Beruf (ABl. Nr. L 303 S. 1, **Antidiskriminierungsrichtlinie**). Diese Richtlinie befasst sich übergeordnet mit Antidiskriminierungsverboten im beruflichen Kontext und in diesem Zusammenhang auch mit dem behinderten Menschen. National wurde die Richtlinie im Wesentlichen durch das AGG umgesetzt. Einen Behindertenbegriff enthält die Richtlinie zwar nicht. Gleichwohl hat der EuGH in der Rechtssache „Ring" (EuGH, 04.08.2011 – C-335/11, ZESAR 2013, 415–423) umschrieben:

„Der Begriff „Behinderung" im Sinne der Richtlinie 2000/78/EG zur Festlegung eines allgemeinen Rahmens für die Verwirklichung der Gleichbehandlung in Beschäftigung und Beruf ist dahin
auszulegen, dass er einen Zustand einschließt, der durch eine ärztlich diagnostizierte heilbare oder
unheilbare Krankheit verursacht wird, wenn diese Krankheit eine Einschränkung mit sich bringt, die
insbesondere auf physische, geistige oder psychische Beeinträchtigungen zurückzuführen ist, die in
Wechselwirkung mit verschiedenen Barrieren den Betreffenden an der vollen und wirksamen Teilhabe am Berufsleben, gleichberechtigt mit den anderen Arbeitnehmern, hindern können, und wenn
diese Einschränkung von langer Dauer ist. Insoweit ist der Begriff „Behinderung" so zu verstehen,
dass er eine Beeinträchtigung der Ausübung einer beruflichen Tätigkeit erfasst, nicht aber die Un-
möglichkeit, eine solche Tätigkeit auszuüben. Der Gesundheitszustand von Menschen mit Behinderung, die – zumindest Teilzeit – arbeiten können, kann daher unter den Begriff „Behinderung"
fallen".

> **Zusammenfassung, Merksatz**
>
> Der Begriff der Behinderung wird zum 01.01.2018 durch den Gesetzgeber neu ge-
> fasst. Er knüpft an den Behindertenbegriff der UN-BRK an. Neben körperlichen,
> seelischen, geistigen oder Sinnesbeeinträchtigungen ist die Wechselwirkung mit
> einstellungs- und umweltbedingten Barrieren relevant, welche an der gleichberech-
> tigten Teilhabe an der Gesellschaft mit hoher Wahrscheinlichkeit länger als sechs
> Monate hindern können. Es geht darum, objektive und subjektive Hindernisse zu
> beseitigen und auf diese Weise Teilhabe zu ermöglichen.

**Völkerrechtliche Vorgaben – UN-BRK**

Die **UN-BRK** basiert auf dem Gedanken einer vollständigen gesellschaftlichen (sozialen)
Teilhabe von Menschen mit Behinderung. Diese soll über eine umfassend verstandene
**Inklusion** erreicht werden. Die UN-BRK definiert insoweit einerseits Begriffe und statuiert Rahmenbedingungen für den im weitesten Sinne verstandenen Umgang von Menschen mit Behinderung. Systematisch kann man die Regelungen danach unterscheiden, ob
sie dem Einzelnen einen Rechtsanspruch geben wollen, ob sie Abwehransprüche gegen
(staatliche) Eingriffe oder ob staatliche Schutz- und Gewährleistungsrechte statuieren
(vgl. hierzu Mrozynski 2019, § 10 Rz. 1 d f.). Rechtlich gesehen ist die UN-BRK als ein-
faches Bundesgesetz in die nationale Rechtsordnung integriert, welches nach Art. 59
Abs. 2 GG mit Zustimmung der Länder verabschiedet wurde. Umstritten ist die Frage,
inwieweit in der nationalen Rechtsordnung eine unmittelbare Anwendbarkeit der UN-
BRK gegeben ist (siehe hierzu Uerpmann-Wittzack 2015, S. 59 ff.). Jedenfalls wird man
die Konvention zur Auslegung des nationalen Rechts heranziehen dürfen, solange die
Grenzen methodisch vertretbarer Gesetzesauslegung nicht überschritten werden (BVerfGE 111, 307, 323); mittelbare Geltung der UN-BRK, siehe hierzu Uerpmann-Wittzack
2015, S. 68 ff. und Nieding 2015, S. 77 ff.). Streitige Themenkomplexe sind bisher gewesen die Teilnahme behinderter Kinder am Schulbetrieb oder die Wohnsituation behinderter
Menschen.

Als **Rahmenvorgaben** legt die UN-BRK insbesondere mit Blick auf gleichheitsgerechte Teilhabe fest

- ein Recht auf Leben (Art. 10),
- die Gleichberechtigung der Menschen mit Behinderung (Art. 12),
- ein absolutes Diskriminierungsverbot (Art. 4 Abs. 1 i. V. m. Art. 5),
- eine volle Verwirklichung der Rechte von Menschen mit Behinderung (Art. 4 Abs. 2, 4),
- eine besondere Sensibilisierung hinsichtlich besonderer Gruppen (Frauen und Mädchen bzw. Kinder mit Behinderung, Art. 6 bzw. 7),
- einen staatlichen und gesellschaftlichen Auftrag einer Bewusstseinsbildung für Belange der Menschen mit Behinderung (Art. 8),
- Ermöglichung einer „unabhängigen Lebensführung und der vollen Teilhabe in allen Lebensbereichen" (Art. 9),
- Schutz von Menschen mit Behinderungen vor Ausbeutung, Gewalt und Missbrauch (Art 16; jetzt durch das Teilhabestärkungsgesetz umgesetzt in § 37a SGB IX),
- ein gleiches Recht auf unabhängige Lebensführung und Einbeziehung in die Gemeinschaft (Art. 19), z. B. das Recht auf Bildung (Art. 24),
- Habilitations- und Rehabilitationsverpflichtungen des Staates, um Menschen mit Behinderungen in die Lage zu versetzen, ein Höchstmaß an Unabhängigkeit, umfassende körperliche, geistige, soziale und berufliche Fähigkeiten sowie die volle Einbeziehung in die Teilhabe am Leben in die Gesellschaft zu gewährleisten (Art. 26),
- ein Recht auf Arbeit und Beschäftigung (Art. 27),
- Teilhabe am öffentlichen Leben einschließlich der Politik, Kultur, Erholung, Freizeit Sport (Art. 29, 30).

**Inklusion** definiert die UN-BRK in der deutschen Übersetzung in Art. 3 Lit. c) als „die volle und wirksame Teilhabe an der Gesellschaft und **Einbeziehung** in die Gesellschaft".

Die UN-BRK spricht gerade **nicht** von einer **Integration**. Dieser frühere Sprachgebrauch knüpft nämlich an ein „Anderssein" von Menschen mit Behinderung an. Ziel der UN-BRK ist ein Umdenken dergestalt zu etablieren, dass nicht „Ausgegrenzte" in die Gesellschaft integriert werden sollen, sondern allen Menschen eine (möglichst) vollständige gesellschaftliche Teilhabe möglich ist. Behinderung ist daher kein „Anderssein", sondern eine Ausprägung der menschlichen Vielfalt („Diversity"). Deshalb hat sich nicht der Mensch mit Behinderung anzupassen, sondern die gesellschaftliche Teilhabe muss von vornherein für alle Menschen ermöglicht werden (siehe Abb. 8.1).

**Zusammenfassung, Merksatz**
Der Gedanke der Inklusion geht von der Vielfalt menschlichen Daseins aus. Menschen mit Behinderung sollen sich daher nicht an gesellschaftliche Gegebenheiten anpassen, sondern die gesellschaftliche Teilhabe muss durch Schaffung der ermöglichenden Umweltbedingungen allen Menschen von vorherein möglich sein.

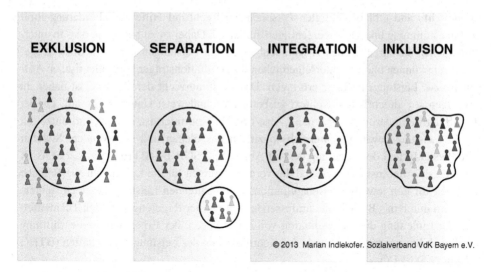

**Abb. 8.1** Inklusionsbegriff

**Einfachrechtliche Ausgestaltung im Sozialrecht**

Sozialrechtlichen Anknüpfungspunkt der Teilhabe behinderter Menschen bildet die Grundsatznorm des § 10 SGB I.

**§ 10 SGB I**

Menschen, die körperlich, geistig oder seelisch behindert sind oder denen eine solche Behinderung droht, haben unabhängig von der Ursache der Behinderung zur Förderung ihrer Selbstbestimmung und gleichberechtigten Teilhabe ein Recht auf Hilfe, die notwendig ist, um

1. die Behinderung abzuwenden, zu beseitigen, zu mindern, ihre Verschlimmerung zu verhüten oder ihre Folgen zu mildern,
2. Einschränkungen der Erwerbsfähigkeit oder Pflegebedürftigkeit zu vermeiden, zu überwinden, zu mindern oder eine Verschlimmerung zu verhüten sowie den vorzeitigen Bezug von Sozialleistungen zu vermeiden oder laufende Sozialleistungen zu mindern,
3. ihnen einen ihren Neigungen und Fähigkeiten entsprechenden Platz im Arbeitsleben zu sichern,
4. ihre Entwicklung zu fördern und ihre Teilhabe am Leben in der Gesellschaft und eine möglichst selbstständige und selbstbestimmte Lebensführung zu ermöglichen oder zu erleichtern sowie
5. Benachteiligungen auf Grund der Behinderung entgegenzuwirken.

§ 10 SGB I definiert nicht den Begriff der Behinderung, sondern setzt diesen voraus. Die Norm wird im Zuge des BTHG nicht angepasst, was zu Unstimmigkeiten mit der neuen Begriffsdefinition in § 2 SGB IX führt. § 10 SGB I ist Grundsatznorm des **Leis-**

**tungsrechts** und gibt berechtigten Personen ein Recht auf Hilfe zur „Förderung ihrer Selbstbestimmung und gleichberechtigten Teilhabe". Dabei ist zu beachten, dass in unterschiedlichen sozialrechtlichen Zusammenhängen die Leistungen unterschiedlich ausgestaltet sein können und die unterschiedlichen Rehabilitationsträger keine identischen Aufgaben bzw. Leistungsumfänge erbringen. Das Leistungsrecht der Teilhabe ist daher im jeweiligen sozialrechtlichen Kontext zu betrachten und weist Unterschiede auf. Da der Begriff der Behinderung zentral in § 2 Abs. 1 SGB IX normiert ist, ist dieser im Einzelfall für die Leistungsgewährung **bereichsspezifisch** auszulegen und anzuwenden. Sichtbar wird dies aufgrund der Regelung des § 7 Abs. 1 S. 2 SGB IX (BTHG, § 7 S. 2 SGB IX a. F.), da sich die Zuständigkeit und die Voraussetzungen für die Leistungen zur Teilhabe nach den für den jeweiligen Rehabilitationsträger geltenden Leistungsgesetzen richten. Neu wird durch das BTHG eine umfassende Geltung der Regelungen zu den Themenfeldern der Einleitung der Rehabilitation von Amts wegen, der Erkennung und Ermittlung von Rehabilitationsbedarfen sowie der Koordinierung der Leistungen geschaffen (BTHG § 7 Abs. 2 SGB IX).

Das sich in § 7 SGB IX widerspiegelnde Bild der bereichsspezifischen Anwendung der Leistungen zur Teilhabe macht zugleich eines der Kernprobleme sichtbar (siehe nur Mrozynski 2017, S. 453 ff.). Stets muss die Frage gestellt und beantwortet werden, welcher **Rehabilitationsträger zuständig** ist (vgl. § 6 SGB IX) und welche Leistungen („ob der Leistungen", siehe § 5 SGB IX) in welcher Höhe („wie" der Leistungen) zu erbringen sind (**gegliedertes Leistungssystem**). Gerade in vielschichtigen Fällen können mehrere Rehabilitationsträger zuständig sein und entsprechend zusammenwirken. Auch der Gesetzgeber des BTHG hat insoweit keine einheitliche Regelung geschaffen (ein Rehabilitationsleistungsrecht „aus einer Hand"), sodass die Abgrenzungsfragen und Schnittstellenproblematiken in der Zusammenarbeit auch künftig erhalten bleiben. Eine – wenn auch widersprüchliche – Änderung ist hinsichtlich der **Eingliederungshilfe** eingetreten, die gemäß § 7 Abs. 1 S. 3 SGB IX als Leistungsgesetz gilt, sodass die Eingliederung in das SGB IX an sich unlogisch erscheint. Letztlich bleibt es im Grundsatz dabei, dass lediglich die Träger der Unfallversicherung und der sozialen Entschädigung Rehabilitationsaufgaben in eigener Zuständigkeit umfassend erfüllen.

---

**Beispiele SGB IX und bereichsspezifische Leistungen**

Das SGB IX regelt somit, welche Leistungen der Rehabilitation und Teilhabe dem Grunde nach erbracht werden könnten. In den einzelnen Sozialleistungsgesetzen ist – bereichsspezifisch – geregelt, welche Leistungsansprüche tatsächlich bestehen (siehe hierzu Reimann 2018, Rz. 167 ff.).

- Krankenversicherung: Leistungen der medizinischen Rehabilitation (§§ 42–48 SGB IX) werden nach §§ 11 Abs. 2 i. V. m. § 43 SGB V erbracht
- Rentenversicherung: Leistungen zur Teilhabe am Arbeitsleben (§§ 49–63 SGB IX) werden nach § 16 SGB VI erbracht ◄

> **Zusammenfassung, Merksatz**
>
> Im gegliederten Sozialleistungssystem ist kein einheitliches Rehabilitations- und Teilhaberecht für Menschen mit Behinderung geschaffen. Es bleibt vielmehr bei der bereichsspezifischen Zuständigkeit der Sozialleistungsträger. Dementsprechend können (und sind) die Leistungen dem Grunde und der Höhe nach in den einzelnen Sozialleistungsgesetzen unterschiedlich geregelt sein. Abgrenzungsfragen und Schnittstellenproblematiken bestehen deshalb bei der Zusammenarbeit der Leistungsträger.

## 8.2 Rehabilitation und Teilhabe – Regelungen für Menschen mit Behinderungen und von Behinderung bedrohte Menschen

§ 1 SGB IX beschreibet die **Zielrichtung und Funktion** der Teilhabe am Leben in der Gesellschaft.

### § 1 SGB IX

Menschen mit Behinderungen oder von Behinderung bedrohte Menschen erhalten Leistungen nach diesem Buch und den für die Rehabilitationsträger geltenden Leistungsgesetzen, um ihre Selbstbestimmung und ihre volle, wirksame und gleichberechtigte Teilhabe am Leben in der Gesellschaft zu fördern, Benachteiligungen zu vermeiden oder ihnen entgegenzuwirken. Dabei wird den besonderen Bedürfnissen von Frauen und Kindern mit Behinderungen und von Behinderung bedrohter Frauen und Kinder sowie Menschen mit seelischen Behinderungen oder von einer solchen Behinderung bedrohter Menschen Rechnung getragen.

**Hintergrundinformation: Behindertengleichstellungsgesetz (BGG) und Allgemeine Gleichbehandlungsgesetz (AGG**
Neben dem SGB IX sind im Zusammenhang mit der Benachteiligung behinderter Menschen das Behindertengleichstellungsgesetz (BGG) und das Allgemeine Gleichbehandlungsgesetz (AGG) zu betrachten. Beide Gesetze folgen eher dem Gedanken des Benachteiligungsverbots, wie er in Art. 3 Abs. 3 S. 2 GG niedergelegt ist. Allerdings sind teilweise auch Beteiligungsrechte definiert wie z. B. in § 12e ff. BGG die neuen Regelungen zu Assistenzhunden nach dem Teilhabestärkungsgesetz. Diese Gesetze bleiben im Folgenden außer Betracht.

Dabei haben die Rehabilitationsträger und die Integrationsämter sowie die Arbeitgeber darauf hinzuwirken, dass der Eintritt einer Behinderung einschließlich einer chronischen Krankheit vermieden wird (**Vorrang der Prävention**, § 3 Abs. 1 SGB IX).

### Rehabilitationsträger

Nach § 6 Abs. 1 SGB IX sind Träger der Leistungen zur Teilhabe (**Rehabilitationsträger**) die in den jeweiligen Sozialgesetzbüchern genannten Sozialleistungsträger (siehe Über-

**Tab. 8.1** Übersicht über die Teilhabeleistungen nach Leistungsgruppen und Rehabilitationsträger

|  | KV | Bundesagentur | UV | RV | Entschädigungs-verwaltung | öffentliche Jugendhilfe | Eingliede-rungshilfe |
|---|---|---|---|---|---|---|---|
| medizinische Reha | X |  | X | X | X | X | X |
| Teilhabe am Arbeitsleben |  | X | X | X | X | X | X |
| unterhaltssichernde und andere ergänzende Leistungen | X | X | X | X | X |  |  |
| Teilhabe an Bildung |  |  | (X)* |  | X | X | X |
| soziale Teilhabe |  |  | X |  | X | X | X |

(* nur bei Versicherten nach § 2 Abs. 1 Nr. 8 SGB VII)

sicht Tab. 8.1). Das heißt, die Zuordnung der Aufgaben erfolgt sachbezogen entsprechend der in den Sozialgesetzen geregelten Zuständigkeiten. Deshalb formuliert § 7 Abs. 1 S. 2 SGB IX den Grundsatz, dass die Zuständigkeit und die Voraussetzungen für die Leistungen zur Teilhabe […] sich nach den für den jeweiligen Rehabilitationsträger geltenden Leistungsgesetzen richten. Die **Leistungserbringung** erfolgt i. d. R. auf Grundlage entsprechender Verträge zwischen Rehabilitationsträgern (Kostenträgern) und Leistungserbringern bzw. deren Verbänden. Hierzu gelten die vertragsrechtlichen Bestimmungen der jeweiligen Leistungsgesetze ergänzt um die Regelung des § 38 SGB IX.

**Legal Text**
**§ 6 Abs. 1 SGB IX**

(1)   Träger der Leistungen zur Teilhabe (Rehabilitationsträger) können sein:

1. die gesetzlichen Krankenkassen für Leistungen nach § 5 Nummer 1 und 3,
2. die Bundesagentur für Arbeit für Leistungen nach § 5 Nummer 2 und 3,
3. die Träger der gesetzlichen Unfallversicherung für Leistungen nach § 5 Nummer 1 bis 3 und 5; für Versicherte nach § 2 Absatz 1 Nummer 8 des Siebten Buches die für diese zuständigen Unfallversicherungsträger für Leistungen nach § 5 Nummer 1 bis 5,
4. die Träger der gesetzlichen Rentenversicherung für Leistungen nach § 5 Nummer 1 bis 3, der Träger der Alterssicherung der Landwirte für Leistungen nach § 5 Nummer 1 und 3,
5. die Träger der Kriegsopferversorgung und die Träger der Kriegsopferfürsorge im Rahmen des Rechts der sozialen Entschädigung bei Gesundheitsschäden für Leistungen nach § 5 Nummer 1 bis 5,
6. die Träger der öffentlichen Jugendhilfe für Leistungen nach § 5 Nummer 1, 2, 4 und 5 sowie
7. die Träger der Eingliederungshilfe für Leistungen nach § 5 Nummer 1, 2, 4 und 5.

**§ 5 SGB IX Leistungsgruppen**

Zur Teilhabe am Leben in der Gesellschaft werden erbracht:

1. Leistungen zur medizinischen Rehabilitation,
2. Leistungen zur Teilhabe am Arbeitsleben,
3. unterhaltssichernde und andere ergänzende Leistungen,
4. Leistungen zur Teilhabe an Bildung und
5. Leistungen zur sozialen Teilhabe.

**Zusammenfassung, Merksatz**
Rehabilitationsträger sind nur die im Gesetz (§ 6 SGB IX) genannten Sozialleistungsträger.

**Hintergrundinformation: Digitale Gesundheitsanwendungen**
Über Neuregelungen des §§ 42 Abs. 2 Nr. 6a und 47a SGB IX durch das Teilhabestärkungsgesetz werden digitale Gesundheitsanwendungen (DiGA) in das Leistungsspektrum der medizinischen Rehabilitation, zum Erhalt der Erwerbsfähigkeit und in der Hilfe zur Pflege (Digitale Pflegeanwendungen, DiPA) aufgenommen (vgl. zur Begründung Bt-Drucks. 19/27400, S. 62 f.).

Eine zentrale Aufgabe der Rehabilitationsträger ist die Ermittlung des **Rehabilitationsbedarfs**.

**§ 13 Abs. 1 S. 1 SGB IX**
Zur einheitlichen und überprüfbaren Ermittlung des individuellen Rehabilitationsbedarfs verwenden die Rehabilitationsträger systematische Arbeitsprozesse und standardisierte Arbeitsmittel (Instrumente) nach den für sie geltenden Leistungsgesetzen.

§ 13 Abs. 3 SGB IX gibt dem Bundesministerium für Arbeit und Soziales bis zum 31.12.2019 auf, die Wirkung der Instrumente nach Absatz 1 zu untersuchen und die Untersuchung zu veröffentlichen. Dies ist geschehen mit der „Implementationsstudie zur Einführung von Instrumenten zur Ermittlung des Rehabilitationsbedarfs nach § 13 SGB IX (Bundesteilhabegesetz)". Die Studie führte die Kienbaum Consultants International GmbH im Auftrag des Ministeriums durch und enthält zahlreiche Verbesserungspotenziale hinsichtlich der Instrumente in den einzelnen sozialen Sicherungssystemen.

▶   **TIPP**  Die Studie ist im Internet abrufbar: (https://umsetzungsbegleitung-bthg.de/service/aktuelles/implementationsstudie-instrumente-nach-13-sgb-ix/, Stand 21.10.2021.

**Koordinierungsregelungen**
Die **Koordinierungsvorschriften** der §§ 14 bis 24 SGB IX werden durch § 7 Abs. 2 SGB IX abweichungsfest festgeschrieben. Die Normen betreffen das **Innenverhältnis** zwi-

schen den beteiligten Rehabilitationsträgern, ohne in deren gesetzlich definierte (materielle) Zuständigkeit einzugreifen bzw. diese zu verändern. Die Vorschriften dienen dem Zweck, dass dem Leistungsberechtigten gegenüber (möglichst nur) ein Rehabilitationsträger als „Fallmanager" für das gesamte Leistungsgeschehen als Ansprechpartner im **Außenverhältnis** in Erscheinung tritt. Das Bestreben des Gesetzgebers, das Prinzip Leistungen „wie aus einer Hand" durch die Neufassung des SGB IX zu stärken, wird dabei zum Teil als nur unzureichend umgesetzt angesehen (vgl. z. B. Selzer 2019).

Der Rehabilitationsträger muss nach § 14 Abs. 1 S. 1 SGB IX innerhalb von zwei Wochen nach Antragseingang seine **Zuständigkeit** auf Grundlage der für ihn geltenden Leistungsgesetze **feststellen**. Hält er sich für **insgesamt unzuständig**, wird der Antrag gemäß § 14 Abs. 1 S. 2 SGB IX „unverzüglich dem nach seiner Auffassung zuständigen Rehabilitationsträger" zugeleitet und der Antragsteller entsprechend informiert. Muss für die Zuständigkeitsfeststellung die **Ursache der Behinderung** geklärt werden und ist diese Klärung innerhalb von zwei Wochen nicht möglich, ist der Antrag unverzüglich dem Träger zuzuleiten, der die Leistung ohne Rücksicht auf die Ursache erbringt (§ 14 Abs. 1 S. 3 SGB IX).

---

**Beispiel zu § 14 Abs. 1 S. 3 SGB IX**

Stellt ein Versicherter bei einem Unfallversicherungsträger einen Antrag auf Erbringung von Leistungen zur Teilhabe am Arbeitsleben wegen eines möglichen Versicherungsfalls einer Berufskrankheit (§ 9 SGB VII), kann in der Verwaltungspraxis eine Klärung des Versicherungsfalls innerhalb der Zwei-Wochen-Frist des § 14 Abs. 1 S. 1 SGB IX nicht geklärt werden. Der Unfallversicherungsträger leitet daher den Antrag an den Rentenversicherungsträger weiter, da diese die Teilhabeleistungen auf jeden Fall auch ohne Rücksicht auf die Ursache der Behinderung des Versicherten erbringt (sofern die rentenversicherungsrechtlichen Voraussetzungen vorliegen). ◄

---

Wird der Antrag entsprechend § 14 Abs. 1 SGB IX nicht weitergeleitet, wird der erstangegangene Rehabilitationsträger von Gesetzes wegen zuständig (§ 14 Abs. 2 SGB IX, **leistender Rehabilitationsträger**). § 14 Abs. 2 SGB IX schreibt für den leistenden Rehabilitationsträger kurze **Fristen für die Leistungsfeststellung und -erbringung** vor; die Vorschrift dient der Verfahrensbeschleunigung. Diese betragen nach Antragseingang beim erstangegangenen Sozialleistungsträger

- drei Wochen bzw.
- zwei Wochen nach Gutachtenvorlage, wenn ein Gutachten erforderlich ist (siehe zur Begutachtung § 17 SGB IX).

Wird der Antrag nach § 14 Abs. 1 S. 2 SGB IX weitergeleitet, beginnen diese Fristen für die Leistungsfeststellung mit Antragseingang bei diesem Rehabilitationsträger (vgl. § 14

Abs. 2 S. 4 SGB IX; sog. Zweitangegangener Rehabilitationsträger). Probleme bereitet diese kurze Fristsetzung in der Praxis, da der (sowohl erstangegangene als auch zweitangegangene sowie leistende) Rehabilitationsträger über Rehabilitationsleistungen auf Grundlager aller Rechtsvorschriften entscheiden muss, die in der konkreten Bedarfssituation in Betracht kommen. Das heißt, der Rehabilitationsträger muss auch über Ansprüche in Rechtsgebieten entscheiden, die nicht originär zu seinem Aufgabengebiet liegen.

Nun kann es vorkommen, dass der Träger, an den der Antrag gemäß § 14 Abs. 1 S. 2 SGB IX weitergeleitet worden ist (zweitangegangener Rehabilitationsträger), seinerseits feststellt, dass er nach den für ihn geltenden Leistungsgesetzen für die Leistungserbringung **insgesamt nicht zuständig** ist. Damit wäre ohne weitere gesetzliche Regelung möglich, dass ein unzuständiger Rehabilitationsträger zu einem leistenden Rehabilitationsträger i. S. des § 14 Abs. 2 SGB IX werden könnte. Da dann das Leistungsportfolio eines (materiell) unzuständigen Trägers angewendet werden könnte, könnte es zu Minderleistungen zu Lasten des Leistungsberechtigten kommen. Dies möchte der Gesetzgeber vermeiden (siehe auch unten zu § 15 SGB IX). § 14 Abs. 3 SGB IX bestimmt daher, dass der Antrag **im Einvernehmen** an den (nach Auffassung des zweitangegangenen Rehabilitationsträgers) zuständigen Rehabilitationsträger (drittangegangener Träger) weitergeleitet und der Antragsteller entsprechend unterrichtet wird (vgl. zur Problematik dieser neuen Zuständigkeitsregelung Selzer 2019, S. 523).

---

**Beispiel zu § 14 Abs. 3 SGB IX**

Der Leistungsberechtigte beantragt Leistungen zur Teilhabe am Arbeitsleben (§ 5 Nr. 2 SGB IX) bei seiner Krankenkasse (erstangegangener Träger). Die Krankenkasse ist für diese Leistungen nicht zuständiger Rehabilitationsträger (vgl. § 6 Abs. 1 Nr. 1 SGB IX).

Die Krankenkasse leitet den Antrag an den Träger der gesetzlichen Rentenversicherung (zweitangegangener Träger) weiter, da sie diesen Träger für zuständig hält (§ 6 Abs. 1 Nr. 4 i. V. m. § 5 Nr. 2 SGB IX).

Der Träger der Rentenversicherung stellt fest, dass die Leistungen im Zusammenhang mit einem Arbeitsunfall stehen (§ 8 SGB VII). Im gegenseitigen Einvernehmen leitet der Rentenversicherungsträger gemäß § 14 Abs. 3 SGB IX den Antrag an den Träger der gesetzlichen Unfallversicherung als Rehabilitationsträger weiter (drittangegangener Träger, § 6 Abs. 1 Nr. 3 i. V. m. § 5 Nr. 2 SGB IX) und teilt dies dem Antragsteller mit. Der Träger der Unfallversicherung hat dann gemäß § 14 Abs. 3 SGB IX innerhalb der Fristen nach Absatz 2 ab Antragseingang zu entscheiden. ◄

---

Ergänzend bestimmt § 14 Abs. 4 SGB IX, dass diese Regelungen entsprechend gelten, soweit Leistungen **von Amts wegen** zu erbringen sind.

Dem leistenden Rehabilitationsträger steht gegenüber dem insgesamt (materiell) zuständigen Träger nach § 16 Abs. 1 SGB IX ein **Erstattungsanspruch** zu (zu § 14 Abs. 4 SGB IX a. F. BSG in SGb 2018, 109–116 mit Anmerkungen Temming zur Systemabgrenzung Krankenversicherung versus Rentenversicherung). Dieser richtet sich dem Grunde und der Höhe nach den Vorschriften, die für den leistenden Rehabilitationsträger gelten. Zusätzlich besteht Anspruch auf eine **Verwaltungskostenpauschale** in Höhe von 5 v. H. der Leistungsaufwendungen (§ 16 Abs. 3 S. 1 SGB IX). Handelt der leistende Rehabilitationsträger grob fahrlässig oder vorsätzlich, entfällt der Erstattungsanspruch (§ 16 Abs. 3 S. 2 SGB IX).

---

**Beispiel zu § 16 Abs. 1 SGB IX**

Erkennt nach dem vorherigen Beispiel zu § 14 Abs. 1 S. 3 SGB IX der Unfallversicherungsträger die Berufskrankheit an und sind deshalb nach den Regelungen des SGB VII Leistungen zur Teilhabe am Arbeitsleben zu erbringen, hat der (unzuständige) Rentenversicherungsträger gegenüber dem (zuständigen) Unfallversicherungsträger einen Erstattungsanspruch in Höhe der nach den rentenrechtlichen Vorschriften erbrachten Rehabilitationsleistungen.

Wäre der Leistungsumfang dem Grund und der Höhe nach in der gesetzlichen Unfallversicherung höher, muss dieser Rehabilitationsträger ggf. „nachleisten". Wäre der Leistungsumfang entsprechend niedriger als in der Rentenversicherung, hätte der Leistungsberechtigte mehr Leistungen erhalten, als gesetzlich vorgesehen. Eine Rückabwicklung auf der Leistungsebene ist insoweit nicht vorgesehen. Der Unfallversicherungsträger müsste dann höhere Leistungen erstatten, als materiell im Recht der gesetzlichen Unfallversicherung vorgesehen sind. ◀

---

Völlig neu geschaffen hat der Gesetzgeber die Koordinierungsvorschrift des § 15 SGB IX hinsichtlich der Leistungsverantwortung bei **Mehrheit von Rehabilitationsträgern**. Die Norm ist Spiegelbild der sog. „Schwäche des gegliederten Sozialleistungssystems" und ist wegen unterschiedlicher Leistungsansprüche dem Grunde und der Höhe nach erforderlich. Die Norm versucht, die bisherigen Systemschwierigkeiten zu überwinden. Zugunsten des Leistungsberechtigten soll **im Außenverhältnis** „Verwaltung – Bürger" sichergestellt werden, dass dieser sämtliche Leistungen erhält, die ihm zustehen. Zusätzlich soll der Leistungsberechtigte nicht mit mehreren Trägern konfrontiert werden und eine „Zuständigkeitskumulation" entstehen. Daher bleibt der leistende Rehabilitationsträger alleiniger Ansprechpartner des Leistungsberechtigten, sodass dieser Leistungen zumindest „wie aus einer Hand" erhält. Das vom Gesetzgeber zur Verfügung gestellte Instrument für solche Fallkonstellationen ist der **Teilhabeplan** nach § 19 SGB IX (siehe hierzu Busse 2017, Seite 311 f.). Insoweit besteht zu Lasten des leistenden Rehabilitationsträgers eine „aufgedrängte Zuständigkeit" (siehe zur bisherigen Gesetzeslage BSGE 108, 158–175; BSG vom 03.02.2015, B 13 R 261/14 B [nicht veröffentlicht]). Die **Verfahrensverantwortung** verbleibt auch dann beim leistenden Rehabilitationsträger, wenn der Ausnahmefall einer **Leistungssplittung** im Rehabilitationsrecht nach § 15 Abs. 1 SGB IX vorliegt (vgl. § 19 Abs. 1 SGB IX). Eine Leistungssplittung betrifft Leistungen, für die der leistende Rehabilitationsträger nach § 14 Abs. 2 S. 1 SGB IX nicht Rehabilitationsträger nach § 6 Abs. 1 SGB IX sein kann. Anträge hierzu leitet er **insoweit** – also nur hinsichtlich dieser beantragten Leistungen – unverzüglich dem nach seiner Auffassung zuständigen

Rehabilitationsträger zu. Dieser entscheidet über die weiteren Leistungen nach den für ihn geltenden Leistungsgesetzen in eigener Zuständigkeit und unterrichtet hierüber den Antragsteller. Entscheidet der leistende Rehabilitationsträger im eigenen Namen (vgl. § 15 Abs. 3 SGB IX; kritisch zu dieser Norm Selzer 2019, S. 525 f.), richten sich Erstattungsansprüche nach § 16 Abs. 2 SGB IX. § 15 SGB IX geht den Regelungen über Beauftragungen zwischen Sozialleistungsträgern nach den §§ 88 ff. SGB X vor, da der leistende Rehabilitationsträger im Vergleich zum vertraglich oder gesetzlich beauftragten Sozialleistungsträger weitergehende Rechte und Pflichten wahrnimmt.

Schließlich steht dem Leistungsberechtigten ein **Recht auf Selbstbeschaffung** der Leistung einschließlich eines Erstattungsanspruchs zu (§ 18 SGB IX).

**Hintergrundinformation: § 14 SGB IX**
Der Gesetzgeber hat mit § 14 SGB IX eine dem § 16 SGB I vorgehende **Sondervorschrift** geschaffen (vgl. insbesondere § 14 Abs. 5 SGB IX, der die Weiterleitung eines Antrags an den zuständigen Träger explizit ausschließt, soweit Teilhabeleistungen bei dem Rehabilitationsträger beantragt worden sind). Zu beachten ist, dass sich § 14 SGB IX nur an die in § 6 SGB IX genannten **Rehabilitationsträger** und nur im Zusammenhang mit den in § 5 SGB IX definierten Leistungen zur **Teilhabe am Leben in der Gesellschaft** richtet. Darüber hinaus ist § 14 SGB IX nicht anwendbar. Das bedeutet, dass die Norm z. B. für Leistungen der Pflege behinderter Menschen nicht anwendbar ist. Dies kann in der Praxis dazu führen, dass Teilhabeleistungen nach der Regelungswirkung des § 14 SGB IX vom materiell unzuständigen Träger erbracht werden und ein zweiter – materiell zuständiger – Leistungsträger z. B. Pflegeleistungen erbringt. Weiterhin sind Fälle problematisch, bei denen der Sozialhilfeträger in das Leistungsgeschehen mit eingebunden ist, da diese keine Rehabilitationsträger nach § 6 Abs. 1 SGB IX – ggf. mit Ausnahme der Leistungen der Eingliederungshilfe (§ 6 Abs. 1 Nr. 7 SGB IX), soweit das Land diese hierzu bestimmt – sind. Die gesetzliche Konstruktion ist weder zielführend noch zweckmäßig. Der Gesetzgeber sollte daher sein Regelungskonzept der Koordinierung von Teilhabeleistungen nochmals überdenken.

Bei **vorläufigen Leistungen** ist das früher problematische Verhältnis von § 14 SGB IX und § 43 Abs. 1 SGB I nunmehr geklärt. § 24 S. 3 SGB IX bestimmt, dass § 43 SGB I nicht anzuwenden ist. Zu beachten ist insoweit, dass vorläufige Leistungen vom unzuständigen Rehabilitationsträger nur insoweit zu erbringen sind, soweit dem Grunde nach ein Anspruch auf Leistungen zur Teilhabe in der Gesellschaft gemäß § 5 SGB IX i. V. m. den jeweils geltenden Leistungsgesetzen (§ 24 S. 1 SGB IX) besteht.

**Zusammenfassung, Merksatz**
Der Gesetzgeber koordiniert die Zusammenarbeit der Rehabilitationsträger über die Festlegung von Verfahrensverantwortlichkeiten. Dabei wird im Außenverhältnis von Rehabilitationsträger zu Bürger der formellen Zuständigkeit ein Vorrang eingeräumt vor der materiellen Zuständigkeit. Ziel ist, dem Leistungsberechtigten nur einen Leistungsträger als verfahrensverantwortlichen Ansprechpartner zur Seite zu stellen unabhängig davon, ob nach mehreren Leistungsgesetzen Ansprüche bestehen und mehrere Rehabilitationsträger zuständig wären. Bei der Leistungsverantwortung einer Mehrheit von Rehabilitationsträgern soll über den Teilhabeplan ein Ineinandergreifen der Leistungen gesteuert werden. Sind mehrere Träger beteiligt, bestehen zwischen diesen Erstattungsansprüchen. Der Leistungsberechtigte hat unabhängig davon das Recht, die Leistungen selbst zu beschaffen.

Die **Zusammenarbeit der Rehabilitationsträger** wird durch das BTHG ebenfalls neu justiert. Der Gesetzgeber hat sich vom Konzept der Gemeinsamen Servicestellen (§§ 22 bis 25 SGB IX a. F.) verabschiedet, da diese niemals die praktische Bedeutung wie vom Gesetzgeber gedacht und erwartet erlangt haben. Nunmehr sind die Rehabilitationsträger für den jeweiligen Einzelfall und dessen Management verantwortlich (§ 25 Abs. 1 SGB IX) und sie und ihre Verbände sollen regionale Arbeitsgemeinschaften bilden (§ 25 Abs. 2 SGB IX). Diese werden an gemeinsame Empfehlungen aller Beteiligten auf Bundesebene bzw. ergänzend Länderebene gebunden (§ 26 SGB IX). Die Rehabilitationsträger der Sozialversicherungszweige sowie die Behörden der sozialen Versorgungs- und Entschädigungsverwaltung bilden auf Bundesebene zusätzlich die Bundesarbeitsgemeinschaft für Rehabilitation (hierzu §§ 39 bis 41 SGB IX; siehe zu den Herausforderungen solcher Kooperationen Mehrhoff und Wagener 2021).

Der Gesetzgeber hat erkannt, dass einige Regelungen des BTHG nicht zielführend waren bzw. einer Nachjustierung bedurften. Deshalb wurde am 02.06.2021 das Teilhabestärkungsgesetz verkündet (BGBl. I 2021, S. 1387).

▶  **TIPP**  Gesetzesmaterialien hierzu stellt das BMAS zur Verfügung: https://www. bmas.de/DE/Service/Gesetze-und-Gesetzesvorhaben/teilhabestaerkungsgesetz.html [Stand 02.09.2021]; siehe auch Tabbara 2021). (Selzer 2019)

## 8.3   Leistungen zur selbstbestimmten Lebensführung für Menschen mit Behinderungen (Eingliederungshilfe)

**Frühere Gesetzeslage**

Bis zum 31.12.2019 waren im SGB XII in den §§ 53 bis 60 a Normen zur Eingliederungshilfe für behinderte Menschen als fürsorgerechtliche Leistungen enthalten. Die **Träger der Sozialhilfe** waren **gleichberechtigte Rehabilitationsträger** i. S. d. SGB IX. Die Leistungsberechtigung knüpft an den (früheren) Behindertenbegriff in § 2 Abs. 1 SGB IX a. F. an, sodass leistungsberechtigt Personen waren, die durch eine Behinderung im Sinne von § 2 Abs. 1 Satz 1 des Neunten Buches wesentlich in ihrer Fähigkeit, an der Gesellschaft teilzuhaben, eingeschränkt oder von einer solchen wesentlichen Behinderung bedroht sind, wenn und solange nach der Besonderheit des Einzelfalles, insbesondere nach Art oder Schwere der Behinderung, Aussicht bestand, dass die Aufgabe der Eingliederungshilfe erfüllt werden konnten (§ 53 Abs. 1 S. 1 SGB XII). Auch von Behinderung bedrohte Personen waren leistungsberechtigt (§ 53 Abs. 2 SGB XII). Sinn und Zweck der Eingliederungshilfe (siehe § 53 Abs. 3 SGB XII) war, eine drohende Behinderung zu verhüten oder eine Behinderung oder deren Folgen zu beseitigen oder zu mildern und die behinderten Menschen in die Gesellschaft einzugliedern. Hierzu gehörte insbesondere, den behinderten Menschen die Teilnahme am Leben in der Gemeinschaft (künftig: Soziale Teilhabe) zu ermöglichen oder zu erleichtern, ihnen die Ausübung eines angemessenen Berufs oder einer sonstigen angemessenen Tätigkeit zu ermöglichen oder sie so weit wie möglich unabhängig von Pflege zu machen.

> **Zusammenfassung, Merksatz**
> Die Eingliederungshilfe war bis zum 31.12.2019 im SGB XII geregelt. Nunmehr ist sie in das SGB IX integriert. Bereits seit dem 01.01.2017 gelten zugunsten der Leistungsberechtigten Sonderregelungen zum Einsatz von Vermögen.

**Gesetzeslage ab 01.01.2020 durch das BTHG**

Die Eingliederungshilfe wurde aufgrund der Regelungen des **Bundesteilhabegesetzes** in das SGB IX integriert (§§ 90 ff. SGB IX) und damit als besondere fürsorgerechtliche Leistung **ab dem Jahr 2020** (Art. 26 Abs. 4 Nr. 1 BTHG) aus dem SGB XII eliminiert (zur systematischen Einordnung der Eingliederungshilfe und kritisch zur Integration in das SGB IX siehe Mrozynski 2017, Seite 453). Sinn und Zweck dieser Änderung war, den betroffenen Menschen ein Mehr an Selbstbestimmung zu geben und die Eingliederungshilfe aus dem Fürsorgekontext zu lösen. Die Eingliederungshilfe ist gegenüber anderen ähnlichen Sozialleistungen **nachrangig** (§ 91 SGB IX) und weiterhin **bedarfsabhängig**. Sie ist daher weiterhin als fürsorgerechtliche Sozialleistung zu betrachten, ihr Rechtscharakter hat sich nicht geändert. Die Regelungen des **Einsatzes eigenen Einkommens und Vermögens** sind systematisch neu gefasst (§§ 135 ff. SGB IX) und führen inhaltlich zu einer **Besserstellung** behinderter Menschen bereits mit Wirkung ab dem 01.01.2017 (Art. 11, 26 Abs. 3 BTHG). Als Grundsatznorm des Leistungsrechts wird § 28 a SGB I neu in das SGB I eingefügt (Art. 3 BTHG).

Grundsatznorm der Eingliederungshilfe ist § 90 Abs. 1 SGB IX.

**§ 90 Abs. 1 SGB IX**

Aufgabe der Eingliederungshilfe ist es, Leistungsberechtigten eine individuelle Lebensführung zu ermöglichen, die der Würde des Menschen entspricht, und die volle, wirksame und gleichberechtigte Teilhabe am Leben in der Gesellschaft zu fördern. Die Leistung soll sie befähigen, ihre Lebensplanung und -führung möglichst selbstbestimmt und eigenverantwortlich wahrnehmen zu können.

Da Eingliederungshilfe auch weiterhin **nachrangig** geleistet wird, erhält diese Leistung nicht, wer die erforderliche Leistung von anderen oder von anderen Sozialleistungsträgern erhält (§ 91 Abs. 1 SGB IX).

Die **Zuständigkeitsregelungen** der Eingliederungshilfe werden neu gefasst. Die Sozialhilfeträger gehören nicht zu in § 6 Abs. 1 SGB IX aufgeführten Kreis der Rehabilitationsträger. Deshalb muss der Gesetzgeber eine andere Lösung als bisher schaffen. § 28 a Abs. 2 SGB I (BTHG) i. V. m. § 94 Abs. 1 SGB IX ordnet an, dass die **Länder** die Träger der Eingliederungshilfe **bestimmen**. Dabei haben die Länder übergeordnete und trägerindividuelle Anforderungen zu berücksichtigen. Strukturell haben die Länder auf flächendeckende, bedarfsdeckende, am Sozialraum orientierte und inklusiv ausgerichtete Angebote von Leistungsanbietern hinzuwirken (§ 94 Abs. 3 S. 1 SGB IX). Auf Ebene des einzelnen Trägers muss dieser zur Leistungserbringung leistungsfähig und geeignet sein (§ 94 Abs. 2

S. 1 SGB IX). Sind in einem Bundesland mehrere Träger bestimmt, hat das Land diese zu unterstützen und Koordinierungs- sowie Strukturentwicklungsaufgaben zu erfüllen (§ 94 Abs. 1 und 4 SGB IX).

Die bestimmten **Träger der Eingliederungshilfe** haben im Rahmen ihrer Leistungsverpflichtung eine personenzentrierte Leistung für Leistungsberechtigte unabhängig vom Ort der Leistungserbringung sicherzustellen (**Sicherstellungsauftrag**, § 95 S. 1 SGB IX). Um diesen Sicherstellungsauftrag zu erfüllen, haben die Träger der Eingliederungshilfe „eine dem Bedarf entsprechende Anzahl an Fachkräften aus unterschiedlichen Fachdisziplinen" zu beschäftigen (vgl. § 97 SGB IX). Dabei können sie mit anderen Anbietern wie z. B. den Religionsgemeinschaften und Trägern der freien Wohlfahrtpflege zusammenarbeiten (§ 96 SGB IX). Die **örtliche Zuständigkeit** richtet sich zuvörderst nach dem **gewöhnlichen Aufenthalt** der leistungsberechtigten Person (§ 98 Abs. 1 S. 1 SGB IX). Lässt sich dieser nicht (sofort) ermitteln, hat der Träger des tatsächlichen Aufenthalts der leistungsberechtigten Person Leistungen vorläufig zu erbringen (§ 98 Abs. 2 SGB IX). Keinen gewöhnlichen Aufenthalt begründen stationäre Einrichtungen oder Vollzugsanstalten (§ 98 Abs. 4 SGB IX).

Der **leistungsberechtigte Personenkreis** bleibt wegen der Bezugnahme auf die bis 31.12.2019 geltende Gesetzeslage zunächst identisch (§ 99 SGB IX). Aktuell sind leistungsberechtigt „Menschen mit Behinderungen im Sinne von § 2 Absatz 1 Satz 1 und 2, die wesentlich in der gleichberechtigten Teilhabe an der Gesellschaft eingeschränkt sind (wesentliche Behinderung) oder von einer solchen wesentlichen Behinderung bedroht sind, wenn und solange nach der Besonderheit des Einzelfalles Aussicht besteht, dass die Aufgabe der Eingliederungshilfe nach § 90 erfüllt werden kann". Ab dem Jahr 2023 wird § 99 SGB IX umfassend neu geregelt (Art. 25 a BTHG). § 99 Abs. 1 S. 1 SGB IX gemäß Art. 25 a BTHG in der Fassung des Teilhabestärkungsgesetzes (Zweck: diskriminierungsfreie Sprache in der Eingliederungshilfe) wird dann regeln, dass „Leistungen der Eingliederungshilfe … Menschen mit Behinderungen im Sinne von § 2 Absatz 1 Satz 1 und 2 (erhalten), die wesentlich in der gleichberechtigten Teilhabe an der Gesellschaft eingeschränkt sind (**wesentliche Behinderung**) oder von einer solchen wesentlichen Behinderung **bedroht** sind, wenn und solange nach der Besonderheit des Einzelfalles Aussicht besteht, dass die Aufgabe der Eingliederungshilfe nach § 90 erfüllt werden kann". Damit wird im Eingliederungsrecht kein eigenständiger Begriff der Behinderung geprägt, sondern vielmehr die Gründe definiert, unter denen eine Person leistungsberechtigt ist (a. A. Mrozynski 2017, S. 451 f. vgl. sehr übersichtlich zum leistungsberechtigten Personenkreis der Eingliederungshilfe einschließlich der historischen Begriffsbestimmungen Siefert 2021).

**Hintergrundinformation: Konkretisierung des leistungsberechtigten Personenkreises durch Rechtsverordnung**

In der Vergangenheit wurde der Kreis der leistungsberechtigten Personen durch die Eingliederungshilfe-Verordnung (dort §§ 1 bis 3 EinglHV) konkretisiert. Diese systematische Konkretisierung ist heute ebenfalls in § 99 Abs. 4 IX vorgesehen. Für die Neujustierung des leistungsberechtigten Personenkreises ist vom BMAS eine Arbeitsgruppe eingerichtet worden. Über deren Arbeit berichtet die Arbeitsgruppe im Internet (allgemein https://umsetzungsbegleitung-bthg.de, konkret https://umsetzungsbegleitung-bthg.de/w/files/umsetzungsstand/informationen-zur-arbeit-der-ag-leistungsberechtigter-personenkreis.pdf, jeweils Stand 19.10.2021). Siehe zum Ganzen auch Siefert 2021, S. 537 ff.

Im Rahmen der Leistungserbringung ist v. a. die Neuregelung des **Gesamtplanverfahrens** erwähnenswert. Dieses bis zum 31.12.2019 in einer Norm (§ 58 SGB XII) geregelte Verfahren ist nunmehr wesentlich ausführlicher und zielorientierter gefasst (§§ 117–122 SGB IX). Dies soll die Zusammenarbeit der am Gesamtplan Beteiligten verbessern und die praktische Umsetzung dieses Hilfeangebots deutlich voranbringen. Inhalt wird das neue Gesamtplanverfahren dem Erfordernis der personenzentrierten Eingliederungshilfe zur Verwirklichung der sozialen Teilhabe gerecht (vgl. hierzu den Gesetzesentwurf der Bundesregierung zum BTHG, S. 275 f.).

Die **Mittel** der Eingliederungshilfe bringen die **Länder** bzw. die in den Ländern **bestimmten Trägern** der Eingliederungshilfe auf. Diese werden aus dem Haushalt des Landes oder der bestimmten Gebietskörperschaften über Abgaben und Steuern bzw. Zuweisungen des Landes finanziert.

> **Zusammenfassung, Merksatz**
> Eingliederungshilfe verfolgt den Zweck, Leistungsberechtigten eine individuelle Lebensführung zu ermöglichen, die der Würde des Menschen entspricht, und die volle, wirksame und gleichberechtigte Teilhabe am Leben in der Gesellschaft zu fördern. Sie ist nachrangig gegenüber anderen adäquaten Sozialleistungen. Künftig bestimmen die Länder die Träger der Eingliederungshilfe, deren örtliche Zuständigkeit nach dem gewöhnlichen Aufenthalt richtet. Sie haben einen gesetzlichen Sicherstellungsauftrag zu erfüllen. Der leistungsberechtigte Personenkreis ändert sich nicht. Die Mittel der Eingliederungshilfe bringen die Länder bzw. die in den Ländern bestimmten Trägern der Eingliederungshilfe auf.

## 8.4   Teilhabe schwerbehinderter Menschen (Schwerbehindertenrecht)

Eine Person ist nach der Definition in § 2 Abs. 2 SGB IX **schwerbehindert**, wenn bei ihr ein **Grad der Behinderung von wenigstens 50** vorliegt und sie ihren Wohnsitz, ihren gewöhnlichen Aufenthalt oder ihre Beschäftigung auf einem Arbeitsplatz im Sinne des § 156 SGB IX rechtmäßig im Geltungsbereich des SGB IX hat (siehe zum Begriff und zur

Entwicklung des Schwerbehindertenrechts Welti 2018, Rz. 1 ff.). Wesentlich für eine Schwerbehinderung im Sinne des Gesetzes sind daher eine Behinderung mit einem "Schweregrad" von mehr als 50 und ein Inlandsbezug des Leistungsberechtigten. Diesen stellt die zuständige Behörde auf Antrag fest und stellt einen entsprechenden Ausweis aus (§ 152 Abs. 1, 4 SGB IX). Zuständige Behörde ist insoweit das zuständige Versorgungsamt (siehe Abschn. 6.2.1). Der Grad der Behinderung wird daher entsprechend der im sozialen Entschädigungsrecht herrschenden Systematik festgestellt (hierzu Welti 2018, Rz. 21 ff).

Um die Inklusion schwerbehinderter Menschen besser zu verwirklichen, sieht das SGB IX weiterhin umfangreiche Regelungen im Zusammenhang mit der **Teilhabe schwerbehinderter Menschen am Arbeitsleben** vor. Es besteht eine **Beschäftigungspflicht** privater und öffentlicher Arbeitgeber vor (§ 154 SGB IX). Wird die gesetzlich vorgegebene Beschäftigtenzahl bzw. Quote schwerbehinderter Menschen nicht erreicht, muss der Arbeitgeber eine **Ausgleichsabgabe** zahlen (§ 160 SGB IX). Die Meldung erfolgt an die für den Arbeitgeber zuständige Agentur für Arbeit, welche die entsprechenden Informationen auch an das zuständige Integrationsamt weiterleitet (§ 163 SGB IX). Die Ausgleichsabgabe darf nur für besondere Leistungen zur Förderung der Teilhabe schwerbehinderter Menschen am Arbeitsleben einschließlich begleitender Hilfe im Arbeitsleben und nur subsidiär verwendet werden (§ 160 Abs. 5 SGB IX). Einen besonderen Schutz genießen schwerbehinderte Menschen vor **Kündigung**. Diese bedarf der vorherigen Zustimmung des Integrationsamtes (§ 168 SGB IX; siehe zum Verfahren insgesamt §§ 168 bis 175 SGB IX). Besondere Rechte und Pflichten kommen der **Schwerbehindertenvertretung** als Ergänzung zu den allgemeinen Mitarbeitendenvertretungen zu (§§ 176 ff. SGB IX).

Die Zuständigkeit für die Durchführung der **Teilhabe** schwerbehinderter Menschen **am Arbeitsleben** obliegt in den **Ländern** dem Amt für die Sicherung der Integration schwerbehinderter Menschen im Arbeitsleben (**Integrationsamt**) in enger Zusammenarbeit mit der **Bundesagentur für Arbeit** (§ 184 SGB IX). Die Rehabilitationsträger im Sinne des § 6 SGB IX haben daneben weiterhin ihre Aufgaben zu erfüllen.

▶   **TIPP** Welches **Integrationsamt zuständig** ist, kann über die Homepage der Bundesarbeitsgemeinschaft der Integrationsämter und Hauptfürsorgestellen (https://www.integrationsaemter.de/kontakt/89c66/index.html) ermittelt werden.

Die eher formalen **Aufgaben** des Integrationsamtes sind

- die Erhebung und Verwendung der Ausgleichsabgabe,
- der Kündigungsschutz,
- die begleitende Hilfe im Arbeitsleben,
- die zeitweilige Entziehung der besonderen Hilfen für schwerbehinderte Menschen (§ 200 SGB IX).

Bei jedem Integrationsamt wird ein **Beratender Ausschuss** für behinderte Menschen ge-bildet, der die Teilhabe der behinderten Menschen am Arbeitsleben fördert, das Integrati-onsamt bei der Durchführung der besonderen Regelungen für schwerbehinderte Menschen zur Teilhabe am Arbeitsleben unterstützt und bei der Vergabe der Mittel der Ausgleichsab-gabe mitwirkt. Der Ausschuss besteht aus zehn Mitgliedern (2 Arbeitnehmer, 2 Arbeitge-ber, 4 Vertreterorganisationen behinderter Menschen, je 1 Land bzw. Bundesagentur; siehe § 186 Abs. 1, 2 SGB IX).

Die Aufgaben der **Bundesagentur für Arbeit** sind deutlich vielfältiger und bewegen sich im Kernbereich der Leistungen zur Teilhabe am Arbeitsleben (siehe hierzu § 187 SGB IX). Bei der Zentrale der Bundesagentur wird ebenfalls ein **Beratender Ausschuss** für behinderte Menschen gebildet, der die Teilhabe der behinderten Menschen am Arbeitsle-ben durch Vorschläge fördert und die Bundesagentur bei der Durchführung der übertrage-nen Aufgaben unterstützt (§ 188 SGB IX).

### Hintergrundinformation: Begriff des Integrationsamtes

Der Gesetzgeber hat es versäumt, den Gedanken der Inklusion auch in der Bezeichnung von Institu-tionen und Ämtern zu übernehmen. Der Begriff Integrationsamt greift bei vollständiger inklusiver Durchdringung des Schwerbehindertenrechts zu kurz und sollte geändert werden.

Entsprechend der Zuständigkeit tragen die **Länder** bzw. die **Bundesagentur für Ar-beit** die **Kosten** und bringen die erforderlichen Mittel auf.

Zusätzlich können durch Dritte getragene mit besonderer fachlicher Qualifikation aus-gestattete **Integrationsfachdienste** zur Durchführung der Maßnahmen zur Teilhabe schwerbehinderter Menschen am Arbeitsleben beteiligt werden. Dritte können private, kirchliche oder Träger der freien Wohlfahrt sein. Werden die Dienste im Auftrag der Inte-grationsämter oder Rehabilitationsträger tätig, werden sie vom Auftraggeber vergütet. Die Einzelheiten sind in §§ 192 bis 198 SGB IX geregelt.

Können schwerbehinderte Menschen nicht auf dem allgemeinen Arbeitsmarkt am Ar-beitsleben teilhaben, stehen Ihnen besondere Einrichtungen zur Verfügung. Schwerbehin-derte Menschen können in **Inklusionsbetrieben** (früher: Integrationsprojekte) beschäftigt sein. Dabei handelt es sich um „rechtlich und wirtschaftlich selbstständige Unternehmen oder unternehmensinterne oder von öffentlichen Arbeitgebern geführte Betriebe oder Ab-teilungen zur Beschäftigung schwerbehinderter Menschen auf dem allgemeinen Arbeits-markt, deren Teilhabe an einer sonstigen Beschäftigung auf dem allgemeinen Arbeits-markt auf Grund von Art oder Schwere der Behinderung oder wegen sonstiger Umstände voraussichtlich trotz Ausschöpfens aller Fördermöglichkeiten und des Einsatzes von Inte-grationsfachdiensten auf besondere Schwierigkeiten stößt" (§ 215 Abs. 1 SGB IX). Dane-ben können schwerbehinderte Menschen in einer **Werkstatt für behinderte Menschen** tätig sein. Sie ist eine Einrichtung zur Teilhabe behinderter Menschen am Arbeitsleben und zur Eingliederung in das Arbeitsleben für behinderte Menschen, die wegen Art oder Schwere der Behinderung nicht, noch nicht oder noch nicht wieder auf dem allgemeinen Arbeitsmarkt beschäftigt werden können (§ 219 Abs. 1 SGB IX).

Als besondere Leistung erhalten schwerbehinderte Personen eine **unentgeltliche Beförderung** im öffentlichen Personenverkehr. Hierfür trägt der **Bund** die **Kosten** im Fernverkehr sowie im Nahverkehr, soweit sich solche Betreibe überwiegend in der Hand des Bundes befinden (auch in Verkehrsverbünden); im übrigen Nahverkehr tragen die **Länder** die Aufwendungen (§ 234 SGB IX).

---

**Zusammenfassung, Merksatz**

Schwerbehindertenrecht befasst sich mit zu einem Schweregrad mit mehr als 50 amtlich (durch die Versorgungsämter) eingestuften behinderten Menschen. Für die Themenfelder arbeitsmarktpolitische Lenkung, arbeitsrechtlicher Schutz und Mitbestimmung sowie Sozialleistungen werden Sonderregelungen geschaffen. Die Länder erfüllen die ihnen obliegenden Aufgaben über die Integrationsämter, auf Ebene des Bundes ist die Bundesagentur für Arbeit insbesondere für die Leistungen der Teilhabe am Arbeitsleben zuständig. Qualifizierte Dritte (Integrationsfachdienste) im Auftrag der Integrationsämter oder Rehabilitationsträger tätig. Lässt die Art und Schwere der Behinderung eine Tätigkeit auf dem allgemeinen Arbeitsmarkt nicht zu, stehen zur Teilhabe am Arbeitsleben Inklusionsbetriebe und Werkstätten für Behinderte zur Verfügung. Für die unentgeltliche Beförderung im öffentlichen Personenverkehr sind Bund und Länder Kostenträger.

---

## 8.5    Zusammenfassung

Die Verfassung schreibt ein **Benachteiligungsverbot** hinsichtlich einer Behinderung fest. Dabei wird der Begriff der Behinderung nicht definiert. Die vom Bundesverfassungsgericht gewählte Begriffsdefinition ist veraltet. In der Zwischenzeit hat sich das Verständnis, was unter einer Behinderung zu verstehen ist, insbesondere auf Grundlage der **UN-Behindertenrechtskonvention** grundlegend geändert. Der Bundesgesetzgeber wird daran anknüpfend im Rahmen der Änderung des SGB IX durch das **Bundesteilhabegesetz** den Behindertenbegriff ändern. Neben körperlichen, seelischen, geistigen oder Sinnesbeeinträchtigungen ist die Wechselwirkung mit einstellungs- und umweltbedingten Barrieren relevant, welche an der gleichberechtigten Teilhabe an der Gesellschaft mit hoher Wahrscheinlichkeit länger als sechs Monate hindern können. Es geht darum, objektive und subjektive Hindernisse zu beseitigen und auf diese Weise Teilhabe zu ermöglichen.

**Rehabilitationsträger** sind nur die im Gesetz (§ 6 SGB IX) genannten Sozialleistungsträger. Der Gesetzgeber koordiniert die **Zusammenarbeit der Rehabilitationsträger** über die Festlegung von **Verfahrensverantwortlichkeiten**. Dabei wird im Außenverhältnis von Rehabilitationsträger zu Bürger der formellen Zuständigkeit ein Vorrang eingeräumt vor der materiellen Zuständigkeit. Ziel ist, dem Leistungsberechtigten nur einen Leistungsträger als verfahrensverantwortlichen Ansprechpartner zur Seite zu stellen unabhängig davon, ob nach mehreren Leistungsgesetzen Ansprüche bestehen und mehrere

Rehabilitationsträger zuständig wären. Bei der Leistungsverantwortung einer Mehrheit von Rehabilitationsträgern soll über den **Teilhabeplan** ein Ineinandergreifen der Leistungen gesteuert werden. Sind mehrere Träger beteiligt, bestehen zwischen diesen Erstattungsansprüche. Der Leistungsberechtigte hat unabhängig davon das Recht, die Leistungen selbst zu beschaffen.

**Eingliederungshilfe** verfolgt den Zweck, Leistungsberechtigten eine individuelle Lebensführung zu ermöglichen, die der Würde des Menschen entspricht, und die volle, wirksame und gleichberechtigte Teilhabe am Leben in der Gesellschaft zu fördern. Sie ist **nachrangig** gegenüber anderen adäquaten Sozialleistungen. Künftig bestimmen die **Länder** die Träger der Eingliederungshilfe, deren örtliche Zuständigkeit nach dem **gewöhnlichen Aufenthalt** richtet. Sie haben einen gesetzlichen **Sicherstellungsauftrag** zu erfüllen. Der leistungsberechtigte Personenkreis ändert sich nicht. Die Mittel der Eingliederungshilfe bringen die Länder bzw. die in den Ländern bestimmten Trägern der Eingliederungshilfe auf.

**Schwerbehindertenrecht** befasst sich mit zu einem Schweregrad mit mehr als 50 amtlich (durch die Versorgungsämter) eingestuften behinderten Menschen. Für die Themenfelder arbeitsmarktpolitische Lenkung, arbeitsrechtlicher Schutz und Mitbestimmung sowie Sozialleistungen werden Sonderregelungen geschaffen. Die Länder erfüllen die ihnen obliegenden Aufgaben über die **Integrationsämter**, auf Ebene des Bundes ist die **Bundesagentur für Arbeit** insbesondere für die Leistungen der Teilhabe am Arbeitsleben zuständig. Qualifizierte Dritte (Integrationsfachdienste) im Auftrag der Integrationsämter oder Rehabilitationsträger tätig. Lässt die Art und Schwere der Behinderung eine Tätigkeit auf dem allgemeinen Arbeitsmarkt nicht zu, stehen zur Teilhabe am Arbeitsleben Inklusionsbetriebe und Werkstätten für Behinderte zur Verfügung. Für die unentgeltliche Beförderung im öffentlichen Personenverkehr sind Bund und Länder Kostenträger.

## Literatur

Busse, Bundesteilhabegesetz – Sozialgesetzbuch IX, SGb 2017, 307–314

Ipsen, Staatsrecht II, 23. Auflage, München 2020

Mau, Migration und Wohlfahrtsstaat: Kontroversen um Inklusion und Exklusion, Denkschrift 60 Jahres Bundessozialgericht, Band 1, Berlin 2014, Seiten 651 bis 665

Mehrhoff/Wagener, Kooperation der Leistungsträger gemäß dem BTHG – unter besonderer Berücksichtigung der gesetzlichen Unfallversicherung, forum Rehabilitations- und Teilhaberecht, https://www.reha-recht.de/fachbeitraege/beitrag/artikel/beitrag-d26-2021/, Stand 02.08.2021

Mrozynski, Kritische Erwägungen zum Bundesteilhabegesetz, ZFSH/SGB 2017, 450 bis 463

Mrozynski, Kommentar zum SGB I, 6. Auflage, München 2019

Nieding, Die Rechtsprechung zur Bedeutung der UN-Behindertenrechtskonvention in Deutschland, in: Schriftenreihe des Deutschen Sozialrechtsverbandes, Band 66, Berlin 2015, Seiten 77 bis 92

Reimann, Recht der Rehabilitation und Teilhabe behinderter Menschen, in: Ruland/Becker/Axer (Hrsg.), Sozialrechtshandbuch, 6. Auflage, Baden-Baden 2018, § 28

Selzer, Zuständigkeitssystem und Leistungsverantwortung nach dem durch das Bundesteilhabegesetz neu gefassten SGB IX, NZS 2019, 521 bis 526

Siefert, Anspruchsberechtigter Personenkreis in der Eingliederungshilfe, ZfSH/SGB 2021, 535 bis 540

Tabbara, Mehr Inklusion möglich machen: Das Teilhabestärkungsgesetz, NZS 2021, 665 bis 675

Uerpmann-Wittzack, Völker- und verfassungsrechtliche Vorgaben für die Gleichstellung und Teilhabe von Menschen mit Behinderungen, in: Schriftenreihe des Deutschen Sozialrechtsverbandes, Band 66, Berlin 2015, Seiten 29 bis 76

Welti, Schwerbehindertenrecht, in: von Ruland/Becker/Axer (Hrsg.), Sozialrechtshandbuch, 6. Auflage, Baden-Baden 2018, § 27

## Weiterführende Literatur

Banafsche, Personalisierung: Wunsch- und Wahlrecht. Am Beispiel der Teilhabe am Arbeitsleben, in: Schriftenreihe des Deutschen Sozialrechtsverbandes, Band 66, Berlin 2015, Seiten 157 bis 193

BMAS, Abteilung V, Kapitel 9, 9. Buch Rehabilitation und Teilhabe behinderter Menschen, BMAS, Übersicht über das Sozialrecht, 16. Auflage, Ausgabe 2019/2020, Nürnberg 2019

Coseriu, Behinderung und Rehabilitation aus richterlicher Sicht des BSG: Zur Bedeutung der Sozialstaatsforschung, Denkschrift 60 Jahres Bundessozialgericht, Band 2, Berlin 2015, Seiten 687 bis 710

Eichenhofer, Sozialrecht, 11. Auflage Tübingen 2019, § 25

Erlenkämper/Fichte, Sozialrecht, 6. Auflage, Köln 2008, Kapitel 19

Gitschmann, Bundesteilhabegesetz – inklusive Weiterentwicklung des Teilhaberechts des SGB IX und SGB XII? – Eckpunkte aus Sicht der Bundesländer, in: Schriftenreihe des Deutschen Sozialrechtsverbandes, Band 66, Berlin 2015, Seiten 113 bis 119

Hittmeyer/Dillmann, „The Long Goodbye": Endgültiger Abschied vom Fürsorgerecht durch das neue Bundesteilhabegesetz?, ZfSH/SGB, 2018, 313–324

Kainz, Wesentliche Änderungen durch das neue Bundesteilhabegesetz, NZS 2017, 649 bis 655

Keil, Das BTHG – Die Änderungen im Eingliederungshilferecht, SGb 2017, S. 447 bis 452

Schmachtenberg, Auf dem Weg zum Bundesteilhabegesetz – Reform der Eingliederungshilfe – Weiterentwicklung des Teilhaberechts, in: Schriftenreihe des Deutschen Sozialrechtsverbandes, Band 66, Berlin 2015, Seiten 107 bis 112

Schuppener/Bernhardt/Hauser/Poppe (Hrsg.), Inklusion und Chancengleichheit, Bad Heilbrunn 2014

Welti, Behinderung und Rehabilitation aus rechtswissenschaftlicher Sicht: Vom Fehlen eines systematischen und effektiven Gesamtzusammenhangs, Denkschrift 60 Jahres Bundessozialgericht, Band 2, Berlin 2015, Seiten 621 bis 645

Welti/Falkenstein/Hlava, Angemessene Vorkehrungen und Sozialrecht, SGb 2019, 317 bis 325

# Stichwortverzeichnis

© Springer Fachmedien Wiesbaden GmbH, ein Teil von Springer Nature 2022
R. Möller, *Finanzierung und Organisation des Sozialstaates*,
https://doi.org/10.1007/978-3-658-37190-6

Printed in the United States
by Baker & Taylor Publisher Services